’2006中国广告年鉴

China Advertising Yearbook

第十四版

14th Edition

更具竞争力的中国广告业知名品牌

展示特辑

新华出版社

North 北

East 东

West 西

South 南

广州日报

GUANGZHOU DAILY

追求最出色的新闻

世界选择了中国

北京申办 2008 年奥运会获得成功

北京欢庆申奥成功

在第二轮投票中
北京以56票胜出

融汇四方资讯，解读万象新闻。

www.harbindaily.com
哈尔滨日报报业集团
《哈尔滨日报》
创刊于1945年11月25日
是中国共产党在全国大城市中最早公开发行的市委机关报
《新晚报》
创刊于1985年1月1日
中国都市报20强
覆盖哈尔滨 辐射黑龙江
日出2至5叠 版面最多 新闻最多 信息最多
全省发行量最大 影响力最大 广告额最大
企业化管理
政治家办报
市场化经营
民主化决策
科学化管理
法制化运行
人本化发展
哈尔滨日報
Harbin Daily
新晚報
地址/哈尔滨市道里区友谊路399号 报业大厦 电话/0451-84890008 邮编/150018

’2006中国广告年鉴
China Advertising Yearbook

第十四版
14th Edition

图书在版编目（CIP）数据
’2006中国广告年鉴/《中国广告年鉴》编辑部编.
北京：新华出版社，2006.7
ISBN 7-5011-7559-4

Ⅰ.2... Ⅱ.中... Ⅲ.广告－中国－2006－年鉴 Ⅳ.F713.8-54
中国版本图书馆CIP数据核字（2006）第071448号

新华出版社出版
中国广告年鉴编辑部编
北京同力永正图文设计事务所承制

中国广告年鉴编辑部办公用品提供
北京航旅科贸有限公司(京舰牌) 电话:010-64984498

850×1168毫米 大16开本 37印张
彩色插页84页 字数700千字
2006年7月第一版 2006年7月北京第一次印刷
ISBN 7-5011-7559-4
定价：280.00元（精装）

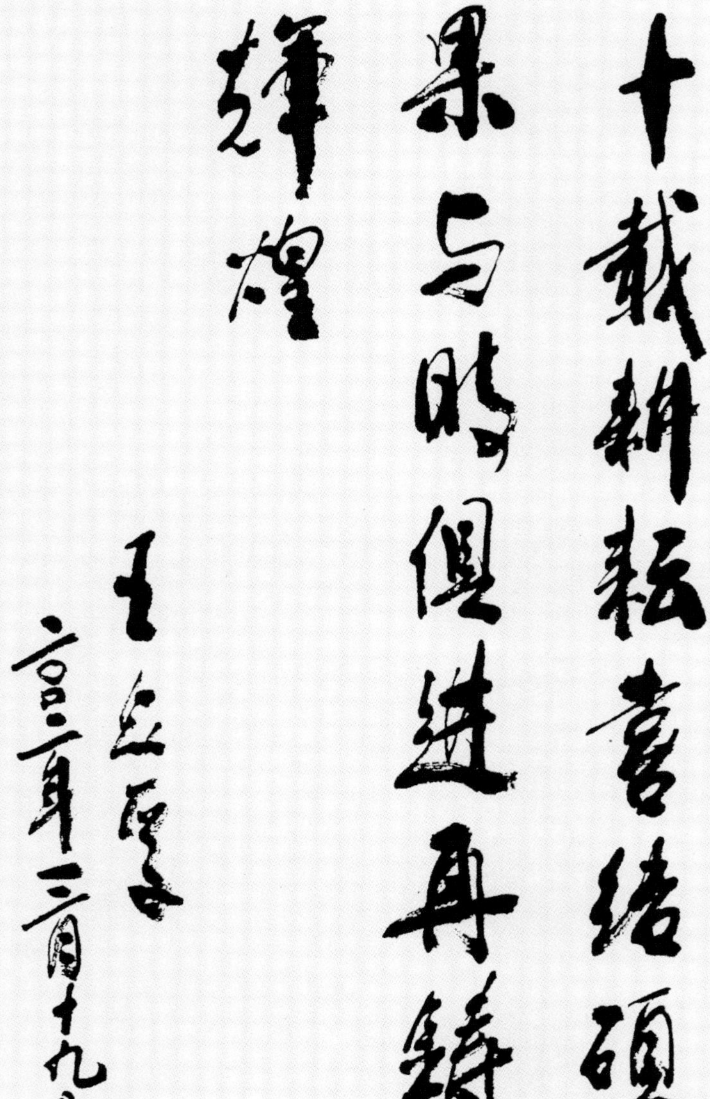

王众孚

国家工商行政管理总局　局长

编辑说明

一、《中国广告年鉴》是一部图文并茂的大型资料工具书，2006年版收编了2005年与中国广告业发展有关的主要文献资料。

二、"政策法规"、"大事记"等，以日期为序。

三、本年鉴收集的2005年资料和数据中，未包括我国台湾省、香港特别行政区和澳门特别行政区。

四、为便于读者检索，书末附有"广告经营单位名录索引"和"广告刊户索引"。

五、限于编辑水平和所掌握的资料，缺点和错误在所难免。欢迎读者批评指正。

'2006中国广告年鉴
China Advertising Yearbook
第十四版
14th Edition

INTRODUCTION

Ⅰ. *2006 China Advertising Yearbook* is a big reference book with a large number of photos and illustrations. The *2006 Edition* includes major information concerning the development of China advertising industry in 2005.

Ⅱ. Columns of "Policies,Laws & Regulations"and "Chronicle of Events" are arranged in order of date.

Ⅲ. Information of Taiwan Province,Hong Kong Special Administrative Region and Macao Special Administrative Region is not included in the yearbook.

Ⅳ. For the convenience of readers, "Index of Advertising Units" and "Index of Advertisers" are enclosed at the end of the yearbook

Ⅴ. Due to limited information available,oversight and mistakes are inevitable.We welcome readers to comment and point out our mistakes.

’2006中国广告年鉴

China Advertising Yearbook

第十四版

14th Edition

中国广告年鉴编辑委员会

'2006中国广告年鉴
China Advertising Yearbook
第十四版
14th Edition

中国广告年鉴编辑部人员名单

编辑部主任：柏　群
编辑部副主任：孙　鹏
主任编辑：项　扬　徐晓玲
责任编辑：白云覃　宋　江
编　　辑：王　琼　周向东　郭　瑞
　　　　　初　征　胡　毓
装帧设计：德　春　孙　鹏
排　　版：徐永良　陈　俊　刘　博
校　　对：张瑞敏　李　真
督　　印：杨　明　何　冰

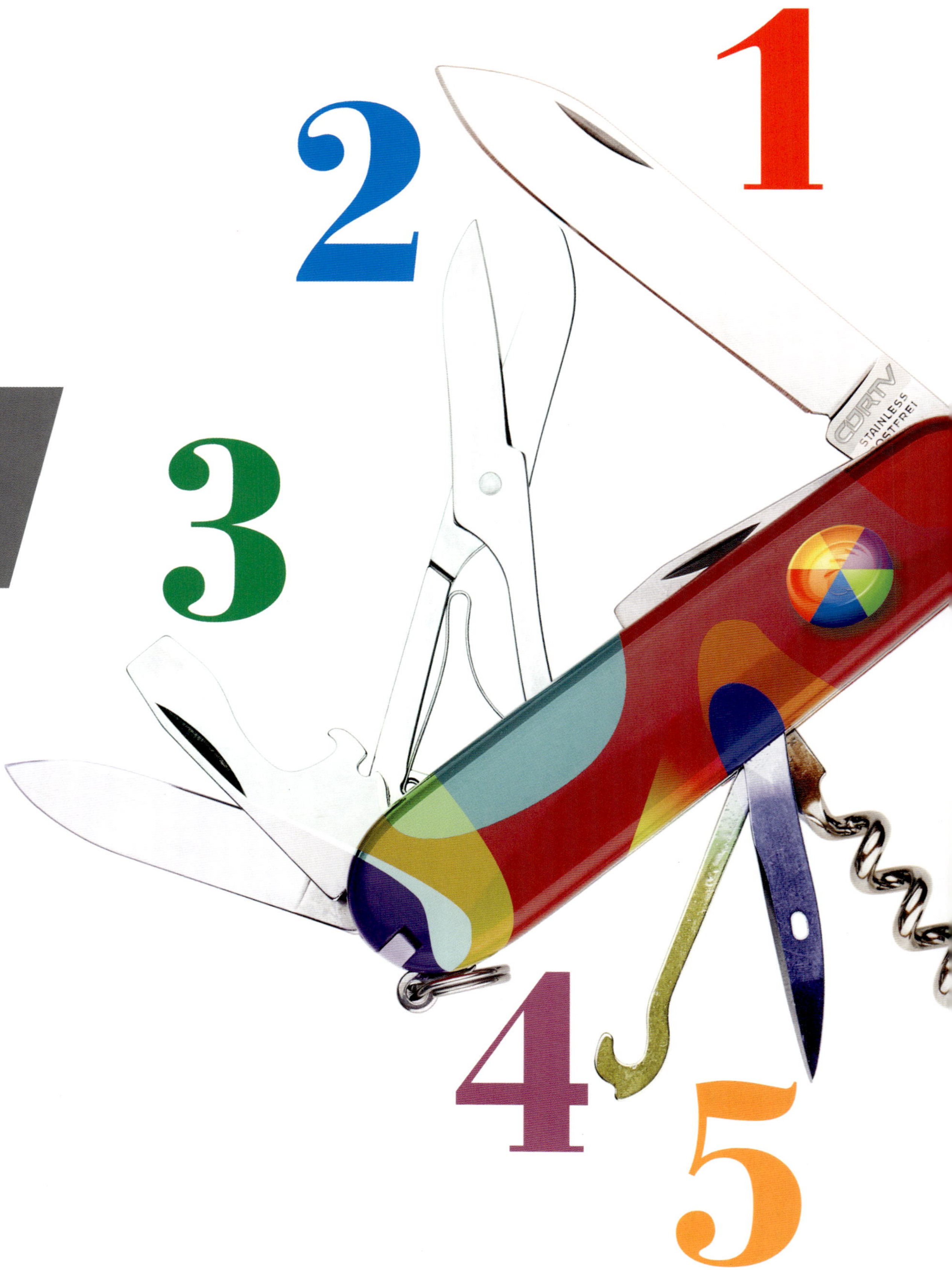
1
2
3
4
5

CDTV-1
新闻综合频道
CDTV-2
经济资讯服务频道
CDTV-3
都市生活频道
CDTV-4
影视文艺频道
CDTV-5
公共频道
CDTV-6
少儿频道
整合优势
CDRTV
成都广播电视台 广告中心
成都市人民中路一段11号成都体育中心体育宾馆
电话: (028)86623056 86741951 86744158 86621009 传真: 86744156 86762731
电视品牌催生传播张力
媒体实力创造传播价值
强力整合优势资源
精心打造传播平台
www.cdtv.cn

CCTV 6
影像中国 影响中国
China movie Move China
记录社会变迁、人生百态
记录五千年文化传承
中国电影经百年洗礼
让您从电影中看社会，看中国
十年来
电影频道-CCTV6将欢乐带入千家万户
与一代又一代国人共同成长
引领中国电影文化潮流
作为国内唯一的中央级专业电影频道
打造8.13亿中国观众的电影观赏习惯
助推众多品牌、产品走向全国市场
MATRIX
千里走单骑
LE SECRET DES POIGNARDS VOLANTS
功夫
KUNG FU HUSTLE

和
上美50年
融贯中西
和以出新
国际本土各取精髓
1956-2006
上海美术设计公司
SHANGHAI ART-DESIGNING CORP.
上海市漕溪路258弄23号 邮编:200235 电话:86-21-64836699 传真:86-21-64849530 http://www.adsh.com.cn

目录

四　政策、法规

十六　全国广告经营单位选介

十七　索引

’2006中国广告年鉴

China Advertising Yearbook

第十四版

14th Edition

CONTENTS

IV Policies, Laws & Regulations

'2006中国广告年鉴
China Advertising Yearbook
第十四版
14th Edition

领导讲话

在全国工商行政管理工作会议上的讲话

（2005年12月15日）

国家工商行政管理总局局长　王众孚

同志们：

这次全国工商行政管理工作会议是经国务院批准召开的。会议的主要任务是，认真贯彻落实党的十六大、十六届五中全会和中央经济工作会议精神，总结今年的工作，部署明年的任务。下面，我代表总局党组讲几点意见。

2005年工作的基本情况

2005年，是我们党和国家历史上具有重要意义的一年。党的十六届五中全会胜利召开，审议通过了“十一五”规划建议，激励全党全国各族人民在新的发展起点上继续向全面建设小康社会的宏伟目标迈进。一年来，全国工商行政管理系统坚持以邓小平理论和“三个代表”重要思想为指导，全面落实科学发展观和构建和谐社会的要求，按照党中央、国务院的统一部署和总局的具体安排，在各级党委、政府的领导下，锐意进取，积极开拓，各项工作有了新的进展，取得新的成绩。主要体现在以下几个方面。

一、认真贯彻国务院的统一部署，整顿规范市场秩序的重点工作取得明显成效

按照国务院的统一部署，一年来，各级工商行政管理机关充分发挥职能作用，深入整顿规范市场秩序，共查处各类经济违法违章案件171.41万件，总案值286.37亿元。特别是“三项重点整治”工作得到有效推进，取得显著成果。**一是**深入开展食品安全专项整治，流通领域食品安全形势进一步好转。各地认真落实国务院加强食品安全工作的决定和总局食品安全专项整治方案，集中开展了儿童食品市场、农村食品市场以及含“苏丹红”(一号)食品、包装食品、月饼市场、秋冬季食品市场等专项执法检查，严厉打击了制售假冒伪劣食品的违法行为。扎实贯彻《工商所食品安全监督管理工作规范》，进一步强化了食品安全日常监管工作。不断完善食品安全长效监管机制，继续推进了食品安全监管制度、食品经营者自律制度以及以12315消费者申诉举报网络为基

础的社会监督制度的建立和健全。稳步推进流通领域食品质量监管工作，建立健全监测制度，适时公布监测信息，一批不合格食品被清除出市场。认真组织开展“全国千万家庭食品安全知识大赛”，为加强食品安全监管营造了良好的社会氛围。全系统共检查食品经营主体1407万户次，查处无照经营24.61万户，捣毁制售假售假窝点7502个，查处制售假冒伪劣食品违法案件6.68万件，查获假冒伪劣食品价值2.45亿元，移送司法机关处理案件64件；监测食品2996组，发现不合格食品2277种，并实行了退市制度。**二是**深入开展保护注册商标专用权行动，加大了商标侵权案件查处力度。各地认真落实国务院保护知识产权的统一部署和总局保护注册商标专用权行动方案，先后开展了四次专项行动，严厉查处了侵犯食品商标、药品商标、涉农商标和以企业名称侵犯高知名度商标权益的案件，进一步规范了商标使用秩序。按照国务院的统一部署，今年总局共派出13个督查组，对各省市开展保护注册商标专用权行动的情况进行了督查。全系统共查处商标侵权案件2.2万件，其中涉外商标侵权案件3530件，移送司法机关处理案件132件、116人。与此同时，进一步加强商标注册和驰名商标认定保护工作。今年以来，依法认定驰名商标79件。截至11月底，我国注册商标累计总量已达247.14万件。商标宣传力度进一步加大，商标领域的国际交流与合作继续拓展。总局组织开展了声势浩大的“保护知识产权宣传周”活动，组团赴欧美等国家进行了保护注册商标专用权宣讲，积极参与了国家知识产权战略的制定和中国保护知识产权成果展的筹备工作，成功举办了“战略性利用商标促进经济暨农村发展国际研讨会”等国际会议和“2005中国商标节”。**三是**集中开展虚假违法广告专项整治，进一步规范了广告行为。总局积极贯彻国务院开展打击商业欺诈专项行动的部署，会同有关部门联合制定下发了《虚假违法广告专项整治工作方案》，建立了部际联席会议制度，搞好部门协作，加强办案协调，强化督促检查，形成了执法合力，推动了专项整治工作扎实开展。各地充分发挥牵头作用，制定实施方案，建立工作机制，以惩治虚假违法药品、医疗、保健食品、化妆品、美容服务广告以及利用互联网发布的虚假违法广告为重点，强化对广告主、广告经营者、广告媒体的监管，加强广告监测，加大执法力度，严厉打击了制作、发布虚假违法广告的行为。全系统共查处虚假违法广告案件3.02万件，责令停止发布虚假广告4.07万件，曝光典型违法案件2300件。从广告监测情况看，今年第三季度广告违法率比一季度下降了7.82个百分点，重大虚假广告基本消除。

二、积极营造良好的发展环境，严厉打击了各种违法经营行为

各级工商行政管理机关围绕中心任务，发挥职能作用，继续严厉打击了扰乱市场秩序的违法行为，努力营造公平竞争的发展环境。**一是**继续保持高压态势，强化对传销和变相传销的打击力度。各地对“北京恒源国际贸易有限公司”、“美国雷克瑟丝公司”、“香港大顺集团”、“广西玛雅生物科技有限公司”等重大传销组织进行了查处，配合公安部门共同开展了打击传销“鲁剑行动”，继续整顿和规范转型企业经营行为。全系统共查处传销和变相传销案件1297件，取缔传销窝点6811个，清查遣散传销人员13.57万人次。**二是**全力做好防控高致病性禽流感工作，切实加强禽类产品市场监管。按照党中央、国务院关于做好高致病性禽流感防控工作的决策部署，总局向全系统下发了做好市场防控高致病性禽流感工作的紧急通知和应急预案。各地采取关闭活禽交易市场、实行挂牌经营、加强市场巡查、严厉打击制售假冒伪劣禽流感疫苗违法行为等有力措施，切实加强市场监管，严防禽流感通过市场传播。**三是**大力开展盐业市场秩序专项整治，食盐市场秩序明显好转。各地认真贯彻温家宝总理、吴仪副总理重要批示精神，积极组织协调有关部门齐抓共管，严厉打击了私盐交易行为，有效防止了非食用盐、非碘盐和不合格碘盐流入食盐市场。全系统会同有关部门共查办各类涉盐案件1.05万件，没收违法盐品1.65万吨。**四是**深入开展“红盾护农”行动，农资市场秩序进一步规范。各地认真落实总局“红盾护农”方案，严把农资市场准入关，严厉打击制售假冒伪劣农资的违法行为，加强流通领域农资商品质量监测，督促农资经营者建立健全“两帐两票、一卡一书”和种子留样备查公告等制度，积极引导发展现代农资流通体系，有力地推动了“红盾护农”行动的深入开展。全系统共整顿各类农资市场3.65万家，检查农资企业及个体工商户35.10万户，查处农资违法案件2.45万件，捣毁农资制假售假窝点366个，为农民挽回经济损失3.16亿元。**五是**进一步加大反不正当竞争执法力度，查处了一批重大案件。各地积极组织开展了查处利用网络等手段从事不正当竞争行为的专项执法行动，继续加强了对垄断性行业强制交易、强制服务的监管力度，认真开展了纠正医药购销中不正之风的工作。全系统共查处各类不正当竞争案件3.05万件，案值21.65亿元。**六是**继续加强重要商品市场监管，严厉打击了各种违法经营行为。各地继续加强对粮食、棉花、成品油、汽车等重要商品市场以及节日市场的监管，严厉打击非法拆解拼装报废汽车行为，认真开展打击走私贩私专项斗争，积极配合有关部门开展“扫黄”、“打非”、禁毒、禁赌、反假币、反洗钱集中行动，坚决取缔“黑网吧”，有力地维护了市场秩序，促进了社会主义精神文明建设。全系统共查处粮食违法案件4617件，非法拼装车案件581件，走私贩私案件3696件，制售非法出版物案件2119件。

三、坚持公有制为主体、多种所有制经济共同发展的基本经济制度，促进各类市场主体健康发展取得新成果

各地按照深化改革、扩大开放、促进发展的要求，改进管理，优化服务，积极促进国有集体企业改组改制，大力支持个体私营经济和外商投资企业发展，认真做好港澳个体工商户登记服务工作，取得了新的成果。全系统共办理国有企业改制登记2448户。全国实有内资企业361.82万户，注册资金16.69万亿元；外商投资企业26.3万户，注册资金8397.84亿美元；个体工商户2535.47万户，资金数额5929.61亿元，私营企业439.67万户，注册资金6.2万亿元；港澳个体工商户2049户，资金数额1.09亿元。同时，坚决取缔无照经营，严肃查处“三无”企业。全系统共查处无照经营案件59.9万件。

四、贯彻落实统筹城乡区域协调发展战略，大力支持区域经济和农村经济协调健康发展

一是积极支持区域经贸活动，加大了促进地区经济发展力度。参与支持举办了“中国中小企业博览会”、“中国西部家具建材博览会”、“东西部合作与投资贸易洽谈会”、“兰洽会”、“青洽会”等商贸活动，推动泛珠三角地区广泛开展区域合作，为促进东中西部良性互动、优势互补、共同发展发挥了积极作用。**二是**制定实施鼓励政策，加大了支持东北等老工业基地振兴力度。老工业基地工商行政管理机关普遍制定实施了鼓励个体私营经济和外资参与国有集体企业改制的政策措施，积极支持国有集体企业利用个体私营和外资进行技术改造、盘活资产、实行多样化经营。**三是**进一步推进了东部地区执法协作，加大了促进东部地区加快发展的力度。“长三角”、“珠三角”等地工商行政管理机关积极推进区域执法协作，建立维护企业权益、商品质量抽检互认互通、消费异地救济等一体化协作机制，为东部地区加快发展创造了良好市场环境。**四是**认真贯彻中央1号文件精神，加大了支持“三农”工作力度。积极开展了农产品商标和地理标志注册保护工作，促进了农业发展、农民增收。大力培育发展农村经纪人，扶持发展“订单农业”，加强涉农合同监管，努力为促进农村经济发展服务。目前，我国已注册农产品商标19.8万件，地理标志131件，农村经纪人7.85万户。

五、切实执行国家积极就业政策，进一步促进了就业再就业工作

一是认真落实就业和再就业优惠政策，进一步优化管理服务，积极引导下岗人员和高校毕业生转变择业观念，从事个体私营经济，自谋职业，自主创业。**二是**积极支持鼓励个体私营企业吸纳下岗人员和高校毕业生，支持国有集体企业开展多种经营安置分流人员，支持发

展社区餐饮服务业等第三产业，拓展了就业空间。**三是**充分发挥个体劳动者协会、私营企业协会作用，开展咨询服务，加强技能培训，提高了下岗失业等人员的就业再就业能力。**四是**加强对劳动力市场和各类劳务中介机构的监管，严厉打击骗取求职人员信息费等欺诈行为，创造了良好的就业再就业环境。全系统共支持、办理239.59万名下岗失业人员在个体私营经济领域实现再就业，落实再就业优惠政策免收行政性收费11.08亿元；引导、支持35.64万名高校毕业生在个体私营经济领域实现就业，落实高校毕业生从事个体经营优惠政策免收行政性收费8450.6万元。

六、继续推进监管制度改革创新，进一步提高了监管执法效能

一是企业信用分类监管改革阶段性目标提前实现，在市场主体监管中发挥了积极作用。截至目前，全国已有36个副省级以上工商局与总局实现了联网，通过联网共拥有646.5万户企业的基本信息；全系统已对644.5万户企业实行了企业信用等级分类，分类企业占全国企业总数的79.79%。**二是**个体工商户分层分类登记管理改革全面开展。一些地方在个体工商户分层分类登记管理的同时，实施信用分类监管，提高了个体工商户登记注册效率和动态监管水平。**三是**商品准入制度进一步健全和完善。各地逐步建立健全了商品入市验证验票制度、商品质量查验制度、不合格商品退市制度等为主体的商品准入、退出制度体系，严把商品质量关，推进了市场监管。**四是**12315行政执法体系建设积极稳步推进，保护消费者合法权益机制、体制创新工作力度进一步加大。**五是**信息化建设取得明显进展。逐步建成了以企业登记和信用监管、商标管理、12315体系为主体的信息网络体系，提高了现代化管理水平，积极开展了对外服务。

七、深入贯彻《行政许可法》和《全面推进依法行政实施纲要》，依法行政水平明显提高

一是法制建设取得新的成果。出台了《商标评审规则》等行政规章；参与起草或修订的《禁止传销条例》、《直销管理条例》、《公司法》已经国务院、全国人大审议通过并颁布实施。**二是**进一步规范了执法行为。各地认真贯彻《行政许可法》和《全面推进依法行政实施纲要》，便民、利民、为民服务的意识进一步增强，深入推行政务公开，办事效率和质量明显提高，基本实现了依法依时核准企业名称、核准登记企业。同时，继续强化执法监督，进一步促进了执法的规范化、法制化。**三是**加强了国际交流合作。围绕知识产权保护、竞争政策、消费者权益保护、市场主体准入等方面，广泛开展了双边、多边国际交流与合作，积极借鉴了国外市场监管立法、执法的有益经验。

八、以开展保持共产党员先进性教育活动和落实中央加强执政能力建设的决定为契机，队伍建设取得新成效

一是先进性教育活动扎实开展，取得实效。各级工商行政管理机关按照中央的统一部署，高度重视，精心组织，严格要求，保证了先进性教育活动各项任务的圆满完成，达到了中央提出的“提高党员素质、加强基层组织、服务人民群众、促进各项工作”的预期目标。**二是**加大了执政能力建设工作力度。各地认真落实十六届四中全会加强执政能力建设的决定和吴仪副总理重要讲话精神，加强理论学习，注重实践锻炼，深化人事制度改革，进一步加强了班子建设和队伍建设，提高了各级干部从政治上把握和处理问题的能力、为经济社会全面协调可持续发展服务的能力和依法履行市场监管执法职责的能力。**三是**队伍教育整顿工作取得新成绩。经过一年多的努力，以“五项清理”为主要内容的队伍教育整顿清纠工作基本结束。全系统共清理执法案件244.3万件、涉及收费问题316件、消费者申诉132.25万件、对工商人员信访举报2.06万件、执法岗位上不具备执法资格的人员3万多人，给予党纪政纪处分1215人，移送司法机关处理53人。队伍教育整顿实现了提高政治素质、改进工作作风、增强法纪观念、改善执法形象的预期目标，受到了温家宝总理、吴仪副总理及中纪委、监察部领导同志的充分肯定，得到了社会各界的好评。**四**

是干部教育培训工作进一步加强。总局先后举办系统干部培训班13期，培训1460人次。各地也采取不同形式开展培训、轮训，进一步提高了队伍的政治、业务素质。

九、以贯彻落实中央惩防体系《实施纲要》为主线，进一步加强了党风廉政建设

全系统贯彻落实惩防体系《实施纲要》稳步推进，开局良好。**一是**总局党组和各省级工商局党组织高度重视，普遍成立了领导小组和工作机构，为落实好《实施纲要》提供了坚强的组织保证。**二是**认真制定落实《实施纲要》的具体措施。总局党组分别制定印发了《具体意见》、任务分工方案和2007年底前工作要点，总局机关各司局和直属单位制定了《具体实施意见》；27个省(区、市)工商局出台了《具体实施意见》。**三是**总局领导小组分别召开了总局机关、全国工商系统汇报会或座谈会，沟通交流情况，推动了《实施纲要》的贯彻落实；**四是**各地采取组织学习、问卷考试、媒体宣传等形式，使《实施纲要》在广大工商干部中深入人心，并按《具体意见》的要求抓落实，取得了一些初步成果。总局机关和全系统落实《实施纲要》的工作，受到了中纪委领导同志的充分肯定。

一年来，全系统还积极参与完成了全国经济普查、社会治安综合治理、打击非法改装车辆和治理超载、整治违法排污企业、打击非法行医等有关工作，受到了各级党委政府的肯定。

今年是实施“十五”计划的最后一年，在全面总结今年工作的同时，认真回顾“十五”时期的工作，肯定成绩，总结经验，查找差距，改进工作，对于我们继往开来，再创辉煌，具有积极意义。即将过去的五年，是我国发展进程中不平凡的五年，也是市场监管执法工作不断开拓进取、工商行政管理事业前进发展的五年。五年来，在党中央、国务院和各地党委、政府的领导下，全国各级工商行政管理机关尽职尽责加强监管执法，尽心尽力服务改革发展，为维护市场秩序、促进经济发展发挥了重要作用；积极推进市场监管体制、机制和监管方式改革，适应社会主义市场经济发展需要的工商行政管理新体制基本建立；大力加强法制建设，与社会主义市场经济体制相适应的工商行政管理法律法规体系初步形成；坚持不懈狠抓队伍建设，已基本建成一支能担当市场监管执法重任的工商行政管理干部队伍。这些都为“十一五”时期工商行政管理事业的进一步发展打下了良好的基础。

在肯定成绩的同时，必须清醒看到我们的监管执法工作和自身建设还存在不少差距。整顿规范市场秩序的任务还十分艰巨，市场监管执法工作还需要进一步加强，法律法规还需要不断完善，队伍素质还有待进一步提高。这些都需要我们在今后的工作中倍加努力，不断改进。

2006年的工作安排

2006年，是实施“十一五”规划的第一年，做好2006年的工作意义重大。全国工商行政管理系统要坚决贯彻落实党的十六届五中全会和中央经济工作会议精神，坚持以科学发展观统领全局，全面完成2006年的各项任务，为推进“十一五”时期工商行政管理的更快更好发展开好局、起好步。

党中央、国务院对工商行政管理工作一直十分重视，非常关心。这次会议召开前，吴仪副总理专门作出重要批示，充分肯定了一年来工商行政管理工作取得的成绩，对今后的工作提出了明确的要求和殷切的期望，使我们深受鼓舞和鞭策，也是激励我们进一步开创工作新局面的强大动力。我们一定要认真学习领会，抓好贯彻落实。

2006年工商行政管理工作的总体要求是：**坚持以邓小平理论和“三个代表”重要思想为指导，认真贯彻党的十六大、十六届五中全会和中央经济工作会议精神，全面落实科学发展观和构建和谐社会的要求，深入整顿规范市场秩序，努力营造公平竞争的市场环境；充分发挥监管服务职能作用，积极促进经济社会又快又好发展；继续推进法制建设和制度创新，着力提高监管执法效能；大力加强队伍建设，进一步提高队伍素质和依**

法行政水平，为落实“十一五”规划、实现全面建设小康社会的奋斗目标做出新的贡献。

一、认真贯彻十六届五中全会精神，坚持以科学发展观统领工作全局

党的十六届五中全会，是我国改革发展进入关键时期召开的一次重要会议。全会审议通过的“十一五”规划建议，明确了我国“十一五”时期经济社会发展的指导方针、奋斗目标、主要任务和重大举措。贯彻落实好这次会议精神，对于我们实现全面建设小康社会的奋斗目标、开创中国特色社会主义事业新局面，具有十分重大的意义。各级工商行政管理机关要把学习贯彻十六届五中全会精神作为当前和今后一个时期的重大政治任务，自觉坚持用科学发展观指导工商行政管理工作的改革和发展。

（一）认真学习、深刻领会十六届五中全会精神，统一思想，提高认识。坚持以科学发展观统领经济社会发展全局，是十六届五中全会精神的核心，是“十一五”规划建议的总纲，是以胡锦涛同志为总书记的党中央对社会主义现代化建设指导思想的重大发展，是马克思主义发展理论的重大创新。工商行政管理系统的干部学习领会十六届五中全会精神，最重要的就是要加深对科学发展观的理解。科学发展观的第一要义是发展，核心是以人为本，基本要求是坚持全面、协调、可持续发展。广大工商行政管理干部要进一步增强贯彻落实科学发展观的自觉性和坚定性，始终坚持用科学发展观统领工商行政管理工作的全局，切实把科学发展观落实到市场监管执法的各项实际工作中，为促进科学发展充分发挥工商行政管理职能作用。

（二）正确认清工商行政管理工作面临的形势和任务，坚定信心，开拓进取。十六届五中全会对我们当前面临的国际国内形势作了深刻的分析。总体上看，既有诸多有利条件和发展机遇，又面临复杂多变的国际局势和改革发展中的一些深层次问题。就工商行政管理工作而言，落实“十一五”规划、实现全面建设小康社会的奋斗目标，我们肩负的维护市场秩序的任务将更加繁重；促进科学发展、构建和谐社会，对我们的工作提出了新的更高的要求。全国工商行政管理系统的同志们，要进一步认清形势，明确任务，增强使命感和责任感，在繁忙的具体工作中，善于进行理论思考和战略思维，锐意进取，开拓创新，努力提高落实科学发展观的能力和水平，不断把工商行政管理工作推向前进。

（三）精心制定“十一五”时期工商行政管理发展规划，立足当前，谋划长远。“十一五”规划建议描绘了我国“十一五”时期经济社会发展的宏伟蓝图，对工商行政管理工作提出了新的任务和要求。为确保“十一五”规划建议赋予工商行政管理部门的各项任务落到实处，总局正在组织力量制定工商行政管理发展“十一五”规划。各地要按照总局制定的规划，根据当地政府的统一部署和要求，研究制定具体措施，扎扎实实抓好落实。特别要认真做好2006年开局之年的各项工作，为实施“十一五”规划打下坚实的基础。

二、深入整顿、继续规范，努力营造良好的市场经济环境

十六届五中全会和中央经济工作会议明确提出，要进一步整顿和规范市场秩序，坚决打击制假售假、商业欺诈、侵犯知识产权等违法行为，强化对食品、药品、餐饮卫生等的监管。整顿规范市场秩序，营造良好的市场经济环境，是工商行政管理部门的基本职责和重要任务。要在充分肯定整顿规范市场秩序工作取得明显成效的同时，清醒看到市场秩序中存在问题的严重性和整顿规范的艰巨性、复杂性，切实把整顿规范市场秩序作为一项重要任务常抓不懈。

在深入整顿规范市场秩序中，**一是**要坚持突出重点，全面推进。重点是严厉打击损害人民群众切身利益、影响经济发展和社会安定、严重扰乱市场秩序的行为。**二是**要坚持标本兼治，着力治本。要在近年来积极探索实践的基础上，狠抓行之有效的监管制度的落实和完善，继续推进监管制度的改革创新，进一步加大治本力度，努力建立长效监管机制。**三是**要坚持有法必依，执法必严。要进一步完善执法制度，强化执法监督，切

实做到有案必查，有查必果，切实做到依法行政。

（一）维护消费者合法权益，严厉打击制假售假行为。一是继续深入开展食品安全专项整治，切实维护食品消费安全。要针对食品季节性、节日性、区域性消费特点及消费者申诉举报多和与群众生活密切相关的品种，集中开展三项专项执法检查：即以城市社区、农村和城乡结合部为重点，开展重点区域执法检查，重点解决无照经营和制售假冒伪劣食品问题；以商场、超市、集贸市场和批发市场为重点，开展自律制度专项执法检查，重点解决经营者进货验证验票、不合格食品退市、食品质量责任等自律制度的建立和落实问题，引导和监督经营者切实对消费者和食品安全负责；以五一、十一、中秋、元旦、春节为重点，开展节日食品市场专项执法检查，重点解决销售有毒有害和不合格节日食品问题，确保节日消费安全。在食品安全专项整治中，要突出重点食品质量监管，特别要继续把奶制品作为重点产品，认真贯彻国务院办公厅加强液态奶生产经营管理的通知精神，严把市场主体准入关，大力加强市场监督检查，严肃查处销售不合格液态奶以及掺杂使假等违法行为。在集中开展专项整治的同时，要继续依法清理规范食品经营主体，切实坚持先证后照，确保经营主体资格合法有效。要全面落实工商所食品安全监管规范，大力强化食品安全日常监管，严格规范食品经营行为。要完善食品安全监管网络，加强食品安全风险评估，健全预警、应急处置机制，进一步提高食品安全监管水平和处置突发事件的能力，积极推进食品安全监管长效机制建设。**二是**加强流通领域商品质量监管。要不断完善商品质量市场准入体系，加强流通领域以食品为重点的商品质量监测，实施规范的商品质量快速检测，及时发现和查处存在质量问题的商品；在全国设立商品质量检测数据直报点，开展定点监测，建立商品质量监测数据库，不断提高商品质量监管水平。**三是**进一步创新消费维权体制、机制，加大消费维权执法力度，切实维护消费者合法权益。各地要继续推进12315网络进社区、进村镇、进市场、进商家，加强“一会两站”建设，方便消费者就近投诉，及时调解消费纠纷，特别要突出抓好重点商品和服务行业保护消费者权益工作，广泛开展消费教育活动，进一步提升消费维权水平。**四是**严厉打击各种制假售假行为，维护重要商品经营秩序。要会同有关部门、行业协会、名优产品企业，共同对建材、汽车配件、化妆品、家用电器、电子通讯产品等涉及国计民生和消费安全的重点商品，以及人民群众反映强烈的难点、热点问题进行集中整治，进一步加大打假力度，切实维护市场秩序。

（二）维护公平交易，严厉打击传销及其他商业欺诈行为。一是继续保持高压态势，严厉打击传销和变相传销。《禁止传销条例》和《直销管理条例》已分别于今年11月1日和12月1日开始施行，各地要认真贯彻执行，要把打击传销和变相传销作为明年整顿规范市场秩序的重点工作。要加强对传销活动多发区、易发区等重点地区的巡查，特别是强化对出租房屋的监控，继续有针对性地开展专项行动，重点打击“拉人头”、“团队计酬”和利用互联网进行传销的行为；切实做好直销企业的准入、监管和规范，抓好直销员的招募、培训、计酬等关键环节，对违规行为坚决予以查处；继续加强舆论宣传工作，提高广大群众防范和抵制传销的能力。**二是**深入开展广告市场专项整治工作，严厉打击虚假违法广告。以医疗、保健品、药品、化妆品为重点，分季度、分阶段、分品种开展重点整治；继续抓好对广告主、广告公司、广告媒介单位的监管，实现对广告市场的全方位、全过程监管；认真落实广告监测、广告信用、违法广告公告及违法广告活动主体退出、责任追究等制度，加大执法监管力度；积极推动落实部门联席会议制度，加强协调配合，搞好综合执法，增强监管合力。**三是**加大合同行政执法力度，严厉打击合同欺诈行为。加强对买卖、加工承揽、旅游、重要生产资料等合同的行政监管，严厉打击设置合同陷阱、骗取合同保证金、实施合同诈骗等违法行为。继续开展“守合同、重信用”企业创建活动，促进全社会良好信用观念的形成。**四是**加大案件查处力度，严厉打击各种商业欺诈行为。严厉打击商业零售企业虚假打折、虚构或夸大特许经营品牌骗取加盟费，以及以回购包销产品为诱饵推销种籽种苗、加工器械等商业欺诈行为；严厉打击中介组织发布虚假信息骗取钱财的违法行为；严厉查处坑农害农的商业欺诈行为，增强农民消费信心。

（三）大力加强市场监管，切实抓好禽流感防控工作。各级工商行政管理机关要坚决贯彻落实党中央、国务院的决策部署，充分发挥市场监管职能作用，高度重视和切实抓好禽流感防控工作。**一是**要制定完善市场防控禽流感应急预案，认真落实禽类市场监管监测报告制度，一旦发生疫情，立即报告当地政府和国家工商总局，通报有关部门，并迅速启动应急程序，及时果断予以处置。**二是**要加强活禽交易市场特别是农村市场的监管，实行禽类产品市场准入和“挂牌经营”制度，严防禽流感通过市场传播。**三是**要加大监管执法力度，严厉打击制售假冒伪劣禽流感疫苗等违法行为。**四是**要坚持一手抓防控，一手促发展，认真落实各项扶持措施，积极促进家禽业健康发展，确保合格的禽类及其产品正常交易，货畅其流。

（四）维护商标专用权，严厉查处商标侵权案件。一是进一步提高商标执法水平。严厉查处情节严重、性质恶劣、社会反响强烈的商标侵权假冒案件，追根溯源，一查到底。完善案件移送制度，加强案件移送工作，对达到商标犯罪立案标准的及时移送司法机关追究刑事责任。**二是**认真做好涉外商标保护工作。要充分认识依法保护中外商标的重要性和紧迫性，对中外商标保护做到一视同仁，努力树立我国有效保护注册商标专用权的良好国际形象。**三是**加强驰名商标认定和保护工作。要进一步提高工作效率和执法水平，增强裁定的准确性、公正性。加大对驰名商标的法律认定和保护力度，切实维护企业商标权益。充分运用调解机制，妥善处理商标纠纷。

（五）维护公平竞争，切实制止不正当竞争行为。一是进一步加大反不正当竞争执法力度。继续加大对商业贿赂的整治力度，积极参与纠正医药购销中不正之风的工作；继续组织开展查处重大不正当竞争案件专项执法行动，严厉查处仿冒知名商品特有的名称、包装、装潢、企业名称的行为，对商品质量作误导性宣传、不正当有奖销售等行为，利用网络从事不正当竞争的行为。**二是**进一步加大制止行业垄断工作力度。继续加强对行业垄断的整治，严厉查处垄断性行业强制交易、强制服务等行为，促进统一开放、竞争有序的现代市场体系的建立。**三是**进一步加大制止行政性垄断、打破地区封锁工作力度。积极运用行政建议或行政告诫等方式，努力制止地方保护和地区封锁行为。

（六）维护良好市场经济环境，严厉查处各种违法经营行为。一是深入开展反走私斗争。严厉打击贩私和经销无合法来源进口商品的行为，坚决取缔各类走私货市场和集散地。**二是**大力加强对粮食、棉花、汽车、成品油等重要商品市场的监管。积极支持符合资质条件的各类粮食经营、加工企业入市收购粮食，继续强化陈化粮监管；认真做好对现有棉花加工企业的清理整顿工作，维护棉花流通秩序；加强对二手车市场的监管力度；规范成品油市场经营秩序，严厉查处以次充好、掺杂使假等违法行为。**三是**严厉打击非法拼装组装汽车的行为，切实防止反弹。对已取缔的报废车辆拆解市场要全面进行复查，对零散、新的交易场点，对转移、隐匿报废车、拼装车和废旧车零部件进行地下暗中交易的，要依法严厉打击。**四是**积极配合有关部门开展禁毒、反假币、反洗钱等工作。密切配合有关部门严厉打击制造、贩卖假币行为，切实加强对娱乐服务场所和易制毒化学品生产经营单位的监管，认真做好反洗钱工作。

三、履行职责、热忱服务，充分发挥推动经济社会又快又好发展的主动性、积极性和创造性

各级工商行政管理机关要认真贯彻落实党中央、国务院关于促进经济发展的各项决策部署，全面落实科学发展观，牢固树立为促进经济社会发展服务的思想，在各级党委政府的统一领导下，进一步加强与有关部门的协调配合，为促进经济社会全面协调可持续发展尽职尽责，尽心尽力。

（一）加强和改进企业登记和监管，促进各类市场主

体和各种所有制经济共同发展。要以贯彻实施新修订的《公司法》和《公司登记管理条例》为契机，进一步改进和提高登记管理工作水平，为各类市场主体健康发展积极做好登记服务工作。**一是**认真贯彻国家增强自主创新能力、推进产业结构调整、促进增长方式转变的方针政策，扎实做好有关监管服务工作。加大知识产权保护力度，大力支持市场主体自主创新。积极引导各类市场主体增强商标意识，实施商标战略，提升产业素质和市场竞争力。支持拥有自主知识产权和知名品牌的大企业和企业集团发展成为具有国际竞争力的跨国公司。强化商标行政执法工作，优化创新环境，保护创新利益。认真执行国家产业政策和产业发展目录，依法把好市场主体准入关，积极促进产业结构调整和经济增长方式转变。对国家禁止和限制发展的产业，申请登记时要严把准入关口；仍在经营的，要积极配合有关部门进行清理整顿，依法责令其办理变更登记或注销登记。尤其要配合有关部门调整产能过剩行业、淘汰落后生产能力，依法做好调整、关闭那些产能过剩、技术落后、破坏资源、污染环境和不具备安全生产条件的企业的变更或注销登记工作。对国家支持发展的产业，要优化服务，创造良好的发展环境。特别要大力支持发展资源节约型、环境友好型的行业和经营项目。重视发挥农产品商标和地理标志商标在调整农业生产结构、促进区域经济发展中的积极作用。**二是**大力支持国有、集体企业改革改组改造，促进国有、集体企业加快发展。要积极主动掌握企业情况，加强政策指导，优质高效地为改制企业做好登记服务工作；要严格依法行政，规范改制行为，切实防止国有资产流失；要继续积极支持集体企业深化改革，发展多种形式的集体经济。**三是**加强和改进对非公有制企业的服务和监管，引导个体私营经济健康发展。鼓励、支持和引导个体私营企业大力发展商贸、外贸、交通运输、旅游、餐饮、居民服务、中介服务等第三产业和服务业；鼓励和支持非公有制经济参与国有企业改革，进入金融服务、公用事业、基础设施等领域。**四是**加强政策引导和改进登记管理，促进外商投资企业健康发展。按照国家鼓励外资参与国有企业改革的政策要求，积极引导外资参与国有企业改组改造。重视对外资投向的产业和区域引导，鼓励外资投向先进制造业、现代服务业、高技术含量生产环节和研发领域，投向中西部地区和东北等老工业基地。加强对东中西部等不同区域外资登记管理的分类指导，进一步规范外资登记授权工作；积极改进外资监督管理方式，强化对外资企业出资的监管，继续推进外资企业属地化监管，着力提高利用外资的质量。**五是**进一步做好港澳居民在内地申办个体工商户的登记服务工作。认真落实关于内地与港澳建立更紧密经贸关系第三阶段扩大开放政策，进一步提高工作效率和水平，积极促进港澳个体工商户发展。

(二)认真贯彻落实"三农"工作方针政策，维护农村市场秩序和农民权益，促进农村经济发展。按照建设社会主义新农村的总体部署，进一步整合工商职能，努力为支持"三农"工作服务。**一是**继续深入开展"红盾护农"行动，切实保护农民利益。进一步建立健全和推动落实"两帐两票、一卡一书"、种子留样备查、农资经营企业信用分类监管等制度，强化对农资市场的日常监管；继续狠抓大案要案的查处，严厉打击制售假冒伪劣农资坑农害农等违法行为；切实加强农资商品监测工作，及时把不合格农资产品清除出市场。**二是**积极引导农民运用农产品商标和地理标志增收。进一步加大宣传力度，切实做好农产品商标和地理标志保护工作，积极引导注册农产品商标和地理标志，支持农民充分利用地区优势农产品生产致富。**三是**大力支持培育发展农村经纪人，支持发展"订单农业"，开展涉农合同帮扶工程，促进农业生产发展，搞活农产品流通。**四是**积极支持农业产业化生产经营。继续鼓励和引导农民发展专业合作经济组织，探索做好农民专业合作社等登记注册工作，依法赋予市场主体资格，积极支持涉农龙头企业，努力促进农业生产市场化、产业化、规模化发展。**五是**积极引导支持农村个体私营经济发展。对农村流动商贩免于工商登记，对农民进入集贸市场销售自产农副产品不予登记；积极支持、引导农村个体私营企业向农产品加工业、种养业以及为农业生产服务的行业拓展。

(三)按照统筹区域发展的要求，为促进区域经济协调发展做好管理服务工作。一是继续积极参与支持举办投资、贸易等经济活动，引导东中西部企业加强信息交流，搞好经贸合作，实现项目对接，促进共同发展。**二是**加强政策指导，搞好咨询服务，积极促进个体私营经济和外资参与老工业基地国有集体企业改制，支持老工业基地国有集体企业盘活资产，搞好主辅分离，实行多样化经营。**三是**继续完善东部地区执法协作机制，加强信息交流和执法合作，增强促进东部地区加快发展的整体合力。

(四)发挥职能优势，促进就业再就业工作。认真落实十六届五中全会、中央经济工作会议关于千方百计扩大就业的精神和国务院最近发布的《关于进一步加强就业再就业工作的通知》的部署要求，进一步加大促进就业和再就业工作力度。**一是**落实国家就业和再就业政策，在市场准入、政策支持、收费减免、提供服务和优化市场环境等方面提供便利，鼓励下岗失业人员、高校毕业生等各类人员创办小企业，自主创业和自谋职业。**二是**积极支持就业容量大的劳动密集型产业、服务业和各类所有制的中小企业发展，扩大就业容量；积极支持国有企业深化改革，通过主辅分离、辅业改制等措施安置富余人员，多形式、多渠道增加就业岗位；积极支持鼓励个体私营企业吸纳下岗人员和高校毕业生。**三是**加强对下岗失业人员再就业的指导，鼓励、引导下岗失业人员在社区兴办餐饮业、零售业、居民服务业、租赁服务业。**四是**积极配合有关部门加强对劳动者合法权益的保护工作，严厉打击劳务中介机构发布虚假劳务信息骗取钱财的违法行为。

(五)积极参与文化市场监管，促进社会主义精神文明建设。一是积极配合有关部门开展“扫黄”、“打非”斗争，净化文化市场环境。重点查缴政治性非法出版物、淫秽出版物、盗版出版物和宣扬伪科学类出版物。**二是**配合有关部门加强对互联网上网服务营业场所和电子游戏经营场所的管理。加强对出租房屋、居民楼、高校电教室等场所的监督检查，坚决取缔黑网吧；加强对游戏厅室的检查，坚决取缔证照不全或无证照经营。**三是**配合有关部门进一步优化校园周边环境。积极会同有关部门对中小学校及周边无照经营进行查处取缔，密切配合有关部门对娱乐服务场所、商业网点、餐饮业等进行整顿规范，为中小学生创造一个良好的学习环境，确保消费健康安全。**四是**继续认真清理企业名称和商标、广告用语中的不良文化现象。严禁在企业名称和商标中使用含有反动政治内容、消极政治影响、封建迷信色彩、腐朽文化糟粕和违反社会道德内容的文字、词汇和图形；严禁在广告中出现违背社会良好风尚的文字、语言、画面以及其他庸俗淫秽、格调低下的内容。

(六)积极参与社会治安管理，促进社会安定和谐。要认真贯彻落实胡锦涛总书记、温家宝总理的重要指示和国务院关于加强安全生产的一系列规定精神，按照总局最近下发的紧急通知要求，积极配合有关部门加强对煤矿、非煤矿山、危险化学品、烟花爆竹、民爆器材等生产经营企业的监管，严格主体准入，加强市场监管，参与联合执法，服务安全生产。特别要重点配合有关部门继续打好煤矿瓦斯治理和整顿关闭两个攻坚战，对有关部门提请当地政府决定予以关闭的煤矿，责令其限期依法办理注销登记。要针对一些城市对燃放烟花爆竹“禁改限”的情况，进一步加大对烟花爆竹生产、销售等各环节的监管，防止不合格产品和违法产品流入市场，切实维护人民群众生命安全。要配合有关部门加强对洗浴中心、美容美发、保健按摩等服务行业的监管，按照职能分工，积极参与社会治安综合治理工作，为维护社会稳定服务。

四、健全法规、创新制度，努力建设适应社会主义市场经济发展需要的市场监管新体系

(一)加快立法立规步伐，进一步健全市场规则。根据“十一五”规划建议关于完善市场主体、市场交易、市场监管等方面法律法规的要求，研究制定工商行政管理“十一五”立法规划，积极促进适应社会主义市场经济发展需要的工商行政管理法律法规体系的建立和完

善。2006年，要继续做好制定《商事登记法》、《反垄断法》的有关工作；积极做好《反不正当竞争法》、《商标法》、《合伙企业登记管理办法》的修订工作；抓紧制定《流通领域商品质量监督管理条例》、《商标代理条例》等行政法规和规章；认真开展制定《经纪人法》、修订《广告法》和《消费者权益保护法》的调研论证工作。

(二)继续推进监管方式改革。近年来在全系统推行的一系列监管方式方法改革，已取得阶段性成效。今后一段时间，要在巩固、完善、提高上下功夫。**一是**继续深入推进企业信用分类监管，建立健全全国企业信用分类监管网络。要继续扩大联网范围，争取2006年实现90%以上的单位与总局联网；要强化联网应用，发挥监管系统的整体功能，向授权单位开放总局企业名称数据库，运用全国黑牌企业数据库加强企业登记和监管，加大对违法违规企业的惩戒力度；要加强制度建设，建立健全数据采集、更新和维护制度，完善数据传输、应用和联网管理制度。**二是**加快12315行政执法网络体系建设和应用工作步伐。各地要按照总局关于大力推进12315行政执法网络体系建设工作意见的部署，理顺工作关系，规范工作程序，建设具有“相对集中受理、分工协作办理、应急指挥调度、信息汇总分析”的信息网络，促进行政执法的现代化和规范化。**三是**继续深入推进商品准入制度改革。要认真总结流通领域商品准入制度改革工作的经验，以食品及涉及消费安全的商品为重点品种，以农村为重点区域，继续推进和规范流通领域商品经营者进货检查验收、验证验票、购销台帐、协议准入、商品质量承诺、不合格商品退市以及市场开办者质量管理责任等自律制度。进一步完善流通领域商品质量监管制度，扩大商品准入制度的覆盖面，促进商品准入制度改革工作的深入开展。**四是**继续深入推进个体工商户分层分类登记监管改革。制定出台《个体工商户委托登记管理办法》和《个体工商户分类监管指导意见》，规范委托授权登记和分类监管的形式、程序和标准，将个体工商户的登记监管工作纳入“经济户口”和企业信用监管平台，建立和完善个体工商户委托登记和分类监管机制。**五是**继续深入推进监管方式方法改革，巩固和完善市场巡查制、互联审批制、首办责任制等监管方式改革。

(三)努力创新监管机制。努力建设行政执法、行业自律、舆论监督、群众参与的市场监管新体系。**一是**切实履行好市场监管执法职责，进一步促进执法职能到位，不断提高执法效能和应急监管能力。当前，特别要认真落实总局下发的市场监管应急预案，结合本地实际，建立完善市场监管应急机制，切实提高对重大突发事件的预警和应急处置能力。**二是**抓好行业自律。充分发挥个体劳动者协会、广告协会、商标协会和其他协会的作用，引导广大经营者自觉守法、诚信经营、公平竞争。**三是**注重发挥舆论监督的积极作用。充分发挥工商报、消费者报、工商出版社及其他新闻媒体的舆论监督作用。**四是**积极引导群众参与。充分发挥消费者协会等在维护消费者权益、维护市场秩序中的积极作用，提高人民群众对工商行政管理工作的关注和参与程度。

(四)进一步加强信息化建设。一是要按照统筹规划、梯次推进、服务监管的原则，进一步强化全国工商行政管理系统的硬件建设，为全系统监管执法信息网络的联通提供必要的装备保障。将信息化建设与提高监管执法效能有机结合，相互推进。**二是**要进一步加强监管执法软件的研发应用工作，为规范执法行为、提高监管执法的科技含量和现代化水平提供技术保障。**三是**要进一步加强政务信息工作，为科学决策提供优质信息服务。要切实重视和加强政务信息工作，畅通政务信息渠道，逐步实现政务信息工作的网络化、制度化和规范化发展，切实发挥信息调研的决策参考作用。

(五)进一步扩大国际交流与合作。一是积极推动更紧密、更广泛的双边多边国际执法合作，努力维护日益融合一体的国内国际市场经济秩序。通过开展双边多边的协同执法及其他形式的国际执法合作，有力打击跨国非法经营活动，协作解决共同面临的市场监管问题，有效促进经贸关系发展，保护经营者和消费者合法权益。**二是**进一步扩大国际交流。围绕市场主体准入、竞争政策、消费者权益保护、商标专用权保护等领域的立法执法工作，继续推进多边双边国际交流，启迪思路，拓展视野，加强合作。**三是**坚持学习借鉴与自我完善相结合。要加强国际交流成果的推广与应用，深入开展比较研究，结合我国实际和工商行政管理职能，积极借鉴有益经验，切实把国际交流的收获转化为市场监管效能的提高。

五、加强建设、严格管理，优化队伍结构，规范执法行为

（一）认真贯彻党中央、国务院关于加快政府职能转变的总体部署和要求，进一步加强自身改革和建设。一是大力推进政务公开。加强对政务公开工作的领导、督促、检查和指导，认真落实中央办公厅、国务院办公厅《关于进一步推行政务公开的意见》，按照“以公开为原则、不公开为例外”的要求，进一步完善已有的政务公开事项，依法公开办事依据、办事程序和办事结果，逐步拓展政务公开的内容，不断创新政务公开的形式，努力提高政务公开工作水平。**二是**进一步提高行政执法水平。要继续深入贯彻《行政许可法》，进一步规范行政许可；要高度重视执法程序问题，严格按照执法程序监管执法，健全行政执法依据、程序公开制度，进一步规范行政执法行为；要强化执法监督，严格行政执法责任制度和过错追究制度，完善行政执法监督制约机制。**三是**着力加强政风建设。要忠于职守，依法行政，勤勉尽责。要强化服务意识，优化服务，依法办事，进一步提高工作质量和效率。要转变作风，大力弘扬求真务实精神。工商行政管理系统各级领导机关工作人员特别是领导干部，要注重深入基层，深入执法第一线，抓重点，抓难点，狠抓各项工作的落实。要切实精简会议和文件，改进会风和文风，力戒形式主义和做表面文章，真抓实干，务求实效。

（二）树立人才兴业的思想，进一步加强干部教育培训工作。一是研究制定工商行政管理系统“十一五”人才队伍建设规划，进一步加强和改进人才队伍建设工作。筹备召开人才建设工作会议，进一步推进全系统人才队伍建设。**二是**以提高素质为核心，以能力建设为重点，进一步加大干部教育培训力度，提高干部教育培训质量。各级工商行政管理机关要采取多种形式开展教育培训，切实提高干部队伍的政治素质、业务素质，增强履行职责的本领。**三是**建成启用国家工商行政管理总局行政学院，充分发挥其培训基地的作用，扩大培训范围，提高培训质量。**四是**进一步加强基层队伍建设。要认真总结推广各地加强基层建设、队伍建设和基层党建工作的成功经验，继续做好《基层建设纲要》的修订和落实工作，进一步加强基层规范化管理，推动全系统基层建设和队伍建设迈上一个新的台阶。

（三）认真贯彻《党政领导干部选拔任用工作条例》，大力推进干部人事制度改革。一是认真做好《公务员法》的实施工作。要认真抓好学习培训，全面准确掌握《公务员法》的基本精神；要以实施《公务员法》为契机，大力加强工商行政管理队伍建设，切实提高依法行政的意识和能力；要进一步规范公务员的岗位职责和行政行为，促进严格执法、公正执法、文明执法。**二是**继续深化干部人事制度改革，健全以品德、能力和业绩为重点的人才评价、选拔任用和激励保障机制，确保选好人。**三是**严格执行《党政领导干部选拔任用工作条例》，坚持标准、严格程序，公开选拔、竞争上岗，真正把德才兼备的优秀干部选拔到领导岗位上来。**四是**以提高执政能力为重点，进一步加强各级工商行政管理机关领导班子建设。

（四）积极构建教育、制度、监督并重的惩治和预防腐败体系，切实加强党风廉政建设。坚决贯彻中央惩防体系《实施纲要》，认真落实总局《具体意见》、《任务分工方案》和《2007年底前工作要点》，坚持标本兼治、综合治理、惩防并举、注重预防，不断推进工商行政管理系统的党风廉政建设和反腐败工作。**一是**深入学习《实施纲要》，进一步提高认识，统一思想，发扬求真务实的精神，以高度的政治责任感，把《实施纲要》落实好。**二是**抓紧制定具体实施意见，特别是具体意见还未出台的单位，要加强领导，集中力量，尽快完成制定工

作并下发执行。**三是**围绕教育、制度、监督三个环节研究具体落实措施，逐项落实各项任务，特别要抓好2007年前各项任务的落实。**四是**巩固队伍教育整顿成果，把队伍教育整顿整章建制工作纳入惩防体系的建设之中，加强教育，完善制度，强化监督，建立长效机制。总之，落实惩防体系《实施纲要》，加强党风廉政建设，要紧密结合工商机关实际，坚持以改革和制度创新为重点，坚决纠正损害群众利益的不正之风，加强对权力运行的制约和监督。待中纪委全会、国务院廉政工作会议召开后，总局党组再专题部署。

同志们，让我们紧密团结在以胡锦涛同志为总书记的党中央周围，坚持以邓小平理论和“三个代表”重要思想为指导，认真贯彻十六届五中全会和中央经济工作会议精神，全面落实科学发展观，锐意进取，扎实工作，为全面完成2006年的各项任务、推进“十一五”规划的实施，做出积极的努力和贡献。

全面落实国务院工作部署 扎扎实实做好虚假违法广告专项整治工作 ——在部分省市广告监管座谈会上的讲话

（2005年5月11日）

国家工商行政管理总局副局长　刘凡

同志们：

整治虚假违法广告是今年国务院确定的打击商业欺诈的三项重点工作之一。国务院办公厅下发的《国务院办公厅关于开展打击商业欺诈专项行动的通知》明确要求，整治虚假违法广告由工商总局牵头。总局党组和王众孚局长对此项工作非常重视。众孚局长明确指示要按照国务院的要求，会同有关部门制定切实可行的整治工作方案，并建立广告专项整治的部际联席会议制度。为全面落实国务院关于开展打击商业欺诈的工作部署，认真执行国家工商总局会同有关部门印发的《虚假违法广告专项整治工作方案》（下称《整治工作方案》）和总局《关于进一步做好虚假违法广告专项整治工作有关问题的通知》，保证广告专项整治行动取得预期成效，总局组织召开这次部分省市广告处长座谈会，一是再动员、再部署；二是就如何做好广告专项整治工作，请大家谈谈想法。下面我就广告专项整治的有关工作，讲几点意见。

一、进一步提高认识，统一思想

今年国务院决定把整治虚假违法广告列为打击商业欺诈的第一项工作重点，我们各级工商行政管理机关要高度重视，切实负起牵头责任，不能懈怠。

第一，要按照吴仪副总理提出的要求，力争实现年内基本消除虚假医疗、药品、保健食品广告的目标。今年3月31日，吴仪副总理在全国整顿和规范市场经济秩序电视电话会议上的讲话中指出，广告监管部门和行业主管部门一定要切实履行职责，力争今年内基本消除虚假医药、保健食品广告。能否在年内基本消除虚假医疗、药品、保健食品广告，是衡量我们此次专项整治工作成果的硬指标。广告监管受到党中央和国务院前所未有的重视，对我们而言既是机遇，又是挑战。各级工商行政管理机关要认真按照胡锦涛总书记提出的“群众利益无小事”的要求和吴仪副总理提出的目标，根据总局党组和众孚局长的指示，一件事一件事去办，一个目标

一个目标去努力，扎扎实实地做好专项整治的每一项工作，不负人民的期望，不负国务院的重托。

第二，要把践行“三个代表”重要思想、落实执政为民作为检验我们整治工作成效的标准。这次专项整治行动不同以往，涉及部门多、任务重、责任大，因此，各级广告监管机关要按照“谁的问题谁负责，谁的问题谁解决”的原则，在当地党委政府的领导下，使各部门认识统一、思想统一，充分调动各部门的工作积极性，明确职责，统一协调，联合行动。工商行政管理机关要克服“包打天下，单打一’的思想，及时调整工作思路，把年初总局部署的“打虚假 树诚信”广告专项行动纳入到国务院的整体工作部署中，通过综合治理，保证此次专项整治行动取得预期成效。

第三，进一步增强紧迫感、责任感和使命感，坚决克服松懈情绪、畏难情绪和厌战情绪。目前，欺骗和误导消费者的虚假违法广告已成为社会“公害”，引起广大群众的强烈不满。这些虚假违法广告严重扰乱社会主义市场经济秩序，影响新闻媒体的公信力，特别是损害党和政府的形象和威望，阻碍了广告业持续健康发展。我国广告业已突破1000亿元人民币，对中国市场经济的发展起了很大的促进作用。中国广告从未如此繁荣，从未如此引人关注。我们决不能让虚假违法广告抹煞了广告业对经济、对社会的巨大贡献，影响了广告业的健康发展。

当前虚假违法广告的问题涉及方方面面，有着极其复杂的背景和原因，既有行业管理不到位、法律法规不健全、部分地区广告监管执法不力的原因，也有广告主、广告公司唯利是图、不讲诚信以及少数新闻媒体为部门利益而不严格自律和把关的原因，更有社会整体信用缺失，不讲诚信，成本过低的深层次社会原因。因此，我们必须以科学发展观为指导，正确认识当前广告市场的现状、问题和前景，提高对整治工作艰巨性、复杂性的认识，从维护广告业健康发展的角度来开展整治虚假违法广告行动。各级广告监管机关要以更广阔的思维和视角，锐意创新，开拓进取，认真履行职责，做好此次专项整治的各项工作。

二、明确整治工作目标，把各项措施落到实处

（一）关于整治工作的任务和目标

1.关于整治工作的任务 根据国办21号通知的要求，此次专项《整治工作方案》中整治工作的主要任务是，以惩治虚假违法广告为重点，严厉打击欺骗和误导消费者的商业欺诈行为，特别是药品、医疗、保健食品、化妆品、美容服务虚假违法广告，以及利用互联网发布的虚假违法广告。重点是查处以下6种违法行为：以新闻报道形式发布的广告；在保健食品、药品、化妆品和医疗广告中使用消费者、患者、专家的名义和形象作证明，尤其是社会公众人物在上述广告中以消费者、患者、专家的身份作证明；保健食品广告宣传治疗作用或者夸大功能；药品广告夸大功能、保证疗效；医疗广告宣传保证治愈；化妆品和美容服务广告夸大功能、虚假宣传。

《整治工作方案》中所列举的6种违法行为属于严重违法广告。各地在具体的整治工作中，应当将虚假广告和严重违法广告列为整治重点。

2.关于整治工作的目标 概括来讲，就是经过一段时间的专项整治，在今年内力争基本消除虚假药品、医疗、保健食品广告，使广告违法率在总体上有较大幅度的下降。具体来讲主要有三个目标：一是通过各部门各司其职，协调配合，形成政府监管、行业自律、舆论监督、群众参与的综合治理机制。二是通过专项整治，使群众反映强烈的广告虚假宣传现象得到有效治理，对经营、发布恶性虚假广告的有关责任人依法予以严厉惩治，使严重损害消费者合法权益的商业欺诈行为得到有效遏制。三是结合专项整治，建设诚信广告业，探索和建立科学的广告监管机制。

（二）把各项具体措施落到实处，确保整治工作目标的实现

在总局会同有关部门联合印发的《整治工作方案》和总局下发的《通知》中，对如何做好整治工作提出了各项具体的措施和要求，这里，我再强调几点：

1.建立整治虚假违法广告专项行动联席会议制度 在各部门之间形成广告监管多管齐下，综合治理的机制联席会议的职能主要是：根据整治工作进展情况，提出阶段性整治工作重点；协调查处重大虚假违法广告案件；通报、沟通各部门专项整治工作进展情况；对整治工作中发现的薄弱环节和突出问题，研究具体应对措施；结合整治工作，提出治理虚假违法广告的对策以及有关政策法规建议。

4月26日，工商总局会同中宣部、公安部、监察部、国务院纠风办等11个部委局，召开了整治虚假违法广告专项行动部际联席会议的第一次会议，正式启动了联席会议工作机制。众孚局长亲自出席并发表重要讲话。与会的各部门领导分别就本部门如何做好专项整治工作发表讲话。各部门一致表示，要充分认识开展整治虚假违法广告专项行动的重要意义，加强协调，共同努力，坚决完成好国务院部署的整治虚假违法广告专项行动的任务。

根据《整治工作方案》的要求，各地要参照部际联席会议制度，建立省级的广告监管联席会议制度。已经建立联席会议制度的省市，要进一步予以完善；没有建立联席会议制度的省市，必须尽快建立。在联席会议中，广告监管机关要承担起应有的责任，发挥应有作用，不能搞花架子，不能走形式、走过场。重要的是发挥各级党委宣传部门、广播影视部门、新闻出版等部门的行业管理职能作用和监察、纠风等部门的监督作用，有效解决广告发布这一关键环节中存在的突出问题。实践证明，由有关行业管理部门加大对媒体单位有关责任人的处理力度，在当前整治广告市场秩序工作中，往往会起到事半功倍的效果。

2.积极配合党委宣传、广播影视、新闻出版等部门，把新闻媒体单位领导责任追究制落到实处 各级广告监管机关对辖区内新闻媒体单位的广告经营情况，特别是发布严重虚假违法广告的情况以及调查处理的情况，要及时向有关部门通报，由有关部门依据广告监管机关认定的违法事实，对新闻媒体的有关责任人予以处理。

3.做好广告监管公告工作 一方面是做好与有关部门的联合公告，重点是总结经验，加强与宣传、监察、纠风等部门的联合公告力度；另一方面是工商行政管理机关的监管公告工作，包括典型虚假违法广告案例曝光、违法广告提示、违法广告案例点评。要通过不同形式的公告，震慑违法分子，提高消费者的自我保护意识，营造良好的整治行动氛围。

4.打防结合，立足治本 各地在专项整治行动中，要认真总结前一段时期整治工作的经验和做法，探索标本兼治的广告监管新路子。在整治工作中，要把“打虚假”和“树诚信”有机地结合起来，“打虚假”要做到稳、准、狠，避免违法现象的反弹；“树诚信”要与信用监管体系结合，尤其是要建立广告发布单位的信用监管制度，真正做到诚信者受到表彰，失信者无立足之处。要注意发挥广告行业协会的自律作用，提高广告业的诚信意识和自律意识。要通过专项整治，逐步健全广告法律法规，建立完善“政府监管、行业自律、舆论监督、群众参与”的科学广告监管机制，提高广告监管执法的效能。

5.加强对专项整治工作的考核工作 各地要按照总局《关于进一步做好虚假违法广告专项整治工作有关问题的通知》的要求，认真做好专项整治的各项工作，并按要求及时上报专项整治工作情况。国家工商总局将根据考核指标，对各省市的整治工作情况进行季度考核、年度考核和总结考核。对在整治行动中表现突出的单位和个人，总局将通过一定形式予以表彰。各省市可参照总局制定的考核指标，对基层的整治工作情况进行考核。

三、树立主角意识，做好牵头工作

在全国范围内开展整治虚假违法广告，是国务院交给我们的光荣任务，也是人民群众对我们的热切期望。各级工商行政管理机关在此次专项整治行动中作为牵头单位，必须树立主角意识，正确处理主角与配角的关系。主角意识，就是责任意识，就是要意识到我们工商行政管理机关是广告的监督管理机关，必须切实负起整治工作的牵头责任。牵头工作难度大，要求高，责任重。各级工商行政管理机关要在当地党委政府的领导下，会同有关部门制定本地区的具体整治工作方案，明确各部门的职责分工，细化整治措施，提出具体要求。对整治工作的进展情况、存在的问题和遇到的困难，要及时向当地党委政府汇报。在协调配合、督促检查、监管执法等各个环节，必须时时处处积极主动。要注意调动有关职能部门的工作积极性，充分发挥有关部门的职能作用，保证广告专项整治工作达到预期目标。

在专项整治工作中，要真正树立主角意识，就必须会工作，分清工作主次、分清工作职责，克服“等”、“靠”的思想。在整治行动中，如果我们不树立主角意识，不充分发挥主观能动性，不勇于承担法定的职责，不克服“等”、“靠”的消极思想，我们的专项整治工作任务就很难取得预期成效，圆满完成国务院赋予我们的艰巨任务更无从谈起。

这次整治工作时间紧、任务重、要求高，各级工商行政管理机关主要负责人要高度重视，加强领导，整合力量，真正把这项工作作为今年工作的重点。

四、重点研究解决两个问题

同志们，我们要圆满完成国务院赋予我们的光荣而艰巨的任务，实现吴仪副总理提出的目标，就必须突破原有的监管模式和思维定，不断研究我们面临的新情况、新问题，出主意、想办法，群策群力，全面提高广告监管工作水平，以适应当前虚假违法广告专项整治工作的需要。

大家在会上集中对下面两个问题进行了重点研究讨论，取得一定共识，但这还远远不够。回去后，还要认真思考，结合实际整治工作提出更加有效的对策和办法。

第一，为实现吴仪副总理在全国整顿和规范市场经济秩序电视电话会议上提出的力争今年内基本消除虚假医药、保健食品广告的目标，我们应当采取哪些措施、办法。

第二，对医疗、药品广告如何加强监管，使此类广告的违法率有大幅度的下降。

我相信，只要我们解放思想，开拓进取，对上述两个问题提出切实可行的对策和办法，如出台“广告监管的若干规定”等，并在实际中发挥作用，必将对我们下一步做好专项整治工作奠定良好的基础。

最后，我代表总局对大家前一阶段整治行动中的敬业精神和辛勤工作，表示衷心的感谢！同时也请在座各位处长，转达我对广告监管一线的同志们的诚挚问候！

谢谢大家！

在 2005 年中国广告论坛开幕式上的讲话

（2005 年 5 月 20 日）

中国广告协会会长　杨培青

各位广告界的同仁、各位来宾与朋友们：

大家好！首先我代表中国广告协会欢迎大家参加这次规模盛大的广告论坛。经过精心策划和认真准备，我们大家将从广告业发展的多个侧面去观察和把握业界状况和趋势，并将畅所欲言、百花齐放地发表各自的思考、设想与建议。希望有助于大家开阔思路、砥砺意志、开拓创新、奋勇攀登，共同创造广告业新的繁荣和各位在事业上新的成就。

2004 年至 2005 年，是我们的广告业发展不平凡的年度，可以用“开放、整合、提升、扩展、规范”等来概括描述。

开放意味着：今年年底，我国的广告市场将向世界全面开放，这也意味着中国广告业进一步走向世界，成为国际广告市场的重要有机组成部分。当前，我国已发展成为营业额达 150 多亿美元的广告市场，位居世界第七；据预测，在 2010 年后将发展成为仅次于美国和日本的第三大广告大国，已受到全球商界的极大关注。

整合意味着：伴随开放而来的是我国广告业离散化倾向的快速扭转，资本、技术、人才等市场资源和市场格局的整合趋向加剧，品牌与资本日益集中，在顺应国际广告业整体发展趋势的同时，也保留着我国市场的独有特质。这也使国际广告界深有领悟。他们也认识到在中国做广告必须适应中国文化和法制。

提升意味着：因应发展，广告业专业能力和服务水平在加速提升。客户的成长进步、品牌竞争的加剧、社会文化素质的提高、科技的进步、消费者观念与意识的变化等，都迫使广告业奋发向上。

扩展意味着：广告业的业务领域早已突破传统广告的狭窄定义，扩展延伸到市场传播服务的多个领域，如直销行销、客户关系管理、公共关系、品牌咨询、体育行销、促销、事件行销等。

规范意味着：在政府对广告市场监管加大力度的同时，广告业自身加强自律、重视信誉的意识增强，品牌观念浓厚。对社会关注的某些领域的广告如保健食品、药品、医疗、化妆品、美容服务、房地产、汽车等虚假违法广告的整治力度加大，得到业界的认真响应。这都会对净化广告市场、维护行业良好竞争秩序，起到积极的作用。

总之，我们的机遇与挑战并存，前景无限光明。中国广告协会将顺应时代要求和改革发展的形势，积极履行抓自律促发展的基本职能任务，竭诚为广告行业服务，与大家一起努力拼搏奋进，使我们在全球化、国际化的道路上一展风姿。

在2005年中国广告论坛上的讲话

国家工商行政管理总局广告监管司司长　屈建民

快速发展的三个先决条件

20世纪八九十年代以来，中国广告业迅速发展，其发展速度令世界注目。目前，包括香港地区在内的中国广告市场已经成为世界五大广告市场之一。广告业蓬勃发展，推动了市场经济发展进程，引导社会健康消费，为企业创造了经济效益，对国民经济发展做出了不可磨灭的贡献，广告特有的社会化功能对促进社会主义精神文明建设继续发挥重要的作用。

我们在目睹广告业辉煌发展的同时，也清醒地看到广告业发展中存在不容忽视的问题。我国广告业虽然发展速度比较快，但毕竟发展时间短，起点比较低，目前广告业与市场经济发展整体水平不相适应。作为第三产业的重要组成部分，在国民经济所占的比重还比较低，与市场和人民群众对广告的需求还有一定距离，还难以适应经济全球化和入世以后国际国内市场竞争的要求，特别应该指出的是，近几年我国广告市场在发布秩序和经营秩序中出现的问题已引起广大人民群众的关注，成为社会的热点，这是当前广告行业发展中亟待解决的问题。

中国广告业之所以能够快速发展，回忆20多年的发展历程，有三个先决条件：

第一，我国逐步确立了社会主义市场经济的总体改革目标，广告业是市场经济的产物，正是中国人民不断追求思考并在实践中逐步加以完善的社会主义市场经济的大环境，促生并培育了中国广告业。

第二，国民经济连续多年快速增长为中国广告业的快速发展提供了经济基础。改革开放26年来，我国国民经济持续快速增长，综合国力显著增强，人民生活水平不断提高，2001年至2002年我国GDP年均增长9.5%，人均GDP达到1000美元，广告业的发展速度和水平很大程度上依赖于国家和地区的经济发展速度和水平。改革开放以来和中国经济连续多年快速持续增长为广告业发展提供了良好的经济基础。

第三，重视消费对经济的增长和推动作用，实施扩大内需的积极方针。中国老百姓经营性资产已经大大超过10万亿元，政府及时启动的消费政策，使人民的消费支出有了明显的增加，推动了相关产业的发展，这些产业的发展反映在广告行业上是广告投放量的增加。

回顾广告业20多年的发展历史，我们还可以得出五点结论：

第一，我国广告业恢复发展的轨迹与我国改革开放特别是市场化的发展进程轨迹是基本重合的。

第二，我国广告业发展水平同国民经济整体发展水平，与在世界上的排位是近似的。

第三，20年间，我国广告业有了很大发展，但同我国经济整体发展水平不相适应。

第四，我国广告行业发展有相当大的上升空间。

第五，广告行业是依附性产业，广告行业自身的发展有一定内在规律可循，但发展的规模速度受国家经济总体水平制约。因此，我们要全面认识广告的作用，企业要树立正确的广告意识，不能将其“神化”。

建立良好的广告市场环境

2001年，全国开展整顿和规范市场秩序工作以来，各级工商行政管理机关围绕党中央、国务院的工作部署，深入开展整顿、规范广告市场的工作，不断加强队伍建设，广告市场秩序应该说有所规范，但是市场状况同群众的要求还有很大差距。

当前广告违法的主要特点是：严重虚假违法案件发生率比较低，一般性违法广告比较普遍。

从广告经营的行为和内容看，经营行为违法的比较少，内容违法占大多数，90%是涉及内容的违法案件。广告发布形式违法案件比较突出的是以新闻形式发布的广告，目前尤其以药品医疗保健食品更为突出。

从广告内容来看，违法的问题主要集中在用广告宣传误导消费者，如：医疗广告保证治愈率，药品广告夸大疗效，保健食品宣传治病功能。

目前违法广告之所以屡禁不止，甚至在某些地区，违法率居高不下，主要原因是：

1.广告行为是否规范主要取决于产品或服务所在的行业管理是否规范，行业行为是否规范是广告违法行为的最深层次的原因。

2.一些企业利用广告从事不正当竞争现象非常突出。

3.广告发布单位为追求经济利益，未能严格审查广告。

4.以有偿新闻形式发布广告的法律界限模糊，致使广告经营者、发布者有意规避法律，这是当前非常典型的违法现象。

5.法律法规处罚力度不够，难以对违法者起到震慑的作用。广告监管也不到位。

今年，根据国务院的部署，我们下一步的主要任务以惩治虚假广告为重点，特别是保健食品、药品、医疗、化妆品、美容服务等领域的虚假违法广告，以及利用互联网发布的虚假广告。

我们采取的主要措施：(一)建立工商行政管理部门牵头有关部门参加的部级联席会议制度；(二)建立新闻媒体单位的领导责任追究制，建立违法广告的公告制，建立广告市场信用监管体系。我们相信，通过一段时间的整治，通过我们大家的共同努力，能够达到国务院所提出的目标。

中国广告业前景光明

2005年底，中国彻底开放广告市场，这将给国内的广告市场带来一定的变化。值得注意的新情况是，近几年来，国外大的综合广告公司纷纷开始在国内并购中小广告公司，他们并购的对象一般是经营状况还可以、有相对的固定客户、年广告经营额达到一定规模、在本土有良好的社会关系，目的是通过并购收拢人才，扩大市场份额。通过上述简单分析，我们预见：

一、今后中国广告市场的结构将发生变化，变化的方向是外资比例将继续扩大，广告整体水平将进一步提高，广告业的集中度会进一步增强。

二、中国广告市场在相当长的一段时间进一步扩张的总趋势不会变，中国广告市场的基本情况不会发生大的变化，政府对媒介市场的干预度和媒介强势地位不会改变。

三、中国广告业方兴未艾，继续在社会主义精神文明和物质文明建设中发挥重要作用，伴随中国经济持续、快速发展，中国广告业必将以新的姿态屹立于世界广告之林，中国广告业必将有更加美好的未来！

落实科学的发展观

中国广告协会秘书长　时学志

回顾2004年的中国广告业，可以说是继续成绩辉煌的一年。经营总量依然如愿增长；广告公司的策划、创意、制作水平、总体服务能力有了新的提高；媒体的经营活动更加主动，更加活跃，更加深入；广告主的广告策略、品牌推广工作更加理智，更加科学。第39届世界广告大会在北京的成功召开，使“中国广告”这个品牌开始在国际广告领域显露头角，中国广告业的成绩、水平进一步得到了世界广告人的认同，中国广告业的国际影响力得到了进一步的拓展。在此岁末年初之际，中国广告人像往年一样，在为一年的成绩欣喜之后，仍然满怀开创事业的锐气，以攀登者的毅力、坚实的步伐，迈入2005年，迎取新的胜利。

回顾2004年的众多成绩，回顾若干年广告业成长壮大的轨迹，欣喜之余，我们也不难发现，在巨大成绩的背后，广告业也还存在着这样那样的诸多问题和矛盾。按照党的“十六大”关于协调、可持续发展的要求去衡量，还有相当大的差距。按照科学发展观的要求，思考行业存在的一些问题并自觉地尽力地去调整，促进行业协调、可持续发展，具有非常积极的现实的意义。

虚假广告已经到了非彻底整治不可的地步了。医疗广告、保健品广告、电视直销广告等等，夸大宣传的言辞可谓显而易见，广大消费者对党的喉舌的信赖度越来越低。一些治疗性病等低层次广告的多次刊播使媒体的层次正在逐步降低。近几年来，我们在不断反思那种只顾眼前利益的滥砍、乱伐、乱开采给中国的生态环境，给子孙后代带来的恶劣影响。那么，联系广告业当前存在的只顾眼前经营额的增长，放任虚假、低层次广告大量出现的问题，它的后果必将是广告在消费者心中信誉度的不断下降，最终会导致崩溃的结果。广告业可持续发展的最大动力是消费者对广告的信赖度，对此，广告人必须备加珍惜。

广告主、广告公司、媒体是广告业三驾马车的主角，是广告市场中的三个市场主体。三个主体协调发展，广告业才能有健康持续发展的力度。从中国广告市场的结构看，广告公司一直处于劣势，形成了中国广告业不够协调不够健康的发展格局。广告公司在广告市场中应该处于最活跃的核心地位。出策划、出创意、出作品的是广告公司，能够代表广告业水平的是广告公司。但是从实际情况看，中国广告公司服务费非常低廉，成为三个市场主体中获得利益最少的一个。这就使得广告公司没有足够的资金去充实自己，提高思想理论层次；没有足够的资金去支持公司规范化的运作模式；没有足够的资金支持公司做强做大；没有足够的实力去应对加入WTO带来的挑战。谁也不愿看到中国本土广告公司一个一个被吃掉的后果。中国的广告主应该支持培养自己的战略伙伴，并努力一起从中国市场走向国际市场；中国的媒体应该规范运作模式，留给广告公司足够的运作空间；中国的广告公司应该努力提高宏观知识水平和专业知识水平，从思想理论上提高服务所需要的能力。广告公司在广告业发展中必须努力发挥积极的主导作用。

广告业的学术理论研究引导广告业的发展方向。毫无疑问，行业持续发展的动力之一是要有活跃的理论研究氛围和坚实的思想理论基础。中国的广告业要增强在国际广告业中的影响力，不仅仅是争取在赛事中获奖，还应该不断产生出符合中国市场实际情况的广告理论。改革开放20多年，不断学习西方的各种广告理论，积极参与各种国际广告活动，中国广告人吸取了发达国家许多营养。学习是非常必要的，海纳百川、虚怀若谷也是中国的古训。但是，学习的目的是提高自己、壮大自己。如果没有自己的东西，也就没有了实实在在的自己。中国广告业的持续发展，在思想理论上需要有几个创意流派，需要有几个广告理论的旗手。

认识今天中国的广告业，要像各地各行业一样，不要把GDP看成是唯一说明成绩的指标，更不应该把经营单位的增长和从业人员的增长看成是我们的成绩。当然，影响广告业协调发展、持续发展的问题还有很多，让我们大家在向“前”看的时候，多看看潜在的问题，并为解决这些问题自觉地出一点力，这是我们每一位广告人义不容辞的责任。

’2006 中国广告年鉴
China Advertising Yearbook
第十四版
14th Edition

中国广告业发展综述

2005年中国广告业发展综述

2005年是我国执行“十五计划”的最后一年，也是中国“入世”的第五个年头。在这一年里，我国宏观调控取得较好的成果。国民经济运行良好，GDP达到182321亿元，按可比计算较上年增长9.9%。此间产业调整力度加大，商品市场供应充足，消费结构得到进一步改善，市场格局发生很大变化，国内消费市场步入持续、稳健、繁荣的增长期，对于拉动中国广告业发展起着积极作用，是广告业继续平稳、快速发展的一年。现从以下几个方面分析2005年广告业发展的特点：

一、凸现“发展”新亮点

2005年中国广告业渡过了缤纷多彩的一年。全国不含港、澳、台地区的31个省、自治区、市（直辖）的广告营业额，除个别地区外，普遍呈现增长态势。全国广告经营和兼营单位与广告从业人员达到12.54万户与94.04万人，较上年增长10.47%与2.91%；全国广告营业额完成1416.3487亿元人民币，实际增长151.79亿元，较上年增长12%，广告费占亿元GDP达到0.777%；全国人均广告费达到108元人民币。北京、上海、广东三地区强劲发展势头不减，广告营业额已连续两年实现超200亿元，三地区综合完成752.65亿元（含全国性广告企业28.48亿元），占全国总营业额的53.14%；沿海与中东部16个省市保持锐势进取发展态势，综合完成547.98亿元，占总营业额的38.69%，浙江、江苏、山东、天津等地区均超过50亿元，令人瞩目；西部12个省区综合完成115.72亿元，占总营业额8.17%。一些过去广告业薄弱地区提速显著，贵州、山西、宁夏地区分别较上年增长694.75%、134.08%、72.97%。中国广告业在世界的排名已进入第五位（据2005年12月的一份国外广告业营业额资料显示：预计2005年美国为1629.76亿美元、日本为349.39亿美元、德国为183.54亿美元、英国为163.59亿美元、中国为95.64亿美元、法国为95.57亿美元），中国广告业的快速发展为世界所瞩目，在世界广告业的舞台上发挥着越来越多的积极影响与作用。这正是中国广告业历经25年发展之后，迈向一个崭新的发展新时期所呈现的一大亮点。

2005年是我国广告业整合、转制、技改、变革取得较大成果的一年。国有、集体广告企业纷纷融资、机制改革取得较好效益，经营单位与广告从业人员有所调整，分别下浮千户与万人左右。国企的主导作用进一步巩固，从全国总营业额情况看，国企表现良好，达到740.06亿元，占总营业额52.25%，其增长率高达21.11%，国企稳居“半壁河山”。其余集体、个体、私营、外商与联营等企业综合完成590.88亿元，占41.72%。与此同时截至2005年底，我国走过“入世”过渡期，至12月10日，按照我国“入世”承诺，允许外企组建独资广告公司。至此我国广告市场全面开放，行业全面实现跨地区、跨部门、跨行业、多系统、多种所有制、门类齐全的纵横交织的广告经营网络，必将更快地推进中国广告业的快速发展。新的扩张与整合争夺更加激烈。外资合资广告公司则“未雨绸缪”，捷足先登进行企业收购兼并，一方面为转为独资企业做先前准备；另一方面则为扩大经营份额抢先向农村与西部广告市场延伸。其结果必然影响整个格局的变革。特别是不论本土广告公司机制改革与调整，还是外企的拓展与延伸，都催生了对人才的渴求。广告市场人才争夺风起云涌，许多外资大型广告公司还委托猎头公司展开“搜捕行动”来网罗人才，本土公司也采取应对措施，各施招数，其竞争实质是生死搏斗，无声胜有声，成为2005年发展的又一大亮点。

报纸、电视、期刊（杂志）、广播、户外五大传媒与专业广告公司是中国广告业的六大支柱，支撑并推动着中国广告业的发展与进步。特别是专业广告公司是行业的主旋律，其运行情况好坏，对行业产生影响深远。至2005年底，报刊、广电四大传媒广告综合营业额为675.06亿元，占全国总额的47.66%，广告公司已达615.38亿元，占全国总额的43.45%，并连续几年两者“平分秋色”。其发展态势，不仅展示专业广告公司由弱势向主体地位的提升与巩固，而且必然影响整个行业发展格局的变化。成为2005年业界最引人注目的又一大亮点。

2005年中国广告业发展的最大亮点是中国广告主协会的成立。中国广告主协会成立大会暨首届会员代表大会于2005年11月27日在北京隆重召开。全国政协副主席王忠禹参加了大会并发表了重要讲话。会议审议通过了中国广告主协会章程，选举产生了中国广告主协会第一届理事会。王光英、陈锦华、张彦宁当选名誉会长，郑斯林当选首届会长，秘书长为孙延祜。中国广告主协会的成立是我国广告业进入平稳发展时期的一个里程碑，其意义重大并将影响深远。相信中国广告主协会的成立对规范和加强中国广告主的行业自律、促进中国广告市场的有序发展起到积极的作用。

二、媒体“创新”话品牌

中国广告业发展延伸至2005年发生了一些微妙变化，最鲜明的新动向就是突出品牌个性，提升品牌竞争力，已成为广告宣传核心。企业的经营意识已从单纯的产品为手段，以销售为目的的实物阶段，迈向以品牌为手段，以价值为目的的概念阶段，使商品的品牌成为我国市场的主导。这对广告主、广告传媒与广告经营者都是一种新的挑战。

在传媒方面，电视、广播各台不约而同地鼎力打造自己的频道与栏目品牌，推动频道与栏目的创新与扩延。中央电视台利用自己独特的资源优势，积极打造自己的“招标”品牌，营造了“招标”品牌新的影响力，迎来了总额的增长。不少地方台同样也树立起自己有特色、有影响力的频道与栏目品牌，受到群众的喜爱，带动了广告竞争。广播台则利用广播节目灵活的特性，不断地改进节目播出方式，各个电台相互协作，打造新的“特约”、“冠名”、“专题”、“热线”栏目品牌，推动广播广告的发展，使其广告营业额获得提升。

报业、期刊（杂志）业通过2004年市场整顿大调整，进一步消除“官商”影响，推进市场化进程，实际也是一次竞争择优整合过程，出现暂时波动。2005年报业品种由2004年1955种缩减为1845种，下降5.63%，但留下来的集团实力强了，2005年报业广告经营额较上年增长10.98%。期刊（杂志）在2004年整顿调整过程中亦出现暂时波动，印数减少1.1亿册，广告经营单位有所减少，广告营业额下降。2005年由于版权与资金的融入，许多期刊社实力增强，改变了以往期刊广告内容的呆板，提高版式印刷装帧，在变革创新中打造品牌，期刊广告也恢复了生机，2005年期刊（杂志）广告营业额大幅增长22.08%。

随着科技进步，社会发展，人们的工作和生活的节奏加快，生活水平的提高，使得人们有更多的时间进行户外活动，这就促进了户外广告的发展。2005年户外广告营业额为144.55亿元，占到国内广告经营总额的10%，较2004年增长了24.9%。户外广告媒体是2005年增长最快的广告媒体，并不时出现许多新的载体，从而使户外广告载体至2005年已有193.81万个（块）。特别值得一提的是，现在的户外广告经营者们注重以落实科学发展观来引领户外广告的建设，已开始把户外广告同城市建设规划融为一体，在美化城市市容同时，还为自己的发展赢得了广阔的拓展空间，创造和形成了城市良好的商业氛围，成为继电视、广播、报纸、杂志之外的第五大媒体形式。

三、深化“变革”看提升

由中国广告协会和西安市人民政府主办、西安市工商局和西安市广告协会承办的第十二届中国广告节，于10月28日至30日在西安市举行。本届广告节以“激活历史、激发创意、激情西安”为主题，内容由各种展览、赛事、论坛及场外活动等四大部分组成。本届广告节参赛作品达3800件，创参赛作品数量新高。网络广告参赛作品1126件。本次广告节的主要特点一是在活动形式上上了一个新台阶，主要表现为结合本地历史文化比较密切，如招待酒会，游大唐芙蓉园和开幕式。二是专业性活动有了新的提高。增加了经济前瞻论坛；网络广告论坛胜过往年，人气较旺；网络广告展览形式也较新颖，学术委员会首次参加广告节论坛，组织得也较好。三是参与活动比较活跃。会前报纸、户外、学术等委员会提前在西安市召开年会。各地前来参加广告节的人员近万人。本届广告节打造了中国广告界一年一度最权威性、专业性和规范化、商业化、国际化趋势的盛会。促进了行业的进步、变革、创新、开拓，显示了中国广告节越来越贴近市场及服务产业的生命力和发展前景。

自《中华人民共和国广告法》实施以来的十多年里，我国建立了以《广告法》为核心的法律体系和配套制度，使得行业运行逐渐规范。2005年，全国各级工商行政管理机关广告监管工作认真贯彻落实国务院关于开展打击商业欺诈专项行动的部署和全国工商行政管理工作会议的精神，以整治虚假违法广告为重点，加大广告监管力度，深入整顿和规范广告市场秩序。积极探索建立广告监管长效机制，建立健全违法广告公告制度、广告市场信用监管制度、广告活动主体退出广告市场机制，使广告监管工作法制化、制度化；坚持惩治违法与树立诚信并重，引导广告活动主体加强行业自律，守法经营，不断提高广告监管执法效能，使广告市场不断净化，有力地促进了广告业持续、健康、稳定发展。2005年全国共查处违法广告案件67676件，比上年同期增长9.59%。罚没金额2.08亿元，增长21.62%。其中查处虚假广告案件16483件，增长45.67%。占广告违法案件的24.36%，比上年同期增长6.04%。

步入21世纪以来，居民消费发生很大变化，趋向多元化、多层次、以消费行为来左右市场的特征，市场拉动广告投入出现新的变化。耐用消费品市场发生根本性变化，耐用消费品紧俏的态势已不存在。从2001年我国基本实现了从“温饱”型向“小康”型的转变，最显著的标志就是恩格尔系数的逐年下降，据国家统计2004—2005年恩格尔系数城市居民家庭分别为37.7%与36.7%，农民家庭分别为47.2%与45.5%，人们的物质文化生活追求发生了深刻变化。特别由于我国经济体制改革深化，原来由国家统包的医疗、住房等一系列福利制度实施市场化，就业、教育、养老等制度的新举措的出台与实施，使居民消费从近期（短期）转向中、长期消费。于是居民投向食品、衣着、家用设备用品支出明显降温，转向住宅、交通、通讯、教育等项支出加大。房地产、汽车制造业广告投入则大幅增长。四年来食品广告的投入平均年增长11.59%；汽车制造业则平均年增长34.53%；信息业、金融业、服务业广告投入均增长30%以上；化妆品与服饰投入分别较上年增长28.80%与21.37%。随着消费需求的变化，广告投入也在不断调整。2003年在全国主要产业中广告投入超过100亿元的仅有房地产业一个，2004年超过100亿元的产业有房地产、药品和食品三个产业，2005年化妆品成为广告投入超100亿元的第四个产业，而房地产业则由排名第一位降到第三位，居药品业和食品业之后，这与2005年国家对房地产业实施宏观调控，抑制房价上升过快的政策有关。因此，2005年就成为广告投入结构变化最大的一年。今后，随着人们消费多元化，广告投入也将不停变化。

四、初露“端倪”新动向

近期中国广告界一项颇引人注目之举，就是体育与广告结盟。体育成为当今极具吸引力的新兴传媒，受到广告主的青睐。这主要是由于北京申奥成功拉动了全民的“体育热”。随后我国体育健儿又在东亚运动会、全国十运会上取得优异成绩，使人们受到鼓舞，推动“体育热”升温。2005年是我国承办2008年奥运会的关键年，各个运动场馆工程纷纷启动，“吉祥物”的发布等进一步带动体育热流，拉动营销热潮，必然牵动广告投入涌入。中国广告主不失时机，大举向体育界投入。以企业的名义参赛，为企业打球，数以万计的体育迷们在球场高呼商品的牌名与企业名称，和赛场中那些健儿在身上所展现的醒目耀眼的标志所引发的宣传效应，并不亚于大众传媒的广告效果。如今在我国掀起的广告与体育结缘的声势与商机有增无减，成为中国广告界一大新动向。

农村是个宽阔的大市场。随着城乡交通、通信、广播与电视等传媒的改善与扩延，有些经济落后省区实现了公路或电讯村村通以及电视进万家。特别是中央对农业减税、减负增收的诸多举措的落实，使农民收入增长，生活及生产条件大为改善，农民消费意愿增长，乡镇消费市场日趋活跃。农村广告发展前景看好，提供的广告空间初露端倪。2005年农贸行业的广告投入为7.75亿元，较2004年的4.72亿元猛增63.97%。本土与外企广告企业纷至沓来，抢夺先机。成为当今中国广告界又一大动向。

继20世纪末中国户外广告迅猛发展以后，自新世纪开始以来，网络广告在中国也进入崛起年代。国家工商行政管理总局不失时机地召开了网络广告试点单位工作会议，探索网络发展管理经验，以推动网络广告健康发展，几年来取得较好成果，推动了网络广告步入快速发展时期。根据中国互联网信息中心（CNNIC）发布第17次统计数据，截至2005年底我国互联网用户的网民人数已达1亿1000万。网络广告在广告市场的独特优势日益显现。2005年中国网络广告经营额达到31.3亿元，其发展速度还在不断提升。网络广告的发展必然会对原有的传媒结构及生态产生重要影响，也会对固有传媒广告产生抗衡，欲与大众传媒广告分食一羹，成为中国广告界另一新的动向。无疑这四大动向将是我国广告业迈向新的大发展的热点。

总之，2005年中国广告业渡过了一个极不平凡的年度，我们以极其喜悦的心情回顾过去，以便应对未来去拼搏创新、再创辉煌。

’2006中国广告年鉴
China Advertising Yearbook
第十四版
14th Edition

中国广告业年度统计与数字

2005年中国广告营业额情况统计表

	项目	数额（万元）	增减额（万元）	增长率（%）	比重（%）
广告经营单位	广告公司	6153837	500881	8.86	43.45
	广告兼营单位	571021	108879	23.56	4.03
	报纸	2560497	253255	10.98	18.08
	杂志（期刊）	248669	44971	22.08	1.76
	电视台	3552867	637452	21.86	25.08
	广播电台	388583	59237	17.99	2.74
	其他	688014	-86788	11.20	4.86
	全国合计	14163487	1517886	12.00	100.00
广告经营单位所有制	国有企事业	7400593	1290079	21.11	52.25
	集体企事业	496914	-23113	-4.44	3.51
	个体、私营企业	3687147	315998	9.37	26.03
	外商投资企业	1697530	360967	27.01	11.99
	联营企业	27175	752	2.85	0.19
	其他	854128	-426797	33.32	6.03
	全国合计	14163487	1517886	12.00	100.00

2005年中国广告经营单位情况统计表

	项　目	数量（户）	增减量（户）	增长率（%）	比重（%）
广告经营单位	广告公司	84272	8062	10.58	67.21
	广告兼营单位	16575	3470	26.48	13.22
	报纸	1845	−110	−5.63	1.47
	杂志（期刊）	4056	50	1.25	3.24
	电视台	2800	50	1.82	2.23
	广播电台	919	205	28.71	0.73
	其他	14927	159	1.08	11.90
	全国合计	125394	11886	10.47	100.00
广告经营单位所有制	国有企事业	14414	−309	−2.01	11.50
	集体企事业	4906	−607	−11.01	3.91
	个体、私营企业	90383	13467	17.51	72.08
	外商投资企业	461	91	24.59	0.37
	联营企业	381	−88	−18.76	0.30
	其他	14849	−668	−4.30	11.84
	全国合计	125394	11886	10.47	100.00

2005年中国广告从业人员情况统计表

	项目	数额（人）	增减量（人）	增长率（%）	比重（%）
广告经营单位	广告公司	655925	14271	2.22	69.75
	广告兼营单位	107708	9841	10.06	11.45
	报纸	25081	1435	6.07	2.67
	杂志（期刊）	27510	64	0.23	2.92
	电视台	30006	1152	3.99	3.19
	广播电台	7764	429	5.85	0.83
	其他	86421	−609	−0.70	9.19
	全国合计	940415	26583	2.91	100.00
广告经营单位所有制	国有企事业	140827	−3565	−2.47	14.97
	集体企事业	47285	−6186	−11.57	5.03
	个体、私营企业	629263	53601	9.31	66.91
	外商投资企业	10339	247	2.45	1.10
	联营企业	2695	−1982	−42.38	0.29
	其他	110006	−15532	−12.37	11.70
	全国合计	940415	26583	2.91	100.00

2005年中国户外广告业发展情况统计表

项目		数额	增减量	增长率（%）
广告经营单位（户）		71785	2399	3.46
广告经营额（万元）		1445507	287879	24.87
户外广告载体	路牌	378428	-10448	-2.69
	公交载体	290904	-117982	-28.85
	霓虹灯	129758	-25672	-16.52
	灯箱	459185	-54244	-10.57
	电子显示屏（牌）	14555	-16484	-53.11
	立体模型	21298	-10196	-32.37
	其他	643961	-144787	-18.36
	合计	1938088	-379814	-16.39

2005年中国主要产业广告投入情况统计表

项　目	数额（万元）	增减额（万元）	增长率（%）
药品	1410929	186992	15.28
食品	1369705	299269	27.96
房地产	1274817	21652	1.73
化妆品	1116650	249659	28.80
家用电器	774009	8911	1.16
医疗服务	763636	142611	22.96
汽车	704763	111829	18.86
保健食品	516140	35405	7.36
服务业	479256	123963	34.89
酒类	458065	90065	24.47
信息产业	388047	110091	39.61
服装服饰	346407	60985	21.37
医疗器械	293087	25323	9.46
招生招聘	208956	63759	43.91
金融珠宝	201105	69639	52.97
烟草	179441	851	0.48
农贸	77462	30220	63.97
其他	3601012	−113336	−3.05
全国总额	14163487	1517886	12.00

2005年中国各省、自治区、

	广告营业额(万元)	增减量（万元）	增长率（%）	比重（%）
北京	2515576	100739	4.17	17.76
天津	527801	76227	16.88	3.73
河北	87393	−11948	−12.03	0.62
山西	141259	80912	134.08	1.00
内蒙古	38193	9195	31.71	0.27
辽宁	455363	97348	27.19	3.21
吉林	131380	6573	5.27	0.93
黑龙江	171865	1599	0.94	1.21
上海	2664690	414400	18.42	18.81
江苏	906323	−60792	−6.29	6.40
浙江	956970	124855	15.00	6.76
安徽	226023	5345	2.42	1.60
福建	360925	57715	19.03	2.55
江西	163354	21104	14.84	1.15
山东	611084	40690	7.13	4.31
河南	229651	5524	−0.23	1.62

直辖市广告营业额统计表

	广告营业额(万元)	增减量（万元）	增长率（%）	比重（%）
湖北	263469	68529	35.15	1.86
湖南	208724	87125	71.65	1.47
广东	2346230	230356	10.89	16.57
广西	115448	10405	9.91	0.82
海南	32606	5297	19.40	0.23
重庆	271022	29234	12.09	1.91
四川	295371	94953	47.38	2.09
贵州	76419	66800	694.75	0.54
云南	136536	16877	14.10	0.96
西藏	18456	412	2.28	0.13
陕西	38883	-45193	-53.75	0.27
甘肃	30359	-11338	-27.19	0.21
青海	11000	-1000	-8.33	0.08
宁夏	23922	10091	72.97	0.17
新疆	107192	-8103	-7.03	0.76
全国	14163487	1517886	12.00	100.00

2005年全国广告公司营业额前100名排名榜

排序	广告公司名称	年度广告营业额（万元）	增长率（%）
1	上海李奥贝纳广告有限公司	381722	-9.49
2	盛世长城国际广告有限公司	338429	8.79
3	麦肯·光明广告有限公司	309930	11.67
4	北京电通广告有限公司	250657	0.11
5	智威汤逊—中乔广告有限公司上海分公司	240638	687.07
6	北京未来广告公司	193554	13.86
7	广东省广告有限公司	156000	16.59
8	上海广告有限公司	125200	2.36
9	北京大禹伟业广告有限公司	75900	64.29
10	海南白马广告媒体投资有限公司	70991	—
11	上海中润广告有限公司	67146	13.65
12	分众传媒（中国）控股有限公司	60000	—
13	上海博报堂广告有限公司	59813	7.86
14	江苏大贺国际广告集团有限公司	53200	28.81
15	上海广播电视广告传媒有限公司	52078	6.14
16	上海灵狮广告有限公司	51000	-13.49
17	上海东派广告有限公司	45221	3.96
18	上海元太广告有限公司	45121	-9.88

19	北京广告公司	42000	7.69
20	北京国安广告总公司	36200	34.07
21	北京互通联合国际广告有限公司	35700	13.12
22	中航公关广告有限责任公司	34090	55.81
23	江苏省邮政广告有限公司	33344	0.30
24	上海旭通广告有限公司	32100	13.83
25	南京银都广告商务有限责任公司	32000	18.52
26	广东凯络广告有限公司上海分公司	31415	—
27	昆明风驰传媒有限公司	30755	—
28	上海东方卫视传媒有限公司	28186	—
29	福建新恒基广告有限公司	28076	-9.54
30	上海美术设计公司	27801	-12.46
31	广东广旭广告有限公司	27100	0.74
32	北京太阳圣火广告有限公司	26800	34.00
33	山东北斗广告有限公司	25938	32.13
34	广州白云天骏国际传媒有限公司	25000	—
35	哈尔滨海润国际广告传播（集团）有限公司	23900	5.75
36	四川省巴蜀新形象广告传媒股份有限公司	23675	15.27
37	上海桑桥广告有限公司	22409	5.46
38	安徽金鹏国际广告有限公司	21100	-32.59
39	浙江思美广告有限公司	18125	59.99

40	北京华闻旭通国际广告有限公司	17719	−11.75
41	上海中宣国际传播（集团）有限公司	16611	—
42	山西好运达广告文化有限公司	16300	27.54
43	宣亚国际广告公司	16000	—
44	上海华智地铁广告有限公司	16000	22.27
45	上海唐神广告传播有限公司	15982	23.43
46	上海中视国际广告有限公司	15882	—
47	上海东方明珠国际广告有限公司	15424	92.80
48	成都阿佩克思广告有限公司	15027	−6.66
49	上海国际赛车场广告经营有限公司	14828	82.41
50	上海第一企画互通广告有限公司	14441	32.24
51	上海美迪雅文化传播有限公司	14440	46.70
52	上海时尚文化传媒公司	14296	28.55
53	北京市万方广告影视公司	13671	−1.77
54	上海天传联动广告有限公司	13541	−6.15
55	上海智高广告有限公司	13530	4.28
56	上海大广贸促广告有限公司	13313	11.08
57	北京歌华阳光广告有限公司	13000	—
58	上海李岱艾广告有限公司	12936	16.79
59	广东省南方广告有限公司	12745	—
60	北京公交广告有限责任公司	12177	−26.89

61	上海地铁通成广告有限公司	12000	23.43
62	上海沪谊广告有限公司	11886	—
63	南京市广告有限责任公司	11637	0.18
64	中国电信集团黄页信息有限公司	11128	–68.21
65	奥华奥美（福建）广告有限公司	10695	–69.44
66	上海东湖广告装饰有限公司	10189	—
67	青岛金桥广告有限公司	10100	25.20
68	上海大西洋贝尔黄页广告有限公司	9982	
69	江苏大唐灵狮广告有限公司	9633	–3.67
70	上海光线电视传播有限公司	9371	12.44
71	上海斐思态广告有限公司	9241	—
72	陕西巨象广告有限公司	9036	—
73	上海第一财经传媒有限公司	9000	—
74	上海二十一世纪文化传播有限公司	8919	—
75	南京卓艺广告传播有限公司	8897	14.36
76	沈阳龙邦国际广告有限公司	8845	—
77	山东宏智沟通事业广告有限公司	8655	—
78	南京梅迪派勒公交广告有限公司	8500	6.25
79	青岛青青岛国际广告集团有限公司	8174	—
80	广州达彼思（达华）广告有限公司上海分公司	8124	2.89
81	湖北知音传媒股份有限公司	8101	—

82	上海巍珂一庆余广告有限公司	8075	—
83	西安麦道广告有限公司	7800	—
84	合肥嘉宝广告传播有限责任公司	7775	—
85	上海美景广告传播有限公司	7753	—
86	南京雷迪欧广告公司	7640	—
87	上海嘉美信息广告有限公司	7507	—
88	上海欣欣向荣文化传播有限公司	7500	—
89	上海前锦广告有限公司	7437	−25.07
90	北京东方捷先广告传播有限公司	7395	−30.52
91	上海雅格广告有限公司	7389	—
92	广州交易会广告有限公司	7337	—
93	上海恒昌广告公司	7304	—
94	广州市电信实业有限公司传播推广中心	7280	—
95	江苏永达广告有限公司	7200	—
96	上海翰实传媒广告有限公司	7165	—
97	上海恒马广告有限公司	7164	—
98	上海昂立广告有限公司	7143	−26.85
99	上海前景广告传播有限公司	7104	—
100	上海佳捷广告有限公司	7085	—

2005年全国广告公司营业收入前100名排名榜

排序	广告公司名称	年度广告营业收入（万元）	增长率（%）
1	北京电通广告有限公司	56512	12.43
2	江苏大贺国际广告集团有限公司	47382	49.00
3	盛世长城国际广告有限公司	42555	1.62
4	上海广告有限公司	34645	29.82
5	麦肯·光明广告有限公司	32485	17.28
6	江苏省邮政广告有限公司	26675	-2.16
7	北京大禹伟业广告有限公司	22500	24.31
8	北京未来广告公司	21044	25.52
9	昆明风驰传媒有限公司	20991	—
10	上海美术设计公司	18711	-15.98
11	上海博报堂广告有限公司	16592	5.84
12	上海华智地铁广告有限公司	16000	22.27
13	上海中宣国际传播(集团)有限公司	12413	—
14	北京公交广告有限责任公司	12177	-26.89
15	上海地铁通成广告有限公司	12000	——
16	上海大西洋贝尔黄页广告有限公司	9982	175.67
17	广州白云天骏国际传媒有限公司	9864	——
18	山西好运达广告文化有限公司	9820	193.22

19	四川省巴蜀新形象广告传媒股份有限公司	9766	6.38
20	上海天传联动广告有限公司	9100	—
21	南京梅迪派勒公交广告有限公司	8500	6.25
22	上海巍珂一庆余广告有限公司	8075	—
23	南京卓艺广告传播有限公司	8024	—
24	上海东派广告有限公司	7975	-1.18
25	上海中润广告有限公司	7882	—
26	北京华闻旭通国际广告有限公司	7830	24.40
27	上海旭通广告有限公司	7325	—
28	福建新恒基广告有限公司	7172	178.20
29	上海昂立广告有限公司	7143	—
30	广州交易会广告有限公司	6773	6.64
31	安徽金鹏国际广告有限公司	6701	37.26
32	沈阳龙邦国际广告有限公司	6552	—
33	山东北斗广告有限公司	6483	25.98
34	北京互通联合国际广告有限公司	6357	14.13
35	深圳市机场广告有限公司	6115	9.78
36	浙江高速广告有限责任公司	5613	36.37
37	广州市电信实业有限公司传播推广中心	5600	—
38	西安麦道广告有限公司	5600	—
39	上海光线电视传播有限公司	5460	-34.49

40	江苏永达广告有限公司	5400	12.50
41	重庆市艺龙广告公司	5382	—
42	上海东湖广告装饰有限公司	5292	73.11
43	中航公关广告有限责任公司	5267	20.64
44	中国南航集团文化传媒有限公司	5244	—
45	南京邮政广告公司	5155	-29.78
46	杭州公交广告公司	5131	25.15
47	宣亚国际广告公司	5000	—
48	北京国安广告总公司	5000	—
49	南京雷迪欧广告公司	4978	—
50	北京歌华阳光广告有限公司	4800	—
51	上海大众广告有限公司	4785	14.69
52	上海唐神广告传播有限公司	4703	—
53	上海申浦广告有限公司	4590	43.48
54	上海飞帆广告有限公司	4530	11.93
55	上海新云传媒投资有限公司	4508	40.88
56	上海电力广告有限公司	4205	63.17
57	湖北东方广告有限公司	4200	—
58	安徽传媒信息广告公司	4200	—
59	无锡红五星传媒有限公司	4125	17.39
60	上海四维广告印务有限公司	3953	12.94

61	上海地铁广告有限公司	3869	−47.42
62	上海铁路文化广告发展有限公司	3823	—
63	合肥新方舟广告有限责任公司	3809	41.13
64	西安沙龙广告装饰有限公司	3620	9.37
65	上海邮政商函广告有限公司	3596	18.72
66	贵州天马广告公司	3483	—
67	上海智高广告有限公司	3481	−6.20
68	广东省南方广告有限公司	3459	—
69	上海新大陆传播有限公司	3435	9.05
70	安徽黑白广告有限责任公司	3281	15.04
71	湖北知音传媒股份有限公司	3240	—
72	江苏华实广告有限公司	3196	—
73	福建唐码新奥传媒有限公司	3103	—
74	福建省广告公司	3025	—
75	辽宁鑫星光明传媒产业有限公司	2900	—
76	上海欣影国际传播有限公司	2794	—
77	上海工合广告展览有限公司	2770	38.36
78	西安市振兴公交广告有限责任公司	2757	—
79	北京伊人广告有限公司	2717	—
80	上海华运传播有限公司	2700	42.86
81	北京太阳圣火广告有限公司	2680	28.85

82	南京银都广告商务有限责任公司	2560	—
83	宜昌市美辰广告营销有限公司	2559	—
84	广东广旭广告有限公司	2511	3.72
85	上海西南广告有限公司	2491	-11.95
86	上海龙轩广告有限公司	2490	—
87	重庆唐码传媒有限公司	2458	—
88	西安美灵广告有限公司	2451	—
89	上海大广贸促广告有限公司	2434	-73.45
90	上海蓝梦广告有限责任公司	2375	-55.21
91	南京市广告有限责任公司	2300	-8.29
92	哈尔滨海润国际广告传播（集团）有限公司	2260	3.67
93	武汉经济技术开发区新纪元广告装饰有限公司	2256	—
94	上海邮政广告有限公司	2165	-28.52
95	北京广告公司	2150	-23.21
96	上海强生广告有限公司	2130	-21.11
97	山东唐码龙骏传媒有限公司	2124	—
98	唐山市国际广告公司	2108	—
99	苏州明日企业形象策划传播有限公司	2074	
100	厦门市唐码博美广告有限公司	2033	

2005年全国媒介单位广告营业额前100名排名榜

排序	媒介单位名称	年度广告营业额（万元）	增长率（%）
1	中央电视台	860000	7.46
2	上海文广新闻传媒集团	305500	21.23
3	深圳报业集团	273000	0.61
4	广州日报报业集团	214000	24.64
5	北京电视台	160000	3.90
6	南方广播影视传媒集团广告总公司	160000	23.08
7	南方都市报	142000	—
8	浙江广播电视集团	121000	—
9	江苏省广播电视集团	113705	72.29
10	湖南广播影视集团	107000	—
11	解放日报报业集团	102722	20.06
12	京华时报社	86903	21.94
13	杭州日报报业集团	85824	—
14	羊城晚报	76500	−16.85
15	北京日报报业集团北京晚报社	73600	−24.78
16	天津日报报业集团	73260	311.34
17	国家广播电影电视总局电视卫星频道	72000	2.86
18	安徽电视台	71400	8.18

19	北京新浪无限广告有限公司	69205	—
20	湖北日报报业集团楚天广告总公司	67500	15.19
21	长江日报报业集团	65000	16.07
22	天津电视台	63000	18.87
23	新华日报报业集团	61873	-3.32
24	山东电视台	58232	43.85
25	新民晚报社	55150	-21.30
26	今晚报社	52100	30.25
27	钱江晚报有限公司	50800	20.95
28	华商报社	50400	—
29	重庆广播电视集团（总台）	50025	22.04
30	黑龙江电视台	50002	8.52
31	四川广播电视集团	50000	-21.51
32	湖北电视台	49673	12.89
33	南京广播电视集团	49000	6.52
34	齐鲁晚报	48000	6.19
35	辽宁电视台	48000	17.50
36	陕西电视台	47000	—
37	北京人民广播电台	46000	24.81
38	河南电视台	45056	22.77
39	河北电视台	45016	—

40	南京日报报业集团	42900	34.06
41	重庆日报报业集团	40818	—
42	江西电视台	40400	14.48
43	大河报社	40000	0.00
44	杭州文化广播电视集团	40000	—
45	半岛都市报社	35000	16.67
46	广西电视台	33300	—
47	都市快报	33234	—
48	吉林电视台	33000	—
49	沈阳电视台	32000	—
50	云南电视台	32000	48.84
51	大连天歌传媒股份有限公司	30839	—
52	大连报业	30200	151.67
53	苏州广播电视总台	30000	33.33
54	武汉市广播电视局	27720	—
55	西安晚报社	26785	—
56	辽沈晚报社	26779	—
57	贵州电视台	25500	15.91
58	燕赵都市报	25047	—
59	无锡日报报业集团	25000	-12.28
60	潇湘晨报	25000	—

61	宁波广电广告中心	25000	25.00
62	网之易信息技术（北京）有限公司	24120	—
63	山西广播电视总台	23818	25.07
64	云南日报报业集团	23432	37.21
65	无锡广电广告有限公司	22500	−14.38
66	南方日报	22500	−4.22
67	广西日报社	22486	—
68	苏州报业广告公司	22000	—
69	福建电广东南卫视广告有限公司	21486	24.46
70	青岛日报报业集团	21000	14.75
71	大连晚报社	20000	—
72	温州市广播电视总台	19500	—
73	青岛电视台	19006	−2.83
74	厦门日报广告中心（厦门鹭江广告公司）	18300	13.66
75	福建电广福视广告有限公司	18063	18.07
76	大连半岛晨报社	18000	—
77	人民日报	18000	—
78	海峡都市报	17294	−2.22
79	新安晚报社	16500	17.86
80	齐鲁电视台	16430	—
81	温州都市报广告公司	16040	49.64

82	参考消息报社	16000	6.67
83	贵州日报报业集团	16000	0.00
84	沈阳日报广告部	16000	—
85	上海青年报	15900	—
86	宁波晚报社	15030	2.45
87	厦门广播电视广告有限公司	14719	
88	山西日报报业集团广告总公司	14690	13.14
89	湖北电视台经济频道	14000	—
90	江南都市报	14000	—
91	合肥晚报社	13300	20.91
92	海南日报报业集团	13000	56.01
93	贵阳日报社	13000	8.33
94	宁波日报社	13000	8.33
95	经济日报社	12636	5.95
96	海南广播电视台	12556	58.36
97	辽宁人民广播电台	12340	—
98	中国计算机报社	12329	—
99	山东人民广播电台	12000	20.00
100	内蒙古电视台	11300	25.56

’2006中国广告年鉴

China Advertising Yearbook

第十四版

14th Edition

政策、法规

关于禁止发布含有不良内容声讯、短信息等电信信息服务广告的通知

工商广字[2005]22号

各省、自治区、直辖市及计划单列市工商行政管理局、通信管理局：

近期以来，一些电信信息服务业务经营者在电视、报纸等媒介大量发布含有淫秽色情、封建迷信等不良内容的声讯、短信息等电信信息服务广告，如“姓名解析”、“情色玫瑰坊”、“探索两性秘密”、“少女到女人的情感实录”等，并在声讯、短信息等电信信息服务的收费标准和方式上误导消费者。这些不良声讯、短信息等电信信息服务广告不仅污染社会风气，在社会上造成不良影响，而且严重损害消费者的合法权益。为进一步净化广告市场环境，保护消费者的合法权益，促进声讯、短信息等电信信息服务业的健康发展，现就规范声讯、短信息等电信信息服务广告的有关问题，通知如下：

一、电信信息服务业务经营者在自行或者委托他人设计、制作、代理或者发布声讯、短信息等电信信息服务广告时，应当具有并提供下列真实、合法、有效的证明文件：

（一）营业执照；

（二）“业务种类”中含有“信息服务业务”项目的《跨地区增值电信业务经营许可证》或者《增值电信业务经营许可证》；

（三）跨地区电信信息服务业务经营者还应当提供由当地省、自治区、直辖市通信管理局发出的关于确认信息服务业务经营许可证的备案确认文件。

二、电信信息服务业务经营者在自行或者委托他人发布声讯、短信息等电信信息服务广告时，应当在广告中清晰标明经营者名称及其经营许可证编号。

三、声讯、短信息等电信信息服务广告必须符合社会主义精神文明建设的要求。禁止利用电视、广播、报纸、期刊、互联网、印刷品等各种媒介或者形式，发布含有淫秽色情、封建迷信等不良内容的声讯、短信息等电信信息服务广告。

四、电信信息服务业务经营者在广告中应当清晰标明声讯、短信息等电信信息服务的收费标准和收费方式，不得欺骗和误导消费者。

五、广告经营者、广告发布者在设计、制作、代理、发布声讯、短信息等电信信息服务广告时，应当查验证明文件，核实广告内容。对含有不良内容的广告、不能提供信息服务业务经营许可证的广告，不得设计、制作、代理、发布。

六、对违反本通知规定，有下列行为之一的，由工商行政管理机关对负有责任的广告主、广告经营者、广告发布者予以处罚：

对发布含有淫秽色情、封建迷信等不良内容声讯、短信息等电信信息服务广告的，按照违反《广告法》第七条第二款规定予以处罚；

对广告中未标明或者未清晰标明声讯、短信息等电信信息服务的收费标准和收费方式的，由工商行政管理机关按照违反《广告法》第九条第一款规定予以处罚；

七、对违反《电信条例》第五十七条规定，利用声讯、短信息等电信信息服务提供淫秽色情、封建迷信等不良内容信息的电信信息服务业务经营者，依据《电信条例》及国家有关规定，由电信主管部门、公安机关和国家安全机关依法予以处理。

八、本通知中的“声讯、短信息等电信信息服务”，是指通过固定网和移动网等公众通信网络向用户提供

的语音信息服务或者在线信息和数据检索等信息服务，含声讯、短信息、彩信、彩铃、WAP等。

九、本通知自下发之日起实施。自本通知下发之日起，《关于规范声讯服务广告的通知》（工商广字[2002]第127号）停止执行。各地对在执行中遇到的重大疑难问题，应当及时研究解决，并分别上报国家工商行政管理总局和信息产业部。

国家工商行政管理总局

信息产业部

二〇〇五年一月二十六日

关于国家工商行政管理总局登记注册的广告经营单位参加广告经营资格检查、领取新版《广告经营许可证》有关问题的通知

工商广字[2005]第25号

各有关单位：

现就国家工商行政管理总局登记注册的广告经营单位参加广告经营资格检查、领取新版《广告经营许可证》的有关问题通知如下：

一、根据《广告管理条例施行细则》第七条第二项和《广告经营许可证管理办法》第二条的规定，自2005年1月1日起，国家工商行政管理总局登记注册的广播电台、电视台、报刊出版单位以及法律、行政法规规定应进行广告经营审批登记的单位，其《广告经营许可证》由该单位所在地的省、自治区、直辖市及计划单列市工商行政管理局核发，国家工商行政管理总局不再直接核发《广告经营许可证》；广播电台、电视台、报刊出版单位、事业单位以及法律、行政法规规定应进行广告经营审批登记的单位以外的广告经营者不再核发《广告经营许可证》。

二、原在国家工商行政管理总局领取《广告经营许可证》的广播电台、电视台、报刊出版单位、事业单位以及法律、行政法规规定应进行广告经营审批登记的单位，其2004年度的广告经营资格检查以及新版《广告经营许可证》换发工作，由其所在地省、自治区、直辖市及计划单列市工商行政管理局负责进行。

上述单位应当根据《广告经营许可证管理办法》、《广告经营资格检查办法》的规定，依照所在地省、自治区、直辖市及计划单列市工商行政管理局规定的时间和程序，按要求提交文件、证件，参加2004年度的广告经营资格检查，申领新版《广告经营许可证》。

国家工商行政管理总局

二〇〇五年二月四日

关于调整制药企业广告费税前扣除标准的通知

国税发[2005]21号

各省、自治区、直辖市和计划单列市国家税务局、地方税务局：

根据《国家税务总局关于做好已取消和下放管理的企业所得税审批项目后续管理工作的通知》（国税发[2004]82号）关于“特殊行业确需提高广告费扣除比例的，由国家税务总局根据实际情况另行规定”的规定以及各地反映，现对制药企业广告费税前扣除标准问题通知如下：

自2005年度起，制药企业每一纳税年度可在销售（营业）收入25%的比例内据实扣除广告费支出，超过比例部分的广告费支出可无限期向以后年度结转。

国家税务总局

二〇〇五年三月四日

关于建立违法医疗器械广告公告制度的通知

国食药监市[2005]122号

各省、自治区、直辖市食品药品监督管理局（药品监督管理局）：

为了贯彻落实国务院关于整顿规范市场经济秩序的部署，加强医疗器械广告的审查工作，规范医疗器械广告发布秩序，防止违法医疗器械广告危害人民群众的身体健康，国家食品药品监督管理局决定建立违法医疗器械广告公告制度。现就有关要求通知如下：

一、建立违法医疗器械广告公告制度，是食品药品监督管理部门履行国务院赋予的职能、配合有关部门规范医疗器械广告发布秩序的重要措施，也是实践“三个代表”重要思想，贯彻“以人为本、执政为民”宗旨，确保人民群众使用医疗器械安全有效的具体体现。各省、自治区、直辖市（食品）药品监督管理部门要高度重视建立违法医疗器械广告公告制度的重要意义，克服畏难情绪，积极部署，按照要求把这项工作做好。

二、各省、自治区、直辖市食品药品监督管理局（药品监督管理局）要建立和完善医疗器械广告监测队伍和工作制度，做好对辖区内发布医疗器械广告的日常监测工作。对违法发布的医疗器械广告，要定期发布《违法医疗器械广告公告》。同时，在每月15日之前，将本辖区内发现的违法医疗器械广告报国家食品药品监督管理局广告审查监督办公室（地址：北京市崇文区天坛西里2号中国药品生物制品检定所，邮编：100050。或发送电子邮件：baiyuping@nicpbp.org.cn ）。国家食品药品监督管理局进行汇总审核后，每两个月定期发布《违法医疗器械广告公告汇总》。

三、上报国家食品药品监督管理局的违法医疗器械广告包括：未经审批擅自发布的医疗器械广告；篡改审批内容进行发布的医疗器械广告；禁止发布的医疗器械广告。各省、自治区、直辖市食品药品监督管理局（药品监督管理局）要按照制定的违法医疗器械广告统计表（附件1）填写，核对无误后加盖局印章，以书面形式或通过医疗器械广告审查专网上报。违法医疗器械广告统计表的填写要求，请参照附件2。

四、国家食品药品监督管理局已把建立违法医疗器械广告公告制度，列为开展2005年医疗器械广告审查监督管理考评的重要指标之一。各省、自治区、直辖市食品药品监督管理局（药品监督管理局）应按要求积极开展对违法医疗器械广告的监测工作，并按规定上报违法医疗器械广告。国家食品药品监督管理局将在适当的时候对各地区建立违法医疗器械广告公告制度进行检查。

附件：1．违法医疗器械广告统计表

2．违法医疗器械广告统计表填写要求

国家食品药品监督管理局

二〇〇五年四月一日

附件1：

违法医疗器械广告统计表

填报单位：

填报时间：　年　　月　　日

序号	产品名称	广告中标示的广告发布者名称	产品生产企业名称	广告批准文号	刊播媒介名称	刊播时间	刊播次数	违法原因	处理部门	处理结果
1										
2										
3										
4										
5										
6										
7										
8										
9										
10										

填表人：

附件2：

违法医疗器械广告统计表填写要求

1．“产品名称”项下应准确填写该产品的名称（应以批准的注册证产品名称为准），有商标宣传的应在商标后加“牌”，不得仅填写商标；有产品商品名的应同时标明产品通用名称；如广告中所宣传的名称与实际批准的产品名称不符的，除填写正确的产品名称外，可在产品名称后填写广告中所标示的产品名称：***；如无法确认该产品的真实名称，可在“产品名称”一栏填写广告中所标示的产品名称。

2．“广告中标示的广告发布者名称”指在媒介发布的医疗器械广告中所标示的广告发布者的名称，如：医疗器械的生产企业、经营企业、医疗机构等，对于确实无法确认的，可填写“未标示”。

3．“产品生产企业名称”指该医疗器械广告中医疗器械的生产企业，如广告内容中未标示的，食品药品监督管理部门应尽力查清医疗器械生产企业名称，对于确实无法确认的，可填写“未标示”，但应当及时移送同级工商行政管理部门查处。

4．“广告批准文号”指广告中所标示的医疗器械广告批准文号。

5．“刊播媒介名称”指该医疗器械广告实际刊播的媒介名称。

6．“刊播时间”指该医疗器械广告在刊播媒介上的实际发布时间，相同广告如只是发布时间不同，应将所有日期合并于同一档中。

7．“违法原因”包括以下内容：

⑴“擅自篡改审批内容”是指该医疗器械广告在发布时所标示的医疗器械广告批准文号是真实的，但在发布时擅自篡改了审批内容的行为。填写此违法原因后，同时应在“广告批准文号”项下填写该医疗器械广告的批准文号。

⑵“未经审批擅自发布”是指该医疗器械广告在发布前未取得有效的广告批准文号而擅自发布的行为。“使用过期广告批准文号”和“伪造、冒用广告批准文号”均属于“未经审批擅自发布”的违法行为。

⑶“禁止发布的广告”是指该医疗器械产品在任何媒介中不得以任何形式发布广告的行为。如规定试生产阶段的医疗器械不得发布医疗器械广告等。

8．“处理结果”中应填写移送同级工商行政管理部门。

9．“处理部门”是指对该医疗器械广告作出处理的县级以上食品药品监督管理部门。

10．“刊播次数”是指该医疗器械广告在刊播媒介中所发布的次数，该次数应与刊播时间中的内容相对应。

关于变更医疗器械广告审查机关的通知

国食药监市[2005]123号

各省、自治区、直辖市食品药品监督管理局（药品监督管理局）：

为了贯彻落实国务院关于行政审批制度改革的精神，国家食品药品监督管理局决定，自2005年7月1日起，停止对境外生产的医疗器械产品广告以及在重点媒体发布医疗器械产品广告的受理和审查工作。按照属地管理原则，相应的受理和审查工作改由省级食品药品监督管理部门负责。具体规定如下：

一、申请发布境内生产的医疗器械广告，必须向医疗器械生产企业所在地省级食品药品监督管理部门提出申请。申请发布境外生产的医疗器械广告，必须向医疗器械产品注册登记表中已认定的注册代理机构所在地的省级食品药品监督管理部门提出申请。医疗器械广告申请经省级食品药品监督管理部门审查批准后，方可发布。

二、在2005年7月1日前，国家食品药品监督管理局已经受理的医疗器械广告，将继续进行审查，审查合格后，发给医疗器械广告审查批准文号。对2005年7月1日以前国家食品药品监督管理局已批准的并在有效期内的医疗器械广告，仍可继续发布。

三、各省级食品药品监督管理部门必须按照《关于2005年药品、医疗器械、保健食品广告审查监督管理工作要点的通知》（国食药监市[2005]93号），严把医疗器械广告准入关，做好医疗器械广告审查工作。国家食品药品监督管理局将采取有力措施，加大对省级食品药品监督管理局医疗器械广告审查工作的指导、检查、监督力度。对审查工作中存在的问题，将及时予以纠正。

国家食品药品监督管理局

二〇〇五年四月一日

关于印发《虚假违法广告专项整治工作方案》的通知

各省、自治区、直辖市工商行政管理局、党委宣传部、公安厅(局)、监察厅(局)、纠风办、通信管理局、卫生厅(局)、广播影视局(厅)、新闻出版局、食品药品监督管理局、中医药管理局：

为贯彻中央领导同志关于加强新闻媒体广告经营管理的指示精神，落实《国务院办公厅关于开展打击商业欺诈专项行动的通知》(国办发[2005]21号)的有关要求，现将《虚假违法广告专项整治工作方案》印发给你们。请各地区、各部门按照该工作方案的具体要求和部门分工，明确工作职责，加强协调配合，认真督促检查，切实做好虚假违法广告专项整治工作。各地要结合本地区实际情况，由工商行政管理机关会同有关部门制定出具体的工作实施方案，于2005年5月25日前报国家工商行政管理总局。

附件：1．虚假违法广告专项整治工作方案

2．整治虚假违法广告专项行动部际联席会议制度

国家工商行政管理总局

中央宣传部

公安部

二〇〇五年四月二十一日

附件1：

虚假违法广告专项整治工作方案

为严厉打击利用广告欺骗和误导消费者的商业欺诈行为，规范市场经济秩序，根据《国务院办公厅关于开展打击商业欺诈专项行动的通知》(国办发[2005]21号)精神，制定本方案。

一、整治工作的任务和目标

(一)整治工作的主要任务是，以惩治虚假违法广告为重点，严厉打击欺骗和误导消费者的商业欺诈行为，特别是保健食品、药品、医疗、化妆品、美容服务虚假违法广告，以及利用互联网发布的虚假违法广告。重点查处下列虚假违法广告行为：

1. 以新闻报道形式发布的广告。一是在广告版面不标明“广告”标记，而使用“专版”、“专题”、“企业形象”等非广告标记；二是以通讯、评论、消息、人物专访、专家访谈、纪实报道、报告文学、专家咨询、科普宣传等形式发布广告；三是在新闻报道中标明企业、事业单位的详细地址、邮编、电话、电子信箱等联系方式方法。

2. 在保健食品、药品、化妆品和医疗广告中使用消费者、患者、专家的名义和形象作证明，尤其是社会公众人物在保健食品、药品、化妆品和医疗广告中以消费者、患者、专家的身份，向受众推荐商品服务或者介绍商品服务的优点、特点、性能、效果等。

3. 保健食品广告宣传治疗作用或者夸大功能。主要是在广告中把保健食品混同为药品，宣传治疗作用或者使用易与药品相混淆的用语；超出核准的保健功能范围，宣传未经核准的功能。

4. 药品广告夸大功能、保证疗效。主要是未经审批擅自发布和篡改审批内容发布药品广告，在广告中对药品的适应症或者功能主治、治疗效果进行夸大宣传或者做出承诺；广告中含有药品说明书以外的学术理论、观点等内容。

5. 医疗广告夸大功能，宣传保证治愈。主要是在广告中保证或者变相保证治愈各种疑难疾病。

6. 化妆品和美容服务广告夸大功能，虚假宣传。主要是对化妆品的效用或者性能等作虚假宣传，使用他人名义保证或者以暗示方法使人误解其效用的宣传，宣传化妆品的治疗作用或者使用医疗术语，误导消费者；对美容服务的效果进行虚假夸大宣传，使用医疗术语误导消费者。

(二)整治工作的目标。坚持标本兼治、打防并重的方针，通过各部门各司其职，协调配合，形成政府监管、行业自律、舆论监督、群众参与的综合治理机制。对当前广告经营活动中存在的情节严重、影响恶劣、群众反映强烈的典型虚假违法广告，特别是利用新闻媒体发布的虚假保健食品、药品、化妆品、医疗和美容服务广告，以及利用互联网发布的虚假广告，进行集中治理，严厉打击。通过专项整治，使群众反映强烈的广告虚假宣传现象得到有效治理，对经营、发布恶性虚假广告的有关责任人依法予以严厉惩治，使严重损害消费者合法权益的商业欺诈行为得到有效遏制。结合专项整治，完善法律法规和广告执法监管机制，增强消费者对虚假违法广告的防范意识和识别能力，建设诚信广告业，探索和建立广告监管长效机制，规范市场经济秩序，促进社会经济和谐健康发展。

二、整治工作的职责分工

(一)工商行政管理机关作为广告监督管理机关，负责组织专项检查和与有关部门的协调工作。要集中力量查处一批典型虚假广告案件。严把广告市场准入关，严格掌握营业执照和广告经营许可证的发放条件，加强对广告主、广告经营者、广告发布者的全方位监管；对监测、检查中发现的虚假违法广告，要立即责令停止发布，并立案查处；对上级交办或者其他部门转办的案件，必须及时处理，并上报或者反馈查处结果；对相关地方工商行政管理机关转办的案件必须及时处理，做好异地查办案件的协调工作；对消费者投诉举报或者12315消费者申诉举报网络移交的虚假违法广告案件线索，要及时调查处理；要加大对印刷品广告特别是固定形式印刷品广告的监管力度，严肃查处虚假违法印刷品广告。对符合追诉标准，已涉嫌虚假广告罪的，要及时移送司法机关依法追究其刑事责任。

(二)各级党委宣传部门要加强对新闻媒体广告导向的管理，并作为今年深入开展“三项学习教育活动”的重要内容，向新闻单位提出严格要求。要及时向新闻媒体通报带有倾向性和普遍性的虚假违法广告问题。对发布虚假违法广告问题突出的新闻媒体，会同广播影视、新闻出版行政部门及新闻单位的主管、主办单位督促整改，责令其予以改正，对有关责任人予以严肃处理。进一步加大对虚假违法广告专项整治工作的宣传力度。

(三)广播影视行政部门要依法加强对广播电视媒体的管理。对发布虚假违法广告问题严重的广播电视媒体，要严格依据《广播电视广告播放管理暂行办法》(国家广播电影电视总局令第17号)进行查处。对拒不配合执法机关调查取证的广播电视媒体，要责令其予以改正，并视情节对有关责任人予以处分。广播影视行政部门对广播电视媒体及其负责人的各种评比、评优、考核等，必须将广告经营守法情况列为考核指标，并征求广播电视播出机构所在地工商行政管理机关的意见，实行“广告违法一票否决制”。

(四)新闻出版行政部门要依法加强对报刊出版单位的管理。对发布虚假违法广告问题严重、社会影响恶劣或者拒不配合执法机关调查取证的报刊出版单位，要及时责令其予以改正，并视情节责成报刊出版单位的主管、主办单位对有关责任人予以处分。新闻出版行政部门对报刊出版单位及其负责人的各种评比、评优、考核等，必须将广告经营守法情况列为考核指标，并征求报刊出版单位所在地工商行政管理机关的意见，实行“广告违法一票否决制”。

(五)卫生、中医药行政管理部门要加强对医疗机构的管理，重点打击无证行医和医疗机构对外出租、承包科室的行为。卫生行政部门要加强对保健食品、化妆品生产企业的监督管理，加大对假冒伪劣保健食品、化妆品的打击力度；加强对美容服务业的监管，坚决取缔未取得《医疗机构执业许可证》擅自从事医疗美容服务的美容机构。

(六)食品药品监督管理部门要加强对药品广告的审查工作，进一步完善药品、保健食品广告审查电子政务系统，将所有审批通过的广告，在国家食品药品监督管理局网站予以公布。对违反法律行政法规规定发布虚假药品广告情节严重，被撤销广告批准文号的，应当严格执行有关法律行政法规，一年内不受理其广告审查申请。要加强对医疗机构生产销售医院制剂的管理，严厉打击非法生产、销售医院制剂的行为。

(七)公安机关要充分发挥职能作用，依法严厉打击利用广告作虚假宣传涉嫌犯罪的行为，加大打击力度。

(八)国务院信息产业主管部门和省(区、市)电信管理机构要加强对互联网信息服务提供者和声讯服务、短信息等电信信息服务经营者的行业管理，对发布虚假违法广告情节严重的，在相关部门依法出具书面意见后，由国务院信息产业主管部门和省、自治区、直辖市电信管理机构依据《互联网信息服务管理办法》、《中华人民共和国电信条例》等有关规定予以处理。

(九)监察机关和纠风办要加强对有关行政部门依法行政、履行监管职责的监督，对措施不得力、整治工作成效不明显的，要限期整改；对拒不执行国家有关广告及其他法律行政法规的，要依纪依法严肃处理；对问题严重的，还要追究有关领导的责任。

各有关部门要根据专项整治的工作任务和目标，按照职能分工，加强协调与配合，对虚假违法广告进行综合治理，确保整治工作取得实效。

三、整治工作的措施

(一)建立以工商行政管理部门牵头，党委宣传部门、公安、监察、纠风、电信管理、卫生、广播影视、新闻出版、食品药品监督管理、中医药管理等部门参加的整治虚假违法广告专项行动联席会议制度。一是根据整治工作进展情况，提出不同时期的治理重点，对查处过程中遇到的疑难问题，通过联席会议予以认定、解决；二是通报各部门转办案件的查处情况，以及工商行政管理机关监测检查发现、立案查处的虚假违法广告情况，对造成严重社会后果的虚假违法及不良广告，要进行专门通报；三是对整治工作中发现的薄弱环节和突出问题，研究具体应对措施。

(二)建立新闻媒体单位领导责任追究制。新闻媒体单位的主要负责人，应当对其媒体发布广告的合法性和正确导向承担领导责任。新闻媒体要建立健全广告发布责任制，对未经审查或者与审查批准的内容不一致的药品广告，不得发布；对不具备相应证明文件的保健食品、医疗、化妆品、美容服务的广告，不得发布。对发布虚假违法及不良广告问题严重或者放弃广告终审权而导致新闻媒体广告发布出现导向错误的新闻单位，经工商行政管理机关认定违法事实后，由新闻媒体的主管、主办单位对有关责任人予以处分或者调离工作岗位，必要时追究其主管负责人的领导责任，并报党委宣传部门、广播影视和新闻出版行政部门备案。

(三)建立违法广告公告制度。一是联合公告。对工商行政管理机关查办的虚假违法及不良广告典型案件，根据具体情况，由工商行政管理机关会同广播影视、新闻出版、卫生、中医药管理、食品药品监督管理、监察、纠风等部门联合公告。二是工商行政管理机关根据查处的典型虚假违法广告及广告市场监管情况，及时向社会发布“广告监管公告”，包括典型虚假违法广告案例曝光、违法广告提示、违法广告案例点评等。

(四)建立广告市场信用监管体系。根据广告市场监管情况，结合企业信用体系建设，将广告主、广告经营者相应地分为不同的管理类别，即A、B、C、D四级。A级为守信企业，用绿牌表示；B级为警示企业，用蓝牌表示；C级为失信企业，用黄牌表示；D级为严重失信企业，用黑牌表示。逐步完善广告主、广告经营者的广告信用评价体系，对诚实信用、守法经营的广告主、广告经营者给予通报表彰；对把关不严、违法违规现象突出的广告主、广告经营者，降低其信用等级并向社会公布，在广告行业的各种评比、评优中不予评为先进单位和个人。根据信用分类监管制度，建立企业失信惩戒和企业失信淘汰机制。对黄牌企业，要作为重点监控对象，加强日常检查，实施案后回查、办理登记和年检时重点审查、公开违法记录等监管措施；对黑牌企业，要发布吊销公告并公开违法记录，对典型案件还要予以曝光。探索新闻媒体作为广告发布单位信用监管的新路子，逐步建立广告发布单位信用监管制度。

(五)建立广告活动主体退出广告市场机制。一是建立违法广告量化跟踪及处理制度。对违法率居高不下或者发布虚假违法广告造成恶劣社会影响的广告主、广告公司和广告发布者，由工商行政管理机关依法责令其在相应范围内公开更正，对广告主可在一定时期内暂停其发布广告；对负有责任的广告公司，限制直至取消其广告经营资格；对负有责任的媒体单位，可暂停其部分类别商品或者服务广告的发布业务，直至取消其广告经营资格。二是对严重违反宣传纪律发布的虚假违法及不良广告，在社会上造成恶劣影响的报刊、广播电台、电视台，经工商行政管理机关认定违法事实后，由广播影视、新闻出版行政部门依照有关法律行政法规对其进行行政处罚。

四、整治工作要求

(一)统一思想，提高认识。各地区、各部门要从实践“三个代表”重要思想、坚持执政为民、建设社会主义和谐社会的高度，充分认识打击商业欺诈行为的重要性，增强打击虚假违法广告的紧迫感、责任感和使命感，认真做好此次专项整治工作。要注重实效，不走过场。

(二)分工负责，落实责任制。要按照重点突出、目标明确、措施有力、注重实效的总体要求，做好整治行动的动员工作，明确整治工作的目标、重点、步骤、措施，并认真组织实施。各部门要在分工负责的基础上，加强协调配合，切实履行职责。各级工商行政管理机关要切实负起责任，落实责任制，精心组织，周密安排，把任务和责任分解到有关单位，并在人员经费等各个方面予以充分保障，建立打击虚假违法广告的综合治理机制。

(三)突出重点，齐抓共管。各部门要按照职责分工，突出整治工作的重点，加强对重点地区、重点媒体、重点广告主、重点商品服务广告的检查和监测，从重点商品服务广告入手，严把媒体广告发布这一关键环节，把日常监管与专项整治有机地结合起来。通过整治虚假违法广告专项行动联席会议制度，加强整治工作的信息沟通，夯实齐抓共管基础，形成打击虚假违法广告的强大合力。

(四)打防结合，立足治本。各部门要结合社会诚信体系建设这一基础工作，坚持边整边改的原则，从源头治理，规范审批行为，强化广告内容监管等各个环节，积极探索广告市场监管的有效模式和方法，立足建立广告监管长效机制，不断提高广告监管执法的效能。

(五)加强部门之间整治工作的信息沟通。各部门要将整治工作进展情况、阶段性整治成果以及其他有关情况及时通报同级工商行政管理机关。国家工商行政管理总局将定期或者不定期编发《虚假违法广告专项整治工作简报》，印发各成员单位并上报全国整顿和规范市场经济秩序领导小组办公室。

(六)加强指导，督促检查。虚假违法广告专项整治行动从2005年4月开始，2006年6月进行总结验收。各部门要加强对整治行动法规政策、执法办案、日常监管等各方面的指导工作，对在整治工作中遇到的困难和问题，要认真研究解决。在整治期间，由工商行政管理机关会同有关部门组成检查组，适时对重点地区、重点商品服务、重点媒体的广告发布情况进行督促检查。各部门要在2006年6月底前，将广告专项整治工作情况报国家工商行政管理总局，由国家工商行政管理总局汇总后报全国整顿和规范市场经济秩序领导小组办公室。

附件2：

整治虚假违法广告专项行动部际联席会议制度

根据《国务院办公厅关于开展打击商业欺诈专项行动的通知》(国办发[2005]21号)的要求，为充分发挥各部门职能作用，形成打击虚假违法广告的综合治理机制，国家工商行政管理总局会同有关部门建立整治虚假违法广告专项行动部际联席会议制度。

一、整治虚假违法广告专项行动部际联席会议组成

(一)联席会议由国家工商行政管理总局、中央宣传部、公安部、监察部、国务院纠风办、信息产业部、卫生部、国家广播电影电视总局、新闻出版总署、国家食品药品监督管理局、国家中医药管理局等部门组成。

(二)联席会议由国家工商行政管理总局负责召集，各成员单位主管领导及相关业务司局负责人参加。各成员单位指定一名联络员。

二、联席会议职能

(一)根据整治工作进展情况，提出阶段性整治工作重点。

(二)协调查处重大虚假违法广告案件。

(三)通报、沟通各部门专项整治工作进展情况。

(四)对整治工作中发现的薄弱环节和突出问题，研究具体应对措施。

(五)分析广告业发展与监管形势，结合整治工作，提出治理虚假违法广告的对策以及有关政策、法规建议。各部门要按照《虚假违法广告专项整治工作方案》的职责分工，做好各项工作。

三、工作方式

(一)定期召开联席会议。联席会议由成员单位职能部门负责人参加，每季度召开一次。必要时，邀请成员单位负责人参加。对联席会议确定的具体工作任务，需要协调解决的，可由联络办公室召开联络员会议。

(二)遇有重大问题，由成员单位提议，随时召开。

(三)联席会议的联络办公室设在国家工商行政管理总局广告监管司。联络办公室的职责是：根据各成员单位的提议确定会议时间、议题，并在会议召开前10日内通知各成员单位；整理会议纪要，并报送有关领导和各成员单位；负责联席会议的其他事务性工作。

各省级工商行政管理机关要参照本制度，建立本省(自治区、直辖市)的整治虚假违法广告专项行动联席会议制度。

关于进一步做好虚假违法广告专项整治工作有关问题的通知

工商广字[2005]第59号

各省、自治区、直辖市及计划单列市工商行政管理局：

根据《国务院办公厅关于开展打击商业欺诈专项行动的通知》(国办发[2005]21号)精神，国家工商行政管理总局会同有关部门下发了《关于印发〈虚假违法广告专项整治工作方案〉的通知》(以下简称《工作方案》)。现就落实《工作方案》的有关问题通知如下：

一、全面落实国务院的工作部署，切实负

起牵头责任

工商行政管理机关作为此次虚假违法广告专项整治工作的牵头单位，要从实践“三个代表”重要思想、坚持执政为民的高度，以构建社会主义和谐社会为目标，充分认识开展此次专项整治行动的重要意义，增强整治虚假违法广告的紧迫感、责任感和使命感。各地要按照《工作方案》的具体要求，在当地党委、政府的领导下，切实负起牵头责任，加强协调，集中力量，整合资源，全面落实国务院的工作部署，认真做好虚假违法广告专项整治工作。

目前，各地正在按照国家工商总局的部署和要求，积极开展“打虚假 树诚信”广告专项整治工作。从2005年5月份开始，各地要把开展“打虚假 树诚信”广告专项整治行动纳入国务院部署的虚假违法广告专项整治行动中，按照《工作方案》要求，会同有关部门制定出具体的工作实施方案，明确部门职责，落实整治措施，加强沟通协作，认真督促检查，把虚假违法广告专项整治工作抓紧抓实，抓出成效。整治工作的重点，增加化妆品、美容服务广告以及整治互联网虚假广告。各地可以根据本地区实际情况，有针对性地整治突出的虚假违法广告。同时，会同有关部门通过多种形式，做好整治虚假违法广告专项行动的动员工作和宣传工作。

二、建立整治虚假违法广告专项行动联席会议制度，对虚假违法广告进行综合治理

根据国务院要求，国家工商行政管理总局已联合中宣部等十部委局召开了整治虚假违法广告专项行动部际联席会议第一次全体会议，正式启动了联席会议工作机制。为进一步形成打击虚假违法广告的合力，各地要按照《工作方案》的要求，建立省级的整治虚假违法广告专项行动联席会议制度。已经建立联席会议制度的省(市)，要进一步予以完善；没有建立联席会议制度的省(市)，必须尽快建立。要切实发挥联席会议在专项整治行动中的作用，重点解决当前在广告监管执法中存在的困难和问题。要发挥各级党委宣传部门、广播影视部门、新闻出版部门的行业管理职能作用和监察、纠风等部门的监督作用，有效解决广告发布这一关键环节中存在的突出问题。

三、把各项整治措施落到实处，建立标本兼治的广告监管长效机制

各地在专项整治行动中，要认真贯彻落实《工作方案》的各项要求。一是采取有力措施，充分发挥广告监管职能作用，保证监管执法到位；二是积极开展广告诚信自律活动，注重发挥广告行业协会的作用，建立适应广告业发展要求的行业自律机制，提高广告业整体的诚信意识；三是认真落实广告监管公告、广告市场信用分类监管、广告活动主体退出广告市场等各项工作措施；四是要会同有关部门做好专项整治的检查督促工作；五是要把“打虚假”和“树诚信”相结合，通过此次专项整治活动，探索标本兼治的新路子，进一步完善“政府监管、行业自律、舆论监督、群众参与”的广告监管体制，建立广告监管的长效机制。

四、做好专项整治工作的信息汇总上报工作

各地要及时将整治工作进展情况、阶段性整治成果以及其他部门的工作情况等，上报国家工商行政管理总局。国家工商行政管理总局将编发《虚假违法广告专项整治工作简报》和《虚假违法广告专项整治工作简报专刊》，交流情况，指导工作，并适时报送全国整顿和规范市场秩序领导小组办公室和国务院。

各省(市)应当按季度上报虚假违法广告专项整治情况(附件1)。在下一季度第一个月的10日前，必须将上一季度的整治工作情况和10个已查处结案的典型案例(保健食品、药品、医疗、化妆品、美容各2个案例，包括行政处罚决定书和广告样件)上报国家工商行政管理总局。各地查处的重大虚假违法广告案件以及整治工作中遇到的重要情况，应当及时上报国家工商行政管理总局。2006年1月10日前，各地应当将本地区年度整治工作情况汇总后，报国家工商行政管理总局。2006年6月15日前，各地应当将本地区专项整治工作情况汇总后，报国家工商行政管理总局，由国家工商行政管理总局汇总后报全国整顿和规范市场经济秩序领导小组办公室。

国家工商行政管理总局将根据考核评价指标(附件2)，对各省(市)的专项整治工作进行季度考核、年度考核和总结考核。季度考核结果，在下一季度的第一个月

底前公布；年度考核结果，在2006年1月底前公布；专项整治行动的综合考核结果，在2006年7月底前公布。对整治行动中表现突出、取得良好成绩的单位和个人，通过一定形式予以表彰。《关于开展“打虚假 树诚信”广告专项整治行动的通知》中有关广告专项整治行动情况统计表和广告专项整治工作考核评价指标的内容，不再执行。

附件：1．虚假违法广告专项整治工作情况统计表(略)

2．虚假违法广告专项整治工作考核评价指标(略)

国家工商行政管理总局

二○○五年四月二十九日

关于印发《保健食品广告审查暂行规定》的通知

国食药监市[2005]211号

各省、自治区、直辖市食品药品监督管理局（药品监督管理局）：

根据《国务院对确需保留的行政审批项目设定行政许可的决定》（第412号令）以及国务院办公厅关于《国家食品药品监督管理局主要职责内设机构和人员编制规定的通知》，食品药品监督管理部门负责保健食品广告发布前的审查工作。为了做好保健食品广告的审查工作，我局制定了《保健食品广告审查暂行规定》（以下简称《暂行规定》），并决定从2005年7月1日开始施行。

现将《暂行规定》印发给你们，请认真贯彻实施，并注意在实施过程中总结经验，不断完善保健食品广告审查工作。

国家食品药品监督管理局

二○○五年五月二十四日

保健食品广告审查暂行规定

（二○○五年七月一日起施行）

第一条 为加强保健食品广告的审查，规范保健食品广告审查行为，依据《行政许可法》、《国务院对确需保留的行政审批项目设定行政许可的决定》（第412号令）等法律法规，制定本规定。

第二条 国家食品药品监督管理局指导和监督保健食品广告审查工作。

省、自治区、直辖市（食品）药品监督管理部门负责本辖区内保健食品广告的审查。

县级以上（食品）药品监督管理部门应当对辖区内审查批准的保健食品广告发布情况进行监测。

第三条 发布保健食品广告的申请人必须是保健食品批准证明文件的持有者或者其委托的公民、法人和其他组织。

申请人可以自行或者委托其他法人、经济组织或公民作为保健食品广告的代办人。

第四条　国产保健食品广告的发布申请，应当向保健食品批准证明文件持有者所在地的省、自治区、直辖市（食品）药品监督管理部门提出。

进口保健食品广告的发布申请，应当由该产品境外生产企业驻中国境内办事机构或者该企业委托的代理机构向其所在地的省、自治区、直辖市（食品）药品监督管理部门提出。

第五条　申请发布保健食品广告，应当提交以下文件和资料：

（一）《保健食品广告审查表》（附表1）；

（二）与发布内容一致的样稿（样片、样带）和电子化文件；

（三）保健食品批准证明文件复印件；

（四）保健食品生产企业的《卫生许可证》复印件；

（五）申请人和广告代办人的《营业执照》或主体资格证明文件、身份证明文件复印件；如有委托关系，应提交相关的委托书原件；

（六）保健食品的质量标准、说明书、标签和实际使用的包装；

（七）保健食品广告出现商标、专利等内容的，必须提交相关证明文件的复印件；

（八）其他用以确认广告内容真实性的有关文件；

（九）宣称申请材料实质内容真实性的声明。

提交本条规定的复印件，需加盖申请人的签章。

第六条　保健食品广告发布申请材料不齐全或者不符合法定要求的，省、自治区、直辖市（食品）药品监督管理部门应当当场或者在5个工作日内一次告知申请人需要补正的全部内容；逾期不告知的，自收到申请材料之日起即为受理。

第七条　国务院有关部门明令禁止生产、销售的保健食品，其广告申请不予受理。国务院有关部门清理整顿已经取消的保健功能，该功能的产品广告申请不予受理。

第八条　保健食品广告中有关保健功能、产品功效成分/标志性成分及含量、适宜人群、食用量等的宣传，应当以国务院食品药品监督管理部门批准的说明书内容为准，不得任意改变。

保健食品广告应当引导消费者合理使用保健食品，保健食品广告不得出现下列情形和内容：

（一）含有表示产品功效的断言或者保证；

（二）含有使用该产品能够获得健康的表述；

（三）通过渲染、夸大某种健康状况或者疾病，或者通过描述某种疾病容易导致的身体危害，使公众对自身健康产生担忧、恐惧，误解不使用广告宣传的保健食品会患某种疾病或者导致身体健康状况恶化；

（四）用公众难以理解的专业化术语、神秘化语言、表示科技含量的语言等描述该产品的作用特征和机理；

（五）利用和出现国家机关及其事业单位、医疗机构、学术机构、行业组织的名义和形象，或者以专家、医务人员和消费者的名义和形象为产品功效作证明；

（六）含有无法证实的所谓“科学或研究发现”、“实验或数据证明”等方面的内容；

（七）夸大保健食品功效或扩大适宜人群范围，明示或者暗示适合所有症状及所有人群；

（八）含有与药品相混淆的用语，直接或者间接地宣传治疗作用，或者借助宣传某些成分的作用明示或者暗示该保健食品具有疾病治疗的作用；

（九）与其他保健食品或者药品、医疗器械等产品进行对比，贬低其他产品；

（十）利用封建迷信进行保健食品宣传的；

（十一）宣称产品为祖传秘方；

（十二）含有无效退款、保险公司保险等内容的；

（十三）含有“安全”、“无毒副作用”、“无依赖”等承诺的；

（十四）含有最新技术、最高科学、最先进制法等绝对化的用语和表述的；

（十五）声称或者暗示保健食品为正常生活或者治疗病症所必需；

（十六）含有有效率、治愈率、评比、获奖等综合评价内容的；

（十七）直接或者间接怂恿任意、过量使用保健食品的。

第九条　不得以新闻报道等形式发布保健食品广告。

第十条　保健食品广告必须标明保健食品产品名称、保健食品批准文号、保健食品广告批准文号、保健食品标识、保健食品不适宜人群。

第十一条　保健食品广告中必须说明或者标明“本

品不能代替药物”的忠告语；电视广告中保健食品标识和忠告语必须始终出现。

第十二条　省、自治区、直辖市（食品）药品监督管理部门应当自受理之日起对申请人提交的申请材料以及广告内容进行审查，并在20个工作日内作出是否核发保健食品广告批准文号的决定。

对审查合格的保健食品广告申请，发给保健食品广告批准文号，同时将《保健食品广告审查表》抄送同级广告监督机关备案。

对审查不合格的保健食品广告申请，应当将审查意见书面告知申请人，说明理由并告知其享有依法申请行政复议或者提起行政诉讼的权利。

第十三条　省、自治区、直辖市（食品）药品监督管理部门应当将审查批准的《保健食品广告审查表》报国家食品药品监督管理局备案。国家食品药品监督管理局认为审查批准的保健食品广告与法定要求不符的，应当责令原审批地省、自治区、直辖市（食品）药品监督管理部门予以纠正。

第十四条　保健食品广告批准文号有效期为一年。

保健食品广告批准文号有效期届满，申请人需要继续发布广告的，应当依照本规定向省、自治区、直辖市（食品）药品监督管理部门重新提出发布申请。

第十五条　经审查批准的保健食品广告需要改变其内容的，应向原审批地省、自治区、直辖市（食品）药品监督管理部门申请重新审查。

保健食品的说明书、质量标准等广告审查依据发生变化的，广告主应当立即停止发布，并向原审批地省、自治区、直辖市（食品）药品监督管理部门申请重新审查。

第十六条　经审查批准的保健食品广告，有下列情形之一的，原审批地省、自治区、直辖市（食品）药品监督管理部门应当调回复审：

（一）国家食品药品监督管理局认为原审批地省、自治区、直辖市（食品）药品监督管理部门批准的保健食品广告内容不符合法定要求的；

（二）广告监督管理机关建议进行复审的。

第十七条　经审查批准的保健食品广告，有下列情形之一的，原审批地省、自治区、直辖市（食品）药品监督管理部门应当收回保健食品广告批准文号：

（一）保健食品批准证明文件被撤销的；

（二）保健食品被国家有关部门责令停止生产、销售的；

（三）广告复审不合格的。

第十八条　擅自变更或者篡改经审查批准的保健食品广告内容进行虚假宣传的，原审批地省、自治区、直辖市（食品）药品监督管理部门责令申请人改正，给予警告，情节严重的，收回该保健食品广告批准文号。

第十九条　申请人隐瞒有关情况或者提供虚假材料申请发布保健食品广告的，省、自治区、直辖市（食品）药品监督管理部门按照《行政许可法》第七十八条的规定进行处理。

第二十条　申请人通过欺骗、贿赂等不正当手段取得保健食品广告批准文号的，由审批地省、自治区、直辖市（食品）药品监督管理部门按照《行政许可法》第七十九条的规定处理。

第二十一条　省、自治区、直辖市（食品）药品监督管理部门作出的撤销或者收回保健食品广告批准文号的决定，应当报送国家食品药品监督管理局并抄送同级广告监督管理机关备查，同时向社会公告处理决定。

第二十二条　（食品）药品监督管理部门发现有违法发布保健食品广告行为的，应当填写《违法保健食品广告移送通知书》（附表2），移送同级广告监督管理机关查处。

在广告审批地以外发布擅自变更或者篡改审查批准的保健食品广告的，广告发布地省、自治区、直辖市（食品）药品监督管理部门应当填写《违法保健食品广告处理通知书》（附表3），原审批地省、自治区、直辖市（食品）药品监督管理部门应按照有关规定予以处理。

第二十三条　省、自治区、直辖市（食品）药品监督管理部门应当建立违法保健食品广告公告制度，定期发布《违法保健食品广告公告》并上报国家食品药品监督管理局，国家食品药品监督管理局定期对《违法保健食品广告公告》进行汇总。《违法保健食品广告公告》应当同时抄送同级广告监督管理机关。

第二十四条　省、自治区、直辖市（食品）药品监督管理部门及其工作人员不依法履行审查职责的，由国家食品药品监督管理局或者监察机关责令改正，并按照有关规定对直接负责的主管人员和其他直接责任人员给予处理。

第二十五条　在保健食品广告审查过程中，省、自治区、直辖市（食品）药品监督管理部门违反本办法规定给当事人的合法权益造成损害的，应当依照国家赔偿法的规定给予赔偿。

第二十六条 保健食品广告批准文号为“X食健广审（X1）第X2号”。其中“X”为各省、自治区、直辖市的简称；“X1”代表视、声、文；“X2”由十位数字组成，前六位代表审查的年月，后4位代表广告批准的序号。

关于严厉打击虚假违法广告的通告

为贯彻落实国务院关于开展打击商业欺诈专项行动的决定精神，严厉打击利用广告欺骗和误导消费者的商业欺诈行为，国家工商行政管理总局会同中央宣传部、公安部、监察部、国务院纠风办、信息产业部、卫生部、国家广播电影电视总局、新闻出版总署、国家食品药品监督管理局、国家中医药管理局等部门，印发了《虚假违法广告专项整治工作方案》，决定自2005年5月开始，用一年左右的时间，开展虚假违法广告专项整治工作。为有效遏制虚假违法广告，达到预期整治目标。现就有关内容和主要措施通告如下：

一、此次整治工作，以惩治虚假违法广告为重点，特别是保健食品、药品、医疗、化妆品、美容服务虚假违法广告，以及利用互联网发布的虚假广告。

严厉查处以下内容的虚假违法广告：

1.新闻报道形式发布广告；

2.消费者、患者、专家的名义和形象作证明的保健食品、药品、医疗、化妆品广告；

3.宣传治疗作用或夸大功能的保健食品广告；

4.夸大功能、保证疗效的药品广告；

5.夸大功能、保证治愈的医疗广告；

6.夸大功能、虚假宣传的化妆品及美容服务广告。

二、广告主、广告经营者、广告发布者在本通告发布后，仍然继续从事虚假违法广告宣传的，工商行政管理机关将依法从重处理：

1.对虚假违法广告问题严重的广告主、广告经营者，依法停止（或限制）其广告宣传，或要求其停业整顿，从重处罚。

2.对虚假违法广告问题严重的广告发布者，依法予以从重罚款、停止（或限制）广告发布、停业整顿、缴销《广告经营许可证》。

对发布虚假违法广告的媒介单位相关责任人，同时由有关部门予以党纪、政纪处分。

凡利用广告对商品或服务作虚假宣传，涉嫌构成犯罪的，依法移送公安机关，由司法机关追究违法行为人的刑事责任。

三、有关部门将利用大众传播媒介或互联网络等形式，对典型虚假违法广告案件予以曝光。公布违法广告主、广告经营者、广告发布者名单，开展违法广告警示活动。

对被处罚的广告主、广告经营者，及时录入工商企业信用监管系统，采取警示、年检时重点审查、加大日常巡查力度、公开曝光其违法行为、降低信用等级等监管措施。必要时进行跨地域联合监管或重点监管。

广告经营者、广告发布者因虚假违法广告行为被依法处罚的，将失去参加中国广告协会“争创广告行业精神文明先进单位”的评选资格。

四、按照《虚假违法广告专项整治工作方案》要求，工商行政管理机关对此次整治工作负责组织和协调，采取有力措施，对严重或典型虚假违法广告进行重点打击。信息产业、卫生、广播电影电视、新闻出版、食品药品监督管理、中医药管理等部门也将采取相应的行业管理措施，从源头上加强对虚假违法广告的治理。

五、广告主、广告经营者、广告发布者必须履行法律义务，建立和落实广告基本管理制度，加强广告内容审查。对广告基本管理制度不落实、虚假违法广告发布严重的单位，除依法处罚外，可采取告诫整改、对有关负责人进行法规培训、公告为广告重点监管单位等管理措施。

六、各有关单位开展广告活动，必须依法经营，树立诚信观念、增强社会责任感，切实认识虚假违法广告的严重危害性，加强法律法规学习，针对本单位存在的虚假违法广告问题，采取有效措施自查自纠，净化广告市场经营环境。

特此通告

国家工商行政管理总局
二〇〇五年五月二十五日

关于做好保健食品广告审查工作的通知

国食药监市[2005]252号

各省、自治区、直辖市食品药品监督管理局（药品监督管理局）：

根据《国家食品药品监督管理局主要职责内设机构和人员编制规定》以及《国务院对确需保留的行政审批项目设定行政许可的决定》（第412号令），国家食品药品监督管理局印发了《保健食品广告审查暂行规定》（国食药监市[2005]第211号）（以下简称《暂行规定》），要求各省、自治区、直辖市食品药品监督管理局（药品监督管理局）从2005年7月1日起，对保健食品广告在发布前进行审查。为了做好保健食品广告审查的工作，现将有关要求通知如下：

一、提高对保健食品广告审查工作的认识。保健食品广告审查，是规范保健食品广告发布秩序的一项重要措施，也是保证人民群众身体健康和正确引导人民群众使用保健食品的重要环节；同时，国务院已经把治理虚假保健食品广告列为打击商业欺诈专项治理的一项重要工作内容，规定严禁未经审批擅自发布和篡改审批内容的保健食品广告。因此，必须充分认识保健食品广告审查工作的重要性。从践行“三个代表”重要思想的高度，坚持“执政为民”的宗旨，加强领导，精心组织，做好开展保健食品广告审查的各项准备工作。

二、依法审查，严把保健食品广告准入关。保健食品广告审查人员在保健食品广告审查中一定要严格执行审查标准，对审查工作中把握不准的问题，要及时与国家食品药品监督管理局广告审查监督办公室联系；国家食品药品监督管理局将在加强对各省、自治区、直辖市食品药品监督管理局（药品监督管理局）保健食品广告审批人员培训的同时，加大对各地保健食品广告审查工作的指导。

三、从2005年7月1日起，各省、自治区、直辖市食品药品监督管理局（药品监督管理局）必须使用“保健食品广告审查电子政务系统”进行保健食品广告的受理和审批，必须保证保健食品广告审查人员能够通过国家食品药品监督管理信息系统业务专网开展保健食品广告的审查工作。广告申请人可以通过SFDA政府网站的下载区下载“保健食品广告申请系统”及其使用说明。各省、自治区、直辖市食品药品监督管理局（药品监督管理局）在受理保健食品广告审批申请时，应要求广告申请人提交电子版广告申请文件。

四、各省、自治区、直辖市食品药品监督管理局（药品监督管理局）要建立保健食品广告监测队伍和工作制度，做好对辖区内发布的保健食品广告的监测工作。对违法发布的保健食品广告，每月要定期印发《违法保健食品广告统计表》（见附件），同时，在每月15日之前，将本辖区内发现的违法保健食品广告报国家食品药品监督管理局广告审查监督办公室。

地址：北京市崇文区天坛西里2号中国药品生物制品检定所。

邮编：100050

发送电子邮件：baiyuping@nicpbp.org.cn

国家食品药品监督管理局进行汇总审核后，每两个月定期发布《违法保健食品广告公告汇总》。

附件：违法保健食品广告统计表

国家食品药品监督管理局
二〇〇五年六月一日

附件：

违法保健食品广告统计表

填报单位：

填报时间：　　年　　月　　日

序号	产品名称	广告中标示的产品经销公司或生产企业	广告中标示的保健食品批准文号	广告批准文号	刊播媒介名称	刊播时间	刊播次数	违法原因	处理部门	处理结果
1										
2										
3										
4										
5										
6										
7										
8										
9										
10										

填表人：

关于禁止播出虚假违法广告和电视“挂角广告”、游动字幕广告的通知

各省、自治区、直辖市广播影视局（厅）：

《广播电视广告播放管理暂行办法》（广电总局令第17号，以下简称“17号令”）正式实施以来，广播电视广告播放秩序明显好转，群众满意度普遍提高。但近一个时期以来，个别播出机构播出的广告有虚假违法内容，一些机构违规播出“挂角广告”和在转播节目中插播游动字幕广告，这些已成为当前广播电视广告播放管理中的突出问题。为净化荧屏，严肃纪律，现就有关问

题通知如下：

一、各级广播电视播出机构应严格执行《广告法》、《国务院办公厅关于开展打击商业欺诈专项行动的通知》（国办发[2005]21号）和17号令的各项规定。严禁以新闻报道形式发布广告；严禁播放以消费者、患者、专家、社会公众人物名义和形象作证明的保健食品、药品、化妆品和医疗广告；严禁播放宣传治疗作用、夸大功能的保健食品广告；严禁播放宣传保证治愈的医疗广告、夸大功能、保证疗效的药品广告及夸大功能、虚假宣传的化妆品和美容服务广告。

二、进一步规范各类咨询服务和电视购物节目的播放。含有医疗、药品、保健食品和化妆品等内容的咨询服务和电视购物节目必须严格审查被介绍机构、产品的资格、证明等法律法规所规定的各项材料，同时要严格审查内容导向，凡含有非法内容或格调低下、误导受众的一律不得播放。要合理控制咨询服务和电视购物节目的播放时间，除专业购物频道外，其他频道每小时此类节目的总长度不得超过15分钟。

三、禁止播出"挂角广告"。根据17号令和《广电总局进一步加强广播电视广告内容管理的通知》（广发社字[2004]921号），禁止时政新闻节目及同类栏目以企业或产品冠名。播出其他以企业或产品冠名节目、栏目（包括"剧场"等，下同），其冠名一律不得含有经营服务范围、项目、产品功能、联系方式、形象代言人等文字和图像。不得播出单一的企业、产品标志等"挂角广告"。

四、播出以企业或产品冠名的节目、栏目时，冠名节目、栏目的名称应积极健康。电视节目、栏目不得以治疗肝病、性病、皮肤病、艾滋病、肿瘤、癫痫、痔疮、脚气、生殖系统、泌尿系统疾病等专业医疗机构和直接体现治疗上述疾病的药品冠名。

五、在冠名节目、栏目时，除严格按17号令和《广电总局进一步加强广播电视广告内容管理的通知》有关规定执行外，企业或产品冠名的字数不得超过5个，企业或产品标志只能固定出现在屏幕右下角，不得翻滚变化，不大于90×60像素。

六、所有上星频道自本通知下发之日起必须立即停播所有"挂角广告"。其他已经与企业签署广告合同、且合同期即将结束的频道，应将相关合同、发布形式、发布期限等情况向当地省级广播电视行政管理部门备案，合同期满立即按本通知执行，此过渡期限最迟不得超过2005年12月31日。省级广播电视行政管理部门应将省级播出机构的备案情况汇总后，于9月30日前上报总局社会管理司，总局将及时向全系统公布备案情况。省级广播电视行政管理部门也应将本省（自治区、直辖市）内市、县电视台的备案情况在全省系统内公告，以便社会各界监督。

七、根据总局17号令第二十一条规定，所有播出机构和转播机构在转播其他电视台的节目时，一律禁止插播游动字幕广告。

八、各级管理部门要进一步加强对广播电视广告播放监管工作，对违规播出虚假违法广告、"挂角广告"、游动字幕广告以及其他违规播出广告的行为必须及时依法依规严肃查处。各级播出机构和转播机构须严格遵守广告播出的相关法规。对有令不行、有禁不止的，总局将根据《广播电视管理条例》及17号令相关规定，对有关责任单位给予全国通报批评，追究其主要负责人及相关管理部门的责任，并通过媒体向社会公开曝光批评，对违规问题特别严重的电视台还将按有关规定给予行政处罚。

国家广播电影电视总局

二〇〇五年八月二十九日

关于规范食品药品监管部门主管或主办的媒体发布药品医疗器械保健食品广告行为的通知

国食药监市[2005]436 号

各省、自治区、直辖市食品药品监督管理局（药品监督管理局），各有关单位：

为落实国务院办公厅关于开展打击商业欺诈专项行动的工作部署，进一步整治药品、医疗器械、保健食品广告发布秩序，规范广告发布行为，国家食品药品监督管理局对各级食品药品监督管理部门主办或主管的媒体发布药品、医疗器械和保健食品广告工作提出如下要求：

一、加强学习，提高对规范广告发布行为重要性的认识，自觉遵守广告监管法律、法规和规章的规定；要切实加强组织领导，完善各项工作制度，规范广告发布行为。

二、严格广告发布的审查制度，对于所发布的广告是否经过食品药品监督管理部门批准，以及广告的内容是否与经审批的内容一致等要认真进行核对。要严肃责任追究制，对于发布违法广告的原因一定要认真查清，对于相关责任人应当按照有关规定予以处理。

三、各级食品药品监督管理部门主管或主办的媒体在接到本通知后，要开展一次广告发布情况的检查。

四、各省（区、市）食品药品监督管理部门要加大对本系统主管或主办媒体的监测，对在监测中发现违法发布的药品、医疗器械和保健食品广告，必须按照有关规定予以处理。

国家食品药品监督管理局

二〇〇五年九月一日

关于广告发布者发布违法广告认定问题的答复

工商广字[2005]第 132 号

北京市工商行政管理局：

你局《关于〈参考消息〉报社发布违法广告认定问题的请示》（京工商文[2005]37号）收悉。经研究，答复如下：

根据《广告法》第二十七条规定，广告经营者、广告发布者依据法律、行政法规查验广告证明，核实广告内容。对内容不实或者证明不全的广告，广告发布者不得发布。对于因广告主伪造和变造证明文件以及其他原因导致违法广告发布的，广告发布者应当视情节承担相应的法律责任。

国家工商行政管理总局

二〇〇五年九月七日

中华人民共和国国家工商行政管理总局令

第21号

《关于按照新修订的〈广告管理条例施行细则〉调整有关广告监管规章相应条款的决定》已经中华人民共和国国家工商行政管理总局局务会议审议通过，现予公布。

局长 王众孚

二〇〇五年九月二十八日

关于按照新修订的《广告管理条例施行细则》调整有关广告监管规章相应条款的决定

《广告管理条例施行细则》(以下简称《细则》修改颁布后，现行广告监督管理规章中适用原《细则》的有关条款，需要依据现行《细则》中的相应条款进行调整。现决定对下列规章的相关条款作如下调整：

一、《化妆品广告管理办法》

1.第十一条中“依据《广告管理条例施行细则》(以下简称《细则》) 第十九条规定予以处罚”，修改为“依据《广告管理条例施行细则》(以下简称《细则》) 第十七条规定予以处罚”。

2.第十二条中“依据《细则》第二十六条规定予以处罚”，修改为“依据《细则》第二十四条规定予以处罚”。

3.第十三条中“依据《细则》第二十二条规定予以处罚”，修改为“依据《细则》第二十条规定予以处罚”。

4.第十四条中“依据《细则》第二十三条规定予以处罚”，修改为“依据《细则》第二十一条规定予以处罚”；“依据《细则》第二十条规定予以处罚”，修改为“依据《细则》第十八条规定予以处罚”。

5.第十五条中“依据《细则》第二十七条规定予以处罚”，修改为“依据《细则》第二十五条规定予以处罚”。

二、《医疗广告管理办法》

1.第十四条中“依据《广告管理条例施行细则》(以下简称《细则》) 第十九条规定予以处罚”，修改为“依据《广告管理条例施行细则》(以下简称《细则》) 第十七条规定予以处罚”。

2.第十五条中“依据《细则》第二十二条规定予以处罚”，修改为“依据《细则》第二十条规定予以处罚”。

3.第十六条中“依据《细则》第二十条规定予以处罚”，修改为“依据《细则》第十八条规定予以处罚”；“依据《细则》第二十三条规定予以处罚”，修改为“依据《细则》第二十一条规定予以处罚”。

4.第十七条中“依据《细则》第二十六条规定予以处罚”，修改为“依据《细则》第二十四条规定予以处罚”。

5.第十八条中“依据《细则》第二十七条规定予以处罚”，修改为“依据《细则》第二十五条规定予以处罚”。

6.第十九条中“依据《细则》第二十八条规定予以处罚”，修改为“依据《细则》第二十六条规定予以处罚”。

三、《酒类广告管理办法》，第十一条“违反本办法第五条规定的，依据《广告管理施行细则》第二十七条规定处罚”，修改为“违反本办法第五条规定的，依据《广告管理施行细则》第二十五条规定处罚”。

关于固定形式印刷品广告监管有关问题的答复

工商广字[2005]第154号

安徽省工商行政管理局：

你局关于《对跨省发布固定形式印刷品广告管理有关问题的请示》（工商广字［2005］206号）收悉。经研究，答复如下：

一、依法领取《固定形式印刷品广告登记证》后，固定形式印刷品广告发布单位可以在全国范围发布固定形式印刷品广告，固定形式印刷品广告发布单位应当依照《印刷品广告管理办法》等有关规定发布固定形式印刷品广告。对固定形式印刷品广告发布单位违反《印刷品广告管理办法》第十三条、第十六条规定，发布标注“××专刊、专版”字样的固定形式印刷品广告的行为，应予禁止。

二、对违法经营、发布固定形式印刷品广告的行为，由违法行为发生地工商行政管理机关依法查处。固定形式印刷品广告违反《印刷品广告管理办法》第三条规定，情节严重的，违法行为发生地工商行政管理机关在依法处罚后，应当及时将案件的有关材料移交《固定形式印刷品广告登记证》核发机关，由其依照《广告法》第三十七条、第三十九条、第四十一条规定，停止违法行为人的固定形式印刷品广告业务，缴销《固定形式印刷品广告登记证》。

国家工商行政管理总局

二〇〇五年十月十八日

关于印发《非处方药和医疗器械产品包装及广告中使用奥林匹克标志管理办法》的通知

国食药监办[2005]532号

各省、自治区、直辖市食品药品监督管理局（药管局）：

为配合奥林匹克标志保护工作，规范在非处方药和医疗器械产品包装及广告中使用奥林匹克标志的行为，明确监管程序和责任，我局制定了《非处方药和医疗器械产品包装及广告中使用奥林匹克标志管理办法》。现印发你们，请遵照实施。

国家食品药品监督管理局
二○○五年十一月三日

非处方药和医疗器械产品包装及广告中使用奥林匹克标志管理办法

第一条　为保护奥林匹克标志，规范在非处方药和医疗器械产品包装及广告中使用奥林匹克标志的行为，根据《药品管理法》、《药品管理法实施条例》、《医疗器械监督管理条例》、《奥林匹克标志保护条例》和有关规章，制定本办法。

第二条　在非处方药包装、标签、广告及医疗器械广告中使用奥林匹克标志，应经第29届奥林匹克运动会组织委员会许可，并得到药品监督管理部门的批准。

非处方药包装、标签、广告及医疗器械广告中使用的奥林匹克标志同时配有文字表述的，该文字内容应当一并得到药品监督管理部门的批准。

第三条　申请在非处方药包装、标签、广告及医疗器械广告中使用奥林匹克标志，除应按规定提交相关文件外，还应当向药品监督管理部门提交第29届奥林匹克运动会组织委员会许可使用的证明。

第四条　申请在非处方药包装上使用奥林匹克标志，应当按照《药品注册管理办法》，提出药品补充申请。

第五条　第29届奥林匹克运动会组织委员会许可使用多种奥林匹克标志的，应当按品种为非处方药选用各自的奥林匹克标志。需要更换奥林匹克标志的，应当依法重新提出申请。

第六条　在医疗器械产品包装和获准在非处方药包装上使用的奥林匹克标志，不得印制在说明书中。

第七条　非处方药和医疗器械产品包装上使用的奥林匹克标志应当印制于包装、标签左上角或者右上角，其位置和大小不得过于显著。

不得采取粘贴、剪切方式在非处方药和医疗器械产品包装、标签上使用奥林匹克标志。

第八条　在非处方药和医疗器械广告中使用奥林匹克标志，应当依照药品和医疗器械广告审查的有关规定，向药品监督管理部门提出申请。

需要在已经取得广告批准文号的非处方药和医疗器械广告中使用奥林匹克标志的，应当重新申请审查。

第九条　第29届奥林匹克运动会组织委员会许可使用的奥林匹克标志、图案、徽记和文字内容，可以在非处方药和医疗器械广告中使用，但不得违反药品和医疗器械广告审查的有关规定。

第十条　在非处方药、医疗器械产品包装和广告中使用奥林匹克标志的期限应与第29届奥林匹克运动会组织委员会许可使用的期限一致。

批准在非处方药包装、标签和广告中使用奥林匹克标志的证明文件有效期超过许可使用期限的，应当在相应药品批准证明文件中明确注明奥林匹克标志的许可使用期限。

印制有奥林匹克标志的药品应当在第29届奥林匹克运动会组织委员会许可使用的期限内销售。

第十一条　未经批准，擅自在非处方药包装、标签、广告及医疗器械广告中使用奥林匹克标志的，按照相关法规和规章规定处理。

第十二条　将奥林匹克标志印制于说明书中或者采用粘贴、剪切方式在非处方药和医疗器械产品包装、标签上使用奥林匹克标志的，按照药品包装、标签和说明书管理有关规定以及其他相关法律法规处理。

第十三条　本办法自发布之日起实施。

关于商品包装物广告监管有关问题的通知

工商广字[2005]第 173 号

各省、自治区、直辖市及计划单列市工商行政管理局：

为了规范和加强对商品包装物广告的监管，现就有关问题通知如下：

一、商品包装中，除该类商品国家标准要求必须标注的事项以外的文字、图形、画面等，符合商业广告特征的，可以适用《广告法》规定进行规范和监管。

二、包装物广告内容违法的，除法律有明确规定的以外，按照以下原则定性和处理：

（一）包装物广告含有虚假内容的，依照《广告法》、《反不正当竞争法》关于虚假广告或者引人误解的虚假宣传处理。

对于认定为含有虚假内容的包装物广告，应当立即停止广告的发布。可以责令并监督有关当事人采用粘贴、覆盖等措施停止违法行为；必要时，可以采取相应措施防止虚假包装物广告扩散或者以其他形式继续发布。

（二）包装物广告含有其他违法内容，但不构成虚假的，依照《广告法》相应规定处理。上述违法广告一般不采取商品查封、扣押等措施。

包装物广告内容违法，但情节轻微，未造成实际危害后果，符合《行政处罚法》第27条第二款规定的，可以不予处罚。

三、包装物广告内容违法案件的管辖，除法律有明确规定以外，按照以下原则进行管辖：

（一）工商行政管理机关在监督检查中发现包装物广告内容违法的，应当按照《关于加强广告执法办案协调工作的指导意见》（工商广字［2004］163号）第四条第二款规定，依法查处。广告主在本省辖区的，照此执行。

（二）包装物广告内容违法涉及两个以上省（自治区、直辖市），已经立案尚未结案的，省级工商行政管理机关可以报请国家工商行政管理总局，由国家工商行政管理总局进行协调，必要时可以指定一省进行统一查处。

国家工商行政管理总局

二〇〇五年十一月十五日

关于印发《广告服务明码标价规定》的通知

发改价检[2005]2502 号

各省、自治区、直辖市及计划单列市发展改革委、物价局、工商行政管理局：

为规范广告经营单位的价格行为，维护广告行业的价格秩 序，提高广告服务价格的透明度，加强对广告行业的管理，健全广告监管制度，促进广告行业的健康发展，根据《中华人民共和国价格法》、《中华人民共和国广告 法》，以及国家发展改革委《关于商品和服务实行明码标价的规定》、《禁止价格欺诈行为的规定》，我们制定了《广告服务明码标价规定》。现印发给你们，请认 真贯彻执行。

附件：广告服务明码标价规定

国家发展和改革委员会

国家工商行政管理总局

附件：

广告服务明码标价规定

第一条 为规范广告经营单位的价格（收费）行为，维护广告行业的价格秩序，提高广告服务价格的透明度，加强对广告行业的管理，健全广告监管制定，促进广告行业的健 康发展，根据《中华人民共和国价格法》、《中华人民共和国广告法》，以及国家发展改革委员会《关于商品和服务实行明码标价的规定》、《禁止价格欺诈行为的 规定》制定本规定。

第二条 在中华人民共和国境内提供广告服务的广告经营单位的价格（收费）行为，适用本规定。

第三条 广告经营单位向广告主提供服务，应当按照本规定的要求，公开明示广告服务价格以及收费等相关内容。广告服务价格实行市场调节价，由广告经营单位依据经营服务成本和市场供求状况自主制定价格。

第四条 广告经营单位实行明码标价，应当遵循公开、公平和诚实信用的原则，遵守价格法律、法规和政策。

第五条 政府价格主管部门是明码标价的管理机关，其价格监督检查机构负责对广告服务价格（收费）明码标价的内容、方式进行监制，并负责对广告经营单位实施明码标价情况进行监督检查。各级工商行政管理部门协助价格主管部门对广告经营单位实施明码标价进行监督管理。

第六条 广告经营单位明码标价应当做到价目齐全，标价内容真实明确，字迹清晰规范，标示醒目。以文字（含图表）方式标价的，一律以阿拉伯数字标明人民币金额。

第七条 广告服务明码标价的内容包括：广告经营单位名称、服务项目、服务内容、收费标准、计费方式等。实行优惠条件的，还应当标明收费的优惠条件(时段、版面、频次等）和标准，或者免费服务的项目范围。

第八条 广告经营单位明码标价可采取媒体通告、公示栏、公示牌、价目表、收费手册、互联网查询、多媒体终端查询、语音播报，以及公众认可的其他方式进行事先公示。并应当公布相应的查询方式或客户服务电话。

第九条 广告经营单位应当在营业场所或业务代办场所的显著位置实行明码标价公示。

第十条 广告经营单位同广告主结算，或对外发布广告费用时，应当以人民币为标价单位。

第十一条 广告经营单位应当给广告主提供合法结算票据，并应当附结算清单，分项如实填写广告服务和项目、内容、收费标准等。

第十二条 广告经营单位对发布广告的服务价格如作调整，应当及时更改明码标价相关内容，并保留变动记录，以备查证。

第十三条 广播、电视、报刊等广告经营单位应当在确定或调整广告发布价格（收费）标准实施三日前，通过不同方式公布。并同时以书面形式报送具有管辖权的价格主管部门的价格监督检查机构和工商行政管理部门备存。

第十四条 广告经营单位明码标价，应当公布价格举报电话“12358”，方便群众进行监督。

第十五条 广告经营单位不得利用虚假的或者使人误解的标价内容、标价方式进行价格欺诈。不得在标价之外收取任何未予标明的费用。

第十六条 广告经营单位不按规定明码标价，或者利用标价进行价格欺诈的，由政府价格主管部门依照《中华人民共和国价格法》、《价格违法行为行政处罚规定》、《关于商品和服务实行明码标价的规定》、《禁止价格欺诈行为的规定》进行处罚。

第十七条 本规定自2006年1月1日起施行。

关于“益安宁”等违法药品广告的通报

工商广字[2005]202号

各省、自治区、直辖市及计划单列市工商行政管理局、食品药品监督管理局：

经过近一年的虚假违法广告专项整治，严重虚假违法药品广告得到有效遏制，但目前个别药品生产企业、经销企业仍在继续发布违法药品广告，给公众健康安全、合理用药造成误导。经国家工商行政管理总局和国家食品药品监督管理局第三季度检查监测发现，“益安宁”、“气血固本口服液”等药品广告未经审查或擅自篡改审批内容发布，且广告内容多处违法；“心宁片”、“宫瘤宁片”、“冠心七味片”等处方药广告违法在大众媒体发布，严重违反了《广告法》、《药品管理法》等相关规定。为此，国家工商行政管理总局和国家食品药品监督管理局决定在全国予以通报。

本通报下发后，有关省级食品药品监督管理机关要依法撤销以上违法药品广告批准文号，自撤销之日起一年内不再受理该企业该品种的广告审查申请。各级工商行政管理机关要依法查处以上违法药品广告，对继续发布撤销广告审批文号药品广告的广告主、广告经营者、广告发布单位依法从重处罚。

附：“益安宁”等违法药品广告及生产、经销企业名单。

国家工商行政管理总局

国家食品药品监督管理局

二〇〇五年十二月十六日

附：

“益安宁”等违法药品广告及生产、经销企业名单

药品名称	生产、经销企业	违法广告表现
益安宁	香港同溢堂中药制药厂（总代理：厦门鹭燕医药有限公司）	擅自篡改审批内容或未经审批擅自发布，广告内容多处违法。
心宁片（广告中标为七味活心宁）	长春人民制药有限公司	在大众媒介发布处方药广告，广告内容多处违法。
宫瘤宁片	甘肃武威制药有限责任公司	在大众媒介发布处方药广告，广告内容多处违法。
冠心七味片	内蒙古乌兰浩特中蒙制药有限公司	在大众媒介发布处方药广告，广告内容多处违法。
气血固本口服液	深圳市长寿药业有限公司	擅自发布，广告内容多处违法。

关于媒介单位委托收取广告费用问题的答复

工商广字[2005]第198号

北京市工商行政管理局：

你局《关于媒介单位委托其他公司收取广告费用认定问题的请示》（京工商文[2005]12号）收悉，经研究，答复如下：

取得《广告经营许可证》的广播电台、电视台、报刊出版等媒介主办单位（称为广告发布者），是利用其媒介从事广告发布活动的唯一合法广告经营主体，对在该媒介所进行的广告发布行为，应由其承担法律责任。

广告发布者发布违法广告，应依照广告管理法律法规等有关规定予以处罚。其违法广告的发布费用，不论直接收取或委托他人收取，都应认定为广告发布者的广告经营所得。对广告发布者为广告主提供广告发布服务，不收取或尚未收到广告费用的，可依照《关于在查处广告违法案件中如何确认广告费金额的通知》（工商广字[1995]第168号）的规定确认其广告发布费用。

国家工商行政管理总局

二〇〇五年十二月二十一日

’2006中国广告年鉴

China Advertising Yearbook

第十四版

14th Edition

广告监管

关于2005年第一次广告监测情况的通报

工商广字[2005]第73号

各省、自治区、直辖市及计划单列市工商行政管理局：

2005年3月，国家工商行政管理总局组织了2005年第一次广告监测检查。现将检查结果和相关工作通报如下：

一、检查的范围

（一）除西藏外30个省级卫星电视频道及中国教育电视台一套3月1日发布的药品、食品、医疗服务和农资等产品（服务）广告；

（二）由新闻出版部门确定的各省报业集团所属发行量最大的子报及各省报业集团之外发行量最大的都市类报，及京华时报、参考消息等报纸2月21、22、23日发布的药品、食品、医疗服务和农资等产品（服务）广告。

二、检查发现，药品广告中存在以下问题：利用医药科研单位、学术机构、医疗机构或者专家、医生、患者的名义、形象做证明；含有不科学地表示功效的断言或者保证，与其他药品进行功效对比，进行药品使用前后的比较。食品广告中存在以下问题：使用与药品相混淆的用语，直接或者间接地宣传治疗作用；使用医疗机构、医生的名义或者形象，涉及保健功能的，以专家或者消费者的名义或者形象做证明。医疗服务广告中存在以下问题：宣称治愈乙肝、牛皮癣、癌症、白癜风等疑难病症；使用患者、医生、医学权威机构的名义和形象进行宣传。以上违法表现在大部分媒体普遍存在，个别媒体还相当严重。其中，发布违法广告较多的媒体是《华商报》（212条）、黑龙江卫视（180条）。

三、检查发现以下涉嫌严重违法广告

（一）《燕赵晚报》2月22日A14版发布的“必肝清”药品广告，称“治疗乙肝取得重大突破，乙肝将完全恢复正常”等，夸大药品功效，使用国家机关、专家、患者名义，以及其他多处违反药品广告法律规定，严重欺骗和误导消费者。

（二）《武汉晚报》2月23日第11版发布的“韩达康”药品广告，称“乙肝完全可治愈”等，夸大药品功效，使用专家、患者名义，以及其他多处违反药品广告法律规定，严重欺骗和误导消费者。

（三）《每日新报》2月23日25版发布的“肾炎温阳片”、“肾炎解毒片”药品广告，称“根治肾病”等，夸大药品功效，使用专家、患者名义，以及其他多处违反药品广告法律规定，严重欺骗和误导消费者。

（四）《新文化报》2月21日6版发布的“效通鼻炎胶囊”药品广告，称“鼻炎可以连根拔除”、“彻底铲除鼻炎”、“首都15家临床医院联合推荐”等，夸大药品功效，并编造所谓“国家耳鼻喉攻关组”文件，以及其他多处违反药品广告法律规定，严重欺骗和误导消费者。

（五）《华商报》2月21日13版发布的“脑心安胶囊”药品广告，称“5万名心脑血管疾病患者康复”、“该药物领先世界同类药品10年”等，夸大药品功效，使用专家、患者名义，以及其他多处违反药品广告法律规定，严重欺骗和误导消费者。

（六）《京华时报》2月23日A31版发布的“高之营养液”保健食品广告，称“国家女子篮球队专用产品”等，宣传增高，夸大产品功能，以及其他多处违反保健食品广告法律规定，严重欺骗和误导消费者。

（七）《太原晚报》2月21日23版发布的“泰尔力图”保健品广告，非药品宣传对疾病的治疗作用，称“一夜几分钱去除失眠颈椎痛”、“是远红外功能效果的十倍”等，严重误导消费者。

（八）《兰州晚报》2月23日A11版以“帕金森患者的守护神”为题，发布北京中医疑难病研究中心天坛医院帕金森专科医疗服务广告，宣传治愈帕金森病，以患者、专家的名义做证明，以新闻报道形式发布广告等，严重误导消费者。

（九）《城市晚报》2月23日A19版以“三联新疗法揭开牛皮癣反复发作之迷”为题，发布中国疑难病防治研究中心牛皮癣临床基地北京华山医院医疗服务广告，属典型的以新闻报道形式发布广告，并以患者、专家的名义做证明，严重误导消费者。

（十）《青岛早报》2月23日11版以“俺真服了海生素”为题，发布青岛海生肿瘤医院医疗服务广告，称“对肾、肺肿瘤患者临床可以治愈”等，以患者、专家的名义做证明，严重误导消费者。

（十一）《都市时报》2月23日A14版以“治愈肝病病毒阳转阴”为题，发布昆明医学院附属康复医院肝病研究治疗中心医疗服务广告，属典型的以新闻报道形式发布广告，并以患者、专家的名义做证明，严重误导消费者。

（十二）中国教育电视台（一套）3月1日发布的新兴医院不孕不育治疗中心“新兴妈妈回娘家”版医疗服务广告，属典型的以新闻报道形式发布广告，以患者、专家的名义做证明，严重误导消费者。

四、本次检查是结合国家工商行政管理总局部署开展的“打虚假树诚信”专项整治行动进行的一次监测检查。根据《国务院办公厅关于开展打击商业欺诈专项行动的通知》精神，国家工商行政管理总局会同有关部门制定了《虚假违法广告专项整治工作方案》，并下发了《关于进一步做好虚假违法广告专项整治工作有关问题的通知》。各地应根据有关要求，扎实推进专项整治工作。国家工商行政管理总局将加大广告监测力度，进行不定期的重点监测。同时，组织对各地广告专项整治工作开展督导和检查，并进行考核评价。对于本次检查中发现的严重涉嫌违法广告，相关地方工商行政管理机关要坚决依法查处，并及时上报查处结果。

国家工商行政管理总局

二○○五年五月二十七日

关于2005年第二季度全国广告监测情况的通报

工商广字[2005]第107号

各省、自治区、直辖市及计划单列市工商行政管理局：

根据《关于定期统一发布广告监测信息的通知》及《关于进一步做好虚假违法广告专项整治工作有关问题的通知》，近期，国家工商行政管理总局组织对全国部分电视和报纸发布广告执行法律情况进行了监测检查。现将检查结果和有关工作情况通报如下：

一、本次检查范围包括：(1)各省会城市、自治区首府城市、直辖市及计划单列市电视台第一套节目2005年6月8日全天发布的药品、食品、医疗服务、化妆品广告(2)各省、自治区、直辖市及计划单列市广告发布量较大的报纸2005年6月8日—10日三天发布的药品、食品、医疗服务、化妆品广告。

以上范围内，共检查报纸广告3497条次，发现严重违法广告1095条次，违法率为31.31%。共检查电视广告5267条次，发现严重违法447条次，严重违法率为8.49%。

二、检查结果显示，经过一段时间的集中治理，广告发布状况总体有明显改观，一是社会反映强烈，内容严重违法且表现形式低俗的广告大幅减少，二是报纸和电视广告总体违法率较第一季度有所下降，三是一些广告发布单位经过整改后变化明显，如华商报，新文化报。

检查发现，违法广告的表现主要集中在以下方面：一是药品广告中使用不科学的表示功效的断言或者保证，如根除、根治、治愈等；二是医疗服务广告中宣传治愈或者保证治愈；三是食品广告宣传疗效以及使用医疗机构、医生的名义和形象。

根据监测检查结果，对以下广告发布单位提出警示：南国都市报、每日新报、新晚报、燕赵都市报。

三、检查发现涉嫌严重违法广告

（一）《每日新报》2005年6月8日12版、《新晚报》2005年6月8日B27版发布“百藓康”药品广告，称该产品“荣获世界遗产称号”、“人类的皮肤病能够完全治愈了”、“开创了皮肤病研究的新纪元，填补了国际医学界的空白”、“提高药力可达37倍”，“60多家权威医疗机构累计进行了多达156912例的临床患者使用证明，治愈率为91.63%，总治疗效果窗全球最高”，编造中央医学科学院等单位名称，以及使用专家、患者等多处违反药品广告法律。

（二）《兰州晨报》2005年6月8日A23版发布“百花杜仲降压片”药品广告，称“90天根除高血压，停药终身不反弹”、“国家科委立项，中国中医研究院组织40多位专家研制”、“被国家药监局批准为绿色国药”、“卫生部将其列为绿色降压一线国药”、“解决了高血压终身服药的世界医学难题”，以及其他多处违反药品广告法律规定。

（三）《南国都市报》2005年6月9日第7版发布“藏淋清”药品广告，称“26个省500多万康复患者实例证明”、“治愈湿疣、疱疹”，以及其他多处违反药品广告法律规定。

（四）《燕赵都市报》2005年6月8日第15版、《每日新报》2005年6月8日第62版发布“肤爽乐”药品广告，称“美国肤爽乐，鱼鳞病、皮癣、湿疹，一喷就好”。

（五）《齐鲁晚报》2005年6月9日A11版发布“六合通迈”药品广告，称“心脑同治首选”、“服用5–6疗程心脑血管病症得到全面、根本治疗”、“中医泰斗倡导只吃一种药”，并使用医学专家的名义做证明。

（六）《燕赵都市报》2005年6月8日第17版发布“北京前海医院股骨头坏死诊疗中心”医疗服务广告，属典型的以新闻报道形式发布广告。

（七）《三湘都市报》2005年6月9日A5版发布“长沙民康医院”医疗服务广告，称“最新研究成果震惊医学界”、“数十位专家成功将病毒基因重组技术和自体疫苗疗法相结合，打破了传统采用激光、冷冻、药物未能根除的弊端”、“全面彻底根治病毒疣、湿疣、疱疹”、“数万例患者得到全面康复，至今多年未见全面复发”，并多处违法使用专家、患者的名义做证明。

（八）《新晚报》2005年6月9日B22版发布“哈尔滨市虹桥医院”医疗服务广告，称“肝炎治疗性疫苗由中国肝炎治疗研究中心和中国医药生物技术协会研制推荐”，“每月只需一针，全面清除肝炎病毒”，使用专家名义做证明等。

（九）《南国早报》2005年6月8日40版发布“炎黄益生液”食品广告，宣传对肿瘤的治疗作用，并多处违反食品广告发布法律规定。

（十）太原电视台（新闻频道）2005年6月8日17时12分发布“联邦通窍鼻炎片”药品广告，称该药品为“中华鼻炎第一药”、“三步根除”、“一次治愈，永不复发”，大量使用医学专家和患者的名义做证明，以及其他多处违反药品广告法律规定。

四、这次监测检查是落实国务院关于打击商业欺诈活动和11部委工作方案的要求，对各地广告专项整治工作的全面检验。检查结果表明，在工商行政管理机关和各有关部门的积极努力下，虚假违法广告专项整治工作取得阶段性成果，恶俗广告明显减少，保健食品、药品、医疗等虚假违法广告蔓延势头得到初步控制。但广告违法问题仍在一定程度上存在，不同地区、不同主体差距很大，反映各地专项整治工作进度不同，力度不一。

各地要按照总局的统一要求，继续深入开展虚假违法广告专项整治行动，完善机制，扎实推进，取得实效。对于本通报中所列涉嫌严重违法广告，有关工商行政管理机关应当依法查处，并于2005年9月30日前上报结果。对于本通报中提出警示的经营单位，有关工商行政管理机关应当切实采取措施，督促进行整改，并上报整改情况。总局对上海、浙江、吉林、河南等省（市）前一阶段的突出工作提出表扬，并将有针对性地组织对有关省市工作进展情况和典型案件进行检查和督办。

国家工商行政管理总局

二〇〇五年七月二十二日

关于2005年第三季度全国广告监测情况的通报

工商广字[2005]第160号

各省、自治区、直辖市及计划单列市工商行政管理局：

为检查和巩固上半年全国广告市场专项整治成果，按照今年整治虚假违法广告专项行动工作安排，国家工商行政管理总局近期对全国部分电视和报纸广告发布情况进行了今年第三次监测。现将监测检查结果和有关违法广告通报如下：

一、本次监测检查的广告发布媒体范围与第二季度监测的媒体相同，即各省会城市、自治区首府城市、直辖市及计划单列市电视台第一套节目2005年9月23日全天，各省、自治区、直辖市及计划单列市广告发布量较大的报纸2005年9月15日—17日三天，发布的药品、食品、医疗服务、化妆品广告，及美容服务广告。

二、第三季度广告监测显示广告违法率呈下降趋势。此次共检查报纸广告2288条，发现严重违法广告625条，违法率为27.32%；检查电视广告5436条，发现严重违法广告306条，违法率为5.63%。分别比第二季度下降3.99%和2．86%。

与第二季度监测数据对比，五类商品与服务广告发布总体情况继续好转。一是6家报纸广告仍保持较低违法率（低于5%），如新民晚报、钱江晚报；16家报纸广告违法率大幅下降（5%—25%），如海峡都市报、海峡导报、扬子晚报等。二是严重的整版虚假违法药品、医疗广告数量明显减少。三是电视广告总体情况继续保持良好，北京卫视、广州电视台新闻频道等12家电视频道广告违法率为零。

监测中也发现，一些报纸的药品、医疗广告还存在表示功效的断言、治愈率、使用患者名义做证明的问题，如出现“攻克”、“彻底解决”、“根治”等用语；一些食品宣传增强性功能的违法广告有所上升，一些减肥保健食品广告使用消费者名义做证明、一些消字号产品宣传治疗作用较为普遍。第二季度通报批评的某些媒体没有明显改进，公告的一些涉嫌违法广告还在其他媒体继续发布。监测结果显示，仍有5家报纸广告违法率居高不下（高于25%），有8家报纸广告违法律较第二季度有所提高（反弹5%以上）。

三、检查发现的涉嫌严重违法广告

（一）《燕赵都市报》2005年9月17日21版发布“AN奥复康”保健食品广告，称该产品“100%用于前列腺疾病、ED”、“消除前列腺疾病，天天见奇效”，并使用消费者名义证明该产品的治疗作用，违反了食品广告等法律、法规规定。

（二）《每日新报》2005年9月15日29版发布“千精鼎”药品广告，称该产品“彻底解决男人问题”、“一天两粒千精鼎，轻松成就真男人”，并超出卫生行政部门批准的说明书范围，使用消费者名义证明该药具有提高性功能的作用，违反了药品广告法律、法规规定。

（三）《三湘都市报》2005年9月17日7版发布“凤

保宁”保健用品广告。该产品属非药品，但广告中宣传该产品适合多种妇科病患者使用，并使用多名消费者名义证明该产品治疗妇科病的功能和疗效，违反了相关广告法律、规定。

（四）《大连晚报》2005年9月17日A11版发布“第一夫人”（免疫识别洁身剂）广告。该产品属于消毒用品，但广告中称“第一夫人，妇科专家”，并使用多名消费者名义证明该产品治疗多种妇科病的功能和疗效，违反了相关广告法律、规定。

（五）《齐鲁晚报》2005年9月15日B2版发布济南华康医院医疗广告，称“让男人彻底告别前列腺炎”，并以专家名义宣传成功治愈3万余例前列腺患者，使用患者名义证明治疗效果，违反了医疗广告法律、法规规定。

（六）《南国都市报》2005年9月16日5版发布“强力胶囊”保健食品广告，称“强力胶囊拯救男性健康，让男人动力十足”，超范围宣传保健功能，使用多名消费者名义暗示增强性功能，改善性生活，违反了食品广告法律、法规规定。

四、第三季度监测结果基本反映了各地广告专项整治的工作情况。监测结果显示，经过半年多的广告市场专项整治，报纸、电视广告发布情况继续好转。但一些类别的广告违法现象还很突出，一般的违法广告问题还较为普遍，一些媒体为完成广告经营任务放宽审查标准，部分地区、部分类别的违法广告数量有上升的趋势。

针对第三季度监测发现的问题，各地工商行政管理机关要联合省级联席会议各成员单位，召开媒体通气会，通报监测结果，对发现通报中所列涉嫌严重违法广告和监测范围内其他严重违法广告要依法查处。整治虚假违法广告专项行动部际联席会议成员单位组成的联合检查组，将对重点地区和媒介整改情况进行督查。各地工商行政管理机关要继续采取有力措施，遏制虚假违法广告反弹，切实巩固广告专项整治成果。

国家工商行政管理总局

二○○五年十一月一日

关于公布第十二批允许发布处方药广告的医学药学专业刊物的通知

国食药监市[2005]137号

各省、自治区、直辖市、新疆生产建设兵团食品药品监督管理局（药品监督管理局），卫生厅（局）：

根据《中华人民共和国药品管理法》第六十条规定，经卫生部和国家食品药品监督管理局共同审核，认定《南京中医药大学学报》等5个医学、药学专业刊物（见附件）可以发布处方药广告。

特此通知。

附件：允许发布处方药广告的医学、药学专业刊物名单。

国家食品药品监督管理局

卫　　生　　部

二〇〇五年四月七日

附件：

允许发布处方药广告的医学、药学专业刊物名单

序号	刊物中文名称	CN号	登记地	广告经营许可证号
1	南京中医药大学学报	32－1247/R	南京市	3200004020655
2	食品与药品	37－1425/TS	济南市	3700004000095
3	中国老年保健医学	11－4981/R	北京市	京东工商广字第0276号（1－1）
4	药品评价	36－1259/R	南昌市	3600004000042
5	实用糖尿病杂志	21－1523/R	沈阳市	2101001500013

关于公布第十三批允许发布处方药广告的医学药学专业刊物的通知

国食药监市[2005]407 号

各省、自治区、直辖市、新疆生产建设兵团食品药品监督管理局（药品监督管理局），卫生厅（局）：

根据《中华人民共和国药品管理法》第六十条规定，经卫生部和国家食品药品监督管理局共同审核，认定《中国病案》等 3 个医学、药学专业刊物（见附件）可以发布处方药广告。

《成都医药》现已更名为《现代临床医学》，经卫生部和国家食品药品监督管理局重新共同核准，取消《成都医药》发布处方药广告的资格，确认《现代临床医学》（CN 号：51－1688 ／R，广告经营许可证号：5101031000450）为可以发布处方药广告的医学、药学专业刊物。

特此通知。

附件：允许发布处方药广告的医学、药学专业刊物名单。

国家食品药品监督管理局
卫　　生　　部
二〇〇五年八月五日

附件：

允许发布处方药广告的医学、药学专业刊物名单

序号	刊物中文名称	CN 号	登记地	广告经营许可证号
1	中国病案	11－4998/R	北京市	京东工商广字第 0271 号(1－1)
2	循证医学	44－1548/R	广州市	440100400011
3	中国性科学	11－4982/R	北京市	京海工商广字第 0357 号(1－1)

关于公布第十四批允许发布处方药广告的医学药学专业刊物的通知

国食药监市[2005]604号

各省、自治区、直辖市食品药品监督管理局（药品监督管理局），卫生厅（局）：

根据《中华人民共和国药品管理法》第六十条规定，经卫生部和国家食品药品监督管理局共同审核，认定《中国药物警戒》等4个医学、药学专业刊物（见附件）可以发布处方药广告。

特此通知。

附件：允许发布处方药广告的医学、药学专业刊物名单。

国家食品药品监督管理局
卫　　生　　部
二〇〇五年十二月十二日

附件：

允许发布处方药广告的医学、药学专业刊物名单

序号	刊物中文名称	CN号	登记地	广告经营许可证号
1	中国药物警戒	11-5219/R	北京市	京崇工商广字第0050号
2	中国脑血管病杂志	11-5126/R	北京市	京朝工商广字第0340号
3	医学研究通讯	11-2210/R	北京市	京东工商广字第0081号
4	医药产业资讯	11-5174/R	北京市	京东工商广字第0081号

'2006中国广告年鉴
China Advertising Yearbook
第十四版
14th Edition

大事记

2005年中国广告业大事记

1月1日，《广告管理条例实施细则》、《印刷品广告管理办法》和《广告经营许可证管理办法》，本日起实施。

1月10日，奥美集团在北京召开了"体育营销——必赢策略"研讨会，就雅典奥运营销的实战经验作了全面的介绍。

1月12日，国家工商管理总局副局长刘凡到中国广告协会听取工作汇报时明确指出，中国广告协会在部署2005年的工作时，要认清形势，明确任务，努力工作，增强用科学的发展观统领大局的意识。同时，还表示严厉打击虚假违法广告是2005年整顿和规范市场经济秩序工作的重要内容。

2005中国花卉博览会组委会与全球最大广告公司BBDO以及和记黄埔旗下TOM集团正式合作签字仪式在成都市温江区柳城宾馆举行。

1月13日，中国首部手机"短信黄页"诞生。它将以其便捷的服务优势成为手机增值业务的一个强劲的经济增长点。

1月中旬，广东黑马广告设计的"海颜坊"面膜系列包装在"第34届莫比广告奖"活动上夺得包装设计类的唯一金奖。

根据中国广告协会的安排部署，经层层评定，严格审查，四川省内33家广告公司首批荣获四川省广告企业资质等级。这是该省广告市场逐步走向规范化、规模化、集约化的重要标志之一。

大兴区黄村卫星城7大街区户外广告设施设置权将通过北京盛佳国际拍卖有限公司面向所有广告公司、法人机构公开拍卖，成为北京市首例以公开拍卖方式出让户外广告特许经营权的地区。

北京市工商局广告监测中心"电子眼"共监控到1656条涉嫌违法广告，其中，在电视台播放的"骄子"、"黄果树"等一批电视烟草广告，因为使用烟草广告语或画面而被停播。

1月17日，国家工商行政管理总局广告监管司在福州召开落实全国工商行政管理工作会议精神，确保广告专项整治工作取得预期成效的广告专项整治工作座谈会。参加座谈会的有北京、上海、广东、浙江、福建、江苏等省市工商局分管广告监管工作的处长。会上，国家工商总局副局长刘凡到会并作重要讲话。国家工商总局广告监管司副司长李亚莉出席了会议。

1月25日—27日，中国广告协会报纸委员会和电视委员会以及《广告人》杂志社共同主办的《广告人·中国·案例丛书》首发式暨第二届"广告人·中国"峰会在湖南长沙召开。中国广告协会秘书长时学志，中广协报委会主任、《东方新报》社总经理、总编辑梁勤俭，中广协电视委员会常务副主任金国强以及省市有关领导和部分知名媒体、广告公司、企业的负责人到会祝贺。

1月26日，国家工商行政管理总局与信息产业部联合下发《关于禁止发布含有不良内容声讯、短信息等电信信息服务广告的通知》。通知规定禁止利用电视、广播、报纸、期刊、互联网、印刷品等各种媒介或者形式，发布含有淫秽色情、封建迷信等不良内容的声讯、短信息等电信信息服务广告。

1月29日，"2004年中国广告业年度人物"颁奖典礼暨广告业精英联谊会在北京五洲皇冠假日酒店隆重举行。

2月4日，国家工商行政管理总局发布《关于国家工商行政管理总局登记注册的广告经营单位参加广告经营资格检查、领取新版〈广告经营许可证〉有关问题》的通知。

2月25日，全国广告协会秘书长会议在深圳召开。会议总结了2004年全国广告协会工作，对该年度"全国先进广告协会"和"全国广告协会优秀工作者"提出表彰并颁发了证书。

3月4日，国家税务总局下发了《关于调整制药企业广告费税前扣除标准的通知》，大幅度调高制药企业的广告费扣除比例。

3月10日—17日，中广协组团赴泰国参加第八届亚太广告节，并派代表参加了在泰国芭堤亚举行的IAA亚太地区分会会长会议。

3月14日，"2005广州国际霓虹灯展览会"开幕。专业霓虹灯企业参展单位有50多家，分别来自内地、香港地区以及意大利、比利时等。参观人数达20145人。与展会同时举办的还有"2005国际霓虹灯发展论坛"，中外来宾在会上交流了霓虹灯发展和技术。

3月15日，国内第一家网络虚假广告监督平台《广告丑闻报告》（ChouWen.Com）正式诞生。

3月17日，中国广告协会企业资质认定委员会第二次认定会议在北京召开。会议由中国广告协会副秘书长、认定委员会主任孙英才主持。

3月28日，"2005年中国液晶广告媒体峰会暨原创数码液晶广告设备新品发布会"在上海召开。

4月1日，国家食品药品监督管理局发布《关于建立违法医疗器械广告公告制度的通知》和《关于变更医疗器械广告审查机关的通知》。

4月5日，中央文明办、国家工商总局、国家广电总局、新闻出版总署联合发布《关于开展全国思想道德公益广告征集比赛的启事》。

为期4天的"第五届昆明国际广告与传媒博览会"在昆明国际会展中心开幕。本届博览会由昆明广告协会、昆明会展行业协会、昆明国际会展中心等共同主办，共吸引来自国内外近百家企业参展。

4月10日，2005年羊城晚报广告公司媒体营销培训会在广东省南海市成功举办，这次培训会的主题是成功跨越、追求卓越、不断超越。

4月11日，上海市工商局将对假冒伪劣性虚假广告、吹嘘夸大性虚假广告、欺诈误导性虚假广告等三大类15种广告予以重点打击，并从即日起至6月份，对印刷企业、产品包装和说明书、医药商店和医院散发及摆放的印刷品广告进行重点检查。

4月16日，经过一个多月的紧张调试与设备更新，中国广告网（www.cnad.com）自成立以来，实现了最大规模的一次网络提速。

4月21日，国家工商总局会同中宣部、公安部、监察部、国务院纠风办、信息产业部、卫生部、国家广电总局、新闻出版总署、国家食品药品监督管理局、国家中医药管理局联合下发《关于印发〈虚假违法广告专项整治工作方案〉的通知》。对整治虚假违法广告专项行动作部署。

4月26日，国家工商总局会同中宣部、公安部、监察部、国务院纠风办、信息产业部、卫生部、国家广电总局、新闻出版总署、国家食品药品监督管理局、国家中医药管理局等十一部委召开了全国整治虚假违法广告专项行动部际联席会议第一次会议。国家工商总局党组书记、局长王众孚、中宣部副部长李东生、国家工商总局副局长刘凡、卫生部副部长陈啸宏、广电总局副局长田进、新闻出版总署副署长石峰、公安部部长助理郑少东、国家食品药品监督管理局副局长张敬礼、中医药管理局副局长吴刚等有关部门领导以及信息产业部、监察部、国务院纠风办、全国整规办的有关业务司局负责同志出席了会议。

4月28日—29日，第二届中国户外广告大会在上海新亚汤臣洲际大酒店汤臣大礼堂举办。大会主题为户外广告与城市协调发展，国际理念与国内实际相结合，希望能提升中国户外广告业的运作水准。

4月29日，国家工商行政管理总局下发《关于进一步做好虚假违法广告专项整治工作有关问题的通知》。通知要求，1.全面落实国务院的工作部署，切实负起牵头责任。2.建立整治虚假违法广告专项行动联席会议制度，对虚假违法广告进行综合治理。3.把各项整治措施落到实处，建立标本兼治的广告监管长效机制。4.做好专项整治工作的信息汇总上报工作。

5月5日，北京地铁第一辆列车车身广告与乘客首次见面，这是北京地铁运营35年来第一辆带有车身广告的地铁列车。

5月8日，北京市对非法大型户外广告进入清理阶段。此次整治的范围包括在户外广告规划管理地区范围内没有合法审批手续和违反规划设置的单立柱、落地式户外广告。

5月9日，国家工商行政管理总局上报《关于部署开展整治虚假违法广告专项行动情况的报告》。

国家工商行政管理总局印发《关于投资性公司申请设立外商投资广告企业有关问题的答复》。

5月19日，中国广告协会在京召开了中国广告专业技术资格评定工作委员会成立大会，中国广告协会会长杨培青在会上做了重要发言。会议审定了《广告专业技术资格评定试行办法》、《广告专业技术资格评定工作实施细则》、中国广告专业技术资格评定工作委员会工作规程、中国广告专业技术资格评审委员会组成名单、中国广告专业技术资格标准和考试考核大纲编委会组成名单。

中国广告协会在北京中国职工之家隆重举办了一级广告企业的授牌典礼。

5月20日，中国广告协会与北京市广告协会共同举办了"2005年中国广告论坛"。

5月23日，日本电通广告公司顾问宫川和夫及IAA亚太地区总监出头则行等一行来华访问，向时学志秘书长等中广协领导介绍IAA亚太地区广告培训计划情况。

5月24日，国家食品药品监督管理局发布《关于印发〈保健食品广告审查暂行规定〉的通知》。

5月25日，国家工商行政管理总局发布《关于严厉打击虚假违法广告的通告》。决定自2005年5月开始用一年左右的时间，开展虚假违法广告专项整治工作。有效遏制虚假违法广告，达到预期整治目标。

5月27日，国家工商行政管理总局印发《关于2005年第一季度广告监测情况的通报》。本次检测范围包括：1.除西藏外的30个省市卫星电视频道及中国教育电视台一套3月1日发布的药品、食品、医疗服务和农资等产品（服务）广告。2.由新闻出版部门确定的各省报业集团所属发行量最大的子报及各省报业集团之外发行量最大的都市类报纸及京华时报、参考消息等报纸2月(21—23日发布的药品、食品、医疗服务和农资等产品（服务）广告。国家工商行政管理总局向社会公告了12个涉嫌严重违法广告案件。

5月31日，首届中国国际广告模特大赛在京正式启动。

6月1日，国家食品药品监督管理局发布《关于做好保健食品广告审查工作的通知》。

6月7日—19日，以国家工商行政管理总局刘凡副局长为团长的中国广告代表团一行六人前往巴西，参加格拉马多国际广告节。中国广告协会时学志秘书长在会上作了专题演讲，介绍了中国广告业的发展状况。会后代表团顺访了阿根廷和智利，与两国的广告界人士进行了业务交流活动。

6月8日，首届"廉政中国"公益广告理论研讨会在京召开，来自中央纪委、监督部和各大研究机构的数十名专家学者与会。就如何运用公益广告这一艺术形式，宣传党风廉政建设，加强对广大党员干部和群众进行反腐倡廉教育，营造和谐的社会氛围进行了探讨。

印度《商务周刊》总编辑阿努普一行三人来华访问，与《现代广告》杂志社社长陈永进行了业务交流。

6月11日，为期两天的"2005全球华人广告教育论坛"在北京大学开幕。本届论坛以"中国广告业发展趋势与中国广告教育问题"为主题，着重探讨在经济全球化浪潮中，在中国广告业全面对外开放的时代背景下，全球以及中国广告产业的发展趋势和前景，探索广告教育如何应对产业的发展变化，走出适合中国国情的独特广告教育之路。

6月18日—7月1日，中广协组团赴法国参加第52届法国嘎纳国际广告节，会后考察了德国和比利时的广告业发展状况。

6月29日—7月10日，中广协组团赴美国参加在纽约举行的美国艾菲奖广告活动。

7月1日，北京市药品监督管理局把审批的医疗器械广告内容登载在网络（网址：www.bjda.gov.cn）上，以保证人民群众用械安全，方便掌握医疗器械的真实信息，增强老百姓鉴别医疗器械广告的能力。

7月8日，沈阳广告诚信联盟成立。沈阳日报、辽宁日报、辽宁电视台、辽宁人民广播电台、沈阳电视台、沈阳人民广播电台等34家媒体和广告经营企业在《沈阳广告媒体诚信联盟自律公约》上签字，成为联盟的首批成员。

7月13日—14日，中广协报委会在安徽黄山召开了全国省级党报广告工作会议。中广协报委会主任梁勤俭作了题为《让党报强大的政治优势转化为市场优势——关于改进党报广告经营的思考》的讲话。此次会议全国二十多家省报签署了《拒绝虚假违法广告宣言》。

7月14日，国家工商行政管理总局与中央文明办联合下发《关于2003—2004年度公益广告活动获奖情况的通报》。各地共推荐486件公益广告作品参加评选，其中影视公益广告作品126件，平面公益广告作品253件，广播公益广告作品107件。共有78件作品获奖，其中金奖1件、银奖6件、铜奖11件，优秀奖60件。有14家单位获公益广告活动组织奖，85家单位、70名个人分别获得公益广告活动先进单位、先进个人称号。

7月15日，CCTV推出成立以来的第一次大型国际广告投放活动，此次活动由奥美（北京）策划和实施。

中国对外经济贸易广告协会与北京链家展览展示中心召开新闻发布会，介绍中国广告媒介年度代理、采购洽谈会的筹备情况。

7月22日，国家工商行政管理总局印发《关于2005年第二季度全国广告监测情况的通报》。本次检查范围包括各省会城市、自治区首府城市、直辖市及计划单列市电视台第一套节目2005年6月8日全天发布的药品、食品、医疗服务、化妆品广告；各省、自治区、直辖市及计划单列市广告发布量较大的报纸2005年6月8日—10日三天发布的药品、食品、医疗服务、化妆品广告。共检查报纸广告3497条次，发现严重违法广告1095条次，违法率为31.31%。共检查电视广告5267条次，发现严重违法447条次，严重违法率为8.4%。

8月2日，在北京广告协会召开座谈会上，人民日报、中央电视台等20余家首都主要媒体承诺，今后杜绝虚假违法广告，把北京的广告市场建成全国广告业的首善之区。

8月4日，国家工商行政管理总局下发《关于2005年第一季度广告监测涉嫌违法广告案件查处情况的通报》。根据2005年第一季度广告监测结果，对向社会公告的12个涉嫌严重违法广告案件通告相关的地方工商行政管理机关立案查处。

8月8日，乌鲁木齐5处户外广告设置地使用权共拍得52.3万元人民币。此次拍卖标志着乌鲁木齐户外广告告别了行政审批，而是通过公开拍卖等方式进行市场化运作。

8月9日，物流巨头TNT集团在上海宣布，正式启动在中国的直复营销服务，这种为客户提供针对目标消费者的服务平台，是继报纸、电视、户外广告、网络广告等广告模式之后新型的广告模式。

北京市工商局广告监测中心公布了一份发布违法广告单位的黑名单，84家医疗机构和32家广告公司被曝光，这是广告整治行动以来被曝光单位最多的一次。

8月15日，北广传媒移动电视有限公司公布，北京移动电视对公交频道节目进行全面改版，同时其出租车移动电视也已进入规模装车阶段，预计年内可满足4000余辆公交车和万辆出租车乘客收看电视节目的需求。

8月18日—19日，由中国期刊协会主办，北京和新资源传媒顾问有限公司承办的“2005首届中国期刊广告论坛”在北京召开。

8月21日，深圳晚报联合深圳市广告协会、深圳新闻网以及深圳市内多家医疗机构联合推出了“‘深圳晚报杯’首届健康类报版广告创意设计大赛”。这是国内媒体首次组织推出的此类专题广告大赛。

8月23日，北京市出台规定，禁止在建筑物上刻画、涂写、喷涂标语，或设置横幅、竖幅等宣传品，并且在《北京市标语宣传品设置管理办法》草案中作了相关规定。

8月24日，广西南宁市第七人民医院、广西钦州市第一人民医院等19家医疗机构因为发布虚假违法医疗服务广告，欺骗、误导消费者，受到工商机关严厉处罚。

8月29日，国家广电总局发布《关于禁止播出虚假违法广告和电视“挂角广告”、游动字幕广告的通知》，通知首次明确规定，所有上星频道自本通知下发之日起必须立即停播所有“挂角广告”。

由盛世长城广告有限公司、《现代广告》杂志社主办、搜狐网协办的“新奥运、新传播”的主题论坛在北京奥运新闻中心的新闻发布厅展开。

8月30日，《深圳特区报》在全国报业中首次尝试以拍卖方式出售广告版面，标的是一年零四个月的周末和节假日广告版面。

9月1日，国家食品药品监督管理局发布《关于规范食品药品监管部门主管或主办的媒体发布药品医疗器械保健食品广告行为的通知》。

9月5日，国家工商行政管理总局下发《关于开展固定形式印刷品广告清理检查工作的通知》。

由陕西省广告协会、西安市广告协会、华商报社共同主办的"华商报杯"2005华商广告奖新闻发布会在西安举行。政府相关部门、广告协会、全省40多家大型广告公司的负责人，北京、上海等地精英传媒机构及企业的代表出席发布会。

9月6日，国家药品监督管理局、国家工商行政管理总局、新闻出版总署联合发出《关于公布允许刊播处方药广告的第一批医药专业媒体名单的通知》，164家医药专业媒体被允许刊播处方药广告。

9月9日，国家工商行政管理总局上报《关于开展虚假违法广告专项整治工作有关情况的报告》。

9月13日，韩国放松广告公社北京代表处正式成立。中国广告协会会长杨培青等中广协领导出席成立仪式并致辞。

9月16日，由中国广告协会主办，现代广告杂志社承办，新浪网、搜狐网、网易、MSN、雅虎中国协办的"第三届中国网络广告大赛"决赛在北京圆满完成。本次大赛共收集网络广告作品1126件。

9月18日，亚洲广告大会组委会副主席丁行洲先生拜会中广协会长杨培青，就新加坡亚洲广告大会事宜进行了交流，希望中国派员参加该活动。

9月19日，国家工商行政管理总局作出《关于广告发布者发布违法广告认定问题的答复》。

9月20日，在江西南昌召开中广协广播委员会六届二次会议。出席开幕式的有广委会主任、秘书长、常委、委员，各成员单位代表共200人。大会为第21届全国优秀广播广告评选获奖作品颁奖。

9月28日，国家工商行政管理总局发布第21号总局令，公布《关于按照新修订的〈广告管理条例施行细则〉调整有关广告监管规章相应条款的决定》。

9月29日，北京市药品监督管理局宣布，《北京市化妆品监督管理办法（暂行）》和《北京市保健食品监督管理办法（暂行）》已正式通过讨论，将于11月1日实施。

10月17日，国家工商行政管理总局下发《关于开展虚假违法广告专项整治联合检查的通知》。由国家工商行政管理总局牵头，11个部委局的司局级领导带队，组成10个联合检查小组共41人次，分别对天津、河北、山西、吉林、黑龙江、江苏、浙江、山东、江西、安徽、河南、湖南、广东、四川、海南、贵州、青海、宁夏等18个省、自治区、直辖市的整治虚假违法广告专项行动开展情况进行了检查和调研。

10月18日，国家工商行政管理总局作出《关于固定形式印刷品广告监管有关问题的答复》。

10月21日—23日，全国广告教育研究会第四届学术年会在河南大学隆重举行，来自全国百余所高等院校的广告教育工作者及业界代表出席本次会议，会议主题是"中国广告迈向国际化的前景"。

10月27日，由中国广告协会电视委员会、全国省级电视台广告协作会联合主办，陕西电视台承办的全国电视广告峰会在西安召开。

10月27日—28日，全国报纸广告经营研讨会在陕西西安召开，42家报社或报业集团的53位代表出席了会议。中国广告协会副秘书长孙英才到会祝贺并发表讲话。

10月28日，第十二届中国广告节在西安隆重开幕，并首次设立了"最佳广告主奖"。作为主体论坛之一的"奇迹与挑战——2005年中国网络广告高峰论坛"同时举办。国际广告协会主席迈克·李先生代表国际广告协会参加了本届中国广告节，并在开幕式上致辞。

首届全国大学生广告艺术大赛"中凯杯"北京赛区颁奖典礼在中国传媒大学隆重举行。

10月29日—11月4日，中广协派员参加在英国伦敦举行的嘎纳国际广告节各国代表会议。

11月1日，国家工商行政管理总局印发《关于2005年第三季度全国广告监测情况的通报》。本次检测检查的范围是，各省会城市、自治区首府城市、直辖市及计划单列市电视台第一套节目2005年9月23日全天，各省、自治区、直辖市及计划单列市广告发布量较大的报纸2005年9月15日—17日三天，发布的药品、食品、医疗服务、化妆品广告，及美容服务广告。共检查报纸广告2288条次，发现严重违法广告625条次，违法率为27.32%。检查电视广告5436条次，发现严重违法306条次，严重违法率为5.63%。分别比第二季度下降3.99%和2.86%。

11月3日，国家食品药品监督管理局发布《关于印发〈非处方药和医疗器械产品包装及广告中使用奥林匹克标志管理办法的通知》。

11月8日—10日，中国广告协会会长杨培青女士在由中国贸促会、中国市长协会、世界服务业联盟、无锡市政府主办的“中国无锡2005世界服务业大会”上作了精彩演讲，主题为“繁荣广告建设城市”。

11月14日，“爱浪杯”首届中国国际广告模特大赛颁奖盛典在北京人民大会堂隆重举行。

11月15日，国家工商行政管理总局下发《关于商品包装物广告监管有关问题的通知》和《关于查处“角燕G蛋白胶囊”违法广告的通知》。

11月18日，央视2006年黄金资源招标会在梅地亚中心圆满举行，此次招标总额为58.69亿元。

11月20日，中国广告协会广告TOP网的（http://www.cnadtop.com）第一期改版工作顺利完成。

11月20日—23日，中广协派员参加在新加坡举行的“2005亚洲广告大会”，并派代表参加IAA亚太地区分会会长会议。

11月23日，国家工商行政管理总局发布《关于商品包装物品广告监管有关问题的通知》。

11月25日，“和谐2006——广而告之有限公司媒介推广会”在北京钓鱼台国宾馆芳菲苑隆重召开。

11月27日，中国广告主协会成立大会在北京召开。中国广告主协会是由中国企业联合会和几十家行业排头企业共同发起，经国资委、民政部报请国务院批准成立的。大会通过《中国广告主协会章程》，选举中共中央委员、中国企业联合会执行副会长郑斯林为会长。

12月7日，国家工商行政管理总局下发《关于筹建及试运行广告监测数据库工作的通知》。

12月9日，由北京新弘影视发展有限公司企划举办的“首届韩国电视广告联展”在北京世纪剧院（小剧场）举行。

12月10日，根据《外商投资广告企业管理规定》，自本日起我国允许设立外资广告企业。

12月13日，国家工商行政管理总局召开了整治虚假违法广告专项行动部际联席会议第三次会议。

12月14日，国家发展改革委联合国家工商行政管理总局近日发布了《广告服务明码标价规定》，并宣布自2006年1月1日起开始执行。

12月16日，国家工商行政管理总局作出《关于“益安宁”等违法药品广告的通报》。

12月21日，国家工商行政管理总局和国家食品药品监督管理局联合发布《关于媒介单位委托收取广告费用问题的答复》。

12月22日，国家工商行政管理总局作出《关于媒介单位委托收取广告费用问题的答复》。

12月22日—26日，IAA中国分会在海南省三亚市举行“2005 IAA中国分会年会”，来自全国各地近50名IAA会员参加了会议。会上，成立了IAA中国分会理事会，中国广告协会秘书长时学志同志当选中国分会会长。会上，中国分会秘书长张泽满作了中国分会工作报告和分会章程修改说明。会议确立了中国分会今后的发展方向。IAA副主席兼亚太地区总监出头则行先生和IAA日本分会执行理事清水贵之先生专程来华参加了本次年会。出头先生专门就IAA亚太地区从业人员培训计划进行了介绍。清水先生也在会上介绍了IAA日本分会的活动情况。

12月23日，国家工商行政管理总局上报《关于集中清理整顿医疗广告情况的报告》。

国家工商行政管理总局广告监管司司长屈建民参加三亚“金椰子节”活动，在广告论坛上做了“中国广告业发展现状”的演讲。

12月29日，2005年中国大学生广告艺术节闭幕式暨中国广告协会学院奖颁奖典礼在京举行。

’2006中国广告年鉴

China Advertising Yearbook

第十四版

14th Edition

行业组织

中国广告协会组织结构图

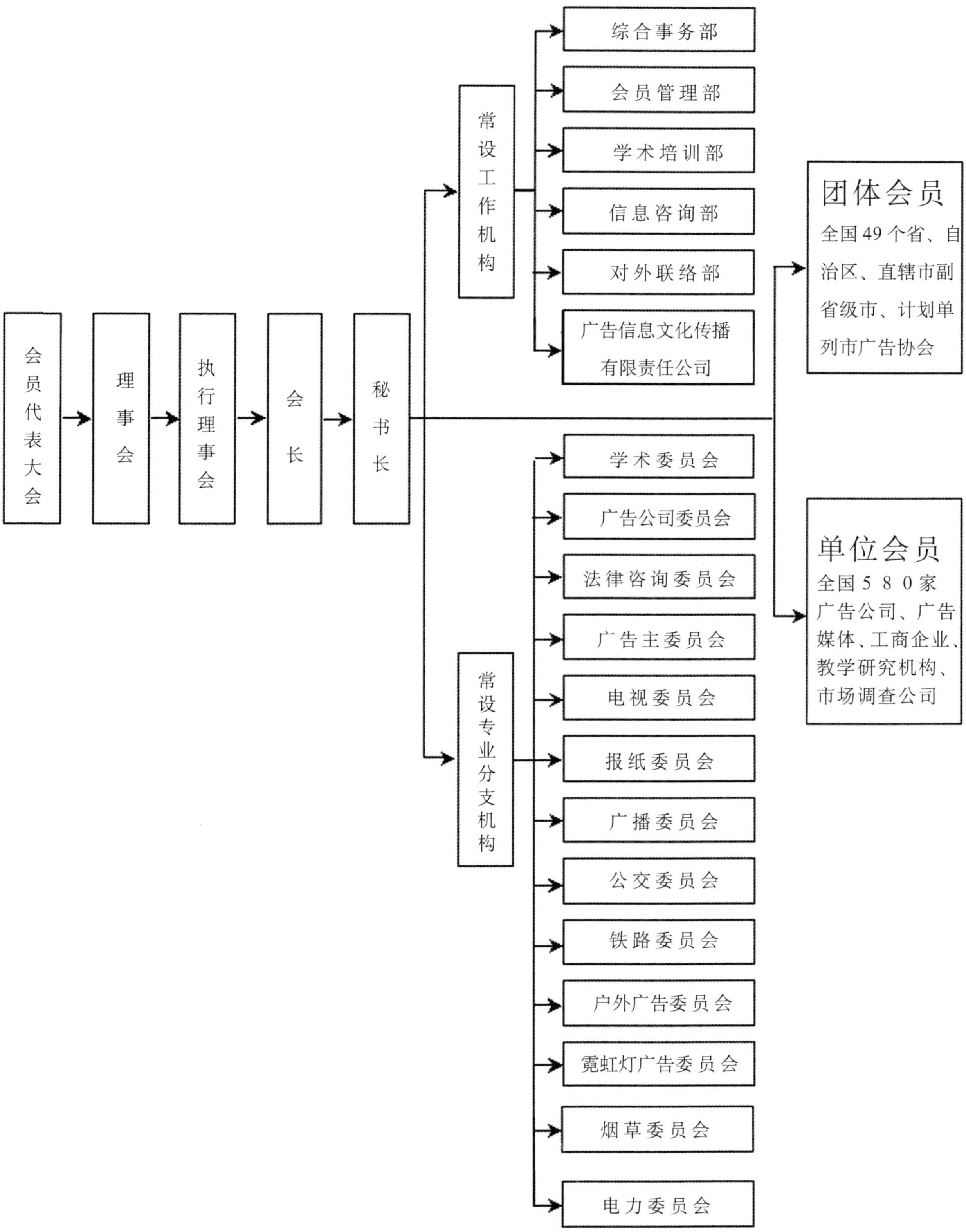

中国广告协会章程

第一章 总 则

第一条 本会名称：中国广告协会

英文译名: CHINA ADVERTISING ASSOCIA-TION

英文缩写：CAA

第二条 本会性质：中国广告协会是中国广告界的行业组织，由全国范围内具备一定资质条件的广告主、广告经营者、广告发布者自愿组成，是非营利性社团组织。

第三条 本会的宗旨: 坚持党的四项基本原则，遵守国家宪法、法律、法规和规章，遵守社会道德风尚，贯彻执行改革、开放的方针，代表和维护会员的正当权益，团结全国广告工作者，推动广告事业的发展，为建设社会主义物质文明和精神文明服务。

第四条 国家工商行政管理局是本会的业务主管单位；本会接受国家工商行政管理局、民政部业务指导和监督管理。

第五条 本会的办公所在地是中国北京。

第二章 业务范围

第六条 本会的业务范围：

一、宣传贯彻有关广告管理法规、政策，协助政府搞好行业管理；反映会员单位的意见和要求，就有关广告管理、行业规划向政府提出建议。

二、开发信息资源、建立信息网络，为会员单位和工商企业提供经济、技术、市场、行业等方面的信息咨询服务。

三、开展国内外人员培训和学术理论研究，提高广告从业队伍的思想水平、理论水平、政策水平和业务能力。

四、组织开发、引进和推广国内外先进技术、设备、材料和工艺，举办本行业的全国性和国际性展览会、展销会，促进广告设计、制作、发布水平的提高。

五、开展国际交流与合作，代表和统一组织中国广告界参加国际广告组织及活动。

六、开展行业资质检评活动，向社会推荐资质优秀的单位，促进会员单位不断提高经营管理水平。

七、加强行业自律，建立和维护良好的广告经营秩序，反对不正当竞争，坚持广告的真实性，提高广告的思想性、科学性和艺术性；向社会提供广告行业法律咨询服务。

第三章 会 员

第七条 本会的会员种类：中国广告协会会员分为团体会员、单位会员、荣誉会员。

第八条 申请加入本会的会员必须具备下列条件：

一、拥护本会的章程。

二、有加入本会的意愿。

三、在广告行业内具有良好的资质和一定的影响。

(一)单位会员：

与本协会有经常性工作联系的单位或组织；

具有一定经营规模、较高的管理水平和较强的服务能力、合法经营三年以上并基本符合下列条件之一的广告经营单位：

1.年广告营业收入在200万元以上，能为客户提供总体策划，具有综合服务能力的广告公司；

2.年广告营业收入在3000万元以上设有专门的广告部门的报社、电视台；

3.年广告营业收入在300万元以上，设有专门的广告部门的广播电台；

4.年广告营业收入在100万元以上的广告信息服务机构、杂志社，以及机构健全、有经营性研究工作的广告研究机构；

5.年广告费投入500万元以上，设有广告宣传机构的大、中型工商企业。

（二）荣誉会员：曾为中国广告业发展做出突出贡献的中外人士。

第九条 会员入会程序：

一、提交入会申请书；

二、经执行理事会讨论通过；

三、经执行理事会讨论通过的单位会员，由相关专业委员会备案；

四、荣誉会员由协会办事机构提名，执行理事会批准授予；

五、由执行理事会或执行理事会授权协会办事机构发给会员证。

第十条 会员享有下列权利：

一、本会的选举权、被选举权和表决权；

二、参加本会举办的各项活动；

三、获得本会服务的优先权；

四、对本会工作的批评建议权和监督权；

五、入会自愿，退会自由；

六、荣誉会员拥有上述二至五项权利。

第十一条 会员履行下列义务：

一、执行本会的决议；

二、维护本会的合法权益；

三、完成本会交办的工作，积极参加本会组织的各项活动；

四、按规定交纳会费；

五、向本会反映情况，提供有关资料。

第十二条 会员退会应书面通知本会，并交回会员证，会员如果一年不交纳会费或长期不参加本会组织的活动，视为自动退会。

第十三条 会员如有严重违反本章程的行为，经理事会或执行理事会表决通过，予以除名。

第四章 组织机构和负责人产生罢免

第十四条 本会的最高权力机构是会员代表大会，会员代表大会的职权是：

一、制定和修改章程；

二、选举和罢免理事；

三、审议理事会的工作报告和财务报告；

四、决定终止事宜；

五、决定其它重大事宜。

第十五条 会员代表大会须有2/3以上会员代表出席方能召开，其决议须经到会会员代表半数以上表决通过方能生效。

第十六条 会员代表大会每届4年。因特殊情况需提前或延期召开的，须由理事会表决通过，报业务主管单位审查并经社团登记管理机关批准同意。但延期换届最长不超过1年。

第十七条 理事会由会员代表大会选举产生。在会员代表大会闭会期间，领导本会开展工作，对会员代表大会负责。

第十八条 理事会的职权是：

一、执行会员代表大会的决议；

二、选举和罢免会长、副会长、秘书长；

三、筹备召开会员代表大会；

四、向会员代表大会报告工作和财务状况；

五、决定会员的吸收或除名；

六、决定设立办事机构、分支机构、代表机构和实体机构；

七、决定副秘书长、各机构主要负责人的聘任；

八、领导本会各机构开展工作；

九、制定内部管理制度；

十、决定其他权限范围内的重大事项。

第十九条 理事会须有2/3以上理事出席方能召开，其决议须经到会理事2/3以上表决通过方能生效。

第二十条 理事会每年至少召开一次会议，情况特殊的，也可采用通讯形式召开。

第二十一条 本会设立执行理事会，由理事会选举产生的会长、副会长、秘书长以及专业委员会主任或秘书长组成，在理事会闭会期间行使第十八条第一、三、五、六、七、八、九、十项职权，对理事会负责。

第二十二条 执行理事会须有2/3以上执行理事

出席方能召开，其决议须到会执行理事2/3以上表决通过方能生效。

第二十三条 执行理事会至少半年召开一次会议，情况特殊的也可采用通讯形式召开。

第二十四条 本会的会长、副会长、秘书长必须具备下列条件：

一、坚持党的路线、方针、政策，政治素质好；

二、在本团体业务领域内有较大影响；

三、秘书长为专职；

四、身体健康，能坚持正常工作；

五、未受过剥夺政治权利的刑事处罚；

六、具有完全民事行为能力。

第二十五条 本会会长、副会长、秘书长由业务主管单位提名，经理事会选举产生；副秘书长由业务主管单位提名，由理事会决定任免。

第二十六条 本会会长、副会长、秘书长任期四年，任期最长不得超过两届，因特殊情况需延长任期的，须经会员代表大会2/3以上会员代表表决通过，报业务主管单位审查并经社团登记管理机关批准同意后方可任职。

第二十七条 本会法定代表人由会长担任。本会法定代表人不兼任其他团体的法定代表人。

第二十八条 本会会长行使下列职权：

一、召集和主持理事会、执行理事会；

二、检查会员代表大会、理事会、执行理事会决议落实情况；

三、代表本会签署有关重要文件。

第二十九条 本会秘书长行使下列职权：

一、主持办事机构和各专业委员会开展日常工作，组织实施年度工作计划；

二、 协调各专业工作机构、代表机构、实体机构的工作；

三、提名办事机构、分支机构、代表机构和实体机构主要负责人选，交理事会或执行理事会决定；

四、决定办事机构、代表机构、实体机构专职工作人员的聘用；

五、处理其他日常事务。

第五章 专业委员会

第三十条 中国广告协会设立报纸、广播、电视、广告公司、公交、铁路、广告主，以及执行理事会认为有必要设立的其他专业委员会。

第三十一条 中国广告协会设立学术委员会和法律委员会，分别从事广告学术研究和法律咨询服务、调解行业内部纠纷及诉讼代理工作。学术和法律委员会吸收个人委员。

第三十二条 法律、学术等各专业委员会是中国广告协会的专业工作机构，受执行理事会的领导，日常工作由执行理事会授权各专业委员会秘书长领导和协调。

第三十三条 各专业委员会设立常务委员会，由主任委员、副主任委员、常委若干人组成。常务委员会由委员会协商提名，报中国广告协会执行理事会批准；主任委员、副主任委员由常务委员会选举，报执行理事会批准；秘书长由委员会主任委员提名，常务委员会批准，报执行理事会备案。

第三十四条 各专业委员会职责：

一、根据本章程的有关规定，制定各委员会规章制度和自律措施；

二、按本章程第二章第六条规定的任务，在本专业范围内开展活动；

三、反映本专业会员单位的意见和要求；

四、向中国广告协会提供本专业广告经营情况和其他有关资料；

五、完成中国广告协会交办的任务。

第六章 资产管理、使用原则

第三十五条 本会经费来源：

一、会费；

二、社会捐赠；

三、政府资助；

四、在核准的业务范围内开展活动或服务的收入；

五、利息；

六、其他合法收入。

第三十六条　本会按照国家有关规定收取会员会费。

第三十七条　本会经费必须用于本章程规定的业务活动和事业的发展，不得在会员中分配。

第三十八条　本会建立严格的财务管理制度，保证会计资料合法、真实、准确、完整。

第三十九条　本会配备具有专业资格的会计人员。会计不得兼任出纳。会计人员必须进行会计核算，实行会计监督。会计人员调动工作或离职时，必须与接管人员办清交接手续。

第四十条　本会资产管理必须执行国家规定的财务管理制度，接受会员代表大会和财政管理部门的监督。资产来源属于国家拨款或者社会捐赠、资助的，必须接受审计机关的监督，并将有关情况以适当方式向社会公布。

第四十一条　本会换届或更换法定代表人之前必须接受社团登记管理机关和业务主管单位组织的财务审计。

第四十二条　本会的资产，任何单位、个人不得侵占、私分和挪用。

第四十三条　本会专职工作人员的工资和保险、福利待遇，参照国家对事业单位的有关规定执行。

第七章　章程的修改程序

第四十四条　对本会章程的修改，须经理事会表决通过后报会员代表大会审议。

第四十五条　本会修改的章程，须在会员代表大会通过后15日内，经业务主管单位审查同意，并报社团登记管理机关核准后生效。

第八章　终止程序及终止后的财产处理

第四十六条　本会完成宗旨或自行解散或由于分立、合并等原因需要注销的，由理事会或执行理事会提出终止动议。

第四十七条　本会终止动议须经会员代表大会表决通过，并报业务主管单位审查同意。

第四十八条　本会终止前，须在业务主管单位及有关机关指导下成立清算组织，清理债权债务，处理善后事宜。清算期间，不开展清算以外的活动。

第四十九条　本会业经社团登记管理机关注销登记即为终止。

第五十条　本会终止后的剩余财产，在业务主管单位和社团登记管理机关的监督下，按照国家有关规定，用于发展与本会宗旨相关的事业。

第九章　附　则

第五十一条　本章程　年　月　日第　次会员代表大会表决通过。

第五十二条　本章程的解释权属本会的理事会。

第五十三条　本章程自社团登记管理机关核准之日起生效。

广告专业技术资格评定试行办法

（2005年5月19日）

第一章 总 则

第一条 为了提高广告从业人员的整体素质，加强行业队伍的职业化建设，科学、客观、公正地评价广告从业人员的知识水平和业务能力，促进广告经营单位健全和完善专业人才聘用机制，维护广告行业人才市场秩序，根据《中共中央国务院关于进一步加强人才工作的决定》关于“专业技术人才的评价重在社会和业内认可” 的精神和广告行业人才聘用工作的需要，制定本办法。

第二条 本办法实施的目标是，在广告行业全面推行专业技术资格评定制度，促进专业技术人才的评价标准与市场对人才的需求衔接，加快人才评价与国际标准的接轨，积极推进职业资格国际互认。

第三条 广告专业技术资格评定工作的原则是，依据德才兼备的方针，按照学历与能力、资历与业绩并重的原则，从业务能力、专业知识和职业道德水平等方面，对广告专业技术人员进行综合评定。依照本办法取得的广告专业技术资格，是广告经营单位聘用人员、确定职务和薪酬待遇的重要依据。

第四条 广告专业技术资格的考核评定工作采取全国统一标准，统一考核评定的方法。即：统一业务类别，统一各级资格的行业标准，统一考核试题，统一由中国广告协会颁发《中国广告专业技术资格证书》。

第五条 本办法适用于广告公司、媒体广告部门以及其他各类企事业单位从事广告业务的工作人员。广告专业技术资格评定按照自愿申报的原则进行。

第六条 中国广告协会负责全国广告专业技术资格的评定工作。中国广告协会组建由业内专家、地方广告协会和专业委员会的代表共同参加的中国广告专业技术资格评定工作委员会及所属工作机构，负责建立评定体系并保证该体系依据本办法开展评定工作。省、自治区、直辖市广告协会组建省级广告专业技术资格评定工作委员会，负责本地的评定工作。

第二章 广告专业技术资格的设定与资质条件

第七条 广告专业技术资格分为四个系列和助理级、中级、高级三个等级，具体如下：

广告策划师系列：助理广告策划师，广告策划师，高级广告策划师；

广告文案师系列：助理广告文案师，广告文案师，高级广告文案师；

广告设计师系列：助理广告设计师，广告设计师，高级广告设计师；

影视广告师系列：助理影视广告师，影视广告师，高级影视广告师。

从事营销策划、媒体传播策划、品牌战略策划、公关活动策划等工作的专业人员为广告策划师系列；从事文案创意工作的专业人员为广告文案师系列；从事视觉设计工作（包括平面、户外、网络、展览展示等创意设计工作）的专业人员为广告设计师系列；从事广告编剧、导演、摄影、三维、广播、动漫、影视广告制作等工作的专业人员为影视广告师系列。

第八条 广告专业技术资格是广告行业从业人员业务能力、专业知识和职业道德水准的标志。受评人员必须严格遵守中华人民共和国宪法和法律法规，认真执行国家的有关方针政策，遵守社会公德，具备职业需要的知识背景、工作能力和进取精神，努力为中国广告事业的建设与发展服务。

（一）助理级专业技术资格

1.具备大学专科学历并在广告行业工作满3年以上，或大学本科以上学历在广告行业工作满1年以上。

2.具有完成一般性广告专业技术工作的实际能力；能够运用本专业的基础理论和专业技术知识，解决一般性广告专业技术问题；经考核评定合格。

（二）中级专业技术资格

1.具备大学专科学历并在广告行业工作满6年以上，或具备大学本科学历在广告行业工作满4年以上，或具备双学士、研究生以上学历，在广告行业工作满2年以上，或取得助理级资格后在广告行业工作满3年以上。

2.具有完成较为复杂的专业技术工作能力；较为系统地掌握并熟练运用本专业的基础理论知识和专业技术知识，并已取得一定的成果；能够指导相当于初级广告专业技术人员的实际工作；了解本专业的国内外现状和发展趋势；掌握一门外语，能阅读、翻译本专业的外文资料；经考核评定合格。

（三）高级专业技术资格

1.具备大专学历并在广告行业工作满9年以上，或具备大学本科学历在广告行业工作满7年以上，或具备双学士、研究生以上学历在广告行业工作满5年以上，或获得博士学位后，从事广告工作2年以上，或取得中级资格后在广告行业工作满6年以上。

2.具有本专业较为系统坚实的基础知识和专业知识，并能运用这些知识进行创造性的工作，解决本单位较为复杂的、重大的业务或技术问题；了解广告专业国内外现状和发展趋势，具有策划指导高水准广告成功案例的经验；曾发表较高水平的学术报告或论文，业务能力和学术水平在本地区或某一领域有一定的影响力；能熟练地掌握一门外语，能阅读、翻译本专业的外文资料；经考核评定合格。

第三章　申报与评定

第九条　广告从业人员申报各级、各类广告专业技术资格，不受户籍所在地和所任工作职务的限制，均可在本人工作的经营单位注册地进行申报。

第十条　对于学历、外语和任职年限条件（其中一项）未达到本办法第八条规定，但在广告行业有突出业绩者，可进行专业技术资格破格评定。

第十一条　凡广告学或相关专业毕业的大学专科毕业生在广告行业工作满3年的，上述专业大学本科毕业生在广告行业工作满1年者，不需要参加考试，即可申请办理助理级资格证书。

第十二条　中国广告专业技术资格评定工作委员会所属的广告专业技术高级资格评审委员会，负责高级资格的评定；省、自治区、直辖市广告专业技术资格评定工作委员会所属的省级广告专业技术资格评审委员会，负责本地助理级和中级资格的申报、考试、评定和高级资格的申报工作；计划单列市、副省级市广告协会可单独成立广告专业技术资格评审委员会，负责本市的助理级和中级资格的申报、考试和评定工作。

第十三条　各级广告专业技术资格评审委员会由广告行业的各类专家组成。评审委员会按系列分为若干评审组，对申报人员资质进行审查并提出初步意见，报评审委员会评定。评审委员会采取少数服从多数的工作原则。

第四章　附　则

第十四条　拥有“广告专业技术岗位资格培训证书”并符合下列条件的人员，可持原证书按照程序办理助理级“中国广告专业技术资格证书”：大学本科毕业在广告行业工作满1年；大学专科毕业在广告行业工作满3年；中专或高中学历在广告行业工作满5年。

第十五条　实行广告专业技术资格评定制度，是中国广告业人才管理的一项重大举措。各地广告协会和各有关部门，应本着实事求是、按章办事的原则，维护评定工作机构和专业技术人员双方的权益。对伪造学历、资历，谎报成果，作弊，骗取专业技术资格证书的，将给予严肃处理：是评审委员的，取消其评审委员资格；对申报人员，取消其当年和下二年度的申请资格。

第十六条 本办法自发布之日起实施。本办法由中国广告协会负责解释。

广告专业技术资格评定工作实施细则

（2005年5月19日）

根据《广告专业技术资格评定试行办法》（以下简称《试行办法》），制定本细则。

一、组织机构

中国广告协会组织部分省市协会的领导、部分专业委员会的领导和部分业内专家学者，成立中国广告专业技术资格评定工作委员会，负责管理全国的评定工作。中国广告专业技术资格评定工作委员会下设广告专业技术高级资格评审委员会、广告专业技术资格评定标准和考试考核大纲编委会和广告专业技术资格评定工作办公室。

广告专业技术高级资格评审委员会负责高级资格的评定。广告专业技术资格评定标准和考试考核大纲编委会，负责制定资格标准、编写考试考核大纲、确定考题及判卷标准、编选印发教材及学习资料等工作。广告专业技术资格评定工作办公室（设在中国广告协会学术培训部）负责日常工作。

各省、自治区、直辖市广告协会负责组织成立本地区的广告专业技术资格评定工作委员会，管理本省、自治区、直辖市的评定工作，下设广告专业技术资格评审委员会，负责本地初级和中级资格的评审工作。计划单列市、副省级市广告协会根据《试行办法》规定，可以成立广告专业技术资格评审委员会，负责本市初级和中级资格的评审工作。

二、考评内容

每个资格系列均包括基础知识考试、专业知识考试、能力审核三项考核内容。

申请参加初级资格评定需要参加基础知识和专业知识的考试，申请中级资格除参加基础知识和专业知识的考试外，评审委员会还要对其提供的资料进行审核；高级资格的评定不需要基础知识和专业知识的考试，直接由评审委员会对其提供的资料进行评审，必要时进行面试。

基础知识和专业知识考试的试题采用随机抽取方式，从广告专业技术资格评定标准和考试考核大纲编委会建立的题库中抽取；计分按百分制，60分以上为合格；考试时间为120分钟。对考试不合格者不另行安排补考；单项合格者，其成绩可延续到下一次考试。地方评审委员会核发成绩通知单，并在指定的网站公示一个月。

三、报名和考试方法

（一）报名和考试时间：广告专业技术资格考试每年举行两次，分别在5月和11月。考试的报名时间为每年的1月初至2月底及7月初至8月底。如遇特殊情况需要调整考试或报名时间，由中国广告专业技术资格评定工作委员会提前通知。

（二）报名地点：报考人从业地广告专业技术资格评审委员会设定的报名处（设在当地广告协会或中国广告协会指定的单位）。

（三）报名手续：由本人填写报名表（从报名处领取或从中国广告协会网站下载），经单位核实后，持学历证书、身份证和1寸免冠彩照3张，在规定期限内报名，并交齐报名评审费。报名表及所需材料经审核合格后，向考生发放准考证。考生凭准考证在规定的时间和考场参加考试。

申请各类中、高级资格的人员，还需要提供相当于大学英语四级的外语水平证书；至少两篇在省级以上广告或相关专业类刊物发表的研究论文（设计类可不提供论文资料）；在业绩证明方面，申请策划和文案类资格的，提供成功实施的案例 2个（或获奖证书），申请设计类的，提供发布后的稿件2个（或获奖证书）。

（四）高级资格申评时间与初级、中级资格考试报名时间相同，受评人经从业地广告专业技术资格评审委员会初审后，将报名表及评审费寄送中国广告协会，如需面试，由广告专业技术资格评定工作办公室另行通知。

（五）报名评审费：初级为每人 350元，中级为每人500元，高级为每人1000元。

四、破格条件

具备下列条件之一者 ，可破格申报中级资格：担任过中国二级广告企业负责人（两年以上）、担任过媒体广告部门负责人（两年以上）且经营业绩显著、在省级以上广告和相关专业类刊物发表高质量研究论文两篇以上。

具备下列条件之一者 ，可破格申报高级资格：获得国际广告赛事奖项的主创人员、担任过国内外大型广告赛事的评委、担任过中国一级广告企业负责人（两年以上）、担任过省级以上媒体广告部门负责人（五年以上）且经营业绩显著、在广告理论方面有专著出版。

五、申报特例

凡符合《试行办法》第十条中有关条件的人员，可按照申报程序到地方广告专业技术资格评审委员会办理助理级“中国广告专业技术资格证书”。相关程序及费用由地方广告专业技术资格评定工作委员会设定。

拥有原“广告专业技术岗位资格培训证书 ”、符合《试行办法》第十四条中有关条件的人员，可持原证书按照程序到原发证所在地的地方广告专业技术资格评审委员会办理助理级“中国广告专业技术资格证书”。其相关程序及费用由地方广告专业技术资格评定工作委员会设定。

六、考前培训

考前培训工作由各省、自治区、直辖市和副省级城市的广告协会组织。为确保培训质量，中国广告专业技术资格评定工作委员会确定师资标准，并推荐专业人士执教。各地应按照标准聘请教师，并报广告专业技术资格评定工作办公室核备。培训应坚持自愿的原则，培训时间应不少于 25 学时。

本实施方案自发布之日起实行。

中国广告协会学术委员会委员名录

姓　　名：陈　刚
性　　别：男
工作单位：北京大学新闻与传播学院广告学系
职　　务：主任、副教授
通讯地址：北京大学新闻与传播学院
邮　　编：100871
电　　话：(010)62761189
电子信箱：bccg@263.net　adorno@vip.163.com

姓　　名：陈　永
性　　别：男
工作单位：现代广告杂志社
职　　务：社长、总编
通讯地址：北京宣武区广安门外大街248号机械大厦9层
邮　　编：100055
电　　话：(010)63317523
传　　真：(010)63317523
电子信箱：Cy369@vip.sina.com

姓　　名：陈季修
性　　别：男
工作单位：首都经济贸易大学公共管理系
职　　务：主任
通讯地址：北京丰台区张家路口121号
邮　　编：100070
电　　话：(010)83952258
传　　真：(010)66178267

姓　　名：陈毅文
性　　别：男
工作单位：中国科学院心理研究所
职　　务：副研究员
通讯地址：北京海淀北三环西路45号甲西颐北馆新1楼1单元402
邮　　编：100086
电　　话：(010)64861897

姓　　名：程　春
性　　别：男
职　　务：高级经济师(退休)
通讯地址：北京朝阳区和平街樱花园24楼7门503
邮　　编：100029
电　　话：(010)64423502

姓　　名：程庄庄
性　　别：女
工作单位：中国广告协会
职　　务：高级经济师
通讯地址：北京朝阳区和平街北口樱花东路樱花园5号楼702室
邮　　编：100029
电　　话：(010)64438890

姓　　名：初广志
性　　别：男
工作单位：中国传媒大学广告学院
职　　务：副教授
通讯地址：北京市朝阳区定福庄东街1号15号楼204
邮　　编：100024
电　　话：(010)65779819

姓　　名：丁俊杰
性　　别：男
工作单位：中国传媒大学
职　　务：副院长、教授
通讯地址：北京市朝阳区定福庄
邮　　编：100024
电　　话：(010)65779366
传　　真：(010)65779366
电子信箱：jjding@public.bta.net.cn

姓　　名：董立津
性　　别：男
工作单位：炎黄艺术国际推广有限公司
职　　务：副总经理
通讯地址：北京市丰台区菜户营东街甲88号鹏润家园3A－305
邮　　编：100053
传　　真：(010)63396909
电子信箱：Dongli@yan-huang.com

姓　　名：方立军
性　　别：男
工作单位：北京智捷天成公关咨询有限公司
职　　务：总经理
通讯地址：北京西大望路19号金港国际花园9号楼501、502室
邮　　编：100022
电　　话：(010) 87756041
电子信箱：zjtc@vip.sina.com

姓　　名：冯玉明
性　　别：女
工作单位：中国经营报
职　　务：公关部、资深策划
通讯地址：北京西四环北路6号院1号楼
邮　　编：100089
电　　话：(010)88469270

姓　　名：傅慧芬
性　　别：女
工作单位：对外经济贸易大学
职　　务：教授
通讯地址：北京对外经济贸易大学123信箱
邮　　编：100029
电　　话：(010)64493507
电子信箱：huiff@vip.sina.com

姓　　名：高　萍
性　　别：女
工作单位：北京印刷学院
职　　务：专业主任
通讯地址：北京西直门北大街45号时代之光名苑A座809室
邮　　编：100044
电　　话：(010)62230829(h)
电子信箱：Gaopingteacher@yahoo.com.cn

姓　　名：高志宏
性　　别：女
工作单位：北京龙之媒动力广告信息咨询中心
职　　务：副总经理
通讯地址：北京东城区东直门南大街9号华普中心5号楼A座205
邮　　编：100007
电　　话：(010)66164526

姓　　名：何　杰
性　　别：男
工作单位：清华大学美术学院
职　　务：院长
通讯地址：北京朝阳区东三环中路34号
邮　　编：100020
电　　话：(010)65619644
传　　真：(010)65022093
电子信箱：hejie@mail.tsinghua.edu.cn

姓　　名：何海明
性　　别：男
工作单位：中央电视台广告部
职　　务：副主任
通讯地址：北京复兴路11号CCTV
邮　　编：100038
电　　话：(010)68506237
电子信箱：hhm6904@vip.sohu..net

姓　　名：洪一龙
性　　别：男
工作单位：中宣部新闻局
职　　务：高级编辑
通讯地址：北京东四十条乙28号1704室
邮　　编：100007

电　　话：(010)64012263

姓　　名：黄升民
性　　别：男
工作单位：中国传媒大学广告学院
职　　务：院长、教授
通讯地址：北京市复兴路11号CCTV宿舍2号楼1207室
邮　　编：100038
电子信箱：Huang@public.bta.net.cn

姓　　名：黄宇翔
性　　别：女
工作单位：人民日报社广告处
职　　务：高级编辑
通讯地址：北京朝阳门外金台西路2号
邮　　编：100733
电　　话：(010)65091816
传　　真：(010)65368789

姓　　名：姜　弘
性　　别：男
工作单位：北京大诚广告有限公司
职　　务：董事长、高级经济师
通讯地址：北京朝阳区和平街樱花园24楼7单元201
邮　　编：100029
电　　话：(010)64429863
电子信箱：Jianghong0623@126.com

姓　　名：金国强
性　　别：男
工作单位：陕西电视台
职　　务：副台长(退休)
通讯地址：北京海淀区建设部大院甲5楼3门302室
邮　　编：100101
电　　话：(010)88367356
传　　真：88367357

姓　　名：金子泓
性　　别：男
工作单位：海润国际广告有限公司
职　　务：执行董事、高级经济师
通讯地址：北京市朝阳区安慧北里安园5号
邮　　编：100101
电　　话：(010)64899933
传　　真：64932894

姓　　名：李文明
性　　别：男
工作单位：北京星乐文化传播有限公司南京分公司
通讯地址：北京市朝阳区霄云路26号鹏润大厦A2101室
邮　　编：100016
电　　话：(010)84466799-16

姓　　名：李兴国
性　　别：男
工作单位：北京联合大学应用文理学院
职　　务：主任、教授
通讯地址：北京海淀区小南庄怡秀园4-803
邮　　编：100089
电　　话：(010)82643920
电子信箱：lixiaolong5588@sina.com
bjlxg@sohu.com

姓　　名：李跃义
性　　别：男
工作单位：泛太平洋国际广告公司
职　　务：总经理
通讯地址：北京市朝阳区北三环东路6号中国国际展览中心6-7馆3层
邮　　编：100028
电　　话：(010)84600581

传　　真：84600593
电子信箱：liyueyi@ciec-exto.com

姓　　名：梁勤俭
性　　别：男
工作单位：工人日报社
职　　务：主任记者
通讯地址：北京东城安德路261号
邮　　编：100011
电子信箱：820820888@vip.sina.com

姓　　名：刘　哲
性　　别：男
工作单位：北京迪思公关顾问有限公司
职　　务：副总经理
通讯地址：北京市朝阳区东环南路2号艾维克大厦12层
邮　　编：100022
电　　话：(010)65665259
传　　真：(010)65665959
电子信箱：lzhe@vip.sina.com

姓　　名：刘立宾
性　　别：男
工作单位：国际广告杂志
职　　务：主编
通讯地址：北京建国门外大街12号4层
邮　　编：100022
电　　话：(010)65688491

姓　　名：刘林清
性　　别：男
工作单位：首都经济贸易大学工商系
职　　务：教授
通讯地址：北京朝阳区安贞西里4区18号楼1门702室
邮　　编：100029
电　　话：(010)64415938
传　　真：(010)87930842
电子信箱：yshmei@263.net

姓　　名：刘瑞武
性　　别：女
工作单位：人民日报诺贝广告有限公司　北京联合大学　广告学院
职　　务：董事长、院长
通讯地址：北京朝阳门外金台西路2号
邮　　编：100733
电　　话：(010)65092016
电子信箱：Rever-2016@sohu.com

姓　　名：刘　是
性　　别：男
工作单位：刘是影视工作室
职　　务：导演
通讯地址：北京市朝阳区曙光西里甲5号凤凰城A2座3706室
邮　　编：100028
电　　话：(010)84405074/75/76
传　　真：(010)84405006
电子信箱：liushiad@publicb.bta.net.cn
dpbj@public.bta,net.cn

姓　　名：刘永炬
性　　别：男
工作单位：北京方圆润智营销顾问公司
职　　务：咨询顾问
通讯地址：北京丰台区菜户营甲88号鹏润家园2A1606
邮　　编：100054
电　　话：(010)63274085
传　　真：(010)63274085
电子信箱：Lyj1502@263.net

姓　　名：卢　勇

性　　别：男
职　　务：资深顾问
通讯地址：北京市昌平区东小口镇合木山庄M06D
邮　　编：102209
电子信箱：Luyong0601@sina.com.cn

姓　　名：路盛章
性　　别：男
工作单位：北京广播学院动画学院
职　　务：院长、教授
通讯地址：北京朝阳区定福庄东街1号
邮　　编：100024
电　　话：(010) 65783252

姓　　名：罗真如
性　　别：女
工作单位：中央工艺美术学院
职　　务：教授
通讯地址：北京朝阳区红庙北里6楼3单元602
邮　　编：100025
电　　话：(010)65948311

姓　　名：罗子明
性　　别：男
工作单位：北京工商大学传播与艺术学院
职　　务：副教授
通讯地址：北京阜成路11号北京工商大学传播与艺术学院
邮　　编：100037
电　　话：(010)62641722
电子信箱：Luo_ziming@sina.com

姓　　名：马谋超
性　　别：男
工作单位：中国科学院心理研究所
职　　务：研究员
通讯地址：北京海淀北三环西路45号新1楼4单元410
邮　　编：100086
电　　话：(010)64850860

姓　　名：马　泉
性　　别：男
工作单位：清华大学美术学院装潢设计系
职　　务：副主任、副教授
通讯地址：北京朝阳区东三环北路34号
邮　　编：100020
电子信箱：Ma_Quan@263.net　Ma_quan@126.com　Ma_quan@hotmail.com

姓　　名：倪　宁
性　　别：男
工作单位：中国人民大学
职　　务：院长助理、教授
通讯地址：北京海淀区中国人民大学
邮　　编：100872
电　　话：(010)62511614
传　　真：(010)88595896
电子信箱：nn.rd@263.net

姓　　名：欧阳在三
性　　别：男
工作单位：江西财经大学
职　　务：副教授(退休)
通讯地址：北京朝阳区工体北路甲2号盈科中心区IBM大厦23层欧阳方转
邮　　编：100027
电　　话：(010)87263982

姓　　名：祁聿民
性　　别：男
工作单位：北京工商大学传播与艺术学院
职　　务：副教授

通讯地址：北京阜成路33号北京工商大学传播与艺术学院
邮　　编：100037
电　　话：(010)68909946

姓　　名：尚恒德
性　　别：男
工作单位：华艺广告公司
职　　务：顾问
通讯地址：北京朝阳区祁家豁子华严北里39号楼5门1102号
邮　　编：100029
电　　话：(010)82848978

姓　　名：沈　华
性　　别：男
工作单位：北京未来广告公司
职　　务：总经理助理
通讯地址：北京海淀区复兴路乙11号梅地亚中心写字楼6层
邮　　编：100038
电　　话：(010)68607145-300
电子信箱：shenhua@vip.sohu.net

姓　　名：王明科
性　　别：男
工作单位：原中化国际广告展览公司
职　　务：高级工艺美术师(退休)
通讯地址：北京安外大街上龙西里37号楼1003号
邮　　编：100011
电　　话：(010)64256554
电子信箱：Sagement@elong.com

姓　　名：王　咏
性　　别：男
工作单位：中国科学院心理研究所社会与经济行为研究中心
职　　务：助理研究员
通讯地址：北京朝阳区北沙滩中科院心理所4室
邮　　编：100101
电　　话：(010)64850860
电子信箱：wangy@psych.ac.cn

姓　　名：吴　垠
性　　别：男
工作单位：前进策略公司
职　　务：研究总监兼运营总监
通讯地址：北京市朝阳区麦子店西路3号
邮　　编：100016
电　　话：(010)84552281
传　　真：(010)64603001

姓　　名：夏洪波
性　　别：男
工作单位：中央电视台广告部
职　　务：主任
通讯地址：北京市复兴路11号
邮　　编：100859
电　　话：(010)68507428
电子信箱：hongbo@vip.sohu.net

姓　　名：肖　虎
性　　别：男
工作单位：中国传媒大学广告学院
职　　务：副教授
通讯地址：北京市朝阳区定福庄东街1号
邮　　编：100024

姓　　名：谢舒弋
性　　别：男
工作单位：冰火写意广告有限公司
职　　务：创意总监

通讯地址：北京广安门外马莲道东街15号7号楼1508
邮　　编：100052
电　　话：(010)83560118

姓　　名：邢丕震
性　　别：男
工作单位：东方烟草报社北京站
职　　务：站长
通讯地址：北京丰台区科学城东怡海花园富润园2号楼2808
邮　　编：100070
电　　话：(010)63750797
电子信箱：Beijingzaixian007@sina.com

姓　　名：徐　建
性　　别：女
工作单位：北京东方捷先广告传播有限公司
职　　务：总经理
通讯地址：北京朝阳区马甸裕民路12号华展国际公寓A座604
邮　　编：100029
电　　话：(010)82253144
传　　真：(010)82254215

姓　　名：徐永新
性　　别：男
工作单位：人民日报社广告部
职　　务：处长、编辑
通讯地址：北京朝外金台西路2号
邮　　编：100733
电　　话：(010)65368778
电子信箱：Yongxin.xu@263.net

姓　　名：徐智明
性　　别：男
工作单位：北京龙之媒广告文化书店
职　　务：总经理
通讯地址：北京东城区东直门南大街9号华普中心5号楼A座205
邮　　编：100007
电　　话：(010)84407225
传　　真：(010)84094099
电子信箱：XZM2001@263.NET

姓　　名：许俊基
性　　别：男
工作单位：北京广播学院
职　　务：教授(退休)
通讯地址：北京定福庄南里10号14楼1门402
邮　　编：100024
电　　话：(010)65403824

姓　　名：杨同庆
性　　别：男
工作单位：首都经贸大学广告研究所
职　　务：所长、副教授
通讯地址：北京市西城区西交民巷62号1号楼1008
邮　　编：100031
传　　真：(010)69146483
电子信箱：Class-y@sina.com

姓　　名：杨宇时
性　　别：男
工作单位：上海广告湾企业管理咨询有限公司
职　　务：总经理
通讯地址：北京市海淀区文慧园6号五月华庭B座405室
邮　　编：100088
电子信箱：Yangyushi @vip.sina.com

姓　　名：姚　林
性　　别：男

工作单位：央视市场研究
职　　务：资深顾问
通讯地址：北京西城区德外大街5号
邮　　编：100088
电　　话：(010)62027073
电子信箱：Yaolin1118@vip.sina.com

姓　　名：姚　力
性　　别：女
工作单位：北京联合大学广告学院
职　　务：副院长
通讯地址：北京市海淀区温泉镇东埠头1号
邮　　编：100095
电　　话：(010)62451788

姓　　名：殷东升
性　　别：男
工作单位：《中国之声》 广告经营部
职　　务：副主任
通讯地址：北京市真武庙二条9号中国广播电视音像资料馆
邮　　编：100045
电　　话：(010)86091484
传　　真：(010)86092277

姓　　名：尹春雨
性　　别：女
工作单位：北京市环球丽业国际广告有限公司
职　　务：总经理
通讯地址：北京朝阳区北四环千鹤家园2号楼1502室
邮　　编：100029
电　　话：(010)84832438

姓　　名：张　农
性　　别：男
工作单位：中央人民广播电台中广达广播发展总公司
职　　务：副总经理
通讯地址：北京市复兴门外大街2号
邮　　编：100866
电　　话：(010)86092255
传　　真：(010)86092255

姓　　名：张　翔
性　　别：男
工作单位：北京工商大学传播与艺术学院
职　　务：副教授
通讯地址：北京阜成路11号北京工商大学传播与艺术学院
邮　　编：100037
电　　话：(010)62569098
传　　真：(010)68905941
电子信箱：Xiangzh@public.bta.net.cn

姓　　名：张　雪
性　　别：女
工作单位：航空航天大学
职　　务：副教授
通讯地址：北京市朝阳区北五环万科星园12号楼2201
邮　　编：101300
电　　话：(010)68501792
传　　真：(010)86181079
电子信箱：Zhangx-15@163.com

姓　　名：张冬兴
性　　别：男
工作单位：中央人民广播电台
职　　务：副台长(退休)
通讯地址：北京真武庙2条4号院3门7号
邮　　编：100045
电　　话：(010)68012960

姓　　名：张树庭
性　　别：男
工作单位：中国传媒大学院长办公室
职　　务：副教授
通讯地址：北京市朝阳区定福庄东街1号
邮　　编：100024
电　　话：(010)65783201
传　　真：(010)65779134

姓　　名：张　勇
性　　别：男
工作单位：北京未来广告公司
职　　务：总经理
通讯地址：北京海淀区复兴路乙11号梅地亚中心写字楼六层
邮　　编：100038
电　　话：(010)68550586
电子信箱：zhycctv@public.bta.net.cn

姓　　名：赵　凯
性　　别：男
工作单位：中国广告协会广播委员会
职　　务：副秘书长
通讯地址：北京市复兴门外大街2号中央人民广播电台广告部
邮　　编：100866
电　　话：(010)86090244
电子信箱：zhaokai@cnr.cn

姓　　名：赵晨好
性　　别：女
工作单位：中国记者协会
职　　务：党组书记
通讯地址：北京市珠市口东大街7号
邮　　编：100062
电　　话：(010)58262999
传　　真：(010)58262955

姓　　名：赵训虎
性　　别：男
工作单位：北京爱成智业营销策划有限公司
职　　务：总经理
通讯地址：北京市朝阳区远洋天地58号楼1单元102
邮　　编：100025
电　　话：(010)85864168

姓　　名：周建梅
性　　别：男
工作单位：精诚智典广告设计中心
职　　务：总经理
通讯地址：北京市方庄小区芳星园3区8号楼501
邮　　编：100078
电　　话：(010)67634991

姓　　名：朱维理
性　　别：男
工作单位：歌华集团
职　　务：创意总监
通讯地址：北京海淀区阜兴路甲9号
邮　　编：100038
电　　话：(010)68513322-6560
电子信箱：zhuwl@gehua.com

姓　　名：陈锡周
性　　别：男
职　　务：(退休)
通讯地址：上海市欧阳路378弄8号5室
邮　　编：200081
电　　话：(021)65400743

姓　　名：陈志宏
性　　别：男

工作单位：上海社会科学院世界经济研究所
职　　务：所长兼市场研究部主任
通讯地址：上海市淮海中路622弄7号436室
邮　　编：200020
电　　话：(021)65568125
传　　真：(021)53063814

姓　　名：程　冬
性　　别：男
工作单位：上海乾城影视制作
通讯地址：上海华山路2018号汇银广场北楼2102室
邮　　编：200030
电　　话：(021)54070171
传　　真：(021)54070173
电子信箱：Anthouy@ducfilm.com

姓　　名：程士安
性　　别：女
工作单位：复旦大学新闻学院
职　　务：副教授
通讯地址：上海邯郸路220号
邮　　编：200433
传　　真：(021)65644784
电子信箱：chengsa@sh163.net

姓　　名：崔　斌
性　　别：男
工作单位：上海青年报
职　　务：副总编兼广告部主任
通讯地址：上海市陕西北路66号文锦大厦10楼
邮　　编：200041
传　　真：(021)62879996
电子信箱：cuibin@263.net.cn

姓　　名：董景寰
性　　别：女
工作单位：上海建桥学院广告艺术设计专业
职　　务：主任、副教授
通讯地址：上海广粤路1500弄19号502室
邮　　编：200434
电　　话：(021)68190638
传　　真：(021)65284338
电子信箱：Dongjh@komaxnet.com

姓　　名：方振兴
性　　别：男
工作单位：上海大学美术学院
职　　务：副教授
通讯地址：上海市浦东济阳路95弄35号101
邮　　编：200126
电　　话：(021)58801712　58735441

姓　　名：高　峻
性　　别：男
工作单位：梅高广告公司
职　　务：总经理
通讯地址：上海市南京西路1515号嘉里中心2507室
邮　　编：200040
电　　话：(021)52986622—188
传　　真：(021)52986633

姓　　名：顾建平
性　　别：男
工作单位：金马广告有限公司
职　　务：总经理
通讯地址：上海市天钼桥路211号3楼
邮　　编：200030
电　　话：(021)64380260
传　　真：(021)64384122

姓　　名：何　平
性　　别：男

工作单位：上海卓飞科技有限公司
职　　务：推广总监
通讯地址：上海市天歧路168号虹桥电子时代广场4层
邮　　编：200051
电　　话：(021)62334791
传　　真：(021)62749666
电子信箱：heping@chinaprojector.com

姓　　名：贺欣浩
性　　别：男
工作单位：上海凸凹商务咨询
职　　务：编辑
通讯地址：上海市光四村52号102室
邮　　编：200438
电子信箱：onicek@vip.sina.com
　　　　　onicek@bestxclub.com

姓　　名：胡惠民
性　　别：男
工作单位：广东华夏电视传播有限公司
职　　务：总经理
通讯地址：上海市中春路8888号忧诗美地39号4楼
邮　　编：200000
电　　话：(021)54861999-12

姓　　名：姜智彬
性　　别：男
工作单位：上海外国语大学新闻传播学院
职　　务：系主任
通讯地址：上海大连西路550号
邮　　编：200083
电　　话：(021)52955559
电子信箱：jiangzhibin@citiz.net

姓　　名：蒋竞元
性　　别：男

工作单位：《解放日报》报业集团
职　　务：编辑(退休)
通讯地址：上海灵石路999弄10号202室
邮　　编：200072
电　　话：(021)56374523
传　　真：(021)63178546

姓　　名：林家阳
性　　别：男
工作单位：同济大学设计艺术研究中心、传播与艺术学院
职　　务：院长、教授
通讯地址：上海市四平路1239号德国中心302信箱
邮　　编：200092
电　　话：(021)65984900
传　　真：(021)65984901
电子信箱：Linjiayang2002@yahoo.dc

姓　　名：林之荣
性　　别：男
工作单位：上海对外经济贸易企业协会
职　　务：调研部主任、高级工程师
通讯地址：上海市静安区江宁路445号6D时美大厦
邮　　编：200041
电　　话：(021)62178614
传　　真：(021)62177553
电子信箱：Safete01@sh163.net

姓　　名：潘中法
性　　别：男
工作单位：华夏银行上海分行
通讯地址：上海浦东浦建路47号905室
邮　　编：200127
电　　话：(021) 62250253

姓　　名：邵隆图

性　　别：男
工作单位：上海市九木传盛广告有限公司
职　　务：董事长
通讯地址：上海市法华镇路555号法华门大厦C座7楼
邮　　编：200052
电　　话：(021)62800909
传　　真：(021)62805577
电子信箱：Longtu@longtu.com

姓　　名：唐可爱
性　　别：女
工作单位：上海丽人广告公司
职　　务：总经理
通讯地址：上海广东路500号12楼
邮　　编：200001
电　　话：(021)33044599

姓　　名：王依群
性　　别：男
工作单位：依群工作室
职　　务：负责人
通讯地址：上海幸福路137号富宁大厦41室
邮　　编：200052
电　　话：(021)62808098
电子信箱：Wang_yiqun@hotmail.com

姓　　名：吴德江
性　　别：男
工作单位：上海德江策略设计有限公司
职　　务：总经理
通讯地址：上海长宁区虹古路8弄11号虹景家苑202室
邮　　编：200335
电　　话：(021)52570072
传　　真：(021)52570072
电子信箱：Woodrow@woodrowdesign.com

姓　　名：吴整风
性　　别：男
工作单位：上海雅视影视广告公司
职　　务：总经理
通讯地址：上海市金玉兰广场打浦路1号1207室
邮　　编：200023
电　　话：(021)53960847
传　　真：(021)62759169

姓　　名：薛　可
性　　别：女
工作单位：上海交通大学媒体与设计学院传播系
职　　务：副教授
通讯地址：上海长宁区新华路726号新华世纪园16栋2002室
邮　　编：200052
电　　话：(021)52301190
传　　真：(021)52301190
电子信箱：5889665@sina.com　kxue@sjtu.edu.cn

姓　　名：尹亦辉
性　　别：男
工作单位：亚洲户外传媒有限公司
职　　务：总编辑
通讯地址：上海市黄浦区盛泽路8号宁东大厦12楼A座
邮　　编：200002
电　　话：(021)61113586
电子信箱：Yyh646@163.com

姓　　名：余明阳
性　　别：男
工作单位：上海交通大学安泰管理学院
职　　务：教授、博士
通讯地址：上海长宁区法华镇路535号上海交大管理学院安泰楼639
邮　　编：200052

电　　话：(021)25889665
电子信箱：5889665@sohu.com

姓　　名：张安腾
性　　别：男
工作单位：上海迈克汀国际商务学院
通讯地址：上海罗锦路25号
邮　　编：200237
电　　话：(021)64332348

姓　　名：张惠辛
性　　别：男
工作单位：中国广告杂志
职　　务：主编、教授
通讯地址：上海宁海东路200号申鑫大厦1805室
邮　　编：200021
电　　话：(021)63745465
电子信箱：Zhanghuixin888@sohu.com

姓　　名：张祖健
性　　别：男
工作单位：上海大学广告学系
职　　务：主任、副教授
通讯地址：上海延长路149号第二教学楼
邮　　编：200072

姓　　名：毕小青
性　　别：男
工作单位：天津理工学院经济与管理学院
职　　务：副教授
通讯地址：天津市南开区红旗路南路263号
邮　　编：300191
电子信箱：Bi-xiaoqing@163.com

姓　　名：陈家耕
性　　别：男
工作单位：天津理工学院经济与管理学院
职　　务：副院长、副教授
通讯地址：天津南开区红旗南路263号
邮　　编：300000
电　　话：(022)23679336
传　　真：(022)23680541

姓　　名：陈树林
性　　别：男
工作单位：天津双木广告策划传播有限公司
职　　务：总经理
通讯地址：天津河西区马场道188号内干部俱乐部燕园别墅1号
邮　　编：300074
电　　话：(022)23528203
电子信箱：shuangmu@shuangmu.com.cn

姓　　名：陈志莹
性　　别：男
工作单位：天津理工大学艺术学院
职　　务：副教授、系主任
通讯地址：天津市红旗南路263号
邮　　编：300191
电　　话：(022)23679210
电子信箱：Zhy_chen@126.com

姓　　名：范志国
性　　别：男
工作单位：天津理工学院
职　　务：副教授
通讯地址：天津市南开区红旗南路263号
邮　　编：300191
电　　话：(022)23670549
电子信箱：fanzhiguo@eyou.com

姓　　名：孔令智

性　　别：女
工作单位：南开大学
职　　务：教授
通讯地址：天津河西区体院北环湖东里57楼902室
邮　　编：300060
电　　话：(022)23353863

姓　　名：刘晓岗
性　　别：男
工作单位：天津广告有限公司
职　　务：创意总监
通讯地址：天津河西区绍兴道21号
邮　　编：300203
电　　话：(022)23022062

姓　　名：孙瑞祥
性　　别：男
工作单位：天津师范大学新闻传播学院
职　　务：系主任、副教授
通讯地址：天津南开区卫津路154号
邮　　编：300073
电　　话：(022)23372698
电子信箱：sunruixiang@sohu.com

姓　　名：徐文汉
性　　别：男
工作单位：天津工艺美术学院
职　　务：副教授
通讯地址：天津市河北区地纬路8号
邮　　编：300141

姓　　名：许　椿
性　　别：男
工作单位：天津师范大学新闻传播学院广告系
职　　务：主任、副教授
通讯地址：天津师范大学文学院新闻传播学院广告系
邮　　编：300073
电　　话：(022)23540880
电子信箱：xuchunts@vip.sina.com

姓　　名：周　伟
性　　别：女
工作单位：天津交通广播电台
职　　务：主任
通讯地址：天津和平区卫津路143号
邮　　编：300070
电　　话：(022)23601236
传　　真：(022)23601188

姓　　名：李　巍
性　　别：男
工作单位：四川美术学院设计艺术系
职　　务：教授
通讯地址：重庆市黄桷坪四川美术学院
邮　　编：400053
电　　话：(023)68516614

姓　　名：全玉玺
性　　别：男
工作单位：重庆电视台广告部
职　　务：高级记者
通讯地址：重庆市渝北区龙湖花园南苑5-1-4-302室
邮　　编：401147
电　　话：(023)68630899
传　　真：(023)68600860

姓　　名：宋　林
性　　别：男
工作单位：重庆电视台
职　　务：一级摄影师
通讯地址：重庆市渝州路68号彩电中心
邮　　编：400039

姓　　名：熊克俭
性　　别：男
工作单位：重庆金大牧业科技发展有限公司
职　　务：负责人
通讯地址：重庆市渝北区龙西镇武陵之路5号西报宿舍
邮　　编：401147
电　　话：(023)67613223

姓　　名：魏　超
性　　别：男
工作单位：河北经贸大学新闻传播系
职　　务：主任、副教授
通讯地址：河北石家庄市五七路47号
邮　　编：050061
电　　话：(0311)87655565
传　　真：(0311)87655565
电子信箱：Weichao68@163.c0m

姓　　名：颜景毅
性　　别：男
工作单位：郑州大学新闻与传播学院广告系
职　　务：主任、副教授
通讯地址：河南省郑州市大学路75号
邮　　编：450052
电　　话：(0371)7761556
电子信箱：yiymc@163.com

姓　　名：阿伦娜
性　　别：女
工作单位：内蒙古师范大学国际现代设计艺术学院
职　　务：副教授
通讯地址：内蒙古师范大学国际现代设计艺术学院
邮　　编：010020
电　　话：(0471)4317649

姓　　名：高　岷
性　　别：女
工作单位：沈阳市工商局监察支队
职　　务：副支队长
通讯地址：沈阳市沈河区南关路118号
邮　　编：110016
电　　话：(024)24011656
传　　真：(024)24011652

姓　　名：雷少东
性　　别：男
工作单位：大连壹捌零广告有限公司
职　　务：执行创意、总监
通讯地址：大连市中山区杏林街2号中山9号优仕阁12层c座
邮　　编：116001
电　　话：(0411)82558180
电子信箱：Stone.lei@180ad.com

姓　　名：林中兴
性　　别：男
工作单位：丹东高等专科学校
职　　务：党委书记
通讯地址：辽宁丹东市元宝区蛤蟆塘文化路325号
邮　　编：118003

姓　　名：孙　青
性　　别：男
工作单位：大连轻工业学院艺术设计学院
职　　务：副教授、系主任
通讯地址：大连市甘井子区轻工业学院
邮　　编：116034
电　　话：(0411)86323632
电子信箱：S191@sohu.com

姓　　名：王亚非
性　　别：男
工作单位：东北大学艺术学院
职　　务：副院长、教授

通讯地址：沈阳市和平区彩塔街24号8号楼401室
邮　　编：110004
电　　话：(024)23935788
电子信箱：Wangyafei423@163.com

姓　　名：张天一
性　　别：男
工作单位：鲁迅美术学院成教学院
职　　务：副教授
通讯地址：沈阳市和平区三好街19号
邮　　编：110004
电　　话：(024)23949473

姓　　名：赵　琛
性　　别：男
工作单位：东北大学艺术学院
职　　务：教授
通讯地址：沈阳市沈河区大西路148号
邮　　编：110014
电　　话：(024)22900005
电子信箱：zhaochen@zhaochen.com

姓　　名：傅丽霞
性　　别：男
工作单位：长春市世纪喜悦品牌设计有限公司
职　　务：副教授
通讯地址：吉林省长春市西安大路58号吉发广场C座704室
邮　　编：130061
电　　话：(0431)8547777
传　　真：(0431)8547222
电子信箱：fulixia@hotmail.com

姓　　名：王　帆
性　　别：男
工作单位：东北师范大学人文学院艺术设计系
职　　务：系主任、教授
通讯地址：长春市净月潭旅游经济开发区博硕路1488号
邮　　编：130117
电　　话：(0431)4537205
电子信箱：Wangf06@163.com

姓　　名：王伟明
性　　别：男
工作单位：延边维丰税务师事务所(原延边有线电视台)
职　　务：原副台长
通讯地址：延吉市人民路45号国税局旧4楼
邮　　编：133000
电　　话：(0433)2531816
传　　真：(0433)2531816

姓　　名：陈一虹
性　　别：女
工作单位：哈尔滨市广告协会
职　　务：副秘书长
通讯地址：哈尔滨市道里区新阳路61号1210室
邮　　编：150010

姓　　名：崔德群
性　　别：男
工作单位：黑龙江大学文学与新闻传播学院
职　　务：副教授
通讯地址：黑龙江大学文学与新闻传播学院
邮　　编：150080
电　　话：(0451)6608982
电子信箱：cuidq@163.com

姓　　名：潘　阳
性　　别：男
工作单位：哈尔滨海润国际广告有限公司
职　　务：董事长
通讯地址：哈尔滨市南岗区昆仑商城天顺街22号

邮　　编：150090
电　　话：(0451)82331776
传　　真：(0451)82342013

姓　　名：吴士元
性　　别：男
工作单位：哈尔滨工业大学建筑学院
职　　务：教授
通讯地址：哈尔滨南岗区哈工大校外街园丁小区4-2-1002信箱
邮　　编：150001
电　　话：(0451)86266306
电子信箱：SYWOO@SINA.COM

姓　　名：傅根清
性　　别：男
工作单位：中国海洋大学新闻传播学院
职　　务：教授
通讯地址：山东青岛市香港东路23号
邮　　编：266071
电　　话：(0532)85902499
电子信箱：Fgq2005@sina.com

姓　　名：高丕烈
性　　别：男
工作单位：青岛浩华不动产顾问有限公司
通讯地址：青岛香港中路68号华普大厦14座
邮　　编：266071
电　　话：(0532)85708335
电子信箱：gaopilie@163.com

姓　　名：贾永壮
性　　别：男
工作单位：青岛天诚广告实业有限公司
职　　务：总经理
通讯地址：青岛东海西路51号16号楼B段15层
邮　　编：266071
电　　话：(0532)5724818
传　　真：(0532)5728668

姓　　名：李方毅
性　　别：男
工作单位：山东世纪经纶营销企划有限公司
职　　务：总经理
通讯地址：济南市花园庄东路数码港6号楼6A-16
邮　　编：250013
电子信箱：Ad777@126.com

姓　　名：李　克
性　　别：男
工作单位：山东大学文学与新闻传播学院广告系
职　　务：副教授
通讯地址：济南市山大南路27号
邮　　编：250100
电　　话：(0531)8364608
电子信箱：Like58@vip.sina.com　或163.net

姓　　名：刘　波
性　　别：男
工作单位：山东艺术设计家协会、山东艺术学院设计系
职　　务：副秘书长、副教授
通讯地址：山东济南市文化东路91号
邮　　编：250014
传　　真：(0531)6423257

姓　　名：苗登宇
性　　别：男
工作单位：山东工艺美术学院
职　　务：系主任、副教授
通讯地址：山东济南千佛山东路23号
邮　　编：250014
电　　话：(0531)2619417

电子信箱：miaodengyu@hotmail.com

姓　　名：王　骞
性　　别：男
工作单位：山东东方天健广告公司
职　　务：创作总监
通讯地址：济南市洪楼南路11-3号建鑫大厦8层
邮　　编：250100
电　　话：(0351)8111591
传　　真：(0351)8111592
电子信箱：Sddftj@vip.163.com

姓　　名：王怀明
性　　别：男
工作单位：山东大学管理学院
职　　务：副教授
通讯地址：济南山大南路27号
邮　　编：250100
电　　话：(0531)8363706
电子信箱：Whm1999@sdu.edu.cn

姓　　名：朱　铭
性　　别：男
工作单位：山东工艺美术学院
职　　务：副院长
通讯地址：济南市经十路102号省民盟
邮　　编：250014
电　　话：(0531)2619368

姓　　名：陈徐彬
性　　别：男
工作单位：广告大观杂志社
职　　务：主编
通讯地址：南京市中央路32号鼓楼联通大厦10楼B.C座
邮　　编：210008
电　　话：(025)83217901
电子信箱：Xubin-chen@vip.sina.com

姓　　名：陈正辉
性　　别：男
工作单位：南京师范大学
职　　务：系主任、副教授
通讯地址：南京市宁海路122号
邮　　编：210097
电子信箱：chzhh@china.com

姓　　名：韩文根
性　　别：男
工作单位：江苏广电集团报刊中心
职　　务：主任记者
通讯地址：南京珠江路珠江大厦21楼
邮　　编：210000
电　　话：(025)83192608
电子信箱：Hwg1951@hotmail.com

姓　　名：贺超兵
性　　别：男
工作单位：江苏大贺国际广告集团有限公司
职　　务：董事长、教授
通讯地址：南京市王府大街139号
邮　　编：210004
电　　话：(025)84202212
传　　真：(025)85804848
电子信箱：Dahelase@public.ptt.js.cn

姓　　名：贾丽军
性　　别：男
工作单位：江苏卓越形象品牌传播机构
职　　务：总经理、高级工艺美术师
通讯地址：南京市长江路190号7楼
邮　　编：210018

电　　话：(025)84515049，84515029
传　　真：(025)86649489
电子信箱：Owen-jia@exis-china.com

姓　　名：蒋旭峰
性　　别：男
工作单位：南京大学新闻传播系
职　　务：系副主任、副教授
通讯地址：南京市汉口路22号
邮　　编：210093
电　　话：(025)3686266
传　　真：(025)3686266
电子信箱：Xfjiang66@163.com

姓　　名：经　伦
性　　别：男
工作单位：江苏苏垦广告有限公司
职　　务：总经理
通讯地址：江苏南京市长江路99号长江贸易大楼125信箱
电　　话：(025)84798982
电子信箱：jlsuncom@163.com

姓　　名：李彬彬
性　　别：女
工作单位：江南大学设计学院广告学系
职　　务：系主任、教授
通讯地址：无锡市青山二村54号602室
邮　　编：214036
电　　话：(0510)5501491
电子信箱：lbbwx@vip.sina.com

姓　　名：庞家琦
性　　别：男
工作单位：常州黑马公共关系公司
职　　务：经理、经济师
通讯地址：常州新北区黄山路15号百老汇国际商务俱乐部4836室
邮　　编：213022
电　　话：(0519)5126788
传　　真：(0519)5125788
电子信箱：Dhprco@public.cz.js.cn

姓　　名：乔　均
性　　别：男
工作单位：南京财经大学营销与物流管理学院
职　　务：院长、教授
通讯地址：南京铁路北街128号D楼营销与物流管理学院
邮　　编：210003
电　　话：(025)3220659
传　　真：(025)3220659
电子信箱：Qiaojun@jlonline.com

姓　　名：汤永坚
性　　别：男
工作单位：南京雷迪欧广告公司
职　　务：总经理
通讯地址：南京太平南路333号金陵御景园15楼
邮　　编：210002
电　　话：(025)84415844
传　　真：(025)84540055

姓　　名：王军元
性　　别：男
工作单位：苏州大学新闻系
通讯地址：苏州市十梓街1号
邮　　编：215006
电　　话：(0512)67165547
传　　真：(0512)67165086

姓　　名：筱　毅

性　　别：男
工作单位：江苏卓越形象品牌传播机构
职　　务：高级工艺美术师
通讯地址：南京市长江路190号7楼
邮　　编：210018
电　　话：(025)2214807

姓　　名：徐浩然
性　　别：男
工作单位：江苏电视台新闻中心
职　　务：总主持人、主任记者
通讯地址：南京市北京东路4号
邮　　编：210008
电子信箱：xhrtv@tom.com　　xhrtv@vip.sina.com

姓　　名：姚　杰
性　　别：女
工作单位：南京财经大学
职　　务：系主任、副教授
通讯地址：南京市亚东新城区文苑路3号
邮　　编：210046
电　　话：(025)84028582
电子信箱：Teacheryao666@yahoo.com.cn

姓　　名：周晓虹
性　　别：男
工作单位：南京大学社会学系
职　　务：主任、教授
通讯地址：南京汉口路22号西南楼
邮　　编：210093
电　　话：(025)3596681

姓　　名：邬盛根
性　　别：男
工作单位：安徽大学新闻传播学院广告系
职　　务：副教授、系主任
通讯地址：安徽大学新闻传播学院13号信箱
邮　　编：230039
电子信箱：again@ahu.edu.cn

姓　　名：曹家俊
性　　别：男
工作单位：浙江传媒学院广告系
职　　务：系主任、副教授
通讯地址：浙江省杭州市下沙高教园区学源街西
邮　　编：310018
电　　话：(0571)86832131
电子信箱：cmlin@tom.com

姓　　名：陈　梁
性　　别：男
工作单位：金长城国际广告公司大中国区
职　　务：策划总监
通讯地址：杭州市体育场路415号景湖苑东楼1301
邮　　编：310006
电　　话：(0571)88226629
电子信箱：Chenliang3808200@sina.com

姓　　名：陈鹭流
性　　别：女
工作单位：浙江省国际广告公司
职　　务：副总经理
通讯地址：浙江杭州体育场路596号
邮　　编：310007
电　　话：(0571)87055093

姓　　名：胡季强
性　　别：男
工作单位：浙江康恩集团有限公司
职　　务：董事长
通讯地址：杭州市滨江区滨康路568号
邮　　编：310052

电　　话：(0571)87774707

姓　　名：胡晓云
性　　别：女
工作单位：浙江大学新闻传播学院
职　　务：副教授
通讯地址：浙江大学西溪校区新闻系
邮　　编：310028
电　　话：(0571)88973989
电子信箱：hxy7459@sina.com

姓　　名：李　杰
性　　别：男
工作单位：浙江大学新闻传播学院
职　　务：教授
通讯地址：浙江大学西溪校区新闻系
邮　　编：310028
电　　话：(0571)87960368
电子信箱：Lijie1959@yahoo.com.cn

姓　　名：刘　强
性　　别：男
工作单位：浙江传媒学院管理系
职　　务：副教授
通讯地址：浙江杭州市下沙学源街998号
邮　　编：310015
电子信箱：Liuqiang185@163.com

姓　　名：刘友林
性　　别：男
工作单位：浙江财经学院人文学院
职　　务：教授
通讯地址：杭州市文华路267号
邮　　编：310012
电　　话：(0571)88911726
电子信箱：lyljxsd@163.com

姓　　名：卢小雁
性　　别：男
工作单位：浙江大学人文教学实验中心浙江大学新闻教学实验中心
职　　务：副主任、主任
通讯地址：浙江大学西溪校区新闻系
邮　　编：310028
电　　话：(0571)88273161
电子信箱：xinwen1@zju.edu.cn

姓　　名：潘向光
性　　别：男
工作单位：浙大智高广告公司
职　　务：总经理
通讯地址：杭州天目山路34号浙大溪西校区新闻传播系
邮　　编：310028
电子信箱：braintrust@163.com

姓　　名：钱杭园
性　　别：男
工作单位：浙江林学院人文学院
职　　务：教授
通讯地址：浙江林学院人文学院
邮　　编：311300
电　　话：(0571)63730922
电子信箱：adaaqq@163.com
jqka1476@sina.com.cn

姓　　名：王兴华
性　　别：男
工作单位：浙江大学新闻系
职　　务：教授
通讯地址：杭州市天目山路34号浙江大学西溪区新闻系

邮　　编：310028
电　　话：(0571)88273646
传　　真：(0571)88273757

姓　　名：项建中
性　　别：男
工作单位：浙江华林广告有限公司
职　　务：总经理
通讯地址：杭州文苑路沁雅花园13栋2单元101
邮　　编：310012
电　　话：(0571)88988774
传　　真：(0571)88983672
电子信箱：hangzhoulao@vip.163.com

姓　　名：徐凤兰
性　　别：女
工作单位：浙江传媒学院
职　　务：副教授
通讯地址：杭州市浙江传媒学院
邮　　编：310015
电子信箱：88032316@163.com

姓　　名：张　歌
性　　别：男
工作单位：和声机构
职　　务：董事长、副教授
通讯地址：杭州市天目山路224号中融城市花园2-2-10F
邮　　编：310012
电　　话：(0571)85121419-16
电子信箱：zestgogo@yahoo.com.cn

姓　　名：周　青
性　　别：男
工作单位：杭州凤巢企划广告公司
职　　务：总经理
通讯地址：杭州潮王路耀江高层703室
邮　　编：310005
电　　话：(0571)88380502

姓　　名：李世丁
性　　别：男
工作单位：赣南师范学院工商管理系
职　　务：教授
通讯地址：江西省赣州市红旗大道
邮　　编：341000
电　　话：(0797)8268745

姓　　名：陈培爱
性　　别：男
工作单位：厦门大学人文学院
职　　务：副院长、教授
通讯地址：厦门大学新闻传播系
邮　　编：361005
电　　话：(0592)2180625
传　　真：(0592)2186382
电子信箱：Chenbying@263.net

姓　　名：陈扬明
性　　别：男
工作单位：厦门大学新闻传播系
职　　务：副教授
通讯地址：厦门大学敬贤10-301
邮　　编：361005
电　　话：(0592)2186382

姓　　名：黄合水
性　　别：男
工作单位：厦门大学人文学院新闻传播系
职　　务：副主任、教授
通讯地址：厦门大学新闻传播系
邮　　编：361005

电　　话：(0592)2184750

姓　　名：江绍雄
性　　别：男
工作单位：泉州蓝道广告公司
职　　务：创意总监
通讯地址：福建省泉州市泉秀路农行大厦16层
邮　　编：362000
电　　话：(0595)22197188
传　　真：(0595)22197199　87745938
电子信箱：Landao-ad@163.com　87745938

姓　　名：刘　泓
性　　别：男
工作单位：福建师范大学传播学系
职　　务：副主任、副教授
通讯地址：福建师范大学传播学系
邮　　编：350007
电　　话：(0591)3465632
电子信箱：1965007@163.com

姓　　名：朱健强
性　　别：男
工作单位：厦门大学嘉庚学院新闻传播系
职　　务：主任、副教授
通讯地址：厦门大学海滨东区11-601
邮　　编：361005
电　　话：(0592)2183195
电子信箱：jqzhu@jingxian.xmu.edu.cn

姓　　名：朱月昌
性　　别：男
工作单位：厦门大学新闻传播系
职　　务：教授
通讯地址：厦门大学新闻传播系
邮　　编：361005
电　　话：(0592)2086822

姓　　名：王鲁昌
性　　别：男
工作单位：河南财经学院文化传播系广告学教研室
职　　务：主任、副教授
通讯地址：郑州市文化路北段河南财经学院文化传播系广告教研室
邮　　编：450002
电　　话：(0371)3769369
电子信箱：Wlc918@163.com

姓　　名：杨海军
性　　别：男
工作单位：河南大学新闻与传播学院
职　　务：教授、副院长
通讯地址：开封市明伦街85号
邮　　编：475001
电子信箱：yhj@henu.edu.cn

姓　　名：刘永保
性　　别：男
工作单位：湖北省报业协会
通讯地址：武汉武昌黄鹂路65号
邮　　编：430000
传　　真：(027)86791972

姓　　名：吕尚彬
性　　别：男
工作单位：华中农业大学文法学院广告与传播学系
职　　务：副院长、副教授
通讯地址：武汉市洪山区狮子山街特1号
邮　　编：430070
电　　话：(027)87287171
电子信箱：lvshangbin@mail.hzau.edu.cn

姓　　名：舒咏平
性　　别：男
工作单位：华中科技大学新闻传播学院
职　　务：系主任、教授
通讯地址：武汉华中科技大学
邮　　编：430074
电　　话：(027)87556043
电子信箱：Syp606@sina.com

姓　　名：田剑云
性　　别：男
工作单位：中国机械工程杂志社
职　　务：副社长
通讯地址：武汉市武昌石牌岭118号
邮　　编：430070
电　　话：(027)87381985

姓　　名：王瑞龙
性　　别：男
工作单位：中南民族大学法学院
职　　务：副教授
通讯地址：中南民族大学法学院
邮　　编：430074
电　　话：(027)62005568
传　　真：(027)67842559　61069601
电子信箱：wrlblj@sina.com

姓　　名：夏清华
性　　别：女
工作单位：武汉大学商学院
职　　务：副教授
通讯地址：武汉大学商学院
邮　　编：430072
电　　话：(027)87684773

姓　　名：张海明
性　　别：男
工作单位：《湖北日报》报业集团
职　　务：广告部主任
通讯地址：武汉市武昌黄鹂路65号
邮　　编：430077

姓　　名：张锦妙
性　　别：男
工作单位：湖北省广告协会
职　　务：秘书长、经济师
通讯地址：武汉市东湖路145号
邮　　编：430077
电　　话：(027)87273785
传　　真：(027)87826176

姓　　名：程宇宁
性　　别：男
工作单位：湖南商学院艺术设计系
职　　务：副主任、副教授
通讯地址：长沙市岳麓区望城坡湖南商学院艺术设计系
邮　　编：410205
电　　话：(0731)8688067
传　　真：(0731)8686604
电子信箱：Chengyuning@sina.com

姓　　名：关　红
性　　别：女
工作单位：湖南理工学院新闻传播学系
职　　务：副教授
通讯地址：湖南理工学院新闻传播学系
邮　　编：414006
电子信箱：Guanhong917@163.com

姓　　名：何鹄志
性　　别：男
工作单位：湖南商学院艺术设计系

职　　务：副教授
通讯地址：湖南省长沙市岳麓区望城坡湖南商学院艺术设计系
邮　　编：410205
电　　话：(0731)8688222
电子信箱：chinasman@163.com
hehuzhi@hotmail.com

姓　　名：李　伟
性　　别：男
工作单位：湖南商学院艺术设计系
职　　务：系副主任、副教授
通讯地址：湖南长沙市岳麓区岳麓大道
邮　　编：410205
电　　话：(0731)8688067
电子信箱：Liwei19701209@sohu.com

姓　　名：李正良
性　　别：男
工作单位：湖南大学新闻与传播学院广告系
职　　务：教授、系主任
通讯地址：湖南省长沙市岳麓山
邮　　编：410082
电　　话：(0731)8821921
电子信箱：lzliang@yahoo.com.cn

姓　　名：罗洪程
性　　别：男
工作单位：湖南理工学院新闻系广告教研室
职　　务：主任、副教授
通讯地址：岳阳市湖南理工学院东院新闻系
邮　　编：414000

姓　　名：毕玉强
性　　别：男
工作单位：广东合众广告有限公司
职　　务：董事长
通讯地址：广州市天河林河中路188号恒源大厦附楼402室
邮　　编：510610
传　　真：(020)38181035-336
电子信箱：abill@21cn.net

姓　　名：陈　希
性　　别：男
工作单位：广州番禺职业技术学院建筑与艺术设计系
职　　务：副主任、副教授、高级工艺美术师
通讯地址：广州市番禺沙湾菏景花园1区1街1座1梯503室
邮　　编：511483
电　　话：(020)84749208
电子信箱：chenx@pyp.edu.cn

姓　　名：陈　雷
性　　别：男
工作单位：广州市协作广告有限公司
职　　务：总经理兼创作总监
通讯地址：广州市五羊新城寺右新马路77-79号佳地花苑大厦4楼
邮　　编：510600
电　　话：(020)87395690
电子信箱：grey@163.net

姓　　名：丁邦清
性　　别：男
工作单位：广东省广告公司
职　　务：副总经理、创意总监
通讯地址：广州市东风东路745号金广大厦
邮　　编：510087
电　　话：(020)87301715
电子信箱：gdadcn@21cn.com

姓　　名：冯帼英
性　　别：女
工作单位：广州市天进广告公司
职　　务：董事长
通讯地址：广州市三育路三寓宾馆众鑫楼3楼
邮　　编：510070
电　　话：(020)87626284

姓　　名：傅汉章
性　　别：男
工作单位：暨南大学管理学院
职　　务：教授
通讯地址：广州市石牌暨南大学管理学院
邮　　编：510632
电　　话：(020)85220180

姓　　名：何　碧
性　　别：女
工作单位：广州大学新闻学院
职　　务：副教授
通讯地址：广州市桂花岗东1号北区10号502
邮　　编：510405
电　　话：(020)31878039
电子信箱：gzdxhb@163.com

姓　　名：胡川妮
性　　别：女
工作单位：广州美院装潢艺术设计系
职　　务：主任、教授
通讯地址：广州市昌岗东路257号广州美院35栋504
邮　　编：510261
电　　话：(020)84017149
传　　真：(020)84017149
电子信箱：Hu_chuanni@163.net

姓　　名：金培武
性　　别：男
工作单位：广州市广告协会
职　　务：副秘书长(退休)
通讯地址：广州华景路171号逸馨居5号
邮　　编：510000
电子信箱：peiwujin@yahoo.com.cn

姓　　名：李　谋
性　　别：男
工作单位：广州金长城国际广告有限公司
职　　务：总经理
通讯地址：广州市天河北路499号嘉怡苑III幢10楼A座
邮　　编：510620
电　　话：(020)38808807
电子信箱：Greatwall@gz4a.com.cn

姓　　名：李嘉宝
性　　别：男
工作单位：广州广告公司
职　　务：(退休)
通讯地址：广州惠福西路187号502室
邮　　编：510120
电　　话：(020)81868542

姓　　名：李　苗
性　　别：女
工作单位：暨南大学新闻与传播学院广告系
职　　务：副教授
通讯地址：广州石牌暨南大学新闻学院
邮　　编：510632
电　　话：(020)85222862
电子信箱：Lm1122@21cn.com

姓　　名：刘洪良
性　　别：男
工作单位：广州市惟兹得姆营销策划有限公司
职　　务：创意总监
通讯地址：广州市番禺区洛溪新城如意中心D座704
邮　　编：511431
电　　话：(020)33257623
电子信箱：Lh123918@yahoo.com.cn

姓　　名：沙宗义
性　　别：男
工作单位：广东省广告公司
职　　务：副总经理
通讯地址：广州市东风东路745号之二金广大厦
邮　　编：510087
电　　话：(020)87301778
传　　真：(020)87766503

姓　　名：欧阳康
性　　别：男
工作单位：深圳大学现代教育技术与信息中心
职　　务：教授、副主任
通讯地址：深圳大学现代教育技术与信息中心
邮　　编：518060
电　　话：(0755)26537131
电子信箱：ouyk@szu.edu.cn

姓　　名：王天权
性　　别：男
工作单位：暨南大学新闻与传播学院广告系
职　　务：讲师
通讯地址：广州石牌
邮　　编：510632
电　　话：(020)85221059
电子信箱：tianquanw@163.net

姓　　名：裴民慧
性　　别：男
工作单位：人民日报华南分社
职　　务：副总经理
通讯地址：广州黄埔大道159号19楼
邮　　编：510620
电　　话：(020)85512909

姓　　名：王晓华
性　　别：女
工作单位：深圳大学
职　　务：副教授
通讯地址：深圳市深圳大学文学院
邮　　编：518060
电子信箱：wangxh@szu.edu.cn

姓　　名：秦　朔
性　　别：男
工作单位：南风窗杂志社
职　　务：总编辑
通讯地址：广州市东风东路512号4楼
邮　　编：510050
电　　话：(020)83820877
电子信箱：qinshuo@hotmail.com

姓　　名：吴柏林
性　　别：男
工作单位：中山大学公共传播学系公共传播研究所
职　　务：副教授、副所长
通讯地址：广州中山大学政务学院
邮　　编：510275
电　　话：(020)84034251
电子信箱：lpswbl@zsu.edu.cn

姓　　名：吴晓波
性　　别：男
工作单位：广东平成广告公司
职　　务：董事长、总经理
通讯地址：广州市二沙岛花城苑海棠阁3座7层
邮　　编：510105
电　　话：(020)87351480
电子信箱：Pingcheng@vip.163.com
　　　　　Pingcheng001@sohu.com

姓　　名：吴予敏
性　　别：男
工作单位：深圳大学文学院
职　　务：院长
通讯地址：深圳市深圳大学文学院
邮　　编：518060
电　　话：(0755)26535374
电子信箱：Wu2883@sina.com

姓　　名：星　亮
性　　别：男
工作单位：暨南大学新闻与传播学院广告学系
职　　务：副教授
通讯地址：广州石牌暨南大学新闻与传播学院
邮　　编：510630
电　　话：(020)85228870
电子信箱：txingl@jnu.edu.cn

姓　　名：邢　珍
性　　别：女
工作单位：广东众力广告公司
职　　务：编辑
通讯地址：广州市达道路12号金达大厦9楼
邮　　编：510600

姓　　名：杨建华
性　　别：男
工作单位：暨南大学管理学院
职　　务：院长、副教授
通讯地址：广州暨南大学管理学院
邮　　编：510632
电　　话：(020)85223037
传　　真：(020)85220180

姓　　名：杨先顺
性　　别：男
工作单位：暨南大学新闻与传播学院
职　　务：副教授
通讯地址：广州市暨南大学新闻与传播学院
邮　　编：510632
电　　话：(020)85000397

姓　　名：袁乐清
性　　别：男
工作单位：广州信息时报社
职　　务：原副总编辑
通讯地址：广州市执信南路118号301房
邮　　编：518000
电　　话：(020)84596291

姓　　名：张鼎健
性　　别：男
工作单位：广州市中合玖鼎广告有限公司
职　　务：总经理
通讯地址：广州市东山区五羊新城明月一路59号汉苑西座908
邮　　编：510600
电　　话：(020)87399952
电子信箱：Dj1011@163.net
　　　　　Dj10112@hotmail.com

姓　　名：张小平
性　　别：男
工作单位：广东黑马广告有限公司
职　　务：总经理
通讯地址：广州建设大马路3号省党校大厦6楼
邮　　编：510060
电　　话：(020)83843312
传　　真：(020)83765734

姓　　名：赵　辉
性　　别：男
工作单位：广州喜马拉雅广告有限公司
职　　务：董事长
通讯地址：广州市环市东路474号东环大厦
邮　　编：510075
电子信箱：ezhaohui@sohu.com

姓　　名：周建波
性　　别：男
工作单位：广东金融学院
职　　务：教授
通讯地址：广州市天河区龙洞
邮　　编：510521
电　　话：(020)37215286
电子信箱：Jinfengyu9999@tom.com

姓　　名：邬永柳
性　　别：男
工作单位：桂林华顿广告策划公司
职　　务：总经理
通讯地址：广西桂林环城西二路5号象山区政府1楼
邮　　编：541002
电　　话：(0773)3816313

姓　　名：宋顺清
性　　别：男
工作单位：海南大学旅游学院
职　　务：教授
通讯地址：海南省海口市城西路华南热农大干修所B1308信箱
邮　　编：571101
传　　真：(0898)66258422

姓　　名：樊剑修
性　　别：男
工作单位：阿佩克思(中国)整合营销传播事业机构
职　　务：董事长
通讯地址：四川成都市西安中路42号赛思商务楼7楼
邮　　编：610072
电　　话：(028)87788666-801
电子信箱：Matthew.fan@chinaapex.com

姓　　名：何　春
性　　别：男
工作单位：成都大西南广告公司
职　　务：董事长
通讯地址：成都市总府路15号王府井商务公寓B座18楼
邮　　编：610016
电　　话：(028)86784400
电子信箱：master@darsina.com

姓　　名：王世明
性　　别：男
工作单位：成都市美术广告公司
职　　务：总经理
通讯地址：成都市华兴正街9号往复井商城C座18楼B2
邮　　编：610016
电　　话：(028)86620946

姓　　名：吴　建
性　　别：男

工作单位：四川大学文学与新闻学院
职　　务：副院长、　教授
通讯地址：四川成都市九眼桥
邮　　编：610065
电　　话：(028)85408927　　85412310

姓　　名：张晓岚
性　　别：男
工作单位：张晓岚营销策划中心
职　　务：董事长兼创意总监
通讯地址：昆明市人民中路169号移动大楼11楼B座
邮　　编：650031
电　　话：(0871)5357766
传　　真：(0871)5356166
电子信箱：zhangxl@126.com

姓　　名：罗　健
性　　别：男
工作单位：贵州财经学院文化传播学院
职　　务：副教授
通讯地址：贵阳市鹿冲关路276号
邮　　编：550004
电　　话：(0851)6903742
电子信箱：roro456@163.com

姓　　名：孙秀筑
性　　别：女
工作单位：贵州省工商局商标广告处
职　　务：(退休)
通讯地址：贵州省贵阳市中山东路16号中山大厦802贵阳华田广告有限公司
邮　　编：550002
电　　话：(0851)6825140

姓　　名：王多明
性　　别：男
工作单位：贵州广播电视大学
职　　务：编辑部主任、副教授
通讯地址：贵阳市延安巷52号4–6–1
邮　　编：550003
电　　话：(0851)6515556

姓　　名：郑　波
性　　别：男
工作单位：贵州尚品企划传播有限公司
职　　务：总经理
通讯地址：贵阳市富水中路11号恒生大厦11层D座
邮　　编：550001
电子信箱：Zhengbo1969@sina.com

姓　　名：樊文江
性　　别：男
工作单位：西安美术学院(陕西展览集团)
职　　务：教授(退休)
通讯地址：西安含光路100号西安美院
邮　　编：710065
电　　话：(029)88235150

姓　　名：林安令
性　　别：男
工作单位：西安市集美广告公司
职　　务：高级美术设计师
通讯地址：西安市雁塔中路19号
邮　　编：710054
电　　话：(029)85531583　85521670

姓　　名：卢山冰
性　　别：男
工作单位：西北大学经济管理学院
职　　务：副教授
通讯地址：西北大学经济管理学院
邮　　编：710069

电　　话：(029)88373051
电子信箱：LUSHANBING@126.com

姓　　名：王春泉
性　　别：男
工作单位：西北大学新闻传播学院
职　　务：副院长、副教授
通讯地址：西安太白北路229号西北大学新闻传播学院
邮　　编：710069
电　　话：(029)88308099 88363049
传　　真：(029)88373896

姓　　名：杨晋安
性　　别：男
工作单位：陕西省工商局商标广告处
通讯地址：西安市新城省政府大楼12层
邮　　编：710006
电　　话：(029)87294425
传　　真：(029)7294051

姓　　名：杨立川
性　　别：男
工作单位：西北大学新闻传播学院广告学系
职　　务：系主任、副教授
通讯地址：西北大学新闻传播学院广告学系
电　　话：(029)83085100

姓　　名：唐仁承
性　　别：男
工作单位：香港天厨有限公司
职　　务：总经理、高级经济师
通讯地址：香港新界青衣路52–62号B座5楼
电　　话：(0852)91963277 27130171
传　　真：(0852)27608843
电子信箱：tangrch@tienchu.com

中国广告协会广告公司委员会负责人名单

（排名不分先后）

姓　名	职　　务	姓　名	职　　务
鄢　钢	主　　任	王建萍	常务委员
陈一枬	副主任	孟兴中	常务委员
郭丽娟	副主任	潘祥生	常务委员
高　峻	副主任	陆瑞君	常务委员
连　达	副主任	王濂洪	常务委员
李海林	副主任	吴晓波	常务委员
吴子华	副主任	李西沙	常务委员
胡纪平	常务委员	刘文哲	秘书长
萧景勋	常务委员	李沛钧	副秘书长
徐建国	常务委员		

中国广告协会报纸委员会常委名单

（排名不分先后）

姓　名	职　　务	姓　名	职　　务
梁勤俭	主　　任	王健生	常务委员
解廉廉	副主任	王更海	常务委员
倪宝忠	副主任	冯爱民	常务委员
朱长元	副主任	徐少达	常务委员
张勤耘	副主任	熊资佐	常务委员
关　飞	副主任	季　阳	常务委员
巫穗生	副主任	谭邦君	常务委员
左　海	常务委员	梁洪文	常务委员
李　征	常务委员	夏晓晖	常务委员
李　军	常务委员	武焕群	常务委员
邓效锋	常务委员	周　诚	常务委员
王　克	常务委员		

中国广告协会广播委员会负责人名单

（排名不分先后）

姓　名	职　　务	姓　名	职　　务
刘宝顺	主　　任	陈大海	副主任
刀承锦	副主任	李明月	副主任
王　秋	副主任	李　箭	副主任
王晓轩	副主任	周佩龙	副主任
史林杰	副主任	罗　毅	副主任
刘卫星	副主任	贺春源	副主任
刘素琴	副主任	赵晓林	副主任
权福臣	副主任	吴　江	秘书长

姓 名	职 务	姓 名	职 务
赵 凯	副秘书长	魏建文	副秘书长
汤永坚	副秘书长		

中国广告协会户外广告委员会委员名单

（排名不分先后）

姓 名	职 务	姓 名	职 务
贺超兵	主 任	李继权	常务委员
郑谊军	副主任	萧景勋	常务委员
宣 勤	副主任	李大卫	常务委员
李 践	副主任	杨允红	常务委员
陆有财	副主任	张建国	常务委员
杨国敬	副主任	金洪友	常务委员
邱万新	副主任	应曙光	常务委员
于凯滨	副主任	赵松青	常务委员
田 涛	常务委员		

中国广告协会烟草委员会第一届常委名单

（排名不分先后）

姓 名	职 务	姓 名	职 务
李保林	主 任	谢建宏	副主任
胡新华	副主任	陈 彤	常务委员
刘 杰	副主任	赵国臣	常务委员
韩旺生	副主任	王向杰	常务委员

姓　名	职　务	姓　名	职　务
李宝新	常务委员	潘抗浮	常务委员
盛　勇	常务委员	杨丕华	常务委员
华业顺	常务委员	张利军	常务委员
严文学	常务委员		

中国广告协会公布的中国等级广告企业资质名单

中国一级广告企业

第一批（认定日期：2004年5月21日）

盛世长城国际广告有限公司
北京电通广告有限公司
博达大桥国际广告传媒有限公司
精信广告有限公司
北京未来广告公司
北京歌华阳光广告有限公司
北京炎黄时代广告有限公司
北京太阳圣火广告公司
北京通成推广公交广告有限公司
北京公交广告有限公司
上海广告有限公司
上海美术设计公司
上海灵狮广告有限公司
上海西南广告有限公司
上海东湖广告装饰有限公司
上海旭通广告有限公司
上海大众广告有限公司
上海中宣国际传播有限公司
上海梅高创意咨询有限公司
天津市北岛广告发展有限公司
广东省广告有限公司
广东平成广告有限公司
广州市广告公司
广东广旭广告有限公司
广东天艺广告有限公司
广州市蓝色创意广告有限公司
广州市交易会广告有限公司
广州市白云国际广告有限公司
广州白云国际广告有限公司（现更名：广州白云天骏国际传媒有限公司）
广东艺精广告装饰工程有限公司
杭州公交广告公司
宁波友谊广告发展有限公司
山东省国际广告有限公司
山东博大航空广告有限公司
青岛五洲广告有限公司
青岛天马广告有限公司
南京市广告有限公司
江苏大贺国际广告集团有限公司
南京梅迪派勒公交广告有限公司
四川省巴蜀新形象广告传媒股份有限公司
四川西南国际广告有限公司
成都阿佩克思广告有限公司

昆明风驰传媒有限公司

哈尔滨海润国际广告传播(集团)有限公司

安徽省金鹃国际广告有限公司

安徽黑白广告有限责任公司

福建奥华广告有限公司（现更名：奥华－奥美（福建）广告有限公司）

福建新恒基广告有限公司

武汉经济开发区新纪元广告有限公司

西安沙龙广告装饰有限公司

山西好运达广告文化有限公司（现更名：太原好运达国际广告有限公司）

新疆普拉纳广告有限公司

第二批（认定日期：2005 年 3 月 17 日）

青岛金桥广告有限公司

山东北斗广告有限公司

山东信通广告有限公司

山东东方天健广告有限公司

河南新天明广告信息传播有限公司

唐山市国际广告公司

深圳市鸿波广告有限公司

深圳市之光广告有限公司

深圳市机场广告有限公司

厦门市路桥广告公司

厦门市博美联合广告 有限公司

厦门市博美联合广告有限公司（现更名：厦门市唐码博美广告有限公司）

上海博报堂广告有限公司

上海强生广告有限公司

上海蓝梦广告有限责任公司

上海新大陆传播有限公司

上海伊斯顿广告有限公司

武汉市大唐广告有限责任公司

武汉昌隆广告发展有限公司

合肥新方舟广告有限责任公司

南京银都广告商务有限责任公司

江苏卓越形象媒体传播有限公司

江苏华实广告有限公司

江苏美嘉广告有限公司

浙江亚视传播有限责任公司

四川省德隆广告装饰有限责任公司

四川神韵传播有限责任公司

北京大禹伟业广告有限公司

北京市万方广告影视公司

北京国安广告总公司

第三批（认定日期：2005 年 12 月 8 日）

福建指南针广告有限公司

厦门市佰诚设计装饰有限公司

福建新思维企划有限公司

贵州天马广告公司

重庆正宗广告有限公司

重庆金牛慧通广告有限公司

河北联力媒体广告有限公司

北京首都机场广告有限公司

中视金桥国际广告有限公司

江苏大唐灵狮广告有限公司

江苏永达广告有限公司

江苏苏垦广告有限公司

南京雷迪欧广告公司

江苏天合营销策划有限公司

南通天星电视广告有限公司

上海飞帆广告有限公司

上海欣影国际传播有限公司

上海电力广告有限公司

武汉海德广告有限公司

武汉市丽兰广告艺术有限公司

湖北中兴广告装饰有限责任公司

宜昌市美辰广告营销有限公司

安徽省高速公路广告有限公司

湖南新金果传媒有限公司

吉林省天成龙行广告有限公司

长春市长江广告有限责任公司

江西星际广告有限公司

青岛黑蚂蚁广告有限公司
山东迅华传媒广告有限公司
山东长城梅地亚文化传播有限公司
江门电台广告公司
深圳市蓝太阳广告有限公司
广州市美术公司

中国二级广告企业

第一批（认定日期：2004年5月21日）

北京世纪华纳广告有限公司
上海解放广告有限公司
上海电力广告有限公司
上海市公共交通广告公司
上海航空传播有限公司
上海东亚广告装潢有限公司
上海东方航空传媒有限公司
上海智高广告有限公司
上海影城公关广告部
上海现代国际传播有限公司
上海国际机场股份有限公司广告分公司
上海邮政商函广告有限公司
上海豫园文化传播有限公司
上海大同广告有限公司
上海联想国际广告有限公司
诺贝广告有限公司
上海光明广告有限公司
重庆市场广告装潢有限责任公司
昆明市广告公司
云南玉溪深红壹佰广告装潢有限公司
云南玉溪粤港广告有限公司
宁波市顺通广告装潢公司
武汉新宇广告装饰有限公司
湖北荧丰电视艺术开发公司
湖北视星广告有限责任公司
湖北东方视博传播有限公司
武汉尊荣广告国际传播发展有限公司
武汉市方大商贸广告发展有限公司
武汉市波普广告有限责任公司
武汉华利广告有限公司
山西黄河广告有限公司
山西泰森装饰设计工程有限公司
山西新创装饰广告策划有限公司
山西同航公交广告有限公司
山西丹特森广告有限公司
延安华科广告有限公司
合肥新方舟广告有限责任公司
合肥嘉宝影视服务有限责任公司
合肥赛天使广告有限责任公司
合肥中策广告有限责任公司
合肥正业广告有限责任公司
合肥白马广告有限责任公司
合肥公交广告有限公司
合肥天戈广告有限责任公司
合肥瑶海广告有限责任公司
合肥明珠装饰广告有限责任公司
合肥信苑广告有限责任公司
合肥明亮广告有限责任公司
合肥新视野广告有限责任公司
合肥虹源广告有限责任公司
合肥大西洋广告有限责任公司
安徽省宿州市天地广告有限公司
安徽鼎盛经济文化发展有限公司
芜湖市邮政广告中心
芜湖广泰广告装饰有限公司
芜湖市泰鑫广告有限公司
滁州市公路广告有限公司
滁州市新奥广告装饰工程有限责任公司
安徽金太阳广告有限公司
安徽省池州市新光源有限公司
亳州市声屏广告有限责任公司

第二批（认定日期：2005年3月17日）

山东三石广告有限公司
山东大成传媒有限公司
青岛安捷广告有限公司
青岛经济技术开发区市政广告有限公司
青岛苹果广告有限公司
潍坊科艺广告装璜有限公司
青岛流亭机场广告有限公司
青岛经济技术开发区公共交通广告有限公司
山东新之航文化传播有限公司
山东国铁天龙广告有限公司
德州铁艺广告装饰有限公司
日照爱达企划广告有限公司
济南理想实业有限公司
青岛铁路广告有限责任公司
青岛天和兄弟广告有限公司
济南铁路广告装饰公司
济南鲁源电力广告有限公司
江西现代广告发展公司
景德镇百花置业有限公司
吉安市新时代广告有限公司
江西省汇美广告有限公司
江西文藻广告装饰工程有限公司
上海东艺广告有限公司
上海福赐广告有限公司
上海申浦广告装潢有限公司
上海新亚霓虹广告有限公司
上海大西洋贝尔黄页广告有限公司
上海浩盛广告有限公司
宜昌市龙马广告文化传播有限责任公司
武汉市东方艺术广告有限公司
黄石市文龙广告设计有限责任公司
昆明白宇现代广告有限公司
江苏中艺广告装饰有限责任公司
镇江邮政开发总公司邮政广告分公司
江苏华星广告有限公司
淮安市广告装潢有限公司
无锡市富润广告有限公司
北京未名广告有限责任公司
北京中视台影视艺术广告中心
北京平原广告有限责任公司
北京爱德友广告有限公司
北京华海新领域广告公司
北京远大工商广告公司
北京金亮点广告有限公司
北京佳特尔广告有限公司
四川助友广告摄影有限责任公司
凉山广播电视传媒有限责任公司
浙江万达铁道广告有限公司
浙江运通广告有限公司
浙江精诚广告设计有限公司
台州市汇宝广告装潢有限公司
台州市通用广告装饰有限公司
台州蓝天广告装璜有限公司
丽水市金手指广告有限公司
金华金殿广告装潢有限公司
浙江华迪实业有限公司
浙江鹏程户外传媒有限公司
金华市天地广告有限公司
浙江康大实业有限公司
东阳市敦煌广告装潢有限公司
湖州市政兴龙广告有限公司
湖州金基传播广告有限公司
湖州市东艺广告有限公司
长兴天工装饰广告有限公司
长兴广告有限公司
湖州长城广告有限公司
湖州万佳文化实业有限公司
绍兴市雅图环艺广告有限公司
绍兴市大地广告有限公司
绍兴市城市广场广告装潢有限公司
浙江会稽山广告有限公司
绍兴县红太阳广告装潢有限公司
广东嘉年广告有限公司
汕尾市红蓝广告有限公司

广州铁路集团文化广告总公司
珠海市邮政局广告公司
汕头中艺广告发展有限公司
汕头市英信广告有限公司
东莞市方正广告有限公司
茂名市青苹果广告印务有限公司
茂名市飞鹿广告装璜有限公司
茂名市正凌广告有限公司
茂名市兴发广告装璜有限公司
中山市大红广告有限公司
梅州市志昌广告有限公司
梅州市嘉福广告有限公司
梅州市白金广告有限公司
广州市电车广告公司
广州邮政广告信息有限公司
广州市鼎盛广告有限公司
湛江市广告装璜有限公司
深圳市威格广告有限公司
深圳市将相和广告有限公司
深圳市宝安区广告公司
深圳市华艺广告有限公司
深圳市长城盛花广告有限公司
深圳市灵臻广告有限公司
韶关市奔腾广告有限公司
韶关市粤北广告策划有限公司
广州市番禺区美联广告装璜有限公司
佛山市顺德区雅典广告装饰有限公司

第三批（认定日期：2005年12月8日）

贵州金马广告艺术有限公司
贵州高速广告公司
上海一百广奘广告有限公司
上海唐神广告传播有限公司
上海雅仕维广告有限公司
上海电视咨询信息服务公司
湖北博吉广告发展有限公司
湖北大成广告传媒有限公司
镇江市科海广告装璜设计有限责任公司
吉林省凤凰广告有限公司
温州市珊瑚广告企划有限公司
温州市蓝天广告策划有限公司
台州市三野广告有限公司
绍兴市东方红广告传播有限公司
浙江省电信实业集团绍兴市有限公司
丽水市启鹏广告装饰有限公司
浙江义乌中国小商品城广告有限责任公司
义乌市恒风公交广告装饰有限公司
青岛麒麟广告装潢有限公司
青岛华银中智广告营销策划有限公司
青岛八爪鱼广告文化传播有限公司
青岛架桥广告装潢有限公司
山东升辉文化传播有限公司
德州兆丰广告装饰工程有限公司
龙口市蓝天广告有限公司
东营市日月星广告有限责任公司
潍坊市东晨广告装饰工程有限公司
山东丹帝文化传播有限公司
安徽省商联广告装饰有限公司
安徽巨灵广告有限责任公司
阜阳市新里程广告有限公司
巢湖市天龙广告有限责任公司
安徽省清泉广告有限责任公司
巢湖市公路广告装饰有限责任公司
马鞍山市伯瑞吉广告有限公司
四川省邮政邮购广告有限责任公司
四川诚成广告有限责任公司
大英县北辰广告有限公司
四川省内江影视广告总公司
广州市蓝光通达广告有限公司
阳江市昌辉广告有限公司
郑州豫电广告实业发展有限公司
郑铁隆达广告装饰工程总公司
河南省明睿广告有限公司
安阳市醒狮广告装饰有限责任公司

郑州铁利达广告有限公司
赣州豪维广告装饰工程有限公司
景德镇大象广告有限公司
江西明珠集团井冈明珠广告有限公司
江西仁达企业发展有限公司
赣州市三马广告装饰工程有限公司
江西年代广告有限公司
株洲市公交广告有限责任公司
湖南晶点广告策划有限公司
湖南省拓通广告有限公司
湖南长沙高尔广告有限公司
湖南广联巴士广告有限公司
长沙铁路广告装饰公司
湖南华胜广告有限公司
益阳金翔建筑装饰设计有限公司
益阳银通邮政广告装饰有限公司
长沙凌云广告有限公司
长沙市广升装潢广告有限责任公司
湖南木林森文化发展有限公司
湖南省高速公路广告投资有限公司
湖南现代投资文化传播有限公司
常德市金都实业有限公司
常德市皇佳广告传媒有限公司
常德市灵智彩视策划设计有限公司
常德金狮广告文化传播有限公司
贵州优立佳广告有限公司

中国三级广告企业

第一批（认定日期：2004年5月21日）

上海雷鸟广告有限公司
上海信息广告有限公司
上海飞鹰广告有限公司
上海四维广告印务有限公司
上海新城霓虹广告有限公司
上海长信广告有限公司
上海正大广告实业有限公司
上海南方广告有限公司
上海协合广告装潢有限公司
上海明思广告有限公司
上海神行策划有限公司
上海得胜广告有限公司
上海三桥传播有限公司
上海工艺广告设计有限公司
上海祥灵广告有限公司
上海中岛影视广告有限公司
昆明瞬达广告有限责任公司
昆明西苑广告有限责任公司
云南玉溪信龙广告有限公司
云南红塔广告装潢有限公司
银川宏强广告有限公司
合肥市广告公司
合肥绿都广告有限责任公司
合肥市迪赛广告装饰有限公司
巢湖市野马广告装潢有限责任公司
宣城市汪健装饰广告有限公司
铜陵市创意广告装饰有限责任公司
安徽明都实业总公司明都广告分公司
滁州市新思路文化传媒广告有限公司
安徽省亚太广告有限责任公司
芜湖市阳光广告有限责任公司
马鞍山市三方广告有限责任公司

第二批（认定日期：2005年3月17日）

山东太阳风影视文化传播有限公司
山东省轻工信息广告中心
青岛保税区白龙广告装饰有限公司
潍坊市广告公司
山东金之河广告有限公司
日照市公交广告公司
青州市远东广告有限公司
江西省亚威广告传播有限公司

上海华联广告装潢有限公司
荆州沙隆达广告有限公司
鄂州市金鸿广告有限公司
荆州市环星广告有限公司
连云港苏源齐天广告装饰有限公司
淮安市广告事务所
常州市红红火火广告装璜有限公司
常州市杰人形象企划有限责任公司
镇江市同仁广告有限公司
北京兴创广告有限公司
北京圣华唐人广告有限责任公司
北京太阳雨广告公司
温岭市建筑美术装璜有限公司
台州市长虹广告装潢有限公司
台州市环景广告工程有限公司
玉环县健龙装潢工程开发有限公司
台州市金远广告策划有限公司
义乌市陈震广告有限公司
义乌市恒风公交广告装饰有限公司
金华市三星广告装潢有限公司
金华市金点子广告有限公司
嘉兴市电通广告策划有限责任公司
遂昌县百信广告智能工程有限公司
上虞市天益广告有限公司
舟山市定海世纪广告装饰有限公司
珠海市集艺斋广告有限公司
深圳市大汉广告有限公司
深圳市金桐广告有限公司
中山市中新广告公司
中山市中澳美广告策划工程有限公司
江门市新会区广富广告有限公司
梅州市梅江区南华广告装饰有限公司
梅州市广告公司
佛山市标志宝广告有限公司
佛山市顺德区新世纪广告有限公司
广东力臣国际广告公司
广州宏城广告有限公司
广州市对外贸易广告展览有限公司
广州市百灵广告有限公司
深圳市盐田广告有限公司

第三批（认定日期：2005年12月8日）

上海华亭集团广告装饰有限公司
荆州市精创广告有限公司
常州市唐人广告有限公司
常州市利笛广告有限公司
常州市武进大陆广告有限公司
常州三有广告有限公司
舟山市洛神文化传播策划有限公司
德清县红太阳广告策划中心
瑞安市华电广告策划有限公司
浙江商城集团广告有限公司
温州远扬广告有限公司
升华集团德清奥华广告有限公司
台州市金龙广告装璜有限公司
湖州金乐广告装饰有限公司
台州市括苍广告有限公司
义乌市达英广告有限公司
绍兴市兢业广告有限公司
绍兴市巨峰广告材料有限公司
浙江遂昌大地广告装璜有限公司
台州市嘉和广告有限公司
台州市路桥理想广告有限公司
浙江省天台金利达装潢工程有限公司
台州市雅景广告装璜有限公司
山东迪生广告有限公司
青岛创世纪广告装饰有限公司
青州市美术广告公司
佛山市大象广告有限公司
佛山市凌宇广告策划顾问有限公司
佛山市天行广告有限公司
茂名市集美设计广告装饰工程有限公司
中山市三川小集广告有限公司
中山市红叶庆典广告有限公司

中国广告主协会章程

（2005年11月27日第一次会员代表大会通过）

第一章　总　则

第一条　本会名称：中国广告主协会。英文译名：China Association of National Advertisers；英文缩写：CANA。

第二条　本会是中国广告主自愿结成的、行业性、非营利性的全国性社团法人。

第三条　本会宗旨：以邓小平理论和“三个代表”重要思想为指导，遵守中华人民共和国宪法、法律、法规和国家的方针政策，遵守社会道德风尚，按照建立社会主义市场经济体制的要求，发挥政府和企业之间的桥梁纽带作用；实行行业自律，促进广告主广告投资的科学化、规范化；提高我国的营销传播水平，推动我国广告产业的健康有序发展；维护广告主的合法权益，不断提升广告主的市场竞争能力。

第四条　本会接受国务院国有资产监督管理委员会（业务主管单位）和中华人民共和国民政部（社团登记管理机关）的业务指导和监督管理。

第五条　本会的住所设在北京市。

第二章　业务范围

第六条　本会的业务范围：

（一）积极发挥桥梁和纽带作用，推动建立有利于广告投资的社会环境。

（二）代表本会会员同媒体、广告商及其代表组织进行协作、沟通、磋商，维护会员合法权益。逐步建立起广告主、媒体、广告商三方既合作又制约的机制。

（三）反对各种不正当竞争行为和恶性竞争行为，反对侵害国家和他人利益的行为，倡导善意、诚实、信用的商业原则，并团结会员在营销传播活动中遵从有关的各种规范和行业公约，加强自律。

（四）积极组织、推动相关的学术研究、经验交流、专业论坛、培训等活动，努力培养广告主的广告意识、商标意识、形象意识、品牌意识、公共关系意识等市场传播意识，为广告主的各类营销传播活动提供切实可行的操作标准和操作方法。

（五）致力于会员服务体系的建设工作，实现服务功能的系统化、规范化和程序化。为会员的营销传播活动提供市场调研、信息咨询、机构评估等公共服务和对策研究、效果评价、法律协助等个案服务。

（六）协调会员在市场竞争中产生的相关问题，力求避免过度竞争，促进企业间的沟通与合作。

（七）促进营销传播服务行业的发展。提倡会员本着公平、公正和诚实信用的原则与各类营销传播服务机构合作，通过评价广告商和媒体等活动，选择服务机构及媒体，扶持优秀服务商，促进服务水平和服务质量的提高。

（八）充分利用与世界广告主联合会的交流平台，与世界广告主联合会各成员及跨国公司建立广泛联系，加强国际交往和经济合作，组织会员境外考察，开展国际市场研究、境外维权等活动，推进营销传播事业与国际对接，为会员走向国际市场提供服务。

（九）办理政府有关部门委托的其他事项。

第三章　会　员

第七条　本会的会员以单位会员为主，也吸收个人会员。

第八条　申请加入本会的会员，应当符合下列条件：

（一）拥护本会的章程；

（二）有加入本会的意愿；

（三）有广告投入，在行业领域内具有一定的影响。

第九条　会员入会的程序：

（一）提交入会申请书；

（二）经理事会讨论通过；

（三）由理事会或理事会授权的机构颁发会员证。

第十条　会员享有下列权利：

（一）本会的选举权、被选举权和表决权；

（二）参与本会组织的各项活动；

（三）享受本会提供各项服务的优先权；

（四）对本会各项工作进行监督，提出意见和建议；

（五）入会自愿、退会自由。

第十一条　会员履行下列义务：

（一）遵守本会的章程；

（二）执行本会的决议；

（三）维护本会的信誉与合法权益；

（四）支持本会工作，完成本会委托的事项；

（五）按规定缴纳会费；

（六）向本会反映情况，提供有关资料。

第十二条　会员退会应书面通知本会，并交回会员证。会员如果1年不缴纳会费或不参加本会活动的，视为自动退会。

第十三条　会员如果有严重违反本章程的行为，经常务理事会表决通过，予以除名，并收回会员证。

第四章　组织机构和负责人产生、罢免

第十四条　本会的最高权力机构是会员代表大会。会员代表大会的职权是：

（一）制定和修改章程；

（二）选举和罢免理事，组成理事会；

（三）审议理事会的工作报告和财务报告；

（四）决定终止事宜；

（五）决定其他重大事项。

第十五条　会员代表大会须有2/3以上的会员代表出席方能召开，其决议须经到会会员代表半数以上表决通过方能生效。

第十六条　会员代表大会每届5年。因特殊情况需提前或延期换届的，须由理事会表决通过，报业务主管单位审查并经社团登记管理机关批准同意。但延期换届最长不超过1年。

第十七条　理事会是会员代表大会的执行机构，在会员代表大会闭会期间领导本会开展日常工作，对会员代表大会负责。

第十八条　理事会的职权是：

（一）执行会员代表大会的决议；

（二）选举和罢免会长、副会长、秘书长和常务理事；

（三）聘请名誉会长和顾问；

（四）筹备召开会员代表大会；

（五）向会员代表大会报告工作和财务状况；

（六）决定会员的吸收或除名；

（七）决定设立办事机构、分支机构、代表机构和实体机构；

（八）决定副秘书长、各机构主要负责人的聘任；

（九）领导本会各机构开展工作；

（十）制定内部管理制度；

（十一）决定其他重大事项。

第十九条　理事会经2/3以上理事出席方能召开，其决议须经到会理事2/3人以上表决通过方能生效。

第二十条　理事会每年召开一次会议，由会长或会长指定的副会长召集并主持。如有重大事项，由会长决定或由1/3以上理事共同提议，可以召开特别理事会。特殊情况下，可采取通讯形式召开。

第二十一条　本会设立常务理事会。常务理事由理事会选举产生，在理事会闭会期间行使第十八条第

一、四、五、六、七、八、九、十、十一项的职权，对理事会负责。

第二十二条 常务理事会须有2/3以上常务理事出席方能召开，其决议须经到会常务理事2/3以上表决通过方能生效。

第二十三条 常务理事会由会长或会长指定的副会长召集并主持，至少每半年召开一次会议；特殊情况下，也可采用通讯形式召开。

第二十四条 本会会长、副会长、秘书长必须具备下列条件：

（一）坚持党的路线、方针、政策，政治素质好；

（二）在本会业务领域内有较大影响；

（三）具有较高的领导和组织协调能力；

（四）会长、副会长、秘书长最高年龄不超过70周岁，秘书长为专职；

（五）身体健康，能坚持正常工作；

（六）未受过剥夺政治权利的刑事处罚；

（七）具有完全民事行为能力。

第二十五条 本会会长、副会长、秘书长如超过最高任职年龄的，须经理事会表决通过；报业务主管单位审查并社团登记管理机关批准同意后，方可任职。

第二十六条 本会会长、副会长、秘书长任期5年。因特殊情况需延长任期的，须经会员代表大会2/3以上会员代表表决通过，报业务主管单位审查并经社团登记管理机关批准同意后方可任职。

第二十七条 本会会长为本会法定代表人。因特殊情况需由副会长担任法定代表人时，应报业务主管单位审查并经社团登记管理机关批准同意后，方可担任。

第二十八条 本会会长行使下列职权：

（一）召集和主持理事会；

（二）检查会员代表大会、理事会决议的落实情况；

（三）组织制定本会的工作方针和工作计划；

（四）全面领导本会工作，代表本会签署有关重要文件。

第二十九条 副会长协助会长工作，并受会长委托行使会长的部分职权。

第三十条 秘书长协助会长组织、处理本会的日常业务，行使下列职权：

（一）主持办事机构开展日常工作，组织实施年度工作计划；

（二）协调各分支机构、代表机构、实体机构开展工作；

（三）提名副秘书长以及各办事机构、分支机构、代表机构和实体机构主要负责人，交理事会或常务理事会决定；

（四）决定办事机构、分支机构、代表机构、实体机构专职工作人员的聘用；

（五）处理会长交办的其他事项。

第五章 资产管理、使用原则

第三十一条 本会经费来源：

（一）会费；

（二）捐赠或赞助；

（三）在核准的业务范围内开展活动或服务的收入；

（四）国家财政资助和拨款；

（五）利息；

（六）其他合法收入。

第三十二条 本会按照国家有关规定收取会员会费。

第三十三条 本会会费必须用于本章程规定的业务范围和事业的发展。不得在会员中分配。

第三十四条 本会建立严格的财务管理制度，保证会计资料合法、真实、准确、完整。

第三十五条 本会配备具有专业资格的会计人员。会计不得兼任出纳。会计人员必须进行会计核算，实行会计监督。会计人员调动工作或离职时，必须与接管人员办清交接手续。

第三十六条 本会的资产管理必须执行国家有关法律、法规的规定，接受会员代表大会和财政部门的监督。资产来源属于国家资助和拨款或者社会捐赠、资助的，必须接受审计机关的监督。

第三十七条 本会换届或更换法定代表人必须接受社团登记管理机关和业务主管单位组织的财务审计。

第三十八条 本会的资产，任何单位、个人不得侵占、私分和挪用。

第三十九条 本会专职工作人员的工资和保险、福利待遇，参照国家对事业单位的有关规定执行。

第六章 章程的修改程序

第四十条 对本会章程的修改，须经理事会表决通过后报会员代表大会审议。

第四十一条 本会修改的章程，须在会员代表大会通过后15日内，经业务主管单位审查同意，并报社团登记管理部门核准后生效。

第七章 终止程序及终止后的财产处理

第四十二条 本会完成宗旨或自行解散或由于分立、合并等原因需要注销的，由理事会或常务理事会提出终止动议。

第四十三条 本会终止动议须经会员代表大会表决通过，并报业务主管单位审查同意。

第四十四条 本会终止前，须在业务主管单位及有关机关指导下成立清算组织，清理债权债务，处理善后事宜。清算期间，不开展清算以外的活动。

第四十五条 本会经社团登记管理机关办理注销登记手续后即为终止。

第四十六条 本会终止后的剩余财产，在业务主管单位和社团登记管理机关的监督下，按照国家有关规定，用于发展与本会宗旨相关的事业。

第八章 附 则

第四十七条 本章程经2005年11月27日会员代表大会表决通过。

第四十八条 本章程由本会理事会解释。

第四十九条 本章程自社团登记管理机关核准之日起生效。

中国广告主协会第一届理事会理事名单

（共84人，按姓氏笔划排序）

于 吉 国务院国资委政策法规局副局长
于 武 中国企业信息交流中心主任、中国企联广告主工作委员会副主任、秘书长
马泽华 中国远洋运输（集团）总公司副总裁
王文平 山东众智经营管理咨询公司总经理
王西民 彩虹集团电子股份有限责任公司党委副书记
王远枝 国家发改委中小企业司司长
王国春 四川省宜宾五粮液集团公司董事长、总裁
王建英 中国包装总公司副总经理兼中国包装科研测试中心主任
王金玉 北汽福田汽车股份有限公司总经理
王春法 中国水利电力对外公司党委书记、副总经理
方和亮 青岛钢铁控股集团公司党委副书记
邓 英 中国工艺美术（集团）公司总裁
左太行 中国医药集团总公司副总经理
左迅生 中国网络通信集团公司副总经理
叶天捷 厦门金龙汽车股份有限公司董事长
曲建宁 上海家化联合股份有限公司总经理
朱 蕤 国有重点大型企业监事会主席
朱永芃 中国国电集团公司副总经理
刘 波 北京华企网联信息技术有限公司常务副总经理
刘 玠 鞍山钢铁集团公司总经理
刘身利 中国农业发展集团总公司董事长
刘育才 中国商业企业管理协会副会长
刘家骧 中国中旅（集团）公司总经理
刘海涛 中国恒天集团公司副总经理
孙延祜 中国企业联合会、中国企业家协会常务副理事长兼中国企联广告主工作委员会主任
孙伯淮 中国机械工业企业管理协会理事长
孙利明 宁波方太厨具有限公司市场总监
孙康敏 中国电信集团公司副总经理
杨小伟 中国联合通信有限公司副总裁
杨再华 太极集团有限公司广告总监
杨建元 青海中信国安科技发展有限公司副总经理
杨晓堂 中国电子信息产业集团公司原总经理、党组书记
芮晓武 中国航天科技集团公司副总经理
李 丹 厦门海沧投资总公司副总经理
李书绅 山东省经贸委主任
李令红 宁波港集团有限公司总裁
李志民 国有重点大型企业监事会原主席
李家祥 中国航空集团公司总经理
何建平 广东省企业联合会副秘书长
余 杰 大连市企业联合会副会长兼秘书长
应伊利 全国政协委员
邱 伟 重庆市经贸委技改处处长
张 权 厦门市招商中心主任
张轰原 中央企业纪律检查工作委员会书记
张 斌 中国对外贸易运输（集团）总公司总裁
张坚志 中国华松电子信息有限公司副总经理

张连香 天津市凯立房地产公司董事长
张洪飚 中国航空工业第二集团公司总经理
张海南 中国卫星通讯集团公司总经理
张乾永 北京百城置业有限公司董事长
陈天立 中国船舶重工集团公司副总经理
陈作敏 青岛市企业联合会秘书长
陈润生 中国华录集团有限公司董事长
林　军 中国储备粮管理总公司总经理
易　政 上海黄金搭档生物有限公司北京办事处总经理
罗东江 中国中化集团公司总法律顾问
国　强 中国保利集团公司副总经理
郑　虎 中国石油天然气集团公司副总经理
郑斯林 中共中央委员、中国企业联合会、中国企业家协会执行副会长
官润芬 玉溪红塔烟草（集团）有限责任公司党委副书记
孟晓苏 中国房地产开发集团公司党委书记
赵　庄 东风朝阳柴油机有限责任公司总经理
赵　勇 四川长虹电器股份有限公司董事长
赵建国 北京市怀柔区党委助理巡视员
洪水坤 中国诚通控股公司总裁
姜培生 青岛市经济贸易委员会副主任
秦季章 招商银行总行办公室主任
都基安 中国中煤能源集团公司党委副书记、纪委书记
徐　源 无锡小天鹅集团有限公司副总经理
徐名文 中国普天信息产业集团公司副总裁
徐烈均 中国轻工业品进出口总公司总经理
高巨谦 青岛黄海橡胶集团有限责任公司董事长
常德传 青岛港（集团）有限公司总裁
崇　筠 厦门市出口加工区管委会办公室主任
屠海令 北京有色金属研究总院院长
程开训 海信集团有限公司副总裁
傅向升 中国化工集团总公司党委副书记
韩永宽 北京企业联合会常务副会长
韩晓军 山东经营管理研究会副会长
戴耀良 江苏天马高科技有限责任公司董事长兼总经理
斯泽夫 中国东方电气集团公司总经理
鲁向东 中国移动通信集团公司副总经理
谭星辉 中国邮电器材集团公司总经理
樊庆峰 中兴通讯股份有限公司副总裁

中国广告主协会第一届理事会常务理事名单

（共52人，按姓氏笔划排序）

于　吉　国务院国资委政策法规局副局长
于　武　中国企业信息交流中心主任、中国企联广告主工作委员会副主任、秘书长
马泽华　中国远洋运输（集团）总公司副总裁
王远枝　国家发改委中小企业司司长
王金玉　北汽福田汽车股份有限公司总经理
王建英　中国包装总公司副总经理兼中国包装科研测试中心主任
邓　英　中国工艺美术（集团）公司总裁
左太行　中国医药集团总公司副总经理
左迅生　中国网络通信集团公司副总经理
叶大捷　厦门金龙汽车股份有限公司董事长
曲建宁　上海家化联合股份有限公司总经理
朱　焱　国有重点大型企业监事会主席
朱永芃　中国国电集团公司副总经理
刘　玠　鞍山钢铁集团公司总经理
刘身利　中国农业发展集团总公司董事长
刘家骧　中国中旅（集团）公司总经理
孙延祜　中国企业联合会、中国企业家协会常务副理事长兼中国企联广告主工作委员会主任
孙康敏　中国电信集团公司副总经理
杨小伟　中国联合通信有限公司副总裁
杨晓堂　中国电子信息产业集团公司原总经理、党组书记
芮晓武　中国航天科技集团公司副总经理
李书绅　山东省经贸委主任
李令红　宁波港集团有限公司总裁
李志民　国有重点大型企业监事会原主席
李家祥　中国航空集团公司总经理
应伊利　全国政协委员
张　轰　原中央企业纪律检查工作委员会书记
张　斌　中国对外贸易运输（集团）总公司总裁
张连香　天津市凯立房地产公司董事长
张洪飚　中国航空工业第二集团公司总经理
陈天立　中国船舶重工集团公司副总经理
陈润生　中国华录集团有限公司董事长
林　军　中国储备粮管理总公司总经理
罗东江　中国中化集团公司总法律顾问
国　强　中国保利集团公司副总经理
郑　虎　中国石油天然气集团公司副总经理
郑斯林　中共中央委员，中国企业联合会、中国企业家协会执行副会长
孟晓苏　中国房地产开发集团公司党委书记
赵　勇　四川长虹电器股份有限公司董事长
赵建国　北京市怀柔区党委助理巡视员
洪水坤　中国诚通控股公司总裁
秦季章　招商银行总行办公室主任
都基安　中国中煤能源集团公司党委副书记、纪委书记
徐　源　无锡小天鹅集团有限公司副总经理
徐名文　中国普大信息产业集团公司副总裁
徐烈均　中国轻工业品进出口总公司总经理
常德传　青岛港（集团）有限公司总裁
屠海令　北京有色金属研究总院院长
程开训　海信集团有限公司副总裁
傅向升　中国化工集团总公司党委副书记
鲁向东　中国移动通信集团公司副总经理
樊庆峰　中兴通讯股份有限公司副总裁

中国广告主协会名誉会长、会长、常务副会长、副会长、秘书长、副秘书长名单

名 誉 会 长　王光英　陈锦华　张彦宁

会　　长　郑斯林

常务副会长　李志民

副会长（共20人，按姓氏笔画排序）

王建英　左太行　曲建宁　朱　蕤

朱永芃　刘　玠　孙延祐　孙康敏

杨晓堂　李家祥　张　轰　林　军

罗东江　郑　虎　孟晓苏　赵　勇

常德传　屠海令　程开训　鲁向东

秘 书 长　孙延祐（兼）

副秘书长　王建英（兼）于　武　赵建国

中国广告主协会会费收取及管理办法

（2005年11月27日第一次会员代表大会通过）

第一章　总则

第一条　中国广告主协会（以下称协会）是我国相关企、事业单位自愿加入的社团组织。协会向会员单位收取的会费是协会开展活动的主要经费来源。缴纳会费是会员单位应尽的义务。

第二条　根据《民政部、财政部关于调整社会团体会费政策等有关问题的通知》，参照国内相关社团组织的做法，结合本协会的具体情况，制定《中国广告主协会会费收取及管理办法》（以下称《本办法》）。

第三条　按照《中国广告主协会章程》规定，本协会会员单位均须按《本办法》规定缴纳会费。

第四条　《本办法》经会员代表大会到会会员代表半数以上表决通过后生效。

第五条　经本会会员代表大会通过的协会会费收取及管理办法的“决议”，须报送国务院国有资产监督管理委员会、民政部、财政部备案。

第二章　会费缴纳

第六条　按会员单位在协会工作中承担的责任和发挥的作用，实行级差会费收取制度。

一、会员单位：入会当年缴纳会费5000元。以后每年缴纳会费3000元；

二、理事单位：每年一次性缴纳会费10000元；

三、常务理事单位：每年一次性缴纳会费20000元；

四、副会长单位：每年一次性缴纳会费30000元以上。

第七条　会员单位因经济困难，无力按时足额缴纳会费时，可向协会办公室提出缓交、减交、免交会费的申请，经协会常务理事会讨论同意，可以缓交、减交、免交当年会费。

第八条　一个会员单位中有一名以上同志分别担任协会的理事、常务理事、或副会长职务时，根据该单位在协会担任的最高职务，按相应标准缴纳会费。

第九条 每年5月15日前，会员单位应将所缴会费通过银行或邮局汇寄协会办公室。

第三章 会费的使用

第十条 协会会费主要用于为会员提供服务和按照《中国广告主协会章程》规定的业务范围组织开展的各项业务活动，保证协会工作正常运行的开支，及为协会下属的委员会、分会和专业委员会等基层组织开展活动提供的经费。

第四章 会费的管理

第十一条 协会收取会费一律使用财政部印（监）制的社会团体会费收据。

第十二条 协会会费由协会办公室负责收取和管理，并纳入协会财务预算管理范围。

第十三条 协会每年2月底之前都要向理事会或会员代表大会公布上年度会费收支情况，接受理事会和会员代表大会的审查，并在社会团体年检时向民政部报告会费收支情况。

第五章 附 则

第十四条 对协会收取会费不符合《民政部、财政部关于调整社会团体会费政策等有关问题的通知》第二条和第五条规定的，会员单位有权拒绝缴纳，并可向有关部门举报。

第十五条 《本办法》经协会会员代表大会通过后施行，由协会常务理事会负责解释。

'2006中国广告年鉴
China Advertising Yearbook
第十四版
14th Edition

广告专著与学术论文选登

报业广告经营的"触底"与"反弹"

华中科技大学广告学教授 舒咏平

目前，媒体经营严重依赖广告，在全国统计，四大媒体71.6%的收入是由广告支撑；其中广播91.2%、电视84.8%、报纸62.7%、杂志33.4%。这一数字使得广告经营理所当然地受到媒体包含报业的极大关注。

一、 报业广告"触底"的五大推力

近年，一方面是媒体在扩容，即频道、版面等扩大，另一方面国家又在对报刊业、广电业进行治散治滥的整顿，但总体上是使媒介资源相对过剩，使得广告经营竞争更趋激烈。集中对报业广告经营而言，当前的五大推力使得其广告经营进入了"冰河期"，并下滑"触底"：

1.宏观政策限制了部分行业的广告投放

2001年，国家税务总局规定：企业广告量不得超过总营业额的2%，超出部分不得计入成本。从2001年5月1日起，处方药一律不得在大众传媒做医药广告。2004年，房地产在报纸刊登广告97.73亿，医疗服务机构52.27亿，机动车42.50亿，分列前3名；接下来是药品39.2亿，通讯36.97亿，保健食品27.34亿，分列4–6名。而今年以来，医药、保健品广告查处力度加大，中央有史以来11个部委联合下文，进行相关的查处与整治。权威人士表示：医药保健广告90%以上存在虚假问题；而食品、服务、房地产广告违法率也较高；2004年总查处6.18万件，罚款1.71亿元。而2005年仅5、6两个月，查处的违法药品广告就达5640次，其中未经审批擅自发布的5213次，篡改内容的379次，禁止发布的18次。房地产市场本也是广告大户，但由于经济过热，以及国际热钱、投机商的介入，国家进行了宏观调控，严格土地出让、提高项目开发自有资金比例、以及限制投资性贷款及征收交易税等方面的整顿，其广告投入的热度也大幅下降。而机动车车市因油价上升增长势头减缓，通讯业国产手机业"集体跳水"等类似多种因素影响，也使广告投放额度缩水。如此，传媒广告经营的增长压力必然增大，并成为报业经营触底的首要推力。

2.新媒体首先对纸质媒体产生冲击

相比全国广告公司2004年营业额565.2亿，增长27%，大众媒体增长有增有减：电视、广播增长，分别为291.5亿、32.9亿，增长14.3%、28%；报纸、杂志减少，分别为230.7亿、20.3亿，减少12.2亿、4亿。

"广告生态"课题的广告主调查表明(现代广告2005.1)：传统媒体广告地位下降

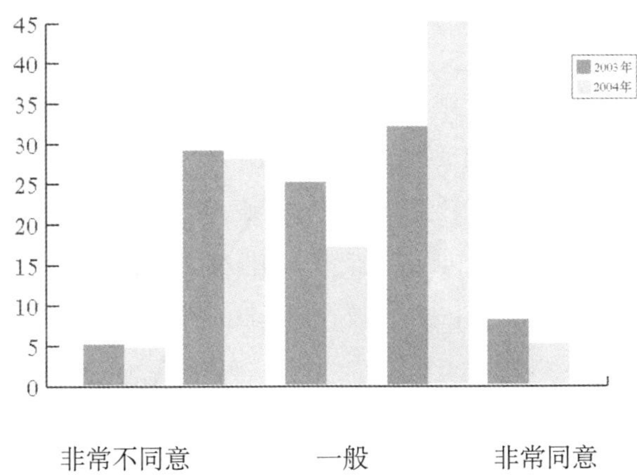

央视—索福瑞媒介研究的调查表明：2004年人均收看电视时间比2003年减少5分钟，降幅3%；统计数据表明：2004年全国广告营业额1264.6亿，比2003年增长17.2%；电视广告收入291.5亿，增长14.3%，落后于整个涨幅；报纸经营额比2003年少12.2亿。

辉瑞公司最近的一项委托调查表明：在MSN视频平台上播放广告效果甚好，计划将重点从电视转移至网络，而我国网络用户则已经突破1亿。上海搜捕公司以每天1300元购得“百度”一个文字链广告位，而且是自己在几个月市场调查后主动的出价。

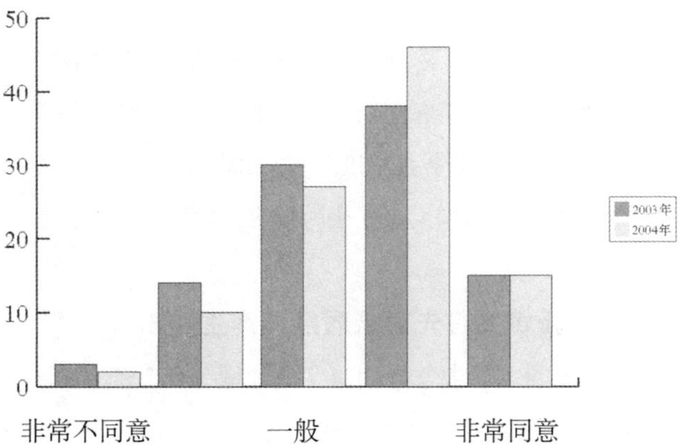

互联网将会成为广告和营销活动的重要载体

此外，户外广告、液晶移动电视广告、展销会、社区广告、电梯广告、短信广告、俱乐部等均形成对报纸广告的冲击。

3. 报纸媒体的扩容与同质化，弱化了报纸广告效果

目前全国报纸媒体总量为1926种，虽然分有综合都市报、党政机关报、生活消费报、财经报、广播电视报、计算机报、社会新闻报、体育报、法制公安报等种类，但换个角度认识则主要有全国性报纸与地方性报纸之分。如此，就必然构成了全国性报纸的同类别竞争与地方报纸同质化竞争。如在南京，一个总人口600万的城市，仅都市类报纸就曾经有8家之多：《南京晨报》、《扬子晚报》、《服务导报》、《现代快报》、《金陵晚报》、《江苏商报》、《江南时报》、《经济早报》。现《经济早报》与《服务导报》在惨烈的竞争中已经退出市场，但依然有6家同质性的报纸在竞争。此外，作为当地两家党报之一的《南京日报》则进行了改版，定位为“都市型党报”，向零售市场进军。竞争中最敏感的价格因素，由于主管部门干预而受到遏制，但各家报纸为了提高“性价比”则必然地向“厚报”冲刺，从32版到64版，再到80版、96版，其新闻信息稀释、广告效果稀释则成为必然的现实。如此，报纸广告效果的弱化，则必然使得广告主的投放犹豫彷徨。而在一些中等城市，不少负责广告经营的报社老总均感叹，其报纸广告投放不是由于广告本身具有效果，而是出于媒体地位的重要，出于关系维护而给予的情面。显然，报纸广告效果在一定意义上还是报业广告经营进入困境的深层原因。

4. 在整合营销传播理念指导下，广告主的广告预算转投终端推广

“决胜在终端”的营销理念，是广告主力图改变零售商控制市场局面，为了使品牌直接与消费者建立“伙伴”关系，通过客户管理、让利消费者的“精细化营销”而争夺市场份额。毕竟终端建设更使广告主放心，且利润更直接，而广告投放相对周期长，富有较大风险。其最直接的体现则是连锁店越来越多，大型超市与卖场越来越多；直接让利给消费者越来越多，这就使得广告主将广告费进行削减，并转至终端建设之上。

5. 广告公司势力单薄，缺乏挖掘报纸潜力的第三方力量

在广告经营的产业链上，广告公司作为专业化的中介力量，其扮演的是媒体代理或品牌代理的角色。而在报业广告经营上，报纸版面代理的广告公司理应成为既能最大化挖掘报纸广告传播潜力，又能有效服务广告主的中介力量。但是，由于不少报社并没有实现完全的代理制，自身拥有的广告公司只是广告部的名称更换，其人员一般对报社富有依赖性，一方面享有高福利、高收入的待遇，另一方面虽然具有业绩考核的压力，但却并没有资金投入的责任与风险。因此，报社隶属性的广告公司并不具备完全代理的性质，更不是真正的投资主体。而其他获得报纸版面代理资格的广告公司，一般规模较小、资金不足、人才缺乏，只是借助版面售价的扣点来赢得广告主及利润。没有高投入就没有话语权，没有人才就没有广告经营上的新话语。如此，这些势单力薄的广告公司，自然也就难以充分地挖掘出报纸媒体的潜力，而无法真正助益报纸广告经营进行主动性地拓

展，反而在报纸广告经营的“冰河期”，无所作为，并在一定程度上加速了报纸广告的下滑“触底”。

二、“反弹”的五大助力

以上的五大推力对报纸广告经营的冲击并不是致命的，因为我国对担负舆论导向、国家稳定与安全责任的媒体，其总量控制相对比较严，进入门槛甚高，其规模相对稳定。因此，目前的报业广告经营增长失速，在一定意义上是宏观结构性调整形成的，具有所有传媒同进共退的性质。但危机总是比起顺势更能引起人们警惕，因此借此机会进行发展思路的探讨与调整却是难得的良机。因此，下面的五大助力则可望帮助报业广告经营加速反弹。

1．深化代理制，运用市场机制实现代理创新

各地市媒体代理制的深化还需要进行探讨与实践。其中，由“版面（时段）代理”走向“行业代理”（可分为房产、医药、汽车、家电商场、酒水、服饰珠宝、物流、通讯、家装、餐饮娱乐、金融保险、旅游、教育、人才、专题、外联、综合等行业，而“中缝、报花、信息”则可作为单独板块）；由“部分代理”走向“全面代理”；由“刊后结账代理”走向“预付代理金代理”；由“一般代理”走向“分级代理”（内外同一平台，按预付额度大小分级）等，将是必然的选择。此外，向集团化媒体一样走服务延伸之路，也是其广告经营额增长的必然之道。如《沂蒙晚报》的广告经营，2005年全面实施了广告经营代理，所召开的代理竞标会异常火爆，报名竞标的广告公司达80家，最后30家广告公司中标。而中标额达到了2036万元，首批预付代理金1150万元。而在其中实施的从“一般代理”到“分级代理”中，由于风险与代理提成比例直接挂钩，并附全年代理标的超额提成奖励，则更加体现了“报社赚大钱，代理公司赚小钱，多干多赚钱，少干少赚钱，不干不赚钱”的“双赢合作，公平竞争”。

2．以传播策划为核心，举办大型活动以提高报纸媒体的关注度

在信息时代，信息传播过剩，注意力越来越成为稀缺资源，如此使得常规的报纸广告受到的注意，其效果也日渐下滑。在试图摆脱“冰河期”阴冷的努力中，报业广告的经营者则在大型活动策划与举办中，有效地吸引了注意力、拉动了广告投放的反弹。如湖南《东方新报》，在2005年上半年就举办了“全国广告人峰会”、“东方新娘”、“环球洲际小姐华中赛区和全国赛区总决赛”、“购房直通车”、“完全试车之旅”、“2005湖南首届高端数码产品试用体验风暴”等大型活动。而在武汉，湖北日报报业集团的楚天广告总公司则举办了“洗化行业高峰论坛”、“2005楚天车展”、“楚天瘦身节”、“楚天‘空’战全攻略空调市场大扫描”、“手机3M体验”、“2005高考招生咨询会”等大型活动。显然这些大型活动有效地提高了报纸媒体的关注度，而活动期间的报纸版面也成为广告主乐于投放的媒体。

3．细分扩大两个市场，做大分类广告经营规模

细分两个市场，即：细分受众市场、细分行业客户（广告主）市场。结合专刊、专版的整合服务，在发行上订刊与赠刊结合，在目标受众上做细、做大市场；以为二次售卖提供基础。其中，增刊应该树立观念。在国外，结合轨道交通与公共场所，有着大量免费广告的存在，其免费报纸为分类广告、房屋租赁广告、二手车广告、超市商品广告提供了空间；因此，进行合理测算，有针对性地进行增刊，对广告主是一个很大的诱惑。同时，在客户服务上细分行业，多样化设计产品，加大信息服务的力度，树立主动营销观念，完善价格体系，发挥报纸优势，以做大分类广告规模，以与邮寄、车体、派送等媒体形成竞争优势。在美国，分类广告面积约占报纸总面积的50%，占广告收入的40%；而我国，只有15%～20%，因此潜力巨大。

此外，与报纸分类广告相呼应的是需要将报纸网站的分类广告进行统筹，这就需要利用报社的信息快捷权威优势，将自己的网站办好。

4．对应广告主需求，进行整合性的报纸媒体服务

2004年，浙江《钱江晚报》推出了一个新举措：把金融服务业从原来的商贸综合部分离出来，组建金融工作室，并整合原采编部门的相关报道力量形成合力，对

该行业进行重点培育，多角度、全方位地打造金融广告服务平台，使信息传播的效果最大化。他们先推出了软文专栏——《理财先锋》，作为各金融机构品牌宣传及其产品持续性促销宣传的平台。同时，配套推出“理财教室”，为“有财可理”的主流读者进行深度服务。此外还举办了“浙江省首届特色保险产品平面展”、“浙江省首个基金宣传月活动”等。此一举措使报纸媒体、金融机构、读者实现了多赢。据统计，2005年1–6月，该行业的广告量达到475万元，比上年同期增长111%。显然，这一举措，是针对金融业务的飞速发展，个人业务迅速增多的形势而推出的，既符合读者的需求，又对应了广告主的需求，从而在专业性的整合服务中为报社获得了广告增长，成为该报社广告经营一枝独秀的行业。

湖北日报报业集团则在更大范围针对广告主需求，进行了整合性经营的重大调整。如最近出版的杨步国、张金海等合著的《整合：集团化背景下的报业广告经营》一书，不仅系统地阐明了媒体广告整合经营的大趋势，而且还就湖北日报集团实、实质性整合广告经营进行了系统的探索与总结。其中，从广告业角度上看，楚天广告总公司成立本身，扁平化学习型组织构建、广告专业工作室的设立、专刊特刊的深度经营、客户资源的系统整合、客户专业性管理与服务延伸等，均卓有成效。

广告整合经营的核心，其实就是充分发挥报纸传播的权威性，将多种传播性服务进行综合服务。这不仅是对媒体集团，就是对单一的报纸媒体或更多的是地市党报与市民报互补的格局而言，广告经营的整合取向，也是必由之路。

5．对口引导，孵化各具特色的专业性广告公司

目前，不少媒体的广告公司，均按行业分别设置了专业工作室，进行定位清晰的专业化服务。但由于媒体本身广告经营涉及面广，自身人员编制又相对有限，因此借助专业化代理公司就成为了必要的经营延伸性手段。由于本土广告公司多是停留在小生产规模阶段，其业务的开展又多是“小而全”，因而一直未能形成各自的核心竞争力，形成自己的专业特色。因此，作为对媒体运作主体的报社广告公司，以及报纸专版运作的各工作室，就应在业务合作中，根据不同广告公司的优势，进行专业化的引导，鼓励同质性的联盟、引资壮大实力、进行行业市场业务探讨，从而孵化出具有鲜明特色的专业性广告公司。而这样公司的存在，势必会在各自服务的行业领域进行深度开发，策划创造多种广告传播形式，从而为报社获得更多的客户资源，加速促进报纸广告的反弹。

浪费了的投资——报纸广告传播效果的陷阱

深圳大学文学院传播系副教授 王晓华 丁 未

一、假设的提出

广告界流传着这样一句著名的话，20世纪初，美国费城商人约翰·华纳梅克说过：“我的广告花费有一半浪费了，可是我不知道浪费的是哪一半”。对于广告主来说，以巨额广告投资求得销售业绩的高回报，是普遍的心态，如何运用合理的投资以获取投资回报率的最大化，也是经济学的一大课题。但是，经验也同样告诉广告主：有很大一部分广告投入并没有得到相应的回报，而且，关键在于没有人知道“浪费的是哪一半”。于是寻找那被“浪费了的投资”不仅成了广告主的一块心病，也是广告研究人员、广告从业人员，甚至是传播学、经济学的一个关注点。

要探究“浪费了的投资”，首先要清楚广告效果的内涵。广告效果通常包括“广告的传播效果”、“消费者的认知效果”及“促销效果”三个部分。“广告的传播效果”是指广告信息是否以恰当的频率、最佳的方式有效地传递给目标消费者，反映的是广告的媒介策略，是其他一切效果的基础和瓶颈。“消费者认知效果”是指目标消费者对广告所传达信息的认知度与认可度，反映的是广告本身创意设计及表现是否被目标消费者理解和接受。“促销效果”是广告投资与回报的最直接表现，建立在前两者基础上，是对广告及其他营销活动的总体检验。广告主认为自己的“广告花费有一半浪费了”最主要体现在广告的最基础效果——广告信息传递效果上。广告费用80%～90%用于媒体发布。媒介选择与组合技术是影响信息传递效果的核心指标，也是能否有效使用广告费用的关键。

影响广告本身信息传播效果的因素有许多，以报纸广告的传播效果为例，其影响因素又可粗分为两类(1)来自广告自身方面的影响因素，包括广告产品行业因素、广告表现形式（硬广告与软文的差别）、广告设计因素（视觉表达形式的不同，如图文广告和纯文字广告）、广告诉求因素等；(2)来自媒体的因素，主要包括广告发布时间、广告的情境因素（广告与报纸栏目编排的搭配，即广告放置在什么版面）、广告本身的编排因素（在具体报纸版面中广告放置的版面位置、大小、色彩、横竖排方式等）以及影响广告传播效果的干扰因素（如同一版面广告数量、同一版面广告的同质性程度等）。上述任何一个因素都可能影响广告的传播效果，而来自媒体的因素又涉及了广告费用的具体投入。

针对上述诸多复杂因素，本文更多地探讨广告本身的编排因素，即具体版面中广告放置的位置、大小、色彩等因素与传播效果的关系。在媒体与广告业的长期互动中，逐渐形成了一些有意思的“行规”：同一版面广告编排的不同位置、面积和色彩通常价格差别很大，以深圳的报纸为例，彩色广告价格是黑白广告的1.5倍，彩色广告价格是套红广告的1.3倍，套红广告的价格又是黑白广告的1.18倍；同样面积广告放在报眼位置要比放在同版其他位置多付14%的刊登费用；同样四分之一版广告竖排要比横排多付20%的广告费。这些广告费用的差异是业界约定俗成的规矩，按照市场经济的基本规则，价值决定价格，媒体的价值直接表现为“信息传播效果”，同一份报纸内价格差异主要是信息传播效果的差异。换言之，媒体与广告主在互动中形成了“共识”：从信息传播效果看，彩色比黑白、大面积比小面积、放在上部比放在下部、竖排比横排效果要好。这种共识很大程度上是基于对信息在视觉显著性上的直觉，即醒目的视觉效果，也就是我们现在常说的更能吸引眼球的东西。其传播效果更好——起码更有可能引起读者的“第一眼效果”，更可能产生到达率和阅读的可能性（而对报纸广告来说，“第一眼”是否吸引读者的眼球又是最关键的），这属于一种常识(common sense)。据资料，国外的一些实证调查，确实有一些类似的发现[1]。当然，这也可能是从报纸编辑业务长期实践中得出的经验。比如，读者在阅读一个版面时，其视线首先停留的位置或区域，以及读者可能的视线移动方位（如以左上方为起点按顺时针方向移动），但报纸编辑更多是针对新闻类或言论类信息，而且主要针对文字信息。这种经验是否同样适合于广告图文并茂的表达，同一版面如果既有文字性的报道又有广告，或同一版面都是图文广告；其传播效果是否一定遵循已有的规则，可能需要更多的实证研究来证明，因为读者对新闻的阅读习惯与对广告的阅读习惯完全是两回事。广告主之所以愿意掏更多的钱在版面大小、位置和色彩方面下功夫，一方面是他们完全默认了这一常识；另一方面也是基于一个普通的经验逻辑，即：高投入就意味着高回报，钱砸得越多，广告的传播效果越好，这似乎也是一个不证自明的常识。可恰恰在这类“行规”和常识中，却可能设下了那部分被“浪费了的投资”的陷阱——这多掏的有可能是冤枉钱。

本文以影响报纸广告投放策略中的广告本身编排因素为例，试图回答的核心问题是：同样一则广告，媒体不同的发布形式是否真的能带来信息传播效果的不同？多支付的发布费是否真的能增加投资回报率？

由于影响广告效果的因素来自各个方面，因此本文在讨论中选取的定量研究资料尽可能控制了各种可控制的因素，如在比较广告效果时我们采用的是相同行业的广告，本文主要选取房地产和医疗服务两大行业，并在同行业内进行比较，以排除跨行业信息差异这一干扰因素。我们在各种比较中都控制了来自广告自身可能影响广告效果的各种因素，力图比较的是报纸发布形式，这里主要指广告在具体报纸版面中的位置、面积和色彩等因素对广告效果的影响。

本文的基本研究假设为：在控制广告自身因素的前提下，广告发布费用越高，广告信息传播的效果越好。

广告发布费用是指同一份报纸不同的刊登形式广告的价格差异，操作化指标包括广告面积、广告色彩、同一版面内的广告位置、版式（如横竖排）等几个方面。

本文的广告信息传播效果是指广告的阅读率。这里的广告阅读率测量具体是指在广告刊登后24小时内访问目标消费者，出示广告作品，让目标消费者识别是否看到过该广告，统计基数是以媒介阅读人口为基数，即在读过报纸的人中看过广告人数的百分比。阅读率是广告各阶段效果中最基础的一环。读者如果对花花绿绿的报纸广告弃之不顾（这是最常见的现象），那么所有的投入都是白费，效果也是一句空话。

根据上述对研究概念的操作化界定，我们将总体假设分解为：

假设1：在控制其他变量的条件下，面积大的广告比面积小的广告信息传播效果好。

假设2：在控制其他变量的条件下，上半版广告信息传播效果比下半版好。

假设3：在控制其他变量的情况下，彩色广告比黑白广告信息传播效果好。

另外，除了以上三个有关报纸广告编排因素对传播效果的影响力外，我们还考察了版面阅读率与同一版面广告阅读率之间的关系，我们的最后一个假设为：

假设4：在控制其他变量的条件下，版面阅读率和阅读指数共同影响了广告信息的传播效果。

二、研究发现

（一）版面大小与传播效果

“报纸广告所占版面的大小，是广告主实力的体现，直接关系到广告的传播效果。广告的版面越大，读者注意率越高，广告效果也就越好，因此，广告版面的大小与广告效果是成正比的”。[2]也有相对谨慎的断言：“一般情况下，版面越大，注目率也会增大，但不是一种等比例关系。”[3]1999年6月，《出版时代》的一位记者发表了一篇关于报纸广告要素的调查报告。这项调查是1998年8—12月间在美国举行的，有《达拉斯晨报》、《迈阿密论坛报》等10份报纸参加，调查得出的结论中包括：在报纸广告面积大小方面，整版广告比1/4版广告注目率高39%。[4]那么，在控制其他影响报纸广告传播效果的各种变量的情况下，是不是广告面积越大，其传播效果越好呢？版面大小与广告效果有没有这种同比关系？如果这两者的关系不是一种等比例关系，那么多大的版面广告效果反而不好？

2003年12月20日深圳房地产冬交会，我们对510位前来参加者进行了抽样调查，以“再确认法”考察受访者对广告的阅读率。具体方法是调查时出示了刊登冬交会参展楼盘广告的12月19日（即冬交会前一天）《深圳特区报》，调查员先出示报纸，询问被访问者是否看过这一天的报纸，在得到肯定回答后再逐个出示广告，问被访者是否看过要测量的广告。由于调查是在参加冬交会的人群中进行，因此，与普通读者调查不同，所有受访者都是有购房意向，积极主动寻求购房信息的特定读者，他们逐个翻阅过各个楼盘广告的可能性更大，而且，由于19日《深圳特区报》几乎都是楼盘广告，所以我们测量的是同类报纸广告的编排效果。

在当天的楼盘广告中，为了控制广告色彩变量和版面阅读率的影响，我们选择了13个纯房地产广告版的彩色广告作为研究对象。结果广告版面大小与阅读率的关系如表1所示：

从表1看，刊登在同一天的广告，经济效率相差很大，最高到达率（阳光棕榈园，49.41%）是最低到达率（天鹅堡－波托菲诺，26.62%）的1.86倍，可见广告传播效果是一个非常微妙的现象。在我们实际测量的13个楼盘中，广告面积与广告到达率并没有表现出直接的正比例关系。如3个跨版广告，都是以横跨两个版的彩色广告刊登，到达率排名分别在第6、第8和第11位，到达率排名前5位的广告中，3个是半版彩色广告，2个是整版彩色广告。可见半版和整版广告的传播效果并不比跨版差，而跨版广告虽然气势宏大、信息丰富，但可能与读者的读报习惯（通常是整版翻阅，而不是把整张报纸展开来阅读）相悖，结果传播效果反而并不理想。

同样，我们在对医疗服务行业的调研中也发现了这一有趣的现象。以下是深圳某医院在2005年1—6月某医院投放在深圳四大报纸的291则黑白广告（为避免色彩影响，只选择了黑白广告），在控制了广告诉求和广告色彩两个变量后，研究广告版面大小与广告所带来的咨询电话之间的关系（咨询电话是从信息反馈角度衡量广告传播效果的一个指标），结果发现，4组不同面积、具有相同诉求的黑白广告所得到的平均咨询电话量没有显著性差异（0.01显著水平），说明相同色彩和诉求的广告面积大小与所带来的信息反馈效果没有明显区别。

表1 版面大小与广告到达率比较（%）

实测楼盘	刊登版面	版面大小	报纸读者广告阅读率	目标消费者广告到达率	排名
阳光棕榈园	D8	0.5	84.6	49.41	1
熙园	G7	1	81.08	47.35	2
红树东方	E1	0.5	80	46.72	3
雅颂居	A4	0.5	76.47	44.66	4
东方银座	G2	1	75.68	44.2	5
假日湾	H2—H3	2	73.68	43.03	6
万科·金域蓝湾	E2	0.5	68.68	40.11	7
绿景·蓝湾半岛	H1—H4	2	68.42	39.96	8
绿海名都	B1	0.5	66.67	38.94	9
中信海阔天空	E1	0.5	62.86	36.71	10
皇庭世纪	I4—I5	2	62.07	36.25	11
城中雅苑	D1	0.33	61.9	36.15	12
天鹅堡－波托菲诺	D8	0.5	45.59	26.62	13

可见大面积投放广告在资金投入和回报上并不成比例。

表2 不同面积广告平均咨询电话量比较

版面大小	咨询电话平均数	统计广告数	标准差
1/4版	9.75	36	8.005
1/3版	10.6	30	8.144
1/2版	12.6	80	12.99
整版	13.2	145	14.22

（二）版面位置与传播效果

报纸广告在投资与回报上的第二个陷阱可能是另一条有关报纸广告编排的陈规：在整个版面中，放在上半部一定比放在下半部效果好。通常报纸编辑学认为："从强势来看上半版要优于下半版，这是阅读心理所决定的，因为人们一般看东西习惯于自上而下"；总体而言"上区优于下区，左区优于右区，上左优于上右，下右优于下左"，但同时也指出"当然区序是相对而言的，不能使它成为死板的模式”。[5]另外，“由于读者的目光时常是笼统地来自版面的上方，所以，版的整个上部相对而言，均可以视为最佳位置。”[6]同样，许多广告学教材也持同样的观点，并表明，在一般情况下，在同一版面中，上版注意率为53%，下版为47%。[7]这些教材因没有指出数据来源，但可以推断如此具体的百分比应该来自某项实验研究。事实上，国外在这方面也确实有一些调查结果，例如在我们上面引述的1999年美国《时代出版》一名记者所做的“关于报纸广告要素的调查报告”中，发现：“广告位于报纸中折线上方或下方同样不影响注目率。一般来说，一则广告的位置不影响读者的注目率，除非这则广告是某个版面上最大的或是在最后一版上”。[8]可见，教材上流行的“左比右大，上比下大，中比上下大”这样的观点在报纸广告的实际效果中并不尽然。

在2003年的那次针对参加房地产冬交会的人群所做的《深圳特区报》楼盘广告阅读率的调查中，我们发现了一个十分值得注意的现象：当天有6则广告以2则为一组以中折线为分界线刊登在同一版面的上、下版，如下面表3显示，刊登在三个版面上的三则广告，其相同版面广告表达形式几乎完全一样，D8和E1两个版的4则广告都是彩色半版硬广告，以大幅图片为主；G4版上下各半版分别是两个楼盘的软文，而且文字数量相当，并且都配有黑白图片，甚至标题字号和字型都一样，版面编排非常接近。

表3 相同版面广告到达率的差别

广告名称	所在版面	单日读者到达率
12 阳光棕榈园	D8 下半版彩色硬广告	84.6
11 天鹅堡·波托菲诺	D8 上半版彩色硬广告	45.59
32 红树东方	E1 下半版彩色硬广告	80
31 中信海阔天空	E1 上半版彩色硬广告	62.86
52 阳光带·海滨城	G4 下半版黑白软文	58.82
51 阳光棕榈园	G4 上半版黑白软文	29.4

调查结果显示，这3个版面所有位于下半版的广告，其到达率都比位于上半版的广告到达率高，D8版下半版广告到达率是上半版广告的1.86倍，E1版上半版的广告到达率是下半版的1.27倍，G4版下半版的软文是上半版的2倍，而且，有意思的是，G4版的两篇软文上版题为“情系棕榈园——阳光棕榈园的故事”，下版题为“‘双城生活模式’引发八大悬念”，也就是说，上版的标题明确出现了“阳光棕榈园”楼盘名，而下版在标题中并没有点出具体楼盘，只是在整个下半版的左上角以比标题小得多的字号标出“阳光带·海滨城”这一楼盘名，但那些主动寻求楼盘信息的读者还是更多地注意到了下半版的广告。从这两则软文看，除了其上、下版面位置的差异，我们找不出其他可能影响读者视觉注意点的其他编排因素的作用。因此推断版面位置对这两则广告的传播效果（广告阅读率）起着决定性的作用——下半版效果比上半版来得好。

虽然本次调查样本数量小（可供调查的一共只有3个版面），同时不能排除同一版面，尤其是彩色版的上、下两则广告在色彩基调、文字处理等广告图文策划和设计上不可能完全一致，因而也有些许的干扰因素存在，但这个调查由于是同类广告的比较，加上最终调查结果是下版传播效果都好于上版，所以为我们研究报纸广告版面编排的传播效果，提供了一个十分有意义的案例，也吸引我们对版面位置与传播效果之间的关系作进一步的关注。

（三）色彩与传播效果

广告色彩对广告效果的影响非常大，广告色彩通常有几种不同的表达方式：黑白广告（白底黑字或黑底白字）、套红（或套绿等）单色广告、彩色广告。相同面积，不同色彩的广告价格差很多，因此广告究竟以什么色彩发布，需要从多个角度考察，包括如何较好地表现广告内容、不同色彩对读者吸引力的差别等。需要在广告发布前通过消费者认知与记忆的测量，结合不同色彩广告发布价格，比较不同色彩广告信息到达千人成本，选择成本低的色彩发布广告。

广告公司以更高的价格投放彩色广告或者套红广告，其基本假设是彩色广告比黑白广告效果好。国外的研究调查结果也支持这一点：“相同面积的广告，彩色比黑白的注目率高20%；阅读率50%～61%"；"彩色广告的消费者会较黑白广告多两倍"。[9]

然而，我们在对深圳某医疗机构投放在深圳四大报纸的365个广告传播效果的分析中，却得到了不同的结果。在四份报纸所有彩色广告与黑白广告所获得的咨询量比较中，我们发现，有3份报纸不同色彩的广告所获得的咨询效果之间没有显著性差异，说明彩色广告效果并不一定比黑白广告好（参见表4）。

表4是按报纸进行分类的，因而得出咨询电话差异并没有控制彩色与黑白版面的大小，为了更便于看清色彩与广告效果之间的关系，我们将四份报纸的情况加以综合，并控制了版面大小，得出的结论如表5所示。在所有1/4版、1/2版和整版中，黑白广告所得到的平均电话咨询量都多于同样版面大小的彩色广告，而且这种差异都很明显：其中整版广告均值相差2.46个咨询电话；1/2版相差4.25个咨询电话，而1/4版差别最大，达到4.77个咨询电话。可见，黑白广告的传播效果都比彩色广告效果好。另外，有意思的是，我们在表5的数据中发现，这次调查结果的数据再一次表明版面大小与广告效果并无太大的关系，以黑白广告为例，1/4版、1/2版和整版黑白广告所得到的咨询电话平均数虽有差异，但相差都只有不到2个咨询电话量，而且1/2版的电话量还超过了整版广告。彩色版面也有类似的情况。

表4　不同报纸广告色彩与所获得的咨询电话量比较

	颜色	平均数	统计广告数	标准差	最小值	最大值	显著性
1 深圳特区报	1 彩色	6.50	2	2.121	5	8	.216
	2 黑白	19.16	37	14.058	1	69	
	Total	18.51	39	13.977	1	69	
2 深圳商报	1 彩色	8.33	3	8.505	0	17	.615
	2 黑白	14.70	37	13.089	1	51	
	Total	14.05	40	12.724	0	51	
3 晶报	1 彩色	4.63	8	4.307	0	12	.011
	2 黑白	15.23	111	13.752	0	63	
	3 套红	5.11	9	4.595	0	14	
	Total	13.86	128	13.365	0	63	
4 深圳晚报	1 彩色	6.80	25	4.839	0	20	.646
	2 黑白	5.36	86	7.729	0	58	
	Total	5.71	112	7.157	0	58	

表5　报纸广告色彩与平均电话咨询量差异比较（控制了版面大小）

	色彩	广告数	平均电话咨询量	最小值	最大值	标准差
1/4版	黑白	18	11.22	1	34	9.039
	彩色	11	6.55	0	13	3.560
1/2版	黑白	74	13.07	0	69	13.322
	彩色	11	8.82	0	20	5.828
整版	黑白	89	12.02	0	63	13.838
	彩色	9	9.56	1	29	8.876

三、结言

美国著名传播学者迈克·舒德森在《广告：艰难的说服》一书中，对广告效果有过这样一番感慨："我们对广告的效果已有颇多了解，但是这些结果尚未、而且由于商业实践的基本特征所决定，也不可能得出一个简单的或者前后一致的结论"。[10]报纸广告版面编排各要素，包括本文所涉及的版面大小、位置和色彩，可以说是报纸广告中最基本、最不起眼的要素，其传播效果也通常被认为是有规律可循的、相对确定的并被媒介、广告界、企业和社会所一致共认的。但正是这看似明确的效果，却可能隐藏着不少有悖于常规的陷阱，需要在传播实践中，通过科学的实证方法加以重新确定，找出那些可能影响与常识相悖的传播效果的变量，甚至找到另类的规律。表面上，这涉及了广告的投资回报率，也许对于广告主来说，广告中每一分钱的投入是否能得到相应的广告效果，是他们最关心的问题，但是，对于研究者来说，找出哪些是被"浪费了的投资"，其实是考察广告传播效果的一个很好的切入点，希望我们的研究能有抛砖引玉之功效。

注：

[1]有关国外的实证发现，请参见下文中的具体引用。

[2]http://www.dacehua.cn/article/list.asp?id=1023《报纸广告文案写作》

[3]《平面广告实务》，刘友林著，中国广播电视出版社，2002，P156。

[4]参见《报纸广告实务》，张更义编著，经济管理出版社，2002，P189。

[5]《报纸编辑学教程》，郑兴东等著，中国人民大学出版社，2001年，P240－243。

[6]《西方报纸编辑学》，赵鼎生著，中国人民大学出版社，2002年，P152。

[7]参见《平面广告实务》，刘友林著，中国广播电视出版社，2002，P157；《报纸广告实务》，张更义编著，经济管理出版社，2002，P188。

[8]转引自《报纸广告实务》张更义编著，经济管理出版社，2002，P189。

[9]转引自《报纸广告实务》，张更义编著，经济管理出版社，2002，P188—190。

[10]米切尔·舒德森《广告：艰难的说服——广告对美国社会影响的不确定性》，华夏出版社，2003，第一章，P1。

对现代广告文化与中国传统主体文化错位的思考

中国广告协会学术委员会委员 崔德群

从某种意义上讲，文化是人类社会的全部。哲学、艺术、科学、宗教，乃至更具体的领域——文学、绘画、建筑、音乐、服饰、广告等等，都是文化的组成部分。人在创造任何一种新文化的进程中，就把自己已有的全部文化投入了。所以我们很难将某一种文化与其他背景文化的总体对立起来考察。因为人类文化任何一部分的建构中，实际上都要涉及人类文化的全部。当我们谈到一种亚文化时，必然牵涉到其身后、已经包含的、凝缩的、相关的全部文化。

一、亚文化的形成与传统主体文化的关系

我们知道，文化是以价值为核心的，是人类长久积累的个性、幻想、学识，加之其构成的思想、行为与经验的结果。文化的表层结构是物的部分，即人们创造的

物质、精神产品；而文化的深层结构是意识部分，即由价值观念、审美趋向、行为取向所构成的特殊心态。作为一个社会，其成员在特定的自然环境、社会体制下不断运用和把握以往社会历史实践的经验和教训，同时又在自身的参与创造中不断地丰富和发展这些知识和经验，逐步形成了这一社会生活连绵承袭的主体文化体系。

什么是主体文化？作为一个种族、群体社会，其成员在特定的自然和社会体制下不断继承丰富和发展以往社会历史实践的经验和教训，从而逐步形成了这一社会生活相对稳固的价值观、伦理观，其核心思想体系就称之为社会的主体文化。众所周知，中国两千多年来的主体文化核心构成是儒、释、道思想体系。

什么是亚文化？群体社会在生存发展过程中创造出的物质与精神产品，如服饰、饮食、建筑、交通、各类艺术形式等，在主体文化的影响制约下所形成的自身独特的建造机制和审美特点。毋庸置疑，就如同诗歌文化、戏剧文化、曲艺文化、音乐文化、绘画文化、影视文化等一样，广告也是一种深受主体文化影响和渗透的亚文化。

主体文化在整体上对某一特定社会形态的哲学、科学、知识、艺术、道德、教育形态、宗教信仰、价值标准的判断和概括，像一只无形的手规定并制约着广告文化的发展轨迹。表现在市场观念，消费心理研究，广告策划、创意、发布甚至制作手段方面，都难以脱离主体文化的深刻影响。

二、广告亚文化是社会主体文化的具体呈现

1986年5月，在芝加哥举行的第十三届世界广告大会上，美国广告界的知名人士辖诺·贝蒂·范德努特以“文化的艺术和科学”为题作了长篇发言。她说：“如果没有人做广告，谁能创造今天的文化?你又能从哪儿为文化活动找到一种比广告媒介更生动的宣传方式呢?……我们应该承认我们确实影响了世界的文化，因为广告工作是当代文化整体中的一部分，是文化的传播者和创造者。”广告的本质是推销，其目的是商业性的，但广告的表现形式却具有文化性，它是一定社会文化的产物。由于广告人、广告受众是具有一定社会文化习俗的人，因此不同民族社会的哲学观念、思维模式、文化心理、伦理道德、风俗习惯、社会制度乃至宗教信仰等，都不可避免地会对广告产生影响，从而形成了某个民族或国家的广告风格和气派，任何一个社会的广告无不带有社会文化的痕迹。

我们应该理解到，广告本身就是一种文化，就像饮食、服装、建筑、音乐、电视等其他亚文化一样，在创建着自身特色文化的同时，又对主体文化起着发展、丰富和注解的作用。正如人类是由一个个的个体所组成，“人类”只是一个抽象的概念而已，我们可以接触每一个活生生的生命，但永远碰触不到“人类”的手。就像树木森林的比喻，“森林”亦是一个概念，我们的眼睛是看不到森林的，我们只能看到一棵棵树组成的成片林木。事实上每一棵树木之于森林都是个体与整体的关系，整体由个体组成，任何一个个体的改变都会给整体带来深刻的影响，个体的意义决不可忽视。广告活动受制于整体文化背景，而广告所创造的文化现象亦在一定程度上决定整体文化的发展。它对于一个社会的价值观、道德观以及审美观都会产生巨大而深远的影响，这个事实也是人所共知的。

文化是一个社会群体的生活状态，是群体整个的人造环境，包括群体生活中所有物质和精神的产品，这些产品之间又有着并存渗透的关系，并一代一代地传承下去。如果将文化广义地界定为人类行为的符号现象，那么，广告必然是文化的一部分，广告符号也会同其他文化一样，反映出现实世界的价值取向，它在为商品或服务鼓吹的同时输出的是一种精神意识，无论广告表现如何超脱现实世界，也无论广告如何似真似幻，其真实成分和梦幻成分都不能偏离主体文化价值取向。从文化的角度来审视广告，诚如所有人类意识产物一样，广告也属于特定的国家、特定的民族、特定的文化创造的成果，它的身上打着特定的地域和时代的特殊的文化烙印。有什么样的文化世界，就会有什么样的广告符号。

三、广告亚文化与中国传统主文化内涵的

错位

正值当今的中国广告业迅猛发展，极大地推动着经济进步的同时，我们也应该清醒地认识到在整体广告运作当中，无论是表层还是潜在的层面都正在逐渐酝酿形成的文化观、价值观乃至世界观的某些倾向，这些倾向在铺天盖地的媒体信息传播当中对社会大众的潜移默化的影响是不可低估的。更值得我们注意的是在广告作品承载的信息当中，这些诉求的观念是打着传统文化的旗号传播弘扬的，也正由于此，一般社会大众更难以厘清其间的微妙差异。

1．广告文化寓义于利，传统文化以义统利

广告文化是一种商业文化，它是一种以市场为导向，服从市场需求的彻头彻尾的商业制作和商业信息传播文化。在现代社会中，商品价值主宰着人们对文化的接受，特别在整体社会缺乏终极价值观的培养和塑造的情形下，人们普遍认为只要是利益市场需求的行为就是合理的和有益的，而与此相适应的价值观和生活方式才是正确和有效的。这一观念反映在广告信息当中便呈现出一切理智和情感诉求的终极目的即是给予“利”。利益为统领整个广告活动的总枢纽和总目标。

子曰：“君子喻于义，小人喻于利。”此语从表意来讲为：君子了解义，行事也以义为标准，他们只问道德上该不该做；小人了解利，所以行事易追逐利益，他只是想到有没有利可图。粗浅地理解这句儒家格言，似乎“君子不喻利”而“小人不喻义”，其实他的意思是说，君子小人之别在于以“义”还是以“利”为行为之准则。以“义”为准则，则“义”统“利”，即将利益的追求限制于合理的规范之内；反之，以“利”为准则，即“放于利而行”。子曰：“放于利而行，多怨。”这个放，就是开展、放任。一个人基于利害而接人待物，最后招来的必是怨怼。

由此联想到倘若广告代理商与广告客户只是基于利益连接关系，而广告诉求针对受众纯以利益进行劝服，这种利害的结合，不会有好的结果，最后往往是怨恨以终。

2．广告文化的“唯物”，传统文化的“唯心”

探讨广告信息传播规律，常常要引用马斯洛的人本需求层次理论来研究受众心理。众所周知，依据马斯洛的需求层次理论，人的需求是从生理到心理的不断追求满足的过程，需要层次越往上升，越呈现出摆脱物欲羁绊和心灵解脱的趋向，特别是最高精神境界的自我价值实现层次更是无法用物质解决的。这正可以为中国传统儒释道文化揭示的“心为物役”，进而应格物致知，以达到内心觉醒之目标作注脚。传统文化从本源的角度揭示了人生的根本福祉在于心灵的彻底解放，并非物欲的多方满足。

而广告文化则恰恰相反，由于本质上商业广告毕竟是“物”的信息传播，不仅仅是衣食住行等生理需求以“广告物”来满足，而社会交往过程中的自我价值、社会地位、幸福、荣耀等心理感受也逐渐趋向于以“物”或“劳务”的获得形式得到肯定。广告在其中扮演了物质利益的承诺角色，比如众多的高档商品广告，利用豪华、气派的场景和成功名人的形象，提醒广告商品不仅品质好，更能体现使用者的“身份”、“地位”、“成就”、“风度”，使用它们可以获得众人的尊敬、佳人的倾慕，是“成功的象征”、“幸福生活的标志”。当消费者把商品同社会地位、文化品位、生活理想、审美标准甚至价值取向等联系起来时，物质属性的商品就变成了具有文化意义的符号，商品信息传播变成了文化观念的符号。

3．广告文化的“动”，传统文化的“静”

依托于现代传媒声、光、电聚集组合的传播技术和传播手段，在众多信息狂轰滥炸的市场竞争状况下，广告的信息传递不可避免地使用激烈、夸张、煽情、刺激等表现手段和方法，在受众面前展开的是一幅幅五色斑斓、靓丽多彩的动态世界。广告以无与伦比的喧嚣和动感与现代生活融为一体，刺激着人们的消费欲望，它所制造出的楚楚动人的享乐世界诱惑着人们步入理想和自由的王国。

“五色令人目盲；五音令人耳聋；五味令人口爽；驰骋畋猎，令人心发狂；难得之货，令人行妨。”老子的这一论断似乎正是为现代广告所发。在广告宣传的攻势下，声、色、货、利等一切表现，皆是为了满足人的感官所需，特别对大都市新生代来讲，二十四小时昼夜之中，眼、耳、鼻、舌、身更是惟恐有一刻不被填满，并把此称之为感官享受。

“梦想的加工场”这一句经典口号为广告业界所乐道。世界商业经济经历了几十年的发展巨变之后，的确如万花筒般变化出一个五彩斑斓、光怪陆离的梦幻广告世界，那么结果如何呢？传播学效果认知的研究结论证明，大都市的老百姓对于充斥耳目的花花绿绿广告信息从惊奇而迷茫到无动于衷，电声广告的喧嚣越来越令人们不胜其烦。面对广告信息日夜不停地刺激轰炸，恰如一人尽享满桌大餐，一道道山珍海味、珍馐美食之后，那舌头的麻木让心灵更觉迷失。这也许就是为什么老子强调“不出户，知天下；不窥牖，见天道。”，“静为躁君”，“清静为天下正”了。

4．广告文化“锦上添花”，传统文化“雪中送炭”

孔子在谈到给予人物的礼法时说：“吾闻之也：君子周急不继富。”也就是说物为人所用，却不应使其过分贪欲。《老子》亦曰：“我有三宝：一曰慈，二曰俭，三曰不敢为天下先。”

老子持而保之的第二宝是俭。“俭”有论者称为主要是节约和收敛克制。事实上，俭同样是作为礼的一种内在要求，也是礼之质的一个方面。“礼，与其奢也，宁俭”（《论语·八佾》）这种宁可朴素简约的主张在于它更接近礼的本质。传统文化中一向宣扬的“雪中送炭”既是“慈悲爱众”的善行，也是人文关怀的道德标示。

广告文化是一种商业文化，同时也是一种消费文化，它是一种注重现实、宣传占有、号召享乐的大众文化。与传统文化的崇尚节俭不同，现代广告文化提倡超前消费、顺从物欲、追求时尚。广告传播要以商品劳务的大量流通为宗旨和目的，千方百计是要引起人们消费欲望的普遍高涨，在商业广告中充斥着对超越现实的富裕生活方式的着力描述，对充满诱惑力的高档消费观念的尽情渲染。广告文化“没有最好，只有更好”，“越多的才是越好的”，充分迎合鼓动起人们“喜新厌旧”的情绪和热望，让人永无满足，始终奔忙于无止境的追求之中。

5．广告文化的偏私——传统文化的全见

“生者必死，聚者必散，积者必竭，立者必倒，高者必堕。”（《佛遗教经》）关于生死、是非、善恶、美丑，传统文化有着许许多多精彩的论述，老子曰：“天下皆知美之为美，斯恶已。皆知善之为善，斯不善已。有无相生，难易相成，长短相形，高下相盈，音声相和，前后相随。恒也。”世界上一切事物都是相互依存的，无不以对方的存在而存在，以对方的消亡而消亡，并且在矛盾的双方相互斗争中互为条件地发展着。故此他又说：“绝圣弃智，民利百倍；绝仁弃义，民复孝慈；绝巧弃利，盗贼无有。”在智者眼中，天下万事万物皆是二元对立统一，没有完美，有得必有失，顾此只能失彼。

广告文化与传统文化博大精深的秉性不同，它的内容是浅显的、实用的、功利的和偏私的。商业广告的最大功用在于创造消费、引导消费，因此无论其运用怎样的艺术化的包装，甚至融入文化思想的内涵，诉求方式都一定是唯我的、自夸的和溢美的。在对广告物的评价上它只是一味称颂己之优长，完全忽视甚至掩盖其缺陷和负效应。广告文化不会有利弊得失的客观思辨和公正表达，它更不会揭示“善中有其不善、美中有其不足”的事物真相。广告文化中固有的浮华和虚假原由在此。

6．广告文化事雕琢，传统文化听自然

孔子曰：“辞，达而已矣。”老子更曰：“信言不美，美言不信。善者不辩，辩者不善。”传统文化告诉我们，真实的话语应从胸臆中自然流露而出，不事雕琢，质朴天然，倘若动了粉饰的心术，貌似诚信，其中必藏诈伪。所以“大智不智，大谋不谋”，真正的智慧是心无挂碍，起心动念如“雁过寒潭影不留”，真正的智谋不是费尽心机，巧用诡计，而是心地虚明，善察事变，随机而动。天然无拘束的心灵中自有其无限的创造力。

广告活动重策划，重策略，重设计，重构思，广告传播的构成是由一系列绞尽脑汁的策划和思考贯穿始终，从起初的市场调查、受众分析，到广告的创作策略、谋划制作以及媒介策略和效果测定，通盘运作都需要精心雕琢，刻意创造。特别是对广告信息的传达更是极尽

“设计”之能，所谓“语不惊人死不休”。广告作品中的作秀、矫饰乃至适得其反的低俗之作，大概就是“聪明反被聪明误”的结果了。

四、曲解传统文化的结果和根源

当代中国的广告文化是在五千年中华文明成果丰厚积累的基础上发展的。虽然广告文化是商品经济、市场机制的产物，与中国传统文化的内涵和外延均有所不同。然而广告作为当代社会广大受众普遍接触的文化形态，不但脱离不了传统主体文化的影响，而且必然在学习、汲取、整合传统主体文化的基础上才能健康发展。正确地认识和处理广告文化同传统文化之间的基本关系，继承和发扬其中可为改革开放和新时期社会建设所需要利用的成果，这是当代中国广告运作良性发展的一个重要条件。

广告文化走进千家万户，直接影响着人们的消费观念、思想观念，并在潜移默化当中深刻改变着人们的文化观念、价值取向。广告对文化意识、价值观念的宣传，无论是直接诉求还是借助形象间接表达，只要受众解读并接受了都会引起心灵的波动，并对原有的观念形成冲击。广告展示的那些能够为人们改变生活方式提供物质条件的先进商品和满足人性需要的体现文明的生活方式，不但对受众具有很大的吸引力，而且具有示范和引导作用。人们跟随社会前进的脚步，模仿着广告和其他传播媒介中的范式，不断改变着自己的物质生活、精神生活。

广告文化不论是雅还是俗，都应做到形式与思想的统一，为社会大众谋福祉，不可能脱离一个社会历史形成的风俗习惯、文化背景、伦理道德、思维方式，更不应曲解社会核心文化的内涵，并借助传媒的影响误导大众对自我与社会以及人生观和价值观的认知。

需要警醒的是，同新闻传播一样，广告传播同样深刻地作用于一个社会、一个民族的价值理念，其文化所指所起到的社会心理定位的坐标功能是不容忽视的。譬如：义与利、善与恶、美与丑、公正与偏私、真诚与虚伪等等。我们说，一切人类文化的发源与归宿，都是旨在对人的尊重和关怀，对社会的良心起到启示和规范的作用。在这个方面，广泛影响社会的广告亚文化也同样承担着无法推卸的责任。而利用广告文化制造传播庸俗、浅薄甚至欺诈和迷信更是广告人的悲哀。

深刻影响了东方文明两千多年的儒释道传统文化充满了治国、齐家、修身、正心的大智慧，其思想文化源远流长，内涵隽永，意存高远，不但阐述了人格修养、人生家庭、社会宇宙等诸多哲理，更于当今时代具有振聋发聩的反省意义，其超越时空的不朽价值，至今依然放射着卓越的思想光辉。面对这样一个人类文化巨大的思想宝藏，我们的教育之所以忘记了承前启后、继往开来的文教精神，除了“文化革命”造成的劫难和精神倒错外，还因为长期以来我们的教育不能够正确解读传统文化的本来面貌和实质精神，在历史的演进中，对经典的误读和断章取义，使精华变成了糟粕，智慧解说成愚昧，于是我们对传统文化或存而不论，或敬而远之，既丧失了文化的食粮，同时也丧失了做人的准衡。

国学大师南怀瑾先生曾感叹道：“一个国家，一个民族重在文化的传承……最可怕的是一个国家和民族自己的根本文化亡掉了，这就会沦为万劫不复，永远不会翻身。”文化之于人，正如水之于鱼，一方水养一方鱼，无文化之国家，无文化之民族，无文化之人群，便如无水之鱼，无本之木，欲求成长发展而永无可能。

穷极思变，温故知新。当我们真正重新认识自己的文化，重新挖掘传统文化之宝藏，定会时时有心灵震撼之感，历久弥新之慨。广告人面对如此博大精深的文化体系，如何去选择、过滤、提炼、融汇，并将之创造性地转化为现代广告文化的核心理念，这并非轻而易举的事。不过反省中国现代广告的文化表现，将其与传统文化的根本思想相对照，将给予广告人一个启迪：唯有根植于民族文化的沃土，并且善于融合中西文化的精神内涵，在现代化市场观念导引下，才有可能创作出适合中国大众的、有生命力的好广告。

发挥广告协会的作用是解决广告传播中社会问题的重要途径

刘林清 陈季修

前言

近年来，社会公众对于违法和不实的广告反映强烈，深恶痛绝。在全国人大代表的会议提案中，违法广告是关注的热点之一。我国广告事业飞速发展，已从我国市场经济中的新兴行业跃升为在市场经济中占据引领地位的行业。据统计，2003年我国广告经营额已达到1078亿元，22年来的年平均增长速度高达35%以上，从业人员超过80万人。而工商行政管理系统的广告监督管理人员编制没有增加，监管的方式一成不变，管理的机构依然故我，管理的力度明显减弱。对广告发布质量的日常监测，是工商行政管理局广告监管工作的基础工作和主要手段。以北京市工商行政管理局广告监督管理工作为例：全市广告监管人员不足百人，对于北京市拥有广告公司近9000家，媒介单位近1500家，年广告发布量200万条这样一个庞大的广告市场而言，无异于杯水车薪。广告监管工作如同逆水行舟，挂一漏万，疲于应付的状况是显而易见的。这种状况可以理解为在市场经济条件下，政府职能的转换，即：弱化行政管理，强化行业自律是大势所趋。政府不干涉广告企业和事业单位的经营管理，而广告行业则要面向市场自主经营。那么，要使整个广告市场的发展符合国家的经济政策和社会目标，就有必要在广告行业和政府之间建立和不断强化一个在经费上不依赖政府、责权利相结合、既非行政又非企业的广告行业组织，这个组织就是广告协会。

广告行业协会是政府和企业的桥梁，它一方面向政府反映企业的利益与要求，影响政府的决策；另一方面将政府的决策传给企业，告诉企业从法律和政策的角度看哪些是可行的。广告协会要维护广告市场公平竞争环境，保护企业合法权益，对广告行业内的企业进行协调，开展广告行业自律。行业协会还为企业提供信息、技术、对外合作、职业培训等方面的服务。广告传播中的社会问题日益突出，完全依赖于政府广告监督管理是不可行的。充分发挥广告行业组织的作用是解决广告传播中社会问题的重要途径和必由之路。

一、加强广告协会建设的必然性

（一）加强广告协会建设是广告行业自律的客观要求

随着广告市场的扩大，违犯法律条款的广告不仅逐年增加，而且愈演愈烈；处于“灰色区域”的广告亦不少见，比如，打法律与伦理规范“擦边球”的广告屡有发生。这类广告往往打着创意的招牌，钻法律条文的空子。要杜绝这个倾向，更需要行业组织采取自律措施。值得关注的是，我国的广告业自律虽然取得了一定成绩，但是从总体上说，作用发挥得还不够充分。广告业普遍存在的广告虚假不实、经营单位只重经济效益忽视社会效益等现象，均和广告业内部缺乏自律有关。而长期以来，人们对此并没有给予高度重视，因此，有必要对广告行业组织的重要性及其如何加强广告行业自律加以研讨。

现阶段我国的社会主义市场经济仍处在初级阶段，这就决定着我国的广告业也处于初级阶段。广告业距离高水平、高质量还有相当大的差距，因此，整个广告界的守法、自律情况还会有很多问题。为了解决这些问题，要靠国家、广告业和社会的共同努力，在很大程度上则要求广告行业组织通过行业自律来解决。这是因为，政府干预固然可以对广告的发展起良好作用，但是广告业内部的相互配合与自律，才对广告业的发展最为有效；社会舆论监督虽然重要，但是只有广告从业人员的自身素质提高了，才能净化广告市场，维护消费者的权益，以达到标本兼治的目的。广告行业组织依据国家的法律、法规和社会的伦理道德而自订守则，自我约束的行为，能够增强广告业的社会责任感，弥补国家对广告监督管理的漏洞，完善约束机制，维护市场秩序，并促进广告事业的持续、快速、健康发展。因此，加强广告行业组织建设是必然的，也是必要的，建立和完善行业自律机制必须强化广告行业组织的建设。

广告行业组织对于树立行业风气、增强广告业的社会责任感，弥补国家对广告监督管理的漏洞，抵制不正当竞争，促进广告事业的健康发展均起到重大作用。但是由于多方面的原因，广告行业组织开展广告行业自律的工作远远不能到位，还有许多工作要做。如何认识广告行业组织的重要性，又该采取哪些措施加强广告行业自律，是当前广告行业组织建设中非常突出和紧迫的问题。

（二）加强行业协会的建设是行政体制改革使然

当前，政府转变职能，要建立 “小政府、大社会”行政管理模式，要变“办企业”为“管企业”，变“管微观”为“管宏观”，以适应市场经济的需要。在这种巨大而深刻的转变中，广告协会必须承担大量艰巨的任务，努力成为政府与广告行业的桥梁，因此，加强行业协会的自身建设迫在眉睫。

国家通过各级组织、机构运用行政手段对广告工作和广告经营单位施加影响，进行控制。其具体做法主要是发布命令、指示、规定等，具有权威性和强制性，广告主、广告经营者、广告发布者必须遵照法规，不得违背。运用行政手段管理广告工作，是广告行业健康发展的有效手段。然而单纯依靠国家通过行政方法管理广告市场，必然会有一定的缺点：一是管理效果往往受领导的专业知识水平和领导艺术等多方面的影响；二是抑制广告市场的内在机制自发地发挥调节作用；三是若仅以行政方法管理，不利于调动各层次、各系统的主观能动性。因此，政府的行政干预不宜过多、过细，干预的范围也应逐渐缩小，更重要的是发挥行业自律的作用，否则，必然不适应社会主义市场经济发展的需要。从广告业发达的国家经验看，行业自律是规范广告经营行为的重要环节，有着政府、法律所不可替代的作用。

从体制改革的角度来说，加强行业自律也是一项必要的举措。根据市场经济的要求，政府部门按政企分开、政事分开、转换职能、提高效能的原则，把工作重点转移到统筹规划、制定政策法规以及协调、服务和检查监督上来。许多原来由政府部门包揽的社会服务性工作，逐渐由国家工商行政管理总局转给广告行业协会。党的十四届三中全会发出的《中共中央关于建立社会主义市场经济体制若干问题的决定》，以专门条款阐明了社会中介组织在建立社会主义市场经济体制中的地位和作用。随之，国务院经济工作会议又提出把经济活动社会服务性和相当一部分监督性职能转交给中介组织。在贯彻国家产业政策中，要对市场进行有效管理，制止不正当经营和虚假广告，改造现有广告行业组织，使政企分开，增强综合服务能力和自律职能，充分发挥其在自觉接受政府法律、政策指导的前提下，组织企业自我管理、自我约束。

（三）加强行业协会的建设是完善广告法律环境的步骤

我国已形成完整的广告法律环境。它包括政府行政机关对广告的监管、广告协会推行的行业自律、消费者权益保护和广告监管法律法规四个方面。

第一，政府行政管理机关对广告的监管。《中华人民共和国广告法》第6条规定：县级以上人民政府工商行政管理部门是广告监督管理机关。在我国，工商行政管理机关代表国家行使广告管理职能，其行政机构设置是完整而严密的。

第二，广告协会推行的行业自律。广告行业自律是广告行业组织、广告经营者和广告主自行制定的约束本行业广告活动的协约和规则的机制。建立广告行业组织，制定广告行业自律规范是我国广告行业自律的主要内容。我国广告行业自律是伴随着改革开放和广告业恢复发展的步伐而建立和发展起来的。1983年12月27日中国广告的行业组织——中国广告协会成立。它承担起对全国广告行业成员进行指导、协调、咨询和服务的工作。中国广告协会下辖报纸、广播、电视、专业广告公司、广告学术等多个广告工作委员会，并在地方建立地方广告协会组织。中国广告协会在广告行业自律、开展国际广告交流、提高我国广告科研水平等方面做了大量的工作。当前，我国正在进行着行政体制改革，实现“小政府，大社会”的行政管理模式，国家机关就必然要下放一部分权力。广告协会作为广告行业的社会团体就要承担起更多的广告行业自律工作，适应我国广告事业发展的需要。

第三，消费者对广告的监督。消费者对于广告的监督是消费者依据《广告法》和《消费者权益保护法》等国家法律、法规，对广告活动实行的自我保护行为。它要限制或制止侵害消费者权益的广告，维护消费者自身的合法权益，以充分发挥广告的积极作用。广告宣传的内容是向消费者提出的保证和承诺，带有经济合同的意义。这就要求广告必须真实、明白，不允许有任何欺骗和误导消费者的行为，不能为了牟利而损害消费者的利益。消费者是广告真实性最直接和最有权威的评判者，所以对广告实施全社会、全方位的监管，消费者是极为重要的一个方面。消费者对广告的监督权是法律赋予的。《消费者权益保护法》、《广告法》、《广告管理条例》都规定了消费者有权监督广告活动的运行。消费者对广告的监督和约束主要是通过广告监管机关、消费者协会和社会舆论工作，依法保护自身合法权益来体现的。例如，索取赔偿金，要求退、赔商品，要求更改广告内容等。

第四，广告监管法律、法规和制度。我国的广告管理法律是指调整国家广告监管机关与广告主、广告经营者、广告发布者以及广大消费者之间由广告活动而引发的各种社会关系的法律规范的总合。我国广告监管的法律和法规主要表现为：专门的广告监管法律和法规，如全国人大颁布的《广告法》、《消费者权益保护法》等；最高行政管理机关——国务院颁布的单行广告法规，如《广告管理条例》等。国家广告监管机关——工商行政管理局颁布的广告监管单行规章。我国的广告法律调整了广告主与广告经营者、广告发布者之间的以经济为内容的民事法律关系；调整了广告主、广告经营者和广告发布者在广告经营活动中与广告受众、消费者之间发生的民事法律关系；确定了广告监管机关与广告活动参与者之间的监管主体与客体关系。在这些法律和法规的基础上，建立了诸多广告监管制度。

广告法律以保证广告良好的社会作用为出发点，对广告主体的行为和违法行为的处罚保证其执行。广告行业自律以保证行业经营的合法性和维持良好的同业竞争秩序为出发点，主要对广告主体的行为进行道德约束，并且通过行业批评与监督保证其执行，必要时可以诉诸法律加以控制。广告法律与广告行业自律作为控制广告合法发布的两大力量，在推动广告业健康发展的过程中均起着重要的作用，过分强调任何一方面的作用都可能阻碍广告行业的发展。广告法律与广告行业自律不是谁取代谁的问题，而是二者有机配合和协调的问题。我们必须辩证地思考二者之间的关系，平衡二者的作用。

（四）加强行业协会的建设是国际广告发展的惯例

在行业协会比较发达的国家，成熟的行业协会主要的内部职能是：制定行业标准，促进会员之间的交流，协调会员之间的利益。除此之外，行业协会还要具备以下一些职能。首先，代表会员和政府、消费者集团沟通，这是成熟的市场经济中最重要的协会职能。例如，据报道，为了帮助中国获得永久正常贸易待遇，美国的美中商会总共花费了1000万美元用于游说美国国会议员和支付广告开支。显然，这么高的费用是某一个公司无法或者不愿意承担的。其次，参与立法。在涉及特定产业的立法时，该产业中的各个行业协会总是积极地参与立法活动，一方面尽可能地利用自身的专业知识、经验减少法律的立法成本和执行成本，另一方面也可以维护行业的利益。

二、广告行业自律的内容

（一）广告行业自律的定义

广告行业自律，又叫广告行业自我管理。它是指广告主、广告经营者和广告发布者在广告协会的组织下通过自行制定广告自律章程、公约和会员守则等方法，对自身从事的广告活动进行自我约束、自我限制、自我协调和自我管理，使之符合国家的法律、法规和职业道德、社会公德的要求。广告行业自律的主体是广告公司、广告个体户、媒体广告部门和企业广告部门。广告行业自律的依据是广告业主自订的章程、规定和广告行业共同订立的公约、准则等。这些章程、规定、公约、准则构成了广告行业自律的体系。广告行业自律的监督执行机构是广告行业组织。

（二）广告行业自律的内容

行业自律的内容如下：

1.承诺遵纪守法 行业自律首要的一条就是合乎法律的要求，所以，行业自律规则要把承诺遵纪守法放在第一位，在法律的指导和约束下实行行业自律。一般来说，行业自律规则只应该比法律的规定更加严格和具体，而不应该比法律规定更宽，否则就失去了行业自律的意义。

2.承诺广告真实可信 真实性是广告的生命，行业自律要把保证广告真实可信作为自律规则的重要内容。例如：中央电视台在其制定的自律规章里面就明确承诺："广告的内容要真实、准确，应该如实地反映商品的性能。"

3.承诺广告要遵守公认的道德准则 思想性是广告的灵魂，广告的表现形式和广告的内容要积极、健康，要遵守广告法规的规定和社会公认的道德准则。如中国广告协会制定的《广告行业自律规则》中就要求"制作、发布的广告内容要健康向上，符合社会主义精神文明的要求"，"力求广告的经济效益和社会效益的统一"。

4.成员之间互相监督 行业自律要有监督机制，成员之间要互相监督，如果发现有违反自律规则的行为，要有处罚机制，否则行业自律就会流于形式，只是摆花架子，欺哄公众。

5.成员之间交流沟通经验 除了互相监督之外，成员之间还应该互相交流经验，对于好的典型，要给予表扬。行业自律目的是使中国广告业的整体素质提高，赶上世界先进水平。

（三）广告行业自律的形式

广告行业自律的形式有三种，分别是：建立行业协会、制定自律章程，进行行业指导及其自检互检并公开承诺。

1. 建立行业协会是行业自律的突出表现 行业自律首先要成立行业组织，通常都是以建立行业协会的形式出现，如1983年我国成立的中国广告协会。有了行业协会，才能开展活动，行业自律也才能从组织上得到落实。

2.制定自律规章，进行行业指导 行业自律必须要由成员共同制定自律章程，作为本行业协会成员共同遵守的规范，并且对整个行业进行一种行业指导，使整个行业都能够按照自律规章办事。

3.自检互检，公开承诺 有了自律章程，还要进行检查，对不按照自律规章办事的要给予处理。但是，行业自律是一种自发的自我约束，所以，它主要是通过自我检查、自我约束和行业组织成员之间的互相检查来达到自律的目的。对不按照自律规章办事的成员，可给予警告，直到开除出行业组织。

三、广告行业自律的作用

（一）行业自律是避免广告纠纷的有效途径

作为精明、审慎的商家，谁都不愿意拿自己的资金、声誉去冒风险，因此，开展广告活动应努力避免不必要的广告纠纷。首先要求广告主和广告经营者了解有关法律，增强法制观念，要熟悉《广告法》及各种具体实施办法、规定，此外，经营者要加强自律，正确、科学地运用广告，恰当地进行广告操作，杜绝广告中的不正当竞争。行业自律使广告主不一味地追求广告内容的新、奇、险，不盲目地与同类产品或商家攀比，不为求得一时的轰动效应而虚张声势，引起无谓的广告大战和广告纠纷。

（二）行业自律是国家广告监督管理的重要

补充

广告监督管理是一个系统工程，需要国家、广告业和社会共同努力。国家对广告的监督管理在其中发挥着法律保障作用，是保障整个广告事业发展在法制轨道上正常进行的基础。但是，国家对广告的监督管理是一种外部的行政管理，具体的执行者是广告主、广告经营者、广告发布者。通过行业自律，使广告主、广告经营者、广告发布者在广告活动中自觉约束自己的行为，主动按照广告法规的要求从事广告活动，减少违法广告行为的发生，既是广告活动的要求，也是广告管理的目的。广告管理并非只是为了处罚违法广告行为，而是为了预防、减少甚至消灭违法广告行为，使广告健康发展，而行业自律正是这种思想的体现。国家的监管与广告行业的自律作为控制广告合法发布的两大力量，在推动广告业健康发展的过程中均起着重要的作用。一个有效的国家监管和一个较为完备的广告行业自律都是推动经济发展所不可缺少的，过分强调任何一方面的作用都可能造成灾难性的结果。国家对广告的监管和广告行业自律不是谁取代谁的问题，而是二者有机配合和协调的问题。所以，行业自律是国家广告监督管理的重要补充。

（三）行业自律保障广告事业健康发展

广告能否健康发展，既取决于广告的外部运行环境，也取决于广告业自身条件。广告主、广告经营者、广告发布者是广告活动的主体，他们是具体广告业务的承担者。他们能否按照广告法规和公认的道德准则从事活动，是广告健康发展的重要基础之一。从我国的实际情况来看，广告运行的外部环境由于社会主义市场经济的发展正处于一个前所未有的良好时期，所以对于广告业的发展很有利。但是，从广告业的内部来看却不尽如人意。广告组织和广告从业人员的资质良莠不齐，虚假广告屡禁不绝，损害了广告业的整体声誉。一些有远见的广告主、广告经营者、广告发布者已经认识到这一问题的严重性，决心通过行业自律消除这些害群之马，达到广告业自身净化的目的。良好的广告自律环境能够赢得稳定、公平的行业规则和良好的行业声誉；充分的自律使广告有更大的真实性和可靠性；严格的自律有助于增强受众对广告的信任。

具体而言，首先，广告自律是为了保持广告从业人员的社会信誉。由于部分广告人道德素质较差，只注重眼前利益、个人利益，发布了一些虚假广告，使消费者的利益受到严重损害，也使得广告人的形象受到影响，大大降低了广告在民众心目中的信誉，使广告的可信度大为下降，从行业整体发展来看也影响了广告业的发展。其次，广告自律是广告界对自我形象的策划，广告内容要体现社会主义经济的繁荣程度和精神文明的程度；广告作品要体现经营者和广告制作者的知识水平和道德风貌；不能迎合部分人的低级趣味，制作和发布格调低俗的广告。

（四）广告行业自律坚持道德原则

广告行业自律当然也包括自觉守法的内容在其中，但是就行业自律主要内容而言，却是道德自律，即在遵守法律的前提下，以道德为标准来自觉约束和规范自身的广告行为。应该说，坚持法规与道德双重原则，对社会个人和所有社会组织及行业都是适用的，具有普遍意义。但是，在广告活动中更加突出强调法规与道德双重原则，尤其是将道德原则摆在格外重要的地位，贯穿于广告活动管理的全过程并由此构建起广告行业自律制度。这其中当然有广告行业自律存在的必然性起作用。

广告是一种科学与艺术相结合的文化传播。它将各种高度精炼的信息，采用艺术手段，通过各种媒介传播给大众，以加强或改变人们的观念，最终引导人类行为的事物和活动。现代广告已和社会文化融为一体，并集各种文化因素于一身，广告信息传播的文化效应之一就是它是否带给了受众情感上的共鸣，精神上的享受，是否给受众以鼓舞、净化和陶冶，是否给受众一种美的感受。我国广告业在迅猛发展的同时，却忽视了社会文化内涵，也给广告事业的健康发展带来了不少问题，尤其是伦理道德问题。然而仅靠广告法律、法规来解决这些问题是不够的，所以必须依靠工商界，特别是广告界的自律来加强自身的道德修养。

目前，广告存在不符合伦理道德的问题可以概括为如下几个方面：第一，广告语言太活泼，太随便，破坏了人类语言的尊严，使语言低俗。例如大量的广告随意杜撰语法不通、意义不规范的语句，任意篡改成语。第二，虚假夸大广告屡禁不止。不少广告都在使用“金字招牌”，用“最优”、“最大”、“第一”来吹嘘产品。然而，消费者购买使用以后，并不满意该产品，感觉产品也不像广告中所说的那么好。久而久之，消费者群体对广告的关注程度及信任度都会大为降低。第三，广告使人们过于追求物质生活，使人们购买一些不必要的东西。有些广告极力宣扬“贵族气派”、“宫廷享受”。广告提供人们精美的包装、豪华的外表、名流的地位，使人们相信购买了他们的产品将显得更加富有、更有成就，甚至更性感。第四，一些广告运用不恰当的情感诉求方式。有些广告格调不高、品位不高，低级的诉求不利于形成良好的社会风气，也不利于青少年的健康成长。

广告中不道德现象的出现，势必影响我国广告业的正常发展。只有依靠广告行业内部的自律意识，树立良好的职业道德，自觉抵制虚假违法广告，提倡正当竞争，反对不正当竞争，才能有效抵制“问题广告”。广告行业要抓自律，促发展，对不规范的经营行为，提出自律性规范措施。针对广告经营活动中存在的问题，广告行业组织要协助广告监督管理机关提出规范性意见，维护广告业良好的经营秩序。

（五）行业自律提倡广告业应有的社会责任感

广告是物质文明和精神文明的结合点，绝对不能只讲经济效益，而脱离社会责任。企业与社会是一个共生系统，企业要注重与社会的关系，企业应该承担起自己应负的社会责任，而不能只顾本企业的利益，而对关系整个社会公共利益的事情置之不理。如果社会不能发展，企业也无法发展壮大。

广告主、广告经营者、广告发布者都是社会的一员，都对社会负有责任，也都对广告健康发展负有责任。行业自律体现了广告主、广告经营者、广告发布者对社会是负责的，对自己的行为是负责的，对危害广告健康发展、损害消费者利益、损害社会公共利益、只顾自身利益的广告行为是反对的，表现了整个广告业的社会责任感。

综上所述，强化广告协会建设是解决广告发展进程中诸多社会问题的有效途径。广告从业人员的自觉遵守行业规则是搞好行业自律的基础。具体而言，要充分发挥广告协会的作用；广告从业人员要从主体资格、广告内容、广告发布三方面自我约束；政府的帮助与支持对于搞好行业自律工作是至关重要的；为了强化广告行业自律的力度，必须确立广告协会和广告行业自律的法律地位，因此，迫切需要把行业自律纳入法制化、规范化的轨道，实现广告行业依法自律。

感性信息原理及对广告信息冲突的和谐规范

广东金融学院工商管理系 周建波

内容摘要：感性信息的基本原理是和谐规范广告信息冲突的有效方法，广告信息本身和广告信息行为都存在着二元冲突的问题，即战略性真诚信息与战术性功利信息的冲突；营销真实信息与广告诉求信息的冲突。运用感性信息的熵值大数原理和冗余小数原理，研究广告信源创意、广告传播内容和广告传播方式中二元冲突的和谐规范方法，从而以感性信息规律的角度和谐地规范广告信息二元冲突问题。

关键词：感性信息原理　广告感性信息　二元冲突和谐规范

一、感性信息概念及理论框架

（一） 感性信息的概念

感性信息是指源于人的、具有文化理性的、运用感性思维创造的信息。由于感性信息具有信息的特征及哲学、心理学的感性概念特征，因此感性信息的特征是：①个体人的始创性与激活性；②群体的原创性与激活性；③外延的创新性与激活性；④文化的浸透性；⑤理性的意指性；⑥感性认识的片断性、生动性、具体性；⑦感觉、知觉、印象的片断性、认同性、传递性；⑧感性意识的片断性、能动性、影响性。

以形象、比喻、拟人化的感性信息为主的信息传播在营销传播中占据着重要的比例。可以说，那些诠释企业产品特点、功能和作用的理性信息，也尽可能与感性信息组合，采用以贴切的、形象的、比喻的、拟人的感性信息为主的表现形式进行营销传播，以便刺激、冲击、影响信宿，也即信息接收者或消费者。以感性信息为主的营销传播（市场中无数大量的事实功利性证明了），目的是让消费者能够在一个适合自己心理认知的信息环境中产生共鸣，使消费者更加有效地记忆与唤起、改变与认同、兴奋与欲求、购买与消费。

（二） 信息学中熵的一组概念

信息理论中的熵（entropy），是指一种情境的不确定性或无组织性；或者说，熵是对信息的自由度即不确定性的测量；熵与组成信息时选择自由度的大小有关(Werner J. Severn，James W. Tankard，1984)。熵的概念和理论在信息学、传播学、市场学中都可以得到很好的应用。市场从竞争的混乱状态到动态平衡的秩序结构状态，过度信息从传播的混乱状态到动态平衡的秩序结构状态，都是熵现象的随机性动态趋同的结果。

香农和韦弗认为：信息理论中的冗余（redundancy）是指熵（即有效信息）之外的那部分多余的信息。或者说冗余是一种对确定性或可预测性的测量。信息中的冗余越多，它所带的有效信息量就越少。但是，冗余可以用来抵消传播渠道中的噪音。因此，有时增加冗余可以增加传播系统的效力。冗余如果被遗漏，信息依然是基本完整的或可以补充完整的(Werner J. Severn，James W. Tankard，1984)。

信息理论中的噪音（noise）是指所有对正常信息传递的干扰，其中包括发射器本身出现的故障以及外界的干扰(Werner J. Severn，James W. Tankard，1984)。但传播中出现噪音时，就需要在熵和冗余之间求得平衡，即在有效信息和多余信息之间求得平衡。信息理论认为，噪音增加了不确定性，但噪音又增加了信息，这种说法既互相矛盾又符合实际。根据韦弗的说法，信息理论中的信息可以既有好的含义，也有坏的含义(Werner J. Severn，James W. Tankard，1984)。

从信宿的观点来看，由于熵含有错误或噪音，为了得到有用的信息，信宿（消费者）必须从接收到的信息中删去假的信息，因此，不确定性不是他们所希望的。但是，对信源（广告主）来说，高度的不确定性或选择的自由性（熵）是他们所希望的，例如企业在广告中，对产品性能的描述。同时，传播必须增加冗余抵消来自一个有竞争性信源的噪音（假的信息）。所以说，噪音既增加了不确定性，又增加了信息。

（三） 感性信息的熵和冗余

按照信息的性质划分，可以把信息划分为感性信息和理性信息。感性信息的传播诉求方式，是按照人的情感意识认知规律，以比喻的、形象的、拟人的情感方法，创造并传播含蓄的、生动的、想象的、刺激的具有艺术感染力的信息。而理性信息的传播诉求方式，是按照人的逻辑思维规律，以权威的、实证的、数据的理性推理方法，创造并传播明确的、清晰的、简洁的具有逻辑推理性的信息。

感性信息诉求多采取形象思维表述或表现的信息形式，一般来说，其信息的不确定性（熵）大、自由度高，因为只有这样才能提供联想的空间。因此，可以推断，感性信息的熵值大，即不确定性大。而理性信息诉求一般采取精确数量或具有严密性的信息形式，一般来说，其信息的不确定性小，自由度低，因为只有这样才能明确说明问题。因此，可以推断，理性信息的熵值小，即不确定性小。

举例来说，感性信息与理性信息的熵值区别，犹如中国画中的写意画和工笔画的区别。感性信息熵值如写意画，写意画的最大特点是在画中留下更大比例的空白部分，画面创意在含蓄寓意的基础上留下象征的点睛之笔，让人去想象回味，所传达的信息自由度高。而理性信息的熵值好比工笔画，工笔画的最大特点是从局部细节到整体构成都精益求精，让人欣赏精湛的画工，所传达的信息自由度低。

由此可以看出，在买方市场、市场信息不对称和过度化信息的市场环境中，运用感性信息熵的原理，并适度增加冗余重复，对抵消市场竞争性噪音、技术性噪音而进行成功营销传播是十分有效的。

（四） 营销信息传播的熵和冗余规律研究

营销信息传播研究及其规律的总结，是基于激烈竞争的买方市场形态、过度化信息的市场环境和市场依然存在信息不对称的现象。通过上述研究分析，可以发现感性信息熵和冗余的规律，同时也可以发现理性信息熵和冗余的规律。我们总结为营销信息传播的感性信息熵值大数原理、理性信息熵值小数原理、理性信息冗余大数原理、感性信息冗余小数原理。这四大原理对信息营销传播具有十分重要的价值。

1.感性信息熵值大数原理 感性信息熵大数原理是指在买方竞争市场、过度化信息的市场环境和市场存在着信息不对称现象的前提下，感性信息与理性信息相比，存在着感性信息熵值较大的规律。在充分考虑信宿（接收者，消费者）接受感性信息能力的前提下，营销传播要遵守感性信息熵值大数规律的原理。也就是保持感性信息动态平衡中的高自由度，即信源创意和信息传播的独特性原理。

2.理性信息熵值小数原理 理性信息熵小数原理是指在买方竞争市场、过度化信息的市场环境和市场存在着信息不对称现象的前提下，理性信息与感性信息相比，存在着理性信息熵值较小的规律。在充分考虑信宿（接收者，消费者）接受理性信息能力的前提下，营销传播要遵守理性信息熵值小数规律的原理，也就是保持理性信息动态平衡中的低自由度，即信源表述和信息传播的精确性原理。

3.感性信息冗余小数原理 感性信息冗余原理是指感性信息的冗余相对理性信息的冗余存在着较小的规律，即冗余的确定性小。为了增加感性信息的营销传播效力，在感性信息的营销传播过程中，要遵守感性信息冗余小数原理，即尽量减少感性信息的冗余，给信宿以更多的确定感。即使适量增加感性信息的冗余，也主要采取增加重复性冗余的策略。

4.理性信息冗余大数原理 理性信息冗余大原理是指理性信息的冗余相对感性信息的冗余大的规律，即冗余的确定性大。为了增加理性信息抵消传播渠道噪音和渠道以外的竞争性噪音，在理性信息的传播过程中，采取多种冗余组合的策略来增加冗余以抵消噪音，增强营销传播的效力。

二、广告传播中信息冲突的二元结构

由于我国还处于转型市场阶段，其市场营销的基本特征是混合营销形态下的大量营销，因此企业营销的媒介信息传播，以及媒体机构（也属于企业）的信息传播渠道，所体现的策略心理和信息传播行为，总体上是功利性的、短期目的的战术性传播。而在这些传播的信息中，尤以广告信息传播为主要形式。

广告信息本身和广告信息行为都存在着二元冲突的问题，广告信息冲突的二元结构，是由广告的基本内涵和现实市场的营销特征所决定的，广告主（广告付费企业）与传媒机构（企业）之间的买卖产品，严格来说是一种广告信息产品，广告信息产品的核心功能是传播影响，广告所传播的营销信息一定是冲突的二元结构。广告信息冲突的二元结构主要体现为：战略性真诚信息与战术性功利信息的冲突；营销真实信息与广告诉求信息的冲突。

市场经济是法治经济，在法制的约束下，市场经济应该是诚信经济。但是，由于现实市场处在发育不健全、有缺陷的转型市场时期，使得原本应是以建立在营销真实信息基础上的感性信息传播来激活消费者市场，却由于不成熟市场阶段和大量营销时期的特征，加之市场本身存在信息不对称的规律，使得广告所传播的营销信息存在着大量的虚假信息乃至欺诈信息。

同时，由于市场营销学、信息传播学和广告学都属于横断学科。市场营销学、信息传播学和广告学既有纵向学科关系，又有横向学科关系，因此就会产生营销真实信息与广告诉求信息的冲突、战略性真诚信息与战术性功利信息的冲突。战略性真诚信息与战术性功利信息的冲突，主要表现为广告所传播的信息是以战术性功利信息为主导、以战略性真诚信息为辅助的营销信息；营销真实信息与广告诉求信息的冲突，主要表现为广告所传播的信息是以广告诉求信息背离真实营销信息的现象。本文只探讨广告感性信息的结构性冲突。

战略性真诚信息与战术性功利信息冲突的两种不和谐、不平衡选择：

（一）过分功利的感性信息

主要体现为过度选择战术性功利的感性信息，这是目前市场条件下多数企业的行为。这与企业营销理念特征有着深刻的关系，对于处于大量营销时期的我国市场，多数企业的营销处于功利性的短期战术营销阶段，其广告信息所反映的必然也是这样的感性信息。例如，健特生物公司的产品脑白金的广告，其核心传播的是：送礼就送脑白金；再如，TOM网站广告所传播的：做爱做的事，等等。这些战术性功利的感性信息违背了感性信息的冗余小数原理，尽管从广告投入上选择了成本高的媒体并加大传播频次，短时间内实现了信宿即消费者的高认知度，但其所传播信息在消费者认知反应过程的认同上，并不会产生良好的效果，其营销效果也只能是短期的。

（二）战略性真诚的感性信息

主要体现为脱离营销效果的选择战略性感性信息，这是目前市场条件下少数企业的行为。在目前市场阶段，选择战略性真诚信息传播的成本比成熟市场要高得多，如果广告感性信息的创意有问题，则对企业的损失是不可估量的。例如，香格里拉酒业公司的香格里拉·藏秘青稞干红的广告：香格里拉·藏秘青稞干红，一支来自天籁的好酒！其广告所传达的感性信息冗余，则不符合感性信息的冗余小数原理，因而对其所传播的信宿，即消费者有一种云里雾里的感觉，必然不会产生良好的广告效果。

营销真实信息与广告诉求信息冲突两种不和谐、不平衡选择：

1. 过度唯美的广告感性信息

唯美广告的感性信息主要体现在广告的唯美创意、精致设计、高技术性能表现所产生的视觉盛宴、审美体验与冗余信息。例如，香格里拉·藏秘（如下图）的电视唯美广告创意策略，其所传达的感性信息是混乱的，冗余度与熵值的自由度都把握得不好。作者从1999年就开始留意香格里拉·藏秘的广告，2004年曾连续10天，每晚在一个固定的广告时段看湖南卫视播出的香格里拉·藏秘广告，并努力记忆其15秒电视广告的文案内容，也没有完全记忆清楚。原因就是其为文化而文化的唯美创意策略违背了感性信息的基本原理。

2. 虚幻的广告感性信息

虚幻的广告感性信息主要体现在广告语言、广告设计与广告画面等表现上所传达的信息产生过度的冗余信息，其信息具有主观的虚构性甚至虚假性。我们以广州房地产开发商开发的依林雅筑住宅小区的广告营销信息为例进行分析，依林雅筑的房地产平面广告获得了2004全国报纸优秀广告奖广州日报杯的大奖，依林雅筑《坡地生活启示录》平面设计文案如下： 坡地上的纸飞机与童年里的快乐小树林；远山的布谷与坡地上的自然美声；斑驳的石阶与坡地上的光影美学；坡地上的自行车与记忆中划过耳畔的风（如下图所示）。

2004全国报纸优秀广告奖广州日报杯评选获奖作品（最佳文案）

学府大道69号“坡地启示录”系列

依林系列报版(飞机)

依林系列报版(聆听)

依林系列报版(石梯)

依林系列报版(自行车)

这则房地产广告的感性信息违背了熵大数原理和冗余小数原理，感性信息的冗余太多，导致了或使消费者偏离住房产品的联想，或者误导消费者轻信能够享受这样意境的住宅环境。这明显不符合感性信息的冗余小数原理，其二元冲突的和谐安排出现了较严重的问题。问题一方面表现在其所传达的营销信息，缺乏战略性真实信息与战术性功利信息的和谐安排；问题另一方面表现在其所传达的信息，缺乏营销真实信息与广告诉求信息的和谐安排。由此，在市场信息不对称的条件下，要么出现达不到广告效果的情况，要么出现达到短期广告效果的现象，但却出现了以欺骗消费者利益为前提条件的情况。

三、运用感性信息原理规范广告信息的冲突

由于过度化信息社会的环境变化越来越复杂，而且随着组织中个体成员知识能力的普遍提高和追求自我实现价值观念的提升，广告的感性信息既要应对外部环境的不确定性，又要应对自身创意方法和传播内容的不确定性，因此要以和谐耦合的方法进行广告感性信息的创造和传播。

（一） 对广告感性信息传播内容的和谐规范

广告感性信息的传播内容与广告主和广告媒介的市场营销理念、市场销售目标、同业竞争行为有着密不可分的关系，这种利益关系决定了广告传播内容存在着战略性真诚信息与战术性功利信息的冲突、营销真实信息与过度诉求信息的冲突。

不同的广告主以及不同的媒体，在选择传播内容时会有不同的考虑，基于我国市场处于大量营销和混合营销的特征与事实，多数投放广告的企业以及多数传播广告的媒体，在广告感性信息的二元冲突结构中，都不由自主地选择了战术功利性信息和过度诉求信息的策略。而由于消费者对战略性真实信息和营销真实信息识别力不强的原因，导致这类信息认知接受的成本过高，以致于使得一些原本选择战略性营销的企业和传媒，也在不同程度上更倾向性地选择了战术功利性信息和过度诉求

信息的策略。

但是，随着我国市场在企业竞争和消费者识别上的越趋成熟，市场品牌意识的增强决定了对战略性真诚信息和营销真实信息之识别、需求和接受的增强，因此广告投放企业和媒体企业应该自觉地运用感性信息原理来对广告内容进行和谐规范，以解决广告感性信息二元结构的过度冲突问题。也就是说，对广告感性信息传播的内容，要坚持熵值大数原则和冗余小数原则，以感性信息的熵值大数原理和冗余小数原理来调解规范广告传播内容的冲突，使其符合感性信息传播的自身规律，并从感性信息传播规律中更好地得到广告应有的效果。

（二） 对广告感性信息创意的和谐规范

对广告感性信息创意的和谐规范，是因为传播广告感性信息的内容来源于信源的创意，即投放广告企业的广告创意，或者说这是广告内容的源头。对广告感性信息进行创造，要遵守熵值大数原则、冗余小数原则以及噪音的合理使用原则，使得广告感性信息的创意符合熵值大数原理、冗余小数原理等感性信息的规律，以达到对广告感性信息创意的和谐规范。

本文就广告创意的第一人称与主观置入式、唯美创意与营销收敛式、借物与意境联想置入式等几种方式进行讨论：

1. 第一人称置入广告的和谐创意方式 以第一人称表现的广告创意是以内敛的方式将企业的营销目的主观置入进广告信息，如果表现得当，即符合感性信息规律，则会产生良好的效果。例如中国移动动感地带的广告：我的地盘我做主；我的地盘听我的。麦当劳的广告：我就喜欢。安踏运动鞋的广告：我选择我喜欢。这些广告的创意虽然很主观，但都是以第一人称置入广告的，其广告信息减弱了其他人称的强迫感，同时熵值（自由度）较大，符合熵值大数原理，广告创意和谐规范地表现了广告的感性信息，因而在广告传播中收到了良好的效果。

2. 唯美营销信息广告的和谐创意方式 唯美广告创意最难以掌握的是广告创意极为艺术，具有很高的美学价值，但与营销传播目标发生脱节，达不到预期的广告效果。但对于大品牌类企业，传达唯美营销信息的感性广告则是必需的，唯美广告创意必须遵守符合消费者接受习惯原则与符合感性信息规律原则，使其唯美创意能够内敛其要传达的营销信息，并臻至收放自如的境地。例如宝马汽车配之以唯美的创意图（如下图）的系列广告语：驾乘宝马，享受生活的超凡感受；驾乘乐趣，创新极限；生活艺术唯你独尊。其广告创意符合熵值大数原理，并和谐规范地表现了广告的感性信息，真正地达到了传播唯美营销信息的广告境界和效果。

宝马汽车广告图片

3. 借物与意境联想置入式 感性信息熵值大数规律在广告营销传播中体现得最为明晰。例如，中国平安人寿保险公司地名篇电视广告所传播的感性信息，整个电视广告以几组镜头的画面，用一系列含有平安二字的中国地名，如青海平安县、北京平安大街、广西平安乡、上海平安里，再配以有浓郁地方特色、极具美感的电视画面，最后把企业的祝愿“中国平安，平安中国”水到渠成地推出，表现了“平安”的多重语意语境，其创意体现了广告感性信息极高的关联性与和谐性，该广告创意把企业的人格化形象烘托到了极致趋于完美，把中国人需要“平安”的心理欲求丝毫不觉牵强顺理成章地寓于地名之中，而没有对中国人需要平安保险和平安保险的企业理念去直接表现和陈述，可是人们都明白了他的意思。

这则感性信息是对熵原理在营销传播中的极佳运用，信息发送者和信源运用不确定性大、自由度高（熵）

的感性信息，这些感性信息对电视观众—信息接收者—消费者（信宿）来说，从审美认知到对“平安”的认知，再到对平安保险的认知都得到了极大的冲击，使得广告感性信息的创意极为和谐，也起到了对广告感性信息和谐规范的作用。

（三） 对广告感性信息传播方式的和谐规范

广告传播的媒体有多种多样的形式，但目前最常见的媒体传播形式是电视和报纸。在电视媒体和报纸媒体的传播过程中所采用的表现形式也是多种多样的，最为常见的形式是采用创意图像和创意文字来传播感性信息，并以诉诸幽默和性感的方式进行重复传播。

1．运用感性信息原理选择图像传播 无论面对平面媒体，还是电视图像媒体，信息接收者（消费者）的阅读习惯和接受方式已经发生了质的变化，由“读字”习惯转变为“读图”习惯，或者说是进入到了图像与文字互动的接受方式，这是信息过度化买方市场的必然结果。感性信息营销传播在采用图像传播方式上，也存在着以下几个方面的问题：(1)采用图像传播方式，其营销成本高，营销传播要考虑成本与效果的效益最大化，这是感性信息营销传播的选择前提；(2)过多地采用图像传播信息，同样也减弱了接受者的注意力。因此，感性信息营销传播无论是采用图像单一方式，还是采用多种媒介方式，都要遵守感性信息原理，实施有效的感性信息广告传播。

2．运用感性信息原理诉诸幽默传播 诉诸幽默在感性信息营销传播中，能够起到较好的效果，经常被大量使用。但是，幽默的效果也有其局限性。幽默的作用主要表现在：(1) 幽默能够起到强化的作用，因而导致更大的态度改变。幽默可以阻止相反的观点，导致消费者较大的态度改变；(2) 在有些情况下，幽默也容易导致负面效果（Werner J. Severn,James W. Tankard, 1984)。因此，对诉诸幽默技巧的使用也要谨慎，要充分考虑接收的消费者情况。同时，态度改变不一定是一个连续的过程，或者说在有些情况下，态度改变是一个迟缓的过程。例如，南极棉保暖内衣的电视广告《外星人篇》，其中的形象代言人赵本山在表演中的一句诉诸幽默的潜台词：地球人都知道。这条营销传播的感性信息是经过近一年的时间，才在很多消费者中传播开，成为人们的习惯用语。

3．运用感性信息原理诉诸性感传播 性感因素会对品牌和促销传播起到积极的作用。也有一些研究显示，性感因素对回忆品牌的效果很小，诉诸性感也有其负面的风险性，主要是：(1)分散注意力，容易导致偏离感性信息营销传播的目的；(2)不能被某些消费者认同，可能被误解或被忽略(Werner J. Severn, James W. Tankard, 1984) 。例如，巩俐在大洋摩托电视广告中的诉诸性感形象，虽然巩俐的性感形象特别前卫，并传播很惹人的广告语：心随我动，大洋摩托。但是，由于巩俐的诉诸性感的造型缺乏创意，并且表现画面缺乏视觉艺术效果，其感性信息传播的认知效果并不理想。

4．运用感性信息原理选择重复传播 根据感性信息传播的原理分析，重复是一种较好的传播方法，但重复太多就会违背冗余小数原理，也就会促使其传播效果降低，甚至产生负面的效果。可能产生不好效果的方面：(1)重复的信息起初可以增加对其支持立场的认同，但在经过某一点后（重复与传播效果之间的曲线关系），对其所支持的立场便会降低；(2)起先导致的反对观点减少，到了某一点后，反对观点又会逐渐开始增加。并且还发现，无论重复的次数是多少都会增加与信息主题无关的想法(Werner J. Severn, James W. Tankard, 1984)。对消费者已经认知的感性信息和所接受的观点，如果重复过多，甚至会导致消费者的逆反、厌恶和抛弃。例如，哈药集团的盖中盖广告和健特生物的脑白金广告，这些不断重复播出的广告，在消费者的心中都产生了重复的负面效果，乃至被很多消费者所厌恶和抛弃。

四、结语

关于信息学的学科地位问题、交叉学科的学科归属、横断学科研究及基于信息学的感性信息研究都还处于起步阶段。本文是第四篇基于信息学、传播学、广告学、营销学和行为学的关于感性信息营销传播横断学科研究的论文。

感性信息有其自身的规律可循，本文运用感性信息的一些基本原理，对广告感性信息本身的二元冲突和传播冲突进行了研究，并运用感性信息原理对广告感性信息的信源创意、传播内容和传播方式加以研究，从而得出了和谐规范广告感性信息冲突的一些基本方法。

注：

[1]周建波《感性信息及感性信息营销传播研究》(硕士学位论文)[R]. 2003年 4月.

[2]周建波《感性信息及感性信息营销传播研究》[J].《中国流通经济》, 2005年第10期.

[3]周建波 《感性信息在营销传播中的规律研究》[J].《中国出版》, 2005年第12期.

[4]周建波《创意应点燃效果——香格里拉·藏秘广告创意的营销批判》[J].《现代广告》, 2003年第2期.

[5] Werner J. Severn, James W. Tankard《传播理论》(中译本)[M]. 北京：华夏出版社, 2000年.

[6] 席酉民《和谐管理理论的提出及其原理的新发展》[J].《管理学报》, 2005年第2卷第1期.

[7]本文所引用的案例与图片均来自百度网上的搜索. http://www.baidu.com/. 2005年09月—10月.

广告传播中的社会问题与出路
—— 和谐之本与冲突之源

北京印刷学院 高萍

广告传播，这里主要针对商业广告传播而言，它的功能即营销。作为市场行为，广告传播不同于新闻传播和公共传播，广告传播有其明确的商业目标，需要强势传播、需要“魔弹效应”、需要事前缜密的广告策划和媒介计划。因此作为一定要借助于特定广告媒介才能实现的传播活动，广告传播对社会的影响和作用不能低估。

广告媒介是被广告主和广告公司或媒介公司经过策略性的对媒介类别选择后的投放载体，广告是一种非人际的信息传播活动，必须借助一定的传播手段和媒介载体才能达成。我们所拥有的传统媒介——广播、电视、报纸、杂志等，以及互联网络等新媒介都具备传播效果，必然成为广告媒介，同时一些分众媒介，如户外路牌、灯箱、公交媒介载体等，也会被广告主有偿使用，针对区域性营销目标进行广告投放。在广告活动中，大众传播媒介必然成为主流媒介，在广告讯息的传递中发挥重要作用。

伴随人类文化生活需求水平的不断提高，大众传媒在当今社会发展中的作用越来越重要，在传递各类信息，指导社会经济发展，服务百姓，对社会各领域、各部门的运行实施舆论监督等方面与人们的工作和生活息息相关，已成为政府和百姓、企业与消费者、制造商与供应商以及各界人士交流互通的重要的沟通平台和渠道，也成为国内与国际之间信息交流的桥梁。因此大众传媒受人瞩目，其传播意味着导向，内容意味着教化。从一定意义上讲传媒的价值取向能够影响甚至驾驭社会的大众文化发展和主文化、亚文化的社会文化构成。当大众传媒作为广告媒介进行商业传播时，其传播力和影响力必然要放大广告讯息内容的商业导向和功利性。一方面，广告传播能够为企业传递品牌信息，生产商业价值，沟通服务百姓，实现生产与消费的社会和谐发展；另一方面，广告传播也会同时产生商业功利化的不和谐的媒介视听以及社会“冲突”问题。

一、广告传播“与生俱来”的和谐之本

“存在的就是合理的”。没有社会的发展就没有广告；没有中国改革开放市场经济体制的建设也不会有25年广告市场的长期增长。广告传播在和谐社会的发展和建设中起到了不可替代的经济增长素作用。无论是作为经济发展的“晴雨表”，还是作为经济增长的“催生剂”，广告在建设和谐社会中的作用都是“与生俱来”的。

1．广告传播是社会历史发展的必然产物

广告传播将广告主的商品或品牌讯息、劳务服务信息等传达给消费者，以实现生产者与消费者、经销商与消费者之间的讯息沟通。因此广告是连接生产企业、销售企业与消费者、客户之间的重要桥梁，这是广告传播的功能。没有传播就没有广告，没有品牌推广的需求也没有商业广告的传播。相伴社会生产力发展和品牌生产开发的企业经营行为，人类社会在经济发展的进程中客观产生了商业广告从自发到自觉的活动。只有通过各类广告媒介各种各样的、广泛的、有针对性的广告讯息传递，才能告之更多的有需求的购买者发生购买，实现生产与销售、消费的全社会性的商品流通。广告传播是社会经济发展的必然产物，是建造社会和谐发展的经济活动。

2．广告传播作为一种现代信息服务，已成为社会经济发展的信息要素

作为现代生产力中的信息要素，广告传播使讯息发布者和受众之间互通、共享以至互动，促进了社会经济和文化系统生态循环的和谐发展。

广告传播是实现广告目标和经济增长的前提条件。广告主的广告讯息经过市场定位策略和创意表现策略等一系列营销策划之后，必须借助于具体的媒介承载和传播才能使目标受众接触并感知，没有广告传播就不能完成并实现广告，从这个意义上讲，广告传播的功能就是广告的功能；广告传播策略是企业营销策略和广告策略能否成功的关键因素。据统计，截至2004年底，全国共有广告经营单位113508户，广告从业人员913832人，广告营业额达1264.6亿元，占年国内生产总值0.93%，占第三产业生产总值2.9%，广告在社会经济发展中发挥了不可替代的作用。广告传播作为现代社会经济发展的信息要素，其主要功能体现在：沟通产销，促进流通；对社会的整体需求产生刺激作用，提高社会总体消费；有利于市场竞争，可以促进社会经济和财富的增长；提高或抑制价格，以消费者收益为导向；对产品商业价值产生附加作用；有利于消费者的选择；靠“无形的手”调整产业结构；对产品或产业经济周期产生影响等。同时广告传播对于消费者：可以提高消费者的生活水准；提供给消费者更多的商品知识，有助于消费者识别、选择商品；起到指导消费的作用；促进消费者生活的合理化以及重建新的生活方式。这些促进了社会物质生产和人民生活水平的和谐发展。

广告收入已经成为媒介效益的主要来源。按照国际惯例现象，用于广告媒介的费用一般占企业广告费用的75%～85%以上。现阶段，我国的媒介生存也越来越依赖于广告。根据媒介生态调查，2004年被访媒介广告收入占媒介总收入的平均比重为72．5%，与2003年相比，这一比例下降了3．1%，继续呈现出下降的趋势，但广告收入依然是媒介经营的主要经营收益来源。媒介的产业化经营，其核心资源和经济增长还要依赖于广告收入，广告经营已成为媒介经营的重要内容和效益增长点。同时，广告媒介将企业商品、品牌、企业名称或经销商服务等公诸社会大众或目标受众之后，这些公开了的商业信息便容易受到大众瞩目，使广告主处于无形的社会监督之下，对于多数广告主或经销商而言，努力实现广告的承诺，这也是广告传播信息的社会效益。媒介的发展加强了媒介传播实力，促进了社会物质和文化传播的和谐增长。

3．广告传播丰富和促进了社会文化领域的和谐发展

在社会的发展越来越信息化时代，广告借助大众传

播对社会的话语权影响力，在商业文化和大众文化方面的影响越来越大。广告信息通过电视、报纸、杂志、广播等大众媒介，或互联网、户外媒介的传播等，可以丰富媒介文化的传播内容，美化城市环境，广告的社会文化功能具体体现在：广告繁荣了社会文化生活和体育事业；有助于公益事业的发展；广告改进了人们的生活品质，推进了社会文明进程；广告能够提供娱乐文化丰富着人们的业余生活；能够直接反映本地以及本土文化等。（限于篇幅，本文作者将有专著论述，这里略。）

二、广告传播难以根治的冲突之源

广告目的决定了广告传播的倾向性和特点；广告借助于大众传媒的刊播形式，决定了广告传播带有较强的辐射性和影响力；广告的本质决定了广告不可能是“完全信息”。广告产业比其他行业更容易引发各类问题，产生一些与社会发展不和谐的音符。然而，对于广告自身带有的负面影响和消极因素，从广告本性上，似乎又是难以根除的。

1．广告传播的功利性及可能带来的社会欺骗性

广告主投资，甚至掷巨资购买媒介做广告是为了要达到他们的广告目的。正如美国广告公司协会主席约翰·奥图尔(John O’Toole)指出的“是因为他们希望广告能帮助他们卖出某种商品、服务或者观念”。因此，为了达到吸引受众、诱使购买的目的，广告总要表现有利于广告主或其商品品牌的内容。因此，一些过分夸张的、带有欺骗性的、甚至虚假的广告也就陆续出现在广告媒介上，甚至出现在具有较强公信力和社会影响的大众媒介上，对社会公众和广大消费者产生了不容质疑的欺骗性后果。

2．广告传播内容的倾向性及可能带来的文化污染

由于广告传播的功利性和某些广告创制者自身的原因，在广告讯息内容、广告创意和表现形式本身已经会出现各种问题，如广告情节中含有的性别歧视、暴力、性诱惑等；广告文案中出现的低俗甚至恶俗的谐音广告；广告诉求中出现的违背社会伦理道德的现象，广告画面出现的对青少年成长不利的价值观渲染等等，这些消极的东西通过广告媒介的传播便会放大并加剧这类问题的社会影响，造成对社会文化环境的污染，甚至一定意义上的文化误导。

3．广告媒介的高额费用对广告讯息完整性的限制

无论是国内传媒还是国际传媒，媒介市场一个共同的事实是：广告活动都面临更高的媒介成本，媒介的广告价格不断增长。广播、电视等广告媒介的秒、分，报纸、期刊等印刷媒介的厘、寸之争，每一类媒介及每一种媒介载具价格的不断增长限制了广告讯息表现的完整性和完善化。在广告主越来越懂得投资回报的今天，广告媒介的高额费用限制了广告讯息内容的完整性和完善化。同时，有些广告媒介机构在经济效益的驱使下也难以拒绝不良产品及品牌的广告投放，虽然媒介的品牌可以提升广告讯息的诚信度，但是不良的广告讯息也会玷污了媒介的品牌形象。

三、广告传播引发的社会问题及出路

正是由于广告目的的功利性和广告媒介传播的无限影响，广告在媒介刊播和发布之前需要层层审查，需要政府有关部门的严格管理，需要规范广告市场和广告媒介市场。然而，由于各种原因，一些不良广告还是挤进了大众视听，由此造成的不和谐之音引发了一定的社会问题。

1．社会问题之一：不良广告传播对媒介公信力和媒介形象的毁损

出于商业目的，有的广告媒介不惜版面和频道刊载追求猎奇的广告讯息和低级趣味甚至色情性的视听符号。同时，各类媒介之间的“发行大战”、“广告大战”、“有偿新闻”等现象使少量媒介机构陷入传媒市场竞争的混乱和无序状态。一些传媒机构的广告人员追逐企业厂商以“拉”到广告为最终目的；有的企业厂商为媒介能够曝光又来追逐新闻记者等等。个别传媒机构与广告主企业之间的关系也走入了一种彼此辖

制的怪圈：企业出了问题以广告相要挟不准媒介曝光；传媒机构对不能满足其广告投放要求的企业进行媒介封杀等，这些都是影响到传媒发展的社会问题。由此引发着媒介市场的无序竞争和传播内容的庸俗化，这些还不仅仅影响经济方面。

2.社会问题之二：不良广告传播对社会文化和道德伦理等文明元素的毁损

不良广告传播对社会文化和道德伦理等文明元素正在进行侵蚀。如谐音广告，这是一个广告业界老生常谈的问题，时至今日仍未得到彻底解决。广告语应该是产品品牌的精髓；是引导消费者生活方式的文化时尚，它需要策划创意，更需要创新，使用成语或民谚，借其谐音为广告语，只是文字游戏中的挪用和套用，缺乏新意，更不能算创意。谐音成语难以具备对产品或品牌进行文化包装的功能，如果谐音原意是一般的民俗，广告语意会囿于此难以进行品牌延伸；若谐音的原意是恶俗的，则带给品牌的将是形象玷污。使用广告谐音除了误导消费者对品牌形象的定位，最致命的问题是文化误导。它对社会文化的宏观影响更不容忽视。广告是强力导向工具，谐音广告玷污了我国语言文字的纯洁性，直接误导人们对语言文字历史文化的理解。不良的广告谐音会传播低俗文化，污染社会人文环境，损害广告业的形象。这是一个事关我国精神文明建设和维护中华民族语言文字层面的文化问题。同时不良广告传播也将对企业及产品品牌形象造成影响。

3.社会问题之三：不良广告传播对青少年心智健康的影响

在目前我国广告事前的监管制度还不能完全到位的环境下，传媒机构巨大的资源优势，正在放大着广告传播功利化表现的负面效应，直接危害广大青少年的心智健康。如电视产生的“温室效应”问题：目前未成年人大量接触电视媒介，一般情况下，电视节目和广告传达的内容都会超出未成年人平时积累的生活经验，必然会对他们产生各种各样的身心影响：一方面使孩子开阔视野，心智早熟；另一方面由于缺少分辨和判断力，很少预存立场，没有自我防御能力，往往对视听内容深信不疑，其中暴力、商业化、性已成为电视媒介对少儿危害最深的内容。根据专家对我国小观众的受众调查发现，电视对儿童发展具有多方面影响，通过电视媒介使未成年人受到良好的文化熏陶已成为重要的社会课题。

四、探寻消除不良广告传播的出路

1.对媒介社会责任与社会效益的反思

功能决定地位和作用。传播媒介承载着传递信息和舆论监督等主要功能，作为大众性文化载体和社会公器，对社会发展和百姓生活的影响和作用不可低估。大众传播媒介的功能决定了其社会经济地位，这种社会经济地位又一定程度约束和影响着传媒的运营理念和市场表现。在目前我国传媒市场机制不成熟的环境下，媒介机构不能仅仅追逐经济利益的最大化而忽视了社会地位与社会责任的对等性，对不良的广告信息应该加以严格筛选和把关。

与其他行业相比，传媒机构拥有得天独厚的社会资源——传播管道、信息平台、话语权、社会讯息的摄取权和公众价值导向权等等。在挣脱了自上而下统管统播的单一意识形态的指令形式后，媒介的产业化也不能完全地经济效益最大化。因此在这里我们提出：由于传媒产业的特殊属性，不能将媒介资源全盘交付市场规则来支配，不能忽略传媒应承担的社会责任，媒介在产业化过程中应该把社会责任和社会效益放在首位。

媒介的经济效益与社会效益之间是相互影响、相互制约和相互作用的，二者互生互动，共同造就媒介品牌效益。一般而言：媒介的经济效益要以社会效益为前提，没有良好的社会影响就难以保证一定的受众规模并吸引高额的广告投放；同时，没有一定的广告收入，媒介也难以开发栏目内容以满足受众需求。因此要以社会效益与经济效益的“双赢”为目标，无论是从商业视度还是从文化视度，传媒的市场运作都需要在信息内容和文化导向方面的自律和规范，任何传媒机构和传媒人都需要具备一种自觉的社会责任感，在赢取民心、民意的同时赢得市场，在获得社会效益的同时获得经济效益。

2.对广告真谛的把握和对广告品位的提升

广告主、广告公司、广告媒介机构的各个角色都应该了解并深刻领悟广告的真谛：

广告是什么？广告是营销，是市场推广——广告主付费传递的有偿讯息；广告是传播，是广而告之——借助于媒介与受众双向沟通；广告是艺术，是心理劝服——为达到销售目的的劝诱艺术。

广告是什么？广告可能非常复杂，但也绝对简单。广告是“知识密集、技术密集、人才密集的高新技术产业”，复杂是指广告经营单位要同时拥有知识、技术和人才；简单即单纯，广告只有一个对象——人，广告研究如何打动消费者，实现讯息的双向沟通问题。广告就是人性的沟通。广告是一种商业文化传播。

广告是什么？广告是一种有责任的讯息传播。广告界的若干问题，如虚假广告、恶俗广告等正在给社会文化带来污染和负面效应，甚至威胁到未成年人的心理健康，作为专业广告人应学会分辨和自律。

广告是什么？广告是品牌的写真。广告策划是要确定一个明确有力的品牌形象；广告创意是要寻找一个贴切的品牌形象载体；广告制作只是这种形象载体的表现。广告是一个形象产业——生产或塑造企业或产品的品牌形象，需要明白广告表象后面的东西。

要从本质层面认识广告。今天的广告绝不是可有可无的东西。没有广告是万万不能的！

但广告也不是万能的！正如钱钟书先生所言：“广告只是一个媚眼，算不得结婚证明的。”要明白广告公司能做什么？如果把企业实现销售的全部责任都推给广告是不现实的。广告只是对于一切商业产品的文化包装！突出“卖点”，应该以高品位元素增加广告产品或品牌的文化附加值。

3.对广告业界的洗牌和对广告人的洗脑

首先要解决广告业界的诚信问题。没有诚信永远不会有出路！这是虚假广告之恶源，是侵蚀社会文化的毒瘤。广告业界需要洗牌，广告人需要洗脑，需要具备“板凳要坐十年冷，文章不写一句空”的踏实功夫，潜心研究，实干苦战。凝练广告精神，浓缩广告思想，注意广告方法论的探索。目前大量存在的广告作品创制方面的模仿甚至抄袭，是我国广告教育与培训的败笔表现，案例教学的使用重要也必要，但不讲方法、不重视过程必然带来模仿和抄袭。目前无论在业界还是在学界，广告大奖此起彼伏，但需要整合，做出品牌，不可多而杂，避免广告人员及广告专业的学生盲目跟风。广告业、广告界、广告人要从各个方面注意树立和塑造“广告”的社会形象。

4.对广告理论及有关学术问题的深入研究

加强对广告传播科学性的研究。如广告传播的有效性：企业现代营销目标的实现需要通过一切创造性的传播——专业广告手段达成，消费者可能不理会营销，但消费者能够被传播征服，力求实现广告的有效传播。广告传播的科学性：广告传播不仅要实现营销学层面的目标，首先应从传播学视角把握商业信息的传播效果，还应从心理学等层面驾驭营销与传播的通路，力求实现广告的高效传播。广告传播的责任性：源于广告生态环境的无序竞争、诚信缺失、虚假广告、低俗甚至恶俗广告等对社会文化污染等现象已构成行业危机，针对广告传播的功利性，以成熟的人格创制成熟的广告，通过“自滤”和自律，实现广告的正态传播。

荐证广告法律的规制

中南民族大学　周　樊

内容提要：由于我国荐证广告法律的不完善，虚假的荐证广告正在破坏社会主义市场经济秩序并损害广大消费者的利益。这种现象与和谐社会的要求相矛盾。本文通过研究荐证广告中代言人的责任问题，对代言人进行规制，来完善我国现行荐证广告法律制度，使得社会更加和谐。

关键词：荐证广告　代言人

广告无处不在，传播范围很广。广告可以说是社会的产物，在某些方面对社会有一些积极的影响；另一方面，它又对社会产生消极的影响。比如，荐证广告，一方面找代言人代言可以使产品知名度提高，增加产品销售量；另一方面，由于现在的广告法中没有对个人作虚假广告的法律规制，使得代言人对其所代言的广告不负任何责任，违背了权利与义务统一原则。

我们必须利用法律对这种社会现象进行规制来减少冲突，以实现我们所期望的和谐。

荐证广告，是由名人、专家、消费者信赖的组织等，通过推荐、题词、保证、证明书、推荐书、感谢信等方式，以便说服、刺激潜在的消费者购买商品。

《广告法》第38条第三款：社会团体或者其他组织，在虚假广告中向消费者推荐商品或服务，使消费者的合法权益受到损害的，应当依法承担连带责任。由此可见，我国法律对社会团体或其他组织所作的虚假荐证广告应承担法律责任作了明确的规定。但是，却没有对代言人作虚假荐证广告是否承担责任做出规定，以致于在现实生活中，只能追究虚假广告的广告主、广告经营者和广告发布者的责任，代言人不承担任何责任。

一、代言人承担法律责任问题

在代言人应否承担法律责任问题上，有两种观点：

（一）应承担法律责任

1.代言人在戏剧中是在扮演别人，而在广告中，他代表着自己，而且是公众人物。他和制片人、创意人一样，参与广告创作，是广告的参与主体之一。作为完全民事行为能力人，他应该为自己的言行负责，当他的言行对其他人造成了误导使得他人遭受损失，他应该负一定的民事责任。所以，代言人不应该无根据地以自身为例向广大消费者推荐产品或服务。[1]

2.广告必须真实，广告真实性的责任是由构成广告的每一个要素共同承担的，代言人做广告也必须对广告内容的真实性负责任。根据《广告法》第27条规定，代言人负有查核厂家广告内容真实性的法律义务。

（二）不应承担法律责任

依据我国现行《广告法》规定，广告法上的主体是广告主、广告制作者和广告发布者。代言人虽然参与了广告的制作过程，但并非广告制作者，故无需为广告制作者的过错承担责任。

二、外国的实践

我国现行的《广告法》没有对代言人广告作详细的规定，而欧美国家的通行做法是均视形象代言人广告为“荐证广告”及“明示担保”，一旦广告虚伪不实，消费者可以据此担保索赔。德国将广告法作为竞争法的一部分，要求广告不得误导大众。法国在规定广告必须真实、体面，禁止误导消费者的同时，规定不允许那些定期在有关电视新闻节目中露面的人用其形象或声音做广告；法国电视主持人吉尔贝就因为为一款戒指做虚假广告而锒铛入狱，罪名是夸大产品功效。美国在1990年便已订立了一套荐证广告的指导原则，其中规定合法荐证的条件，须包含诚实反映荐证人之经验，即荐证人必须是产品的直接受益者和使用者，如果查出不实，便要处以重罚。美国摇滚巨星杰克逊曾为百事可乐做广告，但有人发现他根本不喝汽水后，一时间他被公众列为知名度高却被普遍讨厌的人物。

在日本，因为广告代言引发的争议也是层出不穷，因此，后来日本公平竞争委员会就订立相关规范，若是厂商的产品有请代言人做广告，发生争议的话，就请厂商负举证责任，代言人则不必负责任。

台湾消费者保护基金会正研拟于消费者保护法部分增列广告代言规定，如果商品对消费者造成损害，广告代言人应负连带责任，但如果代言人已尽查证等相关义务，则不在此限。

笔者认为，我国应参照欧美国家的做法，追究代言人相应的责任。这样有利于保证我国市场经济秩序的良好运作并且保护消费者的权益，是以人为本的表现。而且，从权利义务相一致和保护消费者利益的角度来看，代言人做广告可以拿到不菲的报酬，如果不对其行为进行规制，就会导致权利义务的严重失衡；代言人做广告时可以完全不对其言行负责，这样会严重伤害消费者的利益。所以，代言人做虚假广告应该承担相应的法律责任。

三、我国对荐证广告的法律规制

（一）目前我国对荐证广告的规定

《广告法》第14条第（四）项：药品、医疗器械广告不得“利用医药科研单位、学术机构、医疗机构或者专家、医生、患者的名义和形象做证明”。

在《广告审查标准》中，对荐证广告的规制主要表现在以下几个方面：

1.某些特殊主体不能作为荐证广告的代言人 例如，第16条第（一）项：军人、警察、公务人员、医生、教师，非经所属主管部门同意，不得在广告中表示其头衔或声明其身份。

2.在某些广告中不得使用某些特殊形象 例如，第16条第（二）项：不得以医生、护士、药剂师、营养师、医疗机构、保健机构等人员或机构的名义为药品、食品、化妆品、医疗器械、医疗服务做广告。第42条第（十）项：儿童广告中不得“使用教师或儿童教育家、儿童文艺作家、儿童表演艺术家等名义、身份或形象”。第53条第（七）项：药品广告不得“利用医药科技单位、学术机构、医院或儿童、医生、患者的名义和形象作为广告内容”。第7 0条第（一）项：医疗器械广告不得“使用专家、医生、患者、未成年人或医疗科研、学术机构、医疗单位的名义进行广告宣传”。第80条第（五）项：医疗广告不得“利用患者或医学权威机构、人员和医生的名义、形象或使用其推荐语进行宣传”。第91条第（三）项：酒类广告及利用非禁止媒介发布烟草制品广告不得“有未成年人形象”。

3.代言人所作的宣传必须真实 例如，第17条：不得滥用公众对代言人的信任感。聘用代言人做广告宣传商品的使用效果，必须与其本人的真实使用情况相一致。

4.某些广告不得有引人误解的意思表示 第100条第（二）项：化妆品广告中禁止“使用他人名义保证或以暗示方法使人误解其效用”。

（二）我国荐证广告法律规制方面的不足

1.法律中对荐证广告的规定很少 法律的滞后使得现实中有关荐证广告的问题无法得到有效的解决。

2.法律中没有明文规定代言人做虚假荐证广告是否承担法律责任 使得很多代言人钻法律的空子，却不用承担任何责任。

3.《广告审查标准》中仅仅是列举了一些禁止性规定 并没有指出如果违反这些规定会承担怎样的责任，而且所列举的范围毕竟是有限的，应该有一些补充性的原则性规定，例如，概括性的规定哪些主体不能出现在哪些广告中，哪些广告中不能使用哪种形象。

4.加大对虚假荐证广告的惩罚力度

（三）借鉴外国先进经验，完善我国荐证广告法律制度

20世纪六七十年代西方国家经济高度增长，虚假广告回潮，许多代言人在广告中做假证，西方各国纷纷立法，明确规定以证人身份出现在广告中的商品推荐者首

先必须是商品的真实用户，其证词必须真实无误。法国电视节目主持人达尼埃尔·吉尔贝因1991年秋在电视上为一种戒指做虚假广告而锒铛入狱，其罪名是夸大产品的功效。1978年，美国联邦贸易委员会抓获并严格处理了一批触犯广告法规的知名代言人。歌星帕特·布恩在ACNE—STATIN粉刺药霜广告中做了假证。联邦贸委会经调查发现其证词毫无凭据，命令立即停止刊播广告，并追究了假证的直接发布者布恩的责任，因为该委员会要求所有做广告的证人在广告刊播前必须备好证词的凭据，否则必须承担法律责任。笔者认为，我国也应订立类似法规对代言人进行规制，可以从以下几个方面着手：

1.在法律中明确规定禁止代言的广告　《广告法》第14条第（四）项就是禁止代言广告。一旦发现有违反此规定的广告，就不予发布；已发布的，应追究违法者（包括代言人）的法律责任。我国广告法中对禁止代言的广告范围狭窄，应当扩大此类广告的范围，如禁止在保健食品、药品、化妆品和医疗广告中使用消费者、患者、专家的名义和形象做证明。

2.严格限制可以请代言人的广告　第一，代言人必须是此广告的直接受益人和使用人。第二，代言人在广告中向公众所说的话必须是他的真实感受和切身体验，不得欺骗和误导消费者。第三，在法律中明确规定代言人违反前两个条件时，应承担法律责任。第四，代言人在广告中的形象不能对社会造成不好的影响。

3.明确规定代言人的法律责任　在诉讼活动中，代言人须对其在广告中所说的话的真实性负举证责任。如果其无法举证证明其在广告中所说的话都是真实的，他就必须为他的行为产生的损害负责，和广告主、广告经营者、广告发布者等其他广告主体一起承担连带责任。

4.法律责任　（1）行政责任和刑事责任。根据《广告法》第37条规定，利用广告对商品或者服务做虚假宣传的，由广告监督管理机关责令广告主停止发布，并以等额广告费用在相应范围内公开更正消除影响，并处广告费用1倍以上5倍以下的罚款；对负有责任的广告经营者、广告发布者没收广告费用，并处广告费用1倍以上5倍以下的罚款；情节严重的，依法停止其广告业务。构成犯罪的，依法追究刑事责任。（2）民事责任。根据《广告法》第38条规定，广告主发布虚假广告，欺骗和误导消费者，使购买商品或者接受服务的消费者的合法权益受到损害的，由广告主依法承担民事责任。但广告经营者、广告发布者存在明显过错，即明知或者应知广告虚假仍设计、制作、发布的，应当承担连带责任。如果广告经营者、广告发布者不能提供广告主的真实名称、地址的，应当承担全部民事责任。社会团体或者其他组织，在虚假广告中向消费者推荐商品或者服务，使消费者的合法权益受到损害的，应当依法承担连带责任。对于虚假广告中的代言人，也应当依法承担连带责任，一般表现为民事责任。由于目前我国代言人的广告费很高，小额罚金难以起到应有的惩戒作用，应当加大惩罚力度。《广告法》惩罚力度太小是造成违法广告满天飞的原因之一。《广告法》规定，对虚假广告处以广告费5倍以下的罚款。而广告主早就把这罚款预算并转嫁潜在消费者身上了。因此，对代言人的罚款可以按照《反不正当竞争法》的规定为“一万元以上二十万元以下”，不再适用《广告法》的规定为“一千元以上一万元以下”，来强化对代言人广告行为的监管力度。

5.荐证广告的审查　对荐证广告进行审查时，应该要求代言人提供可以证明其代言行为真实的证据。不能提供证据或提供证据无效时，不予发布广告。而目前我国大量虚假荐证广告的出现，说明了我国广告审查制度是有一定缺陷的，所以应该加大审查力度、详细审查标准，在第一个环节就断绝虚假荐证广告的出现。例如，英国广告行业委员会是英国负责制定、修改和实施国内非广播性广告和促销法的机构。该委员会有关治疗、保健和美容产品的广告法规明确规定：对产品介绍必须准确，广告中不得有导致患者自我误诊的言辞，广告商不得利用人们的担心与焦虑推销药品等。负责电视广告监管的独立电视委员会对医药广告文字的规定有36条50多款，涵盖医药、治疗、保健、营养和食品添加剂五大类。其具体规定除了与广告行为委员会的法规大体一致外，还规定广告中不准出现社会名人，更不允许这些名人直接做药品广告等等。相比而言，我国的广告法及有关药品、保健品等方面的法规条例较为粗糙，有许多可打擦边球的地方。只有完善了法律体系，执法者、经营者才能有法可依。可以将广告的设计、制作、代理和发布各环节的管理权交给工商行政管理机关一家，由他们严格依照药品管理法和广告法对医疗广告进行全程跟踪和系统管理。行政机关不仅要对广告主、广告经营者和广告发布者实施有效的管理，还要对广告公司具体的广告行为做出规范，对参与制作虚假广告的明星们进行处罚，追究参与制作虚假广告明星的法律责任，如上海工商部门已全面叫停医疗广告形象代言人的做法。

6.应当赋予消费者对违法广告的起诉权 消费者权利受到侵害应当运用司法救济的途径。他可以起诉广告主、广告发布者和广告经营者，同时还可以追加代言人为共同被告。

注：

[1]吕蓉《广告法规管理》.复旦大学出版社[M].2003年9月.

[2]罗明宏《不实广告案例解读》.中国政法大学出版社[M].2003年4月.

论《广告法》的完善
——兼论广告传播中社会问题的解决

中南民族大学法学院 田 胜 王瑞龙

内容提要：《中华人民共和国广告法》（以下称《广告法》）颁布已十余年，以《广告法》为核心的广告法律体系在我国已经建立。随着市场经济和广告业的不断发展，广告对社会的影响越来越大，广告传播中的社会问题也日益突出。究其原因，在很大程度上是由于我国现行广告法律制度还存在诸多不足。本文就如何完善广告立法，更好地规范广告活动提出了自己的建议。

关键词：商业广告 广告审查 广告法律责任

随着市场经济和广告业的不断发展，广告对社会的影响越来越大，广告传播中的社会问题也日益突出。这些问题的解决，除了道德规范和广告行业自律以外，现阶段更主要的是法律的规范。《广告法》颁布已十余年，以《广告法》为核心的广告法律体系在我国已经建立，但仍存在许多不足。因此，必须及时修改和完善广告法，从而在立法上对广告活动做出更全面地规范。

一、扩大《广告法》调整范围和对象

从调整范围看，现行《广告法》仅调整商业广告，而不包括公益广告、政府广告和社会广告等非商业广告。公益广告是指为维护社会公德，帮助改善和解决社会公共问题而组织开展的非营利性的广告活动，主要是有关道德、教育、环境、健康、交通等内容；政府广告是指各级政府机关和部门向社会公开发布的广告，如通过广告形式公布宣传政府的政策、法令或传播各级政府部门的各类公告等；社会广告是指提供社会服务的广告，如寻人、挂失、征婚、招聘等。[1]当时这样规定，主要是考虑，在市场经济活动中，最常见、且可能给消费者和社会公众造成影响的，主要是商业广告，[2]且公益广告和社会广告涉及的法律关系与商业广告存在较大区别，其涉及的事务主要由民政、教育、公安等部门进行管理。[3]因此，最终《广告法》的调整范围仅限于商业广告。

笔者认为，广告本质上是一种信息传播活动，它通过一定的媒介来发布，具有特定的宣传目的。商业广告传播中存在许多社会问题，而社会广告中也存在传播虚假信息，以招工、征婚为诱饵，进行诈骗活动的问题；公益广告同样可能出现打着维护社会公德的幌子，利用人们的同情心进行欺骗的问题，且对社会的负面影响极大。此外，关于民政、教育、公安等部门对非商业广告的管理多属于事后监管，而《广告法》的管理主要是事前和事中的管理，即通过对广告发布前的审查来完成对违法广告的监管，两者并不冲突。因此，应当将非商业广告尤其是社会广告和公益广告纳入《广告法》调整的范围。建议立法机关在修订《广告法》时，明确规定，凡是在中华人民共和国境内发布的广告，无论是商业还是非商业，无论是以何种媒介形式发布，都受《广告法》的调整。同时建议所规范的广告活动的主体除了广告主、广告经营者、广告发布者以外，还包括为印刷品提供印制服务的印制单位，散发印刷品的个人，提供广告监测服务的广告中介服务机构，出具广告出证意见的广告审查出证机关和行业自律组织以及在广告中出现的代言人等。

二、完善广告审查制度

广告审查是指在广告发布之前，广告审查者依法对广告的真实性、合法性进行的审查。具体分为广告经营者、广告发布者的自行审查和有关行政主管部门的行政审查。广告审查制度是围绕广告审查所形成的一系列实体性和程序性的规定，它不仅包括前述两种审查形式，还包括“程序性审批”、“出证”、“法律咨询”等，是包括事前、事中、事后全运行过程的监管制度。

目前，我国广告审查制度存在的主要问题有：

第一，广告自查流于形式。依照现行的广告法律、法规的规定，广告经营者、广告发布者对其承办设计、制作、发布的一切广告的内容的真实性、合法性进行审查。但在这一环节上存在两个问题：一是由于广告涉及面广，一些涉及技术、性能、质量等内容的广告难以进行实质性审查；二是集经营和审查于一身，既当运动员，又当裁判员，在巨大的经济利益驱动下，对广告主的一些违法要求一味迁就，放松广告审查的标准，有的甚至主动帮助广告主制作违法广告。[4]

第二，送审规范文本，套取广告批文。依据《广告法》第34条、35条的规定，对于特殊商品广告，广告主必须先将广告文案送交有关行政部门审查，获得批准以后，才能在媒体上发布。实践中，通常是广告经营者、广告发布者代广告主申请广告审查。为了取得广告批文，在业界流行的做法是：准备多个广告方案，送一个规范文本去审核取得广审号，然后套用这一个广审号，刊登或者播出另外几个版本的违法广告。

第三，特殊商品广告的审查范围过小。依据《广告法》第34条规定“利用广播、电影、电视、报纸、期刊以及其他媒介发布药品、医疗器械、农药、兽药等商品的广告和法律、行政法规规定应当进行审查的其他广告，必须在发布前依照有关法律、行政法规由有关行政主管部门对广告内容进行审查；未经审查不得发布”。《广告法》如此规定是因为这几类广告一旦违法发布，将严重损害社会公众的利益，影响社会安定。而现阶段媒体广告投放量最多的行业集中于药品、房地产、医疗服务、机动车、通讯产品及服务等。此外，消费者对化妆品、保健食品、金融类广告的社会反应也较大，这些商品或服务同样与社会公众的利益息息相关。因此，基于以上初衷加大对特殊商品广告的审批范围实属必要。

第四，缺乏对虚假广告的明确界定[5]。广告的真实性涉及消费者的切身利益，甚至涉及社会的稳定和健康发展，因此，虚假广告一直是世界各国广告监管的重点。我国《广告法》虽一直强调广告内容的真实性，但却未明确界定虚假广告。从国家工商行政管理总局《关于认定处理虚假广告问题的答复》来看，我国较为强调广告内容是否与事实相符，而未重视广告发布后的实际效果，而实际上真实的广告也会误导消费者，造成消费者利益的损害。

第五，法律、行政法规未对网络广告问题做出专门规定。从全国范围看，国家工商行政管理总局于2000年2月24日发布了《关于展开网络广告经营登记试点的通知》，选取北京、上海、广州三个广告业发展的前沿城市，进行网络广告经营登记试点，核发《广告经营许可证》，做出了有益的探索。从省级广告监管来看，北京、浙江、广东等地制定了地方性的网络广告管理办法的政府规章。同时工商行政管理部门的广告监管执法对网络有所涉及。[6]但是，这些都只是一些地方政府规章，其效力范围有限。对网络广告中的基本问题和重点问题还有待国家尽快出台相关的法律和行政法规予以规范。

此外，还存在对比较广告的审查标准规定不完善；对荐证广告和直邮广告等特殊广告未做出具体法律规定等问题。

针对以上问题，笔者认为可采取以下主要措施：

1. 扩大特殊商品广告的审查范围 对其审批权仍由相关的行政部门如药品监督管理局等行使，将一般广告的设计、制作、代理和发布各环节的管理权交给工商行政管理机关一家，由他们依照相关广告的审查办法和广告法对一般广告进行事前、事中、事后的全程跟踪和系统管理。例如：建立违法广告的及时发现、查处、曝光等一系列相互配套的监管机制；探索建立广告主和广告经营者诚信档案，将违法者列入“黑名单”，定期予以公布等。

2. 明确界定虚假广告的判断标准，提高广告行政审查的科学性 虚假广告有广义和狭义之分。狭义的虚假广告是指广告的内容与宣传的商品或者服务实际上有不相符合情形的广告。广告的真实性是关于广告内容的本质属性，但是，如果要求广告内容与事实完全一致，将使广告不足以吸引消费者的注意，阻碍广告促进推销商品或者扩大服务的功效。因此，需要加以规制的内容不实广告，应当限于其内容不实使广告受众产生错误认识，足以影响可能影响广告受众的行为。[7]广义的虚假广告不管其内容是否真实，只要足以引起消费者的误解，就是虚假的，这是欧美等国家所采取的标准。笔者认为，我国应该借鉴欧美国家的做法，以广告发布后是否会引起消费者误解的实际效果为标准。

3. 明确规定经审批的广告与最终发布的广告必须一致 防止广告主、广告经营者套用广告批文发布违法广告。具体的配套措施包括在经审批送媒体发布的广告的载体如光碟、录像带上标注审批号，如果广告主和广告经营者给媒体发布的广告没有审批号或者伪造、变造审批号，可以依据《广告法》第44条的规定，按伪造、变造广告审查决定文件的行为来处理。当然对这一条的适用应做扩大解释。若是媒体这样做，只能通过事后的监管及时查处该违法行为。

4. 尽快制定专门的网络广告法律或行政法规 对网络广告的基本问题和重要问题进行规定。虽然现有广告法的有关规定同样适用于网络广告，且我国政府也做出了一些有益的探索，但当务之急还是应该完善立法。如：对网络广告经营者规定从业资格认证制度，确立明确的市场准入条件；明确界定网络服务提供者的监控义务和法律责任等；[8]明确网络广告代理商的法律责任等。

5. 逐步建立全国范围内的广告监测系统 1996年2月，上海市工商行政管理局率先在全国工商行政管理系统建立了广告监测制度。1998年8月，上海市工商行政管理局在建立初步的广告监测网络的基础上，成立了专门的广告监测机构——上海市广告监测咨询中心。近年来，上海市工商行政管理部门还提出了“三定网格化”的监管模式，即通过定点、定向、定时的方式对新闻媒介单位的广告发布行为实行逐一对应、职责分明的网状管理模式，以加强广告的发布管理。[9]2004年9月27日，全国首套广告监管计算机系统在北京市正式启动，对中央和北京地区的26套电视节目、13套广播节目、60种报纸杂志、50家网络媒体以及移动通信媒体播放的广告进行24小时实时监控；[10]山西省朔州市于2004年10月底投资20万建成了现代化的广告监测中心，实现了对全市广告媒介的全天候动态监测[11]。浙江省也于2005年4月建成浙江省广播电视广告监测系统。[12]可见，有条件的省市和地区已开始相继建立地方广告监测系统。这一系统应逐步向全国推广，最终实现建立全国性广告监测网络，实现跨地区、全方位的监测。

三、完善广告法律责任制度

广告正式发布后，为确保广告发布质量，保护消费者的合法权益，维护社会经济秩序，广告监督管理机关要对广告内容进行监测和检查，从而实现对广告传播过程的法律控制。广告违法行为是指违反我国广告法律规范（包括广告法律、法规、行政规章、地方性法规、规章和司法解释等）行为的总称，可分为主体违法行为、内容违法行为和程序违法行为。从总体上看，我国已经形成了以民事责任、行政责任和刑事责任为内容的广告法律责任体系。

（一）完善广告违法行为行政责任和刑事责任

1.完善广告主、广告经营者违法行为的行政责任　依据《广告法》第37条的规定："违反本法规定，利用广告对商品或者服务做虚假宣传的，由广告监督管理机关责令广告主停止发布、并以等额广告费用在相应范围内公开更正消除影响，并处广告费用1倍以上5倍以下的罚款；对负有责任的广告经营者、广告发布者没收广告费用，并处广告费用1倍以上5倍以下的罚款；情节严重的，依法停止其广告业务；构成犯罪的，依法追究刑事责任。"这是对发布虚假广告的行政和刑事法律责任的规定。《广告法》第39条，第40条第1款，第41条，第42条，第43条做了类似的行政处罚规定。《广告法》第44条第2款规定："伪造、变造或者转让广告审查决定文件的，由广告监督管理机关没收违法所得，并处1000元以上10000元以下的罚款。构成犯罪的，依法追究刑事责任。"可见对广告违法行为所给予的行政处罚的种类主要是"责令停止发布广告"、"责令公开更正"、"没收广告费用"、"没收违法所得"、"罚款"和"停止广告业务"。在实践中，广告公司为了应付工商行政部门没收广告费用和违法所得的处罚，往往不与广告主和广告媒体签订合同，而是在得知消息后，制作一个虚假的小额广告合同，提供虚假的收费标准，工商行政部门在没有其他证据证明其标准真假的情况下只能根据广告公司提供的标准处以罚款，但广告公司的实际收益却远远高于罚款数额，广告主也采取类似做法，且"没收广告费用"、"没收违法所得"的罚种并不适用广告主。因此，鉴于以上情形，立法机关应该考虑对有关法律责任条款进行修改：在查处广告违法案件中，对当事人违反《广告法》规定，双方不签订书面合同或提供虚假合同的，应当依法从重处罚，并可以根据广告主、广告经营者、广告发布者之间的账务往来，确定广告费用的实际金额；广告主违法应当没收其违法所得，并加重罚款的力度。

2.完善广告发布者违法行为的行政责任　依据《广告法》第40条第2款的规定，大众媒介以新闻报道形式发布广告，发布的广告没有广告标记使消费者产生误解，所承担的行政责任只是改正，处以1000元以上10000元以下的罚款；依据第42条的规定，大众媒介在自己的广播、电视、报纸、期刊媒体上发布烟草广告，对其违法行为的罚款只是"可以"；依据第30条的规定："广告发布者向广告主、广告经营者提供的媒介覆盖率、收视率、发行量等资料应当真实。"但如果广告发布者提供虚假的资料，应承担何种法律责任，《广告法》未作规定；广告媒体单位发布违法广告对其直接负责人是否追究行政责任未作规定等。笔者认为应加大对违反第40条第2款行为的处罚力度；将第42条中的"可以"改为"应当"；并建议增加追究发布违法广告媒体单位负责人的行政责任的规定。此外，上述对完善广告经营者的行政责任规定也适用于广告发布者。

3.加强和完善广告审查机关及其工作人员的法律责任[13]　我国是一个"熟人"社会。广告主、广告经营者、广告发布者总是试图与广告审查机关建立各种不正当的联系，以求在广告审查时能轻松过关。而依据《广告法》第45条的规定："广告审查机关对违法的广告内容做出审查批准的决定的，对直接负责的主管人员和其他直接责任人员，由其所在单位，上级机关，行政检察部门依法给予行政处分。"很显然，这种法律责任规定偏轻，且实际操作中可能会大打折扣，因此，应规定对其做出行政处罚，情节严重，构成犯罪的，还应承担刑事责任。与此相联系的是，如果由于广告审查机关允许虚假广告的发布而又给他人造成损害的，是否应当承担民事赔偿责任，《广告法》未作规定。《国家赔偿法》第

2条规定："国家机关和国家机关工作人员违法行使职权侵犯公民、法人和其他组织的合法权益造成损害的，受害人有依照本法取得国家赔偿的权利。"有学者建议将该条具体化到《广告法》的适用中，确定广告审查机关的赔偿责任，笔者以为是必要的，这符合依法行政的基本原则，也有助于广告审查机关积极履行法定职责，提高审查质量。

（二）完善广告侵权民事责任

依据《广告法》第25条，第38条，第47条及其他相关法律、法规的规定，广告活动中的侵权行为主要包括侵害他人专利权、著作权；侵害公民人身权；利用广告进行不正当竞争等。一旦实施侵权行为，广告主、广告经营者、广告发布者应当根据《广告法》、《民法通则》、《反不正当竞争法》及其他相关法律规定承担民事责任，且《广告法》第38条对广告主、广告经营者、广告发布者之间的责任划分，何时单独承担责任，何时承担连带责任都作了较明确的规定。但是，对荐证广告中代言人的民事责任问题，《广告法》未作规定。荐证广告，是由名人、专家、消费者信赖的组织等，通过推荐、题词、保证、证明书、推荐书、感谢信等方式，以便说服、刺激潜在的消费者购买商品。广告法第38条第3款规定："社会团体或者其他组织，在虚假广告中向消费者推荐商品或服务，使消费者的合法权益受到损害的，应当依法承担连带责任。"由此可见，我国法律对社会团体或其他组织所做的虚假荐证广告应承担民事责任作了明确的规定。但是，却没有对代言人做虚假荐证广告是否承担责任作出规定，以致在现实生活中，只能追究虚假广告的广告主、广告经营者和广告发布者的责任，代言人不承担任何责任。

我国现行的《广告法》没有对代言人广告作详细地规定，而欧美国家的通行做法是视形象代言人广告为"明示担保"，一旦广告虚伪不实，消费者可以据此担保索赔。法国在规定广告必须真实、体面，禁止误导消费者的同时，规定禁止那些定期在有关电视新闻节目中露面的人用其形象或声音做广告；美国在1990年便已订立了一套荐证广告的指导原则，其中规定合法荐证的条件，须包含诚实反映荐证人之经验，即荐证人必须是产品的直接受益者和使用者，如果查出不实，便要处以重罚。笔者认为，我国应参照欧美国家的做法，追究代言人相应的责任。这样有利于保证我国市场经济秩序的良好运作并且保护消费者的权益。而且，从权利义务相一致的角度来看，代言人做广告可以拿到不菲的报酬，若不对其行为进行规范，做虚假广告而完全不负责任，就会导致权利义务的严重失衡。所以，代言人做虚假广告应当承担相应的法律责任。

注：

[1][4][6][9]吕蓉《广告法规管理》．上海：复旦大学出版社，2003．

[2]参见《关于〈中华人民共和国广告法〉（草案）的说明》．

[3]张龙德《广告法规案例教程》．上海：上海大学出版社，2001．

[5]张红冰《未来〈广告法〉修改需要解决的十大问题》[J]．工商行政管理，2002，24．

[7][13]王瑞龙《中国广告法律制度研究》．武汉：湖北人民出版社，2003．

[8]杨同庆《网络广告发展与监管研究》，http://media.people.com.cn/GB/40628/3157489.html．

[10]参见《广告监测系统昨启动，广告词沾第一立马亮红灯》

http://news.xinhuanet.com/newmedia/2004-09/28/content_2031448.htm．

[11]参见《朔州投巨资建广告监测系统》

http://221.204.254.21/tyrbweb/maintemplate/NewsTemplate.asp?NewsID=199443．

[12]参见《浙江省广播电视广告监测系统招标公告》

http://www.caigou2003.com/BidCentral/BidNotice/200503/20050301112114.html．

论“和谐广告”与“和谐社会”

厦门大学新闻传播系教授 陈培爱

内容提要：和谐社会的建立需要全社会的共同努力。广告是现代社会发展的润滑剂，广告传播所带来的负面影响及不和谐因素应该尽量避免。本文阐述了不和谐广告的种种表现，论述了和谐广告与消费者、与媒介形象、与和谐社会的关系，并对如何打造和谐广告提出了基本原则与思路。本文的研究对正确认识广告的社会学意义有重要作用。

关键词：和谐广告 和谐社会 构建

在建设社会主义和谐社会中，应该强调每个行业首先要搞好自身的和谐，这样才会促成整个社会的和谐。广告作为社会发展的润滑剂，与人民的日常生活息息相关。广告中一旦出现虚假现象，将使消费者对社会产生不信任感，严重增加了社会的不和谐因素，其所产生的负面影响是极为严重的。本文将从和谐的角度探讨广告与和谐社会的关系，以加强对蓬勃发展中的广告行业的引导与管理。

一、我国社会中的不和谐的广告现象

1．广告的公信力不容乐观

中国的广告业在改革开放之后，经过20多年的发展，已经取得了令人瞩目的成绩。1981年我国全年广告营业额只有1.18亿元，到2003年已突破1000亿元，达到1078亿元，2004年达到1200亿元。据亚洲《华尔街日报》2005年1月29日报道，亚洲广告业正处于蒸蒸日上的阶段，中国的广告业正在亚洲独领风骚。中国目前已成为全球第五大广告市场，并将在未来7至10年内超过日本，成为全球第二大广告市场。

前景虽然美好，但是目前普遍受众对广告业的评价不容乐观。零点调查与指标数据发布的《中国10城市消费者广告接受度及其影响因素调查报告》[1]指出：目前媒体广告被信任的程度普遍较低；消费者的广告接受度也不容乐观。消费者青睐的是那些较为和谐积极的广告。

在广告“传播—影响—购买”的过程中，消费者对广告的信任程度是广告功效能否实现的基本前提。然而目前广告的公信力状况并不乐观。调查结果显示，不相信广告内容的消费者（56.1%）群体比例比相信广告内容（38.9%）的群体比例高17.2%。如果我们将消费者对广告“非常相信”赋值为4分，“比较相信”为3分，“不太相信”为2分，“一点都不相信”为1分，则本次调查结果表明，消费者对广告的信任度得分的平均值仅为2.3分，也就是介于“不太相信”和“比较相信”之间，偏向“不太相信”的水平。[2]

2．虚假广告产生的不和谐

虚假广告是通过错误信息的表达和营销策略的欺骗行为，有意或有可能欺骗消费者。不管是明示或暗示，也不管任何一段信息孤立看是真实的，但从整体内容来判断会造成错误的印象与误解，即为“错误表达”，也即欺骗性广告。我们知道，优秀的广告能给企业带来市场，带来效益，带来发展。而广告中的不正当竞争行为，则对假冒伪劣产品的销售起了推波助澜的作用，损害了竞争对手的合法权益，破坏了社会的和谐。广告中的不正当竞争行为主要表现在以下几个方面：

（1）欺诈行骗 2005年3月7日，江西某一消费者因使用SK-II后出现皮肤瘙痒和部分灼痛，向法院提起诉讼，起因是购买时受了广告的影响。该广告称：“SK-II是当今最有效击退细纹及皮肤粗糙松弛的科技，是现实最有效的紧肤技术，使用后10分钟出现奇迹，连续使用28天，细纹及皱纹明显减少47%，肌肤年轻12年。”这种欺骗性广告损害了消费者的利益，相信消费者在经历了一个个化妆品虚假广告之后，会有更多的人增强辨别能力。

（2）背离事实 随着教育行业竞争的加剧，虚假教育广告也开始大行其道，造成了很大的负面效应。2004年底，教育部新闻发言人在一次新闻发布会上，严厉批评了西安翻译学院的虚假广告。而北京某经贸职业学院海淀教学区的招生简章上称：该校教学区有漂亮的校园，有多媒体语音室、阅览室、室内游泳馆、大操场等设施。实际的校园只不过是一个招待所的大院，许诺的设施一个都没有。有一个叫“山木培训”的学校广告：“报名学习返现金500元”。而事实是：学员报名先要参加一个1000元学费的培训班，然后再去报另一个培训班，才能获得优惠。而这1000元学费的培训班学的只是电脑的一些基本操作，如打字、发邮件、制表等等。这些背离事实的宣传，造成了人与人之间的不和谐，毁掉了和谐社会的基础。

（3）虚假夸大 利用人们对新闻传播媒介的信任，刊登假广告行骗，当前较严重地表现在医疗、药品、保健品类的广告上。2004年上海工商部门公布的十大虚假违法广告案件，医药行业占了八个。如北京“九九方元”保健品经销有限公司上海分公司宣传“富硒灵芝宝”的功效，称“适合各个时期的肿瘤患者”，“全国服用肿瘤患者数已超过50万”等，严重误导肿瘤患者。许多保健药品无生产厂家，无生产地址，或无产品标识，混淆保健品与药品的功效。

（4）引人误解 这类广告虽未作虚假宣传，但往往设置圈套，引人上当。如有一卖挂历的广告称“买一送二”，被消费者误以为出一份钱，可以获得三份挂历。实际上，是卖一份挂历送二份贺年卡。某一大城市的家具店广告宣传该店展销“意大利聚漆家具”，使许多消费者误以为是从意大利进口的家具。实际上，所谓“意大利聚漆家具”只是从该国进口的“油漆”而上漆的家具。这些模糊语言也是不正当竞争行为，为法律所禁止。

种种案例向我们表明，当前社会中的虚假广告并不是个别现象。虚假广告透支消费者的信任，忽视与消费者之间的沟通，从根本上反映出我们的经济环境中存在着严重的信用缺失问题，对和谐社会造成了极大的破坏。

3.广告与媒介符号环境不和谐

当一个广告作品被投放到媒体之后，该广告作为媒介产品的一个符号系统，必然会受到其他符号系统的影响，该广告之外的其他符号系统就为其提供了一个生存的环境，这个环境就是广告的“媒介符号环境”。具体地说，一个广告周围的新闻（节目）和其他广告内容以及这些新闻（节目）和广告在媒介产品中的时间编排、版面设置，构成了该广告的符号环境。在媒介产品这个大符号环境中，广告的意义取决于它与周围新闻（节目）及其他广告之间的关系。其最终目的是引起受众对广告的注意与接受，达到最佳的传播效果。然而，目前我国新闻传播业还没有充分重视这个问题，在广告传播中常常出现广告与媒介符号环境不和谐的现象。一般来说，突出表现在以下几个方面：

（1）广告内容与新闻（节目）内容“撞车” 由于版面、时间的安排不合理，内容相冲突的新闻（节目）与广告被编排在报纸的同一版或临近版、广播电视中相邻或相近的时间段，从而造成“撞车”。例如，某报用第八版几乎半个版面推出了大型通讯《神奇核酸遭遇大尴尬》，文中国内外多名科学家对当前盛行的核酸营养品的科学功效提出质疑，并指出当前药品、保健品宣传过度。而在这一版的下部，却几乎全被药品广告占领了。’98世界杯期间，各大电视台都播发了多条足球流氓酒后闹事的报道，而新闻前后仍然有不少啤酒广告。类似这样的编排在各新闻媒体屡见不鲜，其广告效果必然大打折扣。

（2）同质或异质广告之间互相干扰 质是针对广告的内容而言的同质即内容相似、异质却内容相悖。同质广告互相干扰包括同类产品广告被不加区别或区别很小地排列在一起，连续地传达给受众，从而引起记忆混淆。例如，哈尔滨制药集团的“严迪”、“盖中盖”（系列中的一个）药物广告片都使用同一个男主角，都采用“医学专家讲述药效”的表现手法。由于二者的编码过程相似，以致造成受众提取信息的困难，广告效果显然不好。异质广告互相干扰主要是指内容相悖的广告被安排在一起，如将烟草广告与戒烟公益广告、食品广告与痔疮药广告放在一起，都会不同程度地抑制受众对广告的接受。

(3)在对媒体符号进行形式上的处理时不讲技巧　部分印刷媒体为了突出强化广告，一味追求醒目效果，用鲜亮的颜色来增加广告在版面上的强势，反而破坏了版面的整体美，甚至引起读者的反感。有的广播电台为了增加一定时间段内的广告容量，将语速、节奏定得过快；电视广告中常见的滚动字幕广告有时遮盖了节目的解说字幕，既影响观众收看节目，也谈不上广告效果；网络媒体中，有时广告板块与其他内容在色彩、动画技巧上完全一样，令人难以及时分辨。对媒介符号的处理不当，在一定程度上降低了广告效果。

二、和谐广告与消费者

调查表明，和谐的广告是消费者最喜欢的广告。消费者对广告的信任程度会影响消费者的广告接受度。究竟具有什么特点的广告能够带给消费者美好的感受，从而对消费者的广告接受度产生积极的影响呢？研究人员在研究中借用“广告态度因子”的概念进行了探索研究，从海量的形容词中遴选出22个具有鲜明含义的形容词。再根据形容词的特点归纳成五类“因子”，即和谐性因子、活力性因子、娱乐性因子、消极性因子、可信赖因子。[3]

1．和谐性因子（宽容的、成熟的、平和的）该类广告反映宽容、融合的特点。和谐的广告特点会带给消费者平和宽容、安静、祥和的心境，使得消费者对广告产生较高的认同感。

2．活力性因子（活泼的、多彩的、生动的、快乐的）将广告内容评价为“活泼的、多彩的”等形容词。有活力的广告正是以其生动、机智、多彩的魅力吸引消费者，可以表达出商品激情、向上的个性。

3．娱乐性因子（意外的、搞笑的、刺激的）带给广告受众轻松的成分。含有娱乐性因素的广告顾名思义：广告内容相对搞笑，富于刺激感受，更能带给消费者强大的冲击力。

4．消极性因子（无情的、虚假的、恼人的、世俗的、荒唐的、色情的、功利的）这些因子涉及对广告的负面评价较多，是一种较为特殊的广告特点。这里的消极是指广告内容给消费者带来虚假、荒唐等感受，对消费者的广告信任度有负面的影响。

5．可信赖因子（真实的、诚信的、信服的）体现出消费者对广告诚信态度的关注。研究人员用可信赖因子与其他四个因子之间相互关系的强弱来确定消费者信任的广告的特点。

调查结果表明，和谐因子与可信赖因子之间互相影响的程度最高。这说明含有和谐因素的广告是消费者最信赖的，对消费者的购买行为能够产生更大的正面影响。

广告在现代社会无处不在，同时又是搭建起生产商、销售渠道以及消费者之间交流平台的沟通方式。只有消费者真正接受和认可了的广告才能真正发挥其信息媒介的作用，更好地促进消费者的购买行为。

三、和谐广告与媒介形象

媒介的信息内容主要包括新闻信息和广告信息，而在产业化的背景下，广告经营是媒介的生存之本，而只有打造良好的媒介形象，才能吸引消费者的眼球。可以说，中国的媒介从来没有像今天这样重视自身的形象，尤其是在广告商心目中的形象。这一点可以从媒体在处理与广告商、受众的关系中看出来。他们不仅认识到媒介应加强自身形象建设，而且初步认识到在媒介形象塑造过程中处理好媒介、广告客户和读者三者之间关系的重要性。业界人士认为：“媒体要建立一个合适的形象对自身的发展是很重要的。”[4]

要处理好媒体、广告主和受众三者之间的利益关系，首先必须规范广告经营和运作程序，充分认识到和谐的广告对建立良好媒介形象的重要性。

1．虚假广告信息对媒介形象具有极强的破坏力

媒体和广告主经常为了各自的利益，有时故意混淆新闻与广告之间的界限，对受众产生误导。《中国新闻实用大辞典》对“广告性新闻”是这样定义的：“广告性新闻也称有偿新闻，一般具有新闻要素，在新闻报道中塞进广告性的某些内容。”[5]“广告性新闻”一般混杂在新闻版面或时段中，且没有明显的广告标记，因而对受众容易产生误导。“一些媒体为广告利润而置职业道德于脑后，搞有偿新闻。长此以往，必将降低媒体在受众心目中的可信度，损害媒体的形象。”[6]“新闻性广告”和“广告性新闻”的大量存在，模糊了新闻与广告的界限，使新闻媒介由联结传播者与受众公正中介的形象变成了广告主的传声筒、代言人，由注重社会利益变成代表广告主一方的利益。这样，无形中弱化了新闻媒介的社会功能，蜕变了新闻媒介的社会角色，干扰了媒介在舆论引导中的影响力，从而导致受众对新闻的信任危机，大大削弱了媒体在受众心目中的良好形象，对媒体的长期发展是十分不利的。

2.广告本身所具有的强制性和劝服性必然影响媒介的形象

广告信息传播是当代媒体信息传播的重要内容，在媒体产业化程度日益提高的今天，广告经营已经成为绝大多数媒体谋取生存和发展的最主要的手段。但是，“广告从一开始就带有强权性质，而其中的强权性之所以得以体现，功劳就全在于利用媒体的权力。”[7]无论是传统的广电媒体节目中间插播的广告片、占用大量版面的报纸杂志广告，还是网络媒体的自动弹出式广告，都带有明显的强制性。媒体刊登广告无形中就造成了受众在信息需求上的矛盾：受众花钱购买报刊杂志、花时间看电视听广播，其目的是获取对其自身有用的新闻信息(当然，广告信息也部分地满足了信息消费者的信息需求，但信息消费者在多数情况下是被动接受的)。广告传播是媒体利益、广告主利益和受众利益的一个矛盾的聚焦点。因此，寻找媒体广告传播中媒体利益、广告主利益和受众利益三者之间的平衡点成为制约媒体发展、影响媒体在受众心目中形象的一个关键性难题。

3.广告信息和新闻信息比例处理不当也会影响媒介的形象

尽管我国的广告法明确规定了广告信息在媒体信息传播中的比例。但是，随着我国媒体产业化的推进、媒体商业利益的凸现，广告活动甚至成为主导媒体日常活动的“利益中轴”。许多媒体，尤其是一些地方媒体为谋求眼前的经济利益，不惜扩版增容来刊登更多的广告以获取更大的经营利润。就报纸媒体来说，报纸的价值是其所刊载的信息质量与数量，读者购买报纸的主要目的是获得其所需的新闻、娱乐信息，或者一些知识性的东西。报纸广告信息为读者提供与其生活相关的商品信息，从这一点上来说，只要报纸广告的内容与形式没有违反法律规定，它的社会服务效果是明显的，同时也是获得社会公众广泛认同的。但是，如果报纸刊登广告过量的话，读者往往会因其主要的信息需求得不到满足而产生反感情绪，再者媒体接受广告商的广告费后要保持真正的中立也是比较困难的。长此以往，会在读者心目中留下该报纸是“惟利是图”的，是对读者不负责任的印象，媒体在读者心目中的形象就会受到极大的损害。广播电视媒体的传播活动具有时序性，如果媒体在一定时间内播放的广告过多的话，观众基于对“烦人的”广告的逃避，往往采取换台(频道)的方式。这样，反而削弱了当时广告的传播效果。因此，把握好新闻信息和广告信息的比例，不仅有利于美化报纸版面、协调观众和读者的信息接受状态，而且有利于巩固媒体在受众心目中的形象。

4.广告信息的处理方式和表现形式也会影响媒介形象

这里所说的广告信息的处理方式指的是在报纸版面、广电节目编辑过程中对广告信息所处的时间和空间位置所作的处理，通常就是我们所说的广告“捆绑”、“搭载”方式。主要包括广告信息和新闻娱乐信息的穿插方式、广电媒体一条广告重复播出的频次以及报纸媒体中文字广告和非文字广告的搭配。这种广告信息与新闻娱乐信息的“捆绑”、“搭载”方式常常会因为受众对广告信息的“不需要”而让他们感到反感，甚至被受众称为“广告垃圾”。一方面，广告信息与新闻信息在内容和形式上不吻合会引起受众的不满；受众所持的态度、目的、心情和情绪与媒体接触时，好的心境会产生好的效果。但传播的内容和形式却因广告与新闻穿插的不妥行为而形成受众接受心理的矛盾。受众通常是在新闻信息需求的心理状态下去接受媒体，广告的穿插如果与正在播放的新闻或娱乐信息形成较大的反差，在短期内会影响信息的传播效果，长此以往，必将影响到媒体在受众心目中的形象；另一方面，广告信息所处的时间或者空间位置不合理的话，不仅会影响广告本身的传播效果，而且会破坏其他内容信息传播的协调性，进而影响到新闻和其他信息的传播效果。广告信息的杂乱无章不仅会影响广告本身的传播效果，直接导致广告主的不满从而影响媒体的经济利益，而且增加了受众获取相关信息的难度。根据传播学集大成者施拉姆所提出的媒介选择公式：

选择率=(预期报偿／付出代价)×100%

这个公式同样适用于受众对媒介信息的选择上。当受众获取信息的渠道受到影响的时候，他们选择该媒介的可能性就会降低。而这个难度如果超出受众所能接受的限度，就会使受众对媒体失去信心而转向其他媒体。

再者，广告信息的表现形式对媒介整体形象的影响也是不可低估。可以想象，一个标榜“严肃性周报”的周刊，如果在广告信息的表现方式上过于滑稽(更不用说刊登虚假的广告信息了)，或过于造作，读者会因广告信息和新闻信息之间的巨大反差而对媒体本身产生反感。相反，如果一个以满足观众娱乐消遣为主要目的的电视频道只是一味地播放一些古板的、缺乏活力的广告，同样也会引起观众的不满。久而久之，媒体的形象在无形中就受到影响甚至会失去一批忠诚的受众。

5.适时地刊播一定比例的公益广告有助于树立媒介的良好形象

“公益广告具有善意的规劝和引导、匡正过失、树立新风、影响舆论、疏导社会心理、规范人们的社会行为”的作用。[8]媒体仅仅在新闻信息方面满足受众的需求是远远不够的，应该寻求和受众之间沟通方式的多样化。适时地刊播公益广告可以说是媒体和受众之间情感交流的一种非常有效的沟通方式。因为随着经济的发展和市场竞争、社会竞争的加剧，每个社会成员的生活、心理都日趋复杂，人与人之间的思想情感交流、沟通变得越来越少，媒体成为个体与社会沟通的重要渠道。他们对各种社会现象的认识和感受往往需要得到认同。如果媒体能够及时抓住社会发展过程中存在的问题，根据现实生活的素材辅之以艺术的表现手法，制作并播出相关问题的公益广告，很容易和受众之间产生情感的共鸣，受众也会在媒体的价值认同中找到归属感。可以说，公益广告使媒体在“润物细无声”中树立了良好的社会形象。

总之，规范媒体的广告经营与运作，将有助于树立和巩固媒体在公众心目中的社会形象，同时建立与广告主之间的和谐关系，树立良好的市场形象。

四、和谐广告与和谐社会

广告传播具有明确而强烈的导向作用，这种导向既是商业的，又是文化的；既是物质的，又是精神的。尤其在今天，广告的作用已不限于物质、商业的经济领域，它还对社会和文化领域，以及人们的思想价值观念产生了巨大影响，广告传播的社会价值观念对建立和谐社会产生了直接或间接的作用。

所谓价值观，通俗地说，就是人们对什么是好的，什么是坏的，什么是“应当的”，什么是“不应当的”，什么是“值得的”，什么是“不值得的”的看法和观点。社会价值观，指的是“隐含在一套社会结构及制度之内的一套价值……它通过规范、价值、惩罚等给个人带来外在压力，也通过社会价值的内化，给个人带来就范的压力”。

广告一方面传递商业信息，同时还传递价值观念、道德规范、社会准则、生活方式等潜在的文化信息。即广告不仅通过传递商品信息，引导消费和改变需求，促使受众改变生活方式和消费情趣，而且，通过传播先进、文明的生活观念和消费文化，影响人们的价值观、世界观和人生观，使人们在获得物质享受的同时，在精神上理解、鉴赏产品，陶冶、美化生活。它所倡导的生活理念、价值取向、行为规范及行为准则，影响着人们对真善美的追求。正像有一首歌中所唱的：让世界充满爱。广告可以为充满“爱”的世界贡献自己的力量。

1.倡导积极进取的人生信念

广告的力量不仅在于它能够有效地推销产品和劳务，而且体现在它能成功地倡导积极进取、自强不息的人生信念，促进人类进步。

日本电通公司为国际牌脚踏车推出的“兄弟篇”广告，就很鼓舞小朋友，也令父母备受感召。画面是两个小孩在野外学骑车，摔倒了再爬起来，伴随着童谣般的歌词，像小溪一样流入孩子们的心田：亮晶晶的脚踏车／还不能载着我的小弟弟／不可以哭呀／不可以放弃／再试一次　再试一次　再试一次／是男孩的话／跌倒了便该自己爬起来／再一次再一次／纵使擦破皮受了伤／亮晶晶的脚踏车／也一定会载动我的小弟弟。旁白是：“请送给小战士们国际牌脚踏车”，仿佛是给上前线的战士装备武器，加油鼓劲，很鼓舞士气。

多数人都拥有过“脚踏车的童年”，从第一次骑上自行车，到骑着上街、骑到郊外，人生自此渐渐扩展。孩子长大成为父母，同样给自己的孩子买脚踏车，一定会想起顽强的童年。广告所倡导的积极进取的人生观，对受众的社会心理有着强有力的影响。

公益广告在倡导价值观方面的作用和影响也可谓大矣。它通常以社会普遍关心的问题为诉求点，唤起人们对某一问题的关注，并且呼吁人们以实际行动来改善和解决这些问题。它以其独特的思想和艺术特征，已经成为一种重要的社会教育和宣传方式，发挥着良好的社会效益。在社会出现危机的时候，公益广告的这种社会作用表现的就更为明显，成为凝聚人心、战胜困难的重要宣传武器。例如，美国在“9·11”恐怖袭击事件以后，各大媒体上以往铺天盖地的商业广告被公益性宣传广告所取代，从这些广告上我们就可以约略地体验到这个社会面临危机与挑战时的精神状态。

2.对人们社会规范意识的影响

社会规范意识，指人们对各种社会规范——如经济规范、政治规范、法律规范、道德规范、艺术规范、日常生活规范、娱乐休闲规范、生产劳动技术规范等等——形成一定的信念和深层选择。人们的社会规范意识，是最直接、最具体、最表层意义上的价值观念。现在通常所讲的价值观念，往往就是指这个层面上的信念。

广告作为一种社会现象，是社会总体的一部分，它总会或多或少、或明显或潜在地体现出一定的社会价值观念、规范意识、精神状态、行为准则等。当人们接受广告的同时，也接受了它所传递和倡导的规范意识和行为准则。如“海尔”对公众承诺：“真诚到永远”，体现在行动上如农民消费者反映洗衣机下水管经常堵塞，真诚的“海尔”人得知这一情况后，立即加大下水管直径，以适应农村朋友们的特殊需要。言行一致的“真诚到永远”，提倡的正是全心全意为顾客服务的经营理念和与公众真诚相待的行为准则。诺基亚“科技以人为本”，传达的是一种不懈追求和重视人才的经营思想。

世界电讯业巨头“爱立信”制作的企业形象广告：“沟通就是理解”、“沟通就是关怀”、“沟通就是爱”，它像微型电影纪录片，又像公益广告，给人以一种清新、独特的感觉。这组广告通过纪录一系列发生在真实生活环境中的故事，通过抓取日常生活中典型的戏曲性片断，表现了人类所特有的生存状态和情景，十分富有人情味。它使观众领略到，电讯沟通不仅改善了人们的生活，而且的确使人们更有人情味；沟通交流并不只是打电话、人与人之间的基本信息传递、谈论聆听，而且是分担、友谊、关怀、尊敬、忠诚、信赖、理解，更是探讨、挖掘、思考，是人类真正的需要。[9]

追求人与人之间的和谐、信任、互助，也是人们社会规范中的应有之意。倡导这一精神的广告也备受观众喜爱。荣获台湾第14届《时报》金像奖之金奖的电视系列广告片“化去心中那条线”，表达了一种基本的人类情感。它是台湾生产汽水长达70多年历史的黑松公司，20世纪90年代推出的品牌传播广告。这组系列广告由四个短篇组成。第一篇：教室里的小男生、小女生在课桌上划了一条分界线，以示“互不侵犯”；第二篇：一个高大威猛的男子在酒吧寻找失落的帽子，被一对小恋人误以为是好色之徒，紧张得花容突变；第三篇：一位女士艰难地推着行李车，却误认为前来帮忙的男士怀有不良企图；第四篇：一位开着跑车的女青年被一位开吉普车的男青年紧紧追逐，恐惧之情溢于脸庞。没想到，男青年原来是想告诉她，她的长裙被夹在了车门外。

四支广告，情节各异，但却以同样的格式、同样的广告语相互串联，浑然一体。带有“爵士”味道的歌词也意味深长：“不要用线绑住你自己／留一点温柔的空隙／不要把手握得太紧／感觉就能互相传递／让所有的念头静一静／用你的心／去听别人的心”，广告口号“化去心中那条线——黑松汽水”。

系列广告通过巧妙地赋予黑松品牌特定的内涵和象征意义，唤起人们内心深处的回忆和联想。当人们看到小女生、小男生们幼稚而认真地在课桌上划出一条“互不侵犯”的“线”时，无论青年、壮年还是老年，都会自然想到儿时曾经有过类似的天真幼稚行为，也就不知不觉地感到黑松似乎就是“打开心结”的使者。

我们正处于一个变动不拘的时代，当人们为不断呈现的先进和新奇而激动欢呼时，却深感在源源到来的新景象中，“找不到自我肯定的内在基础，感到自我深刻的失落，成为情感枯竭和情感匮乏的无根基的精神漂泊者”。[10]因而，“对情感的怀念，成为当代人的基本情感；回忆、怀旧、乡恋、家恋、童心之恋，成为当代世界无休止的温情表演。像“化去心中那条线”这类广告，无疑会唤起当代人的情感企盼，以及对真善美的渴求并付诸行动。

3. 为孩童赢得未来美好的明天

广告传播借助角色示范，供人学习模仿，以培养、引导人们的消费观念、生活情趣以及行为规范等。广告的角色示范效力对儿童影响尤大，广告中的画面、色彩、声音、动作以及广告演员的举手投足，都令儿童激动不已。广告对少年儿童的学习、生活各个方面影响极大。广告中的人物形象以及广告所反映出来的思想、情感和行为准则，将深深根植于孩子们的头脑，并逐步演化成他们美好生活和未来理想的样板。

在独生子女居多的社会里，儿童是家人的宠儿。商家早已看好儿童消费这片永远有潜力有魅力的市场，广告自然不失时机地向儿童宣传物品或利用儿童推销各种商品，从食品、饮料到玩具、童车、衣物等日用品，应有尽有，铺天盖地，令人目不暇接。如儿童看电视节目，不能像成人那样运用判断力对内容加以选择，通常是电视上说什么，他们就相信什么。他们对广告中的歌词记忆力尤其强，甚至可以唱出全部广告歌曲来。对食品、饮料及家庭日用品的名称与商标记得十分清楚，如“果冻布丁喜之郎”、“康师傅牛肉面，香喷喷好吃看得见”、“我也要喝娃哈哈”、“农夫山泉有点甜”等。

广告每天在给儿童灌输这个好吃，那个好玩，它不仅唆使儿童“多多益善”地买东西，哪怕只是新鲜或根本不需要，而且影响儿童长大后的购买行为。多数广告不提价格，只鼓励人们购买，似乎不花多大的代价就可以得到满足，似乎不需要付出努力，就能要什么有什么，就能自由自在享受美好人生。如果家境好，父母在这个问题上又不能及时地、合理地引导，而一味地满足孩子的要求，无形中会造成一种坐享其成的心理。

广告中的代言人与背景道具，都完美无缺，豪华高贵，实非普通人所企及，而儿童又不大明白赚钱的辛酸，只懂得照葫芦画瓢般的模仿。所以，广告在不知不觉中教给孩子们如此这般的社会生活规范，提高了他们的生活标准和欲望。广告中也极少反映诸如贫穷、肮脏、失业、偷盗等社会问题(公益广告除外)，广告只教给他们如上所述的、与现实生活脱离的另一个世界。结果是，广告中的世界是色彩斑斓，令人神魂颠倒的，而现实世界并不那么尽如人意，有时甚至是苍白的、无奈的。

另外，一些消极的电视广告传播，对少儿造成的不良影响令人担忧。学习本就是极为辛苦的事情。可有的广告扬言，只要吃某某营养品，就能学习轻松，考试理想。这些广告将知识的获得、考高分等寄托在其“神奇”的产品上，误导缺乏判断力的孩子和望子成龙的家长迷信营养品，而不是更加刻苦努力地学习。这些广告只能助长少年儿童投机取巧、不劳而获的心理。

从媒介的社会责任而言，广告应发挥正面导向作用，所以广告行为必须在经济和社会效益上找到平衡点。大众传播媒介的驾驭者、使用者应清醒地认识到媒介的文化承载和传播、开启心智的功能，使其肩负起教育的责任。广告传播的思想文化导向的正效应，应是让受众在接受商品信息、消费指南的同时，开阔胸襟，提高道德情操，提高文化品位。

五、和谐广告追求“真善美”

广告要保持与消费者的和谐，与媒介形象的和谐，以及与社会的和谐，就要坚持其重要的准则——追求广告的“真善美”。

1.广告的“真”

广告和新闻一样，是一种信息传播行为，都视“真实”为生命。离开了“真”，广告就成了尔虞我诈的工具，就会被群众斥之为“狗皮膏药”，就会给正常的社会经济秩序带来严重的干扰。因而《中华人民共和国广告法》规定“广告应当真实、合法”、“广告不得含有虚假的内容，不得欺骗和误导消费者”。《中华人民共和国刑法》也规定：“广告主、广告经营者、广告发布者违反国家规定，利用广告对商品或者服务做虚假宣传，情节严重的，处2年以下有期徒刑或者拘役，并处或者单处罚金。”

要做到广告的“真”，至少要做到以下几个方面：

一是广告所宣称的产品和服务的确存在。

二是广告信息必须真实准确，不得过分夸张。

三是广告不能误导消费者。

广告失去了“真”的特性，也就成了虚假广告。从目前广告检测的情况来看，虚假广告主要集中在医疗、房地产、加工承揽、致富信息、招工招生等广告门类，大多存在隐蔽性、诱惑力强及后果严重的特性。发布“失真”广告尽管可能获得暂时的利益，但由于是不规范的行为，将面临法规的惩罚，同时也会逐渐失去消费者的信任，损害企业的整体形象，长远来看是得不偿失的。

2.广告的“善”

随着社会的发展，广告在人们生活中的作用越来越大。我们就仿佛置身于一个广告的海洋中。广告所携带的信息犹如无声的海浪，不断地敲打着大众的心灵之岸，潜移默化地影响着每个人的价值观。因而，广告的“善”就是要做到：广告所宣扬的价值观要和人类社会发展的正确方向一致，要防止在宣传自身产品和服务的同时，给社会带来精神垃圾甚至毒药。

事实上，“从善”并不会增加广告的额外成本。相反，“善”的举动会引起更多公众的共鸣，有利于塑造企业良好的形象，促进商品和服务的销售。“善”的内涵很广，比如传统文化中的“助人为乐”、“拾金不昧”、“尊师重教”等，现代理念中的环保意识、民主意识等，都是广告创意的可取素材。商品广告可以通过广告主题或者广告语来弘扬正确的价值观，提升道德品位，更可以通过公益广告这种形式更直接地参与社会的道德建设。可喜的是，越来越多的企业认识到了“善”对一个企业，对一个产品，对社会的巨大能动作用。“农夫山泉”的 “一分钱”策划，“哈药六厂”的公益广告系列甚至包括“白沙”的形象广告，都因为“从善”而取得了良好的社会效益和经济效益。

3.广告的“美”

美是美学研究的中心范畴。从抽象的哲学思辩领域去探索美，我们可以把它简单表述为，美是人类改造世界的自由自觉的创造性实践活动及其成果对人的自由的肯定形式。从这一最广泛的意义上去理解美，那么，在人与人、人与自然、人的生产劳动及其产品、人类的社会生活事件中，都体现出丰富多彩的审美属性，成为美的事物。审美主体对这种由审美客体的审美属性所激起的精神上的愉悦和心理上的满足，就是审美享受。美感就是对这种自由的感性直观所引起的一种特殊愉悦。

当然，追求美并非是要“粉饰太平”，有时为了警醒世人，也常常在素材选取上采取“丑”的形式。因为“丑”具有否定性审美价值，它可以反面衬托着、肯定着美和美的理想。有则“人无远虑，必有近忧”的广告忠实地记录了江南某地一条小河被严重污染的情况：河上漂浮着各式各样的拉圾：塑料袋、包装盒、烂菜叶、碎纸、死鼠烂猫……看到这一切都会让人作呕。这是典型的自然界所呈现出来的丑。真的使人触目惊心，心绪不宁，在这种环境中人怎么能活下去？这类广告的存在和价值在于，它从反面提醒着和陪衬着“青山绿水的良好生态环境，值得特别珍惜和加倍爱护”。

在建立社会主义和谐社会的进程中，需要全社会各个方面的共同努力。广告与人民的生活息息相关，它对促进社会的协调与和谐已经并将发挥着重要的作用。广告不仅在外部要与社会保持和谐，要遵纪守法，倡导文明，积极向上，追求进步；而且在广告本身的内容、形式、编排等方面也有个和谐的问题。哪一个环节出了问题，都会影响到消费者对广告自身、对产品与企业形象，直至对社会的印象与看法。因此，我们必须高度重视广告传播的社会意义，使广告成为构建和谐社会的重要手段。

注：

[1][2]《中国经营报》2005年5月30日第11版。

[3]《中国经营报》2005年5月30日第11版。

[4] 李琼芳《做讨喜美媒》，《广告大观》，2003年第4期，第17页。

[5][6] 冯健主编《中国新闻实用大辞典》，新华出版社1996年版，第85页。

[7]钟以谦《媒体与广告》，中国人民大学出版社，2001年1月版，第4页。

[8]潘泽宏《公益广告导论》，中国广播电视出版社，2001年1月，第4页。

[9]编辑部采访《爱立信为中国广告业提供了一个新的创意水准？》 《现代广告》，1997年第1期。

[10]卢泰宏、李世丁《大家永远的好朋友》，《国际广告》，1998年第11期。

浅论户外广告的和谐性

浙江工业大学之江学院 浙江华林广告有限公司 项建中

2005年八九月间，浙江省遭到两次强台风的袭击。杭州市虽只是受到台风边缘影响，却也是狂风四起暴雨如注。风雨过后，不少广告牌倒塌，有的支离破碎残缺不全，整个城市顿失光彩。经有关部门大力整治，吹倒的重新竖立，破损的予以更新，使得城市重现生机，风采依旧。

这是一个非常直观的实例。仅仅从现象上来看，就已经充分说明了户外广告对文明城市、和谐社会的建设，有着其不可取代的重要作用。如果再深入探讨户外广告的内容、形式、发布时间和地段等要素，它的作用就更明显了。

正因为如此，户外广告必须重视和谐性。户外广告是给人看的，与人要和谐；户外广告具有社会功能，与社会要和谐；户外广告发布在户外，与自然环境人文环境要和谐。所谓户外广告的和谐性，指的就是这方方面面的和谐。

一、户外广告的和谐性是其自身特征所决定的

所有的广告，包括电视、平面、户外、广播、互联网等等广告，都应当重视和谐性。而户外广告因其自身特征，更需要重视。

亚洲户外公司（Asiapostcr）的CEO史默伍德先生曾经说过：“户外广告才是真正的大众媒体，不是所有人都看电视，读报纸或者上网，但是任何人只要离开家，就会看到户外广告。”

这句话说得很中肯，事实就是如此。户外广告可以说是无所不在，公路、楼顶、墙面、商业楼宇、商场内外、车站、车身、车内、加油站、电话亭、书报亭、凉亭、停车场、地铁、机场，甚至到社区的警示牌、垃圾桶、果壳箱……只要眼睛看得到的地方总有广告公司在动它的脑筋。

户外广告如此无孔不入，人们习以为常，并不十分反感。调查数据表明：受众对电视广告的反感率是33%；对平面广告的反感率是32%；而对户外广告的反感率仅为15%，具有一定的亲和力基础。

户外广告是大众媒体人人都得接触的特征，强调它的和谐性就显得更为重要。虽然受众并不十分反感户外广告，但不注重和谐性，就会削弱亲和力。更何况，反感率的存在是客观事实，如何减少它，就需要在和谐性上努力。

户外广告是一种独特的视觉媒体，是3秒钟的艺术，需要受众在接触到的那一瞬间就引起他的注意力和兴趣，就能使他看明白广告所要传递的信息。如果一则户外广告不仅能引人注意而且还能让人驻足观赏，那就是一则成功的广告。反之，再大的花费也是失败。要知道，现代人的生活节奏越来越快，可谓是“来也匆匆去也匆匆”，要在几秒钟内夺人眼球，颇为不易。户外广告是3秒钟艺术的特征，决定了它，必须强调和谐性。

户外广告还具有最佳广告位稀缺性的特征。每个城市发布户外广告的黄金地段有限，最佳广告位很难再生，而户外广告一竖就是几年。像可口可乐在美国时代广场所占据的广告位，自1935年至今已70多年未动。在黄金地段发布户外广告的代价不菲，占据一个好广告位发布没有多大吸引力的广告，不仅是金钱的损失，更是广告资源的浪费。花了代价就是发布有效广告，要做到这一点就必须重视和谐性。从大的方面看，重视和谐性更是对广告资源的珍惜，使其发挥更大的量化、更优的质化功能。

二. 户外广告的和谐性是其传播特性所决定的

户外广告的传播特征，主要有以下三方面：

1. **户外广告是没有依赖性的自主媒体**　电视媒体承载的主体内容是电视节目，报刊杂志发布的主要内容是文字新闻和各种栏目，电视广告、平面广告是依附于这些内容而存在的，从某种意义上说是附属品。广告受众大都顺着主载内容的引导才接触到附属的广告。而户外广告则是纯广告媒体，没有依附性，没有主载内容的诱导，完全是由受众在随机状态下的突发性接触。正因为这一特征，决定了户外广告必须重视和谐性。

2. **户外广告是组成城市景观的视觉媒体**　户外广告是所有广告中唯一能够与城市景观融为一体，成为城市景观组成部分的视觉媒体。公共场所设立的大型电视墙播出电视广告，也应归入户外广告之列。无论是在国内还是国外，凡是发布户外广告，只要是在户外，无一不是城市景观的组成部分，哪怕是挂一条横幅，竖一块标牌看板，都在城市景观范畴之内。因此，户外广告必须注重与城市景观的有机结合，特别是在城市的主要街道，商业中心以及旅游景点，更要注意结合得完美。要做到有机结合就必须重视和谐性。

3. **户外广告是无选择性的大众媒体**　电视广告可以转换频道不看；报刊广告是非强迫性广告，读者有阅读的自主权；此外还有个保留阅读时间问题；广播广告可以换台不听。唯一只有户外广告全天候发布，强制性接收。当然看到是一回事，去注意是另一回事，熟视无睹是看，一眼扫过也是看，只有细细地去品味才是更高层次。接收虽然是无选择性的、强制的，但接收并不等于接受。同时，户外广告还有可视时段短的弱点。因此，在户外广告无所不在的“海洋”中，要能脱颖而出，夺人眼球并让人过目不忘，必须重视和谐性。

三. 户外广告的和谐性是构建和谐社会的要求

以胡锦涛同志为总书记的党中央，高举邓小平理论和“三个代表”重要思想伟大旗帜，开始建设具有中国特色的社会主义新里程，提出构建资源节约型、环境友好型的和谐社会重大任务。全国人民，各行各业都在为此努力奋斗。

广告是市场经济的产物，服务于市场经济；同时，广告又与文化产业血脉相通，从意识形态范畴而言，广告也是一种精神产品。一则优秀的广告在传递商业信息的同时，还能对人们产生精神上的积极影响，或是激励爱国热情；或是助人奋发上进；或是提倡社会公德，弘扬正气等等，既是一种广告宣传，又是一种精神享受。反之，不仅不能传递商品信息，还会给人们的精神世界带来负面影响。在建设和谐社会这个大环境中，所有的广告都必须重视和谐性。

重视和谐性是广告的社会责任。户外广告由于上述的自身特征和它的传播特性，更需要重视和谐性。建设和谐社会在创建文明城市方面有诸多方面的标准，从环境友好型的要求来看，城市景观是一条硬杠子，户外广告作为城市景观的组成部分，担负着重大责任。如果一座城市的户外广告都是内容健康、发布有序、美不胜收而让人赏心悦目，这座城市的文明程度就能加分。如果这座城市的户外广告内容庸俗、发布无序、破损残缺、脏污不堪，哪里还谈得上环境优美、城市文明？所以，在建设和谐社会的大环境中，户外广告所担负的责任，决定了它必须更加重视和谐性。

四、户外广告的和谐性要在广告创意上体现

和谐性对于户外广告而言，具有特别重要的意义。重视和谐应从创意、制作、发布以及维护等方面进行努力。

创意是广告的灵魂，户外广告当然也不例外。重视户外广告的和谐性，首先要从创意着手。

户外广告重视创意的和谐性，主要是指广告与人的和谐。内容健康那是毋须多言的问题，低级趣味的广告只能遭人唾弃，和谐便无从谈起。在此前提下，户外广告的创意必须强调自主性，要做到主题突出，一目了然。因为它不能像电视广告可以依赖精彩的文章，而让受众顺利地接受广告。户外广告是自敲锣鼓自登场，一切靠自己。如果创意不新颖，不能引人注目，那这则广告就失去了它和受众和谐相处的共同点，人们匆匆而过、视而不见就意味着这则广告的失败。

主题突出、一目了然要靠画面和广告语来体现。户外广告是给人看的，创意时必须注重看的功能，画面是如此，广告语也是如此。画面能否在为主题服务的同时使人耐看，甚至百看不厌，广告语是否一下子打动人心，使人过目不忘，画面与广告语是否相辅相成，珠联璧合，都体现了一个和谐性的问题。

户外广告虽然以看为主，但是随着户外媒体表现技术的创新，单一的“静态视觉发布”手段已开始出现向“动态多感官发布”发展，从简单的一块看板，变成有声、有形甚至有味。如楼宇、商场的液晶电视就发展得很快。手机的户外广告可以让受众听到音乐铃声；香水的户外广告甚至可以喷出香味，从听觉嗅觉上刺激受众。当然，听觉、嗅觉器官的刺激，只能是辅助手段，重要的还是要在视觉上下功夫。但是必须看到，这些新技术的出现，可以使户外广告与人之间的和谐有了新的展现手段，可以丰富户外广告和谐性的创意思路。

有关户外广告创意的专论已经很多，不少专家学者已有精辟的论述，本文就不再重复赘述了。

五、户外广告的和谐性要注重广告发布

户外广告由于其所具有的传播特征，所以在发布上更须注重和谐性。户外广告发布上的和谐性，主要指的是广告与社会的和谐。

户外广告的发布虽可以无孔不入但也不能随心所欲。除了必须按规定完备办理审批手续外，还需要特别注重与周围的自然环境、人文环境是否和谐协调。杭州是国际旅游城市，西湖风景令人陶醉。如果在中外游客兴致勃勃游览的名胜区，竖起一块仪丧殡葬广告牌，岂止是大煞风景？和谐从何谈起？当然，这是个极端的比喻，但是，创意肤浅、制作低劣的户外广告是会与周围环境格格不入的。只有户外广告的形象与城市文化的内涵相协调时，才会有特殊的吸引力和亲和力，从而产生独特的广告魅力。在这方面，国内外的成功先例很多。

户外广告发布的手段随着社会的进步也在发展，就

城市公交车而言，车站的候车亭、站名牌，车上的拉手、招贴及车身的广告，能利用的地方可以说是寸土不留。特别是车身广告更是一道亮丽的风景线。新媒体的拓展，使广告更贴近人民大众，那就更得注重其和谐性。杭州的公交车广告曾发布过一则止咳药品的广告，画面是一只鸭子，长长的脖子上打了一个结，结果引起了市民的反感，最后还是撤换了下来。这说明如果不注重和谐性，老百姓也是不同意的。楼宇、商场出现的液晶电视联播网，也是新媒体、新技术在户外广告发布上的新运用，也是贴近大众的广告，就更须做到重视其和谐性。

户外广告是组成城市景观的唯一媒体，在创建文明城市中，公益性的户外广告有着其特殊的作用。作为精神文明建设的一个组成部分，户外广告的和谐性在公益广告中更能充分体现。比较常见的是在繁华的岔路口竖一块大型广告牌，画面是着装标准的一位交警在向您敬礼，提示您注意交通安全。同一内容还有许多不同表现手法，杭州武林门的一块广告牌就是一个小孩在玩数字积木1、2、3、4在依序往上叠，最下面的一块是“安全”两字，广告语“安全第一”十分醒目。显得很温馨，很有趣、很和谐。

户外广告的发布，还必须注意文字的规范，不要乱用繁体字、不能出现错别字。户外广告安装必须牢固，要经常维护保养避免破损残缺。这些都是最基本的要求，只不过是为了体现和谐性应该更为重视而已。

六、户外广告的和谐性任重道远

中国的户外广告随着市场经济的发展、人们生活观念的改变而产生巨大变化。据统计，在过去的5年内，国内具有影响力的广告媒体排序是：电视、户外、报纸、杂志、互联网、广播。户外广告雄据第二位。全国户外广告营业额2000年是62亿元，2004年增为160亿元，5年间增长2.5倍以上。据报道，全球户外广告占广告市场的比例为6%，而我国户外广告占全国广告市场的比例却高达18%，大大高于全球的平均比例，也高于美洲3.5%、欧洲6.5%、亚洲11.5%的比例。这都说明了户外广告在中国深受欢迎，前景无量。对于发展势头甚猛的户外广告，重视其和谐性不仅具有现实意义，而且还具有深远的历史意义，是发展壮大具有中国特色的广告事业题中应有之义，是一个必须高度重视的问题。

商业广告传播中的认知分歧与利益冲突

暨南大学管理学院市场学系　杨建华

商业广告是广告的主体，也是最容易发生广告认知分歧与利益冲突的对象。在媒体报道的对于某些广告的争议评论和广告管理机关接受投诉并进行处理的广告案例中，绝大多数都属于商业广告。因此，对商业广告传播中的认知分歧与利益冲突进行探讨和研究，对于减少和解决广告传播的认知分歧和利益冲突将起到应有的作用。

一、商业广告传播中认知分歧的类型

（一）传播手段的认知分歧

在商业广告传播中的认知分歧中，传播手段的认知分歧比例较小，谈论得也不多，但是，这也是商业广告传播认知分歧客观存在的一部分。

1.传播媒体的认知分歧　部分商业广告选择媒体不当，引起受众不满，从而产生分歧。一种表现是广告商品与媒体性质相背，使受众产生心理反感，从而出现认知分歧。例如，某品牌饼干（食品）将广告做在街道两旁的垃圾桶上；某陵墓广告将其做在通往医院的公共汽车车票上面；某饮料广告做在公共厕所里面等等都属于此类情形。另一种是广告商品定位与媒体定位不相吻合，从而产生认知分歧。例如，某高档次的商品通过定位在普罗大众的媒体发布；某定位老年人市场的保健滋补酒选择定位年轻妇女的杂志上发布广告等。

2.传播时间的认知分歧 某些商业广告发布广告的时间不当，也会引起认知分歧。一般分为两种情况，一种是商品或广告内容与时间配合不当的，例如，晚餐时间播放治疗痔疮、皮肤病等药品的广告，儿童动画片时间播放妇女卫生巾广告等；另一种是时过境迁，广告仍然继续发布的，例如节日已过但仍然继续在播放针对该节日的广告，赞助某运动会的广告在运动会闭幕之后仍然继续发布，某有特定时间界限的广告过了时限仍然继续发布，等等都属于时间错位的广告。

3.传播数量的认知分歧 传播数量的认知分歧包括两种类型，一是针对某类（个）媒体广告数量所占比例过大，引起受众反感，从而产生分歧，一般多是针对电视、广播、报纸、杂志这几种大众媒体。例如，某些电视台一部电视剧插播广告的时间是该部电视剧时间的二分之一还要多，某些电视台节目之前和之后的广告时间之长使观众失去耐性，某些报纸所谓的专刊、增刊基本全为广告，某些电台的音乐节目基本是播完一首歌就要插播一段广告，使听众烦不胜烦。二是针对某些商品广告密集的、长时间的在某一媒体的广告投放，而且创意表现单一，使人反感。例如，某些医疗卫生机构的广告基本占据了晚间的电视、广播时间，某些药品广告在电视广告中的播放频率达到了令人咋舌的地步。

（二）传播表现形式的认知分歧

在商业广告传播表现形式上的认知分歧可以说是绞尽脑汁，各出奇招，但大体来说也可以归结为以下两类：

1.形式怪异，只求出名，不计后果影响 例如：某广告公司为引人注意，在房顶上竖立一个女性假人，令市民议论纷纷；某品牌酒在深圳为打知名度，让人化装成日本兵，在大街上与请来的托儿抢酒喝；某品牌酒在粤西某市将白酒装入洒水车到处喷洒，使整个城市酒气熏天；某涂料公司为证明自己生产的涂料无毒，经理当众喝下涂料，引起传媒纷纷报道；等等。

2.打擦边球，美女开路，不管是否相配 某些商业广告，以性感招揽受众，吸引眼球，更有甚者，即使商品与美女关系不大，也同样以美女招揽。例如，某超声波体外碎石仪（医疗器械，用于治疗各类结石）平面广告，美女站在该仪器旁搔首弄姿，许多人误以为是健美器械广告；某些工业产品、生产资料也以美女为广告模特；许多商场搞的美女脱衣秀、美女洗浴秀、美女坐床秀更是引起公众议论纷纷。

（三）传播内容的认知分歧

以上所列举的商业广告传播中的认知分歧在整个引起认知分歧中只占少数比例，而绝大部分认知分歧则表现在对广告内容的认知分歧上。

1.对内容是否真实产生怀疑 这一类型的广告其内容貌似科学，以名人、数据、证书、证言等说服受众，但许多经揭露之后才发现是虚假欺骗广告。例如，有一品牌名为“使你美”女子减肥腰带，聘请中央电视台新闻联播节目某著名女主持人拍摄电视广告，在各大城市最大百货商店租用专门柜台，在各大媒体发布看似科学、实则欺骗的广告，宣称“不节食、不反弹、无效退款”，欺骗了许多女性消费者。再如，某些医药广告宣称的药品可以对10多种病症有治疗效果，某些医疗机构的广告宣称的疗效高得惊人。某些广告聘请的名人以自身经历向受众推荐商品，但名人是否使用该商品、使用后的效果是否如其在广告中所言都令人怀疑。

2.对广告中性的表现产生不满 这一类型的广告以性感为其主要内容，并且含有性暗示、性刺激的内容，使部分受众产生不满。例如，某大型商场开业广告做一特大户外广告，广告画面是一漂亮的只穿胸衣的女郎，胸衣的扣子已开了一颗，第二颗半开未开，微露酥胸，广告大书两个字“开了”，一时之间，议论纷纷。再如，某品牌洗衣粉电视广告语以“你泡了吗？漂了吗？”招揽受众，最终不得不对广告语进行修改后再行播出；某口腔含片广告以“清嘴”为广告语，其广告模特含情脉脉，暗示味极浓。

3.对广告中传播的思想观念产生分歧 这一类型的广告涉及方方面面，因为广告是信息传播活动，它可以对人们的世界观、价值观、消费观等各个方面产生潜移默化的影响。例如，某些广告将人们的成功与某商品挂钩；某商品将孩子的聪敏、健康、取得好成绩等与广告商品挂钩；某日本品牌汽车让狮子向其低头鞠躬致敬，并拖带着国产卡车冲出泥沼；某外国品牌以穿着该品牌的人先后打败道士、恶龙、美女、武者等，最终取得了胜利；某女子个人理疗机构的户外广告以“爱一个男人不如爱一条狗”作为广告标题；等等，都使受众的认知产生分歧。

二、商业广告传播中认知分歧的对象

商业广告传播中产生认知分歧虽然表现在受众一方，但认真分析起来，主要包括三种对象。

1.消费者 消费者是商业广告的直接受众，也是商业广告传播中认知分歧的主要对象之一。由于消费者的文化背景、知识经验等的不同，使其对广告主的广告传播产生与广告主的自我预期不同的认识，从而出现分歧。特别是关系到产品质量、产品责任、优惠条款等与消费者自身利益直接有关的内容更是容易产生认知分歧的所在。

2.竞争对手 当广告涉及与其他企业或产品比较的内容时，往往会引起竞争对手的认知分歧。竞争对手会认为是利用广告贬低自己的企业或产品。由于广告法规对于比较广告的有关规定比较笼统含糊，而国内发生的关于比较广告产生纠纷的案例基本都以发起比较的一方被判有错，因而现在比较广告已成“雷区”，少有使用者。

3.其他受众与关联群体 由于广告是开放性的公开传播，所以接触广告的还有广大公众，因而，认知分歧也可能产生在其他受众与关联群体方面。例如，针对少年儿童的广告有可能引起父母和关注儿童利益的社团组织的认知分歧。广告中使用妇女的形象有可能引起妇女团体的不满，等等。

三、商业广告传播中认知分歧的原因

1.利益不同是认知分歧的根本原因 商业广告传播产生认知分歧的根本原因在于传播方与受众方追求的利益不同，这是产生认知分歧的根本原因。从传播方来说，商业广告的最终目的是追求利润，尽管其每则广告的直接目的可能不同。正由于商业广告最终目的是追求利润，所以，它希望能够得到更多受众的注意，把信息传播给更多的人，因而追求注意度的提高，吸引更多的眼球就成为直接的表现。而从受众方来说，无论是消费者、竞争对手，还是其他受众与关联群体，都只关注与自身利益相关的部分。当利益重合或有交集时，不会产生分歧，而当利益背离时，就可能产生认知分歧。

2.文化背景不同是认知分歧的直接原因 不同群体的文化背景不同，从而在道德伦理、价值观念等产生差异是出现认知分歧的直接原因。例如，对广告中与性有关的表现与内容，不同群体可能会有不同的认识，有人欣赏，但也有人厌恶。对广告中的某些内容和表现形式，有人认为是大众化的表现，有人则可能认为是卑俗低下。

四、商业广告传播中认知分歧与利益冲突的关系

1.分歧并不等于冲突 商业广告传播中的认知分歧与利益冲突是两个不同的概念，不能把所有的认知分歧都认为是冲突，这是我们在探讨商业广告传播时必须要分清楚的。我们每天有无数的广告，如果把认知分歧都等同于冲突的话，可能每个广告都会有类似的问题。

2.分歧是客观存在，冲突是分歧无法调和的表现 之所以说分歧与冲突不同，是由于认知分歧是客观存在，只要有传播，就一定会有认知分歧存在。而产生冲突却只发生在分歧无法调和的时候，则诉之于法律、诉之于舆论、诉之于大众，使分歧公开化、表面化。

根据上面的分析，商业广告传播中的冲突主要表现在与法律冲突、与文化冲突、与道德伦理、价值观念冲突这几个方面。虚假广告与法律冲突，是法律所不允许的。而其他冲突如果法律规定得笼统，则往往以是否引起大多数公众的反感作为判断标准。例如，对上述某日本品牌汽车的广告是在发布之后，社会大多数公众对其不满，因而广告管理机关令其停止发布的。

五、建议与对策

减少商业广告传播中的认知分歧和冲突，使整个社会更加和谐，是我们探讨和研究该问题的主要目的。如何减少商业广告传播中的认知分歧和冲突，可以从以下几个方面着手。

1.完善广告管理法律法规 法律的公平与公正是约束广告各方的硬条件，法律应该以保障正当利益、体现公众意志为目的。所以，进一步对当前有关广告管理的法律法规修改完善，使广告业依法办事，合法、守法经营，减少认知分歧，避免冲突发生，是非常必要的。

2.加强广告业自律 法律是硬约束，但更多的认知分歧则可能出现在文化、道德、伦理层面上，法律无法面面俱到，也只可能规定最后的底线，越界则惩罚。因此，为了减少认知分歧和冲突的发生，加强广告业自律是更为艰巨的任务。某些广告“合法不合理”，引起公众反感，但要处理于法无据，使分歧矛盾进一步加大，使公众对整个广告业产生不满，而要解决这种情况，就必须要求广告业加强自律，以“三个代表”作为纲领，以创建和谐社会作为目标，在广告创作、广告发布各个环节自我约束，减少分歧与冲突的产生。

3.加强舆论监督 分歧是客观存在，但分歧如果不暴露出来，那就只是个人的看法，对方不知道，也无从改正。所以，加强社会舆论监督，经常反映各方面公众的意见和建议，使广告主、广告经营者、广告发布者能够了解公众的思想和意见，在广告传播中体现公众的意志，就能够减少分歧与冲突的发生。

4.提高全社会公民素质 广告是一种综合性的活动，它既是信息传播活动，又是经济活动、文化活动和社会活动。广告传播中许多认知分歧与冲突与受众的文化背景、世界观、价值观有关，所以，减少商业广告传播中的认知分歧与冲突的根本途径是提高全社会公民素质。

与时俱进的品格：当代广告观念的嬗变

天津师范大学新闻传播学院新闻学系主任　孙瑞祥

不证自明的是，广告带有经济上的依附性，它是社会经济发展的晴雨表；广告也带有文化上的依附性，在不同的社会历史阶段，广告亚文化总要保持与主体文化的某种对应关系。当然，这并不是说广告没有主体性，而是说广告观念的嬗变不是凭空发生的，自有其特定的社会经济、文化背景，也自有其广告内在的逻辑关联性。当代广告观念的形成有一个历史演进的过程，具有十分丰富的内涵。从总体上看，当代中国广告观念的嬗变体现着一种与时俱进的品格。

一、从传者本位到受众本位

广告观念的嬗变，我们大体可以从世界经济发展状况与市场营销方式上得出一个基本脉络。在西方，20世纪20年代前可称为生产观念阶段。由于技术水平和生产能力所限，整个市场需求基本上是被动的，消费者没有多大的产品选择余地，广告也缺乏系统的策略性。对于厂家而言，生产观念的特征一言以蔽之就是："我们会做什么，就生产什么"。20世纪20年代末到二战前这一时期可称为推销观念阶段。由于爆发世界性的经济危机，西方各生产企业面临的首要问题已经不再是如何扩大生产规模和提高生产效率，而是如何去推销他们因经济危机所造成的过剩商品。这时期的一个普遍性口号就是："我们会做什么，就努力去推销什么。"推销观念认为，消费者一般不会根据自身的需求和愿望主动地选择和购买商品，而只能通过推销产生的刺激，诱导购买行为的产生，任何顾客都可能通过推销被说服。

二战后，以美国为代表的西方企业界的营销观念发生重大转变，逐渐由传统的以产定销转变为以销定产，这一时期可称之为市场观念阶段。这种新观念的准则是："市场需要什么，就生产和推销什么"。企业的一切行为都要以市场的需求作为出发点，又以满足市场需求为归宿。20世纪70年代以后，针对有的企业片面强调满足消费需求而生产自己并不擅长的产品的情况，西方企业界又逐步形成了一种生态学市场观念。认为企业必须使自己的行为和社会环境保持协调平衡的关系，只有这样才能求得自身生存和发展。继生态学市场观念之后，社会市场观念又开始形成。这个观念的基本论点是，企业在提供产品或服务时，不仅要满足消费者的需求欲望、符合本企业的擅长，还要符合消费者和社会发展的最大长远利益。

综合以上分析，我们得出这样一个印象，那就是不同的经济发展阶段有不同的市场营销观念，自然也就产生了不同的广告观念。就一些发达国家的情形而言，在市场观念确立以前，广告策略大多采取以产品功能为中心的诉求方法，我们称之为产品主导时代。进入20世纪60年代以后，随着技术水平的不断提高和社会产品的日益丰富，同类商品之间的差别越来越小，同质化现象增多，市场竞争日趋激烈。从文化内涵与外在形象上对产品加以区分，以调动消费者的选择性需求变得越来越重要，这也是企业形象识别系统（CIS）大行其道的原因。在广告策略上我们称此时为形象主导时代。20世纪90年代以后，随着物质生产的空前繁荣和买方市场的巩固，刺激了消费需求的攀升以及对消费个性的追求。商品能否引起消费者的情感共鸣，越来越成为左右消费行为的重要因素。广告文化内涵更加丰富，成为人们精神消费的一部分。可以说当代广告活动已进入文化主导时代。

从上述发展脉络我们不难看出，广告观念正在发生质的飞跃。这种变化体现在广告的策划创意策略上，就是从以产品为焦点转到以受众为焦点，从以制造商为中心转到以消费者为中心，从传者本位转到受众本位。

二、从理性诉求到情感诉求

广告策略中一直存在着理性诉求与情感诉求两种模式，这既是广告表现形式上的差异，也是广告观念上的差异。理性诉求强调消费者对产品或服务的功能性需求，强调用事实说话，突出产品或服务的特别属性以及消费者能够体验到的具体好处，目的是说服消费者产生理性的购买行动。情感诉求与消费者购买产品或服务的社会与心理需求相关，其目的是要唤起消费者一种积极的情感反应，进而将这种反应移植到产品本身。一般认为，在一种产品与其竞争对手的品牌在功能上无明显差异时，理性诉求便难以奏效，情感诉求就会发挥作用。情感是人类永恒的话题，以情感为诉求重点来寻求广告创意，是当今广告策略发展的重要趋势。可以说我们的现实生活已经进入了一个情感消费时代。

所谓情感性消费，就是指在基本的物质性需求得到满足的前提下，消费者开始注重对商品物质功能之外的情感附加值的追求与享用。换句话说，情感性消费就是一种建立在有形消费之上的无形消费，是物质消费的积极延伸。以服装为例，人们购买服装是为了遮体御寒，耐用与舒适是其基本要求。但随着基本要求得到满足，人们还会提出物质性以外的要求，那就是通过着装显示自己的身份与美学追求。为满足这种心理需求就要产生额外付出，这就是一种无形消费。简单地说，一种商品的总价值减去满足物质需要那一部分的价值，就构成了无形消费的价值。无形消费是一种个性化消费，一般是在有形消费满足以后才会发生，而现代广告创意为有形消费与无形消费搭建了一座平台，使两者得到了现实统一。

情感性消费是无形消费，是消费行为向个性化发展的新趋向。许多成功的广告创意，就是在消费者情感方面大做文章而成为经典的。美国贝尔电话公司有这样一则广告：一天傍晚，一对老夫妇正在进餐，电话铃响，老妇去另一房间接电话，回来后老先生问："谁的电话？"老妇回答："是女儿打来的。"又问："有什么事？"回答："没有。"老先生惊奇地问："没事？几千里地打来电话？"老妇呜咽道："她说她爱我们。"俩人顿时相对无言，激动不已。这时出现旁白："用电话传递你的爱吧！"这则广告以最易引起人们心理共鸣的亲情入手，通过远在千里之遥的子女用电话向年迈的父母传达爱心而赋予电话以强烈的感情色彩，营造了一种浓浓的亲情氛围，最后则水到渠成地推出要宣传的企业——贝尔电话公司。整个过程自然得体情真意切，有很强的感染力。

情感诉求广告在表现手法上主要体现出四种转变。一是变商品味为人情味。人情味是人间的一种共通语言，富有人情味的广告就像朋友间的对话，能增强彼此之间的相互认同感，有助于打破种族、心理或地域上的文化隔阂，更好地传达广告信息。二是变业缘性为亲缘性。传统广告多以生产资料信息传达为主，注重对业缘关系的表现，随着生活资料广告的日渐增多，家庭成为广告的栖息地，三口之家、天伦之乐、幸福安康成为广告常用的诉求主题。正是家庭这一特定环境，为广告的情感化宣泄创造了独有氛围。三是变灌输式为诱导式。传统的广告观念大多从广告主意愿出发，带有某种强加于人的话语霸权色彩，缺乏亲和力。当代广告创意视角正由俯视转为平视，由理念灌输转为情感诱导，给人们留下了丰富的想象空间。四是变推销型为服务型。推销型广告体现的是单纯的买卖关系，以商品出售率为指标，检验广告效果的唯一标准就是营业额的提升。而服务型广告重在提供咨询建议，重在为消费者排忧解难，急消费者之所急，想消费者之所想，是商家的一种长期的战略性情感投资。

三、从争夺购买力到争夺注意力

广告是一种市场竞争行为，它所要争夺的与其说是广告商品的忠诚用户，不如说是消费者的注意力资源，本质上是对一种无形资产的占有。从一般意义上说，社会竞争的发生必须具备三个基本条件：一是必须有一个共同争夺的目标，它既可以是物质的也可以是精神的；二是双方必须争夺的是同一个对象，否则竞争就不会发生；三是竞争双方中一方的成功必然会使另一方失败。当然，这里的成功与失败是相对争夺目标而言，离开争夺目标就无所谓成功与失败。竞争还分积极与消极两种方法，前者是通过扬长避短和创新等手段使自己获得竞争力；后者是通过破坏或贬损对方等手段使自己"水落石出"。

现代广告是一种特殊竞争，它的争夺目标既非一般的物质财富，亦非通常意义上的精神财富，而是一种特殊的社会资源——人的注意力。换句话说，广告是一种"注意力经济"，这是新时期广告观念的一个显著特征。1992年，当英国社会理论家齐格蒙特·鲍曼谈到后现代政治时就指出，如何来决定接受哪一种以及拒绝哪一种推销？决断通常是根据公众给予每种推销的注意力的相对数量来做出的，注意力越多，推销得就越好。因此，"后现代政治主要是有关注意力再分配的政治。在这种政治斗争的中心，公众注意力——让人垂涎并争夺——是最重要的稀缺资源。"[1]这一观点不仅适用于政治领域，同样适用于经济领域以及文化领域。

"注意力经济"概念是高德哈巴（Michael H. Goldhaber）在1997年提出的。因为人们获知信息主要来自视觉，所以有人把注意力经济形象地称之为"眼球经济"。有学者评论道："在知识经济时代，我们听到太多关于无限的资源，关于信息无限，人们往往忽视人类心智的有限。经济学是一门人类相互作用的科学，在信息社会人类头脑会受到量的限制。数字空间的价值最终还是依靠心力资源。信息经济是一个误称，我们使用它是因为方便，而不是其真正的内涵。"[2]高德哈巴指出，我们生活在一个信息环境中，更为确切地说我们是生活在一个由注意力经济构筑的信息环境中。注意力之所以成为重要的资源，成为消费品，是因为它具有使用价值，而且具有广泛的使用价值。注意力之所以重要是因为它引导行动，如果我们拥有一个人或一群人甚至整个社会的注意力，我们就有可能把它引导到其他事物上去，并可以对我们提供的关注对象作出评论和解释。人类社会现在正在进行“第三次”世界大战，这场战争是争夺注意力的战争。高德哈巴认为，无论个人还是社会，注意力资源都是有限的，注意力的紧缺就像能源的紧缺，但它又有所不同。相对而言，我们缺的不是信息本身，而是处理信息的能力——对信息的选择和使用。

事实上早在30多年前，著名的传播学家麦克卢汉就已经注意到传媒的这一特点。他指出，电视台实际上是在不动声色地利用我们的眼睛和耳朵做生意。为了尽可能利用到更多的眼睛和耳朵，电视台以好的节目做诱饵，观众在不知不觉中以对节目的关注来“交费”。然后，电视台将这一宝贵的资源以不菲的价格出售给亟需这一资源的人——用来做广告和宣传。因此，如何有效地吸纳受众的注意力，并且将这种注意力稳固地维持下去，便成为现代传媒在市场竞争中的焦点所在。注意力资源是一种人力资源，这种资源若不及时地开发，她就会随着时间的流逝而流失。乔治·法克兰认为，以网络传播为支撑的新经济的出现，进一步把注意力上升到资本化的高度。媒体成为可信赖的投资对象，它们已经发展成初步具有像银行、金融信用机构以及股票市场一样性质的行业。根据经济规则，如果新型经济中注意力是最稀缺的资源，那么它就可以被定义为货币——整个广告业就是这么做的。

四、从广告销售观到广告人本观

20世纪广告观念丰富多彩，流派纷呈，既有创意上的科学论与艺术论之争，也有表现形式上的理性派与感性派之辩。但总体而言，在一点上人们的认识是统一的，那就是“广告即销售”。自20世纪初肯尼迪提出“纸上推销员”后，广告销售观便成为普遍共识。1923年，霍普金斯在《科学的广告》一书中就强调：“广告是推销术的一种，它的基本原则就是推销术的基本原则。”从伯恩巴克的“说服”观、李奥·贝纳的“戏剧性”理论、罗瑟·瑞夫斯的“USP”，到里斯与特劳特的定位理论，再到舒尔茨的整合行销传播，尽管理论色彩不同，但在强调推销这一点上是基本一致的，广告即销售是20世纪的主题。

应该说广告的销售观无可指摘，但它不完整，它所欠缺的是一种商业活动中的科学精神与人文关怀。呼唤广告的科学精神与人文关怀，不能理解为是附加给广告业的额外负担，作为文化传播行为，这是广告应尽的社会义务与责任。如果说销售观是商业广告的基本特征，那么，人本观则是商业广告的核心竞争力与生命之源。在新的世纪里，在我们将广告真正提升到文化层面的时候，我们应该重新诠释广告的意义。早在20世纪60年代，西方著名历史学家阿诺德·汤因比就发出过警世之言：“我们西方文明的命运将取决于我们和麦迪逊大道所代表的一切作斗争的结果。”[3]汤因比对广告的猛烈抨击是发人深省的。有学者认为，20世纪广告是以市场经济为基础，市场经济的利益驱动机制在充分调动人的生产积极性、促进生产发展的同时，也刺激了人的物欲的膨胀。销售观广告以侵犯、说服、诱导等诸多方法和手段推销产品，大多表现出片面宣传物质利益和追求物质享受的导向。20世纪最伟大的科学发现，是人类对自己生存危机的发现，人类共同面临的社会和生态危机由多种复杂因素造成，销售观广告所产生的负面影响正是其因素之一。

人类的可持续发展问题是一个宏大叙事，非广告所能涵盖，也非广告所能驾驭，但一个理性的广告观一定是一个有利于人的全面发展和社会进步的广告观。所谓广告的科学精神，简言之就是实事求是的精神，就是求真的精神，就是讲诚心、求诚信的精神，它所引导的是社会大众的科学消费行为。这一点与广告历史上的“科学派”是两个概念，那时所谓的科学广告，无外乎是说通过运用某些规则来达到对广告功效的检测。那时的广告都是文字性的，像霍普金斯采用的主要是直邮广告，几乎全都是广告附加优惠购物订单的形式，数一数回馈的订单数量，就能够直接检测广告的成效，并且能够分析出行文不同的广告所产生效果的不同。[4]然而，这与我们今天提倡的广告的科学精神不可同日而语。

所谓广告的人文关怀，就是要以人为本，以消费者为本，以合乎人对真善美的创造和追求为目标，以促进社会物质文明和精神文明协调发展为使命。就是要肯定人是世界的中心，倡导尊重人、关怀人，为人在消费活动中积极性、主动性的最大发挥提供咨询建议，并创造出可能的选择空间。我们所提倡的人文精神应该是具有现代科学意识的人文精神；我们所提倡的科学精神也应该是充满高度人文关怀的科学精神，二者共为广告文化健康发展的两翼，缺一不可，这也是广告人本观的基本内涵。

注：

[1] ［美］乔治·瑞泽尔《后现代社会理论》，华夏出版社2003年版，第231页。

[2] 《国际新闻界》2000年第4期。

[3] 饶德江《新广告与人本观》，《光明日报》2001年8月21日。

[4] ［德］瓦尔特·玄纳特《广告奏效的奥秘》，民主与建设出版社2001年版，第41页。

治理虚假广告与广告行业自律

中国传媒大学广告学院教授　初广志

改革开放以来，中国的广告业取得了令人瞩目的迅猛发展。二十多年来，中国广告业以近40%的年平均增长速度，使中国成为全球增长最快的广告市场之一。

据统计，截至2004年底，全国共有广告经营单位113508户，广告从业人员913832人，广告营业额达1264.6亿元，占国内生产总值0.93%，占第三产业生产总值2.9%。

但是，在中国广告业迅猛发展的同时，广告传播所引发的社会问题也相当严重，突出的表现就是虚假广告的泛滥。

一、虚假广告及其危害

所谓虚假广告，简单地说，就是不能真实、客观地介绍自己的产品或服务的广告。在世界各国，虚假广告都是一种典型的违法广告。

目前，虚假广告已经泛滥到了令人无法容忍的程度，并且屡禁不止，且有愈演愈烈的趋势。据国家工商局的监测，虚假广告主要集中在保健食品、药品、医疗、化妆品、美容服务等方面。以药品广告为例，今年1到7月，国家食品药品监督管理局对181份报纸发布的10598次药品广告进行监测，发现违法发布药品广告行为9680次，违法率91%；同时，对全国35家地市级电视台（频道）发布的20792次药品广告进行了监测，发现违法药品广告9573份，违法率46%。[1]而违法广告又主要表现为虚假广告。

2005年的“两会”期间，有80件之多的提案、议案涉及医疗广告，代表、委员强烈呼吁有关部门重拳整治。对此，卫生部副部长高强指出，卫生部正在拟定相关方案报国务院，拟取消医疗广告。国家工商总局副局长刘玉亭也在会上表示支持卫生部的这项工作。

广告传播所引发的社会问题已经到了行业主管部门要取消广告的地步，姑且不论是否矫枉过正，但也足见医疗领域虚假广告的严重性。

虚假广告实质上就是商业欺诈。虚假广告的泛滥，对于消费者利益、市场秩序和行业形象都有恶劣的影响。

1．虚假广告严重地损害了消费者的利益

"广告是应用说实话和诚实原则的重要方面，因为它在各阶层的生活中有极为重大的作用。"[2]广告的本质功能就是传播信息。人们接触广告，主要是因为广告信息可以作为消费决策的参考。

而虚假广告的误导，不仅给消费者造成了巨大的经济损失，有时还使消费者的身体健康受到了伤害。据调查，仅在医药广告方面，由于虚假广告等方面的原因，我国每年就有大约250万人吃错药。

2. 虚假广告严重地损害了市场秩序

市场经济的繁荣和发展，建立在公平竞争的基础上。而发布和制作虚假广告，由于巨大的利益驱动，使得广告经营单位，不惜越过法律和道德底线。这实际上也是一种恶性竞争。

西方著名的经济学家亚当·斯密早就指出，任何市场经济只有在共享的道德观的基础上才能正常运行。"如果所有其他的竞争者都严格遵守一定的道德标准，那么一些行事相对不道德、而又没有受到制裁的人就会在竞争中建立优势。由此，竞争造成了一种压力，使人因竞争之故而逐步适应较低的道德标准。如果法律或某些具有制裁力的行业准则不能阻止这一过程，经济道德的解体恐怕就在所难免了。"[3]

3. 虚假广告严重地损害了广告业的整体形象

广告传播的对象是消费者。因此，消费者对广告的信任是这个行业赖以生存的基础。而一旦他们普遍怀疑广告的真实性，广告业的前景也就不容乐观了。

几年前，美国广告学者特劳特的《公关第一、广告第二》一书，曾经在国内外引起了一定的反响。特劳特认为，广告衰落的主要原因之一就是广告的泛滥及消费者对于广告的不信任。他的观点虽有一定的偏激，但应该给我们敲响警钟。

在我国，广告业本来就没有成为受人尊重的行业，如果从业人员不积极主动地维护行业的形象，行业地位的提升也就无从谈起。

二、缺乏行业自律是虚假广告泛滥的重要原因之一

谈到虚假广告的泛滥，人们首先会想到法律的不完善和行业监管的不到位。因为虚假广告就是违法广告，加强法律的监管是必不可少的措施。这是无可争议的。但还有常常被人忽略的一个原因，就是广告行业自律的缺乏。

我们这里所讲的广告行业自律，主要是指其职业道德的自律约束。"人们以职业活动方式及其对职业的利益和义务的认识，来评价自己和他人的职业行为。他们也能按照这种职业责任，在职业活动中自觉约束和调整自己的行为，以及对同业人的高尚行为感到同样的光荣，对同业人的不良行为感到同样的羞辱，对自己的职业活动中的过失感到内疚。"[4]

与任何一种职业一样，之所以强调职业规范和行业自律，是因为个体价值观和行为的局限性。著名伦理学家涂尔干指出："个体无法像完全关注自身利益那样，不断意识到社会利益的存在。有一种体系似乎必然会把这些社会利益带给个体的新类，迫使个体尊重它们，这种体系就是纪律。因为所有道德纪律都是为个体制定的规则，个体必须循此而行，不得损害集体利益，只有这样，才不会破坏他本人也参与构成的社会……社会群体的规模越大，就越有必要制定这样的规范。"[5]

在中国，广告业虽然已经被公认为是一种职业，但是职业伦理规范和意识却非常淡薄。这体现在行业自身缺乏专业精神和道德约束，没有建立自律机制上。

不容回避的是，在中国广告业迅猛发展的同时，职业道德建设方面一直显得相对薄弱。1994年12月7日，中国广告协会第四次会员代表大会才正式通过《中国广告协会自律规则》。1997年12月26日，国家工商局颁布了《广告活动道德规范》。也就是说，中国广告业恢复十几年后，才开始有正式的职业道德规范，而这一规范，又具有浓厚的官方色彩，也没得到很好的贯彻执行。尤其是一些违反职业道德和法律、破坏行业整体形象的"害群之马"，并没有在行业内得到应有的谴责和制裁。

美国AOBO（中国）公司副总裁张默闻在《谁毁了中国的医疗广告》一文中，曾尖锐地指出："我从不认

为企业在医疗广告上有什么大的智慧。他们是‘主犯’而已。真正的高手是那些广告公司和策划咨询机构（当然中国也有懂感情、讲原则、有情义的策划人和策划机构以及广告公司），他们忽视产品真实功效，夸大产品的虚假卖点，把企业搞得手捧金钱、乐不可支，却看不见欺骗消费者时给消费者带来的痛苦和灾难。”[6]

当前，中国广告业各种奖项的评定此起彼伏，“杰出策划人、创意人、广告学人”等等不一而足。可是，在广告人自我陶醉的同时，唯独没有对广告传播的社会责任引起足够的关注。

在广告教育中，也明显地倾向于技术的培训，而忽略了道德品质和法律意识的培养。在大学，广告道德与法规课程虽然已作为专业必修课程，可是相对于创意、策划、调查、媒介等操作性较强的课程来说，一直处于边缘位置。

同时，广告行业存在一种“集体的无意识”，缺乏伦理反思、自我批评及相互监督的良好风气。相当一部分广告从业人员认为，既然大家都是这样做的，那么自己的行为也无可非议。这是一个明显的误区，“在伦理学中，这叫试图从‘是’推衍出‘应当’——没有任何逻辑论据能够确证：由于人们是以某种方式行动的，它们就应当这样做而且应当继续这样做”。[7]

三、广告行业自律的不可替代作用

我国自1994年10月颁布《广告法》，至今已经十多年了，可是违法广告依旧猖獗，有关管理部门监管不力当然是主要原因之一。但是，与司法、医疗等行业一样，法律并不能解决所有的社会问题。因为法律只是个人和组织行为的底线。一般来说，违法的常常是违反道德的。而道德的自律则可以防止人们去触及法律的底线。

国外广告业的实践证明，广告行业的自律具有法律所无法替代的作用。这是因为，实质性法律的调控潜力往往因为下列的弱点而受到批评：

（1）时间滞后问题　法律法规的发展通常落后广告传播层面具体冲突的形成，尤其是近年来传播技术的迅猛发展所带来的行业变迁，必然产生许多新的伦理问题。

（2）概念抽象问题　法律法规往往很难用一般的事实描述来掩盖对于广告伦理具有重大意义的大量特殊场合问题。这一方面导致了大量不确定的法律概念，另一方面也导致了法律法规的极大膨胀；而这又会使法律法规遭到忽视和得不到具体的应用。

（3）贯彻乏力问题　对违法行为的监督和制裁具有结构上的局限性。如今，我们国家虽然已经发布了广告法，相关的法律法规也不少，可是违法和违反伦理道德问题的行为在应用现有法律法规的情况下并没有减少。

（4）对象不明问题　广告公司内部的高度分工组织和与此相关的决策分散导致了大量的“有组织的不负责任”现象。单个的从业人员往往不再有法律义务为具有伦理意义的整体决策承担责任。此外，这种控制上的缺陷还特别表现为，在广告活动实践中必须处理越来越多的特殊场合冲突，这种冲突由于具有特殊性和难以预测性而不能从法律上进行普遍而有效的调节。

正是基于这些原因，有必要用伦理上的自我承担义务来作为法律的补充。“这种自我承担义务的行为通常在所谓的行为守则、管理原则或协会指南中得到了实质上的体现。”[8]

广告行业自律是以群体规范表现出来的，而群体规范最终是以观念形态存在的，是一种标准化观念。它一旦确立将成为社会公认的力量，就会对群体成员形成一种道德上的约束。

四、当前广告行业自律的路径探索

通过借鉴国外广告业发展的经验，结合我国的实际，我们认为，广告行业自律，主要可以采用以下几种方式：

1．加强广告职业道德教育

职业道德规范只有成为广告从业人员心中用于指导行为的内化力量，成为惩戒前提下的内化，由强迫性遵守到自觉遵守的转化，广告行业的自律才能真正实现。解决广告传播的社会问题，从根本上来说离不开教育，因为它可以成为一种前设力量，阻止和减少问题的发生，预防发生比事后惩罚更具必要性。

为此，我们需要对大学的广告教育进行反思。大学的广告教育不仅应使学生了解一个知识体系，让他们掌握一种专业技能，大学最终要实现的是价值观教育，让学生能够做出是非善恶的价值判断，赋予未来广告从业者以理想和追求的目标。

因此，建立一种思考和讨论的教学制度比仅仅讲授伦理规范信条更显得至关重要。概括地说，一方面要在广告专业教学中加入伦理学的内容；另一方面也是更关键的方面就是要改变只单独设置伦理学课程的现状，提供整体解决方案。美国关于经济伦理学教学的研究和探索可以为我们提供借鉴。

沃顿商学院的做法是，规定每个大学生都有义务必修一门伦理学基本课程。商学院为其传授实践哲学和伦理学的各种观点并组织其深入讨论。这种基础知识在讲授各种专业课程（如营销、金融、人事管理、企业政策）时还会同特殊的个案研究结合起来被反复强调。这样，未来的决策者才会像成本核算一样也自然而然地进行伦理反思。其中，小组讨论是至关重要的，这种对话式的教育方法，可以通过对道德困境的个案讨论提高为在实践中解决伦理冲突所必需的论证能力。

要做到这一点，具备深厚理论基础与丰富广告实践经验的教师也必不可少。只有这样，才能结合当前实践，有针对性地提出问题，并通过对话来达成共识。换句话说，要了解实践到底会出现哪些伦理上的困境，以及做出违反伦理道德行为的价值观依据。比如："客户至上"是否是绝对的信条？如何解决对于组织的忠诚和承担社会的责任之间的冲突？等等相关的问题。

另外就是要加强对学生见习或实习环节的管理。因为这是学生认识广告行业的第一步，他们对于广告伦理道德问题的初步印象会影响他们今后的职业生涯。其中包括对伦理道德建设的信心以及实习单位对这一问题的态度。这就要求学校选择负责任的单位，选择负责任的指导老师。否则很容易把个别当成一般，把"是"当成"应当"。

这种模式同样适合于在职人员的职业道德教育。应该借鉴MBA的课程设置，在行业内部的各种培训（包括研究生课程进修班）中，加入广告伦理与道德方面的内容。同时，有针对性地将来自企业、媒体、广告公司的人混合编组，以便能够让他们从不同的角度来讨论广告伦理方面的问题。

2. 加强广告经营单位的伦理道德建设

社会学理论认为，现代社会中的每个人，都生活在一定的组织或群体之中，组织或群体的价值观影响着个人的价值观或行为方式。

因此，广告经营单位的自我检查，自我评价，是广告行业道德自律的出发点和立足点所在。具体来说，可以采用以下手段：

（1）加强企业文化建设 第一，明确以职业道德为第一的组织价值取向。广告经营单位是以经济效益为首要追求，还是在维护社会效益的基础上提高经济效益，会直接影响到从业人员的行为方式。第二，提高管理者的伦理道德水平。企业伦理学认为，企业中非伦理行为的发生也可以从领导个人的价值观上得到解释，特别是从那些处于较高或最高管理层，决定着企业政策方向并常常被企业其他成员奉为行为楷模的经理的基本态度上得到解释。

（2）在广告经营单位内部形成类似"对话"的讨论氛围 在当前的广告公司中，对伦理道德问题往往缺乏一种讨论的环境，使得面临伦理道德困境或冲突的从业人员常常凭个人的直觉来行事。

通过这种讨论，并不一定会得出面对每一种伦理冲突情况时的具体解决方案，但可以使当事人自己去发现哪些规范在具体的冲突情景中有助做出自己的选择。同时，在这种"对话"式的讨论过程中，也可以使某些伦理规范真正成为集体的共识。

3. 建立广告行业自律组织

目前，广告的行业自律已成为一种国际性的趋势。西方发达国家的广告行业协会，其主要职能之一就是对有争议的广告传播行为进行民间评议，令广告业履行应该承担的社会责任与道德义务，从而避免因立法和政府干预而对行业发展产生的负面影响。

在我国，广告行业的最高组织是中国广告协会。但是，“由于我国的行业组织并非发源于民间，缺乏代表行业各企业利益的天然土壤，加上我国市场经济体制确立的时间并不太长，因此作为市场经济内在机制和治理机构一部分的行业协会，其产生、发展和发挥作用，都具有中国市场的特殊性，真正实现职能到位还需要一个过程”。[9]因此，相对于国外的广告行业协会来说，中国广告协会虽然有行业自律的职责，在短期内还难以做到履行到位。

因此，可以考虑成立一个独立于政府的民间组织——“广告行业自律协会”，专门行使行业自律的职能，从而避免政府监管的官方色彩。

广告行业自律协会的常设机构是伦理评议委员会，可以由广告业知名人士、广告学术界的专家学者、熟悉广告业的著名律师和社会公众代表及知名人士等组成，成员控制在25人左右，委员会定期召开例会，遇重要事务可临时召集。

广告行业自律协会不以营利为目的，其维持日常运转的正当经费由自愿参与的广告经营单位提供。协会可以依据社会团体的有关规定和《广告活动道德规范》、《广告行业公平竞争自律守则》等制定组织章程和工作细则。

在运行方面，应该建立起三个运行机制：监督机制、协调机制和评估机制：

（1）监督机制 建立一系列的相关措施，比如接受举报和调查核实的方法，以及解决处理的手段等，对广告社会问题的是非曲直做出判断，并能定期进行公布，从而使这种监督具有一定的行业威慑力和社会影响力。

（2）协调机制 处理广告业与消费者之间的摩擦、广告经营单位之间的不良竞争和小型矛盾，要注意听取各方意见，允许双方进行答辩，在有效沟通的基础上，最后通过集体审议形成调解方案进行协调解决。

（3）评估机制 作为对整个广告业伦理道德的“监察员”，自律协会应对广告业的道德状况和信誉力进行具有说服力的评估，并将结果公诸众，形成一定的舆论压力，使职业道德状况差的广告经营单位，在行业内受到应有的谴责和制裁。

我们相信，通过广告业及社会各界的共同努力，一定能够使广告传播所产生的社会问题得以解决，从而促进我国广告业健康、良性的发展。

注：

[1]中国广告协会网站。

[2]（美）J·P.蒂洛《伦理学：理论与实践》第340页。华夏出版社1988年4月北京第1版。

[3]布里夫斯（Briefs）《道德边缘》，转引自《企业伦理学基础》，第25—26页。

[4]罗国杰等《伦理学教程》，第302页。中国人民大学出版社。

[5]（法）涂尔干著《职业伦理与公民道德》第16—17页。上海人民出版社2001年1月第1版。

[6]张默闻《谁毁了中国的医疗广告》。《广告大观》2005年第7期。

[7]（美）J·P.蒂洛《伦理学：理论与实践》第40页。华夏出版社1988年4月北京第1版。

[8]参见（德）霍尔斯特·施泰因曼、阿尔伯特·勒尔《企业伦理学基础》第84—92页。上海社会科学出版社2001年12月第1版。

[9]吴东彬《面对2005，广告行业组织如何求新求变》。《广告大观》2005年第4期。

中国广告新三角
——论广告主、广告媒体、广告商的和谐发展

中国广告协会学术委员会委员 田剑云

现代广告市场主要由广告公司、广告主、广告媒体三个主角构成。25年来中国广告市场这三者之间的关系时而冲突,时而缓和。当前世界广告业呈现“两种步调”的特征,即成熟市场的缓慢增长和新兴市场的迅速扩张,而中国是后一种情况的代表。目前,就广告业市场规模而言,中国在世界排名第六,位列美国、日本、英国、德国和法国之后。2010年中国广告市场将位居世界第二位。外资广告公司2005年12月将被允许在中国独资经营广告业,中国广告市场的迅速上升和巨大的商机吸引了全球的广告公司纷纷在中国以并购、收购等手段扩大在中国广告市场的份额。使本来在中国广告市场占有很大份额的外资广告公司越来越强大,剩下的广告市场越来越小,而在这已经很小的广告市场上,本土广告经营单位的同质化竞争现象愈演愈烈。面对这一困境中国广告业人士十分关心:中国广告业究竟如何发展?中国广告主、广告媒体、广告商三者之间如何和谐发展?中国广告市场如何做强做大?

在人们焦虑、关望、茫然的时候,2005年中国广告市场上的广告公司、广告主、广告媒体之间出现了新的三角关系,我们把它称为“中国广告的新三角现象”。

一、中国广告新三角的兴起

1.新三角之一——广告主的兴起

以蒙牛集团为代表的广告主不再叹息广告费的另一半浪费在何处,而是以品牌建设为基础、以营销创新为核心、以科学决策为手段,不断寻机、不停地折腾、精打细算,以少的广告投入取得了一个又一个大的营销回报,使蒙牛集团6年来有了突飞猛进的发展。

首先,蒙牛在1999年7月成立初期,虽然仅排在全国乳制品企业的1116位,仍旧以800万农牧民的就业致富为已任,给社会公众留下了一个带领牧民共同致富的良好企业形象。

其次,蒙牛乳业提出创内蒙乳业第2品牌的口号,在消费者心里,第2名就是仅次于第1名伊利的位置。当时伊利的销售额是12亿,消费者很自然地认为蒙牛是11亿多的销售额,这样蒙牛就很快抢占消费者心智资源。到2002年的短短3年时间,蒙牛乳业在全国乳制品企业的排名上升至第3位。此时的蒙牛虽然年度营销额达到21亿,但距前两位乳业品牌伊利和光明仍存在较大差距。在短时间内,迅速提升蒙牛销量,提升蒙牛的品牌力成为2003年蒙牛最大的营销传播课题。

再次,蒙牛集团2003年搭乘“神舟5号”上天事件,最大化地借用“神5”发射的影响力,使“蒙牛牛奶——航天员专用牛奶”的概念深入人心,突出蒙牛的营销主题:蒙牛牛奶——强壮中国人。在当时的社会热点中,中国“神5”航天飞船无疑是其中最大的闪光点,中国“神5”飞船一旦发射成功将是整个中华民族强大的象征,而这一点也正好是牛奶产品能给整个中华民族的最大利益——强壮体质。蒙牛跟航天飞船产生关联,整个蒙牛品牌的知名度与美誉度也将随着“神5”的升温,而迅速得到提升。在消费者心目中树立蒙牛正面的形象,使消费者产生一种强烈认同的心理效应,驱动消费者对蒙牛的购买,最终实现忠诚度从其他品牌向蒙牛品牌的

转换。达到提升蒙牛销售额的目的。2003年蒙牛牛奶已上升到仅次于伊利牛奶的第2位,年销售额提升到50.5亿元。品牌知名度和美誉度均占全国第一。

特别是这次,蒙牛集团在2005年蒙牛酸酸乳的营销中,借“超级女声”又夺得酸酸乳销量全国第一。蒙牛酸酸乳的整合营销计划是蒙牛集团上下精心寻觅的结果:首先,决策层统一了看法:“牛奶饮料为什么不可以是一个时尚饮品,就像可口可乐一样被年轻人在日常生活中喜爱和饮用呢?让牛奶也时尚起来,这就是我们的解决之道。”思路决定出路。接着,蒙牛决定举办唱歌比赛,“因为在电视上唱歌会更有表现力”。湖南卫视做的第一届超级女声节目引起了蒙牛的兴趣。这个节目的受众群体是12岁—24岁的年轻女观众,正好与蒙牛酸酸乳的消费者重合。而且,超级女声设立的PK环节,也给选手和观众一种“酸酸甜甜”的感觉,与蒙牛酸酸乳的口感也很相似。火爆的超级女声节目,势必能为蒙牛带来丰厚的回报。蒙牛酸酸乳的销售额2004年是7亿多元,而到2005年8月,蒙牛酸酸乳的销售额已经有25亿元。央视索福瑞对主要品牌乳酸饮料的调查表明,2005年5月,蒙牛酸酸乳的品牌第一提及率跃升为18.3%,超过竞争对手伊利优酸乳3.8个百分点。

2.新三角之二——广告媒体的兴起

当中央电视台向年广告经营额100亿元挺进,成为中国广告媒体的霸主时,以湖南卫视为代表的广告媒体再也不靠压价、回扣、争夺广告客户。而是以风靡全国的特色节目提高自身的品牌影响力,获得广大广告客户的投放和新的发展空间。湖南卫视本身就是一个国内较有影响力的媒体,其收视率相当高,仅次于中央电视台。曾创办的《快乐大本营》、《玫瑰之约》等节目在全国有较大的影响力。2005年湖南卫视使《超级女声》活动席卷全中国,取得空前的火爆。

《超级女声》是湖南卫视2004年始推出的一个大众化的选秀节目。其主要特点表现在:零门槛:只要喜爱唱歌的女性,不分唱法、不计年龄、不论外型、不问地域,均可免费报名参加。互动性:当进入20名淘汰至10名这一环节时,大赛将设立大众评委。以观众“票决”的方式来评定比赛结果,而非评委决定。真实性:真唱,是一场真人秀;短信投票也在一定程度上让选手和观众感受到比赛的公正和公开性。激烈性:现场淘汰和PK对决营造了悬念气氛。主持人煽情的方式催下了不少观众和参与者的眼泪。2004年的《超级女声》报名人数约5万人,而2005年报名参加海选的人数达到了15万人。自2005《超级女声》开播以来,湖南卫视播放的《超级女声》节目便一直是人们关注的焦点。到了8月底决赛前,更是成为人们街谈巷议的话题,“超级女声”在湖南卫视播出时,同时段收视率仅次于央视一套,排名全国第二位!而最新的数据则更让人吃惊——7月22日举行的“超级女声”全国总决赛第二场的收视率甚至超过了央视一套。收视人口达到了5个亿!一些影响力大的门户网站专门设立《超级女声》专题,如新浪、搜狐、百度。据报道,在百度贴吧,每天的跟贴居然达到223万条!各大博客、论坛同样有《超级女声》相关的报道和发言,无形中影响着中国1亿多网民。好些没有看过《超级女声》节目的人也深受影响,纷纷寻找相关资料、打开电视,看个究竟。湖南卫视也因此大发其财,除去蒙牛支付给湖南卫视的冠名和广告宣传等费用近3000万元以外,湖南卫视的广告时档完全占满,甚至创下了每15秒广告价格达11.5万元的新高,大有超过中央电视一套的趋势!预测湖南卫视2005年的广告总收入将会突破6亿元。

3.新三角之三——广告公司的兴起

近年来,中国广告业继续向历史新高攀升,2004年在北京召开的第39届世界广告大会给中国广告业带来了更大的鼓舞和更多的激情,尽管“宏观调控”成为2004年中国经济发展的大背景,但中国广告人依然用他们的聪明才智和辛勤努力推动着中国广告业实现了17.2%的增长速度,本土广告公司的表现更加“可圈可点”。不过,我们要看到中国的本土广告公司仍处在价值链最弱势的中间环节,上端是强势的广告主,下端是强势的媒体主,左右又面临着强大的国际4A公司的专业竞争和众多国内广告公司的低价竞争。在广告公司激烈的同质化竞争中，以分众传媒集团为代表的新兴广告公司脱颖而出，开始了新事业的创意，拓展新的发展空间，在广告市场上迅速掘起。在较短时间取得了中国本土广告公司前所未有的业绩。

分众传媒年轻的掌门人江南春10年前注册的永怡传媒公司，到2002年已经成为拥有LG未来窗、NEC笔记本、招行信用卡、京瓷手机、富士数码相机等大型客户1.5亿元广告代理费的国内知名广告代理公司之一。事业做得相当成功。但是江南春并不满足已有的业绩，认为当前媒体发展之快，利润之高、资源之自主是与广告代理商那种在夹缝中寻求生存的状态完全不可比的。因此，江南春又开始了新事业的创意。首先，他看准了户外视频广告是一个全新的户外广告媒体，接着成立了分众传媒公司。仅用2年半时间就打造出一个遍布国内45个城市、2万多栋楼宇、日覆盖3000万中高收入阶层的楼宇电视广告网络，月营收超过4000万元，成为十几年来中国本土广告公司发展的奇迹。更令人称奇的是，2005年7月14日分众传媒作为中国传媒第一股在美国纳斯达克股票市场开市的首日，股票上涨了18.8%，市值超过8亿美元，超过了中国三支在香港上市的广告媒体(白马、梅迪派勒、媒体世纪)股票的总和。

江南春所率领的分众传媒的非凡表现更吸引美国最大的投资银行高盛，欧洲最大的风险投资基金3亿、全球最大的投资机构Capital等等国际客户近5000万美元的投资。目前，分众已经拥有全国1000家卖场中的500个，近期将发展到650—700个大卖场，1500个左右的标超和2500个便利店并以市场占有率77%的份额成为该市场无可争议的主导者。分众传媒以新的创意创造了一个全新的广告市场，也为广告公司带来了丰厚的盈利。

二、中国广告新三角的和谐发展

1.自主创新是新三角和谐发展的核心

首先，以蒙牛集团为代表的广告主，坚持自主创新，坚持以营销为核心的理念，这是中国广告新三角兴起的核心。众所周知，蒙牛集团是品牌营销的高手，从先创品牌再建生产基地到借助“神舟5号”一跃飞天，从蒙牛强拼老大哥伊利夺得中央电视台的广告标王到借助“超级女声”促销蒙牛酸酸乳，无不显示出蒙牛现代的营销意识、敏锐的市场能力和科学的操作手法。蒙牛集团董事长牛根生说：“中国市场非常大，到处是机会，关键是善于发现机会。”蒙牛集团自主创新最大的特点是善于发现机会并把握机会，借力发力取得一个又一个的胜利。特别是在借“神5飞天”和《超级女声》的事件营销中无论是中央电视台、湖南卫视台的强势传播还是成都阿佩克思广告有限公司、北京未来广告公司的精心策划都是为蒙牛牛奶产品促销服务的，无论是借助“神舟5号”成功飞天的“航天员专用牛奶”公关活动，还是“2005快乐中国蒙牛酸酸乳超级女声”造势活动，都要以蒙牛牛奶的营销为核心。营销人都知道消费者与你感情好，不消费等于白搭的道理。所以蒙牛在此公关影响力迅速遍及全国的同时，在自己的产品广告和卖场促销活动中及时补充“神舟5号”“宇航员”“酸酸甜甜就是我”等要素，并推出有诱惑力的买赠活动，使得公关形成的品牌势能转化为销售动能保证了公关对销量促进的深层次目标的实现。在蒙牛集团的营销理念中公关不是第一，广告也不是第一，营销才是第一。蒙牛的成功也带动了中央电视台、湖南卫视台等广告媒体和成都阿佩克思广告有限公司、北京未来广告公司等广告商的和谐发展。

其次，与蒙牛集团借事件营销取得成功不同，以湖南卫视为代表的广告媒体，极力打造“快乐中国”的创新品牌，以受公众欢迎的平民化娱乐节目，建立有特色的媒体平台，形成创新的核心，吸引更多的广告客户。湖南卫视引入竞争机制的新体制、新理念，始终走在国内电视界的前列，无论是投拍的《还珠格格》，还是创办的《快乐大本营》、《玫瑰之约》等节目在全国都有较大的影响力。特别是2005年湖南卫视创办的《超级女声》节目红遍神州，再次成为中国电视界的关注焦点，也引来以蒙牛为代表的广告主的关注。蒙牛向市场投放20亿袋印有“2005蒙牛酸酸乳《超级女声》”的产品，印刷了1亿张海报在各个赛区散发，在全国做了300场“《超级女声》迷你歌会”，设立了“《超级女声》夏令营”

进行促销。蒙牛的强力支持使《超级女声》取得了空前的成功。湖南卫视不像其他电视媒体靠引进节目争取广告，而是以自主创新为核心，打造出《超级女声》这样火爆的节目吸引广告的投放，并与蒙牛互相支持、和谐发展取得了双赢的效果。借助于《超级女声》，2005年第一季度湖南卫视的广告经营收入就已经突破了1.5亿元，比去年同期上涨了37%。

再次，以分众传媒为代表的广告商，不愿固守在同质化竞争激烈的市场上，而是开辟一个新的、巨有广阔发展空间的、特定的广告市场。分众传媒自主创新的核心是创立了一个新的广告媒体——楼宇电视网络。据调查中国户外视频广告至少有50亿元的市场，分众传媒为做大中国广告这块蛋糕做出了50亿元的业绩。并带动了电视工业的发展和国际广告主客户的投放。

2.新三角和谐发展的特点

(1)投入大

以蒙牛集团为代表的广告主在“2005蒙牛酸酸乳超级女声”整个营销过程中，蒙牛酸酸乳20亿份的包装上也全部印有超级女声的参赛信息。蒙牛的“2005蒙牛酸酸乳超级女声”冠名费，加上预告片广告、角标广告、比赛现场广告牌等，蒙牛支付给湖南卫视的总费用近3000万元。对传统媒体的投入，更是大手笔，投入金额高达8000万元！以公交车体、户外灯箱、平面媒体广告为主。蒙牛集团还在中央1套到中央6套，都投放了蒙牛酸酸乳的广告。电视广告里显示其代言人张含韵是上届超级女声季军，并特意为张含韵量身定做了广告曲《酸酸甜甜就是我》，发布以“酸酸甜甜就是我”为号召的广告，充分表达了个性、前卫的广告诉求，彰显了消费者的个人魅力与自信。其MV和形象出现在电视广告、广播以及一线二线城市的灯箱和路牌上。其后，蒙牛酸酸乳的一切活动皆与超级女声挂钩。产品包装、海报、堆头，以及所有电视广告、网络广告、广播广告都打上超级女声的标志。蒙牛的执行力在这次整合营销中得以检验。而对其执行力最初的挑战是路演。蒙牛决定将强势销售区域由一线城市拓展至二三线城市，敲定了长沙、广州、郑州、成都、杭州5大城市作为赛区。随后，各地的路演渐次铺开。北到哈尔滨，南到昆明、贵阳、桂林、广州，西至兰州、乌鲁木齐，标有“超级女声”的蒙牛酸酸乳深入到全国400多个城市，进行了200多场迷你路演，为超级女声赛事造势。这其中，蒙牛又选择比较重要的34个大城市进行了144场大型路演。在34个路演的城市中，当地主流媒体也都投放了蒙牛的广告，以及为“2005快乐中国蒙牛酸酸乳超级女声”造势的软广告。在这场空前的造势活动下，蒙牛和超级女声的知名度同时得到了提升。长沙、广州赛区赛况播出之后，这一活动更成燎原之势，再次为超级女声做出宣传。并在各大门户网站，也都投放了蒙牛广告。其中，新浪网更是开出专门的超女频道(supergirl.sina.com.cn)，打开这个网站首先跳出的就是蒙牛的广告。此外，在各地的候车亭、公交车，蒙牛也投放了相当数量的户外广告。在零售终端，蒙牛也有堆头和宣传海报，并举办有奖活动，即幸运观众能去现场观看超级女声。蒙牛这次营销活动的总成本超过1亿元。

以分众传媒为代表的广告商，在北京、上海、广州三地设备投资和阵地投入已投进3000多万元，花掉了江南春10年广告代理的所有积蓄，正当他走投无路的时候，得到了国际资本——软银的投资。如鱼得水，进军全国楼宇电视广告市场获得成功。

(2)时间短

首先，“2005蒙牛酸酸乳超级女声”是一次进行了更加迅速而精彩的演绎，从蒙牛发现《超级女声》的品牌价值到蒙牛总部最终确定投资与湖南卫视合作，仅用了两周的时间。这样一个大的营销活动在跨国公司需要至少提前1年进行，但蒙牛两个月就拍板了。而《超级女声》的活动仅半年时间就结束了。蒙牛集团从初创时的1116名到现在全国乳制品行业名列前茅，也只用了6年时间。分众传媒从开创到成功仅2年半时间。

(3)见效快

2003年广告主蒙牛牛奶已上升到仅次于伊利牛奶的第2位，年销售量提升到50.5亿元。2005年8月，蒙牛酸酸乳的销售额已经有25亿元。广告媒体湖南卫视借助《超级女声》2005年第一季度的广告经营收入就已经突破了1.5亿元。广告商分众传媒仅用2年半时间就打造出一个遍布国内45个城市、2万多栋楼宇、日覆盖3000万中高收入阶层的楼宇电视广告网络，月营收超过4000万元，并且吸引了国际客户近5000万美元的投资。

（4）配合默契

蒙牛集团与湖南卫视合作在“2005蒙牛酸酸乳超级女声”的活动中配合默契，充分体现了广告主和广告媒体及广告商之间的和谐关系。首先，蒙牛集团不惜投巨资为《超级女声》造势，而湖南卫视也竭尽全力为蒙牛酸酸乳的营销提供一切传媒平台，双方密切配合使《超级女声》获得了空前的成功。双方也得到了最大的利益。同时，北京未来广告公司也密切配合蒙牛集团，在代理媒体广告中全力为“酸酸乳超级女声”的活动传播服务，并从中取得了应得的报酬。分众传媒在进军全国楼宇电视广告市场中，更是与国际资本密切合作，他们不仅获得了资金上的支持，而且还获得了人力资源和管理系统的支持。这对新媒体的建立和扩展起到了举足轻重的作用。通过以上案例，我们看到了中国广告新三角和谐发展的新气象。

三、中国广告新三角给我们的启示

1.坚持个性化、抛弃同质化是保证新三角和谐发展的基础

《超级女声》的火爆，带来蒙牛酸酸乳的成功。蒙牛也好，湖南卫视也好，都是在坚持了个性化发展的前提下获得成功的。他们的成功又带来了一大批热衷同质化的跟随者，现在在超市内常可看到标有“酸酸乳超级女声”的蒙牛产品周围紧挨着就是其他品牌的近似产品，甚至有一个品牌的乳饮料也叫“酸酸乳”，字体也和蒙牛酸酸乳的一样。为了避开同质化的影响，蒙牛又推出了一种独特的包装，330毫升的塑料圆瓶与其他250毫升方盒包装形成很大差别，蒙牛酸酸乳在商品陈列上又独树一帜。

2.少一些冲突、多一些和谐是维护新三角和谐发展的保证

分众传媒在新的广告市场上取得的丰厚回报，最近也引来了同行的关注。分众传媒最近分别受到中国电信和聚众传媒冲击：首先，继商业楼宇视频广告成就一个分众传媒之后，大卖场成为下一个掘金点。除了广告商纷纷抢占地盘，中国电信也介入试图通过宽频互联网改变当前的“掘金”模式。接着，聚众传媒也提出了公寓楼和便利店的网络建设计划，而分众传媒则将大卖场网点作为其下一步的重点。按说上市的上市，私募的私募，大家共同瓜分这个新兴的广告市场，本该是“双赢”之道，但随着两家冲突不断，偏离了和谐发展的道路。我们提倡市场竞争，但应该是公开的、公平的、健康的市场竞争，在竞争中求生存，在竞争中求得和谐的发展。分众传媒如果拿出姿态主动邀请中国电信和聚众传媒一起坐下来共同探讨如何做大电视户外广告市场岂不美哉。

3.团结一致，共同发展

中国的广告市场仍然存在乱、小、散的现象，2005年出现的中国广告新三角现象应该给全国的广告界一个新的启示：中国广告要想发展，必须团结一致才能共同发展。这个“团结”是建立在大家都来创造一个个新的发展空间，都来开拓一个个新的领域，都来维护和建立良好的广告环境，都来遵守游戏规则的基础上。这个“发展”是指中国本土的广告主、广告媒体、广告商之间的和谐发展和各行业内部的共同发展。只有中国的广告界团结起来才能共同面对国际广告业的挑战。

“网”罗先机
——关注本土品牌的网络整合营销

瑞诚广告网络事业部经理 王 斌

媒介发展过程中有一个被业界公认“滞后定律”；媒体的消费者（观众、听众、读者……）大量增长后，需经过一个滞后期，才会也必定会出现广告品牌的大量跟进。而最先跟进的品牌往往是投资的最大“赢”家。

自2003年6月起，中国网络用户的数量保持高速的递增；2005年6月，网络用户突破1亿，是一个跨越性的标志——中国网络媒体已经步入主流媒体的行列。这将意味着，与网络广告全球发展的规律一致，继IT、汽车等高关注度行业之后，中国的传统行业、产品借助网络进行传播的年代即将到来。而网络媒体广泛覆盖的特点，对于宏观广告操作有非常大的利用价值，“网络传播”已经成为了品牌经营中不可忽视的强大力量。

国内目前正处于网络用户大量增长后，网络广告品牌跟进的“滞后期”，这个转变过程中存在许多传播的机会可以为企业带来意外收获。从2004年开始，许多外资公司及本土大公司（基本都是4A公司所代理，有一定的国外网络操作经验）已经明显加强了网络广告的投放力度，而这也无疑建立了与同行业对手之间更大的竞争优势。更多本土品牌也应该充分把握这一机会，利用网络广告进一步提升自己的地位。

自2005年初开始，探究“本土品牌进行网络整合营销推广”之路，经过近一年的分析与实践，我们认为有四个方面是本土品牌在网络广告投资操作中应当注意的。

一、围绕三种特征人群，把握传播时机

国内的网络广告市场还处于一个“转型期”，刚开始呈现出大众化媒体的特征。遵循一定的规律，在适当的时候介入网络广告的投资，科学进行网络营销的整合推广，将是品牌成长中的一次机会。

早期的网络广告都是基于大多数网民的一些特点展开的，投放的都是一些关注度、流行度较高的行业，如房地产、汽车等是白领、高收入网民所关注的热点消费行业；IT类网络广告是针对总能接触网络的高教育水平、专业人员的；而一些流行性强的行业投放网络广告，则主要是针对众多的年轻学生网民。网络发展的一个重要因素是网民规模的增长，而这个增长无非是围绕着高收入人群、高教育人群和低年龄人群这三个基点来扩散的。当前阶段适合投放网络广告的产品，应当与这三部分人群的消费有一定联系（如图示）。

网民三个极点

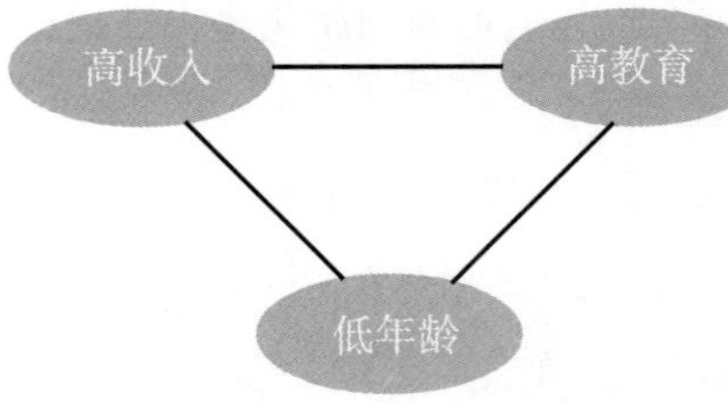

首先是中高收入人群比较关注的行业／品牌。如房地产和轿车，将依然是网络广告的热点行业；高档家电、家具也是购房后需要马上考虑的；金融保险及医疗教育也是近来比较受关注的行业。而在日常生活中各种高档的品牌产品也是这部分人群比较推崇的（仅从这个层面上来讲，众多的国外品牌就都比较符合规律，所以他们较早地进行网络投放基本不会有太大偏差）。

其次，IT类产品因为是与网络最近的行业，依然是网络广告的主力军，而其周边的数码、电子通讯、软件等，同样与高教育人群的使用更加密切，因此进入网络

广告市场也是顺理成章的。

再次，年轻网民是增长最多的一部分人群，虽然其收入微不足道，但其整体消费力却不可低估，带有流行色彩的品牌产品可以在这上面做一些文章，如休闲食品、饮料、流行服饰等相关品类。

当前不适合投放网络广告的品牌／行业也不在少数，如传统媒体中投放量较多的大众化药品、保健品、食品以及日化用品，这些物件的购买是以家庭主妇为主，网络广告对他们的影响力较弱，难以起到很好的作用。当然我们也不能排除一些特殊的情况，少数的专业性网站其用户整体特点往往非常具有差异化，只要与品牌的受众相符，并且网站也具有相当的影响力，也可以进行广告投放。

二、抢先进入，占据传播主动

我们这里所说的“抢先”进行网络广告投放是在“适时”的基础上进行的，与前面第一个方面的内容并不矛盾。抢先进入的意义一方面是快速出击，追求一个靠前投放名次，给受众一种先入为主的感觉；另一方面是强调企业应当“主动”地进行战略性传播。

举一个较早的例子来看先入为主的优越性。联众世界是中国最早开发网络游戏平台的媒体，其主要的受众群是广大的青少年玩家。这群受众的最大特点就是自制力差，往往在游戏的过程中忘记时间，甚至对视力会造成一定损害。正大福瑞达公司在当时整个网络广告行业都不是太完善的情况下，果断抢先进入，投放了非常有代表性的一系列广告，每隔一段时间就出现提示框：“润洁提醒您，您已在联众游戏连续奋战了××分钟，您的眼睛该休息了。”友好的提示语不但提醒了网民，而且把广告巧妙地传达给受众。在这之后，又有许多滴眼露品牌做过类似的广告，但很少能给人留下深刻的印象。应该说“润洁”的这种优势，就是在一个恰当的时机，推选进入网络广告而获得的。

对于主动进行战略性传播的必要性，有很多相关的案例。“英语电子辞典”并不是一个新生的产品，多年前“文曲星”就已经有一定的名气了，但这种名气更多依靠口碑来被动传播的，所以一直没有获得突破性的成长，而这个品类似乎也没有太多的传播声音。直到“好记星”大量广告的出现，似乎瞬间激活了整个市场，数十个同类品牌纷纷效仿它的广告模式，一时间电视上充满了“英语电子辞典”。这些品牌的跟进出击不可谓不快，但他们与“好记星”的最大不同就在于是被动地“跟风”，就媒介而言，已经是落后一步，输人一筹。

三、与营销互动、协作整合传播

从大的方面来看，尽管网络的发展十分迅速，但是由于价格体系的差距，在短期内网络媒体不可能取代电视成为预算花费的主流媒体，因此在实际传播中，网络广告更多的还是充当配角来配合协调电视、平面等高花费媒体的广告计划。而这所有类型媒体的广告投放都应看作是一个整体，结合企业的实际情况，协作发挥其各自作用才能使广告的效果达到最大化。

仅从网络广告的角度来看，由于网络媒体的分散性，如果单一利用一个网络媒体也很难使广告产生效果。根据不同网络媒体的特点，比较选择其中有价值的广告资源进行整合投放，才是最科学的解决方法。

近期中国移动“全球通”品牌所做的“升级通信生活”主题系列广告就很自然地把握好了全局。作为一个新的广告主题，“升级通信生活”系列的电视广告在8月下旬全面亮相，观众对这一新主题必定会在初期产生好奇心，而此时它的网络广告也适时出现在了网络上，更方便了受众进一步地去点击了解它。并且网络广告的整合也是比较科学的，如在门户网站首页通栏的投放就是利用最显眼的广告位来吸引眼球；而在MSN对话框上的文字链接，又对这一部分较高端的商务人群进行了一轮补充。

像“全球通”的这种操作其实并不复杂，一家专业的代理公司就使整个的广告流程紧凑而有序地进行下来。而有的企业往往会把广告投资划成几块，分别进行操作，这样不但破坏了整个计划的完整性，而且没有专业公司指导的网络广告还会遇到更多的问题。

四、借助专业指导、理性运用传播

(1)客观地进行量化分析与指导

当前网络广告的环境比较复杂，企业需要专业广告公司的数据调研，选择合适的媒体。网络媒体具有极强的分散性，任何统计调查公司也不可能对所有的网站都进行监测，这就给了一些不正规网站可乘之机。有的会采用一些作弊手段来篡改网站的流量记录、提高网站的排名来欺骗广告主。但只要有通过从正规渠道购得的数据统计，就可以识破这些欺诈手段，客观地进行媒体选择和预算分配了。

(2)依据传播目标与品牌特点，选择最佳广告形式

网络广告不同于传统媒体，其形式多种多样，企业需要专业广告公司的判断选择。在广告类型方面，一个网站通常有几十种广告形式可供选择，哪一种形式的特点更加符合传播要求，哪一种形式的性价比更具优势，这都是专业的广告公司能够很快作出判断的。有的时候还需要根据品牌的特点，及时与媒体方面沟通，为某一品牌量身打造独特的广告形式，进行别人无法模仿的创意。

(3)广告价格尚不够透明，专业购买优势突出

当前网络广告市场的价格体系不稳定，折扣、赠送的区域幅度不一。专业广告公司往往更能了解媒体的价格限度。而本土的专业广告公司相比4A公司最大的优势就在于能够更加灵活地进行价格谈判，有利于为广告主节省预算进行更多的广告投资，降低传播成本。

从法律角度看广告回扣

上海市广告协会助理秘书长 倪 嵎

回扣，是一个并不算新鲜的话题，又是一个敏感的话题，它几乎出现在各行各业。在市场竞争领域——只要是个人能够影响最终决策的，就会有回扣生长的温床，也就是说既然回扣还广泛地存在着，一定有它存在着的原因和生存的土壤。AD业界也不能例外，而且，随着广告市场的进一步发展，竞争日趋激烈，广告业务的争夺也就成了回扣活动的对象。

一、何谓回扣

回扣最初由沿海开放城市向内地蔓延，上世纪80年代末渐成风气，伴随着市场经济的发展而渗透到各个领域。

回扣，顾名思义，“扣而回之”也——已经出去了的东西，又有一部分堂而皇之地回来了。换言之，你给了别人好处，就可以名正言顺地在这好处上“咬”下一块。

国家工商局公布施行的《关于禁止商业贿赂行为的暂行规定》(以下简称《暂行规定》第5条第2款给回扣下了定义，对回扣的概念和法律特征作了具体界定，即回扣是指经营者销售商品（或提供服务）时在账外暗中以现金、实物或者其他方式退给对方单位或者个人的一定比例的价款。这是第一次在立法上直接给回扣下定义，也是第一次对回扣的概念作出明确的表述。这一概念与《反不正当竞争法》的规定在精神实质上是一致的，而且便于理解和执法操作。《暂行规定》对回扣的概念的界定也是对其法律特征的概括。从《反不正当竞争法》第八条和《暂行规定》第五条的规定看，回扣具有以下法律特征：

（1）回扣是在账外暗中给予和收受的。

（2）回扣是一定比例的价款。

（3）回扣是卖方退给买方单位或者个人的。

账外暗中回扣行为属于商业贿赂的不正当竞争行为。根据《反不正当竞争法》的规定，商业贿赂行为是指企业和其他经营者为了推销自己的产品向交易对方的采购人员、负责人、代理人等对经营有影响力的人员提供报酬和其他好处，以促成交易排挤别的竞争者，进而占领市场的行为。按照法律规定，经营者销售或者购买商品，可以明示方式给对方折扣，给中间人佣金，但都必须如实入账。接受折扣或佣金的经营者也必须如实入账。

回扣、折扣、佣金的区别：

折扣是合同双方的一方让利行为，双方都公开如实入账的。折扣款的所有权归企业；而回扣则是秘密不入账，回扣款所有权归交易经手人或企业小集体。

佣金是合同双方存在劳务交易行为，作为劳务报酬，照章纳税，是合法所得。支付佣金的一方将其列入销售等费用，并有发票入账。

二、广告领域中的回扣表现

1．广告主在回扣中的表现

俗话说，有坐轿子的就有抬轿子的。最近几年，广告主已经由隐蔽转向公开向广告公司或媒体提出回扣要求。其代言人主要有主管广告经费的市场主管、市场总监及副总一级的主管。

私企老板看重折扣，而不是回扣；大型企业的CEO不会有回扣要求，因为他们不直接参与广告业务。这样一来，市场总监、市场主管、市场人员就有了决定几十万、几百万、上千万广告费用的生杀大权，就有了指挥广告公司和调动某广告媒体的巨大能量。他们一方面压广告公司、媒体的价格，向老板夸大自己的工作成果，另一方面则同广告公司或媒体订立回扣的口头协议，两头捞好。至于媒介选择、创意活动、策划等重大广告宣传则一概不管。多少老板直到公司倒闭都没搞清楚是怎么回事。三株集团从鼎盛到衰落，其董事长吴炳新痛定思痛，提出自己的五大失误。其中一条是浪费严重，首当其冲的是广告费上的浪费。广告费打水漂的现象十分严重。旗下许多子公司巧立名目，向总部套取广告费，吃广告回扣现象十分严重，而且屡禁不止。

有的市场主管、市场总监在某公司加盟不到两年，就买车、买房，还能存上一笔自办公司或者出国留学的经费。因此，有些企业广告管理人员挑选就职企业并不是看这家企业有无发展前景，而是看该公司一年中有多少广告费支出。难怪他们之中流传一个选择就职公司的条件：“一百万（公司广告支出费）看一看，三百万算一算，五百万值得干，一千万金不换。”

企业的广告主管在广告业强烈不满和声讨下，装出公允的样子，煞有介事地向几个乃至十几个广告公司发出竞标的帖子，也装模作样对这些公司的业绩、内部结构（人才和设备）考察一番。如果广告公司有实力，也有回扣，那是再好不过。如果广告公司光有实力，没有回扣，那上报公司的结论是这家公司有很多问题，不宜采用；如果该家广告公司没有实力，光有回扣，那可以采用很多方法：如找一家创意能力强的公司做创意，买断后交由另一家做代理，也可向老板报告，这家公司折扣多，服务好，特别是服务态度一流。多少老板到这儿也就不会有疑问了。毕竟工作还得让别人去做，闭一只眼算了。于是就出现了广告公司在竞标时高薪聘请“枪手”的奇怪现象。只要“枪手”命中目标，在一年之内广告公司就可以高枕无忧。

2．广告公司在回扣中的表现

中国的广告公司是一个很奇怪的行业群体部落，很多企业寿命相当短。有的广告人“死”了几次还活跃在广告行业。他们倒闭一个再成立一个，如此改头换面。有许多广告公司既无设计能力，又无策划能力；既不懂广告运作规程，又不知如何服务于客户，能做的就是搬搬砖头。但他们用高回扣笼络对方市场人员，实在不行，就用各种非法的消费手段收买市场主管人员。他们挂着广告公司的招牌，但没有一天是在做同广告有关系的事情，功夫不在广告之上，怎能练就一身广告本领？多少广告人的尊严都是葬送在他们手里的。

其实，许多吃回扣者都不知道“出卖”他们的就是那些原来同他们称兄道弟的人。这也不是什么出卖，原来能做广告，那当然是兄弟，你没有广告投入或做了广告不给钱，那就对不起了，上帝也不是白当的，哪有光索取而不付出的道理，于是又演绎了许多反目为仇的悲剧。甚至一封举报信把吃回扣者送入监狱。

3．媒体在回扣中的表现

大家可能还清楚地记得广告主和广告公司抱着现金去求媒体登广告的“上帝下跪”的情景。在那个时期，那不是媒体给广告主回扣，而是广告主、广告公司给媒体好处费。现在这种日子对媒体来讲已不多见了。

现在媒体竞争非常激烈，为了争夺广告客户都各有高招，回扣就是各招中的一种。不过各家使的方法不同，略有些区别，比如大的、有影响的一二流媒体做这件事时，还要考虑一下影响。大多的折扣吸引广告公司和广告主。那些广告业务吃不饱的三四流媒体要么闯红灯，做违法虚假广告，要么以高额回扣争夺业务。有的甚至违反新闻职业守则，以曝光要挟广告主抢劫广告业务。

有些媒体的广告工作人员还助纣为虐，帮助一些专靠回扣的广告公司牵线搭桥。当有企业市场主管提出回扣要求时，他们就为这样的市场主管推荐有回扣的广告公司。这样便形成了一种“铁三角”关系，三者攻守同盟，任你老板怎么查，都可以不留任何痕迹，真正是“踏雪无痕”。其实广告公司对媒介人员也是有回报的。

总之，广告业务中有很多回扣猫腻，而且不同的广告业务会有不同的回扣比例，也会有不同的回扣处理方法。笔者不再赘述。

三、广告回扣的主要成因

广告回扣与其他行业的回扣一样都有一定的社会根源。

回扣的根源主要是中国社会经济转型期社会道德水准下降和法制的苍白无力。还有企业对自身的内部控制不严和对回扣的漠视造成的。

第一，在意识形态上，市场经济的功利思想，回扣在各行业的客观存在使广告人产生了从众心理。

回扣曾经被个别经济学家称为“市场经济的润滑剂”，它是市场经济的产物，是市场竞争的必然产物。说它是市场经济的产物，是因为回扣行为并非“中国特色”。在“回扣销售”的时代，业务人员在经营活动中首先判断谁是潜在客户、谁有决策权、他有什么需要(更多关心的是他个人有什么需要)、他能接受什么价格和回扣……

在几年前，一些跨国企业进入中国的时候还信誓旦旦地称不会进行一些暗箱的回扣操作，但是，在进入中国市场后发现了中国的“国情”，这些企业就马上“驯服”了，“关系”“回扣”之词也成了挂在跨国企业嘴巴上的口头禅。

于是，广告人当然也不能例外。在“三个密集”的行业内也做起了人人恨之又人人喜之的回扣之事。

第二，在制度层面上，广告经营机制的不成熟、不规范为回扣创造了客观条件。

1．广告市场准入制混乱，存在“一管就死”、“一死就乱”的现象。《行政许可法》实施后，广告监管机关取消了广告经营许可证。广告从业的资质条件既无行政把关也无行业自律。大量的非广告专业人士涌入广告行业。广告市场供需关系不协调，广告业务与广告经营者的供需比例严重失调。从经济学角度分析，“粥少僧多”必然导致使广告人采取回扣等不正当竞争手段。

2．广告代理制的不成熟。在我国，广告代理制是中国政府借鉴西方成熟广告市场运营机制为适应日益增长和复杂化的中国广告市场而采用的政策。如果将1993年国家工商局颁布的《关于进行广告代理制试点工作的若干规定（试行)》作为我国广告业开始全面推行代理制的标志，那么我国的广告代理制至今已经走过了12年的历程。相对于广告代理制已发展一百多年的西方发达国家，我国的广告代理业仍处于蹒跚学步的阶段。试行广告代理制至今，我国的广告代理制有了较大发展，但是我国广告代理制在广告行业结构、经营秩序、计酬费用等诸多方面存在许多现实问题：

首先，在行业结构上：客户代理与媒体代理并存，媒体代理占优势。广告公司与媒体单位功能错位、交叉，造成广告公司和媒体间严重的不平等竞争，制约我国广告市场服务水平的提高。

其次，在经营秩序上：多重代理、零代理并存。

多重代理使众多的广告代理公司目标集中于数量有限的广告大客户，多重代理不仅将广告客户的广告费分割得支离破碎，使客户的广告计划无法整合实施，影响客户的营销和广告计划性，还使有限的广告资源被多次分割，使广告代理公司无法赚得合理的代理收入，加剧了回扣等不正当竞争。

零代理现象包括两种情形。一种是，部分广告主和媒体迫于政策的压力不得不实施广告代理制，但又不愿意肥水外流，纷纷自行开办广告公司，这样就形成了名义上的广告代理制，随之而来的是广告代理费在广告主——广告主自办的广告公司、媒体自办的广告公司——媒体的内部流动，形成"零代理"现象。另一种是，随着广告市场的竞争日趋激烈，为了争夺客户，排挤竞争对手，广告公司之间竞相压价，并将媒介支付给自己的代理费以折扣或回扣给了广告主。由此逐渐影响了整个广告行业代理制的健康发展，为了争夺客户，为了生存，广告公司恶性竞争，竞相压价，回扣泛滥。

第三，法制不完善，执法机关查处不力。《广告法》等广告法律法规虽对广告经营活动中的不正当竞争行为作了禁止性规定，但无具体的罚则，广告监督管理部门忙于对广告宣传活动中虚假违法广告的整治，忽视运用《反不正当竞争法》对广告回扣等不正当竞争行为的查处。虚假违法广告的社会危害性更大，而且容易发现容易查处。因为虚假宣传行为是公开的；回扣等不正当竞争行为是隐秘的。执法机关对广告回扣不正当竞争行为查处不力，更使得一些广告人有恃无恐，铤而走险。

四、广告回扣的危害性

回扣行为的危害性是毋庸置疑的，它必将导致市场竞争的无序和人们道德的沦丧。广告回扣的危害，从微观上分析，它会使企业蒙受不必要的损失，对送回扣方来说，回扣使广告服务利润降低，对收回扣方来说，有可能以更高的成本买入了同样的广告服务而使资源处于浪费状态。

在宏观上分析，广告回扣的盛行扰乱正常的广告经济运行秩序，如果大家都根据回扣而不是根据市场、策划创意等服务能力来选择交易对象，那么市场经济所遵循的很多规则则名存实亡，整个市场效率处于低下的状态。广告回扣不仅损害了整个行业同时也损害了广告主和广告人自己。

五、对广告回扣的法律规制

回扣问题必须运用法律手段加以规制。我国虽无统一的反回扣成文法，但在《反不正当竞争法》、《刑法》、《民法通则》及《关于禁止商业贿赂行为的暂行规定》中都作了原则和具体的规定。

《反不正当竞争法》第八条规定："经营者不得采用财物或者其他手段进行贿赂以销售或者购买商品。在账外暗中给予对方单位或者个人回扣的，以行贿论处；对方单位或者个人在账外暗中接受回扣的，以受贿论处。"该法第二十二条规定："经营者采用财物或者其他手段进行贿赂以销售或者购买商品，构成犯罪的，依法追究刑事责任；不构成犯罪的，监督检查部门可以根据情节处以一万元以上二十万元以下的罚款，有违法所得的，予以没收。"根据上述法律规定，商业贿赂的不正当竞争行为，根据情节分别负担三种法律责任：

1．刑事责任。构成商业贿赂罪的刑事责任的追究，应当依照刑法第一百六十三条、第一百六十四条的规定进行。对于公司、企业的工作人员利用职务上的便利，收受他人回扣等财物，为他人谋取利益，数额较大的，定受贿罪，处五年以下有期徒刑或者拘役；数额巨大的，处五年以上有期徒刑，可以并处没收财产。为谋取不正当利益，给予公司、企业的工作人员以财物，数额较大的，定行贿罪，处三年以下有期徒刑或者拘役；数额巨大的，处三年以上十年以下有期徒刑，并处罚金。广西玉柴股份有限公司原副总经理吴民勤收受广告回扣282万元和云南省999电池股份公司昆明分公司广告部经理李松松索取回扣1.65万元及原中央电视台文艺部主任赵安收取广告回扣61万元的受贿案，《南方都市报》107万元广告回扣的行贿案，原中国财经报社广告部副主任李晋虹以支付广告回扣名义截留349万元的"假回扣"贪污案，天旭达房地产开发公司副总经理李爽用吃广告回扣的办法侵占公司财产的职务侵占案，均是按照《刑法》追究刑事责任的。

2. 行政责任。对于不构成犯罪的商业贿赂行为，应当承担行政责任。行政责任有多种含义，此处所述的行政责任，是指任何公民、法人等主体因违反《反不正当竞争法》及其他行政法律所受到的行政处罚。对于一般商业贿赂行为，按照前述《反不正当竞争法》的规定，由工商行政管理部门给予一万元以上二十万元以下的罚款以及没收非法所得的行政处罚。

3. 民事责任。对于商业贿赂的不正当竞争行为，给被侵害的经营者造成损害的，应当承担赔偿责任。被侵害的经营者的损失难以计算的，赔偿额为侵权人在侵权期间因侵权所获得的利润；并应当承担被侵害的经营者因调查该经营者侵害其合法权益的不正当竞争行为所支付的合理费用。对不法行为人依法追究了刑事或者行政责任的，仍可以追究其民事责任。

六、制止广告回扣的措施

第一，要提高广告人的综合素质，不仅在广告营销水平，而且在道德和法律水平上都应提高，只有素质提高了，才能自觉团结起来，共同抵制回扣。

第二，立法机关应完善广告法律，行政执法机关应加强对广告经营活动中回扣等不正当竞争行为的查处力度。同时，进一步研究和改革现有的广告代理制及市场准入制。

第三，广告行业协会应该充分发挥其行业的引导作用，既要建立行业保护体系，又要制定行业自律规则，配合政府逐步建立广告市场的公平竞争机制。

第四，企业应加强财务监管，制定严格的广告费收支规定，防止利欲熏心的人利用回扣侵占国家、集体、私有的财产。

第五，有关广告的行业刊物应该发挥其舆论监督作用，让广告人明辨是非，什么是正当的合法的竞争行为，什么是不正当的违法的行为。我很佩服《中国广告》杂志的胆略和能力，他们用审视的角度专设栏目和版面对广告业进行批评，理性地善意地提醒着业界人士，其精神可敬可叹。

广告界的同仁，从现在做起，从自己做起，刹住广告回扣之风，使广告市场得到一个纯净的和有益的发展空间，让我们共同期待广告回扣的正式消亡。

网络广告现状与监测研究

上海市广告监测咨询中心　徐　宏　闻　超

近年来，随着互联网经济的高速发展，网络广告已引起了越来越广泛的重视。网络广告以其费用低、发布快、定位准、传播广等特点，成为继传统的电视、广播、报刊和户外广告之外的第五大广告发布媒体。我国的网络广告业虽起步较晚，但随着上网人数的迅速增加及网络技术的不断进步，网络广告已经成为当前最经济有效的广告形式之一。

一、网络广告的发展

网络广告最早出现于1994年的美国。当年10月14日，美国著名的 Wired 杂志推出网络版 Hotwired（www.hotwired.com），其主页上开始有 AT&T 等 14 个客户的广告 Banner。这是广告发展史上的一个标志。从此网络广告开始在欧美及世界各地流行。

中国第一个商业性的网络广告出现于1997年3月，传播网站是Chinabyte，广告表现形式为468×60像素的动画旗帜广告。Intel和IBM是国内最早在互联网上投放广告的广告主。

我国网络广告一直到1998年初才稍有规模，历经7年的发展，网络广告已慢慢走向成熟。根据中国互联网产业研究公司和艾瑞市场咨询(iResearch)推出的《2004年中国网络广告研究报告》的分析：2004年，中国网络广告行业市场规模达到了19亿元，较2003年增长了75.9%。

随着中国互联网环境的不断成熟，网民数量的增多，广告主已陆续认识到网络媒体的重要性以及网络广告的优势所在，不仅广告主数量日益增多，投放行业也得以拓展。IT、网络服务、手机通讯、交通汽车、房地产是2004年网络广告投放量的前五大行业。随着互联网公司运作的逐渐成熟，市场规模的形成，以及网络广告主、网络广告代理公司、网络受众这些产业链构成成分的不断优化，使中国的网络广告在不断追求“广告效果”的过程中迅速发展起来。

二、网络广告存在的问题

在网络广告迅速发展的同时，也伴随产生了虚假、夸大、误导消费者的现象。网络广告由于市场准入门槛低，投资成本不高，加上国内法律法规的相对滞后，一些网站无视法律和消费者的利益，发布内容虚假的广告，甚至从事法律禁止的宣传，给网络经济以及互联网的健康发展蒙上了一层阴影。主要表现是：

（一）擅自发布未经审查的特殊商品（服务）广告

因为行业不同，广告发布的要求也有所不同。如对药品、保健食品、医疗、医疗器械等与人的生命安全密切相关行业的广告，我国《广告法》有特别的规定，必须经过行业主管部门的审查后方能发布。然而，目前网络广告市场中存在着大量未经审查且内容不实的此类广告，以及诸多不科学的功效宣传，使普通消费者在这一领域的合法权益得不到保障。

（二）无视国家法律，发布法律、法规禁止的广告

性生活用品和烟草是我国《广告法》明令禁止在大众媒体上发布广告的商品。但一些网站置法律于不顾，不仅大力推销性生活用品、烟草等违禁商品，有些还严重危害到社会主义精神文明的建设，传播迷信、色情、暴力和其他有害信息。根据中国互联网络信息中心（CNNIC）2005年1月在北京发布的第15次《中国互联网络发展状况统计报告》，网民中18—24岁的年轻人所占比例最高，达到35.3%，其次是25—30岁的网民(17.7%)和18岁以下的网民(16.4%)。众多青少年有意无意地成为了此类广告侵害的对象。

（三）发布虚假广告，误导消费者

在竞争日益激烈的网络广告市场上，某些广告主、网络广告代理公司、网络媒体为了自身的利益，经常制作发布一些虚假广告，向消费者传播不实的信息和虚假的承诺，用不完全不充分的信息误导消费者，以达到推销产品和服务的目的。在内容上，包括对经营企业本身和销售商品所做的各种虚假宣传。这类广告是目前违法广告的主要形式。

（四）发布欺诈性的网络广告，骗取他人钱财

所谓欺诈性广告，是指广告主以骗取他人钱财为目的而刊登的广告。它和虚假广告的区别在于虚假广告的广告主不是想直接骗取他人的钱财，而是想扩大自己产品和服务的知名度，从而吸引更多的潜在用户，而欺诈性广告的主要目的就是为了直接骗取他人钱财。这是一种故意的犯罪行为，极易造成严重后果，使受众的利益受到侵害，给社会带来不稳定因素。

上述四类广告要么是在程序上违反审查制度，要么是在内容上违反了广告必须真实、合法、符合社会主义精神文明的要求。这些违法广告不仅损害了广大消费者的利益，破坏了和谐稳定的社会秩序，也使网络广告经营者自身的形象受到损害，成为网络广告健康发展的致命伤。

三、监测网络广告的必要性和可行性

网络广告存在的诸多问题，扰乱了市场的秩序，严

重损害了消费者的权益，阻碍和制约了网络经济健康、有序的发展。

（一）监测网络广告的必要性

根据第12次《中国互联网络发展状况统计报告》，网民对网络广告有如下的评价：在对网络广告的看法方面，选择经常浏览和有时浏览的有68%；在被问询是否愿意在收到网络广告邮件后作为选购商品或服务的参考方面，表示不排斥的占72%。网络广告这种新兴、时髦的方式已日渐渗透到人们的生活之中。但是，在被问到对目前网络广告最不满意的方面时，选择“广告的真实性无法保证”的占38%，为第一位。

今年4月，中共中央宣传部和国家工商行政管理总局等14个部委联合制定了《集中开展互联网站清理整顿工作方案》，国家工商行政管理总局已将互联网广告的监管列入了整治的范围。如何监管网络广告，已经成为当前亟待解决的一个课题。为了对网络广告实施有效的监管，首先需要建立适时的监测机制，传统的到实地进行实物取证的方式，很难取得合法的证据。只有利用科学的手段对网络广告实施即时的监测，才能保证对其违法内容的监管做到执法有据。通过对网络广告的监测，可以及时发现、总结网络广告的特点和发展趋势，为完善法律法规、依法行政提供依据。

（二）网络广告监测的可行性

1.法律依据

虽然目前还没有针对网络广告的专门的法律、法规，但《广告法》已规定：在中华人民共和国境内从事广告活动，都应遵守《广告法》及有关法规、规章的规定，现有的法律法规对广告内容应当真实、合法、符合社会主义精神文明的要求同样适用于网络广告。监测时只要坚持依法行政与积极行政的有机统一，在依法行政的基础上，通过积极行政的实践，不断发现问题、解决问题，就可以推动网络经济的有序发展。

2.监测方式

在网络广告的监测技术和手段方面，目前已经有成熟的技术可以使用。国内现有的对电视、广播等传统媒体广告实施监测的技术和手段，同样可以用于对互联网广告的监测。针对网络广告证据易丢失、可以随时删除的特点，可通过保存电子文档和打印违法广告页面两种方式来解决。打印件上有取证的时间、网页的路径、网页的内容等重要信息，根据有关法规可以作为执法的证据。也可以要求网络广告的发布者将已制作完成的网络广告通过电子邮件发送给监测部门，由监测部门对网络广告的文字内容、标题、图像、画面等进行分析。目前，有些城市的广告监测中心已采取了这种方式，具有一定的可操作性。

3.辅助方式

在加强行政监管的同时，还应当建立和加强网络广告的自律性组织，发挥行业协会的作用，由行业协会制定网络广告的发布标准，在行业内部建立相互监督、相互约束的机制，明确对广告内容审核的责任，从源头上堵住违法广告的发布。此外，还可动员广大网民对网络广告进行监督，建立网上举报制度，这也是监管部门及时发现违法网络广告的重要途径。

目前，网络广告在我国还处于起步阶段，应当以科学的发展观促进其健康发展，使网络经济、网络文化成为推动社会主义市场经济和社会主义精神文明建设的重要载体。网络广告的优势，是任何其他传统媒体所无法比拟的，网络广告蕴藏着巨大的发展潜力。我们应当采取科学的管理手段，促进网络广告健康地发展。通过网络广告的监测，及时发现网络广告存在的问题，进而给予必要的指导，可以减少和消除网络广告的负面影响，使网络广告逐步走上规范化、法制化的轨道。

欧美博览与传播理论新思路

德国欧华文化传播咨询有限公司总经理 刁晓瀛（德国）

在全球化的经济生活中，有四项事实值得人们关注：（1）传统广告业在欧美营销战略和操作中的地位、作用正在下降，新型的、综合的、多媒体的、大众化的、互动的营销手段方兴未艾；（2）越来越多的公众(非专业人士)参访博览会，博览俨然已成为大众文化、流行文化、商业文化和城市文化的组成部分；（3）在消费文化和消费社会，出现了所谓的作为“体验先锋”的“新消费者”以及与之相适应的“个性化服务”，[1]尤其是在年轻消费群体中出现Cult(狂热崇拜和迷信现象)，同时传统宗教在民众日常生活中被边缘化，中国如此，西方亦然；（4）近几年来，欧美博览产业陷入危机，东亚博览产业蓬勃高涨。以德国为例：从2000年到2001年，展厅面积从914万平方米下降到801万平方米，参展者从23.5万家下降到22.2万家(大企业缺席或缩小参展规模)，参观者从1914万下降到1817万。多数生产企业和博览公司开始把参展重心移向海外[2]。深究其原因，与其说是总体经济状况和趋势所致，毋宁说是企业营销策略的改变，即企业将其有限的资源和财力投放到其他营销手段和措施的运用上。

当然，当代生活世界的背景和特征也是我们在讨论博览产业现状、趋势时所必须正视的。概而言之，就是：(1)社会领域的公共化、分层化；(2)文化领域的大众化、个性化；(3)价值伦理领域的相对化、虚无化；(4)经济领域的消费化、服务化；(5)科技领域的信息化、数字化。

下面我们从几个方面来介绍和解析欧美博览理论研究的成果，并在此基础上阐述我们的看法。

一、关于博览的现状

国内把展览会、博览会称为会展。按字面解释，会展应该是指会议和展览。但我们知道，互动性的营销手段或方式包括博览、会议和活动三个方面。所以，由德国各大高校教授、各大博览中心总裁以及各大传播公司专家合力编写的权威巨著《博览管理通论》(Messemanagement，2004)便是以“博览、会议和活动的规划、实施和检控”为副标题的。

在英语里，Trade Fair表示定期集市，商品展览会，商品交易会，对应于德语里的Messe；Exhibition表示展出，陈列，展览，对应于德语里的Ausstellung；Show表示商业性表演，对于德语里的Vorf ü hrung，但通常直接使用Show这个外来词。

就本质而言，博览或者作为信息(Information)和传播(Communication)的手段或工具，或者作为地区和政策的营销(Marketing)手段或工具，或者作为经济和对外政策的手段或工具，或者作为企业的营销手段。不过， 福鲁克斯劳赫(Hermann Fruchslocher)和豪赫海姆(Harald Hochheimer)的《变化中的博览》以及AUMA的《博览趋势2004》均揭示了博览的如下特征及其问题：

(1) 博览会逐步变成订购活动和信息交流活动，以期真实地反映市场的条件和格局；(2) 博览会信息的质量遭到人们的质疑，所以供求双方力求充分地表白和展示自己，于是除产品介绍外，旨在呈示企业特殊成就的会议在博览会中的分量日益增多；(3) 博览会的创新性越来越成为人们(参展方、参观方和观众)关注的焦点，即人们对博览会的组织、管理、服务提出了更高更新的要求；(4)“国际性”主题已成为主导博览会的一个越来越重要的因素，于是国际化沟通和表现的质量问题越加突出；(5) 随着互动的加强及其问题的集中以及公众对博览的介入，一种新的传播／沟通关系呼之欲出，即人们需要一种以参展者与访问者间的相互认同为导向的新型传播／沟通模式。

因此，在上面提到的《博览管理通论》一书中，黑克曼(Sepp D. Heckmann)的《转变中的博览》一文认为，博览将面临这样的挑战：(1)国际化的必然性或必要性；(2)价值(产品)创新结构的改变；(3)“非空间产品”即服务的意义在增长；(4)企业的风险在增加。

由此可见，在信息爆炸、价值变化、媒体统治以及人们追求时尚、张扬个性的大情势下，博览已经成为人与人之间(参展者与参观者、参观者与参观者)沟通的方式和场所。

说到沟通，我们又得咬文嚼字了。英语语词Communication可以翻译成传播、交流或沟通。但从哲学角度看，传播、交流和沟通这三个词，实质上代表了不同的信息传递模式。“传播”代表着一种传统的单向的信息传递模式，如广播、电视或广告，所以，我们可以说广告是一种传播方式，却很难说它是一种交流方式。“交流”代表一种双向信息传递模式，但它仅仅表示双方的信息交换和反馈。“沟通”则不然，它表示两个以上主体之间通过信息交流产生理解，进而相互同化和顺应，最终形成共识。德国现代哲学家和社会学家哈贝马斯把沟通看作是人与人之间的交往方式，是一种新型的“主体间关系”(intersubjektive Beziehung)或互动模式，因为它体现了交流的可批判性原则、对各方效用要求(事实的真理性、规范的正当性、体验的诚实性)的预设原则、效用要求兑现的保障原则以及交流各方最后达到的共识原则。

二、关于博览的功用

《博览管理通论》的主编之一Manfred Kirchgeorg在书中《博览的功能和外观形式》一文里，从四个层面来考察博览的功能：(1)社会(超经济的)；(2)总体经济；(3)博览参展者和参观者；(4)博览举办者。

但是，随着新媒介、互联网诞生，兴起了一种“博览唱衰论”。其论据是：(1)由于企业网页、虚拟市场、网络交易和网络展览的出现，借此，供需双方的直接交往信息量更大，效率更高；(2)进入网络的随时性优于参展的定时性；(3)在网络的自由寻觅要比在博览中迫于时间和空间压力的直接比较更为适宜；(4)对供应商来说，在新媒体中无时间限制的展示比寻求一个受时间限制的订购机会更富有意义；(5)对于小批量的、短线的和革新节奏较快的产品，展示的费用要高于其所得；(6)大型博览会的举办节律跟不上产品的更新节律。

然而，上述论调只注意到新媒介、互联网对博览的冲击，却忽略了当代消费文化和营销传播的新变化。国内著名营销传播学者张惠辛、金定海先生近来在其著述中反复强调品牌的终端传播，指出：近20年来，世界营销方面引发根本性变化，它可称为是一场“品牌的终端革命”。具言之，“终端在销售之外的传播意义得到了充分的重视与发掘。现在的终端价值，不但是销售与传播并举，而且逐渐在向传播倾斜。”“终端的传播……是营造一个作用于消费者视觉、听觉、触觉等等全方位感知的整体品牌传播环境”。

张、金两先生的看法与目前流行于欧美的“实时沟通”(Live Communication)理论在理念核心上是一致的。所谓实时沟通，是指两个以上主体当下凭借各种传播手段和工具展开全方位信息交流和心理互动。就营销学而言，实时沟通是企业通过多种现代媒介营造文化氛围，与客户进行信息、情感和理念交流和互动，使之对品牌产生体验，对产品产生共识。从外延看，博览、陈列、活动、路演、宣传、赞助等都可以视为实时沟通的形式。实时沟通的意义在于，借由置于情景化且时常又是情绪化的对话域场中的品牌，把同目标群体的接触及其积极体验列为活动中心，扩建客户的信赖度和忠诚度，从而巩固和新建客户纽带。

布吕厄(Christian Bruehe)在《作为实时沟通之工具的博览》一文里，对古典传播(印刷、TV、广播、广告)与实时沟通(所有沟通手段的整合)作了比较（见右表）：

布吕厄还概括了各种关于实时沟通在营销实践中意义的论由：(1)客户个体化(个性化)；(2)产品同质化(非差异化)；(3)感受多样化；(4)消费情绪化；(5)强化接触(High-Touch)；(6)非确定性；(7)效率性。

古典传播	比较项目	即时沟通
独白(Monilog)	沟通形式	对话(Dialog)
非个性化的	接触形式	个性化的
被动的	客户整合	主动的
低	可经验度	高
平稳的	情绪化	高昂的
低	客户网络度	高
低	传感多样性程度	高

已经进驻上海的Uniplan传播咨询公司根据调查结果，勾勒了客户品牌消费心理各个阶段：熟悉→信赖→考虑→购买→忠诚→续购，并且发现，在这种客户关系周期中，目标人群的比例在逐步下降。而传统广告对客户关系周期的形成作用极为有限，因为它缺乏互动的机制，多半停留在客户对产品的熟悉阶段。相反，实时沟通凭借其提供的真实、可靠、深入、持续和立体的品牌体验之条件与场景，加强甚至加速了客户关系周期。

随着电子通信技术的发展，实时沟通的手段也日益增多。我们可以“网恋”为例。电子邮局、相片传递、网上聊天是网恋的最初方式，随后进展到电话交谈，最后是相互见面。但是绝大多数的网恋都以“见光死”而告终。很清楚，不同的传播、沟通手段在信息传递和交换的量、速度、完整性、对称性和可信度等方面有着明显的差异，而面对面的实时沟通所传递的信息量更大，因而也最容易见效。

很明显，从传播学和信息学角度看，博览是实时沟通(live Communication)的一种理想方式。举办博览会，实际上就是设计和提供一种实时沟通的模式和场所。因此，国外的广告公司大多更名为传播(Communication)公司，大学广告设计专业更名传播设计(Communication design)专业。

三、关于博览的发展及其语义

有趣的是，在德语里，Messe除了表示博览的含义外，还表示：(1)天主教的弥撒，同于英语中的mass；(2)商品交易会；(3)(地区)每年举行一次的集市。可见，用Messe一词来指代“博览”或“展览”，提示了Messe所具有的四个特征：(1)商品的交易性；(2)产品的展示性；(3)活动的交流性；(4)体验的超越性(非功利性、审美性、宗教性)。从博览本身的演变看，它也经历交易化、实用化的集市(Market)→宗教化、礼仪化的节事(Festival)→审美化、形式化的展示(Exhibit)→互动化、交流化 的品牌体验活动的历程。

需要解释的是，在德语里，用以表示“体验”涵义的不是与英语中Experence对应的Erfahrung，而是与个体的内在生命需求、生活经验和价值关怀相连的Erlebnis(名词)、 Erleben(动词)。所以，现代营销学或博览学所强调的体验，就不是一种简单机械的条件反射，也不是急功近利的购买冲动，更不是随波逐流的时尚模仿。中西博览管理和实践的差距，在某种意义上就是中西博览理念的差异。

现代营销(Modern Marketing)的特点是“一对一”(One-to-One)，所以，与个别客户的长时间连结具有决定性意义，而这种连结又是在日益扩大的互动规模中通过完整的服务供应被创造出来的。表现在博览会上，就是一方面参观者的关注中心不再是技术创新，而是品牌及其体验，“高科技供应”(High-Tech-Supply)被“高接触供应”所替代；另一方面博览不再被视为参展者的单一事件，而是被融入参展企业长久的整合沟通方案之中。于是博览成为一种以建立同个别客户的长时连结的不可废弃的整合沟通手段。目前国内广告界流行的“整合营销传播”概念与欧美的“营销整合沟通”，实际上是表达的一个意思。

由此我们明白，博览乃是个体的关乎其人生经验的品牌体验的一种契机和场所。

四、关于博览与活动的关系

营销学意义上“活动”(Event)在英语里主要有两种涵义：(1)节事；(2)活动，指各类政治、商业、文化或宗教活动。显然，从逻辑学上讲，活动与博览是种属关系。然而，从企业管理学角度看，一场博览会除了产品展示外，还包含各种会议和商业宣传活动，所以，博览管理学自然也就包含了活动管理的内容。不过，从博览实践看，恰恰是博览的活动部分而非展示部分，具现了营销传播／沟通的重心和精髓，凸现了实时沟通的原则和机理。

前面提到的德国Uniplan传播咨询公司主持的一份名为《实时趋势2004》的问卷调查显示，企业经理对展览、活动、赞助、宣传在今后营销中意义的认识已发生了转变(见下表)。

时间／营销手段	展览	活动	赞助	宣传
2003	18.5%	4.8%	9.0%	7.3%
2006	14.5%	35.3%	13.0%	25.3%
变化	−4.0%	+30.5%	+4.0%	+18.0%

有关活动管理学和活动营销学，国内已翻译出版了几本来自英语世界的教科书。在德国，出版的活动管理类和活动营销类书籍在数量上并不少于博览管理类和博览营销类书籍，而且常常具有德国人普遍追求的系统性和操作性。对于活动的基本特征，由豪茨鲍尔(Ulrich Holzbaur)等人撰写的《活动管理学》(Eventmanagement)概括道：(1)当下性；(2)不可重复性；(3)交流性；(4)体验性；(5)场景化；(6)工程化。对于活动营销的本质，在由哈塞(Frank Haase)和梅肯(Walter Maecken)主编的《活动管理学手册》(Handbuch：Eventmanagement)中，佛洛德尔(Agathe E. Freudl)《活动的基础》一文揭示道：(1)活动并非促销，亦非销售，而是情绪化地连结参加者，使之进入与品牌相联的体验世界；(2)活动将营销传播的信息注入可当下体验的事件中；(3)活动是以互动为导向，参加者经由自身的积极行为被引入举办者提供的体验环境；(4)活动的举办应有意识地区别于目标人群实际的日常生活；(5)活动的策划要聚焦于特定的目标人群，从而强化活动的个体性和接触性；(6)活动应该成为整合企业传播方案和传播战略的组成部分。他还总结了活动营销的成功要素：(1)情势分析和媒体资讯；(2)战略计划和场景化；(3)运作中的执行力；(4)创造一个体验世界；(5)大众媒介的使用；(6)成果检控。

由于营销活动面对公众，涉及面较广，因此由Winfried Gebhardt等主编的《活动——异常事物的社会学》指出，“活动对后现代社会的经济、政治、文化和群体的现实世界之影响日益加深”；“活动已成为日常生活世界的一部分”；“文化的活动化使迄今为止的社团化和社会化模式发生了根本性的转变”。

可见，如果说，博览营销具有更多的专业化特性，那么，活动营销则具有更多的大众化特性，因而对消费者的直接影响更广泛更深刻。与博览相比，活动更能体现实时沟通的本性，发挥实时沟通的功效。

当然，随着营销由产品之营销演变为生活之营销，即成为品牌体验的营销，生活格调的营销，活动本身也呈现出这样的发展趋向：(1)体验的个性化、深层化；(2)交流的对称化、平等化；(3)场景的虚拟化、多变化；(4)形式的多样化、一体化；(5)组织的系统化、民间化；(6)参加者的平民化和主体化。

从欧美企业把营销的重心和预算更多地由博览转向活动这一态势看，从欧美博览会上展示部分逐渐减少、活动的部分逐渐增多这一变化看，从企业逐步借用互联网和多媒体展示产品这一情况看，从博览管理与活动管理在组织形式、营销策略、人事安排、物流供应、交通保障、急救措施、法律框架等方面的同一性看，在营销实践中将博览与活动合二为一，仿佛成为消费社会和体验世界的客观要求和必然趋势。

由此观之，国内各省市目前正在兴建的巨型博览中心，不仅耗资费地，而且多少显得不合时宜；国内博览服务咨询业应该把工作重心由“硬件”设计转向“软件”设计，加强对实时沟通和体验模式、工具、目标和内容的研究和策划；国内企业应当利用商业广场和商务中心的现有条件，更多地举办旨在追求中长期营销效应的高品位(格调)、高接触(沟通)、高流量(信息)的品牌宣传和品牌体验活动。

注：

[1]参阅(德)霍尔茨《预言大未来》，中国海关出版社2004年。

[2]参阅德国博览总会(AUMA)有关报告，www.auma.com

'2006中国广告年鉴

China Advertising Yearbook

第十四版

14 th Edition

更具竞争力的中国广告业知名品牌

展示特辑

广告公司类

9
1

如何
雕出一只木象

很久很久以前，在印度，有一位名气响亮，擅长雕刻木象的老工艺师。
他雕的木象形神兼备，栩栩如生，无人能及。有一天，一位纪录片制作人来访问他。
“大师，您雕的木象如此惟妙惟肖，有何秘诀？”以下是他的回答：

1.“我拿起小刻刀”

2.“我拿起木块”

3.“···我把所有不像象的部分，一刀一刀地刻掉。”

一堂关于艺术创作之课，适用于工作指示、灵感搜寻、文案撰写以及美术指导。由奥美提供。Ogilvy

突破
Breakthrough
在深厚的积淀下，小小尖角一冲而上。
SMGA，拥有13个专业电视频道和11
突破传统销售理念，整合，融汇，推
优势营销，引领品牌。
SMGA
上海文广新闻传媒集团广告经营中
Shanghai Media Group Advertising Operation Ce

上海 南京西路651号广电大厦11楼 邮编 ZIP: 200041
INTERNATIONAL BROADCASTING CENTER, 651 WEST NANJING ROAD SHANGHAI CHINA
TEL: 86-21-62565899 62588899 传真 FAX: 86-21-62158551 62678022 62676855

灵狮广告

肉桂
生地黄
佛手
穿山甲
白菊花
板蓝根
杜仲
枸杞子
丹参
肉苁蓉
女贞子
玄参
桂枝
三枝
太子参
白茯苓
甘草
品牌进补，请来 HAKUHODO
上海博报堂
SHANGHAI HAKUHODO
www.hakuhodo.com.cn

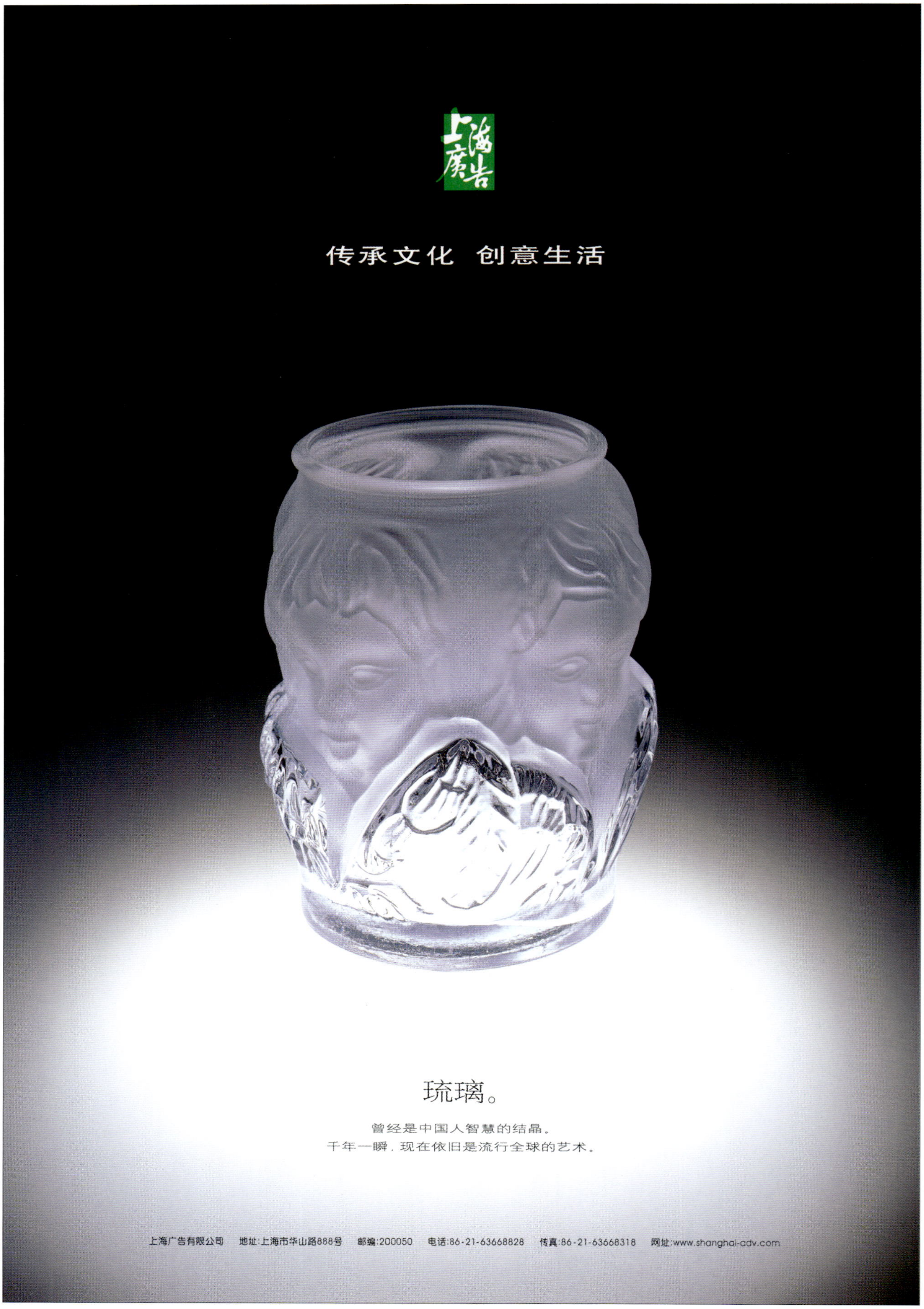
上海廣告
传承文化 创意生活
琉璃。
曾经是中国人智慧的结晶。
千年一瞬，现在依旧是流行全球的艺术。
上海广告有限公司 地址:上海市华山路888号 邮编:200050 电话:86-21-63668828 传真:86-21-63668318 网址:www.shanghai-adv.com

品牌塑造不应仅止于信息的发布，而是贴近生活，发现真实的消费者心理，创造出能震撼消费者的感官、精神的体验，这就是上海旭通广告独特的**EXBRANDING®**品牌塑造理念。只有在传播中提供丰富的"惊奇""感动"的体验，才是强化消费者与品牌之间纽带的最佳方法。我们如此深信，也欢迎您前来感受！

ASATSU
ADK-GROUP

上海旭通广告有限公司　中国上海淮海中路887号永新大厦10楼　200020　Tel: 021-64674118　Fax: 021-64747803　www.adksh.com

市场的变幻风云莫测。我们适时蛰伏，点滴积累，深入探究。当机会来临的时候，我们已然享受那腾龙在胸，一飞冲天的泰然和自信。

ADK

上海广告装潢有限公司

地址：上海市巨鹿路417号3楼

电话：62720973 传真：62713651

media sky
中润传媒
中润传媒，媒体品牌管家。
我们经营上海十二家主力媒体，
并有专业的媒介分析师为你整合，
组合式的互补投放方案，既省钱，又高效，
让你的品牌形象覆盖上海，在我们这里变得前所未有的容易。
《新闻晨报》
《上海日报》
《申江服务导报》
《私家地理》
《旅行者》
《时代报》
《都市生活》
《真实频道》
《解放日报》
《东方体育日报》
《上海支部生活》
《上海学生英文报》
上海中润广告有限公司 广东路689号海通证券大厦33楼 Tel: 021-33044599 Fax: 021-63224877 63224864

快乐生活，源于点滴呈现。
婚介旅游美
汽车容
旅婚庆装潢
游房产婚介汽车
美容装潢
房产婚庆旅游
汽车装潢婚介
上海《新闻晨报》、《申江服务导报》分类广告总代理，《房产时报》广告代理，旗下还拥有www.sosoko.com及《搜搜客生活手册》等两个自有媒体。拥有上海主流平面媒体分类广告50%的市场份额。
智高拥有成熟的媒体运营经验，专业化的操作体系，已为数万家广告客户提供了跨媒体的整合投放服务。
上海市北京东路689号东银大厦12F Tel: (86-21)63520099 Fax: (86-21)63222919
上海智高广告有限公司
SHANGHAI CHICAL ADVERTISING CO., LTD.
媒体成长无限 生活更多选择

TULIP MEDIA GROUP
郁金香传媒
户外媒体／大型户外LED运营商
打造钻石级的
LED户外媒体
LARGE LED SCREEN OPERATOR
以“户外媒体价值观”打造核心竞争力
并一贯秉承务实服务之精神 视市场为缘起 发挥专业集结优势 更多服务创造更多价值
地址：上海市延安西路1088号长峰中心2701-2703 邮编：200052 电话：021-62512802 62512803 62512769
传真：021-62512773 网址：www.tulipmedia.com.cn

Firstell Communications(原互通广告公司，04年更名为斐思态广告公司)是一家综合性广告代理公司，为中外企业和产品提供品牌策略、创意执行及媒体服务，公司还设有公关活动、整合行销及网络广告等部门，在北京、上海均设有服务功能齐备的分公司，2005年和LGad在中国合资成立北京缘之盟广告公司，全面服务LG电子在中国的广告行销活动。目前Firstell广告拥有中外员工达近百人。

从九三年成立时的媒介购买公司，到今天的品牌行销和传播公司，在短短的十二年间，公司突飞猛进，聚集了一大批大陆、香港、台湾等地区的广告和行销专才，来自国际4A和本土优秀员工的一线作业，令本土市场及消费洞察与精湛的专业技能得以完美结合。

同时公司拥有全国性的市场及消费者调查数据库(CMMS)，AC Nielsen的专业媒介调查数据，历史悠久、丰富扎实的全国性媒介购买资源和网络，以及线上线下各作业单元的准确配合，保证了中外客户的品牌更有效的传播，市场目标更精准快速的达成。

FiRSTELL
Communications

斐思态广告有限公司
http://www.firstell.com

SHANGHAI 淮海中路138号上海广场8楼805室 200021 Tel:86-21-53860088 Fax:86-21-64400506 RM 805 SHANGHAI SQUARE NO.138 MID. HUAIHAI ROAD

BEIJING 朝阳区建国门外大街乙12号LG双子座大厦西塔1701室 100022 Tel:86-10-65881406 Fax:86-10-65671340 RM 1701 WEST TOWER, LG TWIN TOWERS, B-12 JIANGUOMENWAI AVE., CHAOYANG DISTRICT

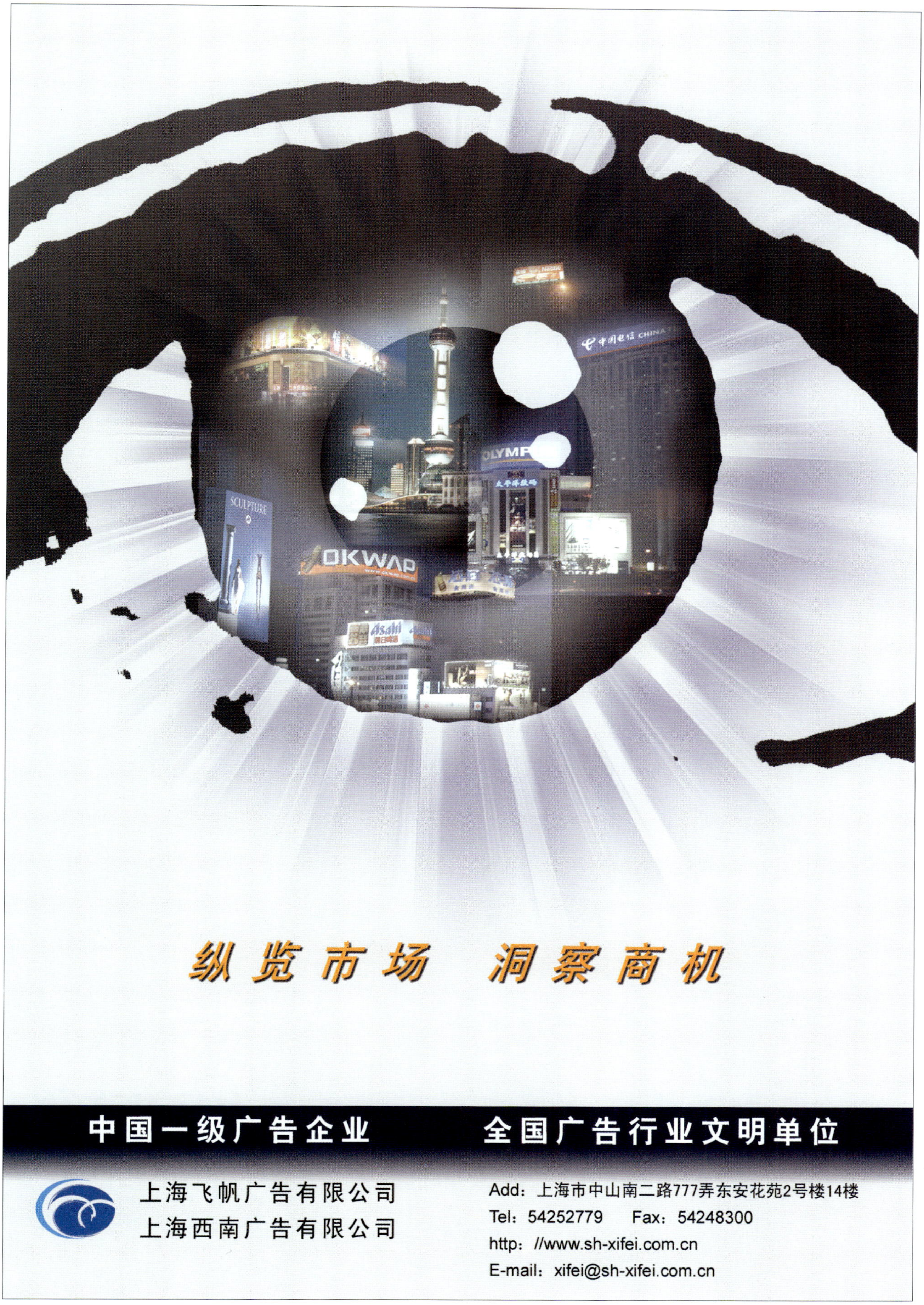
纵览市场 洞察商机
中国一级广告企业 全国广告行业文明单位
上海飞帆广告有限公司
上海西南广告有限公司
Add：上海市中山南二路777弄东安花苑2号楼14楼
Tel：54252779 Fax：54248300
http：//www.sh-xifei.com.cn
E-mail：xifei@sh-xifei.com.cn

上海合力广告有限公司是一家集广告设计、制作、代理、发布资质的综合性专业广告公司。公司成立于一九九七年。公司秉承专业、诚信的服务宗旨，汇集了众多从事广告事业多年的专业技术人员，在我们周围更是聚集着一群被称为“广告发烧友”的精英人才。公司拥有独立的媒介部和设施完备的制作工场，专业从事媒介代理、展览、展示、商场、户外广告设计制作。动手能力是公司显著的特长。
公司成员中从新闻行业“转业”的人员占有相当比例，信息、传媒的通路是我们的老本行。公司最大的产业是被称作现代城市衣衫、企业品牌“点睛之笔”的户外媒介的占有。
Climb AD (Shanghai) Co., Ltd was established in 1997 as a comprehensive Advertising and PR company, and is fully licensed to provide design, production, PR agency representation and outdoor promotional services to its diverse client base. CLIMB AD is well invested, with over 1 million RMB officially documented in registered capital.
上海合力廣告有限公司
SHANGHAI CLIMB AD COMPANY
总部：上海市江宁路495号1907-08室 电话：（8621）51154491 51154492 51154493 51154495
传真：（8621）51154494 邮编：200041 E-Mail:shheli@163.com
媒介部：上海市延安中路839号1906室 电话：（8621）62891146 62470957 62791234*284 62791234*279
传真：（8621）62891146 邮编：200040
制作部：上海市古浪路356弄168号 电话：（8621）62503012 62503013 62509039 63639965 62506059
传真：（8621）62503016 邮编：200331
洋山深水港竣工典礼——钢架结构舞台
通用汽车——流动车展展厅
宝马杯高尔夫赛大型广告牌
房产展览会特装展台
大型霓虹灯广告牌
百安居三翻广告牌
我们强调的是 动手能力
shheli@163.COM

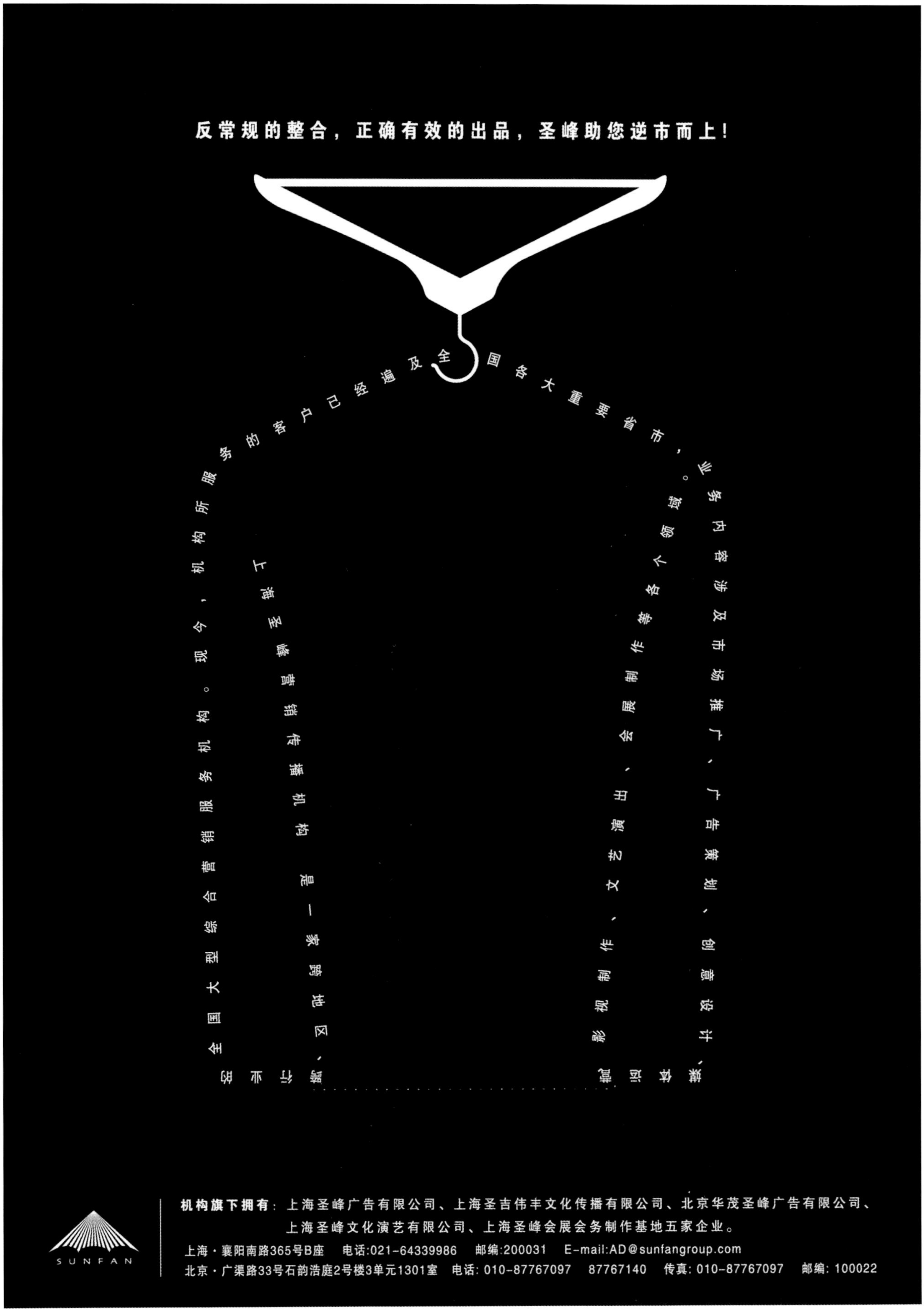
反常规的整合，正确有效的出品，圣峰助您逆市而上！
上海圣峰营销传播机构是一家跨地区、跨行业的全国大型综合营销服务机构。现今，机构所服务的客户已经遍及全国各大重要省市，业务内容涉及市场推广、广告策划、创意设计、媒体运营、影视制作、文艺演出、会展制作等各个领域。
SUNFAN
机构旗下拥有：上海圣峰广告有限公司、上海圣吉伟丰文化传播有限公司、北京华茂圣峰广告有限公司、
上海圣峰文化演艺有限公司、上海圣峰会展会务制作基地五家企业。
上海 · 襄阳南路365号B座　电话:021-64339986　邮编:200031　E-mail:AD@sunfangroup.com
北京 · 广渠路33号石韵浩庭2号楼3单元1301室　电话: 010-87767097　87767140　传真: 010-87767097　邮编: 100022

选择?并不困难

雅视广告

上海雅视广告有限公司 上海市打浦路80弄海丽花园1号楼23层B座 Tel:64678292 Fax:64678292

新大陆传播有限公司
上海新大陆传播有限公司是中国一级广告企业，2004年全国广告公司营业收入排名第64位，是成立于1994年的中国最早的中外合资广告企业。公司拥有上海黄浦江滨江地区、陆家嘴金融贸易中心区、世纪大道、浦东国际机场、徐家汇、淮海路等黄金地段数万平方米的户外媒体及代理发布全国各大城市户外广告。
新大陆传播有限公司还创办了中国高端户外广告信息平台——第一户外广告网，力图成为中国高端户外广告信息的专业平台。
新大陆传播
NEW CONTINENT MEDIA
中国一级广告企业
全国广告行业文明单位
第一户外广告网
www.outdoor-first.com
中国高端户外广告信息平台
敬请登陆
第一户外广告网
www.outdoor-first.com
TECO 东元集团
立邦漆
开利空调
PHILIPS
Amway
公司拥有的部分媒体和客户
PEPSI
PHILIPS
安利 Amway
新大陆传播有限公司
地址：上海延安西路1088号长峰中心14楼
网址：www.nc-media.com
电话：021-62076807
邮编：200052
传真：021-62076851
董事长：赵抗卫

企业形象包装设计
产品销售推广服务
法人意识思维定位
整合营销传播策划
大型活动策划运作
只有專業 才能領航
主营公交车、候车亭、
大型广告牌、灯塔等
广告业务，承接大中型
室内外装饰装璜工程、
综合代理各大报刊、
电视、杂志及户外广
告业务
唐山國際廣告公司
中国一级广告企业 装饰工程二级资质

更具价值的户外媒体提供者
中国专业户外传媒投资和经营机构之一
拥有16年广告传播经验的专业户外团队
具有国际视野的广告、媒体、工程传播产业集团
注重“观念生产力”的高速成长型公司
PLS·MEDIA™ 提供大连“点线面”户外媒体网络
360°SERVICE™ 提供户外“全方位”专业服务平台
一个值得信赖的商业合作伙伴
ASTITUDE MEDIA
大连国域无疆传媒有限公司
大连市中山区人民路68号宏誉商业大厦8层
邮编：116001
电话：82735888 82734888
传真：82650308

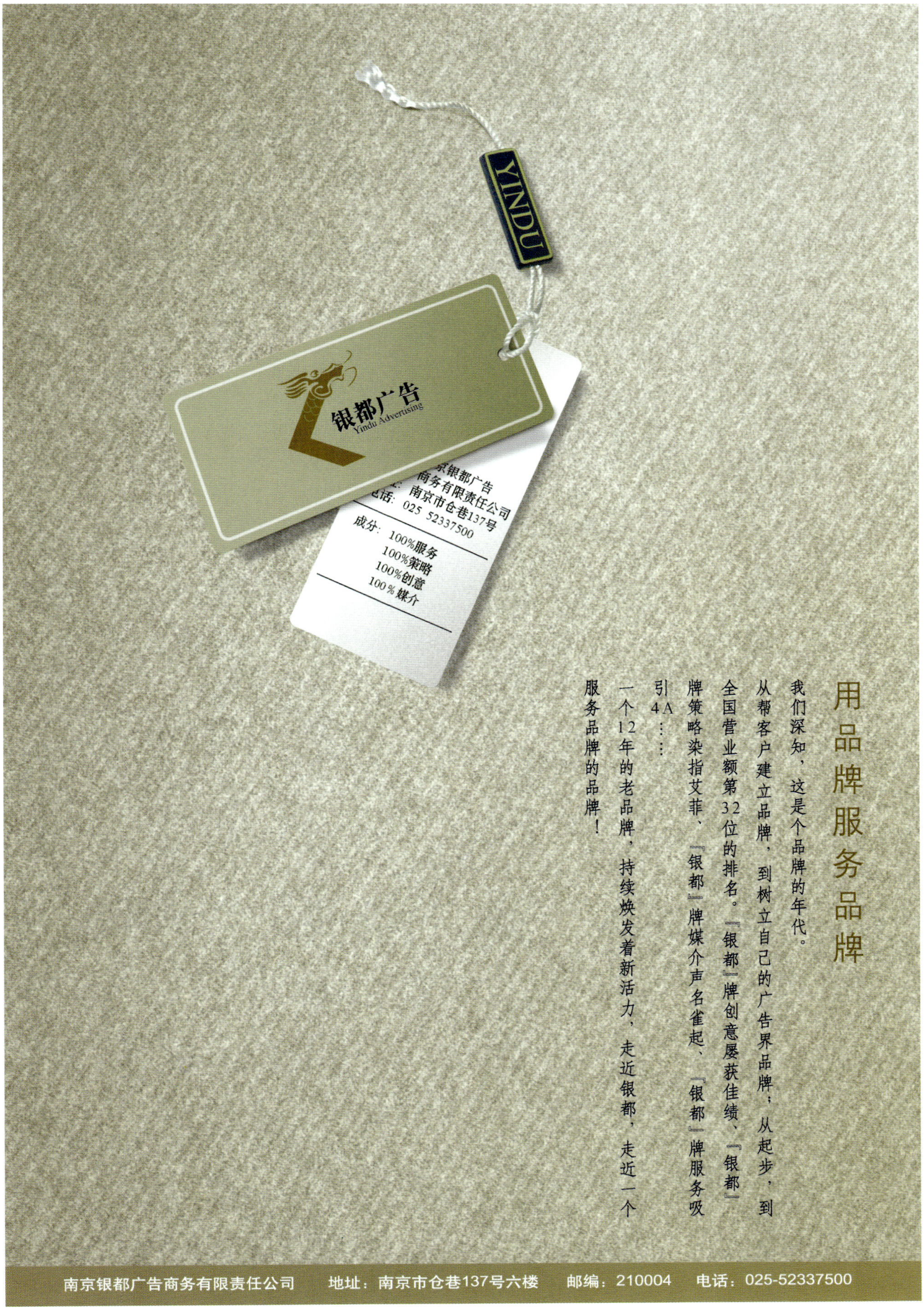
YINDU
银都广告
Yindu Advertising
京银都广告
商务有限责任公司
南京市仓巷137号
话: 025 52337500
成分: 100%服务
100%策略
100%创意
100%媒介
用品牌服务品牌
我们深知，这是个品牌的年代。
从帮客户建立品牌，到树立自己的广告界品牌；从起步，到全国营业额第32位的排名。『银都』牌创意屡获佳绩、『银都』牌策略染指艾菲、『银都』牌媒介声名雀起、『银都』牌服务吸引4A……
一个12年的老品牌，持续焕发着新活力，走近银都，走近一个服务品牌的品牌！
南京银都广告商务有限责任公司 地址：南京市仓巷137号六楼 邮编：210004 电话：025-52337500

JIANGSU TIANHE MARKET PLANNING CO.,LTD.

天地与我并生，万物与我合一，天人合一，物我两忘

江苏天合营销策划有限公司是一家集广告设计、制作、安装、代理为一体的“中国一级广告资质企业”，多年来，公司追求品牌整合营销系统理念；“天人合一”的艺术创意原则；确定户外大型强势广告商业赢利模式，成为中国广告协会会员、江苏省广告协会执行理事单位；全国广告行业文明单位；无锡市首批商业诚信企业；无锡市广告行业精神文明、物质文明建设先进单位。”

公司经过详尽的市场调研和规划，在长江三角洲地区独立建造开发了六十多块两面体、三面体广告牌合计发布面积达2万平方米，以及多块市区楼顶广告牌，已经成为覆盖长三角地区的户外媒体专业供应商。

整合营销策划一直都是公司的专业强项，公司成功策划了许多知名企业品牌，江苏阳光，杭州利群，一汽奥迪，江淮汽车，百安居等众多经典客户，都取得了双赢的发展局面，事件策划与事件营销为太湖经济圈的许多企业认可，受到了行业协会和企业政府的好评；公司在广告牌制作上具有钢结构、照明施工的专业资质并拥有一支专业的施工，安装队伍能够提供过硬品质保证。

公司为了更好服务于长江三角洲经济圈，与上海强势企业合作成立了天仁华业广告公司，更专注于长三角的媒体和营销，我们正立足于江苏、上海，服务于长三角，面向全国，一步一个脚印，咬住既定的目标，永恒的、坚定的向前，向前……

地 址：无锡市清扬路27号永丰大厦九层　电 话：0510-85059918　85059928
传 真：0510-85030141　邮 编：214021　E-mail：efp@public1.wx.js.cn
网 址：www.thtx.com

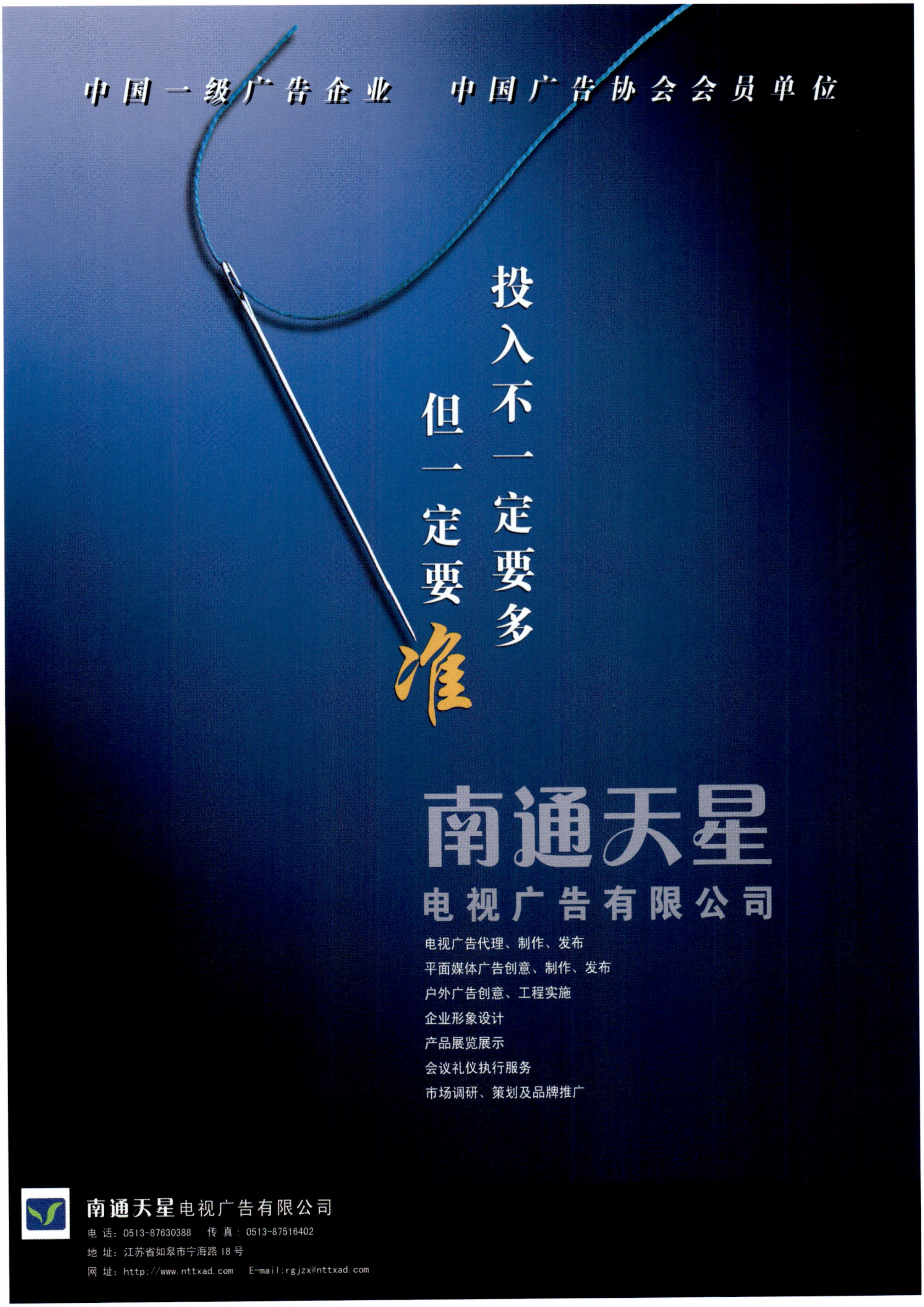
中国一级广告企业　中国广告协会会员单位
投入不一定要多
但一定要准
南通天星
电视广告有限公司
电视广告代理、制作、发布
平面媒体广告创意、制作、发布
户外广告创意、工程实施
企业形象设计
产品展览展示
会议礼仪执行服务
市场调研、策划及品牌推广
南通天星电视广告有限公司
电 话：0513-87630388　传 真：0513-87516402
地 址：江苏省如皋市宁海路18号
网 址：http://www.nttxad.com　E-mail:rgjzx@nttxad.com

青春荆视
朝阳未来
湖北荆州电视台拥有新闻台、精彩台、娱乐台三大电视频道及荆州广播电视报、荆视江汉网站、荆州手机报三大异质媒体发布平台，其中新闻、精彩、娱乐三大频道均为10千瓦无线发射，有效覆盖荆州、宜昌、荆门、仙桃、天门、潜江、咸宁、岳阳、常德等鄂湘28个县市2500万受众；同时，通过荆州有线宽带网全面通达荆州全境60多万有线用户；自办节目日播出量240分钟，新闻台与精彩台24小时播出。2005年AC·尼尔森数据显示：新闻、精彩、娱乐三台全天掌控30%以上的收视份额，晚间黄金时段更是牢牢占据了40%以上，其中精彩台高居全网榜首。《630剧场》、《新闻剧场》、《都市剧场》三大强档收视与市场份额更是遥遥领先，强力引领电视剧收视热浪；自办《江汉风》、《垄上行》、《有么子说么子》等品牌栏目，其知名度、美誉度、辐射度与忠诚度铸就了荆视在江汉平原独领风骚的媒体公信力与影响力。
最先进的全数字非编制作系统、硬盘播出系统、电视转播车、国内一流的新闻演播室，奠定了荆视在全国同级媒体中一流的科技实力。
荆州的社会消费品零售总额在湖北省仅次于武汉。荆视经营业绩始终高速稳健增长，2005年营收4000多万元，占当地媒体广告经营总额的65%以上，显示了荆视在当地传播市场强大的推动力和绝对控制力。随着社会公信力、品牌影响力的全面提升，荆视的综合竞争力已位居全国同级台前列。
位处凤凰故乡的荆州电视台，始终坚守荆楚文化气质，兼容最新传媒理念，全力锻造文化引领力，不断牵动江汉平原千万眼球，展现了地级城市台媒体先锋的风采。
青春荆视，朝阳未来。凤凰为媒，共创辉煌。

真实的事情艺术地告诉大家
湖南东文实业有限公司
HUNAN DONGWEN INDUSTRY CO., LTD.
•全国单立柱网络 •全国候车亭网络 •全国希贵爱心亭网络
湖南地址：长沙市火星区天泰花园中门二楼 广告热线：（0731）4725222 创意热线：4743999 传真：（0731）47
北京地址：朝阳区东三环北路30号紫荆豪庭B座10层 电话：（010）85961686 传真：（010）859639

中国户外传媒风云榜
我们服务的客户 常德卷烟厂、长沙卷烟厂、广西卷烟总厂、武汉卷烟厂、华天集团、湖南金健米业股份有限公司、常德金恒房地产有限公司、常德市鑫城地产、中国光大银行、中国农业银行、中国移动通信、鸿仪投资、太平保险有限公司、湖南酒鬼酒股份有限公司、长丰集团、三一重工、湖南经视、湖南公共频道。
我们策划、创意过什么 芙蓉王、白沙、东方红、黄鹤楼、红金龙、真龙、甲天下、华天、酒鬼、金健米业、中国光大银行、湖南经视、长丰猎豹、相思鸟、紫金城—金色晓岛、龙吟水榭。
我们能做什么 营销诊断/市场调研/品牌年度整合营销传播策划/品牌诊断与规划及品牌推广应用设计/平面设计/影视广告片制作/媒介代理/企业CIS整合与导入/承办国内外大型文化艺术交流活动
www.dongwen.com.cn
湖南东文实业有限公司成立于2001年，现已发展成为拥有固定资产数千万元的大型综合性广告公司。东文实业下辖东南亚经济文化发展中心(成立于1992年)、香港东文国际集团有限公司、湖南东文广告公司、华人广告实业总公司、湖南三绝礼品公司等分支机构。专业从事承办大型文化艺术交流活动；电视，平面广告创意、设计、制作；户外媒体的购买、发布；企业品牌营销、广告策划；各类礼品、促销品的设计、制作。自诞生以来，便以果断的决策和独特的经营模式一头扎进市场经济大潮中,勇做市场的弄潮儿。
曾经为国家税务总局、环保总局成功地策划、拍摄、制作、发行了大型税法、环保宣传电视片；相继成功地承办了一系列大型文化艺术活动：第三届中国电影节金鸡奖、百花奖颁奖文艺晚会、第一届亚洲体操锦标赛、湖南省反贪成果展、湖南省第八届运动会闭幕式文艺晚会、97'中国岳阳君山旅游节暨洞庭庙竣工庆典活动、常德抗洪赈灾、省防洪法电视晚会等大型文化活动，取得了良好的社会效益和市场效应。在公司的主营业——广告经营上更是硕果累累。常德卷烟厂、长沙卷烟厂、广西卷烟总厂、湘酒鬼集团、金健米业、华天集团等数十家企业相继成为公司的长期客户。广告形式由单一的车亭发展为灯塔立柱、各种户外灯箱、路牌、电视、报纸、促销礼品等。“湖南三绝”礼品伴随着广告语“王烟鬼酒湘妃茶，湖南三绝走天下”而传遍大江南北。广告阵地由湖南发展至湖北、江西、广东、广西、四川、海南、陕西、浙江、福建等省区。经营模式由较单一的项目发展为多元化经营。2005年由中华慈善总会主办，公司成功推出“希贵爱心亭”项目，在全国范围内实施公益壮举，将安排数千下岗女工和失学儿童就业学习问题。在整个中华大地树立起一个道德与美的华表，时刻昭示中华民族五千年的传统美德，为促进新时代社会精神文明起到重要作用。
“希贵爱心亭”造型美观温馨，设计时尚现代，亭身分上下两部分构成，上部为6个小三面棱柱体组成一个大型棱柱体。6个小棱柱体同时按设定方向转动360度，循环展示9幅不同的广告内容；一系列广告展示，使其极具故事性，给受众留下深刻印象，创造独特的品牌宣传效果。下部份为售货亭，构成一个独立的对外经营窗口。“希贵爱心亭”设计动感、时尚、多元化、高科技。适宜在机场、商场、超市、车站、码头、公园、戏院等诸多大型公共场所发布。它的出现必将引发广告媒体一场声势浩大的革命。该产品已由我公司获得国家专利。公司以着力打造“百城千亭公益网络”航母为己任，为中华民族新时期公益事业再立丰碑！
十年的拼搏，成就了东文的今天。今天的东文，与时代同步，立在经济大潮的浪尖，站在名牌的背后。以心怀高远，面向世界的眼界，做企业的智能团，为中国企业品牌走向世界出谋划策。
芙蓉王
白沙
eTV
GAEA GEM
紫金城·金色晓岛
Lakefront Villa
龍吟水榭
酒鬼
湘泉
真龍
甲天下

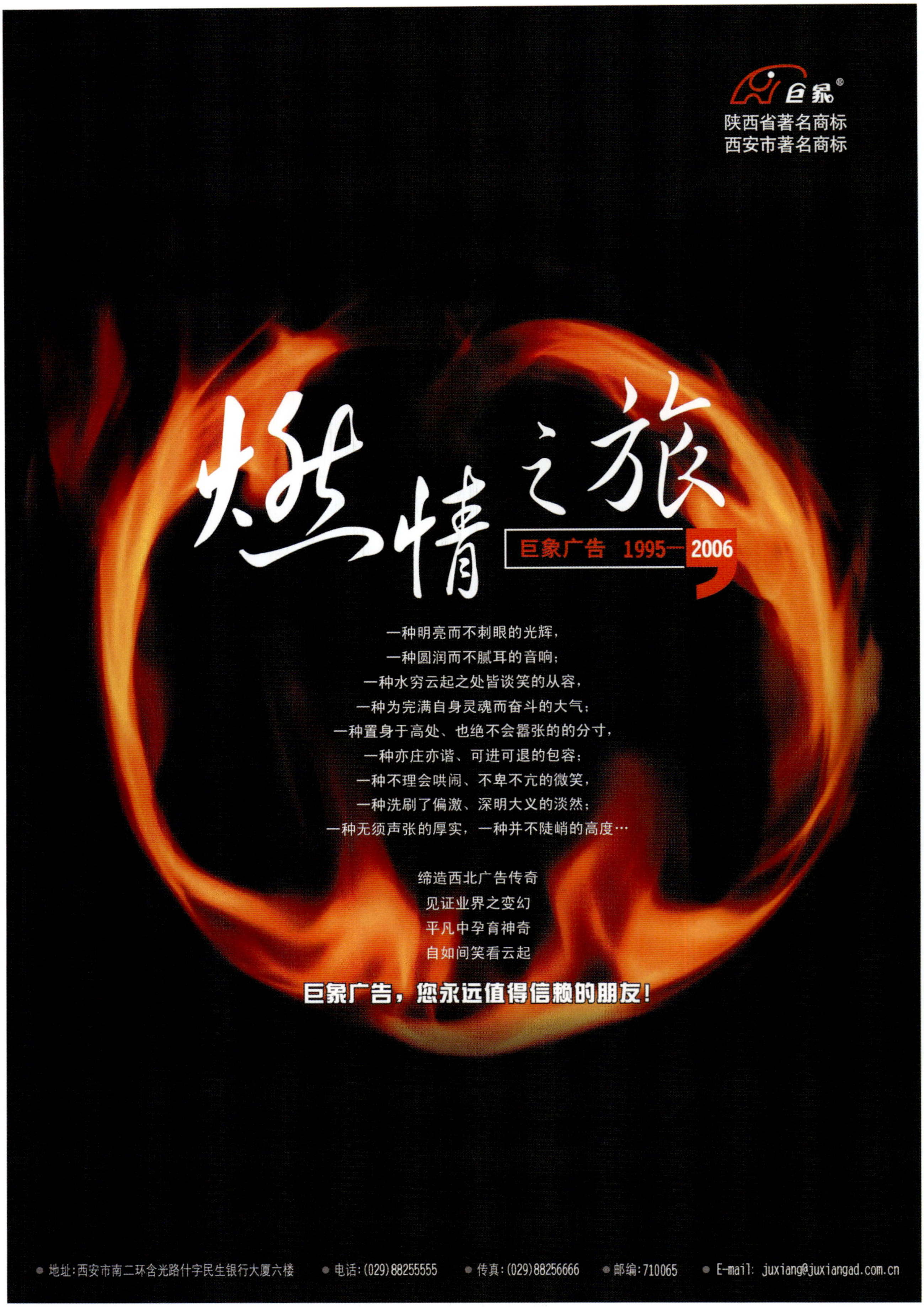
巨象®
陕西省著名商标
西安市著名商标
燃情之旅
巨象广告 1995—2006
一种明亮而不刺眼的光辉，
一种圆润而不腻耳的音响；
一种水穷云起之处皆谈笑的从容，
一种为完满自身灵魂而奋斗的大气；
一种置身于高处、也绝不会嚣张的的分寸，
一种亦庄亦谐、可进可退的包容；
一种不理会哄闹、不卑不亢的微笑，
一种洗刷了偏激、深明大义的淡然；
一种无须声张的厚实，一种并不陡峭的高度…
缔造西北广告传奇
见证业界之变幻
平凡中孕育神奇
自如间笑看云起
巨象广告，您永远值得信赖的朋友！
地址:西安市南二环含光路什字民生银行大厦六楼
电话:(029)88255555
传真:(029)88256666
邮编:710065
E-mail: juxiang@juxiangad.com.cn

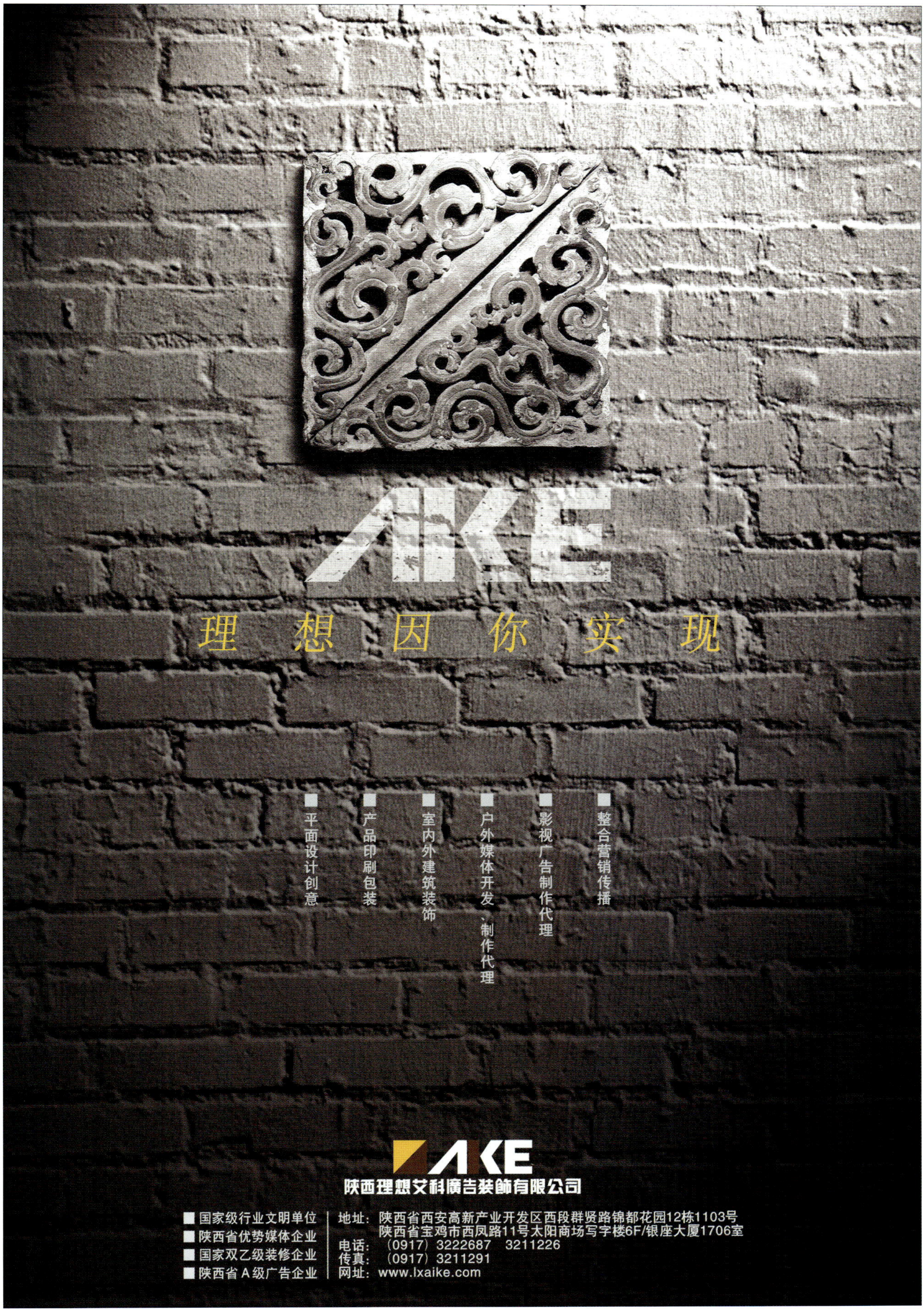
AKE
理 想 因 你 实 现
■平面设计创意
■产品印刷包装
■室内外建筑装饰
■户外媒体开发、制作代理
■影视广告制作代理
■整合营销传播
AKE
陕西理想艾科廣告裝飾有限公司
■ 国家级行业文明单位
■ 陕西省优势媒体企业
■ 国家双乙级装修企业
■ 陕西省 A 级广告企业
地址：陕西省西安高新产业开发区西段群贤路锦都花园12栋1103号
陕西省宝鸡市西凤路11号太阳商场写字楼6F/银座大厦1706室
电话：（0917）3222687　3211226
传真：（0917）3211291
网址：www.lxaike.com

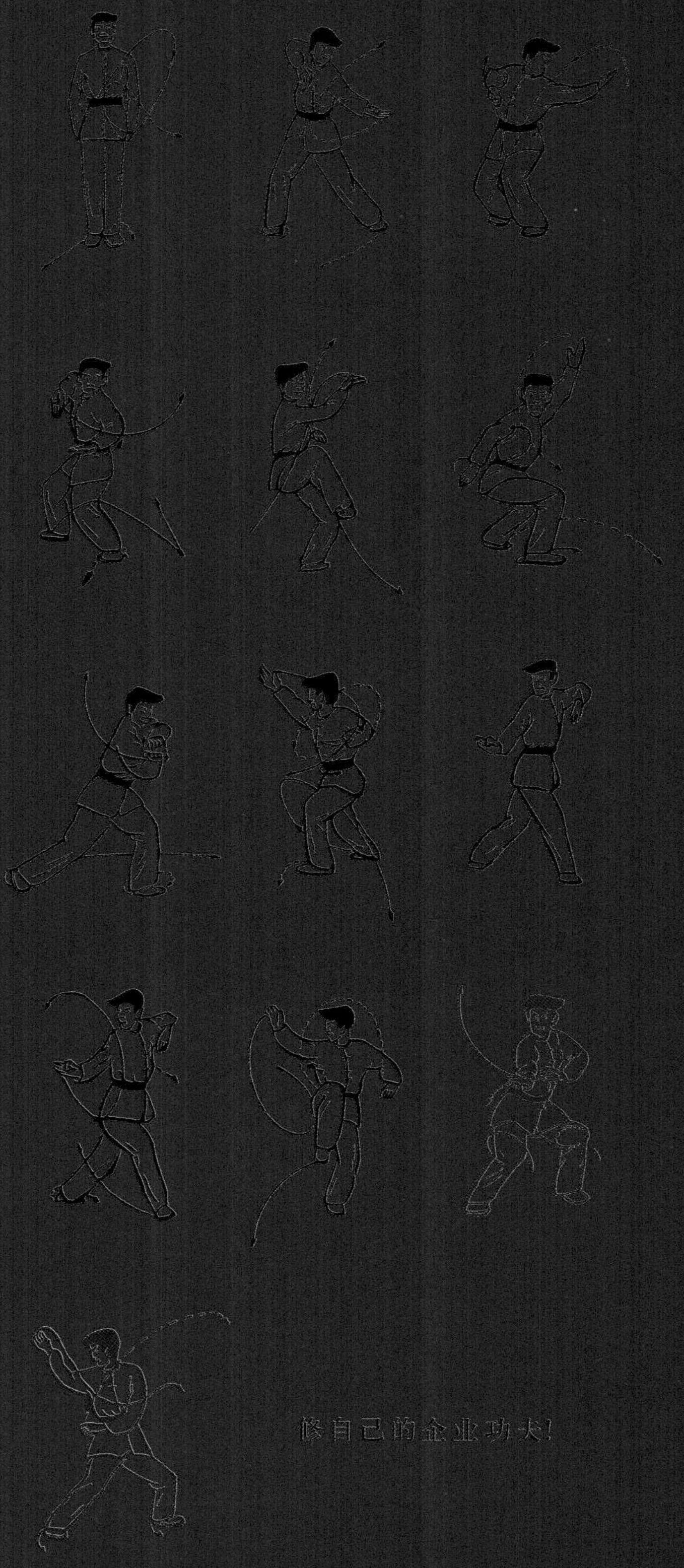

’2006中国广告年鉴

China Advertising Yearbook

第十四版

14 th Edition

更具竞争力的中国广告业知名品牌

展示特辑

广播电视类

限速：不得
沈阳电视台广告部
SYTVAD
SHENYANG TELEVISION STATION ADVERTISING DEPARTMENT
地址：沈阳市皇姑区昆山东路43号 邮编：110032
电话：024-86266126 传真：024-86286288

辽沈市场高速入口
沈阳电视台广告部
0 km
手120km/h
温馨提示：请系好安全带

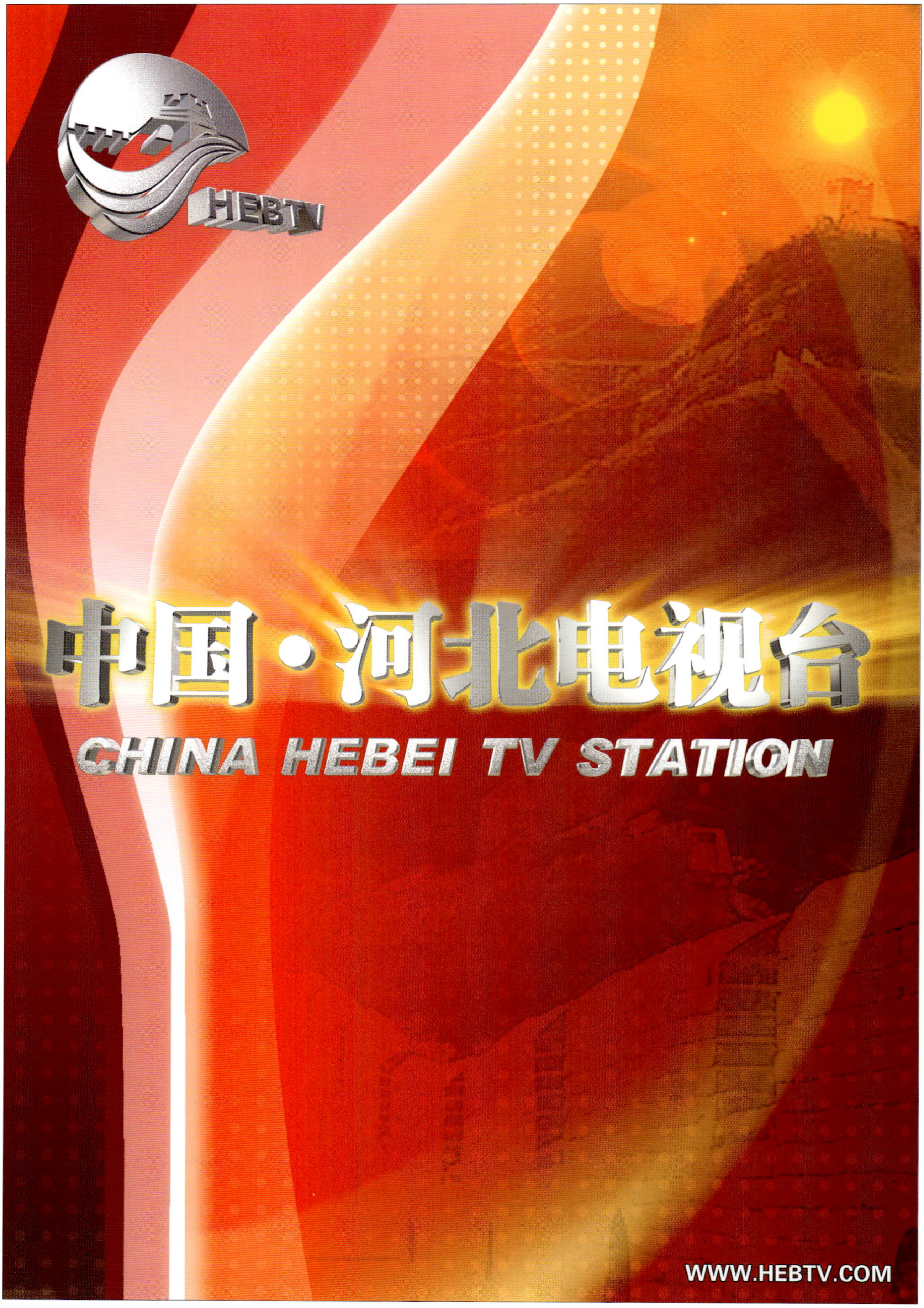
HEBTV
中国·河北电视台
CHINA HEBEI TV STATION
WWW.HEBTV.COM

新闻综合
文化生活报
FM89.3
少儿频道
FM 87.6
福州电台
商务交通频道
福州人民广播
电台新闻频道
调频94.4兆赫
中波1332千赫
V2
集大成，彰显品牌实力
福州广播电视集团所属媒体：
福州电视台
新闻综合频道/V2频道/生活频道/少儿频道
福州人民广播电台
FM944新闻频道/FM893音乐频道/FM876福州交通之声
文化生活报
创新活力
成就星光
福州广播电视集团广告中心
地址：福州市广达路68号金源广场西区29层 邮编：350005 总机：0591-83371888 传真：0591-83371999 网址：www.fzgd.com

CDBS 成都广播电视台
网罗全球顶级音乐人作品
每天19小时著名主持与您互动交流
打开电脑听广播，聆听风情成都
www.cdbs.com.cn
音乐
交通
娱乐
新闻
青城山
都江堰
西岭雪山
青羊宫
杜甫草堂
武侯祠
以音乐为纽带
以声音为媒介
以网络为途径
聆听风情成都
○新闻 ○交通 ○音乐 ○文化休闲
FM91.4 Am1485 AM792 FM99.8 FM105.6 FM94.6

贵州卫视
淘金黄金西部　选择贵州卫视
西部黄金卫视
贵州电视台
发现黄金西部：
如果说东部属于昨天的成功者，那么西部则代表今天和明天的成功，这里不仅有丰富的资源，更蕴藏着惊人的经济活力和购买力；这里被无数具有远见的市场战略家称为“黄金西部”。
发现西部黄金卫视：
贵州卫视，国内第一家定位于区域的省级卫视，覆盖、频道市场份额、广告收入西部全面领先；更以极高的性价比和含金量被广大企业誉为西部黄金卫视。

'2006中国广告年鉴

China Advertising Yearbook

第十四版

14th Edition

编辑部地址：北京五芳园邮局100信箱　邮编：100040　电话：010 68628860　68628861　传真：010 68627480　E-mail:ad@nianjian100.com

’2006中国广告年鉴

China Advertising Yearbook

第十四版

14 th Edition

更具竞争力的中国广告业知名品牌

展示特辑

新闻出版类

设计美丽 设计生活
瑞丽
北京《瑞丽》杂志社 以期刊出版为龙头，同时开展网络、图书、无线移动等媒体的出版运营，兼营广告、活动推广、品牌包装、模特经纪等多项商业与传媒业务。杂志社的目标是成为影响和带动中国女性审美取向和着装潮流，最具实用特色和竞争实力的多种媒介构成的传媒集团，同时也是面向世界的综合型传媒集团。北京《瑞丽》杂志社由中国轻工业出版社主管，其分支机构包括上海记者站、广州记者站，并在深圳、香港等地设立办事机构。

伴随女性生命每个阶段
瑞丽服饰美容
瑞丽伊人风尚
瑞丽时尚先锋
瑞丽家居设计 DECO
瑞丽 BOOK
瑞丽女性网 www.rayli.com.cn
瑞丽无线
瑞丽 俱乐部 rayli club
瑞丽 封面女孩大赛

LE FIGARO
巴黎
THE TIMES
伦敦
The New York Times
纽约
新民晚報
上海
一座城市，一份报纸，上海，新民晚報
伦敦人看《泰晤士报》，巴黎人看《费加罗报》，纽约人看《纽约时报》，上海人看《新民晚报》
一份荣膺国家新闻出版总署“2005全国晚报都市类报纸竞争力第一名”的报纸，一份无形资产品牌价值达45.20亿元、作为上海报媒的唯一代表，被“世界品牌实验室”评为“中国500最具价值品牌”的报纸，一份2005年第58届世界报业大会上跻身“全球日报百强”、具有国际影响的华文报纸，从七十六年前创刊的那天起，就忠实描摹着这个海纳百川的大都市，见证着城市和城市人的蜕变与成长。今天，《新民晚报》的血脉已经与上海、与上海的众生百态融合在一起，并以她的精神气质，成为这座城市的象征。《新民晚报》，上海符号。
新民晚報
第1竞争力．第1影响力

新闻晨报 SHANGHAI MORNING POST

SHANGHAI MORNING POST

品牌精髓

新闻力量 优化生活

消费者洞察

"新鲜的营养"

《新闻晨报》就像营养丰富的早餐每天读《晨报》能及时给我一天中最重要的新鲜咨询

品牌区分

上海第一的早报

追求最鲜活实用的新闻

目标人群

年龄集中在25–45岁，男女比例大致是：6:4。

大专学历以上，收入稳定的上班族为主，关心社会、政治、经济等议题。对生活和消费资讯的需求量大。

年轻富有朝气，热衷表现，态度积级，对各类事物有强烈的好奇心。

读者利益点

贴近市民生活，时效性强、信息量大，新闻性、信息性、可读性三位一体。

个性描述

全方位充沛的资讯提供，是读者的亲密伙伴；知心朋友；良师益友；消防员；每天要穿的衣服；生活的调剂品；生活的一部分；每天最早的精神食粮；早上的一杯必喝牛奶。

物理特性

发行量近70万份，每天读者人数超过270万*，清晨6点发售，售价：0.7元。

平均74版，有11份系列品牌周刊：周一《旅游周刊》、《娱乐周刊》、《体育周刊》；周二《教育周刊》；周三《汽车周刊》；周四《人才周刊》、《一周间》；周五《房产周刊》；周六《健康周刊》、《赢家周刊》；周日《星期日新闻晨报》，传阅率为2.7人。

自身优势

每日最早发售的综合性都市日报；拥有极高的社会知名度与影响力。（未提示品牌提及率达60%以上）极高读者忠实度（高度忠实读者达71%）。

贴近市民生活，本土个性鲜明。

信息多，版面内容便于轻松阅读。

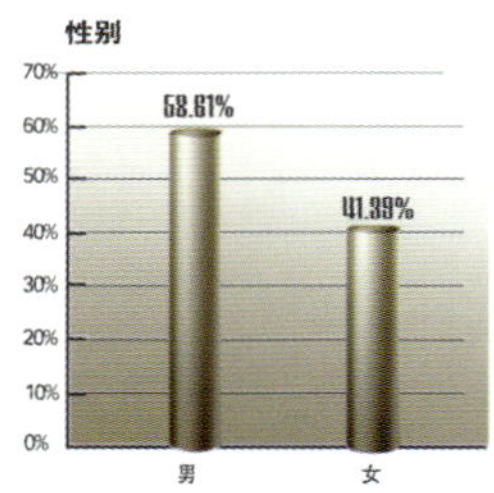

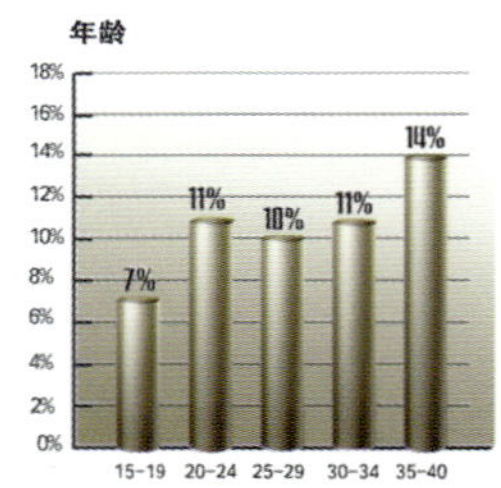

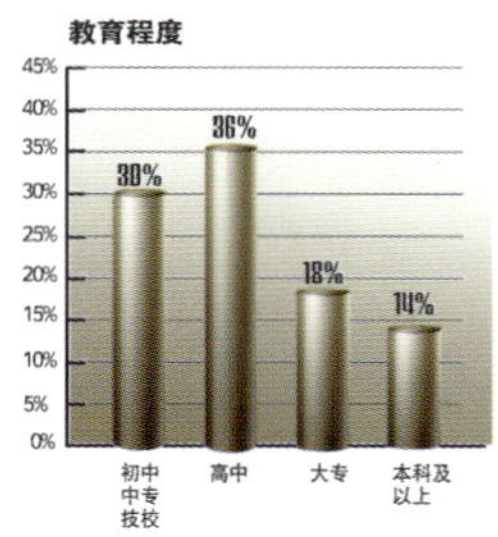

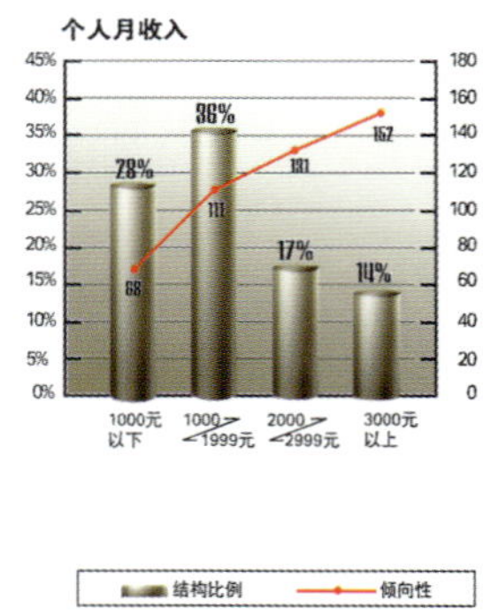

数据来源：央视市场研究 CNRS 2004年7–12月

地址：上海市汉口路300号 邮编：200001 电话：63521111

* 数据来源：CNRS 2005年3–8月

INFLUENCE

影响力

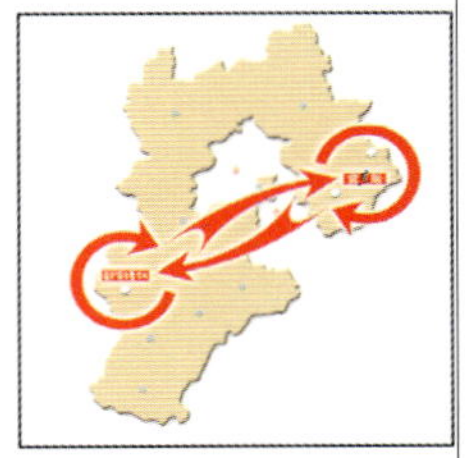

燕赵都市報
YANZHAO METROPOLIS DAILY

一/纸/风/行/燕/赵

十年创业——
世界百强·中国廿强

为市井人家办报，让平民百姓爱读。关爱弱势群体，追随主流人群。注重舆论监督，关注经济生活。

经略燕赵 整合传媒

《燕赵都市报》挟风带雨走过了十个年头了！如今她已成长为河北省发行量最大、经营效益最佳的报纸。发行量跻身世界报纸百强，同时综合指数名列国内晚报都市报20强。究其原因，是因为我们寻找到了在燕赵大地做都市报的真理——“拇指定律”和“时针效应”，意即适宜的赢利模式。以掌为喻，省级都市报如同拇指，可以“点击”其他四指，而地市报纸如同四指，只能在自己的有限范围内活动，这就是我们所说的“拇指定律”。运用这一法则，《燕赵都市报》在全省11个地级市实行“办报、发行、广告三位一体运作”，使其迅速成为全省影响力最大的媒体。现在《燕赵都市报》在全省11个城市同步印刷发行，近3000名发行人员每日把100万份报纸投递到全省县以上城镇的千家万户，真正做到了“一纸风行燕赵”。这一崭新的运营模式势必带来广告市场的“时针效应”：都市报以省会石家庄为轴心，如同时针遍布河北各个城市，是打开河北市场的首选媒体“一张报纸投入，十一城市回报，早已成为商家的共识。近年来，国际国内省内品牌广告80%投放于《燕赵都市报》，均以低廉的广告成本获取丰厚的市场回报。

在成功运作“拇指定律”、“时针效应”的基础上，2003年《燕赵都市报》又在全国首创“哑铃型”报纸，即在经济发达的省会石家庄和唐山、秦皇岛冀东地区创办《都市时讯》和《燕赵都市报●冀东版》。这是全国首家经国家新闻出版总署批准的都市报地方版，它们与燕赵都市报一同发行，一开始便成为地方传媒盛宴。《燕赵都市报》+《都市时讯》+《冀东版》，发行达100万份。这样，都市报和地方版形成了广告的“金版”和“银版”：发行全省的通用版以其不可复制的优势成为“金版”，而地方版与当地报纸等值，成为细分广告市场的“银版”。

“金版”和“银版”，是全国商家的明智选择！

河北日报报业集团　副总编辑
燕赵都市报　总编辑
李炳辉

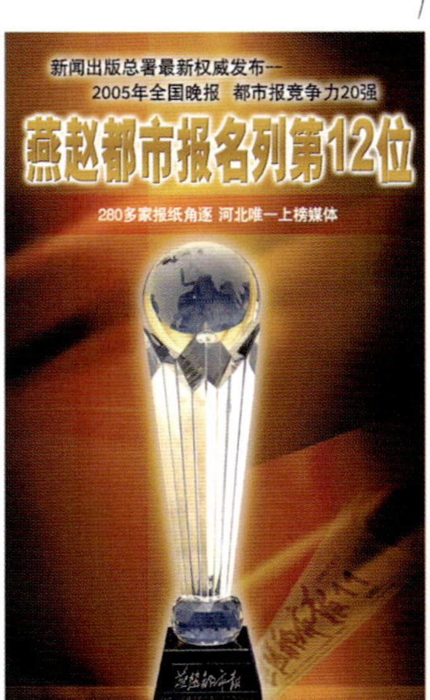

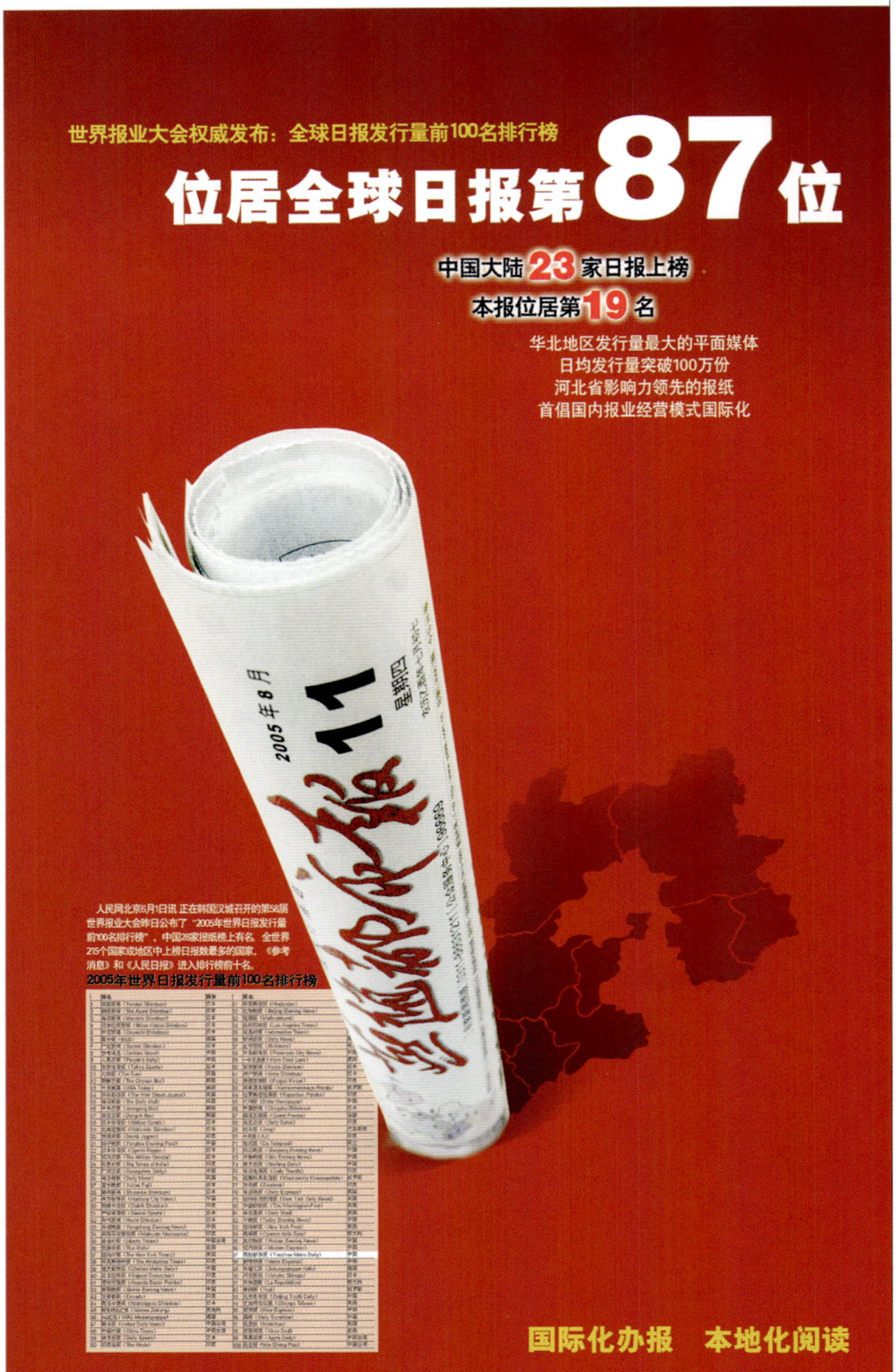

广告垂询电话：0311-88632708　86691825　　广告邮箱：dsgg888@vip.sina.com

湖北日報 报业集团
湖北日报报
湖北日報
责任造就公信力
楚天都市報
全心全意为市民服务
楚天金报
新闻创新 特色立报
農村新報
实实在在为农民办事
体育周报
纵览体坛风云
聚焦五环烽火
三峡晚
服务成就影响
地址:湖北省武汉市武昌区黄鹂路65号
电话:(027)8678443

成都晚报实施革命性改版
每天奉献24版精彩新闻的同时，一次性创办六本周刊，成为中国发行量极为庞大的周刊群落。此举必将成为继"1999年成都商报借壳上市完成中国报业第一股"之后，成都日报报业集团的又一创举。
成都传媒进入
周刊时代
方法决定结果 思想决定命运
晚报新闻叠
用与众不同的新闻理念，突破成都报纸同质化僵局，创造极具都市感的都市新闻，让成都人养成"阅读报纸"的好习惯
晚报周刊叠
一本周刊，一个与众不同的城市话题，观点决定影响力
晚报周刊 娱乐 周一
晚报娱乐——快乐影响力！
晚报周刊 汽车 周二
我的车，我做主
晚报周刊 健康 周三
健康是福 拥有《健康》加倍有福
晚报周刊 楼市 周四
观点创造影响力
晚报周刊 数码 周五
时尚数码 经典坐标
晚报周刊 折扣 周五
将成都折扣到底
成都晚报 办中国最好看的报纸
电话 (028)86740635 广告部(028)86746906 86745997 网址 http://www.cdwb.com.cn

珠海特区报　传播权威新闻　引领特区商机

版面安排

珠海特区报现为对开20版，彩色印刷，分A、B、C三叠。A叠8版为新闻版块，B叠4版为文体版块，C叠8版为产经版块，周5另加4开24版《生活周刊》。珠海特区报以“传播权威新闻，引导大众品味”为己任，彰显“主流、权威、负责”的品格，是您值得信任的媒体。

概况

《珠海特区报》是珠海市委机关报，创刊于1985年11月1日，是珠海市唯一的大型综合性日报。

勇于创新、敢于突破、实现超越是《珠海特区报》坚持不懈的发展宗旨。出色的定位，高效的管理，详实的内容和多年专业化的市场运作，使充满了年轻活力与新锐思维的《珠海特区报》，不断走向壮大和成熟，在今天的珠海报业市场中独占鳌头，成为珠海最具吸引力、号召力、公信力的主流权威媒体。

强大的采编力量，周密的发行网络，使《珠海特区报》成为珠海涵盖面最广、资讯最为丰富，读者群最大的平面媒体，也是在澳门发行量最大的报纸媒体。是众商家开发市场时首选而广受信赖的广告平台，年广告量是同城其他媒体的4倍多。

《珠海特区报》扎根珠海，领跑珠海，辐射珠三角及港澳地区，正受到越来越多的读者欢迎和喜爱。

央视读者调查数据

（2003年7-12月数据）

珠海地区读者情况调查

年龄分布：25-34岁14.4%，
35-44岁37.1%，
45-54岁26.2%

教育程度：初等学历26.2%，
中等学历34.7%，
高等学历38.5%

职业分布：公务员7.2%，
公司职员19.7%，
企事业单位管理人员15.8%

月均收入：999元以下10%，
1000-1499元13.1%，
1500-1999元10.3%，
2000元以上32.4%

男女比例：男 57.7%，女 42.3%

央视读者调查数据

（2003年7-12月数据）

珠海地区阅读情况调查

阅读频率：平均每期阅读率为40.9%，
有62.9%的居民几乎天天读本报，
26.7%的居民经常读，
10.4%的居民偶尔读。

阅读来源：个人订阅为61.4%，
家人或自己购买为16.4%，
单位订阅14.9%，
借阅他人6.0%。

阅读程度：阅读几乎所有版面者为19.9%，
读大部分版面者为31.2%，
读一半左右版面者为38.6%，
其他为10.4%。

总结

《珠海特区报》的平均每期阅读率高达40.9%，读者规模达320,205人，拥有的读者人数超过了珠海市其他主要报纸；

《珠海特区报》读者以中青年为主，集中在25-44岁年龄段；读者受教育程度较高；个人和家庭收入水平偏高。

《珠海特区报》读者的忠诚度较高，读者主动性也比较强；

《珠海特区报》读者是大多数家电、IT、汽车、通讯、住房、旅游等产品和服务的潜在消费群体，具有较高的广告价值。

珠海最具影响力的日报、最具公信力的强势媒体、拓展珠海市场的理想选择。

地址：广东省珠海市银桦路566号
邮编：519000　电话：0756—2639636　2639619
传真：0756—2639638　网址：http://www.zhuhaidaily.com.cn
发行公司电话：0756-2611111

媒体互动 六报三刊一网 共策共赢
健报 EASYWEEKLY
广西新闻网 www.gxnews.com.cn
南国今报
生活报
南国早报
广西日报
法治快报
广西画报
今日南国
法制与经济
广西日报社 广告中心

DUZHE

中国人的心灵读本

中国唯一发行量超千万的杂志

感肺腑 — 新耳目 — 拓心胸

- **她的内核** 立足于爱心、人道、人情之根蒂，于尘世浮生中，为您守住一颗感动和思考的心。
- **她的主张** 直指人心，触绪动怀，令读者启颜捧腹或者酸心刺骨；每至一篇，皆咬嚼吞吐，留于目，且留于心。
- **她的师范** 叙事娓娓，说理切切，章法井井，词源滚滚，为语文写作之摹本师范，助学子们锦心绣口，斐然成章。
- **她的口碑** 1000 万册月发行量，居全球综合类杂志排名第四，亚洲第一。

'2006中国广告年鉴

China Advertising Yearbook

第十四版

14th Edition

编辑部地址：北京五芳园邮局100信箱　邮编：100040　电话：010 68628860　68628861　传真：010 68627480　E-mail:ad@nianjian100.com

’2006中国广告年鉴

China Advertising Yearbook

第十四版

14th Edition

业界论坛

从法国广告制度
分析国内媒体如何避免发布违法虚假广告

CCTV-7 农业节目广告部副主任　李振中

近几年我国广告业经营额每年都以很大的幅度在增长，据国家权威部门披露的消息，据不完全统计，2004年度全国广告经营额达到了创历史的1000多亿元。广告已成为当今社会生活的重要组成部分，广告对人们的影响已经渗透到我们日常生活的方方面面。

然而目前一些形形色色的用以欺骗和误导消费者的虚假广告，不仅挫伤了公众对广告的感情、损害消费者的利益及商品营销者之间的正当竞争，而且也从一定程度上损害了国家和社会利益，更为严重的是，部分虚假违法广告对人们的生命财产造成很大的损害。现在虚假违法广告问题已经引起中央领导的高度重视，吴仪副总理就针对广告问题作出明确批示。违法虚假广告社会反响非常强烈，在年初的两会期间，就有众多代表提出关于违法虚假广告问题的议案和建议。这些议案中反映最多的就是与人民生活息息相关的几类广告：医疗广告、药品广告、保健品广告、化妆品广告和房地产广告等。国家工商管理机关每年对广告的监管也下了很大力气，但问题依然突出，每年违法虚假广告的违法率持续居高不下，并有上升趋势。

为什么每年有如此多的违法广告能够发布出去呢，我想我们应该从广告制度上、从广告发布的渠道寻找问题。在日益冲击大众生活的媒体队伍中，电视广告首当其冲。无论是电视广告的声画吸引力，还是广告商对电视的狂热追求与膜拜，都使广告成为任何国家电视媒体不可或缺的内容。所以我们这篇文章主要以电视广告为例来谈论媒体广告的问题。

我们知道，任何一条广告的发布必须经过相关机构或部门的审查通过后方能发布。我们今天就试图通过分析比较中外广告的相关制度来谈一下应该如何避免虚假违法广告的发布。

我们首先看一下国内电视广告的审查程序。国内广告发布前的审查基本由各个媒体的审查员完成此项工作，审查员素质的高低或程序的是否健全，直接影响了广告审查的质量。审查员根据国家法律、法规、行政规章和国家其他规定，审查本单位设计、制作、代理发布的广告，然后签署书面意见。审查员主要审查相关广告的各类证明文件，广告形式、内容、整体效果等内容。而且审查员一般都是本单位的员工，是广告部员工的一分子。

那国外的情况如何呢，笔者不久前到欧洲考察了当地的广告市场。现在世界各国，尤其是欧美传媒业发达的国家，都在广告内容、制作、播出上严加管理，制定详细的管理规定，从净化电视广告着手，营造清新的电视传媒环境。他们在广告管理上有独到的经验，这些也许能对目前国内电视广告中出现的问题与困惑有所启发，有所借鉴。

我们这次重点考察了法国的广告市场。总体印象是，在经历了多年的疲软之后，法国广告市场今年重现生机，而视听传媒抓住机会，成为其中最大的受益者。按照法国电视广告工会SNPTV的统计，2005年5月，法国电视广告营业额比上年同期增长了9.7%，1至5月累计增长了6.1%。

具体到法国的广告审查上，他们的制度跟国内就有了非常明显的区别：法国的广告管理有法律体系做保证，但同时还有一个行业自律来约束。法国广告行业自律机构是BVP。自律实际上是行业的自我管理。法国的行业协会都有自律机制，有的协会本身就设有保证会员遵守法律和行业规范的机构，这就是协会的自律组织。这些组织以行业的整体利益为出发点，以国家法律和行业规范为准则进行自我管理，不仅在产品质量上为企业把关，而且在价格方面进行协调，以避免同行企业之间的恶性竞争。由法国各类广告协会倡议成立的“广告审查办公室”则对各类广告进行审核，不持有该办公室核发的证书，广告不得随意刊登或播放。

设立这个机构的目的主要是增强消费者购买的信心，不被虚假广告所误导，同时也保证广告创意的自由，不被一些条条框框所束缚。法国实行事先广告审查制度。未经审查机构批准，任何媒介不得发布广告。法国广告审查监督任务由两个系统承担：(1) 电视、广播广告审查机构RFP，是半官方性组织，主要负责审查全国所有广播、电视广告内容，以保障广告的真实性，防止利用广告进行欺骗。(2) 国家广告联盟所属的BVP，是消费者协会和主要广告经营者组织起来的民间广告审查组织。BVP是民间自发组织的一个协会，他的主席是独立于广告业之外的一个人。这样可以最大限度地保证审查的公平性。工作人员中有50%以上的人有律师背景。他们工作的内容一是制定此行业的一些道德规范，二是制定一些条款规则；在广告发布之前帮助咨询审查，协助广告主在发布广告时不违法； 在法国，往往很多行业自律条款比法律更有意义，因为这些行业自律完全是保护整个社会利益的。

除了这些严格的审查制度外，部分特殊行业在法国是有特殊规定的。比如我们国内最近一直频频被曝光的医院广告、药品广告等等。在法国都有一些非常明确的规定：

医院不许做广告

在法国街头、报刊和电视上都看不到医院广告，因为法国法律规定医院不许做广告，这一规定对公、私立医院都有效。医院属于社会福利事业，法国卫生部的全名是卫生和社会保障部。卫生部的人士说：“医院做广告？这不正常。医院是关系人命的机构，怎么能说自己好，而且法国医院不需要广告。如果医院做了广告，也是法国医疗评估局做的，其公布的评估结果就是广告。”

药品广告规定事无巨细

法国国家卫生制品安全局在药品广告管理方面对专业广告和大众广告都有一系列的具体要求，甚至从字体到字迹都有明显的要求和标准。如在对专业广告的要求中，该局特别提到对组成某种药品名称的所有单词必须采取统一标准处理，无论是字迹、字体，还是颜色都应该完全一样，以避免为突出广告效益而损害该药品名称整体性的情况出现。在针对大众的广告中，绝对不能说某种药品安全有效是因为它是纯天然的，不能将药品与食品类比；也不能说某种药品有效是由于这种药品已经经过长期使用，因为药品有效与否只有通过科学实验才能得到验证；更不能说某种药品的功效与另外某种药品或治疗方法的效果一样(或更好)。此外，除疫苗、戒烟药及一些预防性药品广告外，其他任何治疗性药物的广告中都不能使用“健康人服用后身体状况能有所改善”，或“健康人不服用身体就会受到影响”之类的用语，以避免鼓动公众滥服药物。

为防止公众利益受到侵害，该局规定，尚未获得上市批准的药品不得先期进行广告宣传；为避免夸大药效，不允许在药品广告中使用“特别安全”、 “绝对可靠”、“效果最令人满意”、“绝对广泛使用”等吹嘘药品安全和疗效的过激字样；为避免出现不公平竞争，不能在广告中出现“第一”、“最好”等绝对字样。此外，任何药品在投放市场一年后，不能再继续标榜为“新药”。

在我国，类似的规定也有一些，可为什么现在仍有大量违法虚假广告变着花样地出现在消费者面前呢？北京大学广告法专家肖江平从相关部门监管的角度上这样分析：第一，执法资源有限、鉴定成本过大是个客观的事实，主要体现在人力、设施和经费上。第二，迫于当地政府的压力。工商行政管理部门是违法广告查处的机关，但同时它又不得不考虑所在地的经济发展，而能投入巨大资金的违法广告主往往是当地的经济支柱，更是当地的纳税大户。这样的一个矛盾体很难保证执法力度。第三， 违法广告产生的根源还是经济利益的驱使。第四，对于违法药品广告，工商局可以管，药监局也可以管，这种权力交叉的现象非但没有增加监管的力度，反而造成了“对某些广告谁都想管，而对某些广告谁都不想管”的局面。“政府的部门有没有自己的独特利益是为管理好这个社会所必须考虑的一个根本问题。” 第五，消费者自我保护意识不强，这是违法虚假广告产生存在的一个外在条件，在某种角度上讲是消费者的鉴别能力欠缺助长了违法虚假广告的存在。

那么我们到底应该如何治理这些屡禁不止的违法虚假广告呢，参考国外的经验，笔者认为应从以下几个方面入手：(1) 建立健全广告业法律法规，首先做到有法可依。当然目前已经拥有广告法，但其中部分内容还应该进一步完善，尤其是对于什么是违法虚假广告的界定标准必须准确。(2) 加大违法查处力度和打击力度，加大对广告主、代理公司和媒体三方的共同监管。(3) 提高行业自律水准，提高从业人员的职业素养，建立真正意义的广告法律法规培训制度。(4) 提高公众消费能力和对广告的鉴别能力。(5) 建立社会监督机制，设立真正能够为消费者解决问题的投诉机构。(6) 推行广告审查机构、人员和广告发布媒体分开制。建立独立于媒体之外与媒体没有任何经济利益关系的广告审查机构。

为了防止以后媒体上再出现具有负面影响的违法虚假广告，国家权威部门应推行严格的广告审查制度来把关。广电总局社会管理司副司长任谦表示，目前，广电总局正在起草健全广告内容审查制度的新规定，2006年年初就将正式出台。新规定对那些具有暴力、色情、涉及民族问题的广告坚决封杀，同时，新规定还将重点保护对象指向青少年，使电视上的广告在设计、形象和格调上丝毫不得对青少年观众造成不良影响。

最后我们以法国广告审查署总裁狄斯安先生在2005年6月24日召开的国际广告管理制度研讨会上的几句话结束我们今天的文章：广告商面临地挑战就是带来梦幻的同时还能提供真实的信息。我们真诚地希望广告能在遵守法律法规的前提下，继续制造梦幻、大放异彩，达成其传播的目的和效果，促进经济和社会的繁荣。

期刊广告经营中的道德问题

樊　明

近年来随着我国媒体产业的逐渐壮大，各种媒体的广告经营额也成倍增长。而期刊作为媒体广告市场当中的重要组成部分也保持着强劲的发展势头，新刊物的不断涌现和原有刊物的改版使得期刊市场一片繁荣。据慧聪机构的调查数据显示：2004年1～6月，我国期刊广告市场总额为24.32亿元，比2003年上半年增长9.3%。期刊广告营业额占各类广告经营主体总营业额的比例在不断上升，从近5年的广告经营额数据来看，期刊广告经营额的增长速度已经超过了报纸和电视，也继续领先于广播。众多业内人士甚至认为，期刊广告市场正处在迅速崛起的前夜。这说明很多人都看好期刊的广告经营，但此经营活动中出现的“问题广告”却也不容忽视。

期刊“问题广告”实际上是指期刊发布的广告在广告创意、广告表现等方面涉嫌违法、违规。从2003年8月起，新闻出版总署报纸期刊出版管理司和国家工商总局广告监管司花利用年多的时间，对全国9000多种期刊中刊登广告的1491种期刊进行了抽查。在抽查的5300余条广告中，就发现有108种期刊刊登“问题广告”。这些“问题广告”，都属于虚假广告范畴，显然会给消费者带来或多或少的损失，但却屡禁不止。究其原因，有以下四个方面：

首先是商家的利益驱使。商家为了使自己产品占领市场，为了给企业带来更大的利润，一是不惜重金进行宣传，二是在宣传中夸大其词。

其次是媒体间的相互攀比。市场是无情的，优胜劣汰，媒体就有一个生存的问题。那些不规范的、无序的竞争，部分媒体为拉取广告而不择手段，造成电视、报纸、杂志、电台之间相互攀比。攀比带来的恶果是“问题广告”禁而不止，随处可见，越演越烈。

再次是多头管理导致职责不清。由于不同内容和形式的广告，管理的部门是不同的。导致了管理权限的分散。从部门之间的职能看，药品、医疗服务广告须经卫生部门审批，户外广告须经城管部门审批；从工商系统内部的管理分工来看，省局、市局、分局及工商所四级都有管理权，容易出现管理的真空，造成都管都不管。

最后是虚假广告处罚难。违法广告发现不难，调查取证不难，难就难在处罚上。一是由于受部门利益、小团体利益以及地方保护主义的影响，行政干预给违法广告的处理带来难度。二是广告主流动性大，打一枪换一个地方，尤其是医疗药品广告。三是工商部门没有强制手段，处罚不能到位。

期刊作为一种读者众多的媒体，广告对其的生存发展有着非常的意义。从本质上讲期刊肯定不愿意刊登“问题广告”，但进入市场化的期刊同样经不起金钱的诱惑，“问题广告”的出现正是与诱惑相伴而生的。这个时候期刊广告经营的道德感就值得思考了。期刊一方面面临着生存和责任问题，另一方面面临着广告客户的利益诱惑，期刊广告面对“分裂”的道德抉择也就在所难免。尤其是在期刊市场的竞争越来越激烈，广告收入越来越为期刊社所倚重的情况下，这一问题会变得越来越突出。

期刊广告面对的这些道德困惑，显而易见，不是简简单单通过保证正确的舆论导向，大张旗鼓进行重大选题报道，自觉抵制消极的、不健康的和有害的文化垃圾等努力就能克服的。读者（也是消费者）怀着美好的期望购买了被美丽言辞包装的产品或得到了广告客户提供的服务后，却发现实际情况跟自己期望的相距甚远。这时候读者会怎样认为呢？他们一定会产生很大的心理落差，而这个落差来源于产品或服务的实际效果和读者期望效果之间的差额。差额一旦产生，读者就会对广告产品或广告客户提供的服务不满意，进而在潜意识里“迁怒”于期刊，从而影响到其未来的订阅或购买。有研究表明，读者对某期刊喜欢既是读者本人持续订阅或购买的基础，也是影响其他读者阅读的重要因素。因此，不论是从广告的合法经营，还是从期刊的道德层面上看，期刊刊登“问题广告”都是得不偿失的。

要从根本上杜绝期刊“问题广告”出现，相关部门要加强对期刊广告的监管。2002年第二届国家期刊奖评选过程中，评委会曾对刊登“问题广告”比较多的期刊进行了降级和淘汰处理。最近又有消息传出，第三届国家期刊奖的评选工作中，评委会对刊登“问题广告”的期刊也将实行“一票否决”的办法。种种迹象表明，综合治理期刊“问题广告”的力度会越来越大。期刊自身要增强社会责任感，要以对人民高度负责的精神自觉依法经营广告业务。

期刊的广告经营只有正确处理好经济利益与社会责任的关系，多从读者的角度思考问题，才能远离“问题广告”，期刊也才能长远并健康地发展，而这才是市场经济下期刊广告经营的高层次道德操守。

呼唤高校图书馆的广告意识

中国科学院研究生院图书馆馆员 王军宁

内容摘要：本文介绍了广告在高校图书馆的作用，提出了利用广告的途径和方法，并分析了高校图书馆做广告所要注意的问题。

关键词：高校图书馆 广告 意识

一、引言

近年来，随着广告事业的飞速发展，广告作为一种向大众传递信息的手段，早已被各商家广泛应用于宣传企业形象、推销产品、树立名牌等方面。广告几乎渗透到工厂、商店、出版界、娱乐界甚至研究机构，可以说广告战术五花八门，尽管有些广告已经发展得有过多、过滥、过俗的倾向，但广告的影响仍在潜移默化地引导大多数消费者群，与之相比，让学生们熟悉的高校图书馆却依然一如既往地冷落广告，甚至沦为拒绝广告的最后一个服务性行业。有人预言：21世纪将会是信息化的时代，高校图书馆这片广告“净土”要使自己在信息社会中占有一席之地，除了强化自身的各项功能外，必须通过各种宣传方式让学生熟悉图书馆，向往图书馆，乐意利用图书馆，把图书馆与同学们间的距离缩短，让图书馆形象深入同学们的心中。因此唤醒高校图书馆的广告意识，与广告联姻，用广告宣传扩大自己的影响，是我们当前的重要任务，也不失为一种最直接、最有效的宣传方法。

二、广告的含义与特征

一提起广告，人们就普遍认为是商业性质的广告，其实从广告发展的历史以及广告本身的结构特征看，广告不完全是商品经济的产物，它广泛涉及到政治、经济、文化、军事等领域。它真正的含义是：广告主（广告客户）有计划地通过一定的媒介向公众传递某一特定方面的信息，从而取得信息反馈的大众传播活动。它的这些信息是很有价值的信息资源，它迎合了人们多途径获得信息的心理需求，直接影响着人们从业、科研、生产、教学、购物、就业、娱乐、学习等各个生活层面，而其内容包罗万象、形式多种多样、时效性强、更新快、获取简便、费用低廉等特征更加引起人们的普遍关注和广泛利用。美国著名图书馆学家达纳曾经指出：“图书馆应该透过一切传播渠道，向社会公众做自我推销。”高校图书馆应该尽早地看清这一点，加强广告意识，充分利用和重视广告，并利用广告特性大胆地宣传自我，推销自我，使到图书馆去看书、听讲座、参观展览也能成为一种时尚、一种潮流。

三、广告在高校图书馆工作中的作用

1.传递图书馆多层次服务信息

高校图书馆的工作，主要是为广大学生读者服务，是人与人之间一种特殊形式的“互动”，服务的好坏与质量的高低直接影响到图书馆事业的发展，只有优质多层次的服务才能提升人气，只有发展才会有生存。高校图书馆为了适应学生读者群的需要，在传承图书馆理念的同时，充分利用广告的信息传递功能，不断地挖掘自身的优势，积极开展如声像资料、专题信息剪报、网络信息查询等等多层次服务，不仅能为学生提供最新的单元信息服务，而且还可以利用广告的信息传播作用，向学生读者广泛、及时地传递图书馆新的服务项目，从而使图书馆的多层次服务效能得到充分发挥。

2.提升图书馆在读者中的形象

随着信息产业的崛起，图书馆尤其是高校图书馆在学生心目中的形象日益淡化，虽然我们的馆员们积极创新服务，开展了“馆际互借、全文传递”等不少新的服务项目，但是图书馆的重要性并没有像图书情报专家赞誉的那样，地位仍然难以提高，学生似乎不依赖图书的信息，同样能满足学习及娱乐的需要。因此，为了扭转这种局面，图书馆必须借助广告来宣传馆藏、服务方式和水平，为情报找读者，引导读者找情报，通过广、快、精、准的情报服务来吸引学生读者，赢得他们的信任。同时争取获得和广告商的合作与资助，引进新技术，不断扩大服务范围，提高服务水平和质量，使良好的信誉得以维持，从而提升图书馆在读者中的形象。

3. 改变传统的服务方式

图书馆的传统服务是建立在手工操作的基础上的，无论是采购、编目还是流通，都通过工作人员的手工来完成，读者的需求与满足不成比例的矛盾十分突出。在此情况下，图书馆进行服务时，制定服务决策就容易与用户的利益、社会的效益脱节，同时，由于受传统观念的束缚，图书馆往往不太注意学生读者的需求及其变化，造成服务与需求都是被动的。显然这种传统的、被动的服务方式已经远远不能适应信息社会中新形势的需要了，因此，图书馆应从本身生存的长远利益出发，注重利用广告这个现代化有利宣传“武器”，向读者主动介绍新的服务项目，图书馆的服务能帮助解决什么问题等，可以改变原有的被动传统的服务方式。

四、高校图书馆利用广告的途径和方法

1. 利用自身特点，把握“内求自主创新、外求共同合作”的双赢宗旨。2004年12月29日，胡锦涛总书记在视察中科院时指出：科技创新能力是一个国家科技事业发展的决定性因素，是国家竞争力的核心，要坚持把推动科技自主创新摆在全部科技工作的突出位置。中科院白春礼院士在报告会上多次强调科学院的院风“唯实求真，协力创新”，比尔盖茨的法则是“创新，创新，再创新”，不管是国家发展战略，还是这些名家名言，都毫无例外地把创新放到了一个非常重要的位置。由此可见创新是当代的主旋律，是一句与时俱进的标语，有一位管理大师是这样诠释创新的：发明家不是人人可当，但是创新绝对是每个人都有的能力。由此可见，利用高校图书馆的自身优势，发挥每个人的自主创新能力，加强与兄弟单位的密切合作，实现资源共享，最终达到双赢的目的。如，中科院研究生院图书馆与中科院文献情报中心联手打造出的代借代还图书业务、部分网络资源免费开通业务，通过大张旗鼓的广告宣传攻势，使园区的四千多名学生受益，直接支持了学校的教学与科研工作。

2. 采取灵活多变的方式，举办各种各样的专题活动。高校图书馆除了为学生读者提供各种文献信息资源外，还应该为他们提供学术的、科学思想的、以及自然科学与人文科学交会、沟通、融合和论争方面的服务。

(1)利用报告厅做广告的灵活多变方式方法，开展各种学术讲座、专题研讨等学术活动，进行专家报告、录像、邀请专家学者来图书馆讲学。像中科院研究生院每年一次的人文论坛活动，已经成为教学研讨工作不可分割的一部分了。

(2)为师生提供一个自由畅谈、交流、论争的机会，不失时机地宣传自己，深入细致地接触读者，加深学生读者对图书馆的印象，使他们更加依赖图书馆，从而激发他们智慧的火花，引出新的学术热点。比如：设立读者热线，贴广告宣传画，提供参观服务，组织读者开展图书馆知识竞赛，读书日，读者征文，优秀读者评比等活动。

(3)主动参与到学校组织的学术科技竞赛活动中，为学生定题、选择项目，搜集、组织信息资源，为学生就业提供有价值的信息和指导，并密切配合学校学科发展和科研方向，实现高校图书馆的教育职能。

(4)加强广告意识，利用广告作用，充分挖掘和利用自身的资源、信息、人才、传播媒介四大优势。许多高校图书馆都自办刊物、宣传栏、墙报，以及编印简报、信息通讯等，充分发挥和运用这四大优势，利用广告向学生读者宣传图书馆丰富的知识宝藏和服务动态，从而激发同学们的学习热情。广告的作用之一就是具有指示性，利用这一特性有针对性地指导学生阅读，营造浓厚

的文化氛围，促进校园精神文明建设。

五、高校图书馆做广告应注意的问题

1.对广告不够重视。广告对高校图书馆的作用是不可忽视的，但广告作为一种宣传手段，在图书馆未引起应有的重视，虽然在图书馆以往的工作中自觉或不自觉地运用了一些，但从观念上、方法上、艺术上及学科上并未给予其应有的重视。

2.对做广告的目的不明确。高校图书馆做广告，要坚持实事求是的原则，对具有较高文化水平的学生读者，广告要经过精心策划，语言要优美、高雅、诙谐、幽默，明确每次做广告应达到什么效果，在新闻媒介做广告，更是要注意交流、沟通，最终达到做广告的目的。

3.广告冗余、形式单一。由于图书馆的广告极少变化，不论是形式上，还是内容上都比较单一、古板，过多的噱头和读者认为与己无关的信息占用了信息传播渠道，冗余的广告信息还会给读者错误的指示，为了使图书馆广告达到比较好的效果，做广告时针对学生读者特点，形式上多样化，内容上经常更新并保持一种新鲜感，让读者时常感觉到图书馆随着时代潮流的变化而变化的律动。

总之，高校图书馆不断加强广告意识，更新思想观念，他山之石，为我所用，重视广告的引入和利用，必将激发广大学生读者的文献信息资源需求，扩大图书馆的影响，促进高校图书馆事业的发展，所以，图书馆事业自身的发展需要图书馆以一种广告主的身份做广告。

注：

1.魏超等《网络广告》，河北人民出版社2000年版

2.裴民慧《现代广告信息》，机械工业出版社1989年版

3.纪华强《广告战略与决策》，东北财经大学出版社2001年版

论广告监督管理的必然性

首都经贸大学广告研究所所长　杨同庆

社会主义市场经济体制的探索与建立，使中国的市场日益发生着深刻而剧烈的变化，众多的厂商已把目光从企业的市场营销转向了社会的市场营销。厂商更注重满足社会现实的购买需求和潜在的购买需求，更注重社会和消费者长远利益的满足。从而在广告宣传策略和表现手法上突出了企业形象的塑造，品牌的树立，着眼于广告主与社会、消费者、企业内部的全效沟通。我国广告业发展朝气蓬勃，异彩纷呈。众所周知，广告在传播信息，指导消费，促进商品销售，实现企业营销，满足人民不断增长的物质文化和精神文化需求等方面发挥着重要的作用。同时，由于广告本身具有商业性和功利性，即广告主是为了达到特定的目的而付出一定的费用，借助广告载体来宣传，其行为具有投入产出的经济属性。所以，在具体的广告运作上因种种因素，会导致一定的违法行为，从而使社会经济秩序、消费者权益受到侵害。因此，国家要通过立法和执法对广告活动进行监督管理，规范广告市场，保护合法经营者和广大消费者的利益，限制和取缔非法广告与非法经营，促进社会主义市场经济朝着合法有序的方向发展。

从广义上讲，广告监督管理的范围包括：国家的行政管理；行业组织自律；广告主的广告管理；广告公司的管理；社会消费者的广告批评。狭义地讲，广告监督管理就是国家广告管理机关依据法律、法规和国家授予的职权，代表国家对广告活动的全过程进行监督、检查、

控制、指导的活动。它是国家宏观调控经济的行为之一，属于社会上层建筑范畴，是法治行为的一种表现形式。

市场经济是法治经济。现代市场经济健康、有序的发展，关键在于市场行为的规范，市场竞争的公平。广告是具有强大促销力的市场行为，是社会主义市场经济体系中重要的组成部分。改革开放以来，我国广告业的地位、作用随着市场经济的发展，日益显示出勃勃生机和活力。广告业的发展依托于市场经济的发展，广告又为市场经济的发展传递信息。从一定意义上讲，市场经济的发展离不开广告；企业占领市场，参与竞争，扩大销售离不开广告。现代市场经济条件下企业的竞争，不单是产品质量的竞争、商品价格的竞争、商品品牌的竞争，更是企业形象力的竞争、广告宣传艺术的竞争。而企业形象力形成的最有效手段就是广告宣传；在市场经济运行中，广告作为沟通生产与消费的中介，具有辅佐企业开拓市场和引导消费的功能。广告是信息传播的重要手段，是流通领域的催化剂。一个国家的广告业发展水平，是衡量这个国家市场经济发育程度、科技水平、综合经济实力和社会文化水准的重要标志。随着我国市场经济的确立，广告的积极作用已被认知。运用广告策略开拓市场，已成为众多厂商的经验之谈。积极培育、发展广告市场，完善广告经营机制与管理机制，引进先进的广告设计制作技术，提供广告业综合服务水平，已成为繁荣和发展我国市场经济，推动企业和产品走向世界的一项重要任务。

社会经济秩序稳定，是国家经济发展、市场繁荣、国力增强、社会稳定的基本保障，也是社会经济活动正常运转的前提。维护社会经济秩序，是国家经济管理职能的充分体现。广告活动是一种广泛涉及社会经济生活和精神文明生活的市场行为。作为一种竞争手段，作为一种市场经营方式，其形式其内容其运作方式是否合法，对社会经济秩序有着直接的影响。健康有序的广告活动可以成为社会经济发展的润滑剂；而缺乏规范、混乱无序的广告活动则会扰乱市场秩序，危害社会经济生活。而那些虚假广告，更是严重损害消费者利益的罪恶之源，是滋生社会不稳定因素的土壤。因此，加强对广告的监督管理，运用法律、行政的手段规范广告市场行为，代表了国家的意志，体现了国家管理经济的职能。

广告市场是广告商品交换行为和交换关系的总和。参与广告市场活动的主体多种多样，市场竞争的手段丰富多彩，市场行为各具特色。调控市场规模，规范市场行为，建立市场机制，完善市场法规，保护合法经营，取缔非法经营，是广告市场生存、发展、繁荣的客观要求。因此，广告市场活动的主体必须本着守法、公平、诚实信用的原则，参与平等竞争。有比赛就要有裁判，有竞争就要有规则，在广告市场这个竞技大舞台上，更需要从市场的外部，站在宏观的角度，实施对广告科学有效的监督管理，才能促进市场经济的繁荣，促进广告业的发展。

广告不仅仅是经济现象的反映，也是意识形态的产物。它具有政策性、思想性、民族性。它借助一定的艺术形式通过特定的媒体发布信息，对社会思想、社会文化和社会风气产生巨大的影响。事实上，任何一个国家的广告宣传，都反映着这一国家的社会意识形态，反映着所在国的历史、文化及民俗，反映出当时的社会风尚和社会精神文明状况。因此，我们不能把广告狭义地理解为无意识的、抽象的、纯个人的商业活动，割裂它与国家方针政策以及道德规范的联系。同时，由于各民族的风俗习惯、宗教信仰以及传统文化不同，广告的表现从内容到形式都有鲜明的差异。在一个国家司空见惯的广告展示，在另一个国家就可能行不通。如在西方国家采用人体模特表现商品的广告大量存在，具有性感的裸露广告形象也是允许发布的，而在我国及伊斯兰国家则不允许出现。广告宣传涉及政治、经济、思想、文化等社会各个领域，无时无刻不影响人们的思想、道德、行为，因此，必须加强对其的管理与规范。

市场经济不但是法治经济，也是消费者主权经济。市场经济中的任何行为都和消费者有着直接与间接的联系。广告宣传与消费者息息相关，这就要求广告必须真实地介绍商品或服务，不允许有欺骗误导消费者的现象，不能为了牟取非法利益而损害消费者的利益。然而，在现实的广告活动中，广告的真实性却时常被掩盖。所以，科学、有效地体现广告的真实性，仅靠国家行政管理的强制和行业组织的自律是远远不够的，还需要借助广泛的社会舆论和消费者的监督，来更好地规范广告经营活动，保护社会和消费者的利益。消费者对广告的监督，体现了社会主义国家广告管理的特点，社会主义国家监督的民主性和人民当家作主的自觉性客观上要求消费者对广告的监督。

广告监督管理是社会化大生产和商品经济发展的要求，更是广告业自身发展的客观要求。广告监督管理与广告是辩证统一的关系。一方面，广告是商品经济发展的产物，它随着商品经济深度与广度的发展而繁荣，广告业的生存与发展是广告监督管理赖以存在的基础，广告业发展的深度与广度也决定着广告监督管理内容的变化。另一方面，广告监督管理从广告业外部调控广告业的发展，规范着广告业经营行为，客观上有效地促进广告业的发展。如果没有对广告科学有效的监督管理，广告业的发展也会走向自身发展的反面而误入歧途。

广告监督管理工作是工商行政管理部门的重要组成部分，它与市场监督管理，企业登记监督管理，个体、私营经济监督管理，公平交易监督管理及商标和知识产权的监督管理等共同构成工商行政管理部门的全部工作内容。对广告的监督管理与其他行政监督管理有共同之处，也有其独自的特性：

（一）管理的法治性

广告监督管理是国家宏观调控，管理广告业经营与发展的行为。其管理的依据是国家的委托和法律法规的规定。工商行政管理部门对广告活动全过程的监督、检查、控制、指导行为充分体现了我国现行广告管理法规的目的，任务，宗旨，范围，职能，方法等。其管理行为，处罚手段，处罚程序，管理制度等被国家以法规的形式确定下来，从而使管理纳入法制轨道。广告监督管理法律制度已成为我国法律制度的一个重要组成部分。广告管理法制化特点，保证了广告监督管理的严肃性和连续性。

（二）操作的规范性

广告监督管理的操作规范性集中体现在《广告法》及其他广告管理法规、规章、条例的制定和运用上。对广告经营活动的规范控制，协调运作，广告经营者的资质标准，广告活动规范，广告经营规范，广告发布的一般标准和特殊标准等，都充分体现了工商管理机关对广告监督管理的规范性。

（三）管理范围的广泛性

广告监督管理涉及社会的各个方面，不仅涉及物质生产领域，还涉及上层建筑领域。广告不仅是经济宣传，同时对社会风尚、人类精神文明建设起影响作用。广告监督管理不仅要最大限度地发挥广告促进市场经济的作用，还要使广告宣传符合我国的社会制度，民族习惯，精神文明建设的要求。

广告监督管理的客体也是多种多样。既包括广告主、广告经营者、广告发布者；也包括发布广告的内容和程序；广告主既包括生产领域，又有流通领域；既有公民个人，又有工商企业和其他经济组织；广告的内容包括了现代商品生产和服务的绝大部分，其内容丰富多彩，表现形式多种多样。

（四）管理机构的综合性

广告活动涉及面广，无论是再生产的各个环节，还是国民经济的各个部门都有各个业务。如果简单地行使某一部门主管的权限管理广告，必然会割裂广告活动的整体性和内在的联系。因此，广告活动不仅要受到广告监督管理法规的限制，还要受到其他有关法规的制约。工商行政管理部门的广告监督管理也只有与其他部门、行业组织、消费者监督等配合，才能对广告活动的全过程进行监督管理。例如：工商行政管理部门与国家医药管理局配合管理医疗器械；与中国人民银行、财政部配合管理金融广告；与文化部门和教育机关管理文教广告；与城建、环保、公安等部门共同管理户外广告等等。总之，工商行政管理部门的广告监督管理不能单靠本部门的力量独立完成，广告活动的特点决定了工商行政管理部门的广告监督管理要与有关部门相互配合，协同进行。在工商行政管理部门内部的各个机构之间存在着相互配合对广告活动进行综合管理的客观要求。例如：广告监督管理的专门机构要与企业登记管理机构协调配合，搞好对广告经营单位的登记发照管理；要与个体监督管理机构相互协调，搞好对从事广告活动的个体工商户的管理；同时要与市场监督管理机构、商标管理机构、公平交易监督管理等机构配合，共同搞好对违法广告的查处。如上所述，广告监督管理不是对广告活动某一环节或某一方面的管理，而是对贯穿广告活动全过程、全方位的管理。这种监督管理必然涉及不同的部门，需要各有关部门的协调合作；又涉及工商行政管理部门内部其他职能机构的配合，以实现对广告监督活动的有效调控。

（五）监督检查的日常性

广告经营活动的连续性、科学性，使得广告监督管理机关的监督检查必须经常及时地进行。这种经常性一方面体现在管理主体对管理客体的日常检查，例如：广告管理机关对广告内容、广告形式的审查，对广告经营者的主体资格的审查，对广告表现形式与内容的监督，对广告管理制度实施情况的检查等；另一方面表现在对广告客体的广告监测，违法行为的处罚和经常性的法规法律宣传教育。例如：通过采用先进的科学技术手段对主要媒体广告内容与形式的监测，发现违法行为及时查处，经常性地对各类广告活动参与者进行广告管理法规的学习培训等。广告监督管理还有手段的技术性，管理措施的强制性等特点。

综上所述，在现代的激烈的市场竞争条件下，在信息社会的环境中，广告宣传对社会、政治、经济、思想、文化、消费行为等方面的巨大影响作用，决定了广告监督管理的必然和特征。

广告诚信的几点思考

陕西省工商局广告处 杨晋安

在同仁堂药店内，挂着这样一幅对联：“品味虽贵，必不敢减物力；炮制虽繁，必不敢省人工”。同仁堂历经风风雨雨300年，从一家小药坊发展成我国中医药业的经营楷模，赢得民众，誉满五大洲，就是靠这一座右铭。

“诚信”可以分为“诚”和“信”两部分，无论企业和个人都要有“诚心”和“信誉”，心意不诚，信誉也就成了无本之木。建造诚信社会是人们美好的向往。打造一个诚信的市场环境则是全面实现小康社会必不可少的条件。建立诚信机制需向诸多领域拓展，而广告业建立信用信息系统更有特殊的意义。因为广告是引导消费的，牵动着大众利益，关系着社会稳定。可以说诚信是广告业的灵魂。但眼下国内大量的广告越来越多地面对真实性的考验，20世纪80年代初期的广告公信度几乎是100%，90年代也能达到80%，而现在，广告的公信度已降至39%。如果企业花大量资金投放的广告越来越不被消费者所信任，那后果可想而知。据国家食品药品监管局今年1月至7月对181份报纸发布的10598次药品广告进行的监测，违法发布药品广告9680次，违法率91.3%；同期，对全国35家地市级电视台（频道）发布的20792次药品广告进行了监测，违法率46%。如果对虚假违法广告不进行有效的遏制，必然造成社会对媒体的信任危机，对广告的信任危机，不但败坏广告业的形象，也将直接制约广告业的发展，不仅严重损害广大人民群众的合法权益和身心健康，而且将直接损害作为党和人民喉舌的媒体公信力，影响党和政府的形象。如何进一步促进广告业的健康发展，规范广告市场，建立诚信社会正成为新时期摆在我们立法者、执法者面前的一个新的课题与考验。

一、现阶段违法广告的表现

现阶段我们在工作中因各种原因存在着执法检查盲区、法律盲区、技术性盲区和其他因素造成的各种监管盲区和困难，具体表现在以下几方面：

1. 主流媒体广告的监管问题

市县级的电视、广播、报纸三大主流媒体，在承担新闻媒介作用的同时都在进行广告经营业务，而且是地方广告经营的大户，承担着大量的广告业务。地方报纸、电视台、广播电台以及各县自办电视台，是地方广告的主要媒介载体，电台、报纸、电视作为意识形态的舆论阵地，是党和人民的喉舌，是党和国家联系人民群众的纽带和桥梁。媒体广告作为新闻媒体的一个组成部分，其性质决定了它在市场经济中的特殊位置，它不仅是一种信息，而且也是一种精神产品，具有导向性很强的宣传作用。在消费者中也具有较高的可信度。这些主流媒体的广告本应该是具有真实性和合法性的，这样才可以取信于民，但是近年来，由于受利益的驱动，一些报纸经常刊登大量的虚假违法广告，导致上行下效，互相攀比，媒体的特殊性，成为执法监管的一个难点。作为大众传播媒介其违法表现又集中体现在以下几个方面：

在发布医疗、保健食品、药品、特殊化妆品等广告时，没有相关行政审批机关的广告审批证明文件或证明文件过期，超出审批范围，更改审批内容，进行夸大宣传。某些媒体单位在利益的驱动下不仅对上述违法广告大开绿灯，而且千方百计帮助广告主规避法律法规的规定，钻法律的空子，发布违法广告，如将乙肝改为肝病，将性病说成泌尿系统疾病等等。

2. 广播电台以患者的名义发布广告

许多电台的空中医院、关爱健康等节目，为规避以患者名义做广告宣传的法律规定，想出种种办法钻法律的空子发布违法广告，在节目中采用教授讲座和回答听众问题、听众热线的互动方式、以赠送奖品（其实奖品就是产品）作诱饵，或者雇用一些“医托”打入电话，对相应的产品或服务随意夸大其功能和疗效，表面是解答听众的疑难，实际是趁机大肆推销其产品和服务。

3. 地方电视台违规占用中央、省级电视台屏幕资源发布广告

许多地方电视台利用国内收视率较高的电视频道（如CCTV1—6、CCTV8等频道），将当地的广告内容以游飞字幕的形式，覆盖于电视台正常播放的字幕上，变相强迫收视群体观看其广告内容，不仅直接影响了电视观众的正常收看，这种广告形式也造成了观众的极度反感。

这些广告媒体单位在对待广告监管机关的执法检查时，首先回避自身的问题，反而以中央省级新闻单位的违法为理由，为自己开脱责任。明知发布的是虚假、违法广告，却自己宽慰自己：别的媒介不也在发布这样的广告吗？这种心态在新闻媒介广告从业人员中非常普遍，且十分有害。其次，搬动地方党委、政府出面说情。第三，新闻单位对执法单位有新闻监督作用。这就造成执法单位和执法人员在心理上的投鼠忌器。第四，许多新闻单位目前都是自收自支事业单位，于是，广告收入就成为赖以生存的基础。在客观因素已将广告收入作为维系新闻媒介正常运转的主要经费来源的情况下，严格执行广告管理法律法规，坚决抵制和拒绝传播虚假广告，在一些新闻媒介内部似乎难以落到实处。这几方面因素，导致主流媒体的违法广告率居高不下，成为目前广告监管的一个难点和盲区。

二、引进广告监测机制，提高广告监管力度

违法广告为何屡禁不绝，其重要原因就是不能在事前及时准确掌握广告违法的动向和变化趋势，不能及时准确掌握住违法广告的量变程度及其从量变到引起质变的临界范围和临界点。由于事前心中无数，只能到问题成了堆，被迫采取集中式专项治理。要想改

变这种被动的事后型广告监管方式，必须对广告的起始及其整个发展过程，进行及时准确地跟踪监测，运用一系列高科技手段对监测数据进行准确的量化分析，从而及时准确地把握住广告市场的发展和变化动向。广告监测可以使过去被动加运动式的监管方式得到比较彻底的改变和改善，大大提高广告监管的档次和水平，提高工商行政管理机关的威望和威信。但由于主客观条件的限制，目前许多省、市广告监测工作普遍存在经费不足、人员不足且素质不高，监测技术含量和装备相对落后的问题，很大程度上限制了监测作用的进一步发挥。因此，加强广告监测工作，需要各级工商行政管理机关领导的支持和关怀，这样才能保证广告监测工作行之有效的开展。在引进监测机制的同时，要进一步加强广告执法第一线力量，充分发挥基层工商所覆盖面比较广的优势，对广告活动实行系统、主动、灵活的监管。提高广告监管的力度，强化政府对广告市场的监控能力。总之“虚假宣传”问题在很大程度上得到解决，将取决于该法规的宣传力度和执行力度。

三、建立广告业的诚信机制

诚信是市场经济的基石。在市场经济条件下，一个人失去信用，就无人与之交流；一个企业失去信用，便无法在市场中生存。目前，广告的公信度降低，已引起社会和政府的极大关注。中国消费者协会2004年的主题为“诚信、维权”。目的是唤起全社会对消费领域诚信问题的重视。反映在广告上，就是广告主对广告中所承诺商品或服务信息的真实与否。今年国家工商行政管理总局开展了“打虚假 树诚信”广告专项整治行动，同时国家工商行政管理总局、中央宣传部等11个部委5月份联合发布《关于印发〈虚假违法广告专项整治工作方案〉的通知》，明确要求建立广告市场信用监管体系。根据广告市场监管情况，结合企业信用体系建设，将广告主、广告经营者相应地分为不同的管理类别，即A、B、C、D四级。A级为守信企业，用绿牌表示；B级为警示企业，用蓝牌表示；C级为失信企业，用黄牌表示；D级为严重失信企业，用黑牌表示。逐步完善广告主、广告经营者的广告信用评价体系，对诚实信用、守法经营的广告主、广告经营者给予通报表彰；对把关不严、违法违规现象突出的广告主、广告经营者，降低其信用等级并向社会公布，在广告行业的各种评比、评优中不予评为先进单位和个人。真正做到守信者得到有效保护，失信者受到严厉制裁。

人们总是活在一种期望之中，一个事业的发展，离不开对于这个行业的殷切期望。那么，对于广告业来说，要解决存在的问题，首先核心问题是从增加广告和广告业的诚信度做起，因为这是广告的病根。解决了这个病根，才能谈到解决其他问题，当然这需要行业协会，广告监管部门，广告主和媒体共同努力。其次，要规范广告市场监管，保障广告业持续健康发展，急需制定配套政策法律支持，增强法律法规的可操作性，扩大《广告法》调整范围。同时还应大力增强广告监管机构的技术手段和技术力量，以应对广告监管中出现的新情况、新问题。第三，中国的广告人员要牢记广告的真正内涵——“真善美”。无论是广告内容，还是广告的表达方式，都要求真、求善、求美。从而远离“假丑恶”。真正的“真诚到永远”是不容易的，但无疑是正确的。

贵州广告传播不和谐的问题与对策

贵州省工商局商广处 王一兵

广告承载着促进精神文明建设、推动社会和谐发展、提高市场经济效益的重任，社会公众对广告已经寄予了太多的希望。这既是广告业的光荣使命，也是社会公众广告意识增强的必然表现。就全国来看，中央级媒体在完成如前所说的三大任务中，的确为建设和谐发展的社会做出了应有的贡献，其他省级媒体在地方广告监管部门的制约下，也有不菲的业绩。

在全国GDP倒数第一的贵州省，广告媒体传播不和谐问题之突出，延喘时间之久远，公众反感情绪之强烈，应该排在全国广告传播业的第一位。

本文拟从广告传播不和谐问题的表现，广告传播不和谐问题的根源，解决广告传播不和谐问题的对策三个部分，讲实话，说心里话，大胆发言，以引起有关部门的重视，为解决贵州广告传播不和谐的问题献计献策，使贵州广告传播健康发展，加入全国广告传播和谐的大合唱中，再不要以“两个第一”出现在社会公众的面前。

广告传播不和谐表现在哪里——举目望去难以尽数

2004年5月，贵州省工商局商广处印发了《当前禁止或限制性发布广告的主要规定》的小册子，在其印发这本小册子的“通知”中指出：“请各媒介单位组织广告业务人员，特别是广告部负责人和广告审查员认真学习，切实履行审查职责，严格对照广告管理法律、法规、规章中所列的禁止或限制性发布广告的规定，规范广告用语，规范广告创意，规范广告发布行为，把好广告发布关，防止虚假违法广告的发生，努力营造良好的广告市场环境。”

举凡贵州的能发布广告的媒介单位都收到了这份列入专项整治的“法律、法规、规章”汇编。

但是，媒介们长期以来发布给社会公众的广告，恰恰是应该禁止的或限制性发布的广告居多，有的违规广告从2004年5月，不间断地发布至2005年8月，不仅只是在一种报纸上出现，还在电视中天天亮相。

2005年7月1日《贵阳×报》48版，广告占21.06版，为版面的44%，刊医药、药品广告50条，是广告版面的50%，其中刊登治疗皮肤性病广告“治疗病毒疣、湿疣”等的有7家医疗机构，明码标价“无痛人流”用套红特大号字，使整个版面其他广告和内容“黯然失色”，登刊生殖、泌尿、治疗性功能疾病的广告有13家医疗机构，直接诉求“改善和治疗性功能障碍”，有药品也有医疗器械，解放军××医院在当天的第31版发布了24cm × 10cm治疗泌尿的医疗广告。

7月7日《贵阳×报》48版，（除分类广告以外）广告总量是115条，其中医药广告56条，发布治疗性病广告的有5家医疗机构。

7月13日《贵阳×报》48版，刊登“快速无痛 终止意外怀孕”，“无痛人流58元”，“无痛、安全、终止意外怀孕，可视人流手术3分钟仅收60元”，“男女泌尿、病毒疣”等的医疗机构达14家，33版以后的各版，“无痛人流”四个大红字几乎可以俘虏读者的眼球。

本文作者在撰写这篇文章的2005年9月，《贵阳×报》在这30天中，几乎每天用半版刊载友好医院招徕“无痛人流”的不和谐广告。

在《当前禁止或限制性发布广告的主要规定》中，以上这些广告都应在禁止之列，然而禁而不止，畅通无阻的违禁广告，仍然天天与受众见面。《规定》第16页有“（三）报纸、期刊：每期发布的酒类广告，不得超过2条，并不得在报纸第一版、期刊封面发布”。贵州《××信息时报》长年累月在头版刊登4条酒类广告。《规定》17页第（七）指出：发布“关于酒类商品的各种评优、评奖、评名牌、推荐等评比结果”都属于违反规定之列，这家对开信息时报几乎每期头版都刊登了三条酒的获奖、名人推荐的广告。2005年8月25日《贵州××报》B5版也刊登了“超导可视，无痛人流手术费58元”的四分之一版广告。

贵×电视台在改革过程中，将广告经营权交给一家广告公司，在电视剧、新闻节目、娱乐节目中间，无端地插播“××男科医院”的医疗广告，365天，每天至少出现40次这家医院的标版和广告画面。在6月1日的儿童节目“快乐风车　林城欢歌”中插进61分钟的广告，其中51%以上是治疗成年人疾病和性病的广告。让过节的孩子们在看自己的节目中，接受了不应该传播给他们的垃圾信息。

广告传播不和谐产生的原因——管理部门难咎其职

贵州广告业界长期以来出现的广告传播与社会主义精神文明建设不和谐，与传承高尚文化不和谐，与公众对广告传播的价值期待不和谐，原因是多方面的，主要原因是广告管理部门的失位。

一、“执法部门”带头违法事实

公众每天都能接触到的大众传媒上，刊播出违法、违规的广告，管理部门的公务员一定亲眼所见，周围人群的批评意见，他们一定也亲耳所闻。可是违法、违规广告如小说连载、如电视连续剧天天刊播，没有受到任何节制，公众的批判置若罔闻，伤害了社会传播的纯洁，更伤害了政府管理部门的形象。

广告管理部门的失位，造成广告传播的失衡，其影响是对法治秩序的冲击，阻碍经济和社会的进步。

在大众媒体上累累出现的违法广告、违规广告，它们都是得到广告管理部门批准才得以发布的，既然能被允许发布，就可以堂而皇之地刊播出来。广告法律、广告规定的政策是由广告管理部门执行，一方面发文件宣布禁止的内容，另一方面又在其允许的批示下“放行”，这种失位的两面角色，使政府、政策的形象会失信于民。

二、“地方利益”危害社会进步

贵州经济落后，能在大众媒体上做连续剧式广告的没有几个行业。由领导机关直接管理的报社、电视台，为自身的利益，需要承揽更多的广告，获取更多的收入，就会采取“饥不择食”，吸纳不应该刊播的广告。

上级领导部门的追究，会被一句“扶持地方经济发展”挡回去。

这些违法违规广告传播果真能“扶持”贵州落后的经济吗?

据调查，在贵州刊播违法违规医疗广告的医院，多数是来自沿海地区的资金投资设立的，投资者们的所作所为在沿海经济发达地区受到很大限制，到西部地区被落后的贵州引进的外资企业，可以享受到特殊的“政策优惠”——包括政府下令禁止的广告，也能在机关报中天天刊登。

有如高污染企业大举进入“西部开发”的行业一样，高精神污染的广告已在贵州亮相了好几年。

理智的投资者，看到贵州如此的广告传播，会从中领悟出管理者的政策水平，不会在这块法制不健全的地方投资办正经的事业。我们会获小利而失大益。贵州与东部、中部地区的距离在拉大，与同属西部邻省的差距也在拉开，天天要与公众见面的大众传媒的面孔干净与否，确实是个大问题。

三、饮鸩止渴，受害者是自己

据粗略测算，在《贵阳×报》刊登违法、违规的医疗广告，以每天付出广告费10万元计，《贵阳×报》仅此一项的年广告收入是3600万元；电视台的年收入不会低于1000万元。账面上是部门收益，政府可从中收取税收，表面上看是从引进的省外企业获得了效益，实际上受损失的是贵州自己。

其实，羊毛出在羊身上，广告收入不是省外投资者自己掏钱做广告，他们的广告费完全来自消费者，这些治病的人应该是贵州人，他们掏钱送医院，医院也才有钱不停地做广告。经济收入不高的贵州人的几千万元就这样转移到部门的收入中，医院投资者的收入大体上是广告费的七八倍。几个亿的民间资金外流了，这种危害是明摆着的。

每天同时出现数条“意外怀孕 无痛人流”的广告刊播出去，会给公众造成什么影响：大众传媒传承文明的社会责任没有了，付80元或58元，就可以为入院者在“保密”、无痛、无声无息的几分钟内做完人工流产，大众传媒在鼓励什么，批评什么，不是显而易见的吗？一条广告传播的副作用胜过10条正面报道。从每天若干家医院刊登的数条“意外怀孕 无痛人流”广告中，给社会公众的印象是：这些医院一定顾客盈门，不然他们哪有那么多钱连续做广告：贵州的“意外怀孕”者也太多了，这样的社会环境能让送子女到贵阳读书，送子女到贵阳工作的家长们放心吗？贵阳的青年们都怎么了？

广告传播不和谐的机理调治——对症下药社会监督

贵州广告传播不和谐的病根深远，虽然未病入膏肓，广告传播不和谐的问题也应排在全国的前列。要治其病，还是那句老话：对症下药。

我们将贵州广告传播不和谐的问题，主要归咎于政府管理部门，其实还有广告主的社会良知、广告媒体的社会责任、广告代理公司的社会义务、广大公众的社会批评等问题。

一、依法执政，令行禁止

用法制社会的“有法可依，有法必依，执法必严，违法必究”十六字用在广告传播行业太对症了。国家、省、市政府对广告传播制定了若干法律、法规，虽然有不尽完善之处，有法律的空子可能被违法、违规者投机钻营，但总体上，我们是有法没有依，执法不够严，违法不去究。坚持依法行政，执法部门要依法办事。对执法部门执法能力的监督，打造责任政府，要纳入人大常委会的日程，人大制定的法律，政府制定的法规还是要由人大来督促执行。人大的问责，执法部门的述职要在媒体上公诸众，接受公众的监督，让公众在媒体上有讲话的版位，“有法不依”、“执法不严”的部门会在公众的批评、责问下“依法行政”，这种被动执政的部门，不会再对违法、违规广告传播的内容置若罔闻了，和谐的广告传播才会重新在公众面前出现。

上海市人大常委会开始启动“立法后评估”工作，贵州虽然一时还做不到这种科学、公正的对立法的评估，但对“执法后评估”总该能够做到。比如2004年5月的《当前禁止或限制发布广告的主要规定》实施后半年、一年回头进行评估，向社会公众有一个交代，总还是可以办到的。

二、监管媒体，加强力度

广告传播不和谐的载体是大众传媒，如果他们刊播了违法、违规广告，执法部门依法课予严厉处罚，使他们的经济利益受到惨重损失，使他们违法、违规的成本加大，谁还会去为小利而丢大益呢。广告部负责人，广告审查员负连带责任，对他们同意批准发布违法、违规广告进行批评、罚款，甚至停职、下岗，谁还敢与法律法规相对抗？当年北京市东城区工商所处罚《人民日报》刊登违规广告的例子，值得让现在的执法人员学习和效法。

广告监管部门敢于向机关报的违法、违规广告说“不”，要得到人大的支持和别的大众传媒的支持。从贵州的情况看，并不是所有的大众传播都在违法、违规。总有守法的传媒会支持公道。就是在违法、违规的大众传媒中，也有守法的负责人，他们会站在社会大众的立场，提出摒弃违法、违规广告传播的欲望和做法。

在政府的网站上，在大众传媒的网站上，专辟“社会监督”栏目，让社会公众对他们看到的违法、违规广告说说话；在一定时间段，由站在第三者立场的社会团体公布这些批评，在自己的版面中或时段中，播出这些结论性批评意见，刊播公众的具体批评意见。

除了对大型户外广告的内容实行发布前审查以外，对报纸上发布的医疗和药品广告，也必须刊出广登字第某某某号，经过广告管理部门的审查批准，可以堵住大部分违法违规广告。这样做，一方面加强了广告监管部门的社会责任，另一方面在报纸上刊登医药广告需要广登字号，那些明知自己的广告内容有问题的广告主，一定会收敛许多，报媒可以将版面卖给刊载合法内容的客户，贵州报媒广告传播不和谐的问题才有望得到解决。

对已经确定为刊播了违法违规的广告的媒体，要坚决地将这部分广告收入没收充公，并处以一倍至五倍的罚款。处罚的结果，要强令该媒体在显著位置，或黄金时段刊播出来。这种自己发布受处罚的信息最能使人警醒。

三、截住源头，管严客户

广告客户是传播的源头，截住其欲发布不和谐广告信息的源头，广告的污染就可以避免。美国的行业组织对其成员的监管是极其有效的，我们借“他山之石”可以攻“弊”。对传播不和谐广告的高危行业要加强自律，加强监管，加强公众对他们的监督。不和谐广告传播一旦出现，广告客户首先要受罚，追究其负责人的社会责任，罚以广告费一至五倍的金额，使其牢记教训，改弦更张。

当广告客户看到，因发布违法、违规广告执法部门受批评，大众媒体做检讨，他们还敢“顶风”违法、违规吗？谁还能为他们提供的违法、违规广告传播开“放行条”？谁还能将他们的违法、违规广告提供刊播的媒体呢？

四、发动群众，群防群管

广告传播的事，是广大老百姓的事，当社会公众都瞪着眼，竖着耳一起来监管不和谐广告的传播，让不和谐广告传播没有版面空间，没有发布时间，还社会传播一片纯净的时空，那时我们的广告业会受到社会公众更加热烈的欢迎。把大众传播这面社会的“镜子”擦干净了，读报的人，看电视的人不再被不和谐广告传播抢去空间和时间，社会传媒的洁净会赢得外地（国内外、省内外）欲投资办事业者放心于此地，更大的经济效益肯定会随之而来。

本文似乎有些矫枉过正。对于麻木已久的“病人”，欲治其病，需要猛药，对于执法部门不执法，大众媒体传播垃圾信息，长期无人敢直言，本文算不上“过正”。其实，对于贵州广告传播不和谐的问题，不矫枉真的不能“正”过来。

’2006中国广告年鉴

China Advertising Yearbook

第十四版

14th Edition

广告优秀作品评选

第十二届中国广告节广告大奖赛全场大奖及金银铜奖获奖作品名单

全场大奖（影视1件）

作品编号：A12－15
作品名称：百度宣传片——唐伯虎篇
参赛单位：广州市协作广告有限公司

金奖（14件）

影视4件（5条）

作品编号：A6－33
作品名称：耐克 JDI ——篮球
参赛单位：智威汤逊－中乔广告有限公司上海分公司

作品编号：A7－22（1－2）
作品名称：戴尔电视广告"冰淇淋篇""汉堡篇"
参赛单位：灵智精实广告有限公司

作品编号：A13－48
作品名称：影视文化频道——让爱住我家
参赛单位：博采广告有限公司

作品编号：A13－60
作品名称：空间篇
参赛单位：山东省国际广告有限公司

平面6件（16幅）

作品编号：B1－231(1－5)
作品名称：超人篇、分身篇、奖杯篇、龙船篇、猪头篇
参赛单位：上海李奥贝纳广告有限公司

作品编号：B8－55(1－2)
作品名称：江中亮嗓系列——红灯篇之一、二
参赛单位：广东金长城国际广告有限公司

作品编号：B8－81(1－2)
作品名称：阳台篇、窗台篇
参赛单位：上海李奥贝纳广告有限公司

作品编号：B10－79(1－3)
作品名称：云山诗意系列之一、二、三
参赛单位：广州市蓝色创意广告公司

作品编号：B11－104
作品名称：小油枪篇
参赛单位：上海李奥贝纳广告有限公司

作品编号：B13－386(1－5)
作品名称：WWF公益平面广告系列之翼山地大猩猩篇、大熊猫篇、海南山鹧鸪篇、朱鹮篇、中华白鳍豚篇
参赛单位：广东英扬传奇广告有限公司

户外4件（9幅）

作品编号：D2－58(1－5)
作品名称：跳水、举重、跨栏、吊环、游泳

参赛单位：TBWA＼SHANGHAI上海李岱艾广告有限公司

作品编号：D2—73
作品名称：站在生死之间篇
参赛单位：奥美北京

作品编号：D6—97
作品名称：屈膝伸展篇
参赛单位：上海李奥贝纳广告有限公司

作品编号：D6—101(1—2)
作品名称：背弯——女人篇、男人篇
参赛单位：上海李奥贝纳广告有限公司

银奖(58件)

影视12件(15条)

作品编号：A1—37
作品名称：清洁工篇
参赛单位：上海灵狮广告

作品编号：A2—19
作品名称：西门子洗衣干洗——情侣篇
参赛单位：上海麦肯·光明广告有限公司

作品编号：A3—19
作品名称：观鸟篇
参赛单位：智威汤逊－中乔广告有限公司

作品编号：A3—40
作品名称：统一来一桶火锅面之电梯篇、回味篇、问路篇
参赛单位：上海麦肯·光明广告有限公司

作品编号：A3—41
作品名称：筋斗篇
参赛单位：上海麦肯·光明广告有限公司

作品编号：A4—2(1—3)
作品名称：闹鬼系列——地铁篇、办公室篇、教室篇
参赛单位：灵智精实广告

作品编号：A4—11(1—2)
作品名称：农夫汽茶——打劫篇、顺手篇
参赛单位：博采广告有限公司

作品编号：A6—5
作品名称：封面
参赛单位：杭州捷群广告有限公司

作品编号：A7—31
作品名称：动感地带2.0卡升级——椰子篇
参赛单位：奥美北京

作品编号：A8—9
作品名称：美媛春肾宝之夫妻篇
参赛单位：广东黑马广告有限公司

作品编号：A12—14
作品名称：百度宣传片——孟姜女篇
参赛单位：广州市协作广告有限公司

作品编号：A13—117
作品名称：姚明篇
参赛单位：广州达彼思广告有限公司

平面37件(93幅)

作品编号：B1—123
作品名称：好书篇

参赛单位：上海梅高创意咨询有限公司

作品编号：B1－181（1－3）
作品名称：灵狮招聘广告（系列稿）针眼篇、标靶篇、领奖台篇
参赛单位：上海灵狮广告有限公司（北京办事处）

作品编号：B1－222(1－3)
作品名称：美克篮球架篇、美克足球篇、美克跨栏篇
参赛单位：蓝道广告公司

作品编号：B2－15(1－2)
作品名称：华凌空调——超强制冷系列之穿毛衣的蛇篇、穿皮衣的熊篇
参赛单位：北京星美广告有限公司广州分公司

作品编号：B2－34(1－3)
作品名称：TCL之超人篇、蝙蝠侠篇、蜘蛛侠篇
参赛单位：广州无形广告有限公司

作品编号：B3－27(1－3)
作品名称：乌鲁木齐第四届广告节系列大西瓜篇、大馕篇、大烤肉篇
参赛单位：新疆普拉纳广告有限公司

作品编号：B3－31(1－3)
作品名称：绿屋有机食品洋葱篇、番茄篇、土豆篇
参赛单位：电扬广告有限公司

作品编号：B4－65
作品名称：好山好水好啤酒
参赛单位：桂林梅高广告策划有限责任公司

作品编号：B4－113(1－4)
作品名称：迅速提神——雷篇、地雷篇、狼牙棒篇、铁榔头篇

参赛单位：北京大奇天下广告公司

作品编号：B5－21(1－3)
作品名称：华力空气清新剂海报：异味变小了——马桶篇、异味变小了——小鞋架篇、异味变小了——小垃圾桶篇
参赛单位：重庆中通广告

作品编号：B5－39(1－3)
作品名称：白发篇 、老人手篇、老花镜篇
参赛单位：盛世长城国际广告广州分公司

作品编号：B5－60(1－2)
作品名称：搬家系列1、2
参赛单位：广州市旭日因赛广告

作品编号：B5－66(1－2)
作品名称：滴露消毒药水——杀亲篇系列一、二
参赛单位：智威汤逊－中乔广告有限公司

作品编号：B6－7（1－3）
作品名称：Zipper牛仔——犀牛、鳄鱼、大象
参赛单位：南京银都广告

作品编号：B6－15
作品名称：双手抱背篇
参赛单位：贵州猎人广告传媒

作品编号：B6－50(1－3)
作品名称：门篇、邮箱、老树
参赛单位：盛世长城国际广告广州分公司

作品编号：B6－51(1－3)
作品名称：婚礼篇、生日篇、毕业篇
参赛单位：盛世长城国际广告广州分公司

作品编号：B6—100
作品名称：瞬吸蓝——浴缸篇
参赛单位：奥美北京

作品编号：B7—14(1—3)
作品名称：鸟笼篇、针刺篇、兔子篇
参赛单位：朝玖晚伍广告

作品编号：B7—49（1—2）
作品名称：便纸条沙滩篇、垃圾篇
参赛单位：浙江一品堂广告有限公司

作品编号：B7—157
作品名称：书签篇
参赛单位：广州市旭日因赛广告

作品编号：B7—169(1—3)
作品名称：PLUS 投影机海滩篇、森林篇、山水篇
参赛单位：广州永怡传播

作品编号：B7—203(1—3)
作品名称：子弹篇、撞车篇、犀牛篇
参赛单位：三星广告有限公司

作品编号：B7—208
作品名称：手机绳篇
参赛单位：上海灵狮广告

作品编号：B8—5(1—2)
作品名称：杂志篇、香烟篇
参赛单位：江苏大唐灵狮广告有限公司

作品编号：B10—6(1—3)
作品名称：大公园系列（三篇）
参赛单位：深圳市黑弧广告有限公司

作品编号：B11—84(1—3)
作品名称：比想象的大——火车篇、海轮篇、飞机篇
参赛单位：北京大奇天下广告有限公司

作品编号：B12—53(1—3)
作品名称：傻儿子、疯丈夫、泪媳妇
参赛单位：山东省国际广告有限公司

作品编号：B12—138(1—3)
作品名称：Do you know? Excuse me Can I help you?
参赛单位：上海李奥贝纳广告有限公司

作品编号：B13—10(1—3)
作品名称：帮助拒绝黄毒系列之“他们教的”、“书上看的”、“网上学的”
参赛单位：重庆唐码传媒有限公司

作品编号：B13—82
作品名称：“影子”篇
参赛单位：全景广告

作品编号：B13—267(1—3)
作品名称：反腐倡廉卫生间篇、卧室篇、客厅篇
参赛单位：哈尔滨海润国际广告传播集团

作品编号：B13—384
作品名称：羊城晚报社区运动会——网球篇、跳水篇、保龄球篇
参赛单位：广州市白羊广告有限公司

作品编号：B13—531(1—7)
作品名称：雷锋日记——暴力篇、勒索篇、公车骚扰篇、小便篇、敲诈篇、小偷篇、吸毒篇
参赛单位：新疆普拉纳灌溉有限公司

作品编号：B13－685(1－2)
作品名称：节约用水武士篇、保安篇
参赛单位：蓝道广告公司

作品编号：B13－776(1－3)
作品名称：闭上眼，你试试
参赛单位：西安美灵广告有限公司

作品编号：B13－826(1－3)
作品名称：挖鼻篇、嗑瓜子篇、吐痰篇
参赛单位：上海李奥贝纳广告有限公司

广播 4 件

作品编号：C1－8
作品名称：小灵通
参赛单位：湖北人民广播电台交通音乐台

作品编号：C1－62
作品名称：苏菲超熟睡夜用“MORNING CALL”篇
参赛单位：智威汤逊－中乔广告有限公司上海分公司

作品编号：C2－92
作品名称：保护知识产权倒车篇
参赛单位：西安人民广播电台广告中心

作品编号：C2－96
作品名称：纪念世界反法西斯战争胜利60周年
参赛单位：西安人民广播电台广告中心

户外 5 件(9 幅)

作品编号：D1－35(1－2)
作品名称：格兰维亚——户外依兰箱
参赛单位：杭州黑弧广告

作品编号：D6－83(1－3)
作品名称：伯克纳——通风口系列之一、二、三
参赛单位：奥美北京

作品编号：D6－88
作品名称：超滑
参赛单位：智威汤逊－中乔广告有限公司上海分公司

作品编号：D6－99(1－2)
作品名称：脚手架篇、树篇
参赛单位：上海李奥贝纳广告有限公司

作品编号：D6－106
作品名称：跳高
参赛单位：TBWA\SHANGHAI 上海李岱艾广告有限公司

铜奖(128 件)

影视 26 件(28 条)

作品编号：A1－25
作品名称：耐克－刘翔
参赛单位：智威汤逊－中乔广告有限公司上海分公司

作品编号：A1－35
作品名称：符号篇
参赛单位：李奥贝纳•北京

作品编号：A1－39
作品名称：中国移动通信形象广告
参赛单位：北京飞乐蒙广告有限责任公司

作品编号：A2－3
作品名称：佳能数码相机 IXUS 广告
参赛单位：北京电通广告有限公司

作品编号：A2-17
作品名称：SONY Handycam pc55e.野蛮女友篇
参赛单位：电扬广告有限公司

作品编号：A3-10
作品名称：牛篇
参赛单位：上海李奥贝纳广告有限公司广州分公司

作品编号：A4-10
作品名称：强维饮料——林俊杰篇
参赛单位：哈尔滨海润国际广告传播集团

作品编号：A4-13
作品名称：红驼营养饮料
参赛单位：乌鲁木齐史旦纳广告公司

作品编号：A6-17
作品名称：摄影师篇
参赛单位：盛世长城国际广告广州分公司

作品编号：A6-37
作品名称：蜜蜂
参赛单位：智威汤逊－中乔广告有限公司上海分公司

作品编号：A7-6
作品名称：联想商用电脑光球篇
参赛单位：北京电通广告有限公司

作品编号：A7-28
作品名称：生活不无聊篇
参赛单位：奥美北京

作品编号：A10-21
作品名称：黑格金界商铺——体验篇
参赛单位：上海邱是广告制作有限公司

作品编号：A10-22
作品名称：叶子历险篇
参赛单位：上海李奥贝纳广告有限公司

作品编号：A11-12
作品名称：飞渡“运动”
参赛单位：上海龙轩广告有限公司

作品编号：A12-13
作品名称：香港公园夏水礼篇
参赛单位：精英广告有限公司

作品编号：A12-46
作品名称：西安海洋馆
参赛单位：陕西众人广告有限公司

作品编号：A13-11
作品名称：生活原本可以轻轻松松
参赛单位：南京电视台生活频道

作品编号：A13-12(1-3)
作品名称：“和谐社会，由我做起”系列油纸伞篇、盘扣篇、木梳篇
参赛单位：贵州天马广告公司

作品编号：A13-23
作品名称：他们的愿望能实现吗？
参赛单位：大庆电视台

作品编号：A13-31
作品名称：亲情篇
参赛单位：中仁广告艺术有限公司

作品编号：A13-54
作品名称：保护环境——一次性筷子篇

参赛单位：江西电视台

作品编号：A13－58
作品名称：拒绝盗版 保护知识产权
参赛单位：沈阳创源广告有限公司

作品编号：A13－78
作品名称：给孩子一个自由的天空
参赛单位：新疆电视台方大国际广告传播中心

作品编号：A13－110
作品名称：为了明天，请您……
参赛单位：陕西电视台广告中心

作品编号：A13－118
作品名称：电视公益广告——谢谢篇
参赛单位：太原电视台

平面76件(166幅)

作品编号：B1－13(1－2)
作品名称：招聘系列两篇
参赛单位：南京银都广告

作品编号：B1－21(1－3)
作品名称：亚洲商业品牌形象系列杂志稿——十亿身价篇、诗人杀手篇、左脑右脑篇
参赛单位：上海邓胡王广告有限公司

作品编号：B1－88（1－3）
作品名称：弹珠篇、学自行车篇、“三·八”线篇
参赛单位：广州市白羊广告有限公司

作品编号：B1－119
作品名称：篇篇好文章
参赛单位：新疆欣文媒体投资有限公司

作品编号：B1－127(1－4)
作品名称：建筑篇
参赛单位：精信广告公司上海分公司

作品编号：B1－134(1－3)
作品名称：飞碟·爱因斯坦·恐龙
参赛单位：TBWA\SHANGHAI上海李岱艾广告公司

作品编号：B1－199
作品名称：ADD－游泳篇
参赛单位：奥美北京

作品编号：B1－204(1－3)
作品名称：我就喜欢系列之一、二、三
参赛单位：FCB博达大桥国际广告传媒有限公司（上海分公司）

作品编号：B1－219(1－3)
作品名称：“蜂”篇、“蝶”篇、“蝉”篇
参赛单位：上海灵狮广告

作品编号：B2－60(1－2)
作品名称：松下冰箱休眠篇(系列两幅)
参赛单位：精信广告公司上海分公司

作品编号：B3－7(1－2)
作品名称：非士政治人物系列之萨达姆篇、小泉篇
参赛单位：深圳市采纳营销策划有限公司

作品编号：B3－13(1－3)
作品名称：星际篇、NBA篇、字母篇
参赛单位：盛世长城国际广告广州分公司

作品编号：B3-14(1-3)
作品名称：猫篇、老鼠篇、蜜蜂篇
参赛单位：盛世长城国际广告广州分公司

作品编号：B3-37(1-2)
作品名称：颠覆篇(系列两幅)
参赛单位：上海佳捷广告有限公司

作品编号：B3-38
作品名称：蚂蚁篇
参赛单位：上海佳捷广告有限公司

作品编号：B3-47(1-3)
作品名称：口味系列之读书篇、亲吻篇、写生篇
参赛单位：个人

作品编号：B4-9(1-2)
作品名称：捉奸在床篇(两幅)
参赛单位：成都阿佩克斯广告有限公司

作品编号：B4-22(1-3)
作品名称：体育老师篇、数学老师篇、音乐老师篇
参赛单位：大连壹捌零广告有限公司

作品编号：B4-45(1-3)
作品名称：境由心生、胸有千壑、高山看云
参赛单位：山东省国际广告有限公司

作品编号：B4-78
作品名称："电"篇
参赛单位：上海梅高创意咨询有限公司

作品编号：B4-80(1-2)
作品名称：仙人掌啤酒之男人篇、女人篇
参赛单位：中国卓越形象品牌传播事业机构

作品编号：B4-103(1-3)
作品名称：海参液系列撑不住篇、顶不住篇、扛不住篇
参赛单位：威海传峰平面设计有限公司

作品编号：B5-10
作品名称：吊扇篇
参赛单位：灵智精实广告

作品编号：B5-11
作品名称：汰渍洗衣粉之衣架篇
参赛单位：盐城市大周装饰有限公司

作品编号：B5-32
作品名称：雕牌天然皂粉杂志广告：咖啡杯篇
参赛单位：广东英扬传奇广告有限公司

作品编号：B5-44(1-2)
作品名称：茶几篇、餐桌篇
参赛单位：金鹃广告

作品编号：B6-76
作品名称：佳洁士——牙钳篇
参赛单位：广州市良品堂广告有限公司

作品编号：B6-110(1-4)
作品名称：美克运动鞋——足球篇、拳击篇、跳绳篇、棒球篇
参赛单位：蓝道广告公司

作品编号：B7-8(1-2)
作品名称：CDMA 消除噪音麻将篇、电钻篇
参赛单位：巴蜀新形象广告传媒股份有限公司

作品编号：B7-17(1-3)
作品名称：湖北电信"全家福"大象篇、河马篇、

犀牛篇
参赛单位：广东致诚广告有限公司

作品编号：B7－71(1－3)
作品名称：腾讯通之(系列三幅)
参赛单位：广州市九易广告有限公司

作品编号：B7－111(1－3)
作品名称：暑假促销系列之服务篇、读书篇、办公篇
参赛单位：天津时代先锋广告传媒有限公司

作品编号：B7－126
作品名称：新疆电信“我有信息”小灵通上网
参赛单位：乌市世鼎轩广告公司

作品编号：B7－131(1－3)
作品名称：SONY VAIO X505,大地篇、飞上天空篇、留声篇
参赛单位：电扬广告有限公司

作品编号：B7－207
作品名称：NBA 联盟——小人国篇
参赛单位：奥美北京

作品编号：B8－61(1－2)
作品名称：新康泰克之蜗牛篇、瓢虫篇
参赛单位：精信广告有限公司北京分公司

作品编号：B8－71
作品名称：痔疮栓——理发篇
参赛单位：智威汤逊－中乔广告有限公司上海分公司

作品编号：B9－5(1－3)
作品名称：石头系列之开车篇、开会篇、机场篇
参赛单位：江苏大唐灵狮广告有限公司

作品编号：B9－45(1－3)
作品名称：万事达卡平面系列之胡同篇、秀水街篇、满汉全席篇
参赛单位：麦肯·光明广告有限公司

作品编号：B10－7(1－2)
作品名称：国际人系列（二篇）
参赛单位：深圳市黑弧广告有限公司

作品编号：B10－8(1－3)
作品名称：20 年造成系列（三篇）
参赛单位：深圳市黑弧广告有限公司

作品编号：B10－18(1－3)
作品名称：木屋别墅“木本生活”平面系列之礼帽篇、西服篇、西裤篇
参赛单位：北京联创传承广告有限公司

作品编号：B10－62(1－3)
作品名称：香格里拉——专业视角(系列三幅)
参赛单位：杭州黑弧广告有限公司

作品编号：B10－71(1－2)
作品名称：收藏嗜好系列之男人篇、女人篇
参赛单位：广东省广告有限公司

作品编号：B10－102(1－3)
作品名称：试管篇、天平篇、游标卡尺篇
参赛单位：TBWA＼SHANGHAI 上海李岱艾广告有限公司

作品编号：B10－109(1－4)
作品名称：红旗飘飘、水壶、手风琴、红旗
参赛单位：北京北岛广告

作品编号：B10－132(1－2)

作品名称：壁纸系列（2幅）
参赛单位：西安紫薇地产开发有限公司

作品编号：B10–134(1–2)
作品名称：尴尬系列（2幅）
参赛单位：西安紫薇地产开发有限公司

作品编号：B11–17
作品名称：奔驰百年　since1886
参赛单位：青岛黑蚂蚁广告有限公司

作品编号：B11–32
作品名称：省钱篇
参赛单位：上海梅高创意咨询公司

作品编号：B11–35
作品名称：城市跃野
参赛单位：上海梅高创意咨询公司

作品编号：B11–49
作品名称：雨刷器篇
参赛单位：广州达彼思（达华）广告有限公司

作品编号：B12–64(1–3)
作品名称：抗日战争系列之初醒篇、敌后篇、战斗篇
参赛单位：广东黑马广告有限公司

作品编号：B12–96(1–3)
作品名称：先生、太太、女儿
参赛单位：上海李岱艾广告公司

作品编号：B12–98(1–4)
作品名称：条形码系列之美国篇、阿拉伯篇、日本篇、意大利篇
参赛单位：上海丽人广告

作品编号：B12–123
作品名称：龙吟榜——旧椅子
参赛单位：智威汤逊－中乔广告有限公司上海分公司

作品编号：B12–124
作品名称：龙吟榜——旧箱子
参赛单位：智威汤逊－中乔广告有限公司上海分公司

作品编号：B12–125
作品名称：龙吟榜——老女人的胸
参赛单位：智威汤逊－中乔广告有限公司上海分公司

作品编号：B13–46
作品名称：放屁篇
参赛单位：巴蜀新形象广告传媒股份有限公司

作品编号：B13–77(1–3)
作品名称：收养流浪猫系列（三篇）
参赛单位：南京银都广告

作品编号：B13–263(1–2)
作品名称：关注食品安全——面包篇、香蕉篇
参赛单位：宁波市友谊广告发展有限公司

作品编号：B13–375
作品名称：save the children 擦鞋篇
参赛单位：广州无形广告有限公司

作品编号：B13–380
作品名称：公益广告之车位篇
参赛单位：广东省广告有限公司

作品编号：B13–389(1–3)
作品名称：ACEI国际儿童教育协会平面广告系列之减轻孩子作业负担（三篇）
参赛单位：广东英扬传奇广告有限公司

作品编号：B13-393
作品名称：关爱老人系列（三篇）
参赛单位：广州交易会广告有限公司

作品编号：B13-406(1-2)
作品名称：公平教育之“平”字篇、“Y”字篇
参赛单位：广东省广告有限公司

作品编号：B13-466(1-2)
作品名称：拯救矿工瑞恩、掘煤者
参赛单位：金鹃广告

作品编号：B13-479
作品名称：切勿酒后驾车 酒瓶篇
参赛单位：合肥嘉宝传播有限责任公司

作品编号：B13-533-(1-3)
作品名称：QS 食品认证之健康系列（三幅）
参赛单位：乌鲁木齐一鸿超维广告传播有限公司

作品编号：B13-595(1-4)
作品名称：习惯系列（四幅）
参赛单位：上海电力广告有限公司

作品编号：B13-716(1-3)
作品名称：电话狗——黑狗篇、黄狗篇、沙皮狗篇
参赛单位：北京大奇天下广告公司

作品编号：B13-733(1-3)
作品名称：中国童年慈善会宣传海报(系列三幅)
参赛单位：北京太阳圣火广告有限公司

作品编号：B13-761(1-2)
作品名称：诱惑——麦当劳鱼钩篇、警惕——阿迪达斯刀片篇
参赛单位：湖北机场广告有限公司

作品编号：B13-782
作品名称：新版空城计
参赛单位：陕西创世纪广告公司

作品编号：B13-800(1-4)
作品名称：抗·战系列 “金戈铁马”、“西安事变”、“传奇”、“圣战 or 胜战”
参赛单位：西安晚报广告部

作品编号：B13-840
作品名称：反腐倡廉监狱篇
参赛单位：哈尔滨海润国际广告传播集团

广播 8 件(13 条)

作品编号：C1-23
作品名称：“广州移动（彩铃篇）”广告
参赛单位：广州人民广播电台

作品编号：C1-30
作品名称：天之艺录音作坊
参赛单位：合肥人民广播电台

作品编号：C1-36
作品名称：迅雷除蚊剂暴力篇
参赛单位：新疆普拉纳广告有限公司

作品编号：C1-57(1-3)
作品名称：听的乐趣系列之隔壁篇、电话篇、菜单篇
参赛单位：麦肯·光明广告有限公司

作品编号：C1-58(1-4)
作品名称：广播广告系列之方便篇、外形篇、屏

蔽篇、长相篇
参赛单位：麦肯•光明广告有限公司

作品编号：C2-88
作品名称：未成年人教育之戒烟篇
参赛单位：陕西人民广播电台

作品编号：C2-43
作品名称：公益广告声调篇
参赛单位：江西东方船广告有限公司

作品编号：C2-98
作品名称：保护环境武松打虎篇
参赛单位：西安人民广播电台广告中心

户外18件(31幅)

作品编号：D1-41
作品名称：武术世系列——大力神拳
参赛单位：昆明风驰传媒有限公司

作品编号：D1-48
作品名称：统一好劲道弹弓篇、钟塔篇
参赛单位：昆明风驰传媒有限公司

作品编号：D1-76
作品名称："高洁牌"超级吸尘器
参赛单位：山东济宁新思域广告公司

作品编号：D1-89(1-3)
作品名称：以舞会友"飞檐走壁"系列（三幅）
参赛单位：奥美北京

作品编号：D2-16(1-3)
作品名称：网络病态系列(三幅)
参赛单位：南京梅迪派勒地铁广告有限公司

作品编号：D2-17
作品名称：吃得了多久
参赛单位：贵州福泓广告传播有限责任公司

作品编号：D2-71
作品名称：精子篇
参赛单位：大卫集团（原奥美RMG）

作品编号：D2-83
作品名称：生活需要多投入篇
参赛单位：西安沙龙广告装饰有限公司

作品编号：D3-3
作品名称：炫丽——身篇
参赛单位：上海李岱艾广告有限公司

作品编号：D4-10
作品名称：跟上·别落下
参赛单位：苏州明日企业形象策划传播有限公司

作品编号：D4-14
作品名称：尊老扶弱公益广告
参赛单位：宁波嘉和公交广告公司

作品编号：D4-33(1-5)
作品名称：奖杯、猪头、分身、龙船、超人
参赛单位：上海李奥贝纳广告有限公司

作品编号：D5-4
作品名称：黑白篇
参赛单位：灵智精实广告

作品编号：D6-11
作品名称：观光电梯
参赛单位：湖南幸运星－上扬广告

作品编号：D6–27(1–3)

作品名称：老头篇、青年篇、胖子篇

参赛单位：Jody Shanghai

作品编号：D6–66(1–2)

作品名称：大嘴系列之卖场篇、回转寿司篇

参赛单位：实力传播纵横品牌管理

作品编号：D6–67(1–2)

作品名称：夹喉系列之地铁篇、电梯篇

参赛单位：智威汤逊－中乔广告有限公司

作品编号：D6–87(1–2)

作品名称：纸筒系列之一、二

参赛单位：FCB博达大桥国际广告传媒有限公司（上海分公司）

注：另有入围奖获奖作品523件，名单略。

第十二届中国广告节
《激情24》青年广告创意大奖赛获奖名单

金奖

选手姓名：陈菊红　林佳娜

选手单位：广州市蓝色创意广告有限公司

银奖

选手姓名：孙洁慧　朱辉

选手单位：西安麦道广告有限公司

选手姓名：郭小鹤　夏雪峰

选手单位：北京流动魅力传媒广告有限公司

选手姓名：李建　韩新安

选手单位：北京大奇天下广告有限公司

铜奖

选手姓名：何晓宁　王晓峰

选手单位：厦门市鹭江广告公司

选手姓名：刘冬　李国华

选手单位：长春向上房地产服务有限公司

选手姓名：张津阁　周海光

选手单位：西安麦道广告有限公司

选手姓名：干晓冬　陆佳良

选手单位：智威汤逊－中乔广告有限公司上海分公司

选手姓名：孙庆磊　徐欣

选手单位：济南新三友广告有限公司

优秀奖

选手姓名：李赛

选手单位：个人参赛

选手姓名：姚勇　高尔文

选手单位：西安沙龙广告装饰有限公司

选手姓名：张峥　禹胜利
选手单位：陕西电视台制作部(广告中心)

选手姓名：刘琴法　姚欣
选手单位：上海大众广告有限公司

选手姓名：朱世岭　刘惠
选手单位：合肥嘉宝广告传播有限责任公司

选手姓名：王忠　程玫
选手单位：安徽金鹃国际广告有限公司

选手姓名：陈轩　笪蓓
选手单位：安徽金鹃国际广告有限公司

选手姓名：汪洁　孙家琳
选手单位：西安美灵广告有限责任公司

选手姓名：赵松涛　张小明
选手单位：西安美灵广告有限责任公司

选手姓名：吴奇　白阳
选手单位：西安美灵广告有限责任公司

选手姓名：何钏　李辞
选手单位：四川诚成广告有限责任公司

选手姓名：韩哲军　唐亮
选手单位：山西动力广告有限责任公司

选手姓名：徐一弘　苏力
选手单位：西安阿佩克思房地产顾问有限公司

选手姓名：张俊　南征

选手单位：陕西天枢信息传播有限责任公司

选手姓名：杨峰　向海涛
选手单位：广东广旭广告有限公司

选手姓名：黄麟　张烨
选手单位：江西东方船广告公司

选手姓名：张云飞　方振宏
选手单位：南京银都广告公司

选手姓名：童霞　罗岚
选手单位：南京市白下区仓巷137号6楼

选手姓名：温雅　李光海
选手单位：陕西频阳传媒有限公司

选手姓名：张浩
选手单位：西安美术学院设计系

选手姓名：彭景　陈勇
选手单位：湖南商学院艺术设计系广告学0201班

选手姓名：付咏菁　任汝滨
选手单位：山东省国际广告有限公司

选手姓名：孔维君　王新
选手单位：江苏大唐灵狮广告有限公司

选手姓名：郑健　帅菲
选手单位：江苏省淮安市旗扬策略营销有限公司

选手姓名：马漠楠　龚华秋
选手单位：麦肯·光明广告有限公司

选手姓名：李常青　侯倩

选手单位：西安前驱文化传播有限公司

选手姓名：王莲　甄晓毅
选手单位：西安麦道广告有限公司

选手姓名：吴磊　吴伯文
选手单位：(北京)北岛品牌传播机构

选手姓名：吴慧婵　王永刚
选手单位：西安华商广告公司

选手姓名：陈伟　王辉
选手单位：西安华商广告公司

选手姓名：孙维邦　阎晗

选手单位：天津市北岛广告发展有限公司

选手姓名：林寒松　邹琼
选手单位：盛世长城国际广告广州分公司

选手姓名：顾永江　董慧俊
选手单位：智威汤逊－中乔广告有限公司上海分公司

选手姓名：胡志勇　刘巍
选手单位：武汉昌隆广告发展有限公司

选手姓名：韩梦　尹涛
选手单位：济南新三友广告有限公司

2005年最佳广告主奖获奖者名单

1.百度网
2.联想集团
3.宝洁（中国）有限公司
4.哈药集团六厂
5.四川宜宾五粮液集团有限公司
6.深圳三九医药贸易有限公司
7.红河卷烟厂
8.杭州民生药业集团有限公司
9.江苏移动通讯有限公司
10.劲牌有限公司
11.杭州老板实业集团有限公司

2005中国艾菲（EFFIE）奖获奖名单

金奖

案例名称：蒙牛酸酸乳产品推广（酸酸）甜甜就是我
参赛单位：成都阿佩克思广告有限公司

案例名称：可口可乐2004雅典奥运会整合营销
参赛单位：上海麦肯·光明广告有限公司

案例名称：“好记星，学习英语好方法”品牌定位运动
参赛单位：广东平成广告有限公司

银奖

案例名称：冲击第一宝座（2004年新康泰克确立市场领导地位）
参赛单位：精信（北京）广告有限公司

案例名称：去除99种顽渍污渍
参赛单位：上海灵狮广告有限公司

案例名称：“水晶之恋情人节”的新媒体运动
参赛单位：广东平成广告有限公司

案例名称：宇通客车品牌重塑（中国宇通，纵横中国）
参赛单位：北京维传凯普广告传播有限公司

案例名称：英特尔“科技一家人”冠名赞助广告
参赛单位：麦肯•光明（北京）广告有限公司

案例名称：“冠军风采波导拍”广告运动
参赛单位：广东平成广告有限公司

铜奖

案例名称：21金维他品牌飞跃计划
参赛单位：灵诺策划传播机构

案例名称：“重返上海滩”广告运动
参赛单位：广东平成广告有限公司

案例名称：“美得持久”广告运动
参赛单位：广东平成广告有限公司

案例名称：陆风SUV品牌提升（天下路，任我行）
参赛单位：广州市旭日因赛广告有限公司

案例名称：美食节营销传播案
参赛单位：成都阿佩克思广告有限公司

案例名称：福建西山学校品牌营销
参赛单位：福州盛世元年广告有限公司

案例名称：“推动中国企业的成长（企业公民等）”
参赛单位：广州市协作广告有限公司

入围奖

案例名称：崂山啤酒品牌塑造（友情充电器）
参赛单位：智威汤逊－中乔广告有限公司

案例名称：中脉蜂灵——明星打造品牌工程
参赛单位：北京维传凯普广告传播有限公司

案例名称：薇婷新品上市（出镜准备篇、国际旅行篇）
参赛单位：智威汤逊－中乔广告有限公司

案例名称：挑战每一刻
参赛单位：蓝道广告公司

案例名称：和之旅篇
参赛单位：湖南白沙文化传播公司

案例名称："点亮心中美好时光"上市推广活动
参赛单位：广东平成广告有限公司

案例名称：紫薇地产形象重塑
参赛单位：广州市旭日因赛广告有限公司

案例名称：万科 · 金色家园三期推广
参赛单位：江苏苏垦广告有限公司

案例名称：翠屏湾花园城品牌整合营销推广策略
参赛单位：江苏苏垦广告有限公司

案例名称：南京CBO核心区国际化豪宅
参赛单位：江苏苏垦广告有限公司

案例名称：英特尔"科技热力超自由"暑期促销
参赛单位：麦肯•光明（北京）广告有限公司

案例名称：固特异"炎炎夏日 坐享凉意"夏季促销
参赛单位：麦肯•光明（北京）广告有限公司

案例名称：TCL空调品牌突围（冠军之路）
参赛单位：广州市方铭广告有限公司

案例名称：广告提升销量（4880，奔四扛回家；5880，神州笔记本电脑提回家）
参赛单位：广州市东方船广告有限公司

案例名称："移动话题"资费套餐整合传播运动
参赛单位：南京银都广告商务有限责任公司

案例名称：致力民生 新闻力量——新北方品牌推广
参赛单位：沈阳推动广告有限公司

案例名称：新光百货品牌塑造和持续经营
参赛单位：广州市旭日因赛广告有限公司

案例名称：恋恋影像 · 上海
参赛单位：上海广告有限公司

案例名称：中国银联品牌推广（华彩人生 银联相伴）
参赛单位：上海佳捷广告有限公司

2005年度中国媒体企划奖获奖名单

金奖

案例名称："风追司马"大型电视直播活动
参赛单位：陕西电视台

案例名称：《2005超级女声》电视节目
参赛单位：湖南广播影视集团广告经营管理中心

案例名称："中国主流媒体汽车联盟"
参赛单位：广州日报社

案例名称：纪念抗战胜利60周年报道暨百名抗战老兵入城式活动
参赛单位：华商报

银奖

案例名称："蚂蚁搬大象"——江西中小特色企业发展论坛
参赛单位：江西电视台广告中心

案例名称：中国第二届"长安雅集"大型文化活动
参赛单位：陕西电视台

案例名称：《感动深圳》深圳原创原唱歌曲大型演唱会
参赛单位：深圳晚报

案例名称：寻找陕西楼市的54张王牌
参赛单位：华商报

铜奖

案例名称："华东全垒打"媒体推广
参赛单位：安徽电视台

案例名称：2004"中国电信之春"华语歌神西安演唱会
参赛单位：陕西电视台

案例名称："直通车工厂"活动
参赛单位：成都商报广告部

案例名称：2004年度"广州市民十大最喜爱楼盘"推介活动
参赛单位：广州日报社

案例名称："活力陕西·品牌力量"系列活动
参赛单位：华商报

案例名称：百万投标启动一千二百万项目，将创十年1.2亿的销售收入
参赛单位：西安沙龙广告装饰有限公司

入围奖

案例名称：河北电视台农民频道宣传推广活动
参赛单位：河北电视台

案例名称：对2005说几句
参赛单位：江西电视台（五套）公共频道

案例名称：绍兴日报社建社20周年庆典活动之2004三报二百版纪念特刊
参赛单位：绍兴日报社

案例名称：泛珠三角九省（区）劳务合作洽谈暨技术技能人才招聘会
参赛单位：深圳晚报

案例名称：感恩潇湘——潇湘晨报2005年主流媒体推广活动
参赛单位：潇湘晨报社

案例名称：首届西安城墙婚礼
参赛单位：华商报

案例名称："帮农场卖果"
参赛单位：华商报

案例名称：把总部建在沈阳·辽宁中部7城市企业家投资置业沈阳行暨沈阳十大商业地产投资说明会
参赛单位：华商晨报社

'2006中国广告年鉴

China Advertising Yearbook

第十四版

14th Edition

公益广告

关于2003-2004年度公益广告活动获奖情况的通报

工商广字[2005]第9号

各省、自治区、直辖市及计划单列市文明办、工商行政管理局：

按照《关于开展2003-2004年度优秀公益广告作品评选工作的通知》(工商广字[2004]第164号)要求，中央精神文明建设指导委员会办公室和国家工商行政管理总局于2005年3月，在北京组织开展了2003-2004年度优秀公益广告作品评选活动。各地共推荐486件公益广告作品参加评选，其中影视作品126件，平面作品253件，广播作品107件。经过专家评选和政府审定，共有78件作品获奖，其中金奖1件，银奖6件，铜奖11件，优秀奖60件。有14家单位获公益广告活动组织奖，85家单位、70名个人分别获得公益广告活动先进单位或先进个人称号。

现将2003-2004年度公益广告活动获奖情况通报给你们，请认真总结经验，进一步提高认识，继续做好公益广告活动的组织工作，充分发挥公益广告在社会主义精神文明建设中的促进作用。

附件：2003-2004年公益广告活动获奖作品名单

中央文明办

国家工商总局

二○○五年七月十四日

2003-2004年度公益广告

平面类		
奖 项	作品名称	创作单位
金 奖		
银 奖	捐助兔唇儿童篇	广州盛世长城国际广告
	奥运系列（交通）	沈阳推动广告有限公司
铜 奖	别让老人也这样站着	三峡大学
	“学校情景”篇系列之鞋	宁波友谊广告发展公司
	提前下车的旅客	乌鲁木齐奥立广告有限公司
	孕妇篇	卓越形象品牌传播机构
	责任中国请加入义务献血行列	南方都市报
优秀奖	学校情景系列	宁波友谊广告发展公司
	健康传递快乐，献血传递爱心	北京地铁广告公司
	办假证之疯狂广告系列	一鸿超维广告传播有限公司
	人类最后的奢侈品 ——氧气瓶篇	新疆石河广告公司
	美化环境之香蕉皮篇	广州日报
	青瓷碗白米饭	黑龙江省广告协会
	酒后驾车之驾照篇	贵州电视台广告部
	犀利如箭英雄魅力	乌鲁木齐市四强广告营销有限公司
	爱护环境系列	东莞市通达广告有限公司
	保护环境拒绝污染	潍坊广播电视报社广告中心
	诚信之链	贵阳日报报社广告部
	我走斑马线	韶关电视台周报广告发行部
	诚信篇	西安元中广告有限公司
	我不知道你是谁，我却知道你为了谁	沧州晚报广告部
	一清二白	南京雷迪欧广告公司
	新滨州新形象——垃圾篇	滨州市滨城区龙脉星典广告设计中心
	责任中国消费篇	
	《孤单》系列	乌鲁木齐奥立广告有限公司

活动获奖作品名单

平面类		
出资单位	发布单位	创意设计人
		冯子伟、赖致宇、 岳利兴、邓伟聪
沈阳推动广告有限公司		于兵兵、韩鹏、刘思妍、熊云皓、李迪
三峡大学		李静茹
友谊传媒	《友谊桥》杂志社	David、海洋、维洁、小赛
乌鲁木齐奥立广告有限公司	乌鲁木齐奥立广告有限公司	陈俊
卓越形象品牌传播机构	卓越形象品牌传播机构	卓越形象品牌传播机构
南方都市报	南方都市报	方喜节
友谊传媒	《友谊桥》杂志社	David、海洋、 维洁、小赛
北京市献血办公室	北京地铁广告公司	张玉静、李想
一鸿超维广告传播有限公司	一鸿超维广告传播有限公司	张弓
新疆石河广告公司	公交候车亭	季志、尹继东
广州日报	广州日报	杨伟光、王静、苏文浩、周小刚
黑龙江省广告协会	黑龙江省广告协会	苏雪丹、刘文光
贵州电视台	贵州广播电视报	丁怡、周维杰
乌鲁木齐市四强广告营销有限公司	都市报	张军、查茂卿
东莞市通达广告有限公司	东莞广告	苟馨
潍坊广播电视报社广告中心	潍坊广播电视报	李明、郝海霞
贵阳日报报社广告部	贵阳晚报	张鹭
韶关电视台	南方声屏报、韶关广播电视周报	丘新德、华坚、潘惠敏
西安元中广告有限公司	西安晚报	席大勇、李伟
建新大厦	沧州晚报	沈波、董英杰、陈静
南京雷迪欧广告公司	反腐倡廉展	潘彩凤、石怀莉、张伟
滨州市滨城区龙脉星典广告设计中心	渤海晨刊	张海峰、赵利军
南方都市报	南方都市报	应宏、梁志红
乌鲁木齐奥立广告有限公司	乌鲁木齐晚报	时燕

影视类		
奖　项	作品名称	创作单位
金　奖		
银　奖	《保护环境爱护生命，共建美好家园》	电影频道、北京奥蓬扬广告有限公司
	《多陪陪孩子……》	广而告之影视制作有限公司
铜　奖	《3·15公益广告》	沈阳龙邦国际广告有限公司
	《关爱、支持》（民工篇）	烟台广播电视台
	《老人与鸟篇》	东方卫视王韧工作室
	《上海城市形象片“姚明”篇》60秒	广州达彼思（达华）广告有限公司上海分公司
优秀奖	《背来的学校》	铜仁德丽莱影视制作
	《防微杜渐　警钟长鸣》	青岛电视台
	《中国人世界心——援助海啸公益广告》	广而告之影视制作有限公司
	《垃圾分类　利国利民》	青岛电视台
	《心行向廉》	山西电视台
	《动起来，为奥运喝彩》	广而告之影视制作有限公司
	《关公卖刀》	银鹊影视制作有限公司
	《视力表篇》	银鹊影视制作有限公司
	《中华魂》60秒	北京未来广告公司
	《别忘了，您是孩子的榜样》	电影频道、北京广角全中影视广告公司
	《保障司法公正》	广而告之影视制作有限公司
	《弹壳篇、烟蒂篇》	广东广旭广告有限公司
	《卖假证》	顺德电视台
	《为了家人真正的幸福》	深圳电视台
	《共产党人本色永不变04版》	深圳电视台
	《廉政公益广告“茶篇”》	中共玉林市纪委、玉林市广播电视局
	《反腐倡廉》	保定电视台
	《珍惜方寸地　留与子孙耕》	濮阳电视台
	《安全带篇》	哈尔滨电视台
	《请保护我们的绿色家园》	湖北鄂州广播电视广告中心

影视类		
出资单位	发布单位	创意设计人
电影频道、北京奥蓬扬广告有限公司	cctv-6	
云南红河卷烟厂	中央电视台广告部	广而告之
沈阳龙邦国际广告有限公司	沈阳电视台、辽宁电视台	徐慧乔、霍亮
烟台广播电视台	烟台广播电视台	李建军、张云利、王波
好孩子集团	东方卫视	王韧、贺晓冬、姜伟根
上海通用汽车	上海电视台	陶为民、范怡、陶炜、侯志奎
铜仁电视台	铜仁电视台	江帆、赵园云、董少华、韩冰
青岛电视台	青岛电视台	沈刚权、岳洪镇、孙一、 于宁、王艳艳
贵州黄果树集团	中央电视台广告部	广而告之
青岛电视台	青岛电视台	沈刚权、黄一峰、李贺伟
山西电视台	山西电视台	
广而告之影视制作有限公司	中央电视台广告部	广而告之
银鹊影视制作有限公司		
银鹊影视制作有限公司		
北京未来广告公司	cctv-5.cctv-8	
电影频道、云南红河卷烟厂	cctv-6	
司法部、里能集团	中央电视台广告部	广而告之
广东广旭广告有限公司	南方电视台	
顺德电视台	顺德电视台	
深圳电视台	深圳电视台	
深圳电视台	深圳电视台	
中共玉林市纪委、玉林市广播电视局	玉林电视台	吴坤、黄毅、黄猛、邹林甫
保定电视台	保定电视台	宁伟青、林冬云、李艳全
濮阳电视台	濮阳电视台	程志凌、金军、张大龙
哈尔滨电视台	哈尔滨电视台	王平、徐唯一
湖北鄂州广播电视广告中心		

奖 项	作品名称	创作单位
优秀奖	《三德篇（30秒）》	吉林省文明办、吉林电视台公益广告创作室
	《偷窨井盖的贼》	常州电视台
	《交通法规之心电图篇》	张家港有线电视台
	《珍惜自然，让美丽延续》	宁夏电视台
	《城市文明交通三让 flash》	莱阳农学院
	《平安山东，从我做起——巡警篇》	山东电视台
	《社区篇》	东方卫视王韧工作室
	《“交通文明”之蛮横篇》	上海市文明办
	《送伞篇》	成都电视台
	《心诚秤就准》	伊犁电视台广告部
	《野生动物 人类的朋友》	云南玉溪电视台公共频道
	《节电系列公益广告一、二、三、四》	杭州电视台影视频道
	《腐之变》	重庆电视台
	《友爱互助 用爱相处》	广而告之影视制作有限公司
	《珍惜生命 预防艾滋》	广而告之影视制作有限公司

广 播 类		
奖 项	作品名称	创作单位
金 奖	《修表》	湖北人民广播电台
银 奖	《邻里关系——蜡烛篇》	中央人民广播电台广告部
	《公民道德宣传日 · 笑话版》	河北人民广播电台经济频道
铜 奖	《盲道》	中央人民广播电台广告部
	《公民道德宣传日 · 让座版》《垃圾的尊严》	河北人民广播电台经济频道
优秀奖	《美德篇》	中央人民广播电台文艺之声
	《孩子的健康成长需要正确引导》	北京电视台
	《道德篇》	广东电台音乐台
	《城市的善意》	黑龙江新闻广播电台
	《生存的愿望》	江西人民广播电台广告经营中心
	《“吃”文化》	青岛人民广播电台广告部
	《爱我中华》	四川省宜宾市人民广播电台

出资单位	发布单位	创意设计人
吉林省文明办	吉林电视台卫视、都市、文体、影视、公共、乡村频道	马竞、杨忆、金国红、刘平
常州电视台	常州电视台	
张家港交巡警大队	张家港有线电视台	徐忠铁、张敬刘
宁夏电视台	宁夏电视台（公共、影视、经济、卫视）频道	
青岛市文明办	青岛电视台	
山东电视台	山东电视台	
好孩子集团	东方卫视	王韧、贺晓冬、冯建国
上海市文明办	东视	陈振民、曾崇信、丁小硕
成都电视台	成都电视台	
伊犁电视台	伊犁电视台	巨英平、韩明会、段慧清
云南玉溪电视台公共频道	云南玉溪电视台公共频道	付永康、王刚
重庆电视台	重庆电视台	
柳州两面针有限公司	中央电视台广告部	广而告之
青岛伦敦杜蕾斯有限公司	中央电视台广告部	广而告之

广播类		
出资单位	发布单位	创意设计人
湖北人民广播电台	湖北人民广播电台	王芳、陈安祥
中央人民广播电台广告部	中央人民广播电台广告部	武大新闻传播学院
河北人民广播电台经济频道	河北人民广播电台经济频道	齐赞九、万军、王红、李红、朱胜彩、赵纪娜
中央人民广播电台	中央人民广播电台	张佳、李粤、宫巍
河北人民广播电台经济频道	河北人民广播电台经济频道	齐赞九、万军、王红、李红、朱胜彩、赵纪娜
中央人民广播电台文艺之声	中央人民广播电台文艺之声	孙峥、贺超
北京电视台	北京电视台	张昊、罗燕平
黑龙江新闻广播电台	黑龙江新闻广播电台	董家骥、王瑾、刘树国、胡哲
江西人民广播电台广告经营中心	江西人民广播电台广告经营中心	周波
青岛电台	青岛电台	高峰、李金代、胡砚群、陈湛

单 项 类		
奖 项	作品名称	创作单位
最佳创意奖	《多陪陪孩子……》	广而告之影视制作有限公司
最佳平面设计	捐助兔唇儿童篇	广州盛世长城国际广告
最佳音效奖	《邻里关系——蜡烛篇……》	中央人民广播电台广告部
最佳影视制作奖		

2003−2004 年度公益

省 市	序 列	单位名称
北京市	1	国家广播电影电视总局电影卫星频道节目制作中心
	2	北京广而告之影视制作有限公司
	3	检察日报社
上海市	4	上海影视广告有限公司
	5	上海地铁广告有限公司
	6	上海美术设计公司
	7	上海西南广告有限公司
天津市	8	天津人民广播电台
	9	天津市北岛广告发展有限公司
重庆市	10	重庆人民广播电台
	11	重庆写真广告有限公司
	12	重庆大贺巴蜀传媒有限公司
河北省	13	河北电视台广告信息中心
	14	唐山市国际广告公司
	15	廊坊市消费广场广告有限公司
山西省	16	太原日报社广告管理中心
辽宁省	17	辽沈晚报
	18	抚顺雷厉行广告有限公司

单项类		
出资单位	发布单位	创意设计人
云南红河卷烟厂	中央电视台广告部	广而告之
		冯子伟、赖致宇、 岳利兴、邓伟聪
中央人民广播电台广告部	中央人民广播电台广告部	武大新闻传播学院

广告活动先进单位名单

	省　市	序　列	单位名称
	吉林省	19	长春报业集团广告交易中心
		20	吉林市经济广播电台
		21	四平市广播电视广告中心
	黑龙江省	22	黑龙江电视台广告部
		23	黑龙江人民广播电台
		24	哈尔滨电视台
	江苏省	25	南京雷迪欧广告公司
		26	南京市广告有限公司
		27	盐阜大众报社
		28	南通骑士广告设计有限公司
		29	盐城千千惠行销有限公司
		30	盐城市广播电视广告有限公司
		31	淮安市广告事务所
		32	徐州华荧广告制作中心
	浙江省	33	浙江电视台
		34	杭州市文明办
		35	宁波市广告协会
	安徽省	36	安徽省银鹃影视制作有限公司

2003–2004年度公益广告

省 市	序 列	单位名称	
安徽省	37	合肥新方舟广告有限公司	
	38	宿州电视台广告部	
	39	阜阳新里程广告有限公司	
福建省	40	福建新思维企划有限公司	
	41	福建耀融装璜广告有限公司	
江西省	42	江西星际广告有限公司	
	43	江西天义广告艺术有限公司	
	44	江西汇美广告有限公司	
山东省	45	山东人民广播电台经济频道	
	46	烟台日报社广告部	
	47	威海报业广告公司	
	48	济宁新思域广告有限公司	
河南省	49	商丘市AAA广告信息营销有限公司	
	50	中原油田广播电视中心	
	51	洛阳大东方广告有限公司	
湖北省	52	湖北日报报业集团楚天广告总公司	
	53	湖北电视台	
湖南省	54	长沙晚报	
	55	湖南电视公共频道	
	56	长沙达美广告有限公司	
广东省	57	广东电视台	
	58	梅州电视台	
	59	广州日报	
	60	广东艺精广告装饰工程有限公司	
广西区	61	广西日报社	

活动先进单位名单(续表)

	省 市	序 列	单位名称
	广西区	62	广西电视台
		63	南宁金岛广告有限公司
	四川省	64	成都人民广播电台
		65	四川西南国际广告有限公司
		66	四川电视台广告部
	贵州省	67	贵州电视台广告部
		68	贵州人民广播电台
		69	贵州日报社广告部
	云南省	70	云南日报报业集团广告中心
		71	云南电视台广告中心
		72	昆明风驰传媒有限公司
		73	昆明人民广播电台 · 阳光频率
	陕西省	74	西安人民广播电台广告中心
	甘肃省	75	甘肃人民广播电台
		76	嘉峪关市电视台
		77	临夏州广播电视台广告信息部
	青海省	78	西海都市报社
		79	青海省广告公司
		80	青海电台广告经营中心
	宁夏区	81	宁夏志得广告装璜有限公司
	新疆区	82	新疆电视台广告部
		83	新疆人民广播电台音乐台广告部
		84	新疆普拉纳广告公司
	青岛市	85	青岛人民广播电台广告部

2003-2004年度公益广告

省 市	序 列	姓 名	单位名称
北京市	1	李 粤	中央人民广播电台
	2	胡向阳	检察日报社
	3	毛世民	北京东华紫照影视文化传播有限公司
上海市	4	沈培君	上海影视广告有限公司
	5	王 韧	东方卫视
	6	宣 勤	上海东湖广告装饰有限公司
天津市	7	侯 旭	北岛广告发展有限公司
河北省	8	王德光	承德日报社广告信息中心
	9	孟宏霞	沧州日报社广告部
	10	王志海	邯郸市朝阳市政设施广告有限公司
辽宁省	11	张兆东	辽宁人民广播电台经济台广告部
	12	顾剑峰	辽沈晚报广告部
	13	赵立仁	阜新晚报广告部
吉林省	14	董俊林	长春日报报业集团
	15	高 雷	四平市广播电视广告中心
	16	邹继红	吉林市经济广播电台
黑龙江	17	潘 阳	哈尔滨海润国际广告有限公司
	18	王伟健	哈尔滨师范大学艺术学院
江苏省	19	张 丽	南京银都广告商务有限责任公司
	20	韩志翔	江苏南通骑士广告设计有限公司
浙江省	21	李 熙	杭州公交广告公司
	22	樊晓滨	温州日报社
安徽省	23	吴艳军	亳州电视台
	24	马鹏程	和县广播电视局
	25	葛英平	马鞍山新的广告装饰公司

活动先进个人名单

省 市	序 列	姓 名	单位名称
安徽省	26	方益海	舒城县四海广告公司
江西省	27	张晓建	江西人民广播电台广告经营管理中心
	28	张小鹰	江西电视台
	29	徐志斌	南昌公交广告公司
山东省	30	梁天生	淄博日报社广告信息部
	31	曹传玲	莱无有线广播电视台
	32	甘宏伟	德州电视台广告部
	33	丁 芳	东营电视台
河南省	34	胡庆十	河南龙马影视有限公司
	35	赵 强	安阳有线电视台
	36	沈剑波	河南信息广播电台
湖北省	37	王 芳	湖北人民广播电台
湖南省	38	王欣然	湖南省天地人广告有限公司
	39	邓 忠	湖南省人民广播电台经济频道
	40	罗 捷	湖南湘视国际广告传媒有限公司
广东省	41	柯智文	茂名市正凌广告有限公司
	42	谭建有	湛江市世方广告有限公司
	43	张小平	广东黑马广告有限公司
广西区	44	宋德君	广西人民广播电台
	45	张 荣	桂林市易居广告公司
	46	周治国	广西南宁电视台
重庆市	47	郭列亚	重庆电视台广告中心
	48	傅文俊	重庆正宗广告有限公司
	49	冉 毅	重庆市艺龙广告公司
四川省	50	魏久康	四川电视台广告部

省 市	序 列	姓 名	单位名称
四川省	51	刘光义	成都人民广播电台广告部
四川省	52	萧景勋	四川西南国际广告有限公司
贵州省	53	杨志嘉	贵州电视台广告部
	54	晏茂愚	贵州人民广播电台
	55	郑 波	贵州尚品企划有限公司
	56	郑文灿	贵州日报社广告部
云南省	57	米 明	云南人民广播电台
	58	付永康	玉溪电视台公共频道
甘肃省	59	周 诚	甘肃日报
	60	王永才	金昌电视台
	61	杜红梅	兰州晚报
青海省	62	邢晓荣	青海省广告公司
	63	陈 军	青海日报社广告经营中心
	64	于修海	西宁电视台广告中心
宁夏区	65	仝 华	宁夏电视台
新疆区	66	陈 军	乌鲁木齐城实企划有限责任公司
	67	程 华	乌鲁木齐四强广告营销有限公司
	68	黄 彬	吐鲁番市广告装潢公司
	69	武则之	乌鲁木齐市奥立广告有限公司
青岛市	70	沈刚权	青岛电视台

2003-2004年度公益广告活动组织奖获奖单位名单

北京市文明办	北京市工商局
上海市文明办	上海市工商局
新疆维吾尔自治区文明办	新疆维吾尔自治区工商局
湖北省文明办	湖北省工商局
江苏省文明办	江苏省工商局
辽宁省文明办	辽宁省工商局
河北省文明办	河北省工商局

关于开展全国思想道德公益广告征集比赛的启事

为充分发挥公益广告弘扬正气、倡导文明的重要作用，中央文明办、国家工商总局、国家广电总局、新闻出版总署今年在全国开展思想道德公益广告征集比赛，激励创作一批优秀思想道德公益广告。

一、大赛主题

推出一批主题鲜明、思想深刻、创意新颖、风格自然、制作精美的优秀思想道德公益广告，形象生动地宣传普及公民基本道德规范，讴歌时代精神，倡导良好风尚。重点鼓励创作以构建社会主义和谐社会、诚实守信和未成年人思想道德建设为主题的思想道德公益广告。

二、组织机构

主办单位成立全国思想道德公益广告征集比赛组委会，四部门负责同志分别担任组委会领导。组委会下设办公室（设在国家工商总局广告监管司）。

三、参赛作品分类

比赛参赛作品分为：1、影视；2、平面（含报纸、期刊广告）；3、广播；4、户外（含路牌、车身、霓虹灯、灯箱、橱窗、立体等）；5、动画；6、广告用语（含公益手机短信）。

四、参赛作品报送要求

2005年创作或首次在各类媒介上发布的思想道德公益广告均可参赛。参赛作品实行属地逐级报送，由各省、自治区、直辖市文明办、工商局、广播影视局（厅）、新闻出版局筛选后，于2005年7月20日前统一报送组委会办公室。影视类作品可先进行脚本创作，报组委会办公室审改通过后再投入拍摄。

五、入围展播及评奖

组委会将特聘有关方面专家对报送作品进行评审，初评出入围作品并在媒体上进行展示展播，由公众投票评选。组委会根据群众投票情况和专家意见，综合评定一、二、三等奖，对获奖作品的创作单位、出资单位和主创人员给予奖励。

中央文明办

国家工商总局

国家广电总局

新闻出版总署

二〇〇五年四月五日

公益广告要做好　表达方式需用心

广而告之有限公司创意总监　　俞伟祖

公益广告和商业广告的出发点有所不同，不为经济利益，是为公共社会利益。但从根本上，都可以说是要将某种观点传达给受众，从而对受众的价值观甚至行为产生影响。也就是说，公益广告同样要追求广告的到达效率，期望受众对广告作出正面反应。要达到这些目的，就必须用受众最乐于接受的语调讲话，让受众能够听得进去、能够信服、能够留下印象，以期达到好的广告效果。这和商业广告的规律是没有区别的。

而在实际操作中，我们经常看到公益广告忽视表达方式，有时甚至简单地把主题或标语往那里一摆，似乎就OK了；或者有些简单的情节，也谈不上创意，倒蛮像看图说话。而公益广告中画面、声部的表现也都不大理想。这样的广告，受众不愿意多看，看过后也留不下印象，宣传效果自然要打折扣，实际上是违背公益广告初衷的——虽说是为了公共利益，也是花了冤枉钱，同样是不可取的。

那么，公益广告该如何做才能积极实现目的呢？前面已经提到，就是遵循所有广告宣传的共同规律，找到受众能听进去的表达方式。这一点上，公益广告就要虚心向商业广告学习，不仅要学习商业广告优秀的创意和画面、音效，更重要的是学习商业广告制作者对于受众的态度。

研究消费者心理、细分市场这些营销理念，早就已经深入现在商业广告运作的各个环节。大多数成功的商业广告都基于前期对于目标消费群体的研究，现在这种研究已经越来越深入，角度越来越多样，包括了目标群体的年龄、性别、性格、爱好、生活习惯等各个细致的层面。掌握了这些细节资料，对于了解目标受众的心理有很大的帮助，要找到“受众最乐于接受的语调”也就简单了。

这种对于目标群体的市场调研活动同样可以运用到公益广告中，虽然公益广告由于成本问题不能像商业广告那样做规模化的调查研究，但基本的分析还是有必要做的。每个公益主题的目标群体都有区别，应该仔细了解，区别对待；如果每支广告都是做给全社会看，就等于某种浪费。在这里，确定目标群体并不是想当然的那么简单。比如2004年广而告之有限公司受卫生部的委托，做一支关于艾滋病主题日的公益广告，主题为“关爱妇女”。刚刚接到命题时，第一反应片子是做给妇女看的；分析主题后又觉得应该是号召社会关怀妇女，应该是做给男人看的；后来我组织大家讨论，最终得出结论来，认为首先应该帮助妇女树立自信、自立、自爱之心，所以片子的目标群体还是妇女，通过展现妇女的力量，侧面带动社会其他群体。这个过程看似走了弯路，但实际上使创作人员对方向更加明确，对提出恰当的创意起到不可缺少的作用。

我们做公益广告经常追求“感动”、“打动”，要让受众“心动”，受到“震动”，但经常是自己“动”作半天，对面却“纹丝不动”。这不能讲受众都是铁石心肠，只能说是没有找到受众心理的突破口，没有找到特定目标心里那个柔软的点。如果我们能多拿出一点功夫来，花在了解目标群体的心理上，也许就更容易打开那扇心中的门，就事半功倍了。当然，要了解的目标首先要判断准确，搞错就变事倍功半了。

还有一个例子是，广而告之有限公司2005年接拍的一支公益广告是受交通部的委托，反映我国修建乡村公路的工作。这支片子的受众比较明确，就是要做给农民兄弟、乡村居民看的，把政府的工作展示给他们，给他们以希望。在这个个案中就没有太多判断目标受众的问题，关键是如何用农民兄弟能够接受的表达方式，把信息准确有效地传达到位。由于创作人员对农村生活都不熟悉，只有通过资料来了解农村行路难的情况。经过大量的阅读、总结、归纳，理清思路后，我们找到了一个作为城市人较为熟悉的切入点：农民工。我们概括出一个农民工的简单心理历程：行路难——难致富——寻出路——进城务工——心存故乡，为故乡致富担忧。其中，对故乡的思念和担忧应该是农民工最重的心事，由此我们选取了“回乡路上”作为片子的背景。在和交通部的同志交流的过程中，他们所提供的细节情况给了我们很大帮助，我们选取了“胶鞋”这一道具作为标志，从一个小角度集中体现行路难给农民兄弟造成的不便，这是有交通困难的地区人民所熟悉的事物，最能引起共鸣。而通过主人公在结尾抛弃胶鞋的情节，就能让我们的目标群体实实在在地感到修路所带来的方便和那份喜悦。片子出来后，效果是令人满意的。前期的工作虽然辛苦，但公益事业正是需要这种尽心尽力的精神，也只有这样才能做出好的公益广告来，真正对社会产生正面影响。

中国自古讲究变通的处世之道，俗话讲“逢山开路，遇水架桥”。更通俗一点的说法是“见什么人说什么话”，商业广告对这点差不多可以运用自如了。公益广告如果想要更好的效果，有必要学学这点，用心去研究受众、研究对象，用心去选择好的表达方式——不为功利，但求“公利”。

原载《广告导报》2005年第11期

'2006中国广告年鉴

China Advertising Yearbook

第十四版

14th Edition

广告教育

调整与规范：2005年的中国高校广告教育

范志国 何鹄志

内容摘要：2005年是教育部2003年实施新的本科教学工作水平评估制度以来，评估规模和力度最大的一年。本科教学工作水平评估以外推力的方式使中国高校广告教育进入了自创办以来少有的调整期，它促进了相关学校对广告专业学科定位的反思，推动了高校广告教育的调整和规范。因此，我们可以把"调整和规范"确定为2005年中国高校广告教育的主旋律。

关键词：本科教学工作水平评估 中国高校广告教育 调整 规范

中国高等教育与发达国家高等教育一个最显著的差距就是自主调适机制的缺失，这就决定了中国高等教育的改革通常是政府以外部行政主导的方式进行，因而具有鲜明的中国特色。

2005年，中国高等教育界一个热门话题就是本科教学工作水平评估。

在国家《2003—2007年教育振兴计划》中，"高等学校教学质量与教学改革工程"列为六大重点工程之一，在此工程中明确规定要建立五年一周期的教学工作水平评估制度，所有本科院校必须接受评估。本科教学工作水平评估是国家教育行政部门对高校办学思路、办学条件、办学效果、办学特色的评价，是构建中国特色高等教育质量监控和保障体系的重要步骤，是提高教学质量的一种长效和高效的措施和机制。2005年是教育部2003年实施新的本科教学工作水平评估制度以来，评估规模和力度最大的一年，全国参加评估的高校由2003年的42所，2004年的69所猛增至129所。

中国高校广告教育在这样一个大的背景下，也进入了自1983年中国高校广告教育起步以来少有的调整时期。在参加评估的129所高校中，开办有广告专业的高校约35所，约占当年参评高校的27%。这其中有像厦门大学这样老牌的开设广告学专业的高校，更有一大批开设广告学专业时间不长的高校。

需要指出的是，这些开设广告学专业的高校参评经历与经验会对2006年以后参与评估的开设广告学专业的高校产生联动的示范效应。这就是说，2005年全国参与评估约35个广告学专业其影响并不会只局限在各自专业建设的范围之内。

2006年初，我们在2005年全国参与评估的约35个广告学专业中选取了20余个作为调查样本进行了一项专项调查，调查表明这些广告学专业绝大多数都依据教育部的评估指标从专业定位、专业设置、教学计划、课程体系、师资队伍、教学手段等诸方面对广告学专业进行了力度不同的调整和规范。这种调整和规范具体表现在以下几方面：

1. 专业定位更加明确

广告专业定位是广告专业建设和发展的核心战略之一，它解析的是广告专业在整个高等教育体系（"大教育"）和各自学校学科体系（"小教育"）中的位置和作用。专业定位制约着广告专业的办学目标、学生来源、课程设置、人才培养方向、专业资源的利用与开发以及毕业生的就业趋向。广告专业定位问题本质上就是人才培养和学科发展的战略问题。在中国广告教育二十余年的发展中，许多开设广告专业的高校在广告专业定位问题上并没有全力来对待这一问题：从"小教育"的角度思考多，从"大教育"层面上关注少；重视现有教学资源的利用和创专业办学特色，忽视对整体教育发展战略的贡献和学科内部的共同规律。由此导致关于广告专业定位的认识五花八门，办学上各自为阵。2005年的本科教学工作水平评估首先为参评高校的广告专业在专业定位上进行更加系统的反思和论证提供了一次绝佳的时机，并且还使这样的反思和论证带有明显的强制性。在中国的高等教育中，尤其在高等教育快速发展的阶段，这种强制性也许是必不可少的。事实上，这样的评估或者说是强制性效果是非常明显的。我们以教育部1998年学科目录中关于“广告学”的表述为标准，对样本关于“专业定位”的关键词作了专项调查，调查发现，关键词“市场营销”（包含其它相关词汇）由评估前的72.3%提高到了86.4%，关键词“广告策划”（包含其它相关词汇）由78.6%提高到了85.5%，这些变化表明参评院校的广告专业对“专业定位”的认识正在趋向同一，也就是说，办学者对“专业定位”已逐渐厘清了过去所存在的模糊认识，专业定位更加明确。

2.师资队伍逐步优化

师资队伍是高校广告教育的关键所在。在高校广告教育中，广告专业教师扮演着两种非常重要的角色：一是理论知识“把关人”(gate-keeper)；二是专业技能“教练员”(coacher)。这其实对广告专业教师提出了比一般单纯注重理论知识的学科专业师资更高的要求。在高校广告教育起步阶段，有相当多的专业教师是从相邻专业转过来的，还有些专业教师是因为校方想增强广告教学中的教练员功能而从业界引进的，这在一定程度上形成了广告专业师资在相当一段时间之内构成庞杂、学历参差不齐的局面，而这恰恰又直接影响到广告专业在各自学校的学科地位。本科教学工作水平评估无疑以外推力的方式促使参评高校的广告专业花大力气去优化师资结构。调查表明，部分参评高校的广告专业由于加大了引进专业人才的力度而使师资队伍得到了优化。

3.专业教学计划更加科学合理

专业教学计划是落实专业定位和人才培养目标的重要手段。在高校广告教育的起步阶段，各个学校对教育部在《普通高等院校本科专业设置暂行规定》中提出的“广告学专业培养目标”的理解和把握上存在偏差，在制定专业教学计划方面出现了两种倾向。一是在“宽口径、厚基础”旗号下的任意设课、因人设课的倾向，部分高校的广告专业要么尽量开自己能开的课程而不是开设专业要求开的课程，要么用其它课程充填专业课程的不足等等；二是重视技能培训的“职院化”的倾向，广告专业承担了部分本应由广告公司内部培训的功能，从而在一定程度上模糊了高等教育的本质。本科教学工作水平评估从一定程度上扭转了这样的局面。调查表明，绝大部分参评高校的广告专业都按照教育部《普通高等院校本科专业设置暂行规定》的要求，修改或调整了各自的广告专业教学计划。课程结构也由此趋向合理。公共基础课、专业基础课、专业课、选修课等所谓“四模块”式的课程结构成为主要样式，一个既充分反映高校广告教学规律，又兼顾各个学校实际状况的行之有效的广告专业课程体系正在形成。

4.教学方法更加多样化

除了个别办学时间比较长的高校之外，在大多数开设广告专业的高校中，广告专业的教学方法相对比较单一。本科教学工作水平评估促使高校的广告专业不仅仅要关注广告教学内容本身，还要求花更多的时间去研究和探讨专业教学方法。各个学校为迎接评估加大教研教改的力度也对此起到了推波助澜的作用。其结果就是各个学校的广告专业教学方法和手段更加的丰富和多样化了。案例教学法、小组作业教学法、模拟教学法、专题研究教学法等教学方法得到了更广泛的使用。这是中国高校广告专业教育最令人鼓舞的变化——内容的变化更新的是观念，而方法的变化提高的是效率。我们因此可以满怀信心地说，新的教学方法的广泛使用必将把高校的广告专业教育带上新的台阶。

5.实践教学环节更受重视

实践教学环节对高校广告专业的意义相信每一位从教者都不会提出任何异议。然而，实践教学环节在整个课程体系中的地位和作用、它与专业课程教学的关系和关联以及实践教学环节的操作性等却一直是困扰广告专业教学管理者、广告专业教师的一个难题。在过去，实践教学环节要么是整个广告专业课程体系的点缀，要么就是无意识或无节制冲击了正常的课堂教学。所以有部分广告专业教师对实践教学是又爱又怕，心态矛盾。本科教学工作水平评估使参评高校的广告专业教师能够坐下来去思考广告教育中的实践教学环节问题。这种思考的结果使每位广告专业教师和广告教学管理者对实践教学环节更加重视（部分参评高校的广告专业将实践教学环节作为了一个单独的教学模块，并以学分的方式体现出来），实践教学环节的内容变得更加丰富（部分参评高校的广告专业设立了单独的"创意训练"、"营销策划"环节，有的将学生参加各种广告赛事纳入了实践教学环节的范畴而予以规范）。对实践教学环节的重视使高校的广告教育摆脱了过去"空对空"的纯粹理论传授的局面，尊重了广告教育的规律，从而使中国的广告教育更加原汁原味，也更具有生命与活力了。实践教学环节也许在整个广告教育体系中永远不会占据主流的位置，但它在今天备受重视却可以视为中国高校广告教育的一次观念革命！

正像本科教学工作水平评估带给参评高校的影响是全方位的一样，它带给参评高校的广告专业和中国高校广告教育的影响也是全方位的。上面论述的只是这种影响的主要方面。

中国高校广告教育尽管年轻，但它仍然需要很多的变化和变革，不管这种变化与变革的推动力量来自它的内部或外部。因为变化和变革意味着希望与成功！

鼓励学生参加广告大赛，提升学生的综合素质

罗子明

一、广告人才供需矛盾开始激化

由于高校办学过程的专业审批权下放，全国开设广告专业的高校数量和招生人数一直是一个谜，在教育部备案的开设广告专业的院校超过150所，加上民办、电大、夜大以及在各省教委备案的广告学专业，全国开设广告专业的教育点超过200多个。包括普通本科、二级学院在内的本专科学生人数估计在2万人左右，分别隶属于新闻传播、企业管理、艺术设计方面，隶属电大系列的学生人数超过1万人，夜大、专升本等层次的广告专业的学生人数超过2万人。至于研究生层次的学生人数，依据全国新闻传播院系开设的约80多个硕士点、11个博士点数量，估计在校研究生人数在400人以上。由于数据统计没有可靠的来源，这些学生人数仅仅是一个估算值。

广告专业的学生人数如此发展下去，会不会出现新闻类专业那样的供过于求、就业难度加大的问题呢？2002年以前，广告专业的人才是市场上的热门专业，但此后出现退潮现象，广告专业退出需求排名榜的前列，只有与广告专业接近的市场营销专业仍然位居前列。

据广告行业的有关统计，广告从业人员已经接近100万人，虽然广告行业的营业额有了较大幅度的增长，但是广告从业人员数量的增加，降低了整个行业的"人均效益"。照这样的速度发展下去，广告专业的人才供需矛盾会迅速激化，形势会变得越来越不乐观。解决这个问题的办法，我想主要有两个思路，第一思路在"入口"处，即各类院校缩减规模、进行专业调整，在国内实施这个思路明显存在较大的困难；第二个思路在于"出口"处，即调整学生的知识结构、提升学生的综合素质、强化学生的就业生存能力、扩大学生的就业面。

我认为在广告教学过程，鼓励、组织并指导学生参加各类广告大赛，是落实第二个思路的具体方法。

二、鼓励学生参赛可以提升学生的综合素质

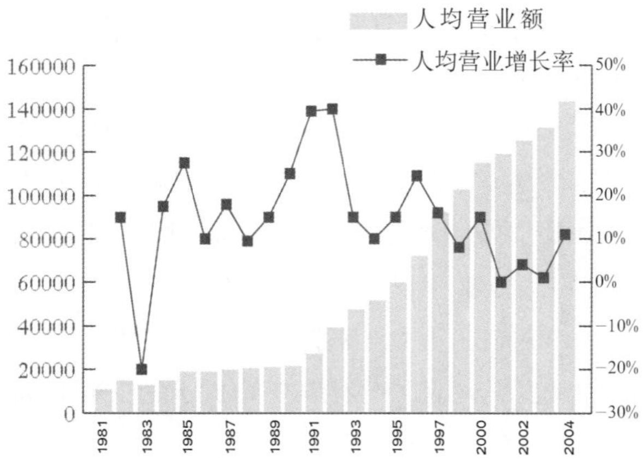

图1 广告业人均营业额与增长率

鼓励、组织和指导学生参加广告比赛，对于广告专业的教学内容、人才培养模式、教学方法改革有着积极的促进作用，它可以丰富课堂教学的内容、激发学生的创作灵感、培养团队精神。学生参赛是提高实践能力、补充实践教学的一种重要形式，可以缩短课堂知识与实践的距离。

从当前的情况看，学生参赛的益处主要体现在四个方面

1.促使学生完成完整的广告创造过程 虽然学生参赛创造广告的流程与行业运作流程仍然存在一定的距离，但是相对于国内课堂上的常规教学模式，学生参赛过程的广告创作过程有了质的提升。广告比赛一般以策略单引导创造过程，学生必须搜集比较完整的市场背景资料，研究该广告作品的创造元素，按照主办方的比赛规则创造作品，这些要求与广告行业内的真实流程存在较大的共性。对于提案类的比赛作品而言，其内容包括市场分析、广告定位与主题、广告创意、广告作品、广告策略评估、广告预算等，这些内容已经覆盖了一个广告全案的大部分环节。所以，学生参与这样的广告比赛，可以整合他们的全部知识和技能，模拟真实的广告创造流程，提交满意的参赛作品。由于学生的参赛作品不必接受客户的挑剔、不必承担执行方面的风险与责任，学生的创造力可以自由地发挥，有助于最大限度地激发他们的创造灵感。

2.培养学生的团队合作精神 学生是否以团队参赛，存在一个博弈过程，学生以团队形式参赛，其获胜的机会明显多于个人参赛。团队参赛可以集中多人的灵感，可以同时创造多幅参赛作品，可以完成大型参赛提案，这是个人参赛难以完成的。学生之间的知识结构和技能存在差异，团队参赛可以有效地弥补个人的不足。有些院校的资源有限，团队参赛可以整合学生之间、师生之间的有限资源，在规定时间之内及时完成广告创造。当前大学生普遍存在个性独立、合作性不强的问题，团队参赛促使学生体会与他人合作的乐趣、体会尊重合作者的回报，有些团队在参赛之后，建立了长期的友谊。

3.增加了与广告业内专家的交流机会 国内大型的广告比赛，都有策略推广、专家点评活动，这些推广、点评活动以“金犊奖”为甚，广告行业的专家纷纷出马，穿行于各院校之间开办讲座，为学生开阔了眼界，提供了详实的参赛信息，便于学生理解优秀作品的含义和优秀作品创造的境界。

4.获奖学生的就业竞争力明显增强 从当前一些个案的反馈信息看，获奖学生的就业竞争力明显高于其他的学生，获奖证书已经成为学生能力的重要背书。据作者了解的个案，获得大型比赛等级奖的学生，就业初期的收入高于同期同学2倍以上。还有一种情况，即使他们没有获奖，参赛学生的就业机会也比没有参赛的就业机会高一些，他们手里的参赛作品可能十分精美、十分简洁，这些作品没有得奖，但是它反映了学生做事认真、恪守规范等方面的素质，也是就业求职的证明材料。

三、广告学界的四大广告赛事分析

1.“金铅笔奖”(One Show) 是全球顶级广告创意大奖，由One Club举办，有80多年历史，居国际广告权威大奖之最。获得“金铅笔奖”是广告创意人职业生涯的终极成就，它赋予非凡创意者以最高荣誉，是广告人毕生的追求。2001年，“金铅笔奖”引入大陆。2003年，“金铅笔奖”的组织者将厦门大学、中国传媒大学、清华大学、北京大学、北京工商大学等高校学生的优秀

创意作品送到美国进行特别展览。2005年，“金铅笔奖”的主题为“中国秀”，这一民族概念无疑进一步增强了国内学生参与大赛的积极性。“金铅笔奖”的评委来自于不同国家、不同地区的顶级创意专家，参与“金铅笔奖”比赛，难度和挑战性都是最大的，学生必须领悟到多元文化背景下的创意思维，而且参赛作品必须使用英语，对学生的英语表达能力也是一种考验。

2.“**金犊奖**”是目前世界华文地区最具影响力的学生创意比赛，创办者是台湾的《时报》。这个大赛是培育、选拔未来广告精英的重要渠道。评选过程分为地区初赛和总决赛两个阶段，以策略单作引导，要求参赛学生进行贴近市场操作的实践作业。参赛作品包括平面、网络、广播以及影视等类型，其中影视类作品比赛的难度最大。“金犊奖”得到国台办、全国学联、共青团中央、广电总局、文化部的支持，是大陆地区每年最具影响力的大学生文化交流活动。2005年“金犊奖”推广的高校达600余所，是推广活动最多的大赛，当年征集了12 000件作品。2005年“金犊奖”的研讨会、颁奖典礼仍然在北京大学举行，与前期的推广、点评活动交相辉映，是教师交流广告教学经验、学生理解优秀广告创意的良好机会。

3.“**学院奖**”由中国广告协会与相关单位合作主办，是面向大陆地区各广告、设计类高校学生的广告大赛，注重作品的创意及实施效力，评委主要来自大陆著名广告人和教学人员。“学院奖”作为广告行业协会举办的最高规格的大赛，是本土广告界的重要赛事，行业特色比较明显，该大赛对本土广告的理解是其特长。由于“学院奖”与“大广赛”在时间方面的重叠，以及比赛理念存在一定的差异，“学院奖”可以在广告的本土适应性、实效性、精品化方面进一步拓展，充分利用行业背景的经验，塑造该大赛的品牌效应。

4.“**大学生广告艺术大赛**”(**简称“大广赛**”)是教育部高等教育司、高等学校新闻学学科教学指导委员会主办，面向文科学生的一项广告创意、策划实践活动，是教育部举办的三大学生竞赛之一（与数学建模大赛和电子设计大赛并列），分地区初赛和全国复赛。2005年首次举办，由中国传媒大学新闻传播学部、北京联合大学广告学院承办，全国534所高等学校参加比赛，参赛作品分为平面、影视、广播、网络、公益、广告策划案6个类别。大赛首先在18个分赛区分别竞赛，然后由分赛区将优秀作品推荐到全国大赛组委会。首次比赛收到作品4270件，最终评出获奖作品913件。大赛评选出的等级奖作品在大赛网站上公示15天，最终颁发一等奖17个、二等奖42个、三等奖123个、优秀奖 714个、评委提名奖17个。“大广赛”以教育部的背景作支持，获奖证书作为学生评优的参考指标，因此在高校之中有较大的影响，但首次大赛获奖面较大是它的一个问题。

注：

[1]杨海军　中国广告迈向国际化的背景[J]．广告研究．2006.1

[2]教育部，中国人力资源开发网等．　大学生就业现状及发展2006年度调查报告[R]．2005

[3]许椿培　养学生具备可持续发展的能力[R]．2005年中国广告年鉴．2005

[4]“金铅笔奖”网站www.oneshow.com.cn；“金犊奖”网站www.ad-young.com；“学院奖”网站www.cuad.com.cn；“大广赛”网站www.sun-ada.net。

2005年广告专业教育情况报告

厦门大学新闻传播系教授 陈培爱

从1983年6月厦门大学建立第一个广告学专业算起，至2005年8月，我国开办广告学专业的院校已发展到232所，其发展速度之快是新闻传播类其他专业所不能比拟的。广告教育发展的成绩令人振奋，这不仅表现为办学数量的增长和规模的扩展，还表现为办学模式的科学化以及办学质量的显著提升。广告教育发展正在从“高速”走向“高质”，这是广告学科发展的内在需要和必然趋势，是广告业界大发展推动的结果，是媒介市场发展的需要，也是高校适应市场化办学的改革趋势。

但是，与中国广告行业发展步伐相比，广告教育还很落后。中国广告协会对北京、上海、广州广告公司调查表明，在各方面困难中，缺乏广告专业人才居首位，达77.9%。[1]中国现有的80多万广告从业人员，受过正规专业教育的不足2%，而根据美国广告行业协会对全国广告公司人员的抽样调查，在美国广告行业中，75%以上是本科或硕士毕业。[2]广告人才的培养速度远远滞后于企业对广告人才的需求速度，高校教育问题已成为制约广告业进军国际与世界接轨的瓶颈。要使专业广告人才的成长建设赶上行业的成长步伐，研究高校如何突破体制局限已是当务之急。本文试图从高等院校广告教育的历史出发，对2005年中国广告专业教育情况进行分析基础之上，借鉴国外广告教育的经验和做法，提出未来关于加强和改善广告教育的一些建议。

一 中国广告教育发展的四个阶段及其特点

（一） 开拓与探索期

第一个阶段，即广告教育开拓与探索期，就是从1983年至1992年。1979年1月，我国广告业全面复苏，广告从业人员骤然增多，广告人才培养提上议事日程。厦门大学抓住机遇，在1983年6月创办新闻传播系时果断创建我国高等教育中第一个广告专业。

此时广告教育的坚冰虽已打破，但还不为社会所理解，有的人还认为广告无“学”。同时，没有广告专业教师、没有课程设置模式、没有专业教材，厦门大学面临巨大压力。但中国广告教育毕竟揭开了艰辛却又充满希望的一页。

1992年是中国广告教育的分水岭，在此之前，全国只有6所院校成立广告专业。[3]众多高校要么没有条件开办广告专业，要么处于观望阶段，只有极少数新闻、商业、美术院校在原有课程基础上扩展为不同类型的广告专业。

从本时期广告教育的发展情况特点之一是广告教育远远跟不上广告行业对人才的需求；二是1992年前6所院校创办广告专业的态度是严谨的，办学条件虽然差些，但准备是充分的；三是广告教育表面上缓慢发展，实质上在进行量的积累，预示着下一轮广告教育的大发展。

（二） 快速发展期

第二个阶段快速发展期，就是从1992年到2005年。1992年邓小平南巡讲话后，观念的进一步改变带来了经济的大发展，又推动了广告业的大发展。1993年广告公司是1992年近3倍，广告业高速发展带动了高校争办广告专业的热潮，从1992年的6所院校至2005年8月，我国开设广告学专业的院校已发展到242所。

本期广告教育的特点有：广告专业的学科背景类型根据不同的社会需求、专业需求和市场需求，呈现出多元化的趋势，逐渐形成了新闻传播型、商业贸易型和美术设计型三种办学模式；广告教育形成了本科、硕士到博士的培养梯队，广告研究领域不断拓宽；教学设备，图书资料以及办学经费不足，师资队伍也跟不上广告专业的发展速度。

（三） 整合期

第三个阶段整合期，从2005年至今。2005年年底，中国全面开放广告市场，成为中国广告业继往开来的历史新起点。跨国广告集团与本土广告公司争夺广告资源的竞争尤为激烈，广告行业生态环境的变化使传统的广告教育办学模式开始动摇。广告教育开始走上遵循科学发展的道路，由粗放式的数量增长向集约型的素质教育转变。

本期广告教育的特点有：办学模式特色化、专业化和科学化以及办学质量和办学水平显著提升，广告教育从“高速”走向“高质”；一批从事广告教育和研究的学者辛勤劳动，广告理论研究不断深入，广告学博士点不断增加，广告专业的学术地位上升；一批实力雄厚的院校不断引进先进国家广告学教材、资料、教学方法，大大缩短了与国际的差距；广告教育与广告实务界交流加强，采用“请进来”、“走出去”的方式，引导学生面向市场，面向需求。

二 广告专业教育数据及分析[4]

（一） 广告专业战略定位

广告已发展到品牌制胜的时代，高校里的广告专业同样要讲品牌效应。广告专业的品牌定位必须转变思维方式，引入市场竞争的观念；必须确定专业品牌在广告人才市场中的位置；必须找到适合自己的生存空间。广告专业的战略定位直接影响生源质量和数量，影响广告专业在高校里的地位。它规定了广告专业的办学目标以及课程设置，决定高校广告专业品牌的办学特色。

1、广告专业高校属性

图1：广告专业高校属性

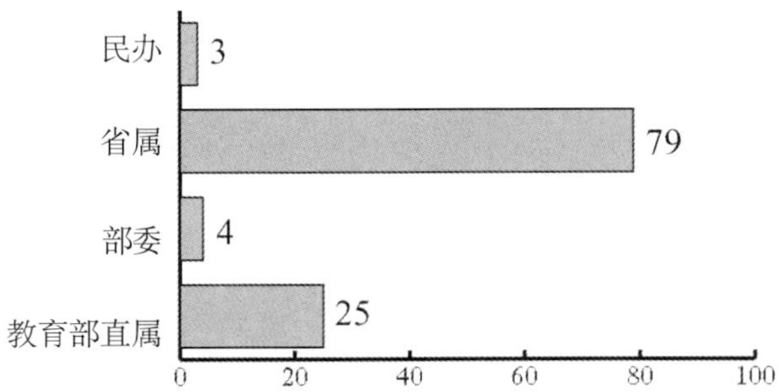

注：1、省部共建的高校归属为省属高校。

2、民办高校中，有两所是教育部直属院校民办二级学院；一所是民办本科普通院校。

从图1可以看出，广告教育不仅在规模上取得惊人的成绩，广告专业高校属性层次上也得到很大提升。教育部直属高校设置广告专业的比例占25.23%，省属高校设置广告专业的比例占79.70%，其它属性高校所占比例比较少。大多教育部直属综合性大学办的广告专业则依托综合性大学多学科、精深广博的优势，重点放在培养具有人文社会科学基础的复合型通才上。但是，在高校中把广告学作为挂靠在传播学下的三级学科，严重制约了广告学教育的进一步发展。广告学专业作为三级学科在短短20多年的时间里发展成为所属一级学科中设点最多、发展最快的学科专业，领先于有着半个多世纪学科历史的新闻学专业，晋升广告学为二级学科成为业界的共同呼声。

2、广告专业所属院系

图2：广告专业所属院系

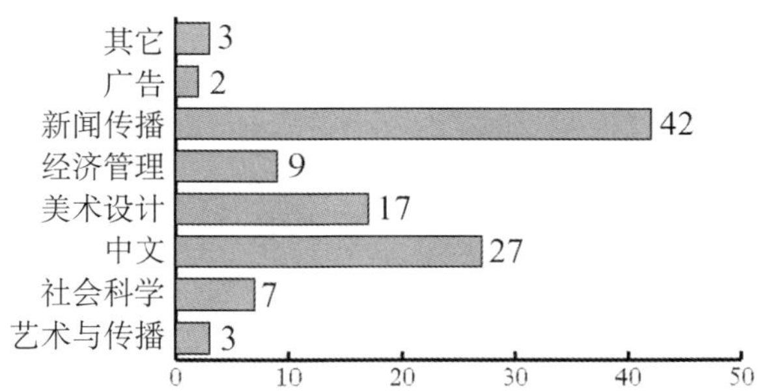

注：1、其它包括；策划学系、英语语言文化系和出版系。

2、少数高校的广告专业在发展过程中所属院系有所改变，有些高校还独立为广告学院，数据报告以问卷提供信息为准。

从图2可以看出，在我国开设广告学专业的高等院校中，大部分把广告归属为新闻传播类（占42.38%），其次为中文类（占27.25%），而把广告归为独立学科的仅占2.2%。关于广告学科的定位问题，有学者认为把广告划归新闻传播类忽视了广告营销本质的规定性，应从营销科学的角度来看待广告。[5]除了一定的艺术类专业院校之外，综合类及工科、师范类院校也占了相当比例。各个院校依据自身的特点，对广告专业的教育也有所倚重，经济类院校主要偏重广告经营与管理；艺术院校以美术装潢和艺术设计为专长；新闻、广播学院的广告专业着力突出新闻传播、新闻写作和广告策划。广告专业办学方向多样化已经成为一种趋势，有个别高校依托自身资源特色，以新兴专业方向如网络广告为突破口，开始其广告教育的新探索。各个学校在专业定位上的深思熟虑与教学上的精耕细作使专业培养人才特色突出，在就业市场受到欢迎，在为专业奠定良好的生存基础的同时，也开拓了专业未来发展的空间。

3、广告专业开设方向

图3：广告专业开设方向

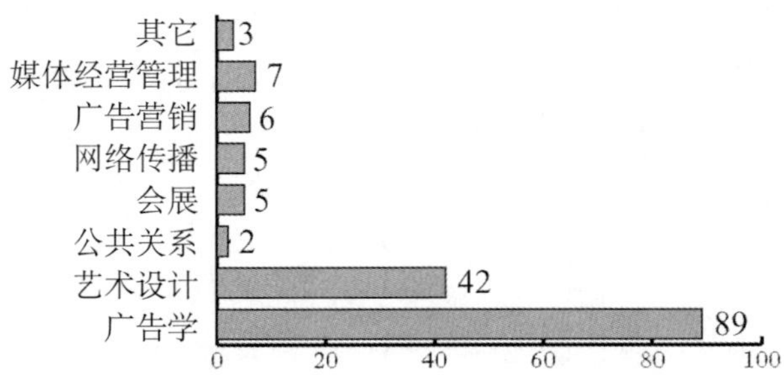

注：其它包括：国际广告、广告与文化传播和广告模特表演。

从图3可以看出，高校广告专业主要是一些有相关专业优势的高校以市场为导向利用原有资源探索广告教育。专业成立的原因越来越多样化，非理性因素上升。与国内相比，美国广告专业开设的方向主要偏向整合营销传播，如著名的西北大学新闻学院。他们更加强调数据库营销及对消费者的了解，要求学生从一个整合的观点来扩大自己的视野，提高自己的专业素养。而不是传统的做法，教学生去写广告文案，去做市场调查，或者做一个平面设计等具体的事情。

（二）　广告专业师资力量

广告专业师资力量不足以及专业水平不高的问题，一直是广告高等教育向纵深发展的瓶颈。广告作为一门实践性极强的应用性专业，对师资提出了更高的要求。教师数量的增加和素质的提高远远落后于广告专业的增加以及招生人数的扩大。因此，采用“走出去”和“请进来”的方法，不乏为解决眼下专业师资不足的有效手段。

1、走出去

图4：广告专业专职教师规模（n+109）

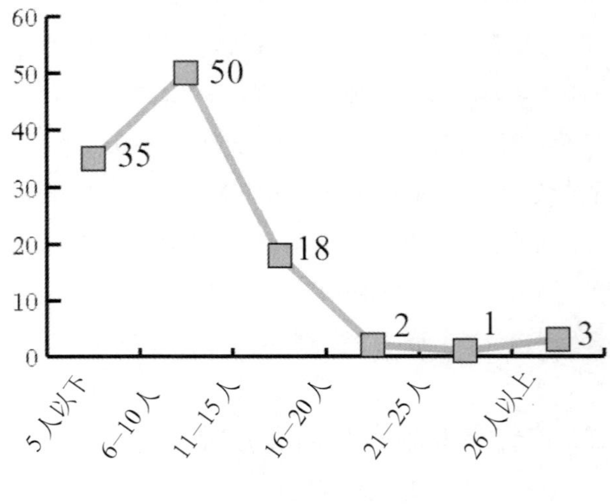

图5：广告专业教师缺乏情况（n=93）

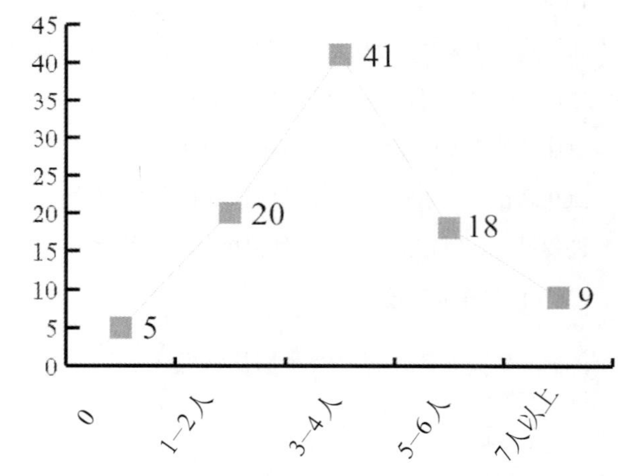

从图4、5可以看出，目前我国各院校专职教师规模集中在6—10人，大多数高校缺少教师。图6显示，广告专业的教师队伍相当年轻。从图7可以看出，广告专业教师出身来源各异，反映了广告是一门综合性交叉学科的特点。虽然科班出身的教师比例已经逐渐上升，但很多只是集理论于一身，对广告实际运作缺乏必要的认识。另外，大部分教师知识结构单一，现有知识得不到

图6：广告专业教师年龄情况

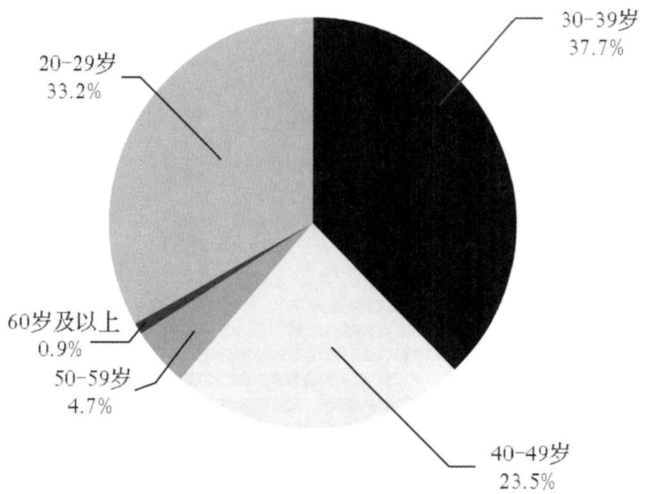

图7：广告专业教师出身

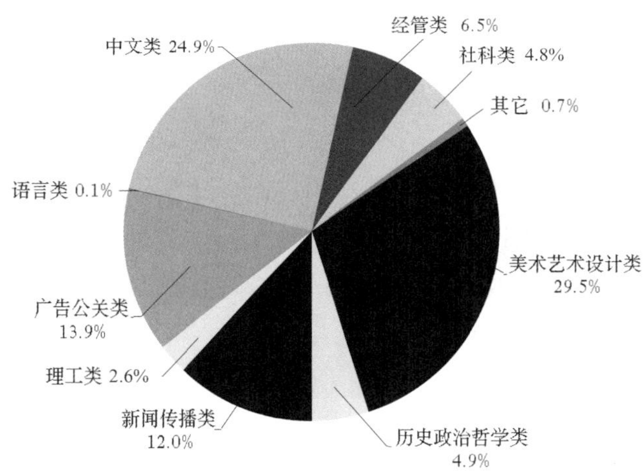

及时更新，同时又缺乏思考和创新精神，没有独立的科研能力，缺乏深入细致的分析和延伸性的思考。

广告专职教师面临的数量需求上升和知识结构合理化的问题，有些院校专门针对这些问题办了教师培训班，但缺少有效的评估体系。有些年轻教师自己在广告公司兼职，兼职丰富了教师的实践经验，建立专业和业界沟通的渠道，为学生提供了实习的机会，有利于争取横向科研课题。但是，兼职也分散了教师的教学和科研精力，增加教师队伍的不稳定，同时影响其他教师的教学积极性。因此，必须有组织、有计划安排兼职活动，在保证教学活动正常进行的前提下，使广告专业的教师队伍通过兼职得到知识的更新和实践能力的提升。

2、请进来

图8：兼职教师来源及人数情况（%）

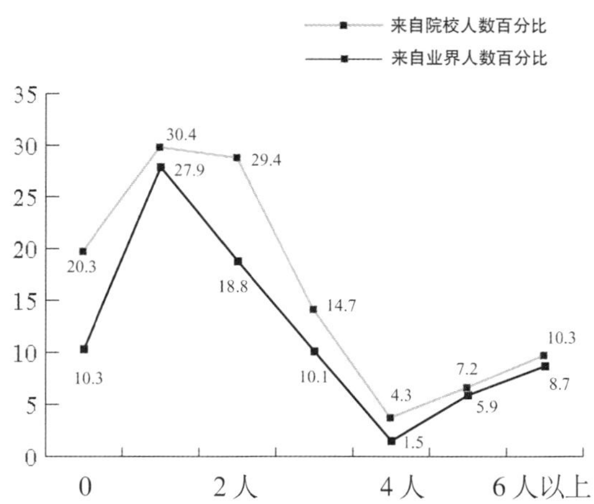

从图8可以看出，兼职教师大部分来自高校，而且大部分是其它相关学科转借过来，使得广告专业教师教学与实践严重脱钩。而在请进广告实务界人士授课时，又由于授课方式一般以讲座的形式进行，缺乏系统性和逻辑性，不利于学生对广告的完整认识和把握。美国许多大学广告专业的教师都是大公司的总裁，或担任多家企业的顾问。厦门大学广告专业采取外聘广告公司老总担任导师、与奥美共建实习基地等长期合作的形式，较好解决了兼职教师随意性的问题。

（三） 广告专业学生培养

广告学知识体系涉及范围极广，它不仅涉及到经济问题，也涉及到社会问题，不仅涉及到美学与艺术问题，也涉及到传播学心理学问题，不仅涉及营销学问题，也涉及到管理学问题，不仅涉及到传统文化问题，也涉及到现代时尚文化问题，因此无论把广告学归属到哪个学科下，不能忘记的是：广告是一门综合性的学科。这也对广告教育，尤其是大学广告教育提出了更高的要求。高校里的广告专业培养的学生是“通才”、“全才”，具有广泛的知识积淀和较强的创意实践能力，而非只知其一不知其二的“专才”。

1、学生结构

表1：招生生源

生源类型	频次	有效百分比（%）
文科考生	42	37．8
理科考生	2	1．8
艺术类考生	29	26．1
文理兼收	59	53．2

注：该题为多项选择题，故合计百分比超过100%。

从表1可以看出，广告专业对理科考生招收的比重加大，反映了广告市场对统计、数据、心理学等与广告紧密相关的理科性质知识的重视。从学生培养的层次看，广告博士生在校数量还很少，在校硕士研究生逐年扩招，比例不断加大，在校本科生数量稳定。广告专业教育层次得到很大提升。

2、课程设置

表2：毕业生在学校获益最多的专业课程前五位统计（n=121）

课程名称	频次	有效百分比（%）
设计课	46	38．0
广告策划	36	29．8
广告调查	34	28．1
市场营销	32	26．4
广告心理学	27	22．3

注：本调查对象为广告专业毕业生。

从表2可以看出，广告专业培养出来的毕业生还是偏向实用型，他们认为在学校里学到的设计课、广告策划、广告调查、市场营销以及广告心理学在工作时最有用。当问及高校最应该开设的课程时，市场营销排在第一位，其它依次媒介、广告心理学、视听语言学习与鉴赏、案例分析。反观美国的广告课程设置，他们的核心课程一般包括：营销财务、营销调研与统计、数据库营销与分析、消费者洞察等。从这些课程的设置看，他们更加强调学生以整合的视野来看待问题。核心课程第一个就是营销财务，反映了广告营销的效果越来越为人们所重视。中国广告专业的课程设置还存在比较明显的问题，如缺乏整体规划，缺乏层次性、系统性等。

3、学习渠道

图9：毕业生在校期间除课堂学习外受益较大的学习途径

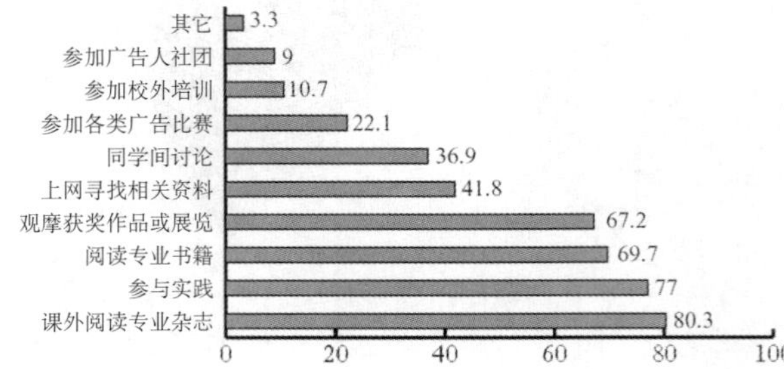

注：其它包括看展览、听讲座。

从图9可以看出，课外阅读专业杂志是毕业生在校期间除学习之外收益最大的学习途径，这是由广告的实践性所决定的。高校里的广告教育绝不能局限于课堂上。要发挥学生的主动性与创造性，积极获取各种知识，广告本身就存在于生活中。调查毕业生在校期间阅读杂志前五位分别是：国际广告、中国广告、现代广告、包装与设计、艺术与设计，结果表明广告专业毕业生喜欢实效型杂志，这与中国目前缺少理论研究型广告杂志的特点有关。

（四） 广告公司人才观

广告公司是广告人施展拳脚的舞台，了解广告公司的人才观有助于指导高校广告专业教育的建设。

1、广告公司对广告专业毕业生评价

图10：广告公司对广告专业毕业生评价（n=93）

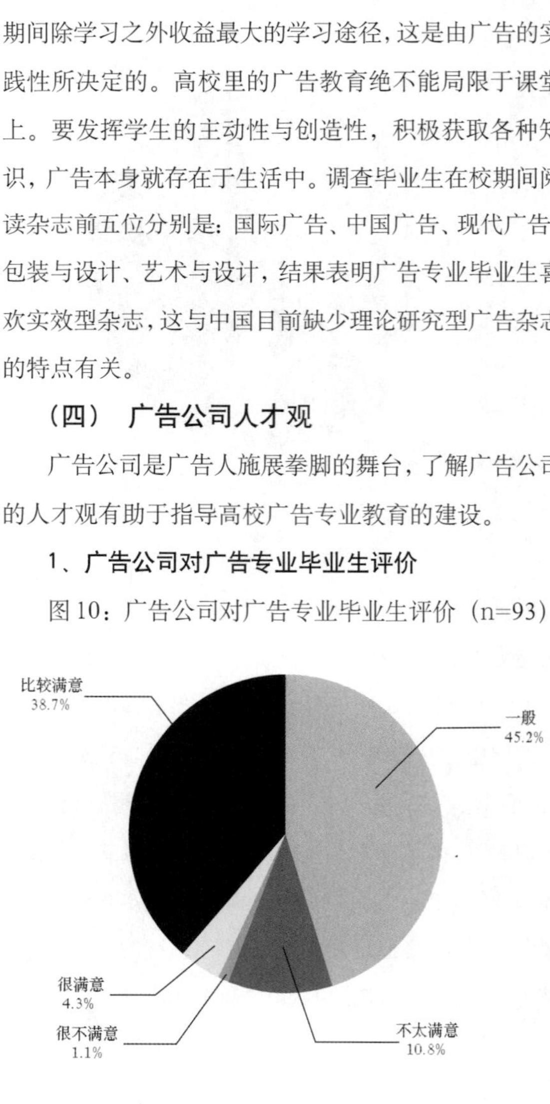

从图10可以看出，广告公司对广告专业毕业生总体印象一般（占45.2%），在对广告专业毕业生能力评分时，广告公司认为广告专业毕业生的能力从高到低依次为：创造力、专业基础、责任心、执行力、人际沟通能力、广告从业经验、独立工作能力、应变能力、获取新知能力、组织管理能力、能带来客户、语言表达能力、适应环境能力、外语水平、其它。在这些能力中，广告公司最看重创造力（39.2%）、专业基础（38.7%）、责任心（36.6%）。[6]

2、广告公司所需人才类型

图11：广告公司所需人才类型(%)

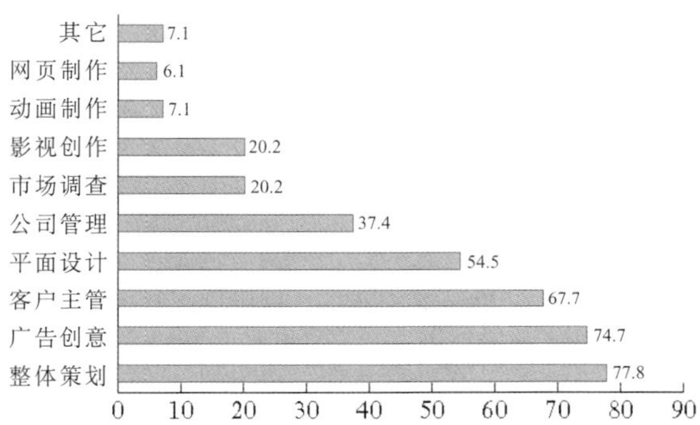

注：其它包括公关、业务、文案、媒介谈判、市场开拓、执行（制片）。

从图11可以看出，广告公司迫切需要既有专业知识，又有较高素质和综合能力的人才满足公司业务发展的需求。随着广告行业的进一步发展，广告公司正规化水平也日益提高，对人才的素质要求也越来越高。

3、广告公司对广告教育看法

图12：广告公司对广告教育看法

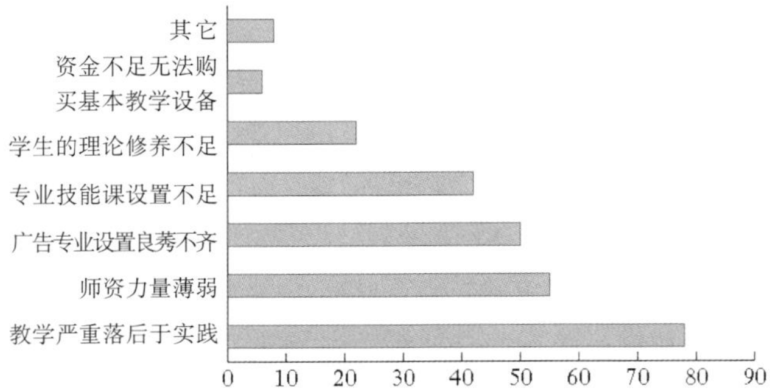

注：其它包括：缺乏对市场、消费、文化的洞察力；缺乏工作技能课程培训；成绩评定脱离实际；缺乏兼职教师；沟通能力，人际交往技巧培训不足。

从图12可以看出，广告公司认为目前高校广告专业存在的最大问题是教学严重落后于实践。广告教学严重落后的现状与广告理论研究的落后紧密相关，广告理论研究没办法建构适当的模型对广告效果进行有效的事前评估，造成广告公司无法在实践中向广告主提供广告效果准确的预期值。这是当前广告理论还无法指导广告实践的重要原因之一。

（五） 广告人在职培训

在职培训是广告公司普遍采用的形式之一。在职培训不仅是一种有效的培训手段，更是一种培训观念，是广告人从业生涯中重要一环。将在职培训理念导入日常管理活动中，是提高广告人工作效率的有效途径。大部分广告专业毕业生宁可放弃较高薪水，也要选择有比较正规培训体系的广告公司。

图13：广告公司认为广告人在职培训途径（n=98）

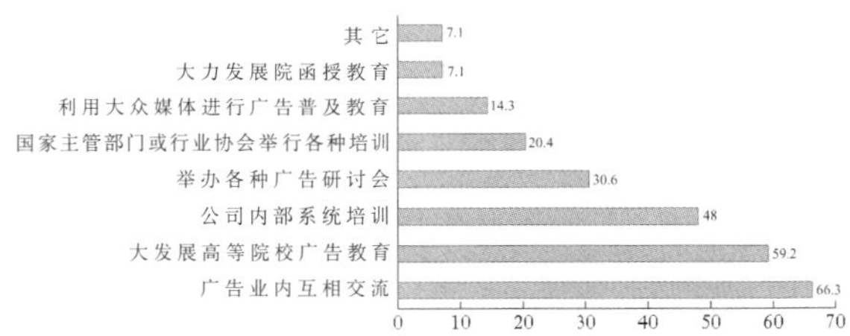

注：其它包括加强实践、与高校联合、学习其它学科知识、根据社会需要设置专业和教育制度改革。

从图13可以看出，广告公司认为广告人在职培训最有效的途径是广告业内互相交流，其次是大发展高等院校广告教育。无论是实务界互相交流，还是高校广告教育提供理论支撑，两者对广告人的在职培训都是必不可少的。

作为员工成长的重要环节，虽然目前广告公司大部分都有在职培训（91.9%），但还缺乏系统的安排，企业没有形成全员参与对新人提供在职培训的文化，也不能为新人提供在职培训的计划和人员安排。直接将经过粗糙入职培训的新人放置到岗位上，让其在上级的考验中自我成长。

（六） 广告研究

广告教育的发展明显促进广告研究成果的涌现，广告研究的成果又反过来提升了广告教育的水平。随着广告教育队伍的不断扩大，广告理论研究大军初步形成。2005年是广告学研究的丰收年，这一年出版了多部国家规划教材，广告理论和专业教材取得本土化和系统化、科学性和前瞻性的新突破。

1、广告教材

图14：教材使用情况

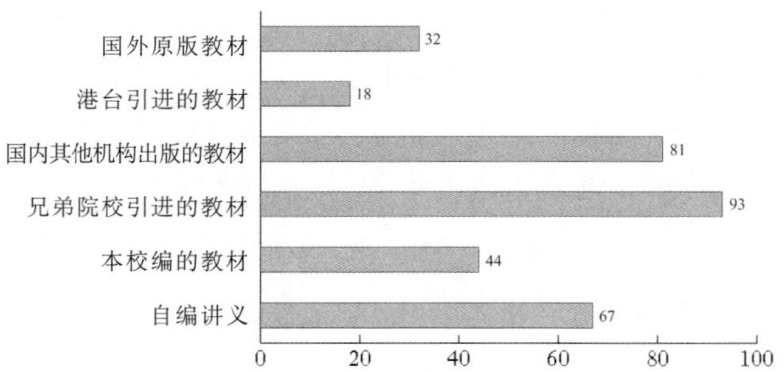

从图14可以看出，使用最多的教材是兄弟院校引进的教材，本校编的教材还很少，反映了许多院校的广告专业教育还在探索引进阶段，还没形成自己的风格和特色。大陆以外教材的引进有三拨：一是港台教材的引进；二是欧美教材的引进；三是日本教材的引进。其中美国广告学对中国广告教育的发展影响重大，大批美国原版教材以及译作的引入、国外广告研究方法的介绍，对中国广告教育与教材建设的发展起到了巨大的推动作用。

2、科研成果

图15：科研成果汇总

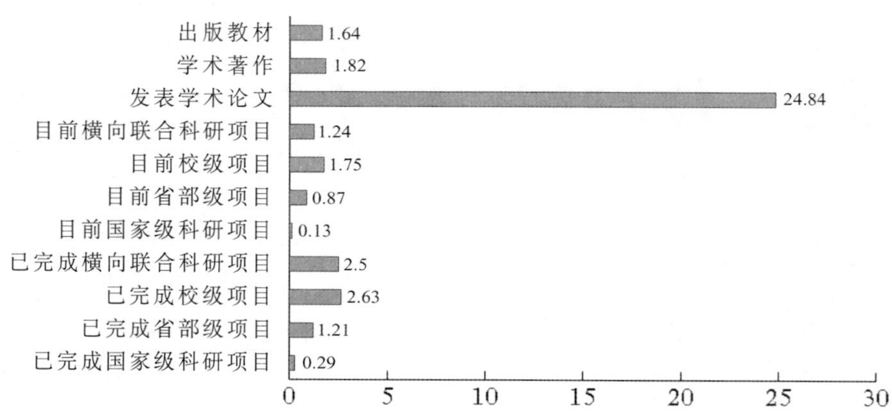

从图15可以看出，广告发表学术论文数量最多，国家级科研项目比例也在增大。44%的院校相继成立了独立的广告专业研究所，其中35%的研究所进行经营性业务。但是，广告科研还是透露出偏向实用型的学术观，探讨具体问题的居多。同时，浅表层研究成果占了很大部分，书籍的同质和重复建设现象普遍存在，富于启发性和创见性的研究成果很少。广告专业由于缺乏学术研究和理论创新，使得现有的很多院校广告专业无法形成自身优势和特点，广告教育可持续发展受到极大影响。

三 中国广告教育未来趋势预测

近几年我国广告行业发展迅速，继2003年突破1000亿元大关后，2004年攀升到1238.61亿元。而2005年央视广告招标会上，广告总标额达58.69亿元，较去年增长了11.8%。据预测，到2010年，中国的广告投资额将达到2000亿。[7]行业的迅猛发展需要大量专业的、具备高水准的广告人才来指导广告的决策与运作。2005年是中国广告教育承上启下的一年，这一年中国广告界加快与国际广告界接轨，外资广告公司的大举登陆更加剧着广告业人才的竞争，广告人才培养已是迫在眉睫，高校广告教育改革已势在必行。针对目前广告教育模式中存在的问题，笔者认为有以下几点值得改进：

（一） 明确广告教育的战略定位

广告教育作为广告信息产业中的先行官，必须在高起点上培养高素质的广告专业人才。因此，首先必须紧跟科技发展的步伐。世界进入信息时代，一些新型的广告媒介正在进入社会生活，如网络广告、投影广告、飞船广告、激光广告、卫星广告等，广告媒介已向多元化、国际化方向发展，科技手段不仅带来广告信息传播范围、规模、运作方式的变更，还会刺激人们的思维方式、广告观念的转变，时代要求广告教育工作者跟上科技发展的节奏。其次从广告教育发展的前景来看，应是一门“热门”学科。但学科的“热门”与“冷门”是相对的，也带有阶段性。对于目前中国200余所院校的广告教育，在发展上要考虑适度及可持续性。如果从发展观看，就是要把当前急功近利的发展观转变为可持续发展的发展观。各类广告院系都应从广告教育“热门”发展中进行“冷思考”，切实在现有的基础上推进广告教育的水平。第三，应把建设有中国特色的广告教育作为目标。不以盲目模仿海外广告教育模式，或赶时髦地提出与国际广告接轨为导向，应切实根据国内对广告人才的需求，开展多种形式的广告教育和培训，突出自己适应性的特点。

（二） 加强对广告学理论基础的研究

广告学理论基础研究是提高广告教育水平的重要一环。多年来，对广告学的研究对象及其理论基础的探讨还相当薄弱，到底广告学与传播学、市场学、文学、美学、心理学及艺术的关系如何？相互关系中的主线是什么？在广告专业课程模式中，应如何把握各学科的分量才算科学或适中？面对着市场经济的冲击，人们的观念发生了急剧的变化，必然要求广告学理论研究的超前性及预见性。要加强对广告发展环境的研究，探讨它与经济、科技、政治、舆论、社会、文化、法律法规等的关系，以形成更为科学的广告理论，有助于对跨世纪广告人才的培养。

（三） 培养具有创新能力的广告人才

广告行业是一项充满竞争性的行业，要代表不同竞争角色去拼搏奋斗。因此，要把学生的能力培养放在主导地位，使培养的学生由知识型变为能力型。广告教育应突出开拓创新精神，教给学生获取知识的能力与方法。已成功举办四届的中国广告协会学院奖，令人强烈地感受到青年学生广告创新意识有明显提高。应把学生培养成为具有广博知识的“通才”，即成为基础厚实、知识面宽广、智能优异的人才。

（四） 注重研究广告教育中的新问题、新特点

广告教育必须紧跟时代前进的步伐，不断发现问题、解决问题，感受到由于经济、科技、传播的飞速发展所带来的挑战。目前，人类社会处于高度发达的信息时代，因特网在数字化的基础上对人类历史上的电子媒介进行大综合，具有空前强大的传播能力。广告教育处于广告事业与教育事业的交叉点，更加深刻地感受到因特网的冲击。因此，要注重研究因特网向传统大众传播的挑战，研究整合营销传播向传统广告策划的挑战，以及加入世贸组织后全球式广告经营向封闭式经营的挑战。上述这些都将对广告教育提出更高要求，也体现了广告教育的新水平。

（五） 高校和广告公司联手打造中国广告教育

广告公司更注重内部人才的培养，它们人才培养的思想库就是自身所积累的经验与模式。广告公司对广告作业的视野会更开阔，它们历经了广告运动的成功与失败，总结出了一套较为有效的广告作业系统与模式，对广告作业的了解更为深刻。广告公司可以成为高校广告本科生的实习基地，广告教育的应用型人才培养如本科教育也可以由广告公司来完成；高等院校可以侧重于硕士研究生、博士研究生等理论型人才的培养，专注于广告理论的研究，同时为广告公司提供在职培训课程，使高校与广告公司形成广告业发展的双引擎。

（六） 重视国际化广告人才的培养

中国广告教育对推动中国市场经济的发展发挥了很大的作用，今后是否应融入经济全球化的时代潮流，适应市场化对国际化广告人才的需求？答案应当是肯定的。改革开放20多年来，中国的广告教育已由一张白纸走向规模的扩大，又由“量”的扩大走向“质”的提高，现在是到了由质的提高走向国际化发展的时候了。也许有人会认为，中国广告教育离国际化的目标还很遥远，或者说中国广告教育还未具备走向国际化的条件。我们认为，这两种观点都是有害无益的。中国广告教育

走向国际化不仅是必要的，而且具有一定的基础：WTO已迫使广告产业界走向与国际接轨，作为向广告产业界输送人才的广告教育，其培养理念与培养目标必然要进行角色的转换。必须研究国际经济、国际广告管理法规、国际广告运行机制对中国广告的长远影响及其自身必备的应对措施。

总之，中国的广告教育只能沿着“量的发展——质的提升——国际接轨”的路子发展。我们必须在广告的学科建设与广告行业的“指挥棒”之间找到一个平衡点，努力保持广告学科的独立性。未来的国际化方向不仅是社会发展使然，真正的实质在于能有效地促进广告学科的提升，为中国的广告业培养更多的具有创新意识的人才。我国广告教育经过改革开放20年多的快速发展，现在已经进入新一轮的整合期。广告教育要立足当前，放眼未来，为促使我国广告业保持活力与健康做出应有的贡献。

注：

[1]陆斌《广告教育，正是欣欣向荣时》，现代广告[J]，2005（9）

[2]张发松《中国广告教育批判与泛广告教育》，http://www.adjia.com/article_view.asp?id=1815 [E]，2005年6月29日

[3]陈培爱《中国广告教育二十年的发展与基本经验初探》[J]，江西财经大学学报，2000（2）

[4]本文数据除特别注明外，全部采用《2005年中国广告年鉴》以及中国广告协会学术委员会委托中国传媒大学调查结果中的数据，数据调查时间段为2003年11月—2004年5月。

[5]贺秀明《中国广告研讨会综述》，厦门大学学报（哲学社会科学版），2000（1）

[6]中国广告协会：2005年度广告公司生态调查专项报告，《现代广告》[J]，2005（3）

[7]《2006央视招标结果分析》，来源：和讯传媒，2005年11月21日

试论广告传播教育纳入我国青少年媒介素养教育的重要性

厦门大学新闻传播系 朱健强

内容摘要：在当前我国媒介体制变革的过程中，媒体的功能性缺失与迷思，客观上造成给不良广告的发布提供了机会和平台，对广大青少年和社会公众的思想意识造成了很大的影响，削弱了媒体的权威性和公信力。鉴于世界各国的媒介教育的经验，将广告传播教育纳入我国青少年媒介素养教育，是提高我国公众尤其是青少年对不良广告分析鉴别能力的重要途径，对建设社会主义精神文明与和谐社会具有重要意义。

关键词：广告传播 青少年 媒介素养教育

一、我国媒介体制的变革与迷思

随着我国改革开放的进一步深入，新闻媒介产业化带来了机制上的变化。媒介不仅承担着党和人民喉舌的重要功能，而且还要成为传播市场信息、娱乐社会大众的功能。媒介需要强大的经济实力，才能寻求自身的生存和发展。参与市场竞争，获取正当的经济利益是市场竞争中致胜的必要保障，成为人所共识的发展趋势。当新闻媒介需要全部的或部分的靠自己养活自己的时候，遵循市场规律的观念和策略就很快地运用到了媒介运作

的指导方针当中。可当新闻媒介身处市场经济的转盘之中按市场的规则和手段来运行时，已经不是简单的经营机制上的转换。事实上，在实施了集团化、全员招聘制、目标责任制等内、外部体制改革后，市场经济的规律与新闻媒介的行业规范之间的必然的碰撞与冲突而引发的思想上的矛盾，新闻媒介的外显功能（传播信息）和新闻媒介的经济结构之间的冲突越来越突出，成为中国新闻媒介发展值得深思的问题。

市场经济的基本要求是经营者须有经营的产品，这个产品是能符合当前消费者需求的产品，并能用特殊的手段销售给目标消费者，最终让产品转化成利润。遵循市场的这个规则，新闻媒介有意无意地将“版面”和“时段”认定为其经营的“产品”，这样一来，新闻媒介似乎觉得既然“版面”和“时段”是其出售的产品，出售并由此获取利润就是天经地义的事。于是就会产生这样模棱两可的认识：新闻媒介在它的市场中出售服务得到回报，从这个角度看，这是典型的市场行为。但是，新闻媒介不能等同于市场上的普通企业，它们必须在履行好党和人民的喉舌的职责的前提下，才谈得上追求利润的最大化。

但是，由于缺乏行之有效的管理机制和手段，媒介体制改变带来的最为严重的问题是，在激励的市场竞争中逐渐迷失了方向，不良广告充斥着电视屏幕和报刊的版面。虽然《广播电视广告播放管理暂行办法》和《广告审查员管理办法》有明确的规定和要求，广播电台、电视台应当健全广告审查员制度，对拟播放的广播电视广告内容、企业资质等进行审查，未经广告审查员签字的广告不得发布。而当前部分传媒机构甚至“见利忘义”，对广告主的资质不加核实，对广告内容是否真实、合法不闻不问，对广告创意是否健康、积极也不加审查，只要给广告费，就照播(照登)不误。由此，或内容虚假、夸大其辞、欺骗消费者或哗众取宠、价值取向明显错误，甚至迎合部分人低级趣味的广告才得以频频粉墨登场，一段时间造成了许多负面的影响，甚至削弱了媒体在公众心目中的权威性和公信力。

二、媒介不良广告的现状和表现

据联合国教育科学与文化组织公布的最新数据：中国已成为全世界最大的媒介国家，中国大陆拥有的电视机数量占全球总数的29%。

广告声势不小。广告虽然是一种商业载体，有明确的商业目的，但也应担负传承文明的使命；作为社会主义国家，广告还应承担宣传精神文明、提高公民道德水平的社会责任。

不良广告与低俗新闻、虚假新闻和有偿新闻被并称为新闻界的“四大公害”。媒介刊播不良广告，不仅误导受众、欺骗消费者，严重的还会误导舆论、危害青少年的身心健康，破坏正常的经济秩序，而且也影响着大众媒介公信力和权威性。根据ＣＴＲ市场研究日前的一项调查表明，2004年上半年，全国各种媒介广告花费总价为1029亿，比2003年上半年的759亿增加了35%。这个数字基本上与2003年中国广告业经营额1078.68亿元的全年收入持平。广告业的空前繁荣既给广告行业本身的发展积累了资本，也给报纸、电视等其他媒介的发展壮大注入了活力。但由于对媒介监管不力，以及广告业自身发展的不成熟而造成不良广告通过媒介流向市场，给社会发展带来负面的影响。

然而，一些广告主、广告公司、新闻媒介急功近利，为获取最大限度的利润不惜迎合低级趣味，设计制作不良广告。比如，误导类广告（不科学地宣称某产品对孩子的智力、身高等具有提高作用）、享乐类广告（用奢侈、豪华、金钱、享乐等形式，推崇拜金主义、享乐主义）、逆反性广告（背离社会道德和规范，过分强调个性和自我，倡导极端个人主义）、情色擦边广告（镜头常常切换出“美女出浴”、“搔首甩发”、“款款穿衣”、“睡前香吻”等镜头）、欺诈性广告（以牟取暴利为目的，违背基本的信用原则），等等。这些广告，往往在媒介密集投放，特别对缺少鉴别能力的未成年人来说，潜移默化地影响着身心健康。

监测发现，地市级电视台和报刊违法发布药品广告现象突出。2004年1—9月全国45个频道或电视台播放的3万多次广告违法率达62%；6—8月全国98份报纸刊登的7315次药品广告违法率高达95%。2004年6月至11月，国家食品药品监督管理局监测检查了159份都市报、晚报和广播电视报发布的10498个药品广告，违法发布率为95%。

媒体方向迷失的另一表现是变相广告与“软文”泛滥。由于广告收入直接关系到媒介的经济效益和媒介成员的个人收入，一些竞争对手为了争夺有限广告资源，往往拼得你死我活，由于缺乏有效的行业自律和管理规定，媒体的经济和广告部门寻“变通”、钻漏洞，主要表现形式有两种：一是以新闻稿形式出现的“变相广告”，在专刊专版中屡见不鲜，其表现手法也多种多样。比如，从头至尾只写一个公司或有意突出某一单位的“新闻稿”；比如，某公司以业内人士的口吻宣扬自己及产品；分明是厂商广告信息稿，却未注明广告“身份”。一般读者对此分辨不出。二是在企业或广告公司的策划中的“软文推广费”，“软文”实际是变相广告。像“某专版”、“某专页”、“某专题”等“软文”混同于新闻时，无论企业、广告公司还是报纸广告部，都将从中受益，但对于把“软文”当新闻来读的社会大众，却是深受其害。

三、媒体不良广告对青少年的影响

媒体发布的不良广告对于广大的青少年的影响尤其让人担忧。成长网不久前对800名中小学生和200多名家长、教师就“广告怎样影响了孩子的价值观”进行的调查显示：

1.孩子着迷广告，家长基本放任。 48%的孩子每天必看电视广告，36．4%的孩子碰到就看。83．6%的家长认为电视广告对孩子的影响弊大于利，但73．6%的家长事实上不加干涉。在有意识让孩子少看广告的家长中，29．5%的家长和孩子讲道理，分析利弊，说服孩子少看；48．5%的家长采取遇到广告就换频道的办法；22%的家长表示没办法管。

2.商家瞄准儿童市场，饮食类广告“魅力”十足。 所有家长、教师都认为广告基本不能承载思想道德功能。91%的家长、教师认为广告的主要功能就是推销产品，不能给孩子以知识和教育；仅有7%的家长、教师认为广告具有美育、公益服务的功能。70.8%的家长、教师认为广告中的“罪魁祸首”是饮食类广告。81.5%的家长曾在孩子的要求下购买过电视广告的产品。74.5%的家长、教师认为孩子沉迷广告容易养成物质至上、盲目追求时尚和攀比等不良品质，严重危害身心健康。

3.广告深入孩子内心，家长、教师忧心忡忡。 81．4%的中小学生认为请娱乐界、体育界明星来做广告效果最佳。85%的中小学生认为更加新锐、有创意的广告才耐看。87%的中小学生说自己在生活中会突然从嘴里冒出几句烂熟于心的广告词，81．8%的家长反映孩子有时会乐此不疲地说一些广告语。90．4%的家长、教师认为广告影响孩子的言谈举止，从而影响其人生观、价值观、世界观。83．6%的家长、教师认为某些篡改成语和俗语、取用别字的广告语影响孩子对知识的正确掌握。73%的家长、教师坚决反对商业广告以儿童为形象代表。

四、世界各国的媒介教育现状

由于大众传播媒体，特别是广告信息对社会大众意识形态的影响，对青少年人生观和世界观潜移默化的影响越来越大。世界各国从30年代开始，连续开展了主要以青少年为主要对象的大众媒介素养教育研究和推广。

1933年，英国学者ER·利维斯（ER.Leavis）和他的学生丹尼斯·桑普森（Denys Thompson）发表了文化批评论著《文化和环境：培养批判意识》（*Culture and Environment：The Training of Critical Awareness*）。该书首次就学校引入媒介素养教育的问题作了专门的阐述并提出了系统的教学建议。利维斯和桑普森认为，新兴的大众传媒在商业动机的刺激下所普及的流行文化，往往推销一种“低水平的满足”，这种低水平的满足将误导社会成员的精神追求，尤其会对青少年的成长产生各种负面的影响。因此，教育界应以系统化的课程或训练，培养青少年的媒介批判意识，使其能够辨别和抵御大众传媒的不良影响。

在德国，有关媒介素养的知识通常被放在政治、社会常识和社会研究等课程中讲授，并且是师范院校、成人教育机构、宗教团体和社区工作者的经常性的讲演和宣传内容。美因茨大学出版研究所曾对部分中学的媒介教育普及情况作了一项考察，在接受调查的199名教师中，91%的人曾在课堂上讲过有关大众传媒的知识，其中定期涉及这类题目的人达72%。这些教师从事媒介教育的目的，不仅是为了发展学生的交流技能，更主要的是想帮助学生树立公民意识，引导学生以更积极的态度参与社会的决策过程。

到1987年，加拿大已有50家大专院校提供90多个媒介素养教育项目，其中包括单个短期课程和完备的4年学位课程。至90年代初期，全国大部分省份都成立了媒介素养教育协会。如今，加拿大教育界已普遍接受了这样一种观念：青少年要想成为一个具有文化素养的人，就必须具有视读、理解不同形式的信息的能力，此外，他们还应当具备健康的批评思维技能。

美国的媒介素养教育起步较晚，但自70年代末以来，建立和开展媒介素养教育的努力逐渐得到各方人士和团体的支持与响应。美国在20世纪70年代大力发展各级学校批判性观看技巧的媒介素养教材，1992年以来媒介教育的发展重心因美国的药品（毒品）滥用、早发性性行为、未婚怀孕、烟、酒、艾滋病与校园暴力等问题，媒介扮演推波助澜的角色，而使得媒介正面信息的解读与分析，成为近些年美国媒介教育的重点与特色。

亚洲开展媒介素养教育较早的国家是日本。60年代以后，日本国内开始有学校试行"屏幕教育"，内容包括电影评析和电视评析，目的是帮助儿童了解大众传播的特性和现实，培养他们对大众传播的正确态度，实施这类教育的学校有时还邀请家长到学校和教学人员一起讨论电视节目。70年代中期，"儿童与公民电视论坛"等民间团体通过筹办会议，组织专题研究等形式大力倡导媒介素养教育，日本文部科学省2001年在中小学与高中设立"综合教育"科目也纳入媒介素养，并在2002年公布媒介素养教育白皮书。

世界各国的媒介教育已开展多年，逐渐发展出在中小学实施融入课程的"媒介教育"、高中阶段独立开设的"媒介研究"(media studies)、"媒介批评"(media criticism)的正式课程；以及其多样性学习活动，并从学校教育推广到社会终身教育，目的在培养大众的"媒介素养"，特别是面向广大青少年的"媒介素养教育"，教育目标在于培养青少年对媒介信息正确判断和主动行为的能力，自觉防范和抵制媒体发布的不良广告对青少年产生的负面影响。

五、将广告传播教育纳入我国青少年媒介素养教育的意义

1.在高等院校推行专业性媒介素养教育。目前我国新闻传播专业的课程设置大多都是基本的专业教育，除了基础知识和一般技术以外，我们还要注重媒介批评、道德、法律的教育。在广告学或相关专业开设广告伦理和职业道德课程，培养未来从事广告行业工作的青年学生具有良好的职业操守。使广告专业的学生充分认识自己所要从事职业的重要性，树立强烈的社会责任感，不要为了追求经济利益而创造、制作、代理和传播不良广告。还可以开设全校选修课，课程不仅要了解媒介技术的应用，还要培养学生的分析识别能力，以及对媒介信息的正确认识。

2.在中小学推行普及性媒介素养教育。通过教育主管部门对学校实施媒介素养教育进行规定，要求小学、中学开设媒介素养教育课程，或在有关学科中增加媒介素养教育的内容。逐步将以正确认识媒体基本功能和广告认知识别能力的媒介素养教育融入中小学教育，在语文、历史、政治等科目中加入相关内容，在不改变原有课程设置的基础上增加相关的媒介素养的内容。鼓励小学、中学在媒介素养教育课程中安排介绍广告传播的内容，教学的形式不强求统一，鼓励采取多样化的教学手段。

3.向青少年公开媒体广告的发布过程。新闻媒介机构应对广大青少年受众开放，定期组织他们参观报社、电台、电视台等媒介机构，使他们在总体上了解媒介机构的运作方式。让青少年乃至社会大众了解广告代理机构是如何将广告送交媒体发布的，媒体审查广告的法律依据和过程，媒体如何从广告的发布中受益的，以及广

告主是如何选择媒体的节目、栏目和时段的。

4.向青少年介绍广告的制作过程。广告专业制作、代理机构应以多种方式向广大青少年受众开放，组织他们参观广告公司、公关公司、设计制作公司和广告代理公司等广告专业机构，使他们在总体上了解广告专业机构的运作方式。让青少年乃至社会大众了解广告专业机构是如何为广告主的商品进行广告创意、设计和制作的。让广大青少年了解广告专业机构的运作模式和盈利方式，广告专业机构和广告主之间的关系。

5.成立专门的青少年媒介素养教育指导机构。由专门机构负责领导和组织开展以青少年为主的媒介素养教育活动，积极开展调查，即时跟踪了解不良广告对广大青少年思想意识和行为方面的影响。组织各种社会资源，不仅包括不同的学科和机构，还要动员社会工作者、学生家长以及媒体专业人员，举办专门的主题性研讨活动。充分利用现代网络技术，建立专业性的网站平台，向青少年和社会大众提供信息交流的空间。

6.组织科研人员和高校教师，编写针对广大青少年提高广告分析鉴别能力的媒介教育书籍和读物。系统介绍广告设计制作、媒体发布和管理法规，理性分析广告的正面信息和负面作用，要在长期培养和终身教育的理念指导下，力求书籍和读物通俗易懂、形象生动，适合于各种文化水平的青少年和社会公众，并免费向学校和社区图书馆赠送。把以广告传播作为我国大众媒体素养教育的主要内容。

我国新闻媒体经营机制转换是改革开放的需要，是社会主义市场经济的需要，也是信息化社会发展的必由之路。虽然媒体脱离了计划经济体制的束缚，走上产业化的道路，但是并不因此淡化和模糊了其作为党和人民喉舌的重要功能，经营市场化也并非意味着媒体可以与不良广告同流合污。在当前媒体广告发布和监管体制不健全的情况下，不良广告已经产生了较大的负面影响，在我国开展针对青少年的广告传播媒体素养教育，对社会主义精神文明和创建和谐社会具有非常重要意义。

注：

[1]麦克卢汉著，何道宽译：《理解媒介》第426页，商务印书馆2000年版

[2]宋小卫：《学会解读大众传播——国外媒介教育概述》，《当代传播》2000年(2－3期)

[3]陈龙：《媒介全球化与公众媒介素养结构的调整》，《现代传播》2004年第4期

全国高等院校广告专业名录

北京市

中国人民大学

院系全称：新闻学院
专业全称：广告学
学　　制：本科4年　专科3年
地　　址：北京市海淀区中关村大街59号
邮　　编：100872
电　　话：(010)62511009

北京大学

院系全称：新闻与传播学院广告学系
专业全称：广告学
专业设置年份：1993年
学　　制：硕士3年　本科4年　专科3年
专业师资：教授1人　副教授1人　讲师3人
招生对象：文／理科考生
招生范围：全国
录取分数：较高
地　　址：北京市海淀区北京大学新闻与传播学院
邮　　编：100871
电　　话：(010)62761189
传　　真：(010)62761189
联 系 人：陈刚

清华大学

院系全称：美术学院装潢艺术设计系
专业全称：广告设计
地　　址：北京市海淀区清华园1号
邮　　编：100084
电　　话：(010)62799005

北京师范大学

专业全称：艺术设计
地　　址：北京市新街口外大街19号
邮　　编：100875
电　　话：(010)58809248

中央民族大学

院系全称：文学与新闻传播学院
专业全称：广告学
专业设置年份：2001年
学　　制：本科4年
专业师资：副教授2人　讲师3人　助教3人
招生对象：文／理科考生
招生范围：全国
录取分数：偏高
地　　址：北京市海淀区中关村南大街27号
邮　　编：100081
电　　话：(010)68932911
传　　真：(010)68932911
联 系 人：赵富芬

中国传媒大学

院系全称：广告学院
专业全称：广告学　艺术设计
专业设置年份：1988年　2000年
学　　制：博士2年　硕士3年　本科4年
　　　　　函授3年
专业师资：教授3人　副教授8人　讲师12人
招生对象：文／理科考生(广告学)
　　　　　艺术类考生(艺术设计)
招生范围：全国
录取分数：较高
地　　址：北京市朝阳区定福庄东街1号中国传媒大学新闻传播学院
邮　　编：100024
电　　话：(010)65779272　65779363

传　　真：(010)65779363
联 系 人：汪琴

北方工业大学

院系全称：艺术设计学院
专业全称：广告学
专业设置年份：2001 年
学　　制：本科 4 年
专业师资：副教授 2 人　讲师 3 人
招生对象：文科考生
招生范围：全国
录取分数：中等
地　　址：北京市石景山区晋元庄路 5 号
邮　　编：100041
电　　话：(010)68838909
联 系 人：史建

北京电影学院

院系全称：美术系
专业全称：影视广告
地　　址：北京市海淀区西土城路 4 号
邮　　编：100088
电　　话：(010)82045883

北京林业大学

院系全称：材料科学与技术学院
专业全称：艺术设计系
地　　址：北京市海淀区清华东路 35 号
邮　　编：100083
电　　话：(010)62338150

中央美术学院

院系全称：设计学院
专业全称：平面设计
地　　址：北京市朝阳区花家地南街 8 号
邮　　编：100102
电　　话：(010)64771000

北京工业大学

院系全称：人文社科学院广告系
专业全称：广告学
专业设置年份：2001 年
学　　制：本科 4 年
专业师资：副教授 2 人　讲师 3 人　助教 1 人
招生对象：文／理科考生
招生范围：本市
录取分数：偏高
地　　址：北京市朝阳区平乐园 100 号
邮　　编：100022
电　　话：(010)67392078
传　　真：(010)67392078
联 系 人：付德根

北京工商大学

院系全称：传播与艺术学院广告学系
专业全称：广告学
专业设置年份：1993 年
学　　制：硕士 3 年　本科 4 年
专业师资：教授 1 人　副教授 4 人　讲师 3 人
招生对象：文／理科考生　艺术类考生
招生范围：全国
录取分数：偏高
地　　址：北京市海淀区阜成路 33 号
邮　　编：100037
电　　话：(010)68984723

北京联合大学

院系全称：广告学院
专业全称：广告学
地　　址：北京市海淀区温泉镇东埠头路 1 号
邮　　编：100095
电　　话：(010)62489663

北京印刷学院

院系全称：出版传播与管理学院出版系
专业全称：广告学
专业设置年份：2000 年
学　　制：本科 4 年
专业师资：副教授 1 人　讲师 6 人
招生对象：文科考生
招生范围：全国

录取分数：中等
地　　址：北京市大兴区兴华北路25号
邮　　编：102600
电　　话：(010)61265661
传　　真：(010)61265661
联 系 人：黄若涛

首都经贸大学

院系全称：公共管理系
专业全称：广告学
地　　址：北京市丰台区花乡张家路121号（西校区）
邮　　编：100070
电　　话：(010)83952258

北京航空航天大学

院系全称：艺术设计系
专业全称：艺术设计
地　　址：北京市海淀区学院路37号
邮　　编：100083
电　　话：(010)82315088

北京服装学院

专业全称：广告学
地　　址：北京市朝阳区和平街北口
邮　　编：100029
电　　话：(010)64288410

北京理工大学

专业全称：艺术设计
地　　址：北京市海淀区白石桥路7号
邮　　编：100081
电　　话：(010)68912682

中央财经大学

专业全称：广告学
专业设置年份：2004年
学　　制：本科4年
地　　址：北京市西直门外学院南路39号
邮　　编：100081
电　　话：(010)62288251

首都师范大学

专业全称：广告学
专业设置年份：2004年
学　　制：本科4年
地　　址：北京市海淀区阜外花园村
邮　　编：100037
电　　话：(010)68414411

上海市

同济大学

院系全称：传播与艺术学院
专业全称：广告学
专业设置年份：1995年
学　　制：硕士3年　本科4年
专业师资：教授1人　副教授2人　讲师4人
招生对象：理科考生
招生范围：全国
录取分数：较高
地　　址：上海市四平路1239号
邮　　编：200092
电　　话：(021)65981779　65310705
联 系 人：王肖生

复旦大学

院系全称：新闻学院广告学系
专业全称：广告学
专业设置年份：1994年
学　　制：博士3年　硕士3年　本科4年
　　　　　专科2年　函授3年
专业师资：教授6人　副教授12人　讲师4人
招生对象：文／理科考生
招生范围：全国

录取分数：较高
地　　址：上海市国定路400号
邮　　编：200433
电　　话：(021)65642315
传　　真：(021)65644584
联 系 人：程士安

华东师范大学

院系全称：人文学院传播学系
专业全称：广告学　艺术设计
学　　制：本科4年
地　　址：上海市中山北路3663号
邮　　编：200062
电　　话：(021)62233333

上海外国语大学

院系全称：新闻传播学院
专业全称：广告学
专业设置年份：1998年
学　　制：硕士3年　本科4年
专业师资：教授2人　副教授3人　讲师2人
招生对象：文／理科考生
招生范围：全国
录取分数：较高
地　　址：上海市大连西路550号
邮　　编：200083
电　　话：(021)65311900-2941
传　　真：(021)65311900-2943
联 系 人：姜智彬

上海工程技术大学

院系全称：艺术设计学院广告系
专业全称：广告学
专业设置年份：1997年
学　　制：本科4年
专业师资：副教授2人　讲师4人
招生对象：文／理科考生
招生范围：上海市
录取分数：较高
地　　址：上海市仙霞路350号
邮　　编：200336
电　　话：(021)62752832
传　　真：(021)62752832
联 系 人：潘惠德

上海师范大学

院系全称：人文学院广告与网络传播系
专业全称：广告学
专业设置年份：1994年
学　　制：硕士3年　本科4年
专业师资：教授2人　副教授15人　讲师6人
招生对象：文／理科考生
招生范围：附近省市
录取分数：偏高
地　　址：上海市桂林路100号
邮　　编：200234
电　　话：(021)64321849
传　　真：(021)64321849
联 系 人：聂老师

上海大学

院系全称：广告系
专业全称：广告学
地　　址：上海市宝山区上大路99号
邮　　编：200444
电　　话：(021)66132815

上海建桥学院

院系全称：广告艺术设计系
专业全称：广告学
地　　址：上海市唐桥路1500号
邮　　编：201319
电　　话：(021)68130021

华东理工大学

院系全称：艺术系
专业全称：艺术设计
地　　址：上海市梅陇路130号

邮　　编：200237
电　　话：(021)64253226

上海应用技术学院

专业全称：艺术设计
地　　址：上海市漕宝路120号
邮　　编：200235
电　　话：(021)64941077

上海戏剧学院

院系全称：艺术设计专业
专业全称：艺术设计
地　　址：上海市华山路630号
邮　　编：200040
电　　话：(021)62482920

天津市

天津师范大学

院系全称：文学院新闻传播系
专业全称：广告学　广告艺术设计
专业设置年份：1992年
学　　制：硕士3年　本科4年　专科2年
专业师资：副教授3人　讲师2人
招生对象：文科考生(广告学)
　　　　　艺术类考生(广告艺术设计)
招生范围：全国
录取分数：偏高
地　　址：天津市卫津路六里台
邮　　编：300073
电　　话：13001380628
传　　真：(022)23542622
联 系 人：许椿

天津工业大学

院系全称：艺术设计学院
专业全称：广告学
专业设置年份：2000年
学　　制：本科4年
专业师资：教授1人　副教授1人　讲师1人
　　　　　助教4人
招生对象：艺术类考生
招生范围：全国
录取分数：中等
地　　址：天津市河东区程林庄路63号
邮　　编：300160
电　　话：(022)24528157
传　　真：(022)24528072
联 系 人：宋魁友

天津理工学院

院系全称：艺术学院
专业全称：广告学　广告设计
设置年份：2001年　1994年
学　　制：本科4年
专业师资：教授1人　副教授4人　讲师6人
招生对象：艺术类考生
招生范围：全国
录取分数：中等
地　　址：天津市南开区红旗南路263号
邮　　编：300191
电　　话：(022)23679210
联 系 人：苗延荣　赵传

天津财经学院

院系全称：贸易经济系
专业全称：广告学
专业设置年份：2003年
学　　制：本科4年
专业师资：教授2人　副教授4人　讲师4人
招生对象：文科考生
招生范围：全国
录取分数：较高
地　　址：天津市河西区珠江道25号
邮　　编：300222
电　　话：(022)28114323
传　　真：(022)28171306

联 系 人：李树茂

天津科技大学

专业全称：艺术设计
地　　址：天津市河西区大沽南路1038号
邮　　编：300222
电　　话：(022)28340538

天津职业技术师范学院

专业全称：艺术设计
地　　址：天津市河西区柳林东
邮　　编：300222
电　　话：(022)88181513

天津城市建设学院

院系全称：艺术系
专业全称：艺术设计
地　　址：天津市西青区津静公路
邮　　编：300384
电　　话：(022)23783161

河北工业大学

院系全称：建筑与艺术设计学院
专业全称：艺术设计
地　　址：天津市红桥区丁字沽光荣道29号
邮　　编：300132
电　　话：(022)26582623

重庆市

四川外语学院

院系全称：英语语言文化系
专业全称：国际广告
专业设置年份：2003年
学　　制：本科4年
专业师资：教授3人　副教授3人　讲师6人
　　　　　助教1人
招生人数：本科生25人(2003年)
招生对象：文／理科考生
招生范围：全国
录取分数：偏高
地　　址：重庆市沙坪坝烈士墓
邮　　编：400031
电　　话：(023)65385216
传　　真：(023)65385263
联 系 人：肖肃

重庆工商大学

专业全称：广告学
地　　址：重庆市南岸5公里
邮　　编：400067
电　　话：(023)62769900

内蒙古自治区

内蒙古大学

专业全称：艺术设计
地　　址：呼和浩特市新城区大学路1号
邮　　编：010010
电　　话：(0471)4973162

内蒙古民族大学

院系全称：艺术学院
专业全称：艺术设计
地　　址：通辽市霍林河大街22号
邮　　编：028043
电　　话：(0475)8314164

内蒙古师范大学

专业全称：广告学
地　　址：呼和浩特市新城昭乌达路内蒙古师范大学
邮　　编：010022
电　　话：(0471)4393022

内蒙古科技大学

院系全称：文学院广告学系

专业全称：广告学
专业设置年份：2001年
专业师资：教授1人　副教授3人　讲师2人
　　　　　助教6人
学　　制：本科4年　专科2年
招生对象：文科考生
录取分数：中等
招生范围：全国
地　　址：包头市阿尔丁大街7号内蒙古科技大学
邮　　编：014010
电　　话：13171209153
传　　真：(0472)3993050
联 系 人：袁川峰

山西省

山西大学

院系全称：文学院
专业全称：广告学
专业设置年份：1999年
学　　制：本科4年
地　　址：太原市坞城路580号
邮　　编：030006
传　　真：(0351)7010255

山西财经大学

院系全称：文化传播系
专业全称：广告学
专业设置年份：2000年
学　　制：本科4年
专业师资：教授1人　副教授2人　讲师2人
　　　　　助教5人
招生对象：文科考生
招生范围：全国
录取分数：较高
地　　址：太原市坞城路696号
邮　　编：030006
电　　话：(0351)7666701
联 系 人：蔡勇

太原理工大学

专业全称：艺术设计
地　　址：晋中市榆次区迎宾街113号
邮　　编：030600
电　　话：(0354)3362192

太原重型机械学院

院系全称：艺术系
专业全称：艺术设计
地　　址：太原市柏林区瓦流路138号
邮　　编：030024
电　　话：(0351)6222123

运城学院

专业全称：艺术设计
专业设置年份：2004年
学　　制：本科4年
地　　址：运城市河东东街333号
邮　　编：044000
电　　话：(0359)2090418

河北省

河北师范大学

院系全称：传播学院广告传播系
专业全称：广告学　广告设计
专业设置年份：1994年　1999年
学　　制：本科4年
专业师资：教授1人　副教授7人　讲师10人
招生对象：文／理科考生(广告学)
　　　　　艺术类考生(广告设计)
招生范围：本省
录取分数：偏高
地　　址：石家庄市桥西红旗大街469号河北师大西
　　　　　校区
邮　　编：050091

电　　话：(0311)86263114　86263227
联 系 人：冯智敏

河北经贸大学

院系全称：人文学院
专业全称：广告学
专业设置年份：2001年
学　　制：本科4年
地　　址：石家庄市学府路47号
邮　　编：050061
电　　话：(0311)87655553

石家庄经济学院

院系全称：人文与社科学院
专业全称：广告学
专业设置年份：2000年
学　　制：硕士3年　本科4年
专业师资：教授1人　副教授3人　讲师2人
　　　　　助教6人
招生对象：文科考生
招生范围：全国
录取分数：偏高
地　　址：石家庄市槐安东路
邮　　编：050031
电　　话：(0311)87207228
传　　真：(0311)85882562
联 系 人：郭有献

河北科技师范学院

专业全称：艺术设计
专业设置年份：2004年
学　　制：本科4年
地　　址：昌黎县城关四街
邮　　编：066600
电　　话：(0316)6062198

河北大学

院系全称：新闻传播学院广告学系
专业全称：广告学
专业设置年份：1993年
学　　制：硕士3年　本科4年
专业师资：教授1人　副教授2人　讲师5人
招生对象：文科考生
招生范围：全国
录取分数：较高
地　　址：保定市合作路1号
邮　　编：071002
电　　话：(0312)5079310
传　　真：(0312)5079308
联 系 人：丁晓正

华北电力大学

专业全称：广告学
地　　址：保定市永华北大街619号
邮　　编：071003
电　　话：(0312)7522320

辽宁省

辽宁大学

院系全称：文化传播学院
专业全称：广告学
专业设置年份：1994年
学　　制：硕士3年　本科4年
专业师资：教授2人　副教授4人　讲师1人
　　　　　助教3人
招生对象：文科考生　艺术类考生
招生范围：全国
录取分数：较高
地　　址：沈阳市皇姑区崇山中路66号
邮　　编：110036
电　　话：(024)86864547
联 系 人：宋玉书

沈阳工业大学

院系全称：文法学院艺术设计系
专业全称：广告学

地　　址：沈阳市铁西区兴华南街58号
邮　　编：110023
电　　话：(024)25691111

沈阳航空工业学院

专业全称：艺术设计
地　　址：沈阳市皇姑区黄河北大街52号
邮　　编：110034
电　　话：(024)86141586

沈阳建筑工程学院

专业全称：广告学
地　　址：沈阳市浑南新区沈阳建筑工程学院
邮　　编：110168
电　　话：(024)24824211　24690008

辽宁工学院

院系全称：文化传播系
专业全称：广告学
地　　址：锦州市古塔区士英街169号
邮　　编：121001
电　　话：(0416)4168584　4198417

渤海大学

院系全称：文理学院新闻系
专业全称：广告学
专业设置年份：2000年
学　　制：本科4年　专科3年
专业师资：副教授3人　讲师5人
招生对象：文／理科考生
招生范围：附近省市
录取分数：中等
地　　址：锦州市渤海大学东校区
邮　　编：121000
联 系 人：伍旭

辽宁师范大学

院系全称：文学院中文系
专业全称：广告学
地　　址：大连市黄河路850号
邮　　编：116029
电　　话：(0411)82158305

大连外国语学院

院系全称：国际艺术学院
专业全称：艺术设计
地　　址：大连市中山区延安路94号
邮　　编：116002
电　　话：(0411)82803168

大连民族学院

院系全称：工业艺术设计系
专业全称：艺术设计
地　　址：大连市开发区辽河西路18号
邮　　编：116600
电　　话：(0411)87656193

大连大学

院系全称：美术学院
专业全称：艺术设计
地　　址：大连市大连大学美术学院
邮　　编：116622
电　　话：(0411)87402590

吉林省

东北师范大学

院系全称：媒体科学学院广告学系
专业全称：广告学
专业设置年份：2000年
学　　制：硕士3年　本科4年
专业师资：教授4人　副教授8人　讲师4人
　　　　　助教5人
招生对象：文／理科考生
招生范围：全国
录取分数：中等
地　　址：长春市东北师范大学净月校区

邮　　编：130117
电　　话：(0431)4531188
联 系 人：徐跃权

吉林大学
院系全称：文学院广告学系
专业全称：广告学
专业设置年份：1994年
学　　制：本科4年　专科3年
专业师资：教授1人　副教授3人　讲师10人
招生对象：文科考生
招生范围：全国
录取分数：较高
地　　址：长春市朝阳区前卫路10号
邮　　编：130012
电　　话：(0431)5166160
联 系 人：姚力

吉林艺术学院
院系全称：设计学院
专业全称：视觉传达系
专业设置年份：1993年
专业师资：教授5人　副教授12人　讲师15人
　　　　　助教16人
地　　址：长春市红旗街55号
邮　　编：130012
电　　话：(0431)5882579
传　　真：(0431)5882579
联 系 人：吴畏

长春理工大学
院系全称：文法学院广告学系
专业全称：广告学
专业设置年份：2000年
学　　制：本科4年
专业师资：教授1人　副教授3人　讲师4人
　　　　　助教3人
招生对象：文科考生
招生范围：全国
录取分数：偏高
地　　址：长春市卫星路
邮　　编：130022
电　　话：(0431)5583072
联 系 人：马连湘

长春工业大学
院系全称：艺术学院
专业全称：广告学
地　　址：长春市延安大街17号
邮　　编：130012
电　　话：(0431)5914753

吉林工程技术师范学院
院系全称：艺术学院
专业全称：艺术设计
地　　址：长春市宽城区凯旋路52号
邮　　编：130052
电　　话：(0431)6908120

东北电力学院
院系全称：艺术学院
专业全称：环艺与装潢系
地　　址：吉林市长春路169号
邮　　编：132012
电　　话：(0432)4806384

黑龙江省

哈尔滨工业大学
院系全称：人文学院
专业全称：广告学
专业设置年份：2002年
学　　制：硕士2年　本科4年
专业师资：教授2人　副教授5人　讲师4人
招生对象：理科考生
招生范围：全国
录取分数：较高

地　　址：哈尔滨市西大直街92号哈尔滨工业大学人文学院244信箱
邮　　编：150001
电　　话：(0451)86413869
传　　真：(0451)86414608

哈尔滨师范大学

院系全称：计算机系
专业全称：计算机广告
学　　制：本科4年
专业师资：教授1人　副教授2人　讲师4人
招生对象：艺术类考生
招生范围：全国
录取分数：较高
地　　址：哈尔滨市南岗区和兴路50号
邮　　编：150080
电　　话：(0451)88060537
传　　真：(0451)86302915
联 系 人：贺楠

黑龙江大学

专业全称：广告学
地　　址：哈尔滨市南岗区学府路74号黑龙江大学文学与新闻传播学院
邮　　编：150080
电　　话：(0451)86608643

东北林业大学

专业全称：广告学
地　　址：哈尔滨市和兴路26号东北林业大学
邮　　编：150040
电　　话：(0451)82113560　82113443

哈尔滨理工大学

专业全称：艺术设计
地　　址：哈尔滨市动力区林园路4号南区315信箱
邮　　编：150040
电　　话：(0451)86392804

佳木斯大学

专业全称：艺术设计
专业设置年份：2004年
学　　制：本科4年
地　　址：佳木斯市学府街148号佳木斯大学美术学院艺术设计系
邮　　编：154007
电　　话：(0454)8603975

齐齐哈尔大学

院系全称：艺术学院
专业全称：艺术设计
地　　址：齐齐哈尔市中华西路35号
邮　　编：161006
电　　话：(0452)2738301

江苏省

南京林业大学

院系全称：人文社会科学学院广告学系
专业全称：广告学
专业设置年份：1996年
学　　制：本科4年　专科2年
专业师资：教授1人　副教授3人　讲师5人　助教1人
招生对象：文科考生
招生范围：全国
录取分数：偏高
地　　址：南京市龙蟠路159号
邮　　编：210037
电　　话：(025)85427309
传　　真：(025)85428232
联 系 人：杨杰

南京大学

院系全称：新闻传播学系
专业全称：广告学
专业设置年份：1993年

学　　制：硕士3年　本科4年
专业师资：教授2人　副教授4人　讲师5人
招生对象：文／理科考生
招生范围：全国
录取分数：较高
地　　址：南京市汉口路22号
邮　　编：210093
电　　话：(025)83686366
传　　真：(025)83593690
联 系 人：胡翼青

南京师范大学

院系全称：新闻与传播学院广告学系
专业全称：广告学
专业设置年份：1999年
学　　制：硕士2年　本科4年
地　　址：南京市宁海路122号
邮　　编：210097
电　　话：(025)83598524

南京财经大学

院系全称：营销与广告学院
专业全称：广告学
专业设置年份：1993年
学　　制：本科4年
专业师资：教授3人　副教授12人　讲师21人
招生对象：文／理科考生
招生范围：全国
录取分数：偏高
地　　址：南京市南京财经大学仙林校区13号信箱
邮　　编：210046
电　　话：(025)84028455
联 系 人：李慧

南京工业大学

院系全称：艺术设计学院
专业全称：艺术设计
地　　址：南京市中山北路200号87号信箱
邮　　编：210009
电　　话：(025)83239617

南京艺术学院

院系全称：设计学院
专业全称：艺术设计
地　　址：南京市虎踞北路15号
邮　　编：210013
电　　话：(025)83498099

三江学院

院系全称：策划系
专业全称：广告学　艺术设计
学　　制：本科4年
地　　址：南京市雨花台区铁心桥龙西路10号
邮　　编：210012
电　　话：(025)52897066

江苏大学

院系全称：艺术学院艺术设计系
专业全称：艺术设计
专业设置年份：1991年
学　　制：本科4年　专科3年　函授3年
专业师资：教授1人　副教授6人　讲师15人
招生对象：文／理科考生　艺术类考生
招生范围：本省　附近省市
录取分数：较高
地　　址：镇江市学府路301号
邮　　编：212013
电　　话：(0511)8780182
传　　真：(0511)8791739
联 系 人：王平

江苏技术师范学院

院系全称：艺术设计系
专业全称：艺术设计
专业设置年份：1985年
学　　制：本科4年　专科3年　函授3年
专业师资：教授1人　副教授8人　讲师16人
招生对象：文／理科考生　艺术类考生

招生范围：本省　附近省市
录取分数：中等
地　　址：常州市育英路2号
邮　　编：213001
电　　话：(0519)6999778
传　　真：(0519)6961964
联 系 人：薛生辉

江南大学

院系全称：设计学院
专业全称：广告学
专业设置年份：1998年
学　　制：硕士3年　本科4年
专业师资：教授1人　副教授2人　讲师2人
招生对象：艺术类考生
招生范围：全国
录取分数：较高
地　　址：无锡市钱荣路68号
邮　　编：214064
电　　话：(0510)5501491
传　　真：(0510)5501307

苏州大学

院系全称：苏州大学文学院广告系
专业全称：广告学
专业设置年份：1993年
学　　制：硕士3年　本科4年　专科2年
专业师资：教授1人　副教授3人　讲师3人
　　　　　助教3人
招生对象：文／理科考生
招生范围：本省
录取分数：偏高
地　　址：苏州市苏州大学东区535信箱
邮　　编：215021
电　　话：(0512)67165747
联 系 人：王伟明

苏州科技学院

院系全称：美术系
专业全称：艺术设计
专业设置年份：1994年
学　　制：本科4年　专科3年
专业师资：教授1人　副教授6人　讲师10人
招生对象：艺术类考生
招生范围：全国
录取分数：中等
地　　址：苏州市苏州科技学院石湖校区
邮　　编：215009
电　　话：(0512)68418422
联 系 人：钱罡

徐州师范大学

院系全称：商学院广告学系
专业全称：广告学　艺术设计
专业设置年份：1993年　2004年
学　　制：本科4年　函授3年
专业师资：教授1人　副教授3人　讲师4人
招生对象：文科考生
招生范围：本省
录取分数：中等
地　　址：徐州市和平路57号
邮　　编：221009
电　　话：(0516)3867587
传　　真：(0516)3867006
联 系 人：樊传果　薛媛

淮阴工学院

院系全称：社科系
专业全称：艺术设计
地　　址：淮阴市北京北路89号
邮　　编：223001
电　　话：(0517)3591010

淮阴师范学院

专业全称：广告学
专业设置年份：2004年
学　　制：本科4年
地　　址：淮阴市师专路24号

邮　　编：223001
电　　话：(0517)3511021

安徽省

安徽大学
院系全称：艺术系
专业全称：广告学
专业设置年份：2004 年
学　　制：本科 4 年
地　　址：合肥市龙河路 3 号
邮　　编：230039
电　　话：(0551)3861230

巢湖学院
专业全称：广告学
专业设置年份：2004 年
学　　制：本科 4 年
地　　址：巢湖市
邮　　编：238000

安徽农业大学
院系全称：艺术学院设计与艺术系
专业全称：艺术设计
地　　址：合肥市蜀山路 16 号
邮　　编：230036
电　　话：(0551)2823795-3455

合肥工业大学
专业全称：广告学
地　　址：合肥市合肥工业大学人文经济学院
邮　　编：230009
电　　话：(0551)2901481

安徽财贸学院
院系全称：市场营销系
专业全称：广告学
专业设置年份：2002 年
学　　制：本科 4 年
专业师资：教授 3 人　副教授 6 人　讲师 3 人
招生对象：文／理科考生
招生范围：全国
录取分数：中等
地　　址：蚌埠市安徽财贸学院市场营销系
邮　　编：233041
电　　话：(0552)3112132
联 系 人：耿一兰

淮南师范学院
院系全称：中文系
专业全称：广告学
地　　址：淮南市学院路
邮　　编：232001
电　　话：(0554)6672610　6673025

安徽师范大学
专业全称：广告学
地　　址：芜湖市人民路 1 号
邮　　编：241000
电　　话：(0553)3869348

安徽工程科技学院
专业全称：广告学
专业设置年份：2004 年
学　　制：本科 4 年
地　　址：芜湖市赭山东路 8 号
邮　　编：241000
电　　话：(0553)2871265
传　　真：(0553)2864698

阜阳师范学院
院系全称：美术系
专业全称：艺术设计
地　　址：阜阳市清河路 741 号
邮　　编：236030
电　　话：(0558)2596084

淮北煤炭师范学院

院系全称：美术系

专业全称：艺术设计

地　　址：淮北市淮北煤炭师范学院

邮　　编：235000

电　　话：(0561)3802248

山东省

山东大学

院系全称：文学与新闻传播学院

专业全称：广告学

地　　址：济南市山东大学南路27号

邮　　编：250100

电　　话：(0531)88364608

山东工艺美术学院

院系全称：装潢艺术设计系

专业全称：广告学

专业设置年份：1998年

学　　制：本科4年　专科2年

专业师资：教授3人　副教授6人　讲师13人

招生对象：文科考生

招生范围：本省　附近省市

录取分数：偏高

地　　址：济南市千佛山东路23号

邮　　编：250014

电　　话：(0531)82619417

传　　真：(0531)82619237

联 系 人：高小燕

山东建筑工程学院

院系全称：工商管理系

专业全称：广告学

专业设置年份：1999年

学　　制：本科4年

专业师资：副教授5人　讲师5人

招生对象：文／理科考生

招生范围：本省

录取分数：中等

地　　址：济南市临港开发区凤鸣路

邮　　编：250101

电　　话：(0531)86361259

联 系 人：由磊明

济南大学

院系全称：艺术学院

专业全称：艺术设计

地　　址：济南市顺根路13号

邮　　编：250002

电　　话：(0531)82769251

山东轻工业学院

院系全称：艺术设计系

专业全称：广告学

地　　址：济南市二环东路999号

邮　　编：250100

电　　话：(0531)88619861

山东艺术学院

专业全称：广告学　艺术设计

专业设置年份：2004年

学　　制：本科4年

地　　址：济南市文化东路91号

邮　　编：250014

电　　话：(0531)86423552

山东理工大学

院系全称：文学与新闻传播学院广告学系

专业全称：广告学

专业设置年份：2000年

学　　制：本科4年

专业师资：副教授5人　讲师5人　助教1人

招生对象：文科考生

招生范围：本省

录取分数：中等

地　　址：淄博市张周路12号

邮　　编：255091

电　　话：(0533)2782260

联 系 人：梁绪敏

山东科技大学

院系全称：文法学院广告学系

专业全称：广告学　广告设计

学　　制：本科4年

专业师资：教授1人　副教授3人　讲师3人
助教3人

招生对象：文／理科考生(广告学)
艺术类考生(广告设计)

招生范围：全国

录取分数：较高

地　　址：青岛经济技术开发区前湾港路579号

邮　　编：266510

电　　话：(0532)86057613

传　　真：(0532)86057613

联 系 人：王书侠

青岛大学

院系全称：文学院新闻传播系

专业全称：广告学　广告艺术设计

专业设置年份：1992年

学　　制：博士3年　硕士3年　本科4年

专业师资：教授2人　副教授8人　讲师5人

招生对象：文／理科考生(广告学)
艺术类考生(广告艺术设计)

招生范围：全国

录取分数：较高

地　　址：青岛市宁夏路308号

邮　　编：266071

电　　话：(0532)85951066

联 系 人：徐照东

青岛科技大学

院系全称：文学与艺术学院

专业全称：广告学

专业设置年份：1997年

学　　制：本科4年

专业师资：教授1人　副教授6人　讲师7人
助教4人

招生对象：文科考生　艺术类考生

招生范围：全国

录取分数：较高

地　　址：青岛高科园青岛科技大学501信箱

邮　　编：266061

电　　话：(0532)88958981

传　　真：(0532)88958938

联 系 人：杨明

青岛理工大学

院系全称：人文社会科学学院

专业全称：广告学

地　　址：青岛市抚顺路11号

邮　　编：266033

电　　话：(0532)85071118

莱阳农学院

院系全称：传播学院

专业全称：艺术设计

地　　址：青岛市城阳区莱阳农学院

邮　　编：266109

电　　话：(0535)86080747

德州学院

院系全称：美术系

专业全称：艺术设计

地　　址：德州市北园路东首2号

邮　　编：253023

电　　话：(0534)8985880

潍坊学院

院系全称：美术系

专业全称：艺术设计

地　　址：潍坊市潍城区东风东街149号

邮　　编：261061

电　　话：(0536)8785130

烟台师范学院

专业全称：艺术设计
专业设置年份：2004年
学　　制：本科4年
地　　址：烟台市红旗中路
邮　　编：264025
电　　话：(0535)6246451

曲阜师范大学

院系全称：电化教育系
专业全称：广告学
专业设置年份：2000年
学　　制：本科4年
专业师资：教授2人　副教授15人　讲师14人
招生对象：文科考生
招生范围：本省
录取分数：中等
地　　址：日照市曲阜师范大学信息技术传播学院
邮　　编：276825
电　　话：(0633)3980316
联 系 人：李兴保

临沂师范学院

专业全称：广告学
专业设置年份：2004年
学　　制：本科4年
地　　址：临沂市通达路18号
邮　　编：276005
电　　话：(0539) 2060555

浙江省

浙江大学

院系全称：人文学院新闻传播系
专业全称：广告学
专业设置年份：1993年
专业师资：副教授4人　讲师5人
学　　制：硕士3年　本科4年　函授3年
招生对象：文科考生
招生范围：全国
录取分数：较高
地　　址：杭州市天目山路148号浙江大学
邮　　编：310028
电　　话：(0571)88973989　88273646
联 系 人：胡晓云

浙江工业大学

院系全称：人文学院新闻传播系
专业全称：广告学
专业设置年份：1999年
学　　制：本科4年
地　　址：杭州市朝晖六区浙江工业大学人文学院
邮　　编：310014
电　　话：(0571)85290295　88320114

浙江工程学院

院系全称：艺术与设计学院
专业全称：广告学
专业设置年份：2001年
学　　制：本科4年
专业师资：教授3人　副教授6人　讲师7人
招生对象：艺术类考生
招生范围：全国
录取分数：中等
地　　址：杭州市下沙高教园区西区
邮　　编：310018
电　　话：(0571)86843114

浙江财经学院

院系全称：人文艺术学院
专业全称：广告学
地　　址：杭州市文华路269号
邮　　编：310012
电　　话：(0571)88922827

浙江传媒学院

院系全称：广告系
专业全称：影视广告
专业设置年份：1992年
学　　制：本科4年　专科3年
专业师资：教授1人　副教授6人　讲师6人
招生对象：艺术类考生
招生范围：全国
录取分数：中等
地　　址：杭州市下沙高教园区学源区998号
邮　　编：310018
电　　话：(0571)86832172
联 系 人：曹家俊

杭州商学院

院系全称：人文与公共管理学院
专业全称：广告学
专业设置年份：1999年
学　　制：本科4年
专业师资：教授1人　副教授4人　讲师4人
招生对象：文／理科考生
招生范围：全国
录取分数：中等
地　　址：杭州市教工路149号
邮　　编：310035
电　　话：(0571)88071024
联 系 人：程大荣

中国美术学院

院系全称：职业技术学院
专业全称：艺术设计
专业设置年份：2004年
学　　制：本科4年
地　　址：杭州市西湖区转塘镇
邮　　编：310024
电　　话：(0571)87091375

浙江科技学院

院系全称：艺术设计系
专业全称：艺术设计
地　　址：杭州市学院路85号
邮　　编：310012
电　　话：(0571)85070555

杭州师范学院

院系全称：艺术设计系
专业全称：艺术设计
地　　址：杭州市西湖万塘路258号
邮　　编：310012
电　　话：(0571)28865736

浙江林学院

院系全称：人文学院新闻传播系
专业全称：广告学
专业设置年份：2000年
学　　制：本科4年　函授3年
专业师资：副教授4人　讲师3人　助教4人
招生对象：文科考生
招生范围：附近省市
录取分数：偏高
地　　址：临安市环城北路88号
邮　　编：311300
电　　话：(0571)63730922
传　　真：(0571)63732737
联 系 人：钱杭园

宁波大学

院系全称：传播与艺术学院传播系
专业全称：广告学
专业设置年份：1995年
学　　制：本科4年　专科2年　函授2年
专业师资：教授2人　副教授4人　讲师6人
招生对象：文／理科考生
招生范围：全国
录取分数：偏高
地　　址：宁波市宁波大学传播与艺术学院43号信箱
邮　　编：315211
电　　话：(0574)87600448　66868158

传　　真：(0574)87608286
联 系 人：贺雪飞

浙江万里学院

院系全称：艺术学院
专业全称：广告学
地　　址：宁波市高教园区钱湖南路8号
邮　　编：315100
电　　话：(0574)88222005

湖州师范学院

院系全称：人文学院
专业全称：广告学
地　　址：湖州市学士路1号
邮　　编：313000
电　　话：(0572)2321111

温州大学

院系全称：管理学院
专业全称：广告与广告管理
专业设置年份：1998年
学　　制：硕士3年　本科4年
专业师资：副教授2人　讲师3人
招生对象：文／理科考生
招生范围：本省
录取分数：偏低
地　　址：温州市茶山
邮　　编：325035
电　　话：(0577)86689070
传　　真：(0577)86689117
联 系 人：叶柏霜

温州师范学院

院系全称：美术系
专业全称：平面设计
专业设置年份：1998年
学　　制：本科4年
专业师资：副教授2人　讲师4人
招生对象：艺术类考生
招生范围：本省
录取分数：中等
地　　址：温州市温州师范学院美术系
邮　　编：325000
电　　话：(0577)86680929
联 系 人：王薇

浙江师范大学

院系全称：美术学院
专业全称：艺术设计
地　　址：金华市北山路
邮　　编：321004
电　　话：(0579)2283182

江西省

江西财经大学

院系全称：艺术与传播学院
专业全称：广告学
专业设置年份：1999年
学　　制：本科4年
专业师资：教授1人　副教授2人　讲师3人
招生对象：文／理科考生
招生范围：全国
录取分数：较高
地　　址：南昌市双港路
邮　　编：330013
电　　话：(0791)3843069　3816475
联 系 人：罗书俊

南昌大学

院系全称：新闻与传播系
专业全称：广告学　艺术设计
专业设置年份：1993年　2004年
学　　制：本科4年　专科3年
专业师资：教授7人　副教授13人　讲师15人
招生对象：文／理科考生

招生范围：全国
录取分数：较高
地　　址：南昌市南京东路235号南昌大学新闻与传播系
邮　　编：330047
电　　话：(0791)8304524
联 系 人：曾光

江西师范大学

院系全称：传播学院
专业全称：广告学
专业设置年份：1992年
学　　制：硕士3年　本科4年　专科3年
函授3年
专业师资：教授2人　副教授7人　讲师8人
招生对象：文／理科考生
招生范围：全国
录取分数：较高
地　　址：南昌市北京西路437号
邮　　编：330027
电　　话：(0791)8120454
联 系 人：邢若南

江西科技师范学院

院系全称：中文系
专业全称：广告学
地　　址：南昌市江西科技师范学院（红角洲）
邮　　编：330013
电　　话：(0791)3815370

南昌航空工业学院

院系全称：艺术系
专业全称：艺术设计
地　　址：南昌市丰和南大道696号
邮　　编：330063
电　　话：(0791)8224757

东华理工学院

专业全称：广告学
地　　址：抚州市学府路14号
邮　　编：344000
电　　话：(0791)223831

宜春学院

专业全称：广告学
地　　址：宜春市学府路16号
邮　　编：336000
电　　话：(0795)3201115

江西理工大学

院系全称：文法学院
专业全称：广告学
专业设置年份：2003年
学　　制：本科4年
专业师资：教授1人　副教授3人　助教4人
招生对象：文科考生
招生范围：全国
录取分数：中等
地　　址：赣州市江西理工大学文法学院
邮　　编：341000
电　　话：(0797)8312291
联 系 人：刘祚时

赣南师范学院

院系全称：美术学院
专业全称：艺术设计
专业设置年份：1993年
学　　制：本科4年
专业师资：教授2人　副教授3人　讲师5人
助教6人
招生对象：艺术类考生
招生范围：全国
录取分数：中等
地　　址：赣州市赣南师范学院黄金校区
邮　　编：341000
电　　话：(0797)8393658
联 系 人：孙胤

福建省

福建师范大学

院系全称：文学院
专业全称：广告学
专业设置年份：2002 年
学　　制：本科 4 年
地　　址：福州市福建师范大学文学院
邮　　编：350007
电　　话：(0591)3465202

福建工程学院

专业全称：广告学　艺术设计
学　　制：本科 4 年
地　　址：福州市仓山区长安路 32 号
邮　　编：350007
电　　话：(0591)3441313

厦门大学

院系全称：人文学院新闻传播系
专业全称：广告学
专业设置年份：1983 年
学　　制：硕士 3 年　本科 4 年　专科 3 年
　　　　　函授 3 年
专业师资：教授 5 人　副教授 5 人　讲师 2 人
招生对象：文／理科考生
招生范围：全国
录取分数：偏高
地　　址：厦门市厦门大学新闻传播系
邮　　编：361005
电　　话：(0592)2180475
传　　真：(0592)2186382
联 系 人：郭婉玲

仰恩大学

专业全称：广告学
地　　址：泉州市仰恩大学
邮　　编：362014
电　　话：(0595)22085621　22082001

湖南省

湖南大学

院系全称：新闻与传播学院
专业全称：广告学
专业设置年份：2003 年
学　　制：硕士 3 年　本科 4 年
专业师资：教授 3 人　副教授 3 人　讲师 4 人
　　　　　助教 2 人
招生对象：文／理科考生
招生范围：全国
录取分数：偏高
地　　址：长沙市湖南大学新闻与传播学院
邮　　编：410082
电　　话：(0731)8821931
传　　真：(0731)8711515
联 系 人：肖桂清

湖南商学院

院系全称：艺术设计系
专业全称：艺术设计　广告学
地　　址：长沙市岳麓区望城坡 97 号信箱
邮　　编：410205
电　　话：(0731)8686604
传　　真：(0731)8686604

中南大学

院系全称：艺术学院
专业全称：艺术设计
地　　址：长沙市岳麓山
邮　　编：410083
电　　话：(0731)8836761
传　　真：(0731)8836761

湖南师范大学

院系全称：新闻与传播学院
专业全称：广告学
专业设置年份：2003 年
学　　制：博士 1 年　硕士 3 年　本科 4 年

函授3年
专业师资：教授1人　副教授3人　讲师2人
助教1人
招生对象：文／理科考生
招生范围：全国
录取分数：较高
地　　址：长沙市麓山南路36号
邮　　编：410081
电　　话：(0731)8872389
传　　真：(0731)8872929
联 系 人：王战

湖南工程学院

院系全称：纺织工程系
专业全称：艺术设计
专业设置年份：1996年(专科)　2002年(本科)
学　　制：本科4年　专科3年
地　　址：湘潭市东湖路18号
邮　　编：411104
电　　话：(0732)8680041

湖南农业大学

专业全称：艺术设计
专业设置年份：2004年
学　　制：本科4年
地　　址：长沙市东郊西湖
邮　　编：410128
电　　话：(0731)4617888　4618001

湘潭大学

院系全称：文学与新闻学院广告系
专业全称：广告学　艺术设计
专业设置年份：1997年　2004年
学　　制：本科4年
专业师资：教授3人　副教授5人　讲师6人
助教2人
招生对象：文科考生
招生范围：全国
录取分数：偏高
地　　址：湘潭市湘潭大学文学与新闻学院广告系
邮　　编：411105
电　　话：(0732)8292597
传　　真：(0732)8292167
联 系 人：唐晓玲

湘潭工学院

院系全称：广告学
专业设置年份：2000年
学　　制：本科4年
地　　址：湘潭市北郊
邮　　编：411207
电　　话：(0732)8290011

株洲工学院

院系全称：传播系
专业全称：广告学　艺术设计
专业设置年份：1999年　2004年
学　　制：本科4年
专业师资：教授1人　副教授2人　讲师6人
招生对象：文／理科考生
招生范围：全国
录取分数：中等
地　　址：株洲市株洲工学院
邮　　编：412008
电　　话：(0733)2622202
联 系 人：刘芳

湖南理工学院

院系全称：新闻传播学系
专业全称：广告学(本科)　广告艺术设计(专科)
专业设置年份：2001年
学　　制：本科4年　专科3年
专业师资：教授3人　副教授4人　讲师10人
招生对象：文科考生(广告学)
艺术类考生(广告艺术设计)
招生范围：全国
录取分数：中等
地　　址：岳阳市湖南理工学院新闻传播学系

邮　　编：414006
电　　话：(0730)8640952
传　　真：(0730)8640000

中南林学院

院系全称：环境艺术设计学院
专业全称：艺术设计
专业设置年份：1986年
学　　制：博士3年　硕士3年　本科4年
　　　　　专科3年
专业师资：教授3人　副教授6人　讲师8人
招生对象：文/理科考生　艺术类考生
招生范围：全国
录取分数：中等
地　　址：株洲市田龙路
邮　　编：412006
电　　话：(0731)5623023
联 系 人：陈杰

湖南文理学院

院系全称：美术系
专业全称：艺术设计
地　　址：常德市洞庭大道170号
邮　　编：415000
电　　话：(0736)7186137

怀化学院

院系全称：美术系
专业全称：艺术设计
地　　址：怀化市怀化学院
邮　　编：418008
电　　话：(0745)2851006

吉首大学

院系全称：文学院
专业全称：广告学
地　　址：吉首市吉首大学文学与新闻传播学院
邮　　编：416000
电　　话：(0743)8564106

湖北省

湖北大学

院系全称：文学院新闻传播系
专业全称：广告学
专业设置年份：1994年
学　　制：本科4年
专业师资：教授2人　副教授2人　讲师5人
　　　　　助教1人
招生对象：文科考生
招生范围：本省　附近省市
录取分数：较高
地　　址：武汉市武昌区湖北大学
邮　　编：430062
电　　话：(027)88661842
传　　真：(027)88662083
联 系 人：胡远珍

湖北美术学院

院系全称：设计系
专业全称：视觉传达设计
专业设置年份：1985年
学　　制：本科4年
专业师资：教授18人　副教授50人
　　　　　讲师94人
招生对象：艺术类考生
招生范围：全国
录取分数：偏高
地　　址：武汉市武昌区小东门中山路374号
邮　　编：430060
电　　话：(027)68895070
传　　真：(027)68895211
联 系 人：范汉成

中南民族大学

院系全称：文学院广告学系
专业全称：广告学

专业设置年份：1996 年
学　　制：本科 4 年
专业师资：教授 1 人　副教授 2 人　讲师 7 人
　　　　　助教 2 人
招生对象：文科考生
招生范围：全国
录取分数：较高
地　　址：武汉市洪山区民院路 708 号
邮　　编：430074
电　　话：(027)67842696
传　　真：(027)67842120
联 系 人：张贤平

武汉大学

院系全称：新闻与传播学院广告学系
专业全称：广告学
专业设置年份：1994 年
学　　制：博士 3 年　硕士 3 年　本科 4 年
　　　　　专科 2 年
专业师资：教授 2 人　副教授 4 人　讲师 4 人
招生对象：文科考生
招生范围：全国
录取分数：较高
地　　址：武汉市武昌珞珈山武汉大学新闻与传播学院
邮　　编：430072
电　　话：(027)68756969
传　　真：(027)68752006
联 系 人：周丽玲

华中农业大学

院系全称：文法学院广告与传播学系
专业全称：广告学
专业设置年份：1999 年
学　　制：硕士 3 年　本科 4 年　函授 3 年
专业师资：教授 1 人　副教授 7 人　讲师 4 人
　　　　　助教 3 人
招生对象：文科考生
招生范围：全国
录取分数：偏高
地　　址：武汉市洪山区狮子山街特 1 号
邮　　编：430070
电　　话：(027)87282069
传　　真：(027)87287171（H）
联 系 人：吕尚彬

华中科技大学

院系全称：新闻与信息传播学院
专业全称：广告学
专业设置年份：2000 年
学　　制：本科 4 年
地　　址：武汉市洪山区珞喻路 1037 号
邮　　编：430074
电　　话：(027)87543520

江汉大学

院系全称：人文学院新闻传播系
专业全称：广告学
地　　址：武汉市沌口经济开发区
邮　　编：430056
电　　话：(027)84226819

武汉科技学院

院系全称：社会科学系
专业全称：广告学
专业设置年份：1999 年
学　　制：本科 4 年
专业师资：教授 4 人　副教授 8 人　讲师 12 人
招生对象：文／理科考生
招生范围：全国
录取分数：中等
地　　址：武汉市鲁巷纺织路 1 号
邮　　编：430073
电　　话：(027)87611623–371　87181425
联 系 人：邹先玉

武汉理工大学

院系全称：人文学院
专业全称：广告学

专业设置年份：1995 年
学　　制：本科 4 年
地　　址：武汉市洪山区珞狮路 122 号
邮　　编：430070
电　　话：(027)87651131

湖北工业大学

院系全称：艺术设计学院
专业全称：广告学
地　　址：武汉市武昌石牌岭湖北工业大学马房山校区
邮　　编：430064
电　　话：(027)88034039

武汉工业学院

专业全称：广告学
地　　址：武汉市汉口常青花园
邮　　编：430023
电　　话：(027)83955620

湖北经济学院

专业全称：广告学
地　　址：武汉市珞喻山 37 号
邮　　编：430070
电　　话：(027)81973935　81973870

咸宁学院

专业全称：艺术设计
专业设置年份：2004 年
学　　制：本科 4 年
地　　址：咸宁市咸安区永安大道 2 号
邮　　编：437005
电　　话：(0715)8338004

襄樊学院

院系全称：艺术学院
专业全称：艺术设计
地　　址：襄樊市隆中路 7 号
邮　　编：441053
电　　话：(0710)3593223

河南省

河南财经学院

院系全称：文化传播系
专业全称：广告学
专业设置年份：1997 年
学　　制：本科 4 年
专业师资：教授 1 人　副教授 5 人　讲师 9 人
招生对象：文／理科考生
招生范围：本省
录取分数：偏高
地　　址：郑州市文化路 80 号
邮　　编：450002
电　　话：(0371)63519165
联 系 人：王鲁昌

郑州大学

院系全称：文化与传播学院广告系
专业全称：广告学
专业设置年份：1994 年
学　　制：本科 4 年
专业师资：副教授 1 人　讲师 4 人
招生对象：文／理科考生
招生范围：全国
录取分数：偏高
地　　址：郑州市高新技术开发区 100 号郑州大学文化与传播学院
邮　　编：450001
电　　话：(0371)67761556
联 系 人：颜景毅

河南工业大学

院系全称：新闻传播系
专业全称：广告学
地　　址：郑州市嵩山南路 140 号
邮　　编：450052
电　　话：(0371)67789888

郑州航空工业管理学院

专业全称：艺术设计
专业设置年份：2004年
学　　制：本科4年
地　　址：郑州市金海大道2号
邮　　编：450015
电　　话：(0371)66002054　68889638

洛阳师范学院

院系全称：美术系
专业全称：艺术设计
地　　址：洛阳市龙门路71号美术学院
邮　　编：471022
电　　话：(0379)65515020

河南大学

院系全称：新闻与传播学院
专业全称：广告学
专业设置年份：1996年
学　　制：本科4年　专科3年　函授3年
专业师资：教授1人　副教授1人　讲师8人
招生对象：文科考生
招生范围：全国
录取分数：较高
地　　址：开封市明伦街85号河南大学东二斋
邮　　编：475001
电　　话：(0378)2859388
传　　真：(0378)2861029　2868822
联 系 人：杨海军

广东省

暨南大学

院系全称：新闻与传播学院
专业全称：广告系
专业设置年份：1994年
学　　制：硕士3年　本科4年
专业师资：教授1人　副教授3人　讲师5人
招生对象：文／理科考生
招生范围：全国
录取分数：偏高
地　　址：广州市暨南大学新闻与传播学院广告系
邮　　编：510632
电　　话：(020)85222397
传　　真：(020)85222862
联 系 人：杨先顺　李苗　王天权

广州大学

院系全称：艺术与设计学院
专业全称：商业美术设计
地　　址：广州市解放北路桂花岗东1号
邮　　编：510091
电　　话：(020)86237571

广州美术学院

院系全称：装潢艺术设计系
专业全称：艺术设计
地　　址：广州市海珠区昌岗东路257号
邮　　编：510260
电　　话：(020)84017740

广东商学院

院系全称：人文传播学院
专业全称：广告学
专业设置年份：2001年
学　　制：本科4年
专业师资：教授3人　副教授8人　讲师12人
招生对象：文／理科考生
招生范围：全国
录取分数：较高
地　　址：广州市海珠区赤沙路21号
邮　　编：510320
电　　话：(020)84096903
联 系 人：邱右先

广东外语外贸大学

专业全称：广告学
专业设置年份：2004 年
学　　制：本科 4 年
地　　址：广州市白云大道北 2 号
邮　　编：510420
电　　话：(020)86627595

广东技术师范学院

院系全称：艺术设计系
专业全称：艺术设计
地　　址：广州市天河区中山大道 293 号
邮　　编：510665
电　　话：(020)38256712

华南农业大学

院系全称：艺术学院
专业全称：艺术设计
地　　址：广州市天河区五山路
邮　　编：510642
电　　话：(020)85280048

华南师范大学

院系全称：美术系
专业全称：艺术设计
地　　址：广州市石牌华南师范大学美术学院
邮　　编：510631
电　　话：(020)85211338

韶关学院

院系全称：美术系
专业全称：艺术设计
地　　址：韶关市韶关学院
邮　　编：512005
电　　话：(0751)8120134

韩山师范学院

院系全称：美术系
专业全称：艺术设计
地　　址：潮州市韩山师范学院
邮　　编：521041
电　　话：(0768)2526493

汕头大学

院系全称：艺术学院艺术设计系
专业全称：艺术设计
专业设置年份：1988 年
学　　制：本科 4 年
专业师资：教授 2 人　副教授 4 人　讲师 8 人
招生对象：艺术类考生
招生范围：本省
录取分数：较高
地　　址：汕头市汕头大学艺术学院
邮　　编：515063
电　　话：(0754)2902845
传　　真：(0754)2902936
联 系 人：韩然

深圳大学

院系全称：文学院传播系
专业全称：广告学
专业设置年份：1989 年
学　　制：本科 4 年　专科 3 年　函授 3 年
专业师资：教授 1 人　副教授 6 人　讲师 5 人
招生对象：文／理科考生
招生范围：本省
录取分数：偏高
地　　址：深圳市深圳大学文学院
邮　　编：518060
电　　话：(0755)26536124　26535207
传　　真：(0755)26534442
联 系 人：吴予敏

肇庆学院

院系全称：美术系
专业全称：艺术设计
地　　址：肇庆市东岗区肇庆学院
邮　　编：526061

电　　话：(0758)2716352

广西壮族自治区

广西大学

院系全称：新闻系
专业全称：广告学
专业设置年份：1993年
学　　制：本科4年　专科3年
地　　址：南宁市大学路100号
邮　　编：530004
电　　话：(0711)3232111

广西艺术学院

院系全称：设计学院
专业全称：广告学
专业设置年份：1993年
学　　制：硕士2年　本科4年
专业师资：教授3人　副教授3人　讲师4人
　　　　　助教3人
招生对象：艺术类考生
招生范围：附近省市
录取分数：中等
地　　址：南宁市教育路7号
邮　　编：530022
电　　话：(0771)5358915
传　　真：(0771)5319407
联 系 人：汤晓山

玉林师范学院

专业全称：艺术设计
专业设置年份：2004年
学　　制：本科4年
地　　址：玉林市教育中路229号
邮　　编：537000
电　　话：(0775)2803156

桂林工学院

专业全称：广告学
专业设置年份：2004年
学　　制：本科4年
地　　址：桂林市建干路12号
邮　　编：541004
电　　话：(0773)5896079

贵州省

贵州民族学院

院系全称：中文系
专业全称：广告学
专业设置年份：1995年
学　　制：本科4年
专业师资：教授3人　副教授14人　讲师3人
招生对象：文科考生
招生范围：本省　附近省市
录取分数：中等
地　　址：贵阳市花溪区贵州民族学院文学与传播学院
邮　　编：550025
电　　话：(0851)3610255　3613465
联 系 人：孟维佳

海南省

海南大学

专业全称：广告学
地　　址：海口市海甸岛人民路18号
邮　　编：570228
电　　话：(0898)66259926

四川省

四川大学

院系全称：文学与新闻学院广告系

专业全称：广告学
专业设置年份：1993年
学　　制：博士3年　硕士3年　本科4年
　　　　　专科2年
专业师资：教授2人　副教授4人　讲师5人
招生对象：文／理科考生
招生范围：全国
录取分数：较高
地　　址：成都市四川大学文学与新闻学院
邮　　编：610064
电　　话：(028)85412532
联 系 人：吴建

四川农业大学

院系全称：人文社科学院
专业全称：广告学
专业设置年份：2002年
学　　制：本科4年
专业师资：教授2人　副教授4人　讲师8人
　　　　　助教4人
招生对象：文／理科考生　艺术类考生
招生范围：全国
录取分数：偏低
地　　址：雅安市四川农业大学广告系
邮　　编：625014
电　　话：(0835)2882153
传　　真：(0835)2882345
联 系 人：朱彬

成都理工大学

院系全称：传播科学与艺术学院
专业全称：广告学
专业设置年份：2001年
学　　制：本科4年
专业师资：教授1人　副教授2人　讲师3人
招生对象：文／理科考生
招生范围：全国
录取分数：偏高
地　　址：成都市二仙桥东三路1号
邮　　编：610059
电　　话：(028)84076718
联 系 人：肖建春　陈卓

四川师范大学

专业全称：广告学
地　　址：成都市镇江区静安路5号
邮　　编：610066
电　　话：(028)84442612

西南民族学院

院系全称：艺术学院
专业全称：艺术设计
地　　址：成都市一环路南四段西南民族学院
邮　　编：610041
电　　话：(0812)85524112

西南交通大学

院系全称：艺术与传播学院
专业全称：艺术设计
地　　址：成都市二环路北二段111号
邮　　编：610031
电　　话：(028)87600508

西南财经大学

院系全称：工商管理学院
专业全称：广告学
地　　址：成都市光华村街55号
邮　　编：610074
电　　话：(028)87352246

绵阳师范学院

专业全称：艺术设计
专业设置年份：2004年
学　　制：本科4年
地　　址：绵阳市仙人路一段30号
邮　　编：621000
电　　话：(0816)2200018

西南石油学院

专业全称：广告学

专业设置年份：2004年
学　　制：本科4年
地　　址：南充市油院路30号
邮　　编：637001
电　　话：(0817)2642302

内江师范学院

院系全称：美术系
专业全称：艺术设计
地　　址：内江市桐梓坝
邮　　编：641112
电　　话：(0832)2341742

宜宾学院

院系全称：美术系
专业全称：艺术设计
地　　址：宜宾市育才路9号
邮　　编：644007
电　　话：(0831)3545086

云南省

云南大学

院系全称：国际现代设计艺术学院
　　　　　广告设计艺术系
专业全称：艺术设计
专业设置年份：1994年
学　　制：本科4年
专业师资：副教授3人　讲师6人
招生对象：艺术类考生
招生范围：全国
录取分数：中等
地　　址：昆明市一二一大街云南大学
邮　　编：650031
电　　话：(0871)5036881
传　　真：(0871)5036881
联 系 人：农伟

云南师范大学

院系全称：艺术学院
专业全称：艺术设计
专业设置年份：1993年
学　　制：本科4年　专科3年　函授3年
专业师资：教授1人　副教授2人　讲师4人
招生对象：艺术类考生
招生范围：全国
录取分数：中等
地　　址：昆明市环城北路58号
邮　　编：650092
电　　话：(0871)5192369

云南财贸学院

院系全称：新闻传播系
专业全称：广告学(整合营销传播方向)
专业设置年份：2001年
学　　制：本科4年
专业师资：教授1人　副教授7人　讲师6人
　　　　　助教3人
招生对象：文／理科考生
招生范围：全国
录取分数：中等
地　　址：昆明市龙泉路南段
邮　　编：650221
电　　话：(0871)5113220　5113227
传　　真：(0871)5113220
联 系 人：朱老师

云南民族大学

专业全称：广告学
专业设置年份：2004年
学　　制：本科4年
地　　址：昆明市环城北路420号
邮　　编：650031
电　　话：(0871)5157619

昆明理工大学

专业全称：广告学
地　　址：昆明市一二一大街文昌路68号
邮　　编：650093

电　　话：(0871)5152291

陕西省

西北大学

院系全称：新闻传播学院广告系
专业全称：广告学
专业设置年份：1993年
学　　制：本科4年
专业师资：教授1人　副教授5人　讲师7人
招生对象：文科考生
招生范围：全国
录取分数：偏高
地　　址：西安市高新四路西北大学南校区新闻学院
邮　　编：710075
电　　话：(029)88302525
联 系 人：杨立川

曲靖师范学院

专业全称：艺术设计
专业设置年份：2004年
学　　制：本科4年
地　　址：曲靖市西山开发区
邮　　编：655000

西安美术学院

院系全称：设计系
专业全称：展示设计
地　　址：西安市含光南路100号
邮　　编：710065
电　　话：(029)88222342

西安工业学院

院系全称：人文学院
专业全称：广告学
专业设置年份：2002年
学　　制：本科4年
专业师资：教授1人　讲师3人　助教3人
招生对象：文科考生
招生范围：全国
录取分数：中等
地　　址：西安市西安工业学院人文学院
邮　　编：710032
电　　话：(029)83208052
联 系 人：白军芳

西安石油大学

院系全称：人文学院
专业全称：广告学
专业设置年份：2001年
学　　制：本科4年
专业师资：教授1人　副教授4人　讲师3人
　　　　　助教8人
招生对象：艺术类考生
招生范围：全国
录取分数：中等
地　　址：西安市电子二路18号
邮　　编：710065
电　　话：(029)88382753
传　　真：(029)88382752
联 系 人：朱玮

长安大学

院系全称：人文社会科学学院广告学系
专业全称：广告学
专业设置年份：2001年
学　　制：本科4年
专业师资：教授1人　副教授3人　讲师3人
　　　　　助教3人
招生对象：理科考生
招生范围：全国
录取分数：较高
地　　址：西安市南二环路中段长安大学
邮　　编：710064
电　　话：(029)82334306
传　　真：(029)82334302
联 系 人：曹胜斌

渭南师范学院

专业全称：艺术设计
专业设置年份：2004年
学　　制：本科4年
地　　址：渭南市朝阳路西段
邮　　编：714000
电　　话：(0913)2133041

宝鸡文理学院

院系全称：中文系
专业全称：广告学
专业设置年份：2001年
学　　制：本科4年
专业师资：教授1人　副教授3人　讲师2人
　　　　　助教3人
招生对象：文科考生
招生范围：全国
录取分数：中等
地　　址：宝鸡市高新开发区东区
邮　　编：721013
电　　话：(0917)3364307
联 系 人：仵军智

甘肃省

兰州大学

院系全称：新闻与传播系
专业全称：广告学
地　　址：兰州市嘉峪关西路9号
邮　　编：730000
电　　话：(0931)8913404

兰州交通大学

院系全称：艺术设计学院
专业全称：广告设计系
专业设置年份：2001年
学　　制：本科4年
专业师资：教授1人　副教授2人　讲师7人
招生对象：文科考生
招生范围：全国
录取分数：较高
地　　址：兰州市安宁区西路22号
邮　　编：730070
联 系 人：李莹

兰州商学院

院系全称：艺术学院
专业全称：广告学
地　　址：兰州市段家滩418号
邮　　编：730020
电　　话：(0931)4673857

宁夏回族自治区

宁夏大学

院系全称：人文学院新闻系
专业全称：广告创意与传播
专业设置年份：2000年
学　　制：专科3年
专业师资：副教授1人　讲师7人
招生对象：文科考生
招生范围：本省
录取分数：偏高
地　　址：银川市西夏区宁夏大学人文学院新闻系
邮　　编：750021
电　　话：(0951)2061706
传　　真：(0951)2061116
联 系 人：薛金强

新疆维吾尔自治区

新疆大学

院系全称：人文学院新闻系
专业全称：广告学
地　　址：乌鲁木齐市胜利路14号
邮　　编：830046
电　　话：(0991)8582815

'2006中国广告年鉴
China Advertising Yearbook
第十四版
14th Edition

广告出版物简介

2005 年广告类新书简介

书　　名：智威汤逊的智

书　　号：7-111-15752-4

作　　者：唐锐涛、劳双恩等

定　　价：¥39.80

出版时间：2005 年 1 月

出 版 社：机械工业出版社

书　　名：一位创意总监的告白：CD 不易为

书　　号：7-5080-3645-X

作　　者：林永强

定　　价：¥36.00

出版时间：2005 年 1 月

出 版 社：华夏出版社

书　　名：包装色彩设计

作　　者：尹章伟

定　　价：¥45.00

出 版 社：化学工业出版社

书　　名：¥19.99：顶尖广告高手自曝行业内幕

书　　号：7-5391-2975-1/I · 734

作　　者：〔法〕弗雷德里克 · 贝格伯德

定　　价：¥19.99

出版时间：2005 年 5 月

出 版 社：二十一世纪出版社

书　　名：电通如何成为第一

书　　号：7-80155-786-7/F · 578

作　　者：何辉

定　　价：¥39.80

出版时间：2005年5月

出 版 社：中国市场出版社

书　　名：广告创意法则

书　　号：7-121-01058-5

作　　者：〔美〕迈克尔 · 纽曼

定　　价：¥28.00

出版时间：2005年5月

出 版 社：电子工业出版社

书　　名：国际4A广告公司媒介计划精要

书　　号：7-80677-921-3/F · 1168

作　　者：阿诺德 · M · 巴尔班、斯蒂芬 · M · 克里斯托尔、弗兰克 · J · 科派克
朱海松编

定　　价：¥28.00

出版时间：2005年5月

出 版 社：广东经济出版社

书　　名：国际4A广告公司媒介策划基础

书　　号：7-80677-973-6/F · 1212

作　　者：阿诺德 · M · 巴尔班、斯蒂芬 · M · 克里斯托尔、弗兰克 · J · 科派克
朱海松编

定　　价：¥25.00

出版时间：2005年5月

出 版 社：广东经济出版社

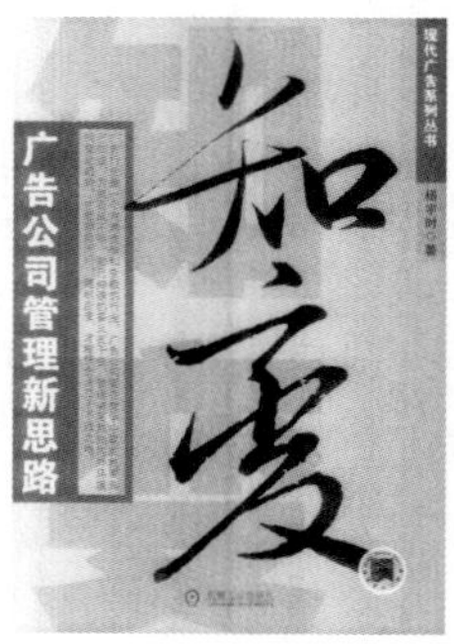

书　　名：知变：广告公司管理新思路

书　　号：7-111-16620-5

作　　者：杨宇时

定　　价：¥19.80

出版时间：2005年5月

出 版 社：机械工业出版社

书　　名：'2005中国广告年鉴

书　　号：ISBN 7-5011-7111-4

编　　者：中国广告年鉴编辑部

定　　价：￥220.00元(精装)

出版时间：2005年6月

出 版 社：新华出版社

书　　名：从广告新人到广告高手

书　　号：7-04-017218-6

作　　者：〔新加坡〕梅琳、〔澳〕吉姆·艾勤森

定　　价：￥25.00

出版时间：2005年8月

出 版 社：高等教育出版社

书　　名：无广告营销

作　　者：〔美〕迈克尔·菲利普斯

定　　价：￥28.00

出版时间：2005 年8月

出 版 社：电子工业出版社

书　　名：广告业务员——销售方法与技巧

书　　号：7-80728-074-3/F·1266

作　　者：麦德里销售顾问中心 主编

定　　价：￥18.00

出版时间： 2005 年8月

出 版 社：广东经济出版社

书　　名：名师设计教学创新思维·吕敬人书籍设计教程

书　　号：7-5394-1729-3/TS·17

作　　者：吕敬人

定　　价：￥45.00

出版时间：2005年8月

出 版 社：湖北美术出版社

书　　名：第五媒体：无线营销下的分众传媒与定向传播

书　　号：7-80728-097-2/F · 1279

作　　者：朱海松

定　　价：￥28.00

出版时间：2005 年 9 月

出 版 社：广东经济出版社

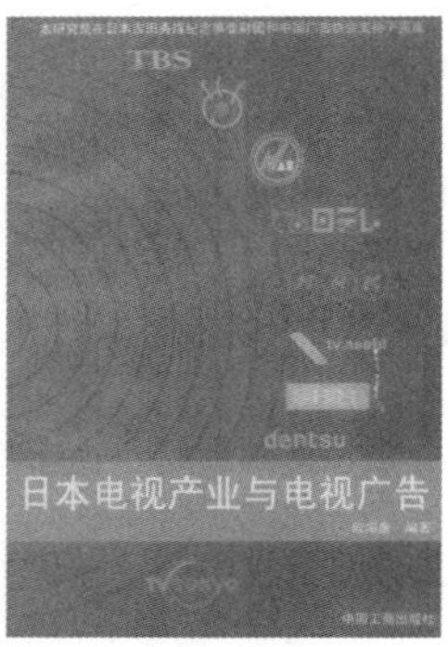

书　　名：日本电视产业与电视广告

作　　者：欧阳康

定　　价：￥18.00

书　　名：广告革命

书　　号：7-302-11443-9/G · 398

作　　者：〔美〕Joe Cappo、樊曦

定　　价：￥25.00

出版时间：2005 年 9 月

出 版 社：清华大学出版社

书　　名：广告视觉设计基础

书　　号：7-5615-2432-3/G · 398

作　　者：罗萍

定　　价：￥18.00

出版时间：2005 年 9 月

出 版 社：厦门大学出版社

书　　名：网络公关（第二版）

书　　号：7-301-08975-9/F · 1104

作　　者：〔英〕菲利普斯

陈刚 袁泉译

定　　价：￥32.00

出版时间：2005 年 9 月

出 版 社：北京大学出版社

书　　名：品牌有价:1995－2004中国品牌价值报告

书　　号：7801972961

作　　者：王静

定　　价：￥150.00

出版时间：2005年10月

出 版 社：企业管理出版社

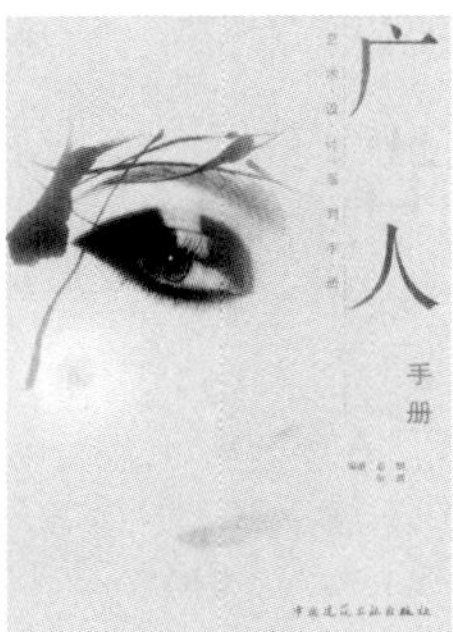

书　　名：广告人手册

书　　号：7－112－67783－4

作　　者：赵明、张雳

定　　价：￥68.00

出版时间：2005年11月

出 版 社：中国建筑工业出版社

书　　名：中国广告案例年鉴2005

书　　号：7－80186－454－9

编　　者：中国广告杂志社

定　　价：￥398.00

出版时间：2005年12月

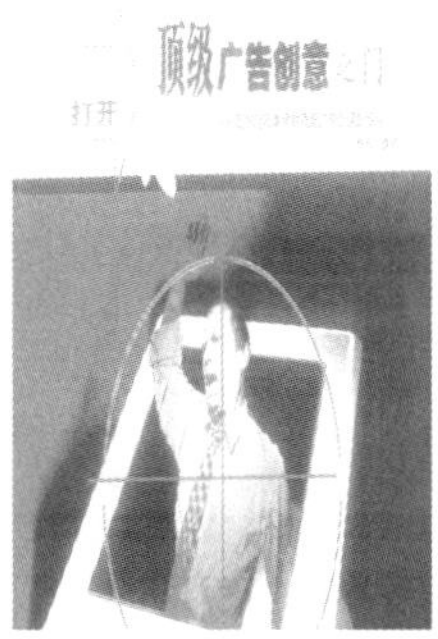

书　　名：打开顶级广告创意之门

书　　号：7－222－04583－X

作　　者：曹鹏志

定　　价：￥65.00

出版时间：2005年11月

出 版 社：云南人民出版社

书　　名：卓越广告：如何创造最优秀的平面广告

书　　号：7－301－08418－8/F · 1013

作　　者：〔澳〕吉姆 · 艾奇逊
　　　　　张红霞等译

定　　价：￥68.00

出版时间：2005年12月

出 版 社：北京大学出版社

书　　名：形象的修辞——广告与当代社会理论

书　　号：7-300-06952-5

作　　者：罗兰·巴尔特、让·鲍德里亚等
吴琼、杜予编

定　　价：¥21.80

出版时间：2005年12月

出 版 社：人民大学出版社

书　　名：新营销主张

书　　号：7-5060-2378-4

作　　者：贾昌荣著
曾朝晖主编

定　　价：¥35.00

出版时间：2005年12月

出 版 社：东方出版社、东方音像电子出版社

书　　名：新品牌主张

书　　号：7-5060-2379-2

作　　者：贾昌荣著
曾朝晖主编

定　　价：¥35.00

出版时间：2005年12月

出 版 社：东方出版社、东方音像电子出版社

书　　名：2005-2006 IMI消费行为与生活形态年鉴（全1册）

编　　者：IMI研究所

定　　价：¥800.00

出版时间： 2005年12月

出 版 社：中国广播学院出版社

全国主要广告类刊物名录

北京市

现代广告 /Modern Advertising

主管单位：国家工商行政管理总局
主办单位：中国广告协会
编辑出版：《现代广告》杂志社
地　　址：北京市宣武区广安门外大街248号机械大厦909、910室
邮　　编：100055
电　　话：(010)63317498
传　　真：(010)63317499
电子邮件：ad6898@vip.sina.com
网　　址：www.cnad.com.cn
国内刊号：CN11－3168/F
国际刊号：ISSN 1007－2888
邮发代号：82－685
开　　本：12开
出版周期：月刊
定　　价：￥18.00/期　￥153.60/年
国内发行：北京市报刊发行局
订　　阅：全国各地邮局
广告经营许可证号：1000004000018

国际广告 /International Advertising

主管单位：中华人民共和国商务部
主办单位：中国商务广告协会
编辑出版：国际广告杂志社
地　　址：北京市建国门外大街12号4层
邮　　编：100022
电　　话：(010)65684490
传　　真：(010)65681942
电子邮件：hhh@v.com.cn
创刊年代：1985年
国内刊号：CN11－2487/F
国际刊号：ISSN 1000－4122
邮发代号：82－705
开　　本：大16开
出版周期：月刊
定　　价：￥12.00/期　￥144.00/年
国内发行：北京市报刊发行局
订　　阅：全国各地邮局
广告经营许可证号：京朝工商广字第0088号

艺术与设计 /ART AND DESIGN

主管单位：中华人民共和国新闻出版总署
编辑出版：《艺术与设计》杂志社
地　　址：北京市西城区阜外大街34号干休所3号楼5层
邮　　编：100832
电　　话：(010)68583578
传　　真：(010)68570937
电子邮件：joanna_chen@vip.163.com
网　　址：www.artdesign.org.cn
国内刊号：CN11－3909/J
国际刊号：ISSN 1008－2832
邮发代号：82－273
开　　本：大16开
出版周期：双月刊
定　　价：￥25.00/期　￥150.00/年
订　　阅：全国各地邮局

广告直通车／AD Express

主管单位：中华全国供销合作总社

主办单位：中华全国供销合作总社信息中心

协办单位：北京北奥广告有限公司

出　　版：《中国供销商情》杂志社

编　　辑：《广告直通车》编辑部

地　　址：北京市复兴门内大街 45 号

邮　　编：100801

电　　话：(010)62006999－606/607

传　　真：(010)62009595

电子邮件：ztc@bestall.com.cn

国内刊号：CN11－3966/F

国际刊号：ISSN 1008－7443

邮发代号：80－380

开　　本：大 16 开

出版周期：月刊

定　　价：¥15.00/ 期

国内发行：北京市报刊发行局

订　　阅：全国各地邮局

广告经营许可证号：京西工商广字 0016 号

市场观察·媒介／MEDIA

主管单位：国务院国有资产监督管理委员会

主办单位：中国企业家协会

编辑出版：《市场观察·媒介》编辑部

地　　址：北京市朝阳区定福庄南里 7 号中国传媒大学 46 号楼 107 室

邮　　编：100024

电　　话：(010)65450238

电子邮箱：media@vip.sohu.com

网　　址：www.teamworkmedia.com.cn

国内刊号：CN11－3281/F

国际刊号：ISSN 1006－9089

邮发代号：80－267

开　　本：12 开

出版周期：月刊

定　　价：¥18.00/ 期　　¥216.00/ 年

广告经营许可证号：京门工商广字第 0466 号

市场观察·广告主／ADVERTISER

主管单位：国务院国有资产监督管理委员会

主办单位：中国企业家协会

编辑出版：《市场观察·广告主》编辑部

地　　址：北京市海淀区紫竹院南路 17 号

邮　　编：100044

电　　话：(010)68732257　68701296

电子邮件：guanggaozhu@vip.sohu.com

网　　址：www.advertiser.cn

国内刊号：CN11－3281/F

国际刊号：ISSN 1006－9089

邮发行号：2－790

开　　本：大 16 开

出版周期：月刊

定　　价：¥15.00/ 期

订　　阅：全国各地邮局

广告经营许可证号：京海工商广字 0151 号

中国传媒广告指南／AD·DM·MAGAZINA

主管单位：中国商业联合会

主办单位：中华全国商业信息中心

承办单位：北京祥寰广告有限公司

地　　址：北京市海淀区西客站南路 16 号 7 号楼 1 层

邮　　编：100073

电　　话：(010)63267631

传　　真：(010)63268236

创刊年代：2004 年

开　　本：8 开

出版周期：季刊

国内发行：免费直投

广告经营许可证号：京工商印广登字20040025号

21世纪广告／21ST CENTURY ADVERTISING

主管单位：中国民用航空总局

主办单位：中国国际经济科技法律人才学会

合办单位：国家工商行政管理总局

协办单位：中国广告协会公交委员会

编辑出版：《21世纪广告》杂志社

地　　址：北京市丰台区马家堡嘉园一里5号楼4-802

邮　　编：100068

电　　话：(010)87562290/2291-13/14/15

传　　真：(010)87562289

电子邮件：tg@21ad.org

网　　址：www.21ad.org

国内刊号：CN11-4444/C

国际刊号：ISSN1009-3990

开　　本：16开

定　　价：￥20.00/期

广告经营许可证号：京西工商广字第0262号

上 海 市

中国广告／CHINA ADVERTISING

主管单位：中国出版集团

主办单位：东方出版中心／上海百联集团有限公司／上海市广告协会

编辑出版：中国广告杂志社

地　　址：上海市宁海东路200号申鑫大厦1805室

邮　　编：200021

电　　话：(021)63552298

传　　真：(021)63551811

网　　址：www.ad-cn.net

电子邮件：china-ad@online.sh.cn

创刊年代：1981年

国内刊号：CN31-1174/F

国际刊号：ISSN 1005-9156

邮发代号：4-408

开　　本：大16开

出版周期：月刊

定　　价：￥15.00/期

国内发行：上海市报刊发行局

订　　阅：全国各地邮局

网络发行：当当网

广告经营许可证号：3101014000003

设计新潮／ARCHITECTURE & DESIGN

主办单位：上海社会科学院

编辑出版：设计新潮杂志社

地　　址：上海中山西路1800号兆丰环球大厦28楼

邮　　编：200233

电　　话：(021)64400372 64400374 64400379

传　　真：(021)64400850

电子邮箱：public@a-d-cn.com

网　　址：www.a-d-cn.com

国内刊号：CN31-1538/J

开　　本：16开

定　　价：￥40.00/期

广告经营许可证号：3101064000026

江 苏 省

广告大观／AD PANDRAMA

主办单位：江苏省广播电视集团

编辑出版：《广告大观》杂志社

地　　址：南京市中央路32号联通大厦10楼B、C座

邮　　编：210008

电　　话：(025)83217901

传　　真：(025)83217905

电子邮件：adp@vip.163.com

网　　址：www.cnadp.com

国内刊号：CN32-1730/F

国际刊号：ISSN 1672-9005

邮发代号：28-292

开　　本：大16开

出版周期：月刊

定　　价：￥15.00/期　￥180.00/年

广告经营许可证号：3200004040733

中国标识/China Sign

主管单位：江苏省广播电视集团

主办单位：《广告大观》杂志社

编辑出版：《中国标识》编辑部

地　　址：南京市成贤街39号成贤公寓02栋1-202室

邮　　编：210018

电子邮箱：chinasign@vip.163.com

网　　址：www.GotoRead.com

电　　话：(025)83693950/83693951

传　　真：(025)83693950-1010

开　　本：大16开

出版周期：月刊

国内刊号：CN32-1730/F

定　　价：￥10.00/期

江 西 省

广告人/ADMEN

主办单位：江西省人民广播电台　江西电视台　天津市广告协会

出版单位：《声屏世界》杂志社

编辑单位：《广告人》编辑部

地　　址：天津市河西区永安道泰达园1号楼2门101 室

邮　　编：300204

电　　话：(022)23241100 23241101

传　　真：(022)23241087

电子邮箱：Mggg@Public.tpt.tj.cn

国内刊号：CN36-1149/G2

国际刊号：ISSN 1006-3366

广告经营许可证号(赣)002-209号

广 东 省

包装&设计/PACKAGE DESIGN

主办单位：中国包装进出口广东公司

编辑出版：《包装&设计》杂志社

地　　址：广州市侨光路2号5楼

邮　　编：510116

电　　话：(020)83341674

传　　真：(020)83341694

电子邮件：pnd@package-design.net

网　　址：www.package-design.net

国内刊号：CN44-1262/TB

国际刊号：ISSN 1007-4759

开　　本：大16开

出版周期：双月刊

定　　价：￥25.00/期　￥150.00/年

国内发行：自办发行

广告经营许可证号：4400004000473

贵州省

广告导报／Advertising Pointer

主办单位：贵州人民出版社
编辑出版：《大市场》杂志社
地　　址：贵阳市中华北路289号
邮　　编：550004
电　　话：(0851)6828370
电子邮件：ad@vip.sina.com
网　　址：www.newad.net
国内刊号：CN52－1129/F
国际刊号：ISSN 1671－7902
邮发代号：66－61
开　　本：大16开
出版周期：月刊
定　　价：￥15.00／期　￥180.00／年
订　　阅：全国各地邮局
广告经营许可证号：黔工商广字0015号

香港特别行政区

龙吟榜／LONGYIN REVIEW

出 版 商：龙吟榜有限公司
地　　址：香港湾仔轩尼诗道24－34号大生商业大厦23楼
电　　话：(852)28249999
传　　真：(852)28249998
电子邮件：info@longyinreview.com
网　　址：www.longyinreview.com
开　　本：16开

亚洲户外／ASIA OUTDOOR

出版机构：亚洲户外传媒有限公司
地　　址：香港中环皇后大道中148号鹿角大厦305室
电　　话：(852)25120198
传　　真：(852)25108908
国际刊号：ISSN1814－4918
开　　本：16开
定　　价：HK$30／期

台湾省

广告／Adm

出 版 商：滚石文化股份有限公司
地　　址：台北市光復南路290巷1号6楼之一
电　　话：(8862) 27216121
传　　真：(8862) 27751132
开　　本：16开
出版周期：月刊
定　　价：NT$200／期　NT$2,000／年

创意情报／CREATIVE INFORMATION

出版机构：百页出版有限公司
地　　址：台北市民权东路二段92巷7弄13号1楼104
台北邮局第55－35号信箱
电　　话：(8862)25212233
传　　真：(8862)25318833
国际刊号：ISSN 1808－1908
开　　本：16开
定　　价：NT$380／期

意／CAMPAIGN BRIEF

出版机构：百页出版有限公司
地　　址：台北市民权东路二段92巷7弄13号1楼104
台北邮局第55－35号信箱
电　　话：(8862) 25212233

传　　真：(8862) 25318833

网　　址：www.100p.com

国际刊号：ISSN 1812-917X

开　　本：16开

Lurzer的广告档案

出 版 人：Walter Lurzer，David Choi

地　　址：台北市民权东路二段92巷7弄13号1F

电　　话：(8862) 25212233

传　　真：(8862) 25218833

电子邮箱：dc@100p.com

网　　址：www.luerzer sarchive.com

开　　本：16开

’2006中国广告年鉴

China Advertising Yearbook

第十四版

14th Edition

广告专业书店名录

全国主要广告专业书店名录

北京龙之媒广告文化书店

地址：北京市东城区东直门南大街9号华普花园A座205室

邮编：100007

电话：(010)84094096

传真：(010)84094090

北京俊杰视点广告文化书店

地址：北京市西城区南礼士路3号龙蕃写字楼B座207室

邮编：100037

电话：(010)68038931

传真：(010)68020361

北京麦迪逊广告人书店

地址：北京市东城区和平里北街

邮编：100013

电话:(010)64206691

传真:(010)64206691

天津新思路工具书店

地址：天津市南开区复康路7号龙潭康乐园302室

邮编：300074

电话：(022)23524875

上海龙之媒书店

地址：上海市淮海中路381号中环广场商场307室

邮编：200020

电话：(021)63916848

传真：(021)63916910

上海麦迪逊广告人书店

地址：上海市黄浦区湖北路20号底楼

邮编：200001

电话:(021)33040306

重庆广告人书店

地址：重庆市渝中区较场口85号大元广场12–2号

邮编：400010

电话：(023)63725730

传真：(023)63725730

山西广告人书店

地址：山西大学西门北20米2楼(山西大学)

邮编：030006

电话：(0351)7189677

沈阳美好广告人与设计书店

地址：沈阳市沈河区药王庙路5号

邮编：110014

电话：(024)22944099

传真：(024)22927900

大连广告人书店

地址：大连市沙河口区民政街419号科技广场大厦A座1206室

邮编：116021

电话：(0411)84519927

南京龙之媒书店

地址：南京市鼓楼区汉中路108号金轮大厦汇贤楼204室

邮编：210029

电话：(025)84728505

传真：(025)84728505

浙江艺博广告人书店

地址：杭州市文三路100号305室

邮编：310012

电话：(0571)88226411

宁波广告艺术书店

地址：宁波百丈东路62号

邮编：315041

电话：(0574)87844777

传真：(0574)87784019

山东广告人书店济南店

地址：济南市历山路72号

邮编：250013

电话：(0531)86991358

传真：(0531)86415362

山东广告人书店青岛店

地址：青岛市漳州二路54号香港花园(高层)B座1804室

邮编：266000

电话：(0532)85899338

传真：(0532)85967936

青岛市海伦广告人书店

地址：青岛市南京路98号1号楼705室

邮编：266071

电话：(0532)85824562

传真：(0532)85824562

长沙龙之媒书店

地址：长沙市五一西路189号锦绣中环大厦1602室

邮编：410005

电话：(0731)2324695

传真：(0731)2324690

广州龙之媒书店

地址：广州市环市东路358号珠江大厦西塔1101室

邮编：510060

电话：(020)83856275

传真：(020)83846383

广州市麦迪逊广告人书店(总店)

地址：广州市环市东路498号广发花园柏丽商业中心22楼C室

邮编：510075

电话：(020)87603532

昆明麦迪逊广告人书店

地址：昆明市书林街71号

邮编：650011

电话：(0871)3120529

成都龙之媒书店

地址：成都市城守东大街59号蓝光大厦1610室

邮编：610016

电话：(028)66815866

传真：(028)66815868

西安龙之媒书店

地址：西安市长安中路100号西北文化艺术大厦1109室

邮编：710061

电话：(029)85360278

传真：(029)85360272

乌鲁木齐广告人书店

地址：乌鲁木齐市中山路116号国际合信大厦14楼1405室

邮编：830002

电话：(0991)2826296

传真：(0991)2826296

'2006中国广告年鉴
China Advertising Yearbook
第十四版
14th Edition

广告网站名录

全国主要广告网站名录

中国广告监管网

主 办 者：国家工商行政管理总局
网　　址：http://ggs.saic.gov.cn/

中国广告 TOP 网

主 办 者：中国广告协会、中广托普广告传媒有限公司
网　　址：http://www.ad-e.cn/
地　　址：北京市宣武区广安门外大街 248 号机械大厦 2114
邮　　编：100055
电　　话：(010)63317484
传　　真：(010)63317485
E-mail：cnadtop@yahoo.com.cn
zxm.bj@163.com

中国广告年鉴网

网　　址：http://www.nianjian100.com
地　　址：北京五芳园邮局 100 信箱
邮　　编：100040
电　　话：(010)68628860
传　　真：(010)68627480
联 系 人：孙　鹏

广告资讯网

网　　址：www.adnews.com.cn
地　　址：北京五芳园邮局 520 信箱
邮　　编：100040
电　　话：(010)51651520
E-mail：2006@adnews.com.cn
联 系 人：王　琼

中国广告网

网　　址：http://www.cnad.com
地　　址：广州市林和中路 188 号恒源大厦副楼 401
电　　话：(020)38181293
传　　真：(020)38773538

中国营销广告招聘网

网　　址：http://www.cnad.cn/
地　　址：广州市林和中路 188 号恒源大厦副楼 402
邮　　编：510610
电　　话：(020)38773558
传　　真：(020)38773538
E-mail：cnad2004@126.com

中国影视广告网

网　　址：http://www.cntvc.com.cn/

中国广告网站联盟

网　　址：http://www.adwww.cn/
电　　话：(029)88570586
E-mail：sxadw@sxadw.com

中国广告总库

网　　址：http://www.adidc.com/
电　　话：(0571)88984348(直线)
传　　真：(0571)88984322

中国广告人网

网　　址：http://www.chinaadren.com/
电　　话：(028)89843511
E-mail：neology@chinaAdren.com

中国4a广告网

网　　址：http://www.cnaaaa.com/

电　　话：(020)34121565

E-mail：cnaaaa@cnaaaa.com

中国媒体广告刊例网

网　　址：http://www.mtklw.com.cn/

地　　址：武汉市洪山区徐东路7号徐东花园三期A区3-4-403

邮　　编：430062

电　　话：(027)86701389

传　　真：(027)86701381

E-mail：86701381@163.com

中国户外广告网

主 办 者：上海显辉信息技术有限公司

网　　址：http://www.outdoorad.cn/

地　　址：上海市黄浦区新桥路 68 号新桥大厦1922-1925 室

邮　　编：200003

电　　话：(021)63593624-19

传　　真：(021)63593624-18

E-mail：outdoorad@outdoorad.cn

中国译商广告网

网　　址：http://www.chinayishang.com/

电　　话：(024)23504968

E-mail：100@chinayishang.com

中国广告礼品网

网　　址：http://www.adgift.cn/

主 办 者：深圳市文联文化发展有限公司

地　　址：罗湖区宝安南路2052号宝丽大厦A座22G

电　　话：(0755)25567600

中华广告网

网　　址：http://www.a.com.cn/

电　　话：(010)62140066-263

中华广告信息网

网　　址：http://www.ad126.com/

邮　　编：518034

电　　话：(0755)82963894

传　　真：(0755)82963873

E-mail：comkin@ad126.com

华人广告网

网　　址：http://www.12233.cn/

地　　址：广东省汕头市潮南区司马下店路鼎盛大厦4楼

邮　　编：515149

电　　话：(0754)7737982

传　　真：(0754)7713578

慧聪广告网

网　　址：http://www.ad.hc360.com/

电　　话：(010)82211822

传　　真：(010)82211922

完全广告网

网　　址：http://www.adw3.com/

广告在线

网　　址：http://www.adok.cn/

电　　话：(0731)2350066

E-mail：webmaster@adok.cn

广告互联

网　　址：http://info.iab.com.cn/

城市广告网

主 办 者：盛世东方广告策划有限公司

网　　址：http://www.cityadm.com/

电　　话：(0335)3608087

东北广告网

网　　址：http://www.dbad.net/

河北广告网

网　　址：http://www.heb-ad.com/

河南广告网

网　　址：http://www.hnad.com.cn/

四川广告网

网　　址：http://www.sc158.com/

地　　址：成都晋阳路184号金雁大厦

邮　　编：610045

电　　话：(028)87443326

江西广告网

网　　址：http://www.jxad.com/index.html

江西分类广告网

网　　址：http://www.danjn.com/index.asp

地　　址：江西省南昌市青山湖大道342号

陕西广告网

网　　址：http://www.sxadw.com/

电　　话：(029)88570586

传　　真：(029)84037575

邮　　件：sxadw@sxadw.com

新安广告网

网　　址：http://www.ahad.com.cn/

电　　话：(0551)3936071

E-mail：ahad@ahad.com.cn

福建广告导航

网　　址：http://www.17330.com/free/

E-mail：25000910@163.com

哈尔滨广告网

网　　址：http://www.hrbad.com/

电　　话：(0451)82837102　82837103

传　　真：(0451)82569757

E-mail：info@hrbad.com

西安广告网

网　　址：http://www.xaad.com/

地　　址：西安市建设西路169号西藏办事处院内

电　　话：(029)81061238

E-mail：adv@xaad.com

杭州广告网

网　　址：http://www.hzad.net/

电　　话：(0571)85151986

武汉广告资讯

网　　址：http://www.ntad.com.cn

电　　话：(027)85447531-8003/8001

E-mail：whax@whax.cn

苏州广告信息网

网　　址：http://www.suzhou588.com/

E-mail：suzhou588@sina.com.

温州广告网

网　　址：http://www.wzad.net/
电　　话：(0577)81106048
E-mail：webmaster@wzad.net

常州广告网

网　　址：http://www.czgg.net/

淄博广告网

网　　址：http://www.zbggw.com/
E-mail：ziwo2001@163.com

雅兴广告网

网　　址：http://www.yxad.com/
地　　址：福建省福州市北环中路
E-mail：yxad@tom.com

'2006中国广告年鉴
China Advertising Yearbook
第十四版
14th Edition

全国广告经营单位选介

北京市

公 司 类

盛世长城国际广告有限公司

(中国一级广告企业 认定日期：2004年5月21日)

地 址：北京市建国门内大街7号光华长安大厦2座12层

邮 编：100005

盛世长城国际广告有限公司是一家中英合资经营企业，是世界第四大传播集团阳狮集团的一部份，主要从事设计、制作国内外各类广告，并代理广告发布和各种媒介的广告业务等工作。英方盛世中央服务有限公司是一家国际广告连锁企业，中方是中国长城工业公司及中国天马图片公司。公司于1992年成立，是第一家在中国取得营业执照的国际广告公司，也是一个连续十年在中国广告业独占鳌头的广告公司，同时也是第一家在戛纳国际广告节为中国勇夺平面大奖而扬威国际的广告公司。

盛世长城国际广告有限公司2002年以来的主要客户：蒙牛、宜家家居、西安杨森、丰田、雪花啤酒等。盛世长城既能帮助客户生意屡创高峰，又能坚持创作优秀的创意作品，这一切只因为盛世长城相信，世上无事不可为。

北京电通广告有限公司

(中国一级广告企业 认定日期：2004年5月21日)

地 址：北京市东城区朝阳门北大街8号富华大厦F座11层

邮 编：100027

电 话：(010)65545087

传 真：(010)65542098

北京电通成立于1994年，随着业务的发展，北京电通分别在上海、广州、青岛、深圳设立分公司，现有员工900余人、客户近百个，主要客户有丰田、佳能、松下、东芝、NEC、联想、联通、两面针、雀巢、海尔、夏新、三得利、花王等。2003年至今，连续三年北京电通在中国广告公司的营业收入排行第一。生机勃勃的北京电通自成立以来，在中国迅速拓展扩大，业务范围得到了进一步发展壮大，通过功能齐全，设置完善的电通体系，随时随地为客户提供电通独具特色“全方位信息交流及传播服务”。挑战所有的传播课题，寻求最佳的解决方案是电通始终如一的奋斗方向。成为客户创造价值的合作伙伴是电通公司的准则。

北京未来广告公司

(中国一级广告企业 认定日期：2004年5月21日)

地 址：北京市复兴路乙11号梅地亚中心写字楼6层

邮 编：100038

电 话：(010)68507145

传 真：(010)68514364

中央电视台所属唯一全资广告公司，公司经营收入占CCTV年度总收入约20%。公司独家代理经营着众多优质和最新央视媒体资源：CCTV-5体育频道、CCTV-8电视剧频道、CCTV-12社会与法频道，CCTV-1《东方时空》、《今日说法》栏目，央视国际网络等，这些媒体深受客户认可，在中国电视媒体市场占据重要地位。公司成立于1992年，坚持“以市场为导向，以客户为中心”的服务理念，1997年以来，连续被北京市工商局评为“重合同、守信用”单位。面向未来，公司进一步强化“客户导向”，从客户需求出发，不断完善服务流程，深化客户服务；与中国最具实力的广告公司建立战略合作关系，共同致力于实现客户利益，为品牌搭建强势传播平台。与客户共成长，公司经营规模连续多年位居本土广告公司第一位，2005年广告经营额接近20亿元，正努力向综合服务型国际化广告公司发展。

北京歌华阳光广告有限公司

(中国一级广告企业 认定日期：2004年5月21日)

地 址：北京市东城区贡院西街1号

邮 编：100005

北京歌华阳光广告有限公司成立于2000年10月。是由北京歌华文化发展集团和北京青年报共同投资，由北京歌华广告艺术公司和北京阳光广告公司合并重组而成的。公司注册资本1000万元人民币，是一家具有全面广告代理能力的综合性大型广告公司，目前主管单位为中共北京市委宣传部和北京广播影视集团。

北京歌华阳光广告有限公司身处中国本土政治文化中心，公司背景和所处位置决定了歌华阳光在本土文化的土壤中孕育，在本土文化的环境中生长，在本土文化的灌溉下壮大。对于本土文化环境和中国消费者习性有深度了解，与客户在文化背景、语言、生活习惯等方面有天然的良好沟通。能够凭借对本土市场的深刻理解、准确判断，创作出适合本土文化的广告创意，让传统文化中历久弥新的精髓部分在现代广告运作中获得升华。发扬本土广告公司的资源、成本、人才优势。借鉴成熟的广告运作模式，形成独特的运作方式。挖掘本土广告公司员工的创业热情，锤炼出一支适应市场、竞争力强的创作团队：强调协作，鼓励创新，吸纳新生力量，适应整个广告大环境的飞速变迁。

北京炎黄时代广告有限公司

（中国一级广告企业 认定日期：2004年5月21日）

地 址：北京市西城区文津街7号国家图书馆分馆临琼楼2层

邮 编：100802

电 话：(010)66129928

传 真：(010)66129928

北京炎黄时代广告有限公司是一家以户外广告为主的综合性广告公司，公司现有员工65人，86%具有大学专科以上学历。我公司在北京繁华地段拥有两万多平方米的户外广告资源，同时拥有全国范围的户外媒体网络。2004年公司营业额为1409万元，2005年营业额为1839万元。在过去的两年内服务过的大客户有中国人寿、中国惠普、中国网通、广东发展银行、华润地产、珠江地产、中远房地产等60多家中外企业。2004年公司与西城区人民政府共同主办了第三届什刹海文化旅游节。2004年，中国医院协会独家授权我公司组建“炎黄健康传媒”，经过一年多的发展，现在已覆盖全国40个城市、1000家二级甲等以上医院。

北京太阳圣火广告公司

（中国一级广告企业 认定日期：2004年5月21日）

地 址：北京市朝阳区建国路88号现代城SOHO-A座2309

邮 编：100022

北京太阳圣火广告有限公司，具有中国一级广告企业资质，拥有极富创作力的精英人才群体，致力于国际先导水平的广告业、影视业、文化交流、旅游娱乐、慈善教育等产业的开拓与发展。以北京为中心，在香港、山东等地设立分支机构，投资亿元，建造影视基地。先后与五粮液集团、中国人寿、日本迅普、神龙富康、香港索芙特、青岛海尔、烟台张裕等几十家国内外著名企业进行了良好的合作。策划并与中央电视台合作推出《著名企业故事展播》、《著名企业音乐电视展播》、《中国魅力城市展播》、《电视扶贫广告展播》。策划项目及作品荣获近百项国内外大奖，被评为全国广告行业精神文明先进单位，荣获中国优势广告企业称号。

自创立以来，全体同仁秉持“帮弱者变成强者、助强者成为智者”的经营理念，上下求索，用智慧创造奇迹，以实力整合资源。突破同化常规，独辟蹊径，全新创造“整合策划解困升级专家”、“经营哲学体系设计专家”、“品牌形象识别设计专家”、“创新传播代理执行专家”、“强势公关运作协调专家”、“大型活动策划组织专家”、“盛典影像创意制作专家”集群互动 6+1 服务模式。在实践中积极倡导哲学智慧融入企业文化，以立体创新思维全力探索、横向联合、纵向突破形成强大的创造能量，为未来发展、奉献社会注入源源不断的推动力。

北京公交广告有限公司

（中国一级广告企业 认定日期：2004年5月21日）

地 址：北京市东城区交道口南大街16号

邮 编：100007

电 话：(010)64007772

传 真：(010)64007772

北京公交广告有限责任公司成立于1992年，是北京地区经营公交广告媒体的大型广告公司。公司主要承办北京市公交车身、车厢、候车亭灯箱、站牌等国内外广告业务。注册资金4000万，总资产2.6亿元。公司宗旨是：客户第一、诚信至上、互惠互利、共同发展。

北京公交广告有限责任公司媒体覆盖全城，有公交线路850余条，18000余辆公共电汽车，豪华不锈钢候车亭灯箱媒体6000个。 公司拥有国际先进的电脑彩色设计、彩色喷绘、多功能刻字机及电脑管理系统等一整套先进设备，完全具备了为广告客户进行全方位策划、创意、设计、制作和发布的实力。

公司连续多年被评为首都广告行业精神文明先进单位、全国广告行业精神文明先进单位；2003年、2004年、2005年被北京市工商局、北京广告协会评定为“守信企业”；是北京市东城区重点企业、纳税大户。

北京大禹伟业广告有限公司

（中国一级广告企业 认定日期：2005年3月17日）

地 址：北京市朝阳区小红门路312号川办院内

邮 编：100078

大禹伟业广告（集团）公司是全国性的大型民营广告集团，以户外媒体为核心竞争优势，集市场调研、营销企划、广告创意、设计制作、媒介服务、全案代理于一体，为现代企业品牌营销提供综合性代理服务。集团在全国60多个重点城市设有公司或办事处，在众多省会城市的黄金口岸拥有自己的广告媒体资源，累计发布户外广告超过1000万平方米。2005年，大禹伟业广告集团营业额达7.59亿元。

集团出色服务于TCL集团、中国移动、中国电信、英特尔、东芝、泸州老窖等众多知名企业。TCL手机、澳的利饮料等许多经典案例，荣获了包括“艾菲实效奖、中国营销杰出案例金奖等在内的数十项大奖。

大禹伟业广告集团连续三年位列中国本土广告公司综合实力前三位；为中国广告协会直属会员，是中国广告协会户外委员会发起单位，常务委员单位；荣膺“中国一级广告企业”、“全国广告行业文明单位”、“守信企业”、“中国十大广告营销机构”称号……

2005年，大禹伟业广告集团开创性地推出以“大采购、大销售”为核心的户外媒体新型运营模式，构建“户外媒体即卖系统”，致力于打造中国户外媒体的“沃尔玛”，首创“分时媒体”，引领户外广告行业进入新纪元。

北京市万方广告影视公司

(中国一级广告企业　认定日期：2005年3月17日)

地　址：北京市东城区王府井大街99号世纪大厦A806室
邮　编：100006
电　话：(010)65597769

北京市万方广告影视公司是一家综合性的专业广告影视公司，致力于企业整体营销策划、广告代理、媒体发布、平面设计、礼品制作等方面的业务。同时涉足于电视剧及影视广告的制作。公司自1993年创立以来，成功代理发布了数十家国内外企业的广告业务，客户行业涉及医药、旅游、运输、电信、IT、汽车、房地产、非盈利机构等。

万方影视拥有当今世界最先进的数字电视拍摄、制作设备，为拍摄高质量的画面提供了技术上的保证。公司已为中央电视台、北京电视台、中国教育台、北京有线台、北影、八一电影制片厂、紫禁城影业公司等数十家制作单位制作过电视剧、栏目、广告、专题等大量节目，并建立了良好紧密的合作关系。

北京国安广告总公司

(中国一级广告企业　认定日期：2005年3月17日)

地　址：北京市朝阳区农光南里1号楼龙辉大厦7层
邮　编：100021

北京国安广告总公司,成立于1988年6月，业务包括：市场调研、营销策划、广告策划、创意、设计及制作、媒介策划及购买、公关活动策划及实施、影视广告制作、影视节目制作及发行等，具有承接国际外商广告业务以及国内各类广告、广告制作发布、户外广告、媒体咨询和购买能力和整体品牌策划、营销能力。

国安广告以创新求发展，1988年和中央电视台一起创办了中国电视媒体上第一个广告专栏《榜上有名》和《名不虚传》，至今仍然是中央电视台的名牌栏目，并载入中国广告史；1991年和北京电视台一起创办了国内首家用企业名称命名的电视综艺专栏节目《国安剧场》，为企业与媒体的结合创造了一种全新的方式；1992年投资700万美元在北京站设立巨型户外媒体——超级视屏，是世界最大的户外视屏大屏幕；2002年又与中央电视台共同创办《名牌栏目》。这些栏目的创办，媒体的合作开发，对推动我国广告业与新闻媒体的结合，对开拓公司广告业务的发展起到了积极的作用。国安广告先后为中外500多个企业进行了广告策划、设计、制作、代理和发布，投资拍摄了200余部电视剧，现已发展成大型广告集团公司。

国安广告曾多次获得“中央电视台十佳广告公司”、“《人民日报》优秀代理公司”、“全国广告行业文明单位”、“首都精神文明建设先进单位”、“守信企业”等荣誉称号。2005年被中国广告协会企业资质认定委员会认定为“中国一级广告企业”。

精信广告有限公司

(中国一级广告企业　认定日期：2004年5月21日)

地　址：北京市东城区东方广场W3座办公楼607－611室
邮　编：100005

精信广告公司是精信集团于1992年与中信国安合资成立了一家中外合资经营企业。精信在中国发展迅速，在北京、上海、广州和香港开设了经营机构。公司现有工作人员400多人，拥有众多全球性和国内客户，包括中美史克、宝洁、大众、上海大众、英美烟草、保乐力加、资生堂、万科和康师傅，最近阿尔拉蒙牛和中国移动也成为精信中国的客户。

精信拥有完善的基础设施和掌握相关技能的人才，能够为客户提供全方位的市场营销和传播服务以及商业解决方案。除了策略和品牌策划、创意发展、媒体计划及媒体购买以外，它还能够为客户提供品牌设计、包装开发设计、互动市场营销、活动及促销、保健市场营销和客户关系管理(CRM)等特有服务。

精信在2004年被中国广告协会评选为“中国一级资质企业”。精信在标准制订和行业创新方面是先驱者，如：建立全国电视广告监控系统（20世纪80年代）；和AC尼尔森一起在14个城市开展了首次电视收视率调查(1995)；开办第一家专业媒体运营机构（领先媒体，1995)；创办第一个专业的保健市场营销服务项目(1995)；首次开展专有的精信关系营销(GRM，2001)服务。由于精信为上海大众所做的工作，今年是GRM连续第二年被大中华区客户关系管理（CRM）组织授予

"中国最佳 CRM 代理"荣誉称号。2006 年，由于精信为上海大众"PASSAT 领驭"的上市所开展的创造性工作，精信还被授予了金像奖。

北京世纪华纳广告有限公司

(中国二级广告企业 认定日期：2004 年 5 月 21 日)

北京未名广告有限责任公司

(中国二级广告企业 认定日期：2005 年 3 月 17 日)
地　址：北京市海淀区长春桥路新起点嘉园 2 号楼 2108 室
邮　编：100089

北京中视台影视艺术广告中心

(中国二级广告企业 认定日期：2005 年 3 月 17 日)
地　址：北京市海淀区车道沟 10 号院 3 号塔楼 1 层
邮　编：100089
电　话：(010)68966022
传　真：(010)68485099
负责人：刘俊京
联系人：夏文英

北京平原广告有限责任公司

(中国二级广告企业 认定日期：2005 年 3 月 17 日)
地　址：北京市大兴区黄村镇兴政街 7 号
邮　编：102600

北京爱德友广告有限公司

(中国二级广告企业 认定日期：2005 年 3 月 17 日)
地　址：北京市朝阳区惠新东街 4 号
邮　编：100029

北京华海新领域广告公司

(中国二级广告企业 认定日期：2005 年 3 月 17 日)
地　址：北京市海淀区海淀大街 34 号
邮　编：100080

北京远大工商广告公司

(中国二级广告企业 认定日期：2005 年 3 月 17 日)
地　址：北京市大兴区榆垡镇左镇街 11 号
邮　编：102602

北京金亮点广告有限公司

(中国二级广告企业 认定日期：2005 年 3 月 17 日)
地　址：北京市昌平区新新公寓商业三区 04 号
邮　编：102200

北京佳特尔广告有限公司

(中国二级广告企业 认定日期：2005 年 3 月 17 日)
地　址：北京市怀柔区张各长村北
邮　编：101400

北京兴创广告有限公司

(中国三级广告企业 认定日期：2005 年 3 月 17 日)
地　址：北京市大兴区海子角兴创大厦 106 室
邮　编：102600

北京圣华唐人广告有限责任公司

(中国三级广告企业 认定日期：2005 年 3 月 17 日)
地　址：北京市大兴工业开发区广茂大街 5 号泰中花园 1 号 08-101-102 室
邮　编：102600

北京太阳雨广告公司

(中国三级广告企业 认定日期：2005 年 3 月 17 日)
地　址：北京市海淀区皂君庙 68 号汉帝写字楼
邮　编：100081

博达大桥国际广告传媒有限公司

地　址：北京市朝阳区建国路 88 号现代城 SOHO-C 座 18 层
邮　编：100022

北京通成推广公交广告有限公司

地　址：北京市建国门外大街 1 号国贸大厦 1 座 401 室
邮　编：100004

北京首都机场广告有限公司

地　址：北京市顺义区北京空港物流园区
邮　编：100621

中视金桥国际广告有限公司

地　址：北京市海淀区阜成路 58 号新洲商务大厦 603 室
邮　编：100036
电　话：(010)88116820
传　真：(010)88130505

灵智精实广告有限公司
地　址：北京市朝阳区东三环北路19号华鹏大厦南208室
邮　编：100020
电　话：(010)65975180
传　真：(010)65975169
联系人：蔡　云

中国邮政广告有限责任公司
地　址：北京市西城区北礼士路甲8号
邮　编：100044
电　话：(010)88381361
传　真：(010)88380916
负责人：谭小为
联系人：徐　民

北京瀚天广告有限公司
地　址：北京市朝阳区和平里东土城路14号建达大厦1815室
邮　编：100013
电　话：(010)85271582
传　真：(010)85271889
负责人：周　飞
联系人：杨雅薇

北京奥美地亚广告有限公司
地　址：北京市朝阳区建国路88号SOHO现代城C座1201室
邮　编：100022
电　话：(010)85806066
传　真：(010)85806044

北京华风气象影视信息集团有限责任公司
地　址：北京市海淀区中关村南大街46号
邮　编：100081
电　话：(010)68409990
传　真：(010)62172562

北京华闻旭通国际广告有限公司
地　址：北京市朝阳区亮马桥路32号高斓大厦1801室
邮　编：100016
电　话：(010)64640088
传　真：(010)64643889

北京市首发高速广告有限责任公司
地　址：北京市朝阳区和平路2号国门路大饭店6区4层
邮　编：100015
电　话：(010)84701402
传　真：(010)84701401

北京太阳圣火广告有限公司
地　址：北京市朝阳区现代城SOHO-A座2309
邮　编：100022
电　话：(010)85800003
传　真：(010)85800007

北京阳光加信广告有限公司
地　址：北京市海淀区中关村南大街2号数码大厦
邮　编：100086
电　话：(010)62191618
传　真：(010)82511810

北青传媒股份有限公司
地　址：北京市朝阳区白家庄东里23号院A栋
邮　编：100026
电　话：(010)65902079
传　真：(010)65902560

灵智大洋（广州）广告有限公司北京分公司
地　址：北京市朝阳区东三环北路19号华鹏大厦南208室
邮　编：100020
电　话：(010)65975180
传　真：(010)65975169

北京世邦联合广告有限公司
地　址：北京市朝阳区建国路88号现代城SOHO-COFT-0327号
邮　编：100022
电　话：(010)85802468
传　真：(010)85802878

北京博达新大陆广告有限公司
地　址：北京市建内大街22号华厦银行10层
邮　编：100005
电　话：(010)65286969

广 播 电 视 类

国家广播电影电视总局电影卫星频道节目制作中心广告部

地　址：北京市海淀区西土城路2号
邮　编：100088
电　话：(010)82046622-3122
传　真：(010)82046622-3122
负责人：石丽萍
联系人：徐　楠

10年来，电影频道—CCTV6将欢乐带入千家万户，与一代又一代国人共同成长，引领中国电影文化潮流。作为国内唯一的中央级专业电影频道，打造8.13亿中国观众的电影观赏习惯，助推众多品牌、产品走向全国市场。

中央电视台广告部

地　址：北京市复兴路11号
邮　编：100859
电　话：(010)68509309
传　真：(010)68507398
负责人：夏洪波
联系人：吴　胜

中国教育电视台

地　址：北京市复兴门内大街160号
邮　编：100031
电　话：(010)66490750
传　真：(010)66415329
负责人：康　宁
联系人：吕申莉

北京人民广播电台

地　址：北京市建外大街14号
邮　编：100022
电　话：(010)65159028
传　真：(010)65150033-3834

新 闻 出 版 类

北京娱乐信报社

地　址：北京市丰台区菜户营东街甲88号鹏润家园豪苑大厦13层
邮　编：100054
电　话：(010)83910190
传　真：(010)83910182
负责人：毕　昆
联系人：韩　蕊

《北京娱乐信报》(以下简称信报）是由北京日报报业集团主管及主办的极具个性特色，深受读者欢迎的综合性都市日报。《北京娱乐信报》前身是1981年创办的，具有20多年历史的《戏剧电影报》，于2000年10月9日正式更名创刊。五度寒暑，辛勤耕耘，报社在采编制作、发行建设、广告营销等方面进展迅速，社会影响力与市场份额不断扩大，已成长为一张集新闻性、娱乐性、实用性和可读性于一身的主流都市早报，创立了强势的信报品牌形象。2006年，信报将全面贯彻“以人为本，关注民生，突出特色，巩固提高”的编辑指导思想，“精编综合新闻，强化娱乐新闻，整合经济专刊；分叠更加清晰、版式更加现代”的版面设置原则，与时俱进、开拓进取，坚持正确舆论导向，提供权威新闻资讯、传播先进文化思想，强化新闻贴近性与服务性，针对百姓生活热点话题，围绕人才、健康、汽车、娱乐休闲、家居楼宇、数码IT等行业打造精品专刊，集中优势全面释放报纸的娱乐特色，努力为首都市民，特别是发展中的中青年群体全方位提供更贴近、更时尚、更有用、更充满活力的新闻与服务，积极为合作伙伴创造更为有利的强势宣传平台。

北京《瑞丽》杂志社

地　址：北京市建内大街22号华夏银行10层
邮　编：100005
电　话：(010)65286966-739
传　真：(010)85119811
负责人：周洪滨
联系人：杨晓静

京华时报社

地　址：北京市朝阳区左家庄前街1号
邮　编：100028
电　话：(010)64668686-3663
传　真：(010)64645984

中国城乡金融报社

地　址：北京市海淀区八宝庄32号
邮　编：100036
电　话：(010)88128430
传　真：(010)88128430

负责人：左　海

中国体育报业总社

地　址：北京市崇文区体育馆路8号
邮　编：100061
电　话：(010)67111386
传　真：(010)67147297

精品购物指南报社广告部

地　址：北京市海淀区中关村大街甲28号海淀文化艺术大厦B座7-8层
邮　编：100080
电　话：(010)82383680
传　真：(010)82383958

现代文明画报社

地　址：北京市丰台区分钟寺一分公司明丹利商务楼
邮　编：100078
电　话：(010)67614905
传　真：(010)67663099

人民日报社广告部

地　址：北京市朝阳区金台西路2号
邮　编：100733
电　话：(010)65368786
传　真：(010)65368788
负责人：李宏伟

光明日报社

地　址：北京市崇文区珠市口东大街5号
邮　编：100050
电　话：(010)63082569

北京广播电视报社

地　址：北京市崇文区夕照寺街14号
邮　编：100061
电　话：(010)67162521
负责人：陈都生

法制晚报

地　址：北京市朝阳区建国路71号惠通时代A1座
邮　编：100025
电　话：(010)58635353
负责人：郭旭泓

环球时报社

地　址：北京市朝阳区金台西路2号
邮　编：100733
电　话：(010)65369592
负责人：段静涛

金融时报社

地　址：北京市丰台区太平桥44号
邮　编：100073
电　话：(010)63454281
负责人：刘玉生

经济日报

地　址：北京市宣武区白纸坊东街2号
邮　编：100053
电　话：(010)58392810
负责人：刘海法

上海市

公 司 类

上海广告有限公司

(中国一级广告企业 认定日期：2004年5月21日)
地 址：上海市华山路868号
邮 编：200050
电 话：(021)63668828
传 真：(021)63668318
负责人：郭丽娟
联系人：毕权军

上海广告有限公司成立于1962年，曾独家代理全国进出口商品的广告业务。九十年代初期，与奥美、博报堂等跨国广告公司合资建立上海奥美广告有限公司和上海博报堂广告有限公司，汲取了丰富的国外广告经验，融会国际专业知识和中国市场运作经验为一体，已成为中国本土广告公司中最有代表性的一家综合型广告代理公司。在1993—2004年全国广告公司营业额排名中，公司连续12年列十强行列，其中1993—1995年，连续三年排名全国广告公司综合实力第一名。公司先后荣获"全国广告行业文明单位"、"中国广告行业优势企业"、"上海市文明单位"、"中国广告行业一级企业"等光荣称号。2003年7月，东浩集团、WPP集团、株式会社博报堂三方合资上广。2004年2月18日，上海世博（集团）有限公司成立，上广加入世博集团，成为其直属子公司。公司的经营范围为提供营销传播顾问、创意及执行、媒介计划与购买、视觉沟通、公关促销与地面推广等服务。公司将致力于成为最具竞争优势的传播企业，以先进的经营理念，结合专业优势和资源优势，通过整合营销传播，为客户塑造更富有市场竞争力的品牌。

上海美术设计公司

(中国一级广告企业 认定日期：2004年5月21日)
地 址：上海市漕溪路258弄23号
邮 编：200235
电 话：(021)64836699
传 真：(021)64849530
负责人：王濂洪
联系人：沈昌华

上海美术设计公司成立于1956年5月。公司立足于本土市场与文化，拥有一大批关系稳定、合作良好的国际知名品牌客户，以本土化的战略运作、高效率的战略实施，创造出极具创意和销售力的广告。在近几年全国广告经营单位营业收入排序中，始终位居前列。连续17年被评为上海市广告业"重信誉、创优质服务"先进单位。

从1979年起，公司顺应市场的需要，将业务重点逐步转向广告。对外承接国内外各类广告的设计、制作、代理、发布，成为全面服务型的现代广告公司。作为上海市国有广告公司的支柱型企业之一，拥有较大规模的户外广告媒体，分布在上海各中心商业集中地带及交通枢纽，其遍布全国的代理网络为在全国范围内配合营销，实施媒介计划提供了有力保障。多年来，上美始终坚持"以人为本，以诚为信，开拓创新，追求卓越"的经营理念，以客户利益至上的强烈责任感赢得了一大批关系稳定、合作良好的客户群体，如上海大众汽车、太平洋保险、交通银行、世茂房地产、雅戈尔服饰等众多知名品牌。

上海美术设计公司在中国行销传播业界具有相当规模和实力，是国际广告协会（IAA）会员、中国广告协会（CAA）理事、上海市广告协会（SAA）常务理事、副会长。并于2002年通过ISO9001：2000国际质量管理体系认证。

上海西南广告有限公司

(中国一级广告企业 认定日期：2004年5月21日)
地 址：上海市中山南二路777弄2号14楼
邮 编：200032
电 话：(021)54253029
传 真：(021)54248300
负责人：应曙光
联系人：陈国荣

上海西南广告有限公司集代理、策划、设计发布制作于一体的综合型广告公司。公司创建十几年来，总经理以超前的市场预见、先进经营模式、科学的管理理念带领全体员工共同努力使公司在创意、媒体发布、整体营销企划、品牌规划、CIS形象策划等领域均有出色的成绩。公司连续多年被列入全国广告营业收入前100

位，综合实力全市50强内，2002—2003年被评为全国广告行业文明单位，并在2004年被授予首批中国一级广告企业资质。2004—2005年度中国最具影响力本土广告公司100强（连续二次）。公司在霓虹灯、灯箱、路牌、喷绘、立体造型等户外广告方面有着明显的优势。沪上的黄金地段均有公司的大型户外媒体。公司与诸多大型广告公司、4A公司、新闻媒体、以及政府主管部门等建立了长期稳固、诚信的合作关系。连续多年被评为市级守合同重信用单位。

上海东湖广告装饰有限公司

(中国一级广告企业 认定日期：2004年5月21日)
地　址：上海市东湖路70号东湖宾馆四号楼4楼
邮　编：200031
电　话：(021)64156934
传　真：(021)64156934

上海东湖广告装饰有限公司隶属上海市东湖（集团）公司，公司制作、代理和发布国内外各类广告，承办广告全面策划与承接各类宣传印刷品、大型展览、展销和室内外装饰等。公司在本市拥有户外媒体2万多平方米，并投资参股建立了彩虹、现代、国际赛车场、华洲、东安等多家专业公司，业已形成参股公司资源共享的经营格局，竭诚为客户提供优质服务。长期以来，公司与全国各地的广告同行、媒介等有着良好的合作关系。公司凭借管理和品牌优势，不断开拓广告新业务，曾在沪宁高速公路上海段为“上汽集团”独家制作发布了企业形象和产品宣传广告，并获得大世界吉尼斯纪录。2001年公司又受到本市雷允上药业有限公司及冠生园食品有限公司等多家驰名品牌企业的委托，策划、代理、发布其广告。近年来，公司被认定为企业合同信用3A级，多次被评为“重合同、守信用”企业，连续10多年被评为“上海市重信誉，创优质服务先进单位”，并且被中国广告协会授予“中国一级广告企业”，“中国优势广告企业”及“全国广告行业文明单位”的称号。公司综合实力在国内广告业排名前列，具有一定知名度和影响力。

上海大众广告有限公司

(中国一级广告企业 认定日期：2004年5月21日)
地　址：上海市中山西路1515号大众大厦7楼
邮　编：200235
电　话：(021)64287280
传　真：(021)64286890
负责人：谭游学
联系人：王允清

上海大众广告有限公司成立于1993年1月11日；注册资本800万元；总资产已超过2400万元。公司拥有优秀的创意团队和强大的户外和流动媒体网络。作为行业的领跑者，在国内首家开发了出租车后窗单向透视广告、顶灯广告、物流车车身广告等流动媒体。1998年起跻身上海广告业的“百强企业”之列；公司从成立至今连年被评为上海市“重信誉，创优质服务”先进单位；2004年获首批“中国一级广告企业”资质称号；2005年上榜“中国最具成长性的本土广告公司”称号；2006年被评为“中国最具影响力的本土广告公司”。至今已连续三届获“全国广告业文明单位”称号；公司创作的公益广告曾多次在上海和全国的广告大赛上获得多项奖项。2004年公司营业收入列全国排名第42位、上海市排名第19位。公司秉承“资源做强，专业做精，品牌做优”的发展战略；致力于流动媒体的开发、创新和运作，业务范围现已拓展到上海的郊县及卫星城镇，奠定了上海地区的户外媒体网络优势，并进一步向长三角地区辐射。公司还将媒体形式创新发展，并赋予全新的视觉概念。作为一个中国本土广告公司，公司“用心创造惊喜与感动，用手创造价值与效益”；形成了最具影响力的独特的大众广告文化。

上海中宣国际传播有限公司

(中国一级广告企业 认定日期：2004年5月21日)
地　址：上海市海伦路555号国贸花园D座2层
邮　编：200080
电　话：(021)56718128
传　真：(021)56960081

上海中宣国际传播（集团）有限公司成立于1988年，现为中国一级广告企业、国际广告协会理事会成员。公司注册资金6000万元，现有员工120名。目前，公司总部设在上海，并在北京、山东、福建设有分公司，旨在四地协同、南北联动，为客户提供全方位服务。

公司现拥有品牌推进、公关、广告、传媒、影视制作、多媒体展览展示以及与中国市长协会所属都市未来发展研究院合作成立的创意城市研究中心和城市危机管理研究中心等9家专业公司，形成了完整的传播服务链。

公司坚持以创新策略为核心、系统管理为基础、注重细节为抓手、科学流程为保障开展各项工作。擅长为各级政府部门和企业进行高端形象策划及举办有重大影响的社会活动。近两年先后策划执行了中国南极冰盖科学探险考察活动、中国市长高峰论坛、中国城市绿色健康万里行、上海国际电影节、上海电视节、第39届世界广告大会、2004年首届世界工程师大会、陈云同志诞辰100周年暨陈云铜像揭幕仪式、郑和航海600周年纪念暨国际海洋博览会等一系列大型活动，备受社会各界好评，并被中国广告协会评为全国广告行业文明单位；被中华环保基金会评为“环保爱心企业”等。

多年来，公司服务的政府部门和企业包括公安部、司法部、国家环保总局、国家海洋局、上海市国资委、经委、青岛市政府、中国石油、中国网通、上海大众、上海烟草、宝钢股份、SVA上广电、美国盛柏林等。

上海梅高创意咨询有限公司

(中国一级广告企业 认定日期：2004年5月21日)
地 址：上海市南京西路1515号嘉里中心25楼
邮 编：200040

梅高（中国）公司成立于1989年，1999年将公司总部设在上海。历经17年的发展，目前成为拥有150人左右的全国商业创意与营销传播机构。在上海、北京、桂林等经济文化发达城市建立了专业化的服务网络。目前所服务的客户每年在品牌建构、广告媒体等方面的投入总额已超过10亿元。

追随中国经济的迅猛发展，梅高已发展为以“商业创意价值的提供商”为定位，以“诚实、洞察、舍去、坚持、快乐”为企业理念，为客户提供适切有效的商业价值创意、品牌构建与管理、创意与设计、传播与媒介等解决方案的综合型咨询公司。

梅高致力于客户商业价值的创造。服务客户遍及快速消费品、医药、纺织服装、电子电器、汽车、金融、航空、地产、政府机构等，并创立了自有知识产权的“品牌生态化7S理论体系”。

以想象力为驱动力，以洞察力和执行力打造营销新动力，梅高致力培育中国最具传奇的成功品牌。创造属于中国的世界品牌领袖，创造属于中国的世界商业奇迹，已经成为梅高（中国）的永久使命。

上海强生广告有限公司

(中国一级广告企业 认定日期：2005年3月17日)
地 址：上海市南京西路934号101室
邮 编：200041
电 话：(021)62189928
传 真：(021)62179167

上海强生广告有限公司成立于1992年，隶属“上海强生集团”，是全国第一家以出租汽车为主要媒体的广告经营公司。经过十几年的发展，公司在广告创意、广告媒体、广告制作等领域不断开拓，现已发展成一家集广告发布、国内外广告代理、平面设计、印刷、展示、影视制作和证卡制作等多元化、专业化的广告公司。2005年4月经中国广告协会认证，成为国家一级广告资质企业。强生广告是全国广告行业的文明单位。

作为一家专业广告服务机构，我们的使命就是协助客户建立品牌的长期价值。通过出色的广告创意和制作，务求在媒体、印刷、促销和展示中，发挥最佳的广告效果。广告是与客户的投入产出有直接关系的经济行为，需要广告人精心地把握和推敲。强生广告以科学的态度从市场规律出发，不断与客户共同孕育品牌生命，使广告效应在其所在的领域中发挥到极至，并在客户成功的喜悦中与之共同成长。

上海蓝梦广告有限责任公司

(中国一级广告企业 认定日期：2005年3月17日)
地 址：上海市大统路988号协诚中心B座19楼
邮 编：200070

上海蓝梦广告有限责任公司成立于1996年，是一家致力于整合传播的综合性广告公司，为全国百强广告企业。蓝梦广告同时还是中国广告协会、上海市广告协会会员单位及《中国广告》杂志社、上海市公共关系协会理事成员。公司通过ISO9001质量管理体系认证，并多次获得全国及上海市广告行业先进文明单位的荣誉称号。

蓝梦广告全案代理上海大众桑塔纳、上海大众TECHCARE、罗孚汽车、上汽双龙等汽车品牌，致力于成为国内首屈一指的汽车品牌广告代理商。

蓝梦广告拥有一支经验丰富的超强团队，创意、策划、客服、媒介等各个部门，都由世界顶级广告公司资深人士打理，既熟悉国际广告领域最新趋势，又深谙本土市场制胜之道，全球化思维，本土化执行，确保了创意策划的高水准。

蓝梦广告在创意方面成绩卓著。先后获得时报亚太广告节金奖、龙玺环球广告节佳作奖、全国优秀报纸广告银奖、铜奖、优秀奖，上海市广告节银奖等众多国内外大奖。其中，时报亚太广告节金奖是中国本土广告在此项大赛中迄今为止夺得的最高奖项。

上海新大陆传播有限公司

(中国一级广告企业 认定日期：2005年3月17日)
地 址：上海市延安西路1088号长峰中心14楼
邮 编：200052
电 话：(021)63848555
传 真：(021)53065170
负责人：赵抗卫
联系人：马佳玲

上海新大陆传播有限公司是中国一级广告企业，2004年全国广告公司营业收入排名第64位，是成立于1994年的中国最早的中外合资广告企业。公司拥有上海黄浦江滨江地区、陆家嘴金融贸易中心区、世纪大道、浦东国际机场、徐家汇、淮海路等黄金地段数万平方米的户外媒体及代理发布全国各大城市户外广告。新大陆传播有限公司还创办了中国高端户外广告信息平台——第一户外广告网，力图成为中国高端户外广告信息的专业平台。

上海飞帆广告有限公司

(中国一级广告企业 认定日期：2005年12月8日)
地 址：上海市中山南二路777弄2号14楼
邮 编：200032
电 话：(021)54252779—805
传 真：(021)54248300
负责人：王力平
联系人：张炳林

上海飞帆广告有限公司创建十多年来，以超前的市场预见、先进的经营模式、科学的管理理念，在市场调研、媒体开发、品牌定位、广告创意到制作发布形成了一整套完善的经营服务体系，逐步发展成为年营业收入达4000余万元颇具实力的综合性广告公司，在市场竞争中的优势日益突显，与众多知名品牌合作（飞利浦、上海大众、百威啤酒、海南马自达、松下电器等）连续多年被列入全国广告公司营业收入排序前100位。

公司拥有户外媒体20000余平方米。媒体形式多样，布点合理，遍布于浦江两岸交通、文化中心和商业繁华区，为客户提供可选择的组合广告媒体，深受国内外众多公司的青睐，在中外客户中享有盛誉。

上海欣影国际传播有限公司

(中国一级广告企业 认定日期：2005年12月8日)
地 址：上海市曹杨路540号中联大厦7楼
邮 编：200063

公司成立于1995年。是具有中国一级资质的集策划、设计、制作、代理、发布与实业投资的综合性广告公司。上海欣影国际传播有限公司拥有一支具有相当专业水平、精力充沛、热爱广告事业的精英团队。同时，还拥有一流的专业设施，如：配有苹果G5、G4等桌面专业设计系统；索尼SONY LMX专业摄像机及非线性编辑系统；仙纳SINAR、哈苏HASSELBLAP、佳能CANON、尼康NIKON专业摄影器材；布朗BRONCOLOR、康素HENSEL专业影室灯具以及数码胶印、喷绘写真、电脑雕刻等硬件设备。

经过几年的努力公司与众多客户建立了良好的伙伴关系，如国家电网公司、中国南方电网公司、中国工业经济联合会、中国电力投资有限公司、国家安全局、中国建设银行、上海实业公司、申花电器、上海市科委、集汇置业、永诚保险 、华欧集团、上投摩根富林明基金管理公司等。多年来公司始终与客户并肩携手，以优质、专业的服务获得好评。

公司在为客户服务中致力于在市场与客户之间寻找一个最佳的支点，为不同客户进行差异化设计、度身订造，以诚心、爱心和细心使客户的企业形象得到充分的展示，多年来公司服务于社会、奉献于社会，是一家在客户中具有良好口碑并有较大影响的专业广告企业。

上海灵狮广告有限公司

(中国一级广告企业 认定日期：2004年5月21日)
地 址：上海市威海路755号15楼
邮 编：200040
电 话：(021)52921000
传 真：(021)52921966
负责人：沈赞臣
联系人：杜中美

上海灵狮广告有限公司是一家国际化专业水准高和国内优势强的广告公司，公司的中方投资方是光明日报，与中央政府部门及各行业系统有着广泛、紧密的联系和接触。公司的外方投资方是全球一流的媒体美国国际公共集团，他们有近百年的国际广告运作经验，及全球先过的管理和网络系统。我们运用中外各方的优势和完备的服务体系，为国内外客户提供综合代理服务。

灵狮的管理真经——本土化、人情味、发展空间。

灵狮的广告观——用广告的“吸引力”冲破消费者的“广告免疫”。灵狮认为理论固然重要，但广告的核心却永不改变，即对客户生意的有效性。

灵狮的企划工具——“品牌体验 Brand Table ”为每一个服务的品牌都制定体验表，从而发现未来一段时期品牌应该进行的工作是什么。

灵狮的本土观——灵狮利用国际型资源组成灵活的了解本土企业和市场的团队，以终端销售为一切传播策略和执行为根本出发点，积极创建符合中国市场特色的整合传播的综合实力。

上海电力广告有限公司

(中国一级广告企业 认定日期：2005年12月8日)
地 址：上海市徐家汇路430号电力大楼611室
邮 编：200025

上海电力广告有限公司1993年成立，属上海市电力公司全资多经企业。注册资本300万元。是一家从事国内外各类广告设计、制作、发布、代理的综合性广告公司。中国一级广告企业，2004—2005年度全国广告行业文明单位。

公司主营户外灯箱、霓虹灯广告业务。利用行业特点，在高架道路等主要道路上，采用电杆广告旗这一媒体形式，为上海市许多重大国际、国内活动营造气氛、进行宣传，同时发布大量国际著名品牌广告，广受称赞。

多年来为上海电力优质、方便、规范、真诚的服务形象提升，绿色电力和节能宣传，通过电视专题片、报纸、印刷品、供电服务意见征询、安全用电咨询活动、户外广告等形式进行了大量有效推广，成效显著。

近年来公司设计、制作和发布了许多优秀广告作品。"不该忽视的细节""标识—驾驶／洗涤篇"获上海市第十届优秀广告展优秀奖，2004年"保护水资源"获上海市第十一届广告展优秀奖，《社会观察》DM获上海市第十一届广告展三等奖，"习惯"、"包装"分获第十二届中国广告节铜奖、入围奖、上海市广告展二等奖……

注重全过程满意服务，在业务洽谈、签约、设计、制作、发布、维护各个环节中体现优质服务，受到管理部门和客户的好评，如麦当劳公司、移动通信公司、株式会社日中社、绿太阳公司、市公益活动组委会等。

2004年被上海市市容环卫局评为实事立功竞赛先进集体。

上海解放广告有限公司

(中国二级广告企业 认定日期：2004年5月21日)
地　址：上海市汉口路309号
邮　编：200001
电　话：(021)63609610
传　真：(021)63522480

上海市公共交通广告公司

(中国二级广告企业 认定日期：2004年5月21日)

上海航空传播有限公司

(中国二级广告企业 认定日期：2004年5月21日)

上海东亚广告装潢有限公司

(中国二级广告企业 认定日期：2004年5月21日)

上海东方航空传媒有限公司

(中国二级广告企业 认定日期：2004年5月21日)

上海影城公关广告部

(中国二级广告企业 认定日期：2004年5月21日)

上海现代国际传播有限公司

(中国二级广告企业 认定日期：2004年5月21日)

上海国际机场股份有限公司广告分公司

(中国二级广告企业 认定日期：2004年5月21日)

上海邮政商函广告有限公司

(中国二级广告企业 认定日期：2004年5月21日)
地　址：上海市武定路458号
邮　编：200041
电　话：(021)62174762
传　真：(021)62174762

上海豫园文化传播有限公司

(中国二级广告企业 认定日期：2004年5月21日)

上海大同广告有限公司

(中国二级广告企业 认定日期：2004年5月21日)

上海联想国际广告有限公司

(中国二级广告企业 认定日期：2004年5月21日)

诺贝广告有限公司

(中国二级广告企业 认定日期：2004年5月21日)

上海光明广告有限公司

(中国二级广告企业 认定日期：2004年5月21日)

上海东艺广告有限公司

(中国二级广告企业 认定日期：2005年3月17日)
地　址：上海市宝通路202号3楼
邮　编：200071
电　话：(021)56974620

上海福赐广告有限公司

(中国二级广告企业 认定日期：2005年3月17日)
地　址：上海市北苏州路878号
邮　编：200085

上海申浦广告装潢有限公司

(中国二级广告企业 认定日期：2005年3月17日)
地　址：上海市汉口路515号1102室

邮　编：200001

上海新亚霓虹广告有限公司
（中国二级广告企业　认定日期：2005年3月17日）
地　址：上海市徐家汇路436弄5号101室
邮　编：200025

上海大西洋贝尔黄页广告有限公司
（中国二级广告企业　认定日期：2005年3月17日）
地　址：上海市浙桥路289号建银大厦A1305
邮　编：201206

上海浩盛广告有限公司
（中国二级广告企业　认定日期：2005年3月17日）
地　址：上海市漕溪路258弄23号
邮　编：200233

上海一百广奘广告有限公司
（中国二级广告企业　认定日期：2005年12月8日）
地　址：上海市武宁路19号705室
邮　编：200042

上海唐神广告传播有限公司
（中国二级广告企业　认定日期：2005年12月8日）
地　址：天目西路547号逸升阁2106室
邮　编：200070
电　话：(021)63522155
传　真：(021)63533161

上海电视咨询信息服务公司
（中国二级广告企业　认定日期：2005年12月8日）
地　址：上海市静安区南京西路651号
邮　编：200041

上海雷鸟广告有限公司
（中国三级广告企业　认定日期：2004年5月21日）

上海信息广告有限公司
（中国三级广告企业　认定日期：2004年5月21日）
地　址：上海市松林路357号25楼
邮　编：200122
电　话：(021)58351100-101
传　真：(021)68405513

上海飞鹰广告有限公司
（中国三级广告企业　认定日期：2004年5月21日）

上海四维广告印务有限公司
（中国三级广告企业　认定日期：2004年5月21日）

上海新城霓虹广告有限公司
（中国三级广告企业　认定日期：2004年5月21日）

上海长信广告有限公司
（中国三级广告企业　认定日期：2004年5月21日）

上海正大广告实业有限公司
（中国三级广告企业　认定日期：2004年5月21日）

上海南方广告有限公司
（中国三级广告企业　认定日期：2004年5月21日）

上海协合广告装潢有限公司
（中国三级广告企业　认定日期：2004年5月21日）

上海明思广告有限公司
（中国三级广告企业　认定日期：2004年5月21日）

上海神行策划有限公司
（中国三级广告企业　认定日期：2004年5月21日）

上海得胜广告有限公司
（中国三级广告企业　认定日期：2004年5月21日）

上海三桥传播有限公司
（中国三级广告企业　认定日期：2004年5月21日）

上海工艺广告设计有限公司
（中国三级广告企业　认定日期：2004年5月21日）

上海祥灵广告有限公司
（中国三级广告企业　认定日期：2004年5月21日）

上海中岛影视广告有限公司
（中国三级广告企业　认定日期：2004年5月21日）

上海华联广告装潢有限公司

(中国三级广告企业 认定日期：2005 年 3 月 17 日)
地 址：上海市天津路 478 号 21 弄
邮 编：200001

上海市华亭集团广告装饰有限公司

(中国三级广告企业 认定日期：2005 年 12 月 8 日)
地 址：上海市乌鲁木齐北路 503 号商务楼 103 室
邮 编：200040

上海旭通广告有限公司

地 址：上海市淮海中路 887 号 1005 室
邮 编：200020
电 话：(021)64674118−152
传 真：(021)64747803
负责人：稻垣正夫
联系人：陈慰慈

品牌塑造不应仅止于信息的发布，而是贴近生活，发现真实的消费者心理，创造出能震撼消费者的感官、精神的体验，这就是上海旭通广告独特的 EXBRANDING 品牌塑造理念。只有在传播中提供丰富的“惊奇”“感动”的体验，才是强化消费者与品牌之间纽带的最佳方法。我们如此深信，也欢迎您前来感受！

上海博报堂广告有限公司

地 址：上海市延安西路 1118 号龙之梦大厦 12 楼
邮 编：200052
电 话：(021)52306776
传 真：(021)52306770
负责人：徐克宁
联系人：王崇静

品牌进补，请来 HAKUHODO

上海智高广告有限公司

地 址：上海市北京东路 689 号 12 楼
邮 编：200001
电 话：(021)63520099
传 真：(021)63606067
联系人：田涌泉

上海《新闻晨报》、《申江服务导报》分类广告总代理，《房产时报》广告代理，旗下还拥有 www.sosoko.com 及《搜搜客生活手册》等两个自有媒体。拥有上海主流平面媒体分类广告 50% 的市场份额。

智高拥有成熟的媒体运营经验，专业化的操作体系，已为数万家广告客户提供了跨媒体的整合投放服务。

上海雅仕维广告有限公司

地 址：上海市长宁区长宁路 1027 号 2104 室
邮 编：200050
电 话：(021)64031999
传 真：(021)64035000
负责人：林德兴
联系人：顾 妍

多年来致力于中国户外广告的开拓与发展，以机场广告和市区大牌为主，媒体网络遍及 25 个城市，同时拥有遍及中国的营销网络、完善的流程和专业的服务。

上海文广新闻传媒集团广告经营中心

地 址：上海市南京西路 651 号广电大厦 11 楼
邮 编：200041
电 话：(021)62565899
传 真：(021)62676855
联系人：沈 曦

在深厚的积淀下，小小尖角一冲而上。SMGA，拥有 13 个专业电视频道和 11 套广播节目等资源。突破传统销售理念，整合、融汇、推升价值。优势营销，引领品牌。

上海大广贸促广告有限公司

地 址：上海市西藏南路 218 号 703 室
邮 编：200021
电 话：(021)63343737
传 真：(021)63343178
负责人：王 烈
联系人：顾国庆

创意致胜

上海斐思态广告有限公司

地 址：上海市淮海中路 138 号上海广场 805 室
邮 编：200021
电 话：(021)53860088
传 真：(021)64400506
负责人：周 屹
联系人：邱 玮

上海斐思态是一家综合性广告代理公司，为中外企业和产品提供品牌策略、创意执行及媒体服务，公司还设有公关活动、整合行销及网络广告等部门，在北京、上海均设有服务功能齐备的分公司，2005 年和 LGad 在中国合资成立北京缘之盟广告公司，全面服务 LG 电子在中国的广告行销活动。目前斐思态广告拥有中外员工达近百人。从1993年成立时的媒介购买公司，到今天的品牌行销和传播公司，在短短的12年间，公司突飞猛进，聚集了一大批大陆、香港、台湾等地区的广告和行销专才。来自国际4A和本土优秀员工的一线作业，令本土市场及消费洞察与精湛的专业技能得以完美结合。同时公司拥有全国性的市场及消费者调查数据库（CMMS），AC Nielsen的专业媒介调查数据，历史悠久、丰富扎实的全国性媒介购买资源和网络，以及线上线下各作业单元的准确配合，保证了中外客户的品牌更有效的传播，市场目标更精准快速的达成。

上海广告装潢有限公司

地　址：上海市巨鹿路417号3F
邮　编：200020
电　话：(021)62713667
传　真：(021)62713651
负责人：王建萍
联系人：秦建东

市场的变幻风云莫测。我们适时蛰伏，点滴积累，深入探究。当机会来临的时候，我们依然享受那腾龙在胸，一飞冲天的泰然和自信。

上海合力广告有限公司

地　址：上海市江宁路495号1908座
邮　编：200041
电　话：(021)51154493
传　真：(021)51154494
负责人：路　通
联系人：路　通

上海合力广告有限公司是一家集广告设计、制作、代理、发布资质的综合性专业广告公司。公司成立于1997年。公司秉承专业、诚信的服务宗旨，汇集了众多从事广告事业多年的专业技术人员，在我们周围更是聚集着一群被称为“广告发烧友”的精英人才。公司拥有独立的媒介部和设施完备的制作工场，专业从事媒介代理、展览、展示、商场、户外广告设计制作。动手能力是公司显著的特长。公司成员中从新闻行业“转业”的人员占有相当比例，信息、传媒的通路是我们的老本行。公司最大的产业是被称作现代城市衣衫、企业品牌“点睛之笔”的户外媒介的占有。

上海圣峰广告有限公司

地　址：上海市襄阳南路365号B幢
邮　编：200031
电　话：(021)64339986
传　真：(021)64337551
负责人：朱　骏
联系人：朱持英

上海圣峰营销传播机构，是一家跨地区、跨行业的全国大型综合营销服务机构。现今，机构所服务的客户已经遍及全国各大重要省市，业务内容涉及市场推广、广告策划、创意设计、媒体运营、影视制作、文艺演出、会展制作等各个领域。

上海雅视广告有限公司

地　址：上海市打浦路80弄1号楼23层A、B座
邮　编：200023
电　话：(021)64678292
传　真：(021)53017629
负责人：周晓鹃
联系人：赵关娣

选择？并不困难

上海中润广告有限公司

地　址：上海市广东路689号海通证券大厦33楼
邮　编：200001
电　话：(021)33044599
传　真：(021)63410373
负责人：唐　咏
联系人：俞小苓

中润传媒，媒体品牌管家。我们经营上海十二家主力媒体，并有专业的媒介分析师为你整合，组合式的互补投放方案，既省钱，又高效，让你的品牌形象覆盖上海，在我们这里变得前所未有的容易。

上海中艺美术合作公司

地　址：上海市江西北路15号
邮　编：200085
电　话：(021)63572883
传　真：(021)63573360
负责人：刘文荣
联系人：冯沪生

上海中艺美术合作公司是一家集广告设计、制作、代理、发布资质为一体的综合性专业广告公司。公司创建于1959年，长期以来，公司秉承专业、诚信的服务宗旨，汇集了众多从事广告事业多年的专业技术人员，在形象专柜、展示、展览、室内外广告装潢及专卖店等设计施工方面尤为专业，处在业内领先地位。公司下设新中艺展示有限公司，中艺展览有限公司，中艺成都分

公司，中艺传播，虹艺装饰材料经营部。公司拥有设施完备，面积达30000㎡的专业制作工厂。科学的生产管理，及完善的全国售后服务，是多年来国内外品牌企业所信赖的保证。公司在从事的领域中，力求创新，为客户提供一流服务及高品质的产品。

上海郁金香广告传媒有限公司

地　址：上海市延安西路1088号2701室
邮　编：200052
电　话：(021)62512802
传　真：(021)62512773
负责人：王　敏
联系人：王　震

以“户外媒体价值观”打造核心竞争力并一贯秉承务实服务之精神，视市场为缘起发挥专业集结优势更多服务创造更多价值。

上海奥美广告有限公司

地　址：上海市长乐路989号世纪商贸广场26楼
邮　编：200031
电　话：(021)24051888
传　真：(021)24051880
负责人：郭丽娟
联系人：屠玉华

前锦网络信息技术(上海)有限公司

地　址：上海市威海路755号21楼
邮　编：200041
电　话：(021)32014888-8396
传　真：(021)63605788
负责人：甄荣辉
联系人：吴伟民

上海机场德高动量广告有限公司

地　址：上海市长宁区天山路310号10楼
邮　编：200336
电　话：(021)62918112
传　真：(021)62917219

上海池田广告有限公司

地　址：上海市程家桥路311号甲
邮　编：201103
电　话：(021)64466950
传　真：(021)64466955

上海彩虹广告装潢有限公司

地　址：上海市会文路50号18楼
邮　编：200071
电　话：(021)66531197
传　真：(021)56632026

上海港凯广告有限公司

地　址：上海市长宁路113号6楼
邮　编：200042
电　话：(021)52393684
传　真：(021)52393494

上海坤威广告传播有限公司

地　址：上海市永和路201号201室
电　话：(021)35053248

上海经济社广告有限公司

地　址：上海市衡山路516号4E
邮　编：200030
电　话：(021)64734710
传　真：(021)64734810

上海地铁广告有限公司

地　址：上海市黄河路357号
邮　编：200003
电　话：(021)63583718
传　真：(021)63581615

上海焦点广告传播有限公司

地　址：上海市斜土路768号605室（孜远大厦）
邮　编：200023
电　话：(021)63052333

上海华智地铁广告有限公司

地　址：上海市淮海中路1375号启华大厦8楼
邮　编：200031
电　话：(021)64318666
传　真：(021)64712976

上海利达广告有限公司

地　址：上海市黄陂北路227号中区广场607
邮　编：200003
电　话：(021)51096909
传　真：(021)63758072

上海华兴广告有限公司
地　址：上海市杨浦区许昌路 1110 号
邮　编：200082
电　话：(021)65591224

海南白马广告媒体投资有限公司上海分公司
地　址：上海市黄陂北路227号中区广场2602—2604室
邮　编：200003
电　话：(021)63758789
传　真：(021)63758768

上海华伦广告有限公司
地　址：上海市绍兴路 23 号 3 号楼底层
邮　编：200020
电　话：(021)64672350

上海国际赛车场广告经营有限公司
地　址：上海市中山南路 28 号久事大厦 29 楼
邮　编：200010
电　话：(021)63300182
传　真：(021)63300422

上海高架道路经营开发有限公司
地　址：上海市中山东二路 8 号 4 楼
邮　编：200002
电　话：(021)63300823
传　真：(021)63308401

上海锦江广告装饰公司
地　址：上海市中山南二路 777 弄 1 号楼 12 楼
邮　编：200032
电　话：(021)54243690

上海铁路文化广告公司
地　址：上海市闸北区天目中路 291 号 503 室
邮　编：200070
电　话：(021)51002833

上海梅迪派勒广告有限公司
地　址：上海市高安路 8 号
邮　编：200030
电　话：(021)34014533
传　真：(021)64664821

上海美景广告传播有限公司
地　址：上海市长寿路 587 号沙田大厦 1712 — 1717 室
邮　编：200060
电　话：(021)62305798
传　真：(021)62307179

上海农工商众艺广告有限公司
地　址：上海市江场西路 200 号 2 楼
邮　编：200436
电　话：(021)62146666
传　真：(021)62146666

上海上腾娱乐有限公司
地　址：上海市淮海中路 1720 号众联别墅 G 座
邮　编：200031
电　话：(021)64338111−232
传　真：(021)64336220

上海电气(集团)广告装潢公司
地　址：上海市雁荡路 3 号 21 室
邮　编：200020
电　话：(021)53836385

上海新云广告有限公司
地　址：上海市浦东新区福山路450号新天国际大厦22楼 A、D 座
邮　编：200122
电　话：(021)50588282
传　真：(021)50586758

上海形上传播有限公司
地　址：上海市卢湾区淮海中路 283 号 603
邮　编：200021
电　话：(021)63906055
传　真：(021)63906442

广播电视类

上海教育电视台广告部
地　址：上海市大连路 1541 号
邮　编：200086
电　话：(021)65025102

传　真：(021)65834050

新闻出版类

新闻晨报

地　址：上海市汉口路300号
邮　编：200001
电　话：(021)63521111
传　真：(021)63519734
负责人：毛用雄
联系人：郑晓星

读者利益点贴近市民生活，时效性强、信息量大，新闻性、信息性、可读性三位一体。个性描述全方位充沛的资讯提供，是读者的亲密伙伴；知心朋友；良师益友；消防员；每天要穿的衣服；生活的调剂品；生活的一部分；每天最早的精神食粮；早上必喝的一杯牛奶。物理特性发行量近70万份，每天读者人数超过270万，清晨6点发售，售价：0.7元。平均74版，有11份系列品牌周刊：周一《旅游周刊》、《娱乐周刊》、《体育周刊》；周二《教育周刊》；周三《汽车周刊》；周四《人才周刊》、《一周间》；周五《房产周刊》；周六《健康周刊》、《赢家周刊》；周日《星期日新闻晨报》，传阅率为2.7人。自身优势每日最早发售的综合性都市日报；拥有极高的社会知名度与影响力（未提示品牌提及率达60%以上）。极高读者忠实度（高度忠实读者达71%）。贴近市民生活，本土个性鲜明。信息多，版面内容便于轻松阅读。

新民晚报社广告部

地　址：上海市延安中路839号
邮　编：200040
电　话：(021)62793666
传　真：(021)62896957
联系人：钱载扬

一份荣膺国家新闻出版总署“2005全国晚报都市类报纸竞争力第一名”的报纸，一份无形资产品牌价值达45.20亿元，作为上海报媒的唯一代表，被“世界品牌实验室”评为“中国500最具价值品牌”的报纸，一份2005年第58届世界报业大会上跻身“全球日报百强”、具有国际影响的华文报纸，从七十六年前创刊的那天起，就忠实描摹着这个海纳百川的大都市，见证着城市和城市人的蜕变与成长。今天，《新民晚报》的血脉已经与上海、与上海的众生百态融合在一起，并以她的精神气质，成为这座城市的象征。《新民晚报》，上海符号。

上海文艺出版总社

地　址：上海市亚安西路593号
邮　编：200050
电　话：(021)61229100
传　真：(021)61229039
负责人：杨益萍

文汇报社

地　址：上海市延安中路839号3楼
邮　编：200040
电　话：(021)62793809

天津市

公 司 类

天津市北岛广告发展有限公司

(中国一级广告企业 认定日期：2004 年 5 月 21 日)
地 址：天津市南开区卫津南路 78 号立达公寓 E 座 2F
邮 编：300381
电 话：(022)23955538
传 真：(022)23926859
负责人：侯 旭
联系人：曹 勇

1989 年，北岛广告成立；1993 年，开创天津广告公司综合代理之先河。2005 年，北岛广告正式更名为"北岛品牌传播机构"，整合京津两地资源，进入多行业整合传播阶段。

作为一家植根本土16年的广告企业，北岛品牌传播机构由广告起家，现今已经在"沟通"中多个环节上有所涉及。帮助客户以有效成本，实现推广的"一揽子解决方案"，在推广中强调连贯与整体性。这亦是北岛品牌传播机构区别于"广告企业"的最重要特征。

北岛构建以"合伙人机制"为基础的魔方型Team方式。对内活化团队机制，以智力对接，强调人力资源的价值最大化。激发团队效能，提升团队竞争力，实现个人与公司同步成长。对外整合优秀团队，拓宽公司服务领域。利用北岛为平台，形成应需而变的优质资源组合。为客户提供最具专业度和费效优势的市场推广服务。

北岛服务的客户：融域、IF 城邦、伴景湾、顺驰、观圆、国信置业、温芙的城堡、西钓鱼台、逸都城市岛、紫云国际、金地格林湾、静海家世界、天津日报、阳光星期8、一汽丰田、交通银行、中国联通、威盛电子、中国移动、成品家、雪铁龙、空港、中国石化、中海凯旋、紫金豪庭、华润、创展商贸等等。

天津市天健广告有限责任公司

地 址：天津市河西区绍兴道罗马花园 D 座 1802
邮 编：300074
电 话：(022)28010288
传 真：(022)28010288
负责人：刘庆年
联系人：张 军

天津市双木广告策划传播有限公司

地 址：天津市河西区马场道 188 号
邮 编：300074
电 话：(022)23528202
传 真：(022)23528202
负责人：陈树林

天津市首信广告传播有限公司

地 址：天津市静海双塘镇
邮 编：300204
电 话：(022)83280910
传 真：(022)83280910
负责人：鞠维玉

新闻出版类

天津日报报业集团

地 址：天津市河西区大沽南路 873 号
邮 编：300211
电 话：(022)28201778
传 真：(022)28201773

每日新报广告部

地 址：天津市河西区大沽南路 873 号
邮 编：300211
电 话：(022)28201778
传 真：(022)28201908
负责人：张建星

重庆市

公司类

重庆正宗广告有限公司

（中国一级广告企业 认定日期：2005年12月8日）
地 址：重庆市高新技术开发区渝州路33号西亚商务大厦13楼
邮 编：400039
电 话：(023)68633144
传 真：(023)68633134

重庆正宗广告有限公司秉承“唯精唯一，超质服务”的企业理念，坚持“诚信也是生产力”的发展思路，1999年至今连续四届被中国广告协会命名为“全国广告行业文明单位”，2003年被评为“中国优势广告企业”，2004年获得由国家工商总局颁发的“全国守合同重信用企业”荣誉称号。2005年以综合评审第一名的成绩，再次取得“重庆市十强广告企业”殊荣。同年，通过了中国广告业的最高资格认证，成为“中国一级广告企业”。2006年被评为“最具产业影响力的广告品牌”。

依靠对品牌战略的深刻理解，坚持“卓越创意、国际视角”的专业精神，重庆正宗广告广泛服务于国内外众多知名企业，提供品牌终端资讯、构筑整合营销机制，从而形成了以知名企业为主体的产业客户资源，已成为重庆市最具产业实力的广告企业之一。近年来，正宗广告通过不断参与跨区域的企业合作、跨行业的联合开发、尤其是通过广泛参与国际国内权威广告大赛，广告作品多次获奖，企业品牌影响力得到进一步扩大，正逐步确立起专业、权威的品牌形象。

重庆市场广告装潢有限责任公司

（中国二级广告企业 认定日期：2004年5月21日）

重庆金牛慧通广告有限公司

地 址：重庆九龙坡区石桥铺渝州路33-25-4-1
邮 编：400039

重庆天地广告有限公司

地 址：重庆市渝中区健康路花园大厦B栋4楼
邮 编：400014
电 话：(023)63894774
传 真：(023)63894774
负责人：籍 毅
联系人：安 颖

重庆日报报业集团广告总公司

地 址：重庆市解放西路66号
邮 编：400012
电 话：(023)63907274
传 真：(023)63907904
负责人：肖金生
联系人：牟方祥

广播电视类

重庆广播电视集团(总台)

地 址：重庆市渝州路68号重庆电视台广告经营中心
邮 编：400039
电 话：(023)68888225
传 真：(023)68631156
负责人：李晓枫
联系人：范 翊

重庆电视台广告经营中心

地 址：重庆市渝州路68号彩电中心
邮 编：400039
电 话：(023)68888225
传 真：(023)68885101

新闻出版类

重庆商报

地 址：重庆市九龙坡渝州路126号
邮 编：400041
电 话：(023)68591180

负责人：郭汉江

最具成长力媒体

《重庆商报》本土综合性主流都市报，创刊8年以"主流·原创·新锐"为办报宗旨，"创新传媒价值"为品牌核心理念，不断挖掘传媒企业的纵深价值，形成多元化发展模式。拥有独立的发行公司与发行网络、健全的发行服务体系、灵活的经营机制与极强的市场观念；并成立重庆汇融集团，由重庆商报社控股、以经营《重庆商报》为主体、以传媒产业为主导，业务涉足广告、商贸旅游、地产金融、劳动教养多个领域。更具创新活力的《重庆商报》现正成为重庆直辖以来本地自费订阅量最大、"三高"读者最多、极具品牌成长价值的主流报媒。

强劲版面铸就主流传媒

2005年《重庆商报》全面改良版面构成，提升新闻精华价值，紧扣主流事件，吸纳主流思想，锁定主流人群；力求第一时间的快速把握，第一现场的迅捷捕捉；锁定民生第一关注，树立新闻社会第一影响，成就新闻媒体与读者间共同的"第一报道"；以强势版面全力塑造本土第一传媒形象。

领先姿态奠定主流影响

自创刊以来《重庆商报》7年广告刊发量呈加速度迅猛增长，其增长势头延续至今。据中国新生代监测机构最新数据显示：2005年一季度《重庆商报》广告刊发面积、刊发频次及刊发金额均位居同城主流报媒前列，其中《重庆商报》IT、通讯、财经、家电、汽车等9个行业的广告量居同城七报之首；此外，《重庆商报》读者平均阅读率、读者忠诚度、汽车、房产、招聘、财经证券版面读者评价度、报纸阅读总体满意度均列同城主流日报之首。《重庆商报》，正以强劲版面、领先优势、全新姿态全面树立主流传媒的绝对影响力。

商报热线　(023)966965

重庆经济报

地　址：重庆市渝中区民生路359号
邮　编：400010
电　话：(023)63720167
负责人：许大立

重庆青年报

地　址：重庆市渝北区新牌坊新南路181号
邮　编：401147
电　话：(023)68888855
负责人：徐永恒

电脑报

地　址：重庆市渝中区双钢路3号
邮　编：400013
电　话：(023)63658888-13096
负责人：陈宗周

河北省

公 司 类

唐山市国际广告公司

(中国一级广告企业 认定日期：2005年3月17日)
地 址：唐山市新火车站南侧
邮 编：630040
电 话：(0315)2312522
传 真：(0315)2312837
负责人：魏永安
联系人：朱 浩

唐山市国际广告公司是一个以广告为主体，兼营装饰装潢、餐饮娱乐、影视制作的集团公司，业务范围遍及全国各地。

我们坚持“思先行前，创新到位”，先后圆满承办了全国第二届城运会、首届中国陶博会、中日韩运动会等大型活动，以其规模大、层次高、专业性强受到海内外客户赞誉。

公司除独家拥有唐山市公交媒体的广告经营发布权外，还自行开发了数万平方米的广告牌、霓虹灯、灯塔等大型媒体，综合代理各大报纸、电视及国外各种广告业务。加之配备精良的专业团队及高层次、人性化的服务水准，保障了为客户提供优质、全面、最有价值的服务。

2005年，唐山市国际广告公司被中国广告协会评为“全国广告行业文明单位”。

河北霓虹广告有限公司

地 址：石家庄市广安大街24号B座2802室
邮 编：050011
电 话：(0311)5266188
传 真：(0311)5266185

石家庄都市文化传播有限公司

地 址：中山东路306号
电 话：(0311)6053626
负责人：赵国宏

广播电视类

河北电视台

地 址：石家庄市建华南大街78号
邮 编：050031
电 话：(0311)85370999
传 真：(0311)85118117
负责人：杨国钧
联系人：安 冰

1969年2月16日，燕赵大地一道彩虹划过长空，河北电视台正式开播。河北电视台现有新闻综合频道（卫视）、经济生活频道、都市频道、影视剧频道、少儿科教频道、公共频道及农民频道七套节目，并开办了使用数字电视技术的视频点播业务。

河北电视台新闻综合频道（卫视）通过亚洲二号卫星向全国及周边国家和地区传送，目前已在北京、天津、广州、杭州等27个直辖市、省会城市、计划单列市和68个地级市落地入网，收视人口达3亿以上。用微波传送的经济生活频道（二套）节目覆盖全省和京津及毗邻省部分地区。都市频道（三套）、影视频道（四套）、少儿科教频道（五套）及公共频道（六套）节目以现代化的有线广播电视网络为传输手段覆盖全省，农民频道新近开播，采用有线无线双重覆盖。七套节目每天共播出约120小时，前后期制作设备基本实现数字化、网络化。我台制作的节目在各项国家级评奖中屡获殊荣。

我们的口号（目标）：财富同创，携手共赢！

秦皇岛广播电台

地 址：秦皇岛市迎宾路9号
邮 编：066000
电 话：(0335)3601001
传 真：(0335)3601001

河北人民广播电台

地 址：裕华东路203号

邮 编：050012
电 话：(0311)6044143
负责人：杨兴盛

保定电视台经济信息中心

地 址：东风中路25号
邮 编：071051
电 话：(0312)3032449
负责人：黄利强

石家庄市电视台广告部

地 址：槐中路201号
电 话：(0311)85886677
负责人：安红光

新闻出版类

燕赵都市报

地 址：石家庄市裕华东路210号
邮 编：050013
电 话：(0311)88632711
传 真：(0311)88632708
负责人：李炳庠
联系人：李雅哲

《燕赵都市报》挟风带雨走过10个年头了！如今她已成长为河北省发行量最大、经济效益最佳的报纸。发行量跻身世界报纸百强，同时综合指数名列国内晚报都市报20强。究其原因，是因为我们寻找到了在燕赵大地做都市报的真理……“拇指定律”和“时针效应”，意即适宜的盈利模式。《燕赵都市报》在全省11个地级市实行“办报、发行、广告三位一体运作”，使其迅速成为全省影响力最大的媒体。“时针效应”：都市报以省会石家庄为轴心，如同时针遍布河北各个城市，是打开河北市场的首选媒体“一张报纸投入，十一城市回报”。在成功运作“拇指定律”、“时针效应”的基础上，2003年《燕赵都市报》又在全国首创“哑铃型”报纸，即在经济发达的省会石家庄和唐山、秦皇岛冀东地区创办《都市时讯》和《燕赵都市报·冀东版》。这是全国首家经国家新闻出版总署批准的都市报地方版，它们与《燕赵都市报》一同发行，一开始便成为地方传媒盛宴。《燕赵都市报》+《都市时讯》+《冀东版》，发行达100万份。这样，都市报和地方版形成了广告的“金版”和“银版”。

邯郸日报社

地 址：邯郸市滏河北大街42号
邮 编：560020
电 话：(0310)3111079
传 真：(0310)3111076
负责人：李文海
联系人：韩东英

唐山广播电视报社

地 址：唐山市高新技术开发区荣华道1号
邮 编：630200
电 话：(0315)3857118
传 真：(0315)3857118

燕赵晚报

地 址：石家庄市中山东路313号
邮 编：050011
电 话：(0311)88629276
传 真：(0311)88629276

山西省

公 司 类

太原好运达国际广告有限公司

(中国一级广告企业 认定日期：2004年5月21日)
地 址：太原市水西关南街16号
邮 编：300020
电 话：(0351)4156585
传 真：(0351)2026502
负责人：刘立媛
联系人：王维维

太原好运达国际广告有限公司(原山西好运达广告文化有限公司)是集广告创意、策划、设计、制作、代理、发布；市场调研；品牌营销诊断；策略规划；文化建设；文化艺术交流；大众传播研究；大型活动策划；展览展示；招商引资中介；杂志出版；信息产业为一体的大型企业。“整合、沟通、超越”是好运达的企业理念。把“客户事业成功发达”作为与客户交往的基础，真诚服务于客户，力争通过好运达的努力，使企业的品牌战略，品牌形象，品牌推广进行系统整合，为客户提供一整套清晰、明确的品牌解决方案，是好运达的核心价值观。公司在北京、上海、山西等地注册，有多位国内专家和外籍专家。公司曾荣获山西省广告行业综合实力第一名、全国广告行业文明单位、山西省著名商标、中国优势广告企业、首批中国一级广告企业、山西省“守合同重信用”单位等多项荣誉。

山西黄河广告有限公司

(中国二级广告企业 认定日期：2004年5月21日)

山西泰森装饰设计工程有限公司

(中国二级广告企业 认定日期：2004年5月21日)

山西新创装饰广告策划有限公司

(中国二级广告企业 认定日期：2004年5月21日)

山西同航公交广告有限公司

(中国二级广告企业 认定日期：2004年5月21日)

山西丹特森广告有限公司

(中国二级广告企业 认定日期：2004年5月21日)

太原市华妙广告有限公司

地 址：太原市新建路187号华宇国际大厦A座28层D+E
邮 编：030002
电 话：(0351)5602588
传 真：(0351)5602688
负责人：崔志宏
联系人：韩梅原

汪氏广告传播机构

地 址：太原市平阳路173号
邮 编：030006
电 话：(0351)7239110
传 真：(0351)7339158
负责人：郭 霞
联系人：胡晓吉

山西太原圣戈广告有限公司

地 址：山西太原06069信箱(坞城路4号)
邮 编：030006
电 话：(0351)7186670
传 真：(0351)7186670

山西日报报业集团广告总公司

地 址：太原市双塔寺街124号
邮 编：030012
电 话：(0351)4282552
传 真：(0351)4282121
负责人：李伟(总) 袁升德
联系人：张文虹

广播电视类

山西广播电视总台

地　址：太原市迎泽大街318号
邮　编：030001
电　话：(0351)8302560
传　真：(0351)4041592
联系人：马建萍

太原电视台

地　址：太原市漪汾街2号
邮　编：030024
电　话：(0351)5676567

中国黄河电视台广告经营中心

地　址：太原市迎泽大街318号
邮　编：030001
电　话：(0351)8301138
传　真：(0351)8301137

新闻出版类

英语周报社

地　址：太原市和平南路111号
邮　编：030024
电　话：(0351)7186876
传　真：(0351)7186876
负责人：席玉虎
联系人：张媛媛

三晋都市报

地　址：太原市双塔寺街124号
邮　编：030012
电　话：(0351)4283343
传　真：(0351)4283343

太原日报社

地　址：太原市新建路214号
邮　编：030002
电　话：(0351)8222004
负责人：孟德东

生活文摘报

地　址：太原市双塔寺街124号
邮　编：030012
负责人：杨宝林

内蒙古自治区

公 司 类

内蒙古邮政广告有限公司

地　址：呼市锡林北路 58 号
邮　编：010010
电　话：(0471)6260433
负责人：张维刚

内蒙古民航广告公司

地　址：白塔机场候机楼 2 楼
邮　编：010070
电　话：(0471)4941404
负责人：刘洪广

内蒙古公交广告有限公司

地　址：呼市新城区光华路 6 号
邮　编：010010
电　话：(0471)5924786
负责人：王志明

广播电视类

包头人民广播电视台

地　址：包头市青山区钢铁大街 12 号
邮　编：014030
电　话：(0472)5163026
负责人：徐建生

包头市电视台广告部

地　址：包头市钢铁大街 12 号
邮　编：014010
电　话：(0472)5154905
负责人：王庆瑞

赤峰电视台广告部

地　址：赤峰市红山区钢铁西街彩电中心
邮　编：024000
电　话：(0476)8880899
传　真：(0476)8880899
负责人：李守臣

新闻出版类

包头日报社广告部

地　址：包头市昆区乌兰道 20 号
邮　编：014010
电　话：(0472)2100312
传　真：(0472)2129409
负责人：戈　华

赤峰日报广告部

地　址：赤峰市红山区昭乌达路西二段 10 号
邮　编：024000
电　话：(0476)8334457
传　真：(0476)8332554−8105
负责人：方　刚

锡盟日报社广告部

地　址：锡市锡林大街 43 号
邮　编：026000
电　话：(0479)8213684
传　真：(0479)8213684
负责人：牛占元

辽宁省

公 司 类

大连国域无疆传媒有限公司

地 址：大连市中山区人民路68号宏誉大厦8层
邮 编：116001
电 话：(0411)82734888
传 真：(0411)82650308
负责人：马 明
联系人：杨 蕓

中国专业户外传媒投资和经营机构之一，拥有16年广告传播经验的专业户外团队，具有国际视野的广告、媒体、工程传播产业集团，注重“观念生产力”的高速成长型公司，PLS · MEDIATM提供大连“点线面”户外媒体网络，360° SERVICETM提供户外“全方位”专业服务平台，一个值得信赖的商业合作伙伴。

辽宁铁道融信广告有限公司

地 址：沈阳市和平区太原南街89号
邮 编：110001
电 话：(024)23508303
传 真：(024)23508303

沈阳市嘉名策划广告有限责任公司

地 址：沈阳市沈河区热闹路33号银城大厦11楼
邮 编：110014
电 话：(024)22956300
传 真：(024)22956300

北京通成推广公交广告有限公司沈阳分公司

地 址：沈阳和平区南京北街206号
邮 编：110001
电 话：(024)23341779
传 真：(024)23341772
负责人：刘玉阳

沈阳推动策划广告有限公司

地 址：沈阳和平区南三经街22号
邮 编：110003
电 话：(024)23256715
传 真：(024)83251013
负责人：聂德彬

沈阳轻联广告有限公司

地 址：沈阳和平区太原北街1号
邮 编：110001
电 话：(024)86297688
传 真：(024)86297130
负责人：刘福章

沈阳沙诺环球传媒有限公司

地 址：沈阳市和平区和平北大街69号总统大厦C座1405室
邮 编：110003
电 话：(024)22812883
传 真：(024)22812981
负责人：王成诚

广播电视类

辽宁电视台广告传播中心

地 址：沈阳市和平区文化路79号
邮 编：110004
电 话：(024)23186666
传 真：(024)23186007
负责人：史联文
联系人：石峻屹

沈阳电视台广告部

地 址：沈阳市皇姑区昆山东路43号
邮 编：110032
电 话：(024)86266126
传 真：(024)86286288
负责人：吴秀娥
联系人：王志杰

沈阳人民广播电台

地　址：沈阳市和平区三好街89号
邮　编：110004
电　话：(024)23922176
传　真：(024)83891402
负责人：范吉平
联系人：王　莹

新闻出版类

辽沈晚报

地　址：沈阳市沈河区中山路339号
邮　编：110014
电　话：(024)22699077
传　真：(024)22699262
负责人：徐少达
联系人：许　鑫

沈阳日报社

地　址：沈阳市沈河区北三经街67号
邮　编：110014
电　话：(024)22690645
传　真：(024)22702541
联系人：陈　震

辽宁日报社

地　址：沈阳市沈河区中山路339号
邮　编：110014
电　话：(024)22699228
传　真：(024)22699228

吉林省

公司类

吉林省天成龙行广告有限公司

(中国一级广告企业 认定日期：2005年12月8日)

地 址：长春市绿园区青年路81—83号彩云间大厦南D8F

邮 编：130062

吉林省天成龙行广告有限公司成立于1994年7月，隶属于TCGG天成龙行品牌策划行销机构。历经十几年风雨雕琢，现已成为中国本土著名的综合性广告公司。

TCGG天成龙行品牌策划行销机构是集市场营销整合传播并全位策划、品牌规划推广、TVC影视广告创意制作、展览展示设计创意制作、媒介购买及策略代理、公关营销及EVENT文化行销活动、SP活动、焦点Road Show策划及执行市场调研综合实效评估等全方位传播运营服务为一体的综合性广告公司。在众多品牌同质化的时代，能够帮助客户准确定位、差异传播、准确把握受众心理，为客户产品成功契入市场提供从营销策划到传播推广的一体化服务。

多年来TCGG承载着“倡导广告价值，永不服输”的经营理念，并以非凡的业绩深受行业人士的尊崇与国内行业专家们的好评。获得中共中央精神文明指导委员会、国家工商行政管理总局颁发的“ 2001—2002年度公益广告活动先进单位”，中国广告协会颁发的“2002—2003年度、2004—2005年度全国广告行业文明单位”等荣誉称号。“立足本土，走向国际”一直是TCGG人的共同心声。细节执行无与伦比，策略驾驭是TCGG行施市场的杀手锏。这个坚韧而年轻的群体定会用沸腾的爱，将他们青春的旗帜一路尽染。

长春市长江广告有限责任公司

(中国一级广告企业 认定日期：2005年12月8日)

地 址：长春市重庆路77号（中百4—5层）

邮 编：130041

长春市长江广告有限责任公司创建于1996年初，现已逐步形成以开发、建设、发布户外广告为基础，以策划、创意、代理商业广告为先导；以文化活动、礼品贸易、装饰装潢、婚纱摄影为两翼的跨行业的综合性公司。公司拥有吉林省龙凤文化艺术有限公司、吉林省长江商贸有限公司、长春广告礼品市场、长春婚纱摄影城等4家全资子公司，兼并了吉林省广告公司（全民）。公司总营业面积10,000多平方米，市区内户外广告面积15,000多万平方米，总资产5,000多万元，现有员工60人。

十多年来，公司一贯坚持“创新、诚信、求实、高效”的企业精神，本着“一切为客户着想”的服务意识和“创意无限、追求卓越”的经营理念，赢得了客户的信赖，树立了良好的社会形象。公司近年被有关部门评为：中国一级广告企业、全国广告行业文明单位、吉林省广告行业精神文明单位、吉林省广告行业信誉广告公司、长春市广告行业先进单位、长春优势广告经营单位等。

吉林省凤凰广告有限公司

(中国二级广告企业 认定日期：2005年12月8日)

地 址：长春市同志街64号火炬大厦1607室

邮 编：130021

广播电视类

吉林电视台广告中心

地 址：长春市新民大街11号

邮 编：130021

电 话：(0431)5663414

传 真：(0431)5655122

负责人：李双义

联系人：吴海东

长春人民广播电台广告部

地 址：长春市百草路3号

邮 编：130061

电 话：(0431)8929092

负责人：孙彦海

长春电视台
地　址：长春市百草路3号
邮　编：130061
电　话：(0431)8929156
负责人：崔永泉

长春经济广播电台广告部
地　址：长春市百草路3号
邮　编：130061
电　话：(0431)8925813
负责人：孙彦海

新闻出版类

江城日报社
地　址：吉林市松江路69号
邮　编：132011
电　话：(0431)2022523
传　真：(0431)2082203
负责人：史丹旭
联系人：史丹旭

长春日报社广告部
地　址：长春市新民大街10号
邮　编：130021
电　话：(0431)5649912
传　真：5651076

新文化报
地　址：长春市人民大街152-1号
邮　编：130022
电　话：(0431)5388822
传　真：(0431)5374315

黑龙江省

公 司 类

哈尔滨海润国际广告传播（集团）有限公司

(中国一级广告企业 认定日期：2004年5月21日)
地　址：哈尔滨市昆仑商城天顺街22号
邮　编：150090

哈尔滨海润国际广告传播（集团）有限公司，是具有国家一级广告企业经营资质的大型综合性广告企业，公司注册资金6800万元，主营商业广告创意制作、户外媒体运营、大众媒体代理发布、建筑装饰工程、包装印务、市场调查、行销策划等广告业务。15年来，海润秉承一流的专业作业水准，凭借强大的整合广告代理能力，成功地塑造了“北药现象”，在业界开创了100个第一次。如今，海润已位列中国本土广告企业三十强，让无数地方品牌在全国绽放光彩。

哈尔滨市潜龙广告有限公司

地　址：哈尔滨市香坊区赣水路218号
邮　编：150036
电　话：(0451)82310952
传　真：(0451)82291879
负责人：吕兴乡
联系人：万　媛

哈尔滨市远洋广告有限公司

地　址：哈尔滨市南岗区昆仑商城隆顺街18号
邮　编：150090
电　话：(0451)82343851
传　真：(0451)82309773
联系人：周盟兴

哈尔滨广电广告有限责任公司

地　址：哈尔滨市南岗区满洲里街33号
邮　编：150006
电　话：(0451)53630078
传　真：(0451)53638085
负责人：贾士强

广播电视类

哈尔滨电视台

地　址：哈尔滨市南岗区满洲里街33号
邮　编：150006

黑龙江电视台广告部

地　址：哈尔滨市南岗区汉水路333号
邮　编：150090
电　话：(0451)82890585

新闻出版类

哈尔滨日报报业集团

地　址：哈尔滨市道里区友谊路399号
邮　编：150018
电　话：(0451)84890008
传　真：(0451)84890019
负责人：程颖刚
联系人：单晓光

哈尔滨广播电视报社

地　址：哈尔滨市南岗区满洲里街33号
邮　编：150006
电　话：(0451)53636011
传　真：(0451)53636011

黑龙江日报报业集团

地　址：哈尔滨市道里区地段街1号
邮　编：150010
电　话：(0451)84692615
传　真：(0451)84610461

江苏省

公 司 类

南京市广告有限公司

(中国一级广告企业 认定日期：2004年5月21日)
地 址：南京市洪武北路116号
邮 编：210018

南京市广告有限公司（原南京市广告公司）成立于1956年1月，原主管部门为南京市文化局。2004年4月成功改制。

公司坚持客户至上、诚信为本的服务理念，以创意策划为核心、市场调查为基础、企业的营销目标为方向的服务宗旨，以良好的信誉与工商企业、主流大众媒体及国内外知名大型专业广告公司建立了合作关系。除代理、发布国内外各类广告，公司在南京市中心、主干道及车站、机场高速公路等窗口地段拥有数万平方米路牌、霓虹灯、灯箱、看板、高杆立柱以及视频灯箱等各类户外媒体。

公司秉承“植根于中国博大精深的传统文化，紧紧把握国际广告业发展的趋势，海纳百川，推陈出新”的文化理念，经过多年的努力，得到了社会各界的认可，被中国广告协会企业资质认定委员会认定为中国一级广告企业，连续多年被评为省、市及全国广告业“重信誉、创优质服务先进单位”、“全国广告业文明单位”、被南京市工商局评为“南京市十佳、十强广告经营单位”等。本公司是省、市广告协会副会长、中广协理事、中广协广告公司委员会常务理事、国际广告协会会员单位。

江苏大贺国际广告集团有限公司

(中国一级广告企业 认定日期：2004年5月21日)
地 址：南京市新港开发区恒飞路8号
邮 编：210038

大贺（DHA GROUP）为大型广告集团。成立十年来，集团以追求完整的产业链和跨地区的资源网络目标，为客户提供从整合营销传播策略、媒介投放策略、广告设计与制作、媒体发布到监测评估的一站式广告服务。2003年11月13日，集团旗下大贺传媒股份有限公司在香港联交所创业板挂牌交易，成为国内第一家上市的本土广告公司。大贺在中国大陆、香港地区拥有46家分支机构，成为强势品牌进行全国性、全程化广告购买的合作者，成为中国企业打造国际化品牌和国际品牌开拓本土市场的桥梁。

大贺（中国）投资管理总部，以资金、战略、信息、管理、人力、品牌和公关的力量帮助中国大陆和香港地区成立的分支机构成长；威汉营销传播集团是以品牌为核心的整合营销策划和执行服务提供者；大贺媒体投放策略部为客户提供精准的媒介购买、专业的媒介执行以及免费的检测与评估服务；大贺媒体经营集团是户外媒体整合供应商之一，并拥有江苏电视台城市频道王牌新闻栏目《南京零距离》广告经营权；大贺传播制作集团的户外广告制作产量居国内市场份额的15%以上，其户外广告产品通过了ISO9001－2000国际质量管理体系认证。

江苏大唐灵狮广告有限公司

(中国一级广告企业 认定日期：2005年12月8日)
地 址：南京市北京东路22号和平大厦9楼
邮 编：210008
电 话：(025)86896060
传 真：(025)86896060－208
负责人：吴 纲
联系人：孙正云

1999年，大唐灵狮迈出了成长的第一步，2002年成为南京十强和十佳广告公司之一，同年进入中国广告公司100强之列。大唐灵狮广告有限公司的业务广泛涉足地产、零售、通讯、银行、快速消费品、工业产品、演艺娱乐等多个领域。近年来，在中国广告节上，大唐灵狮也是收获颇丰，屡次获得大奖。作为江苏省内获得艾菲实效奖和策划奖项最多的广告公司，大唐灵狮以专业化的营销传播，国际化运作管理的模式，在业界树立了“实战派、实力派”的形象。“做中国本土最有价值的广告公司”成了大唐灵狮追求的目标。

“责任、快乐、开放”的企业文化理念，使得大唐灵狮的全体员工，能够以饱满的工作热情，始终如一地为客户提供专业周到的服务。对客户而言，大唐灵狮致力于建设不可或缺的战略伙伴关系，为客户赢取市场价值和品牌价值的最大化。大唐灵狮的努力，不仅推动了产品销售增长，从长远看，更推动了品牌卓有成效的成长。

服务的客户：苏果超市有限公司、中国联通有限公司江苏分公司、中国联通有限公司南京分公司、招商银行南京分行、通用磨坊食品(上海)有限公司、福建东方食品集团、南京桂花鸭(集团)有限公司、江苏国信集团、朗诗－国际街区、江南青年城、太子奶集团、红星美凯龙等。

江苏永达广告有限公司

(中国一级广告企业 认定日期：2005年12月8日)
地 址：南京市洪武路293号701室
邮 编：210002

永达户外传媒集团是具有中国一级广告企业经营资质的专业户外广告公司。自公司成立伊始，深远一贯秉承“客户成功，永达成功”的公司宗旨和“专业化、规范化、差异化、国际化”的经营理念致力于“五纵七横”高速公路广告媒体的开发、构建和发布，为国内外知名企业的品牌建设、形象推广提供策略性、个性化高速公路户外广告解决方案，具备专业化水准的工作群体，倾心为客户服务，最大限度地发挥强劲的名桥名路、国际机场、旅游景区媒体优势，给企业迅速启动市场和提升品牌形象提供户外广告媒体平台，增加企业广告投放理性保障。

目前，公司已有丹阳永达公司、南京永达公司、上海雅致公司、杭州永达公司、江西永达公司、武汉永达公司、郑州永达公司、合肥永达公司、沈阳雅致公司等九个子公司，公司承原华东地区丰富的媒体和客户网络资源之基础，在国内华北、华南、东北、西南、西部地区的主要高速公路和城市拥有媒体面积15万平方米。多年来，永达广告以健全的运作体系、灵活的运营机制与近200家国内外企业携手，形成了良好的合作关系。谈笑有永达，往来是商机。永达人自信而不张扬，骄傲而不自满，以严谨的态度和坚持不懈的努力，不断提升综合竞争实力，迎接每一个新的挑战。昨天，永达对你而言，也许仅仅是一个陌生的名词。今天，永达将珍惜每一次机会，因循一切成事的准则，努力成为您最真诚和信赖的合作伙伴，在路上，我们携手同行，为您打开市场的大门，迎接新的希望和挑战，创造和收获属于我们的财富，一起放飞心中的梦想……

江苏天合营销策划有限公司

(中国一级广告企业 认定日期：2005年12月8日)
地 址：无锡市清扬路27号永丰大厦906室
邮 编：214021
电 话：(0510)85059918
传 真：(0510)85030141
负责人：施莉雅
联系人：陈琴华

江苏天合营销策划有限公司是一家集广告设计、制作、安装、代理为一体的“中国一级广告资质企业”，多年来，公司追求品牌整合营销系统理念。“天人合一”的艺术创意原则；确定户外大型强势广告商业盈利模式，成为中国广告协会会员、江苏省广告协会执行理事单位；全国广告行业文明单位；无锡市首批商业诚信企业；无锡市广告行业精神文明、物质文明建设先进单位。公司经过详尽的市场调研和规划，在长江三角洲地区独立建造开发了60多块两面体、三面体广告牌合计发布面积达2万平方米，以及多块市区楼顶广告牌，已经成为覆盖长三角地区的户外传媒专业供应商。整合营销策划一直都是公司的专业强项，公司成功策划了许多知名企业品牌，江苏阳光、杭州利群、一汽奥迪、江淮汽车、百安居等。

南通天星电视广告有限公司

(中国一级广告企业 认定日期：2005年12月8日)
地 址：江苏省如皋市如城镇宁海路18号
邮 编：226500
电 话：(0513)87630388
传 真：(0513)87516402
负责人：江健华
联系人：贾中兴

南通天星电视广告有限公司是探索教育性频道经营、执著专业化广告运作的特色平台，是面向开放市场多元化、立体化发展的服务提供商。

天星广告公司依托其深厚的媒介背景，独占“天时地利人和”的传播优势，迅速成长为广告业的一颗亮星，是南通地区首家也是唯一一家中国一级广告企业。

公司成立于1996年，注册资产208万，拥有十余年的广告运作经验，是一家整合传播专业服务企业，服务内容包括：电视广告代理制作、发布；报纸广告创意制作、发布；电子显示屏广告、户外广告、灯箱广告、条幅广告代理制作、发布；企业形象宣传、产品展览展示、会议礼仪执行服务；市场调研、策划及品牌推广。公司 正 努力 朝综合服务型国际化广告公司发展。

南京银都广告商务有限责任公司

(中国一级广告企业 认定日期：2005年3月17日)
地 址：南京市白下区仓巷137号6楼
邮 编：210004
电 话：(025)52337500－8102
传 真：(025)52252482
负责人：张丽
联系人：寇旭玲

南京银都广告商务有限责任公司成立于1994年，

营运以来，发展迅速，专业化程度在江苏广告界首屈一指，具有服务大中型客户的专业能力，目前服务的全国知名和江苏知名品牌达28个。银都广告公司的理念是：用专业技能和敬业精神，为客户提供符合企业实际需求的广告服务，提升客户的品牌价值，促进产品的销售。"做实效广告"、客户利益始终第一是银都广告的最高追求。

江苏卓越形象媒体传播有限公司

(中国一级广告企业 认定日期：2005年3月17日)

地　址：南京市长江路190号7楼

邮　编：210018

卓越形象（EXISChina），中国广告100强、中国创意实力10强，以"品牌建筑师"为专业定位，是一家集"国际视野、本土执行、创意领先"三大优势于一体的顾问型品牌传播机构，近年来顺应创意时代的到来，致力于"品牌美学"的研创，开创中国商业创意的概念先河。

卓越形象创建并坚持GLOCAL（GLOBEL + LOCAL）文化理念，强调以国际化眼光与战略经营中国的品牌创造事业，在引鉴国际广告专业标准与国际人才的同时，更注重构建自身核心技术，独创IBC品牌建设工具，帮助客户开展品牌规划、市场策略、创意设计、整合传播、影视制作等全方位品牌构建与管理工作。机构下设中国消费文化研究中心（EXISInsight）、整合品牌传播中心（IBC）、卓越视觉中心（EXISVision）、卓越媒体（EXISComm）、卓越公关（EXISPR）、卓越影视（EXISFilm）及等专业公司，凭借上海、北京、南京三地覆盖全国的服务网络，致力于在中国市场创建中国人钟爱的领导品牌。

卓越客户包括兴业银行、联想移动、中国电信、中国网通、老板电器等涵盖金融、通讯、IT、交通工具、家电、食品饮料各个领域，在为客户创造市场成功的同时，屡获国际国内大奖，多次获得艾菲实效奖，是中国专业获奖最多的本土广告公司之一。

江苏华实广告有限公司

(中国一级广告企业 认定日期：2005年3月17日)

地　址：常熟市西门大街3，5，7号

邮　编：215500

江苏华实广告有限公司成立于1992年，为国家一级资质企业。公司注重品牌策划，1992年起先后为"波司登"羽绒服、"雪中飞"羽绒服、"雅鹿"羽绒服、"雷允上"制药、"麦芝西柏"轻工产品、"阿里山"食品等二百多个品牌成功进行了CI策划和广告发布、代理服务，使得这些企业在品牌策划、品牌命名、品牌管理、市场营销等方面形成了一套完善有效的体系。

大型展示活动是公司的一个强项，现公司业务范围已扩展到了北京、上海、天津、石家庄、江苏、四川、香港等国内多个城市和地区。先后策划设计的大型展示有：江苏省服装节"波司登"羽绒服展区、江苏省服装节"雅鹿"羽绒服展区、1999市经贸洽谈会、2000苏州市名优精品赴渝展示会、2000中国江苏首届服装服饰博览会、2001年中国江苏第二届服装服饰博览会、2004年江苏常熟经贸洽谈会全场总策划。另外公司还先后全面代理策划了2000年国际女篮邀请赛、2000/2001年世界杯短道速滑赛、2001年中国国际女子四强排球赛、2002年国际四国女排邀请赛、2003年世界水上速划邀请赛等重大体育赛事的广告策划和全面广告代理，为中国民族品牌的崛起作出了贡献。

江苏苏垦广告有限公司

(中国一级广告企业 认定日期：2005年12月8日)

地　址：南京市长江路长江贸易大楼12楼

邮　编：210005

江苏苏垦广告有限公司成立于1992年，是一家以房地产营销策划、广告推广及销售代理为核心，全面提供整合行销服务的专业化营销推广机构。

创立以来，公司以"用心、用智、致精、致远"的发展理念为指导，在房地产服务领域精耕细作，形成了覆盖房地产销售代理、营销策划、广告制作，媒体整合、公关促销，新闻推广等方面完整的成熟的服务体系。目前公司拥有9大专业部门，近百名专业人才，成为江苏省规模最大的专业性房地产营销整合服务机构。

公司以打造"最优秀的本土房地产营销整合服务商"为目标，视客户为上帝、老师、朋友，以实效先进的媒体整合、8项全能全程整合、品牌行销整合三大整合工具帮助客户取得市场优势。

品牌提升工程以自身的品牌为基础，不断提升企业形象，2005年6月公司积极申报中国广告业企业一级资质企业，2005年10月24日被中国广告协会批准为中国广告协会会员单位。

2003年公司被中国住交会评为"中国房地产优秀广告公司20强"，2006年苏垦美地置业被国务院发展研究中心企业研究所、请华大学防地产研究所和中国指数研究院三家研究机构授予中国房地产策划代理百强企业—百强之星的荣誉称号，企业并多次在国家、省、市级广告大赛中获奖。在不断追求规范化、品牌化的同时，公司积极参与社会活动与公益事业，受到社会各界的广泛好评。

南京雷迪欧广告公司

(中国一级广告企业 认定日期：2005年12月8日)
地 址：南京市太平南路333号金陵御景园15楼E、F、G
邮 编：210002

南京雷迪欧广告公司成立于1992年，隶属于南京广播电视集团，是一家立足于本土、区域化运作的综合代理广告公司。

公司将营销、品牌管理与传播策划充分融合，为企业提供市场及消费者研究、营销诊断、品牌建设、管理策略和传播执行方案，支持客户策略的区域执行与效果控制。

公司整合优势资源，相继在1998年、2000年成立雷迪欧媒介有限责任公司、雷迪欧展示设计有限责任公司两家专业公司。

凭借专业的团队和卓越的执行力，公司已连续8年被同时评为南京市"十强"、"十佳"广告公司，并两次进入全国百强广告公司行列，2005年又通过国家一级广告企业资质认定。创意作品更是多次在中国广告节及省、市优秀广告评比中大放异彩，其中包括第九届中国广告节广播类银奖、第十一届中国广告节平面类金奖。雷迪欧秉执"诚信笃实，开拓创新"的理念，用"真诚、适用、专业"的服务，树立起专业的、有社会责任感的品牌形象，是江苏省广协常务理事、市广协副会长、中广协学术委员会委员、中广协广播委员会副秘书长、全国城市电台经济信息交流会副秘书长。

雷迪欧是一支富有活力与创造力的团队，坚持生产"具有销售力的策略"，坚信值得骄傲的创意配值得骄傲的产品，用挑剔与永不满足的眼光打造品牌奇迹！

江苏中艺广告装饰有限责任公司

(中国二级广告企业 认定日期：2005年3月17日)
地 址：镇江市中山东路51号
邮 编：212001

镇江邮政开发总公司邮政广告分公司

(中国二级广告企业 认定日期：2005年3月17日)
地 址：镇江市中山东路423号
邮 编：212007

江苏华星广告有限公司

(中国二级广告企业 认定日期：2005年3月17日)
地 址：常熟市东胜街42号
邮 编：215500

淮安市广告装潢有限公司

(中国二级广告企业 认定日期：2005年3月17日)
地 址：淮安市淮海北路61号
邮 编：223001

无锡市富润广告有限公司

(中国二级广告企业 认定日期：2005年3月17日)
地 址：无锡市人民中路163号
邮 编：214001

镇江市科海广告装璜设计有限责任公司

(中国二级广告企业 认定日期：2005年12月8日)
地 址：镇江市环城路19号3楼
邮 编：212003

连云港苏源齐天广告装饰有限公司

(中国三级广告企业 认定日期：2005年3月17日)
地 址：连云港新浦区陇海步行中街1－401
邮 编：222002

淮安市广告事务所

(中国三级广告企业 认定日期：2005年3月17日)
地 址：江苏淮安市北京北路29号
邮 编：223001

常州市红红火火广告装璜有限公司

(中国三级广告企业 认定日期：2005年3月17日)
地 址：常州市钟楼区北大街96号兰洋国际装饰城A座901室
邮 编：213000

常州市杰人形象企划有限责任公司

(中国三级广告企业 认定日期：2005年3月17日)
地 址：常州市怀德北路2–4号
邮 编：213000

镇江市同仁广告有限公司

(中国三级广告企业 认定日期：2005年3月17日)
地 址：江苏镇江市中山东路254－7楼
邮 编：212001

常州市唐人广告有限公司

(中国三级广告企业 认定日期：2005年12月8日)
地 址：常州市花园路唐家村12号
邮 编：213016

常州市利笛广告有限公司

(中国三级广告企业 认定日期：2005年12月8日)
地 址：常州市西横街55号
邮 编：213003

常州市武进大陆广告有限公司

(中国三级广告企业 认定日期：2005年12月8日)
地 址：常州市武进区湖塘镇广电中路高塔广场1–10号
邮 编：213161

常州三有广告有限公司

(中国三级广告企业 认定日期：2005年12月8日)
地 址：常州市新北区黄山路388号
邮 编：213000

江苏省邮政广告有限公司

地 址：南京市中山北路212号同达大厦5层
邮 编：210003
电 话：(025)83404892
传 真：(025)83409126
负责人：王乃明
联系人：赵友才

江苏美嘉广告有限公司

地 址：无锡市园通路园通大厦11层
邮 编：214002

南京梅迪派勒公交广告有限公司

(中国一级广告企业 认定日期：2004年5月21日)
地 址：南京市汉中路金鹰国际商城22楼
邮 编：210029
电 话：(025)84711070

广播电视类

宜兴市广播电视台

地 址：江苏省宜兴市人民南路广电大厦
邮 编：214200
电 话：(0510)7973395
传 真：(0510)7994355

新闻出版类

常州日报社

地 址：常州市大庙弄新闻大厦
邮 编：213003
电 话：(0519)6603740
负责人：荣长春
联系人：周云飞

扬子晚报社广告中心

地 址：南京市管家桥65号
邮 编：210005
电 话：(025)84545005
传 真：(025)84545005
联系人：朱静静

浙江省

公司类

杭州公交广告公司

(中国一级广告企业 认定日期：2004年5月21日)
地 址：杭州市中山北路507号
邮 编：310003
电 话：(0571)85171717
传 真：(0571)85172558

创立于1984年的杭州公交广告公司，是一家专注于户外媒体的强势专业广告公司。公司拥有杭州市300多条公交线路、候车亭、站牌、路牌及4000多辆公交车体的经营发布权，媒体资源丰富。同时公司注重创新，一直致力于新兴媒体的开发，加大对新媒体的开发投资，使广告主的媒体选择更趋丰富为客户实现最佳广告宣传效果。

公司以全方位的户外媒体选择，专业有效的组合方式，推陈出新的媒体资源，满足客户多元化需求；本着“兼顾客户、企业利益，实现双赢”的经营宗旨，致力于创造客户竞争优势；用只有起点，没有终点的服务理念和诚信、务实的服务态度，换取客户的信任与支持，为客户提供最有价值的专业全程服务。

公司连续多年荣获杭州市“重合同、守信用单位”的先进荣誉；2001年被中国广告协会授予全国49家优势广告企业之一；连续几年名列“全国广告文明行业单位”之列；2004年成为全国广告行业一级资质企业；2005年被省工商局评为“AAA”级信用资质企业。

宁波市顺通广告装潢公司

(中国二级广告企业 认定日期：2004年5月21日)

浙江万达铁道广告有限公司

(中国二级广告企业 认定日期：2005年3月17日)
地 址：杭州市清太街275号
邮 编：310009

浙江运通广告有限公司

(中国二级广告企业 认定日期：2005年3月17日)
地 址：杭州市上城区梅花碑4号
邮 编：310009

浙江精诚广告设计有限公司

(中国二级广告企业 认定日期：2005年3月17日)
地 址：杭州市延安南路126号5017室
邮 编：310002

台州市汇宝广告装潢有限公司

(中国二级广告企业 认定日期：2005年3月17日)
地 址：台州市椒江区云西路105号
邮 编：318000

台州市通用广告装饰有限公司

(中国二级广告企业 认定日期：2005年3月17日)
地 址：台州市路桥银座街754号
邮 编：318050

台州蓝天广告装璜有限公司

(中国二级广告企业 认定日期：2005年3月17日)
地 址：台州市椒江区建设路107号
邮 编：318000

丽水市金手指广告有限公司

(中国二级广告企业 认定日期：2005年3月17日)
地 址：丽水市中东路157号
邮 编：323000

金华金殿广告装潢有限公司

(中国二级广告企业 认定日期：2005年3月17日)
地 址：金华市解放西路481号
邮 编：321001

浙江华迪实业有限公司

(中国二级广告企业 认定日期：2005年3月17日)
地 址：义乌市车站路146号
邮 编：322000

浙江鹏程户外传媒有限公司

(中国二级广告企业 认定日期：2005年3月17日)
地 址：义乌市工人北路261号
邮 编：322000

金华市天地广告有限公司
(中国二级广告企业 认定日期：2005年3月17日)
地 址：金华市八一南街168号2楼
邮 编：321017

浙江康大实业有限公司
(中国二级广告企业 认定日期：2005年3月17日)
地 址：东阳市环城北路140号
邮 编：322100

东阳市敦煌广告装潢有限公司
(中国二级广告企业 认定日期：2005年3月17日)
地 址：东阳市人民路65-2号
邮 编：322100

湖州市政兴龙广告有限公司
(中国二级广告企业 认定日期：2005年3月17日)
地 址：湖州市环城北路153-157号
邮 编：313000

湖州金基传播广告有限公司
(中国二级广告企业 认定日期：2005年3月17日)
地 址：湖州市吉山西区316幢
邮 编：313000

湖州市东艺广告有限公司
(中国二级广告企业 认定日期：2005年3月17日)
地 址：湖州市太湖路313路港湖花园别墅1号楼
邮 编：313000

长兴天工装饰广告有限公司
(中国二级广告企业 认定日期：2005年3月17日)
地 址：长兴县雉城镇金陵北路90号
邮 编：313100

长兴广告有限公司
(中国二级广告企业 认定日期：2005年3月17日)
地 址：长兴县雉城镇金陵中路20号3楼
邮 编：313100

湖州长城广告有限公司
(中国二级广告企业 认定日期：2005年3月17日)
地 址：湖州市南浔镇常增路梅月商住楼
邮 编：313009

湖州万佳文化实业有限公司
(中国二级广告企业 认定日期：2005年3月17日)
地 址：南浔经济开发区同心路212号
邮 编：313009

绍兴市雅图环艺广告有限公司
(中国二级广告企业 认定日期：2005年3月17日)
地 址：上虞市人民中路323号
邮 编：312300

绍兴市大地广告有限公司
(中国二级广告企业 认定日期：2005年3月17日)
地 址：绍兴市延安路锦绣花园1-201
邮 编：312000

绍兴市城市广场广告装潢有限公司
(中国二级广告企业 认定日期：2005年3月17日)
地 址：绍兴市仓桥直街11号
邮 编：312000

浙江会稽山广告有限公司
(中国二级广告企业 认定日期：2005年3月17日)
地 址：绍兴市人民东路249号
邮 编：312000

绍兴县红太阳广告装潢有限公司
(中国二级广告企业 认定日期：2005年3月17日)
地 址：绍兴县中国轻纺城万商路6-10号
邮 编：312030

温州市珊瑚广告企划有限公司
(中国二级广告企业 认定日期：2005年12月8日)
地 址：温州市新城大道中园商务楼8层
邮 编：325000

温州市蓝天广告策划有限公司
(中国二级广告企业 认定日期：2005年12月8日)

地　址：温州市新城大厦20层
邮　编：325000

台州市三野广告有限公司
(中国二级广告企业 认定日期：2005年12月8日)
地　址：台州市解放南路华晨山庄3座3A
邮　编：318000

绍兴市东方红广告传播有限公司
(中国二级广告企业 认定日期：2005年12月8日)
地　址：绍兴市解放南路中成公寓1幢2单元803室
邮　编：312000

浙江省电信实业集团绍兴市有限公司
(中国二级广告企业 认定日期：2005年12月8日)
地　址：绍兴市东街四马路9号
邮　编：312000

丽水市启鹏广告装饰有限公司
(中国二级广告企业 认定日期：2005年12月8日)
地　址：丽水市灯塔街201号

浙江义乌中国小商品城广告有限责任公司
(中国二级广告企业 认定日期：2005年12月8日)
地　址：义乌市海关路仓储区综合楼3楼
邮　编：322000

义乌市恒风公交广告装饰有限公司
(中国二级广告企业 认定日期：2005年12月8日)
地　址：义乌市宾王路223号交通大厦6楼
邮　编：322000

温岭市建筑美术装璜有限公司
(中国三级广告企业 认定日期：2005年3月17日)
地　址：温岭市中华路418号
邮　编：317500

台州市长虹广告装潢有限公司
(中国三级广告企业 认定日期：2005年3月17日)
地　址：温岭市三星大道温岭大厦808室
邮　编：317500

台州市环景广告工程有限公司
(中国三级广告企业 认定日期：2005年3月17日)
地　址：台州市路桥区金水路86–88号
邮　编：318050

玉环县健龙装潢工程开发有限公司
(中国三级广告企业 认定日期：2005年3月17日)
地　址：玉环县楚门镇南兴街21号
邮　编：317605

台州市金远广告策划有限公司
(中国三级广告企业 认定日期：2005年3月17日)
地　址：台州市府大道289号
邮　编：318000

义乌市陈震广告有限公司
(中国三级广告企业 认定日期：2005年3月17日)
地　址：义乌市义东路71–3
邮　编：322000

金华市三星广告装潢有限公司
(中国三级广告企业 认定日期：2005年3月17日)
地　址：金华市胜利街466号
邮　编：321000

金华市金点子广告有限公司
(中国三级广告企业 认定日期：2005年3月17日)
地　址：金华市八一南街333号
邮　编：321017

嘉兴市电通广告策划有限责任公司
(中国三级广告企业 认定日期：2005年3月17日)
地　址：嘉兴市和禾兴路440号3楼
邮　编：314000

遂昌县百信广告智能工程有限公司
(中国三级广告企业 认定日期：2005年3月17日)
地　址：遂昌南街12号2楼
邮　编：323300

上虞市天益广告有限公司
(中国三级广告企业 认定日期：2005年3月17日)
地　址：上虞市解放街18号
邮　编：312300

舟山市定海世纪广告装饰有限公司

(中国三级广告企业 认定日期：2005年3月17日)
地　址：舟山市定海环城西路66号6楼
邮　编：316000

舟山市洛神文化传播策划有限公司

(中国三级广告企业 认定日期：2005年12月8日)
地　址：舟山市定海环城东路102号
邮　编：316000

德清县红太阳广告策划中心

(中国三级广告企业 认定日期：2005年12月8日)
地　址：德清县武康镇营盘小区29幢301室

瑞安市华电广告策划有限公司

(中国三级广告企业 认定日期：2005年12月8日)
地　址：瑞安市马鞍山路1号
邮　编：325200

浙江商城集团广告有限公司

(中国三级广告企业 认定日期：2005年12月8日)
地　址：瑞安市商场大厦3楼
邮　编：325200

温州远扬广告有限公司

(中国三级广告企业 认定日期：2005年12月8日)
地　址：温州东方大厦803室
邮　编：325000

升华集团德清奥华广告有限公司

(中国三级广告企业 认定日期：2005年12月8日)
地　址：德清县钟管镇南湖路298号
邮　编：313220

台州市金龙广告装璜有限公司

(中国三级广告企业 认定日期：2005年12月8日)
地　址：台州市路桥区银座街77号下里桥西路天龙小区3－8号
邮　编：318050

湖州金乐广告装饰有限公司

(中国三级广告企业 认定日期：2005年12月8日)
地　址：湖州府庙商城3号楼314－318室
邮　编：313000

台州市括苍广告有限公司

(中国三级广告企业 认定日期：2005年12月8日)
地　址：台州市路桥银座街64号
邮　编：318050

义乌市达英广告有限公司

(中国三级广告企业 认定日期：2005年12月8日)
地　址：义乌市稠城赵宅四区四幢2单元3楼

绍兴市兢业广告有限公司

(中国三级广告企业 认定日期：2005年12月8日)
地　址：绍兴市鹤池苑住商（二）14、15号商业用房
邮　编：312000

绍兴市巨峰广告材料有限公司

(中国三级广告企业 认定日期：2005年12月8日)
地　址：绍兴市人民中路388–390号
邮　编：312000

浙江遂昌大地广告装璜有限公司

(中国三级广告企业 认定日期：2005年12月8日)
地　址：遂昌县东街121号
邮　编：323300

台州市嘉和广告有限公司

(中国三级广告企业 认定日期：2005年12月8日)
地　址：台州市椒江区东环大道464号
邮　编：318000

台州市路桥理想广告有限公司

(中国三级广告企业 认定日期：2005年12月8日)
地　址：台州市路桥商海南街32–36号
邮　编：318050
电　话：(0576)5828969
传　真：(0576)5828948

浙江省天台金利达装潢工程有限公司

(中国三级广告企业 认定日期：2005年12月8日)
地　址：天台县人民西路163号房屋开发公司大楼3楼
邮　编：317200

台州市雅景广告装璜有限公司

(中国三级广告企业 认定日期：2005年12月8日)

地　址：东路桥大道发达大厦 302—303 室
邮　编：318050

钱江晚报有限公司

地　址：杭州市体育场路 178 号 1015 室市场部
邮　编：310039
电　话：(0571)85311295
传　真：(0571)85310647
负责人：王卫平
联系人：方明

浙江思美广告有限公司

地　址：杭州市南山路 148 号
邮　编：310002
电　话：(0571)87926111
传　真：(0571)87926106

宁波友谊广告发展有限公司

地　址：宁波市中山西路 138 号天宁大厦 9 楼
邮　编：315010

浙江亚视传播有限责任公司

地　址：杭州市环城西路 8 号 4 楼
邮　编：310006
电　话：(0571)87061265
传　真：(0571)87061265

广播电视类

浙江电视台教育科技频道

地　址：杭州市莫干山路 111 号
邮　编：310005
电　话：(0571)88806257
传　真：(0571)88806257
负责人：夏陈安
联系人：胡晓蕾

浙江电视台影视文化频道广告部

地　址：杭州市莫干山路武林巷 5 号
邮　编：310012
电　话：(0571)88904667

浙江卫视广告部

地　址：杭州市延安路 546 号杭州大酒店 12 楼
邮　编：310006
电　话：(0571)85064140
传　真：(0571)85054155

新闻出版类

金华日报社广告中心

地　址：金华市双龙南街 276 号
邮　编：321017
电　话：(0579)3186031
传　真：(0579)2381370

温州日报报业集团

地　址：温州市鹿城区公园路 53 号
邮　编：325000
电　话：(0577)88811211
传　真：(0577)88812604

安徽省

公 司 类

安徽省金鹃国际广告有限公司

(中国一级广告企业 认定日期：2004年5月21日)
地 址：合肥市濉溪路251号
邮 编：230041
电 话：(0551)5611111
传 真：(0551)5611100
负责人：汤达祥
联系人：甘龙杰

中广协会员单位，中国一级广告企业，中国优势广告企业，全国广告行业连续5次获先进文明单位称号，屡获全国大奖的实力派广告公司。金鹃国际广告公司创办于1993年，经过多年的发展壮大，现已成为兼具综合代理和媒介代理两大强势能力的广告公司，跻身中国最大广告公司前列。服务的客户遍及省内外多行业，先后获得全国性广告大奖78次，始终受到客户的好评。公司汇集了一批国内优秀的专业人才，形成了一整套先进的营销理念和有效的作业工具，帮助客户成功、帮助客户获得好的投资回报、帮助客户不断盈利是我们始终不懈的目标。我们经营宗旨和使命是参与并推动中国广告业的发展、倡导现代营销的研究与应用，在引导并更好地满足消费者方面，与我们的客户相伴成长。我们的口号："成就别人，成就自己！"，作为企业和传播媒介的营销伙伴，金鹃国际广告公司热忱期待与您的合作，共襄盛举，共创辉煌！(http://www.jinjuan.com.cn)

安徽黑白广告有限责任公司

(中国一级广告企业 认定日期：2004年5月21日)
地 址：合肥市阜南路168号富临大厦3楼
邮 编：230061
电 话：(0551)2888888
传 真：(0551)2833666
负责人：张建国
联系人：陶宗静

安徽黑白广告有限责任公司是中国户外广告委员会常务理事单位，安徽省广协、合肥市广协副会长单位；连续十年在全省广告业独占鳌头；连续三年全国广告行业收入百强企业，获全国首批51家《中国一级广告企业》资质。全省户外媒体占有率第一，公司先后投巨资在合肥、黄山、芜湖、六安、淮南、巢湖、宣城、阜阳等地市买断多条繁华路段，兴建各种高档次亮化媒体。2005年5月，又买断了合巢芜高速公路广告发布权。现公司拥有五万多平米户外媒体，先后成立四个分支机构，建立了以合肥市场为经营中心的9个城市媒体投放网络，是全省最大的户外广告供应商。公司长期代理众多大型知名企业，例如：江淮汽车、雅戈尔集团、中国移动、中国联通、中国电力、中国电信、中国人保、中行、工行、农行、建行、交行、商行、光行、招行、香港华润集团、可口可乐、佳通轮胎、华泰集团、科大讯飞、古井集团、皖酒集团、双轮集团、口子集团、全柴集团、成都卷烟厂、芙蓉王、黄山卷烟总厂、芜湖卷烟厂、美菱集团、国风集团、华润置业、万基置业、上海绿地等。

安徽省高速公路广告有限公司

(中国一级广告企业 认定日期：2005年12月8日)
地 址：合肥市安庆路219号
邮 编：230061
电 话：(0551)2848868
传 真：(0551)2849388
负责人：李俊杰
联系人：张晓萍

安徽省高速公路广告有限公司隶属于安徽省高速公路总公司，拥有安徽境内高速公路广告的独家经营权，是一家主要从事营销策划、品牌规划、广告策划、创意、代理、管理咨询等服务项目的专业化广告公司。

安徽高速以合肥为中心，东、西、南、北四线贯穿江淮大地，这里人杰地灵，风光秀美，经济的日新月异发展使这块土地倍增活力，其外连南京、上海、武汉等大中城市——这些中国经济发展的前沿阵地，吸引着数以万计的"孔雀"东南飞。安徽高速路面宽广，视野开阔，与"广告丛林"的市区和"广告时空"的电视比起来，这里的广告天空洁净辽远，更具震撼。一条高速路就是一个集"人流"、"物流（车流）"、"信息流（广告信息）"的完美再现空间。

安徽省高速公路广告公司真诚希望为您服务，"专业成就品牌，真诚服务客户"是我们的服务理念，在我们双方的努力下，您的企业更卓著的业绩将是我们最大的荣誉。

合肥嘉宝影视服务有限责任公司
(中国二级广告企业 认定日期：2004年5月21日)

合肥赛天使广告有限责任公司
(中国二级广告企业 认定日期：2004年5月21日)

合肥中策广告有限责任公司
(中国二级广告企业 认定日期：2004年5月21日)
地 址：合肥市濉溪路6号
邮 编：230041
电 话：(0551)5522222
传 真：(0551)5522222

合肥正业广告有限责任公司
(中国二级广告企业 认定日期：2004年5月21日)

合肥白马广告有限责任公司
(中国二级广告企业 认定日期：2004年5月21日)

合肥公交广告有限公司
(中国二级广告企业 认定日期：2004年5月21日)

合肥天戈广告有限责任公司
(中国二级广告企业 认定日期：2004年5月21日)

合肥瑶海广告有限责任公司
(中国二级广告企业 认定日期：2004年5月21日)

合肥明珠装饰广告有限责任公司
(中国二级广告企业 认定日期：2004年5月21日)

合肥信苑广告有限责任公司
(中国二级广告企业 认定日期：2004年5月21日)

合肥明亮广告有限责任公司
(中国二级广告企业 认定日期：2004年5月21日)

合肥新视野广告有限责任公司
(中国二级广告企业 认定日期：2004年5月21日)

合肥虹源广告有限责任公司
(中国二级广告企业 认定日期：2004年5月21日)

合肥大西洋广告有限责任公司
(中国二级广告企业 认定日期：2004年5月21日)

安徽省宿州市天地广告有限公司
(中国二级广告企业 认定日期：2004年5月21日)

安徽鼎盛经济文化发展有限公司
(中国二级广告企业 认定日期：2004年5月21日)

芜湖市邮政广告中心
(中国二级广告企业 认定日期：2004年5月21日)

芜湖广泰广告装饰有限公司
(中国二级广告企业 认定日期：2004年5月21日)

芜湖市泰鑫广告有限公司
(中国二级广告企业 认定日期：2004年5月21日)

滁州市公路广告有限公司
(中国二级广告企业 认定日期：2004年5月21日)

滁州市新奥广告装饰工程有限责任公司
(中国二级广告企业 认定日期：2004年5月21日)

安徽金太阳广告有限公司
(中国二级广告企业 认定日期：2004年5月21日)

安徽省池州市新光源有限公司
(中国二级广告企业 认定日期：2004年5月21日)

亳州市声屏广告有限责任公司
(中国二级广告企业 认定日期：2004年5月21日)

安徽省商联广告装饰有限公司
(中国二级广告企业 认定日期：2005年12月8日)
地 址：合肥市人民路61号
邮 编：230061

安徽巨灵广告有限责任公司
(中国二级广告企业 认定日期：2005年12月8日)
地 址：宣州区鳌峰西路1号楼2楼
邮 编：242000

阜阳市新里程广告有限公司
(中国二级广告企业 认定日期：2005年12月8日)
地 址：阜阳市新大陆小区18号3F
邮 编：236000

巢湖市天龙广告有限责任公司
(中国二级广告企业 认定日期：2005年12月8日)
地　址：巢湖市团结路朝阳门2楼
邮　编：238000

安徽省清泉广告有限责任公司
(中国二级广告企业 认定日期：2005年12月8日)
地　址：巢湖市无为县无城镇南大街
邮　编：238300

巢湖市公路广告装饰有限责任公司
(中国二级广告企业 认定日期：2005年12月8日)
地　址：巢湖市长江西路6号

马鞍山市伯瑞吉广告有限公司
(中国二级广告企业 认定日期：2005年12月8日)
地　址：马鞍山市江东大道梅花园12-1栋B座
邮　编：243000

合肥市广告公司
(中国三级广告企业 认定日期：2004年5月21日)

合肥绿都广告有限责任公司
(中国三级广告企业 认定日期：2004年5月21日)

合肥市迪赛广告装饰有限公司
(中国三级广告企业 认定日期：2004年5月21日)

巢湖市野马广告装潢有限责任公司
(中国三级广告企业 认定日期：2004年5月21日)

宣城市汪健装饰广告有限公司
(中国三级广告企业 认定日期：2004年5月21日)

铜陵市创意广告装饰有限责任公司
(中国三级广告企业 认定日期：2004年5月21日)

安徽明都实业总公司明都广告分公司
(中国三级广告企业 认定日期：2004年5月21日)

滁州市新思路文化传媒广告有限公司
(中国三级广告企业 认定日期：2004年5月21日)

安徽省亚太广告有限责任公司
(中国三级广告企业 认定日期：2004年5月21日)

芜湖市阳光广告有限责任公司
(中国三级广告企业 认定日期：2004年5月21日)

马鞍山市三方广告有限责任公司
(中国三级广告企业 认定日期：2004年5月21日)

合肥新方舟广告有限责任公司
地　址：合肥市沿河路228号世纪别墅2号
邮　编：230061

广播电视类

安徽人民广播电台
地　址：合肥市桐成南路355号
邮　编：230065
电　话：(0551)3421424
传　真：(0551)3412792
负责人：李治宇
联系人：胡海钧

安徽电视台广告中心
地　址：合肥市马鞍山路38号
邮　编：230009
电　话：(0551)4678895
传　真：(0551)4678895

新闻出版类

新安晚报社
地　址：合肥市安庆路82号
邮　编：230001
电　话：(0551)2639196
传　真：(0551)2639392
负责人：江海波
联系人：徐银群

安徽日报社广告中心
地　址：合肥市金寨路206号
邮　编：230061
电　话：(0551)2828397
传　真：(0551)2827984
负责人：陈　强
联系人：袁自斌

安徽省最权威的政经类日报，党政人士、经营专家、行业权威每日必读……

福建省

公 司 类

厦门市路桥广告公司

(中国一级广告企业 认定日期：2005年3月17日)
地　址：厦门市海沧海虹路3号
邮　编：361026

厦门市路桥广告公司成立于1994年，是集设计、制作、媒介代理、品牌经营为一体的媒体型专业广告公司。秉承“锐意进取，追求卓越”的企业宗旨和以“市场为主导，服务为本”的经营理念，致力于户外先导水平广告媒体的开发经营。开辟了厦门大桥、海沧大桥、福厦漳高速公路等区域共计二万五千平方米的户外优质媒体，在福建省广告业中占有重要地位，博得众多广告主的信赖。年营业额达一千多万元，设计作品多次获得国际、国家级大奖，并获得中国广告行业文明单位、中国一级广告资质企业、中国广告协会户外委员会常委单位、福建省一级广告资质企业、厦门市广告协会副会长单位等荣誉称号。

公司人才济济，软硬件配套设施齐全，商业信誉良好，服务的客户包括：中国电信、中国联通、富贵鸟、春兰重卡、柒牌服饰、东元集团、正新轮胎等近50家国内知名品牌企业。

未来三年发展目标：1、发展成为以设计、制作、发布户外广告为基础业务支撑，以为客户提供全方位的广告代理服务为核心的综合性广告公司；2、实现综合实力在福建省非媒体广告公司中保持领先。3、创“路桥广告”知名品牌。

厦门市唐码博美广告有限公司

(中国一级广告企业 认定日期：2005年3月17日)
地　址：厦门市湖滨北路59号中信惠扬大厦商务楼22层C－D座
邮　编：361012
电　话：(0592)5206868
传　真：(0592)5207878

厦门唐码博美广告有限公司(原厦门市博美联合广告有限公司)是中国最大的户外传媒集团——TOM户外传媒集团在厦门的子公司，原名厦门市博美联合广告有限公司。是中国一级广告企业，提供广告客户全方位品牌传播服务。

公司成立于1994年，十多年来的专业经验沉淀和积累，获得社会各界的一致肯定。是“IAA”国际广告协会理事单位、福建省广告协会常务理事单位、全国广告行业文明单位。

公司也是厦门最大的广告公司，具有丰富的户外媒体资源，占有厦门地区70%以上的优质户外媒体。

公司依托TOM户外传媒集团的强大平台优势，在国内各主要城市及港、澳、台地区与新加坡有着广泛的媒介代理网络，能为客户提供全方位、一站式的服务。

公司秉承“客户是生命，服务是天职，诚信是使命，人才是保证，创新是动力”的企业理念，运用广告人独具的智慧与匠心与客户共同发展，为客户创造更长远的利益。

公司长期服务“摩托罗拉”、“中国移动”、“中国联通”、“可口可乐”、“大卫杜夫”、“诺基亚”、“爱立信”、“雅戈尔”、“富贵鸟”、“七匹狼”、“石狮”、“红河”、“康师傅”、“雪佛兰”、“佳丽斯”、“泸洲老窖”、“水井坊”、“百年皖酒”、“灿坤”、“翔鹭”、“夏新”、“厦华”、“金龙”……等著名品牌，以优秀的服务和客户结下深厚的友谊，拥有丰富的合作经验。

福州电视广告有限公司　福州电视集团广告中心、福州电视台广告部

地　址：福州市广达路68号金源大广场西区29层
邮　编：350005
电　话：(0591)83371888
传　真：(0591)83371999
负责人：林捷
联系人：吴丹凤

集大成，彰显品牌实力福州广播电视集团所属媒体：福州电视台新闻综合频道/V2频道/生活频道/少儿频道福州人民广播电台FM944新闻频道/FM893音乐频道/FM876福州交通之声文化生活报

厦门世通华纳文化传媒有限公司

地　址：厦门市湖滨北路78号兴业大厦11层
邮　编：361012
电　话：(0592)3187516
传　真：(0592)5368309

负责人：鄢礼华
联系人：阙彩丽

世通华纳文化传媒有限公司（TOWONA）成立于2003年1月。TOWONA致力于打造中国领先的移动电视传媒集团，以专业理念塑造移动电视强势品牌城市T频道，为受众提供吸收信息的另一条途径，为广告主提供一个高效的信息传播平台。开播三年来，城市T频道红遍大江南北，南京、济南、大连、武汉、沈阳……被誉为最贴近市民的媒体！

福建日报广告总公司

地　址：福州市华林路84号
邮　编：350003
电　话：(0591)87820601
传　真：(0591)87820601
负责人：陈兆伟
联系人：曾雅清

厦门市公交广告有限公司

地　址：厦门市湖滨中路64号公交店面40
邮　编：361004
电　话：(0592)5806046
传　真：(0592)5808709
负责人：朱金富

厦门市竞艺广告美术有限公司

地　址：厦门市坂尾路28号海德大厦3层
邮　编：361004
电　话：(0592)5818899
传　真：(0592)5817878
负责人：王樊峥
联系人：郑志坚

厦门欣美广告有限公司

地　址：厦门市湖滨西路9号大西洋海景城A幢5D
邮　编：361004
电　话：(0592)2392233
传　真：(0592)2398822

福建电广有线电视广告有限公司

地　址：福州市广达路68号金源广场东区28楼
邮　编：350005
电　话：(0591)83321313
传　真：(0591)83316117

福建电广东南卫视广告有限公司

地　址：福州市圣届路1号5层
邮　编：350001
电　话：(0591)83314480
传　真：(0591)83361070

福建电广福视广告有限公司

地　址：福州市新权南路12号金福大厦7层
邮　编：350005
电　话：(0591)83353838
传　真：(0591)87119538

福建电广广播广告有限公司

地　址：福州市古田路2号
邮　编：350001
电　话：(0591)83319881

厦门鹭江广告公司

地　址：厦门市吕岭路122号报业大厦13层
邮　编：361000
电　话：(0592)5581515
传　真：(0592)5581505

闽西日报社广告总公司

地　址：龙岩市登高东路155号
邮　编：364000
电　话：(0597)2317060

福建海峡传播总公司

地　址：厦门市厦禾路820号帝豪大厦24层
邮　编：361004
电　话：(0592)2961588
传　真：(0592)2960018

福建电广广播电视报广告有限公司

地　址：福州市白马北路253号4层
邮　编：350001
电　话：(0591)87540046
传　真：(0591)87505617

奥华－奥美（福建）广告有限公司

地　址：福州市五四路158号环球广场19层
邮　编：350003

福建新恒基广告有限公司
地　址：福州市五四路宜发大厦28层
邮　编：350003

福建指南针广告有限公司
地　址：泉州市义全街东煌广场A幢1506号
邮　编：362000

厦门市佰诚设计装饰有限公司
地　址：厦门市后埭溪皇达大厦19层
邮　编：361004

福建新思维企划有限公司
地　址：福州市五四路158号环球广场15F
邮　编：350001

广播电视类

南平市广播电视中心
地　址：南平市胜利街142号
邮　编：353000
电　话：(0599)8834449
传　真：(0599)8834449
负责人：陈毅达
联系人：兰新华

莆田市广播电视中心
地　址：莆田市城厢区东圳路
邮　编：351100
电　话：(0594)2391668
传　真：(0594)2332919
负责人：戴建中
联系人：柯晓东

泉州电视台广告部
地　址：泉州市区温陵路中段天都广场1楼
邮　编：362000
电　话：(0595)22184848
传　真：(0595)22187849
负责人：叶燕民
联系人：陈铭贤

福建教育电视台
地　址：福州市五四路217号
邮　编：350003
电　话：(0591)87802248
传　真：(0591)87802248

龙岩电视台新闻综合频道
地　址：龙岩市中山西路4号楼303、304室
邮　编：364000
电　话：(0597)2103336

新闻出版类

泉州晚报社
地　址：泉州市刺桐路泉州晚报大厦广告中心
邮　编：362000
电　话：(0595)22500208
传　真：(059522500213
负责人：施能泉
联系人：陈　榆

福建青年杂志社
地　址：福州市晋安金鸡山路23号
邮　编：350011
电　话：(0591)87336950
传　真：(0591)87336048

海峡都市报社
地　址：福州市华林路84号福建日报大楼8层
邮　编：350003
电　话：(0591)87095497
传　真：(0591)87095337

东南快报社
地　址：福州市北环中路131号时代金典大厦4楼
邮　编：350003
电　话：(0591)87809408

江西省

公 司 类

江西星际广告有限公司
(中国一级广告企业 认定日期：2005年12月8日)
地 址：南昌市站前西路289号三星大厦B座20楼
邮 编：330002

成立于1998年，经过7年的不懈努力，已发展成为一家实力雄厚的大型综合性的广告公司。公司拥有江西华星国际市场研究咨询有限公司（中国市场信息调查业协会理事单位）、江西星际装饰工程有限公式（国家二级资质企业）2家全资子公司。服务范围涉及全程策划、整合推广、广告策划媒介代理、广告创意与各类视觉设计、促销全程实施、影视广告制作产品陈列设计与制作、市场调查、装饰装修等多项业务领域。光阴荏苒，星际已走过了七个春秋。七年来，星际公司秉持双赢、专业、服务三大理念，凭借着敏锐的触觉、超凡的智慧、强劲的力度和不屈的意志，一次又一次地产生出巨大的爆发力和创造力，不断为客户打造经典作品。靠双赢指路、以服务尽心、凭专业取信。

目前，星际广告已成为我省发展最快、成长性最好的大型广告公司，于2003年被中国广告协会授予"全国广告行业文明单位"称号，2005年被认定为中国一级广告企业，其广告作品先后两次在被誉为广告奥斯卡的中国广告节上获得入围奖。

江西现代广告发展公司
(中国二级广告企业 认定日期：2005年3月17日)
地 址：南昌市桃花大厦Ⅱ区C座7楼
邮 编：330009

景德镇百花置业有限公司
(中国二级广告企业 认定日期：2005年3月17日)
地 址：景德镇市珠山西路40号
邮 编：333000

吉安市新时代广告有限公司
(中国二级广告企业 认定日期：2005年3月17日)
地 址：吉安市商务中心4楼
邮 编：343000

江西省汇美广告有限公司
(中国二级广告企业 认定日期：2005年3月17日)
地 址：南昌市国贸广场B区A座1402号1401号
邮 编：330002

江西文藻广告装饰工程有限公司
(中国二级广告企业 认定日期：2005年3月17日)
地 址：东乡县龙山北路金三角大厦
邮 编：331800

赣州豪维广告装饰工程有限公司
(中国二级广告企业 认定日期：2005年12月8日)
地 址：赣州市环城路30－12号
邮 编：341000

景德镇大象广告有限公司
(中国二级广告企业 认定日期：2005年12月8日)
地 址：景德镇市莲社北路7号
邮 编：333000

江西明珠集团井冈明珠广告有限公司
(中国二级广告企业 认定日期：2005年12月8日)
地 址：吉安市井冈山大道153号
邮 编：343000

赣州市三马广告装饰工程有限公司
(中国二级广告企业 认定日期：2005年12月8日)
地 址：赣州市章贡区大公路148号
邮 编：341000

江西年代广告有限公司
(中国二级广告企业 认定日期：2005年12月8日)
地 址：南昌市桃苑大厦A栋9楼
邮 编：330009

江西省亚威广告传播有限公司
(中国三级广告企业 认定日期：2005年3月17日)
地 址：南昌市井冈山大道1086号
邮 编：330002

山东省

公 司 类

青岛金桥广告有限公司

(中国一级广告企业 认定日期：2005年3月17日)

地 址：青岛市香港西路67号光大国际金融中心9层CDE室

邮 编：266071

电 话：(0532)83877876

传 真：(0532)83877876

青岛金桥广告有限公司于1992年注册成立。是一家以专业设计制作、媒体代理、媒体整合、营销传播、品牌策划、企业形象包装等多方面齐头并进的综合性大型广告公司。公司拥有雄厚的媒体资源，经过十几年的运营，在业界树立了良好的口碑，受到客户、媒体、同行的广泛赞誉。

金桥秉承“创新、诚信、仁和、高效”的经营理念，始终坚持高品位、高素质、高起点的工作作风。已由最初的户外广告发布，走向了专业纸媒广告运作、媒体整合策划等全面发展的新阶段。

金桥始终坚持“客户至上”的服务宗旨，一直服务于青岛房产、金融、商场、装饰、健康及其它行业。相继为顺弛、家乐福、拜占庭、菲林格尔等进行整体策划、创意设计以及整合营销服务。金桥人以精益求精，力求完美的工作态度得到了广大客户的认可赞誉。

金桥曾荣获了“中国一级广告企业”、并多次被评为国家、省级、市级“重合同守信用”单位、“免检”单位；金桥数百幅作品获得国家、省、市级各种奖项等。

山东迅华传媒广告有限公司

(中国一级广告企业 认定日期：2005年12月8日)

地 址：济南市山东大厦7F8728房间

邮 编：250002

“迅华传媒”是以城市智能交通科技研发、建设为基础，构建经营城市智能交通传媒的新型企业联盟。2002年8月1日，迅华传媒成立，公司秉持“科技发展、智力服务”的理念，以济南作为先导城市，在城市主要公交线路建设了公交智能候车亭。于2003年成立了北京迅华星途科技有限公司，利用卫星定位技术，研发出一套成熟的公交车运营智能管理系统，并已应用于城市智能交通建设。同年，迅华传媒还成功签约济南市全部公交车体的广告经营权。

2004年迅华传媒加快媒体投资，分别在济南、武汉成立公司，在公交车上建设从媒体终端建设到节目制作、广告经营、设备维护全方位投入的多媒体视听系统，把视听传媒搬到了流动的户外。2005年5月28日，与济南广电合作，正式开播济南迅华移动电视频道。

2005年，迅华传媒被评为国家一级广告资质企业、中国本土最具成长性广告公司百强企业。“迅华传媒”以山东迅华传媒为核心，依托自身的科研实力，整合多种新型媒体资源，形成了能为企业提供“车内、车外、道路、移动、静止、视听”的全方位广告发布服务的“迅华智能交通传媒网”。“开拓创新、服务社会”的企业精神让“迅华智能交通传媒网”不断加快发展的脚步，“迅华智能交通传媒网”正逐步形成区域性的大户外媒体平台。

山东省国际广告有限公司

(中国一级广告企业 认定日期：2004年5月21日)

地 址：济南市纬一路71号外贸中心大厦6层

邮 编：250001

山东省国际广告有限公司作为山东省大型综合性广告公司，始创于1980年。成立至今，公司凭借一流的专业水准、精良的创作团队，一直活跃在市场的最前端。

从80年代的快速消费品到90年代的通讯、机械，再到现在的房产、汽车、IT、金融等前瞻行业，国广的业务领域不断扩大。公司也从单项服务发展到现在以策划为龙头、四大执行力（影视报纸制作代理、户外媒体、设计印刷、促销）均衡发展的“整合推广”阶段，相继服务了包括浪潮集团、济南啤酒集团、中国重汽、中国农业银行山东省分行等多个大型知名企业在内的几十家企业。2001年改制后，新客户与媒体拥有量更是随公司综合实力的增强稳定持续增长。

一路走来，国广形成了一套高效、全面的策划执行系统。其间，荣获“自强创辉煌公益广告政府奖”，连续多年被评为“全国广告行业文明单位”，并在2004年获得“中国一级广告企业”资质认证，同时在第十二届中国广告节获金、银、铜三项大奖，实现了山东省金奖

"零"的突破，验证了国广对市场的独特见解和把握能力。

公司以战略为先导，以策划为龙头，以创意为灵魂，以执行为保证，以服务为纽带，以服务好客户为根本，力争成为最优秀的本土品牌的整合传播者和国际品牌的区域执行公司。

山东三石广告有限公司

(中国二级广告企业 认定日期：2005年3月17日)
地 址：济南市民生大街22号三剑银苑A座19层
邮 编：250001

山东大成传媒有限公司

(中国二级广告企业 认定日期：2005年3月17日)
地 址：济南市历下区经十路89号
邮 编：250062

青岛安捷广告有限公司

(中国二级广告企业 认定日期：2005年3月17日)
地 址：青岛市市南区东海西路21号
邮 编：266071

青岛经济技术开发区市政广告有限公司

(中国二级广告企业 认定日期：2005年3月17日)
地 址：青岛市开发区井冈山路481号
邮 编：266555

青岛苹果广告有限公司

(中国二级广告企业 认定日期：2005年3月17日)
地 址：青岛市长阳路4号
邮 编：266032

潍坊科艺广告装璜有限公司

(中国二级广告企业 认定日期：2005年3月17日)
地 址：昌邑市昌盛路中段
邮 编：261307

青岛流亭机场广告有限公司

(中国二级广告企业 认定日期：2005年3月17日)
地 址：青岛市崂山区中韩镇大埠东村
邮 编：266071

青岛经济技术开发区公共交通广告有限公司

(中国二级广告企业 认定日期：2005年3月17日)
地 址：青岛市经济技术开发区五台山路738号
邮 编：266555

山东新之航文化传播有限公司

(中国二级广告企业 认定日期：2005年3月17日)
地 址：济南市经七路223号东方大厦5层
邮 编：250001

山东国铁天龙广告有限公司

(中国二级广告企业 认定日期：2005年3月17日)
地 址：济南市车站街161号
邮 编：250001

德州铁艺广告装饰有限公司

(中国二级广告企业 认定日期：2005年3月17日)
地 址：德州市天衢西路迎宾小区122号
邮 编：253000

日照爱达企划广告有限公司

(中国二级广告企业 认定日期：2005年3月17日)
地 址：日照市黄海一路36号
邮 编：276826

济南理想实业有限公司

(中国二级广告企业 认定日期：2005年3月17日)
地 址：济南市市中区马鞍山路13号劳伦斯广告大厦316室
邮 编：250013

青岛铁路广告有限责任公司

(中国二级广告企业 认定日期：2005年3月17日)
地 址：青岛市栖霞路20号
邮 编：266003

青岛天和兄弟广告有限公司

(中国二级广告企业 认定日期：2005年3月17日)
地 址：青岛市开发区北江路99号
邮 编：266555

济南铁路广告装饰公司

(中国二级广告企业 认定日期：2005年3月17日)
地 址：济南市车站街3号
邮 编：250001

济南鲁源电力广告有限公司
(中国二级广告企业 认定日期：2005年3月17日)
地 址：济南市市中区泺源大街238号
邮 编：250012

青岛麒麟广告装潢有限公司
(中国二级广告企业 认定日期：2005年12月8日)
地 址：青岛市四方区嘉定路17号
邮 编：266031

青岛华银中智广告营销策划有限公司
(中国二级广告企业 认定日期：2005年12月8日)
地 址：青岛市香港西路65号汇融广场B1座1005室
邮 编：266071

青岛八爪鱼广告文化传播有限公司
(中国二级广告企业 认定日期：2005年12月8日)
地 址：青岛市经济技术开发区长江西路6号
邮 编：266555

青岛架桥广告装潢有限公司
(中国二级广告企业 认定日期：2005年12月8日)
地 址：青岛经济技术开发区太行山路489号
邮 编：266555

山东升辉文化传播有限公司
(中国二级广告企业 认定日期：2005年12月8日)
地 址：济南市环山路2号鸿苑大厦9楼A座
邮 编：250014

德州兆丰广告装饰工程有限公司
(中国二级广告企业 认定日期：2005年12月8日)
地 址：德城区共青团路
邮 编：253000

龙口市蓝天广告有限公司
(中国二级广告企业 认定日期：2005年12月8日)
地 址：龙口市黄城通海路18号
邮 编：265701

东营市日月星广告有限责任公司
(中国二级广告企业 认定日期：2005年12月8日)
地 址：东营区淄博路1号
邮 编：257000

潍坊市东晨广告装饰工程有限公司
(中国二级广告企业 认定日期：2005年12月8日)
地 址：潍坊市高新技术开发区科技街2号
邮 编：261041

山东丹帝文化传播有限公司
(中国二级广告企业 认定日期：2005年12月8日)
地 址：济南市历下区经十路65号三庆汇文轩
邮 编：250014

山东太阳风影视文化传播有限公司
(中国三级广告企业 认定日期：2005年3月17日)
地 址：济南市文化东路24号
邮 编：250014

山东省轻工信息广告中心
(中国三级广告企业 认定日期：2005年3月17日)
地 址：济南市文化东路143号
邮 编：250014

青岛保税区白龙广告装饰有限公司
(中国三级广告企业 认定日期：2005年3月17日)
地 址：青岛市青岛开发区九华山路74—4号
邮 编：266555

潍坊市广告公司
(中国三级广告企业 认定日期：2005年3月17日)
地 址：潍坊市奎文区南巷子小区10号楼东
邮 编：261041

山东金之河广告有限公司
(中国三级广告企业 认定日期：2005年3月17日)
地 址：济南市建设路14号德盛家园1—3—101
邮 编：250021

日照市公交广告公司
(中国三级广告企业 认定日期：2005年3月17日)
地 址：日照市昭阳路23号
邮 编：276800

青州市远东广告有限公司
(中国三级广告企业 认定日期：2005年3月17日)

地　址：州市青州南路东一街
邮　编：262500

山东迪生广告有限公司

(中国三级广告企业 认定日期：2005 年 12 月 8 日)
地　址：济南市开元山庄南首中国旅行社宿舍1－3－502
邮　编：250014

青岛创世纪广告装饰有限公司

(中国三级广告企业 认定日期：2005 年 12 月 8 日)
地　址：青岛市市南区芝泉路 3 号
邮　编：266001

青州市美术广告公司

(中国三级广告企业 认定日期：2005 年 12 月 8 日)
地　址：青州市云门山北路 648 号
邮　编：262500

山东博大航空广告有限公司

地　址：济南市泉城路 17 号华能大厦七层
邮　编：250011

青岛五洲广告有限公司

地　址：青岛市香港中路 52 号时代广场 21 层
邮　编：266071

青岛天马广告有限公司

地　址：青岛市东海中路 2 号环海大厦 11 层 B 区
邮　编：266071

山东北斗广告有限公司

地　址：济南市经五小纬二 51 号金属招待所 2 楼
邮　编：250001

山东信通广告有限公司

地　址：济南市堤口路 7 号
邮　编：250031
电　话：(0531)85868855
传　真：(0531)85868867

山东东方天健广告有限公司

地　址：济南市洪楼南路 11 － 3 号建鑫大厦 8 层南厅
邮　编：250100

青岛黑蚂蚁广告有限公司

地　址：青岛市市南区香港中路 52 号 12F
邮　编：266071

山东长城梅地亚文化传播有限公司

地　址：济南市青年东路 16 号
邮　编：250011

广播电视类

山东人民广播电台

地　址：济南市经十路 81 号
邮　编：250062
电　话：(0531)82955433
传　真：(0531)82955433
负责人：于钦彦
联系人：孙茜芸

青岛电视台

地　址：青岛市宁夏路 200 号广电大厦
邮　编：266071
电　话：(0532)85701683
传　真：(0532)85701889
负责人：楼树军
联系人：张采生

山东电视台

地　址：济南市经十路 83 号
邮　编：250062
电　话：(0531)82955658
传　真：(0531)82951384
负责人：韩国强
联系人：袁宗凯

威海市广播电视台电视广告中心

地　址：威海市文化中路 66 号
邮　编：264200
电　话：(0631)5817731
传　真：(0631)5817731

山东教育电视台广告信息部

地　址：济南市千佛山西路 38 号

邮　编：250014
电　话：(0531)85591030
传　真：(0531)85591030

山东菏泽市广播电视台

地　址：山东菏泽中华东路28号
邮　编：274033
电　话：(0530)5332993
传　真：(0530)3960899

济宁市广播电视局(台)

地　址：济宁市常青路9号
邮　编：272037
电　话：(0537)2231686
传　真：(0537)2231686

新闻出版类

半岛都市报社

地　址：青岛市潍县路55号
邮　编：266001
电　话：(0532)82827610
传　真：(0532)82886263
负责人：毕华德
联系人：林国栋

菏泽日报社

地　址：山东省菏泽市太原路南路21号
邮　编：274008
电　话：(0530)5969595
传　真：(0530)5969586

河南省

公 司 类

河南新天明广告信息传播有限公司
(中国一级广告企业 认定日期：2005年3月17日)
地 址：郑州市金水区关虎屯小区海特大厦13层
邮 编：450008

郑州豫电广告实业发展有限公司
(中国二级广告企业 认定日期：2005年12月8日)
地 址：郑州市南阳路170号三江科技大厦820室
邮 编：450000

郑铁隆达广告装饰工程总公司
(中国二级广告企业 认定日期：2005年12月8日)
地 址：郑州市蜜蜂张路88号
邮 编：450052

河南省明睿广告有限公司
(中国二级广告企业 认定日期：2005年12月8日)
地 址：安阳市人民大道西段万达花园2号楼东单元6层
邮 编：455000

安阳市醒狮广告装饰有限责任公司
(中国二级广告企业 认定日期：2005年12月8日)
地 址：安阳市人民大道西段
邮 编：455000

郑州铁利达广告有限公司
(中国二级广告企业 认定日期：2005年12月8日)
地 址：中国郑州市陇海中路97号
邮 编：450052

洛阳市广告总公司
地 址：洛阳市中州中路445号
邮 编：471000
电 话：(0379)63925735
传 真：(0379)63925735
负责人：李 冰

广播电视类

河南电视台
地 址：郑州市郑花北路18号
电 话：(0371)68268402
负责人：周绍成

河南人民广播电台
地 址：郑州市经五路2号
电 话：(0371)68266070
负责人：赖谦进

新闻出版类

大河报社广告中心
地 址：郑州市农业路东28号
邮 编：450008
电 话：(0371)65796159
传 真：(0371)65796173
联系人：徐云峰

河南日报社
地 址：郑州市农业路东段28号河南日报报业集团
邮 编：450008
电 话：(0371)65796126
传 真：(0371)65796121
负责人：路国贤
联系人：许 可

湖北省

公 司 类

武汉市大唐广告有限责任公司

(中国一级广告企业 认定日期：2005年3月17日)
地 址：武汉市江岸区台北一路中环大厦B座17楼
邮 编：430015
电 话：(027)85775133

武汉市大唐广告有限责任公司，成立于1994年，是湖北地区颇具规模，专业功能齐全，社会声誉良好的综合性实力公司。大唐广告立足本土，彰显专业，秉持“专业的服务才是最好的服务”的经营理念，近年来在专业领域取得了一系列的突破，成为五粮液集团全国性品牌的品牌营运商，并为国内外众多知名品牌提供全方位的代理服务，主要有：招商银行、神龙汽车、三星电子、百威啤酒、水井坊等；大唐广告将自己定位为最了解本地市场和消费者的广告公司，十余年在荆楚大地上精耕细作，建立了完善的服务体系和网络，拥有丰足而高效的资源优势，特别是户外网络式媒体资源上独具强势；大唐广告在湖北等地市独家代理了电视、报纸、电台、户外等多种专有媒体，在全国建立了广泛全面的媒体代理网络。在第十二届中国广告节上，大唐广告服务并荐举的五粮液集团获得首届“最佳广告主”大奖。

武汉昌隆广告发展有限公司

(中国一级广告企业 认定日期：2005年3月17日)
地 址：武汉市江岸区南京路135号金宝大厦10层
邮 编：430012

武汉昌隆广告发展有限公司成立于1996年，是一家以媒体资源整合为主的专业策略型广告公司，公司注册资本600万元，自有办公面积1500平方米的写字楼。

经过近10年的发展，公司在户外传媒领域有着长足的发展，现已建立强大的户外资源平台．公司现有户外媒体资源共约40000 平方米，其中武汉市黄金地段的户外广告位30000余平方米，遍及武汉三镇；省内地市户外资源，已覆盖宜昌、荆州、仙桃、襄樊、十堰、黄石、黄冈等地级城市，可执行资源近10,000平方米.公司户外媒体执行网络，涵盖上海、广州、南京、长沙、南昌、合肥、郑州等省会城市。

通过近几年的成功探索和迅猛发展，公司成功建立了与实力媒体、博视达、TOM等国际性户外传媒公司的战略合作，借鉴了国际传媒公司成功经验，并形成了独特的户外媒体广告价值评估体系和运作模式，建立了自己的策略团队．专业的执行能力和优质的服务网络为昌隆积累了大量优质的品牌客户，公司服务和正在服务的品牌有：中国移动、中国电信、交通银行、建设银行、浦发银行、联想、方正、乐百氏、上海家化、中兴手机等，并受到众多客户和业界的一致好评。

武汉海德广告有限公司

(中国一级广告企业 认定日期：2005年12月8日)
地 址：武汉市建设大道847号瑞通广场B座22楼
邮 编：430015

武汉海德广告成立于1996年，经过十年的迅猛发展，现已成为集广告创意、形象策划、市场营销、咨询、管理、门户网络、媒体代理、户外广告、装饰制作于一体的综合性大型专业公司。

海德公司成立至今，始终秉承“龙遨于海，人立于德”的企业理念，将“倡导专业精神，全方位服务客户”作为自己的发展宗旨。

2001年，海德广告独家代理湖北人民广播电台交通音乐频道及健康娱乐频道的电台广告；同时独家代理《市场指南报》广告。2002年，公司独家代理《参考消息》湖北地方版广告。

2004年，海德公司斥巨资购买了京珠高速公路10座跨线天桥的广告经营权，成为湖北省唯一一家获得京珠高速公路广告经营权的企业，这一壮举不仅使公司的户外广告经营面积一次性增加近5000平方米，更展现了公司的实力，捍卫了湖北省广告公司的尊严。

海德公司立足于专业化的道路上迈出了坚实的一步，先后并购成立了海德鸿亚广告策划设计有限公司，专业从事房地产广告的策划设计；动力咨询管理顾问(中国）有限公司，专业从事企业管理及咨询；同时成立了海德帝力创作机构，专业从事广告创意设计表现。

从1999年至2004年，年年被评为“重合同守信用企业”；多幅公益平面广告作品被省、市级广告协会评为获奖作品，六篇广播广告被湖北省广播专业委员会评为一等奖、二等奖。

武汉市丽兰广告艺术有限公司

(中国一级广告企业 认定日期：2005年12月8日)
地 址：汉口解放公园路50号永成大厦10楼
邮 编：430019

丽兰户外传媒是湖北省大型广告公司，中国一级广告企业，是湖北省广告协会广告公司委员会副主任委员单位，是武汉市户外广告协会专业委员会的主任委员单位，是武汉企业家联合会、《中国广告》和《广告导报》理事单位。

11年来，丽兰通过开发、托管、收购多种整合手段，不断扩大媒体市场份额，已形成户外媒体采购、制作、发布、媒体策略制定和监测“一站式”服务体系。

2000年买断武汉机场路全线15年的广告经营权，现有媒体总面积超过27000平方米，约占本地户外总量的12%；2004年，丽兰又开发了业务周期较短的流转型网络化户外媒体，特别是商业终端和消费终端的新型媒体，并取得武汉万达商业广场户外媒体的全权代理资格；丽兰随时保持行业之间的互动，与本土广告公司以及全国知名的合资广告公司达成了良好的合作关系，继而形成了户外媒体资源的规模化和网络化经营。

丽兰坚信“做专做强”是本地户外公司的战略选择，只有凭借专业规模和专业的服务获取市场回报，始终致力于提供最具价值的户外媒体服务，成为最好的户外传播组织，将为客户提供“最佳户外传播方案”，成为客户真正值得信赖的传播伙伴。

湖北中兴广告装饰有限责任公司

(中国一级广告企业 认定日期：2005年12月8日)
地 址：武汉市江汉区郧家墩115号金贸中心C区7楼
邮 编：430023
电 话：(027)85880418
传 真：(027)85880428
负责人：周汉章
联系人：向彩云

湖北中兴广告装饰有限责任公司是湖北省一家资深的综合性广告公司，公司成立于1991年，1993年参加中国广告协会，1999年被湖北省工商局认定为湖北省广告经营资质一级企业，2002年被授于全国广告行业文明单位的称号；2005年被评为中国一级广告企业。通过自身不断地奋斗与完善，已与国内外多家著名企业合作、设计、制作、代理国内外各类广告。公司秉承100%策略创意执行理念，全面有效整合中兴资源及本土经验，为客户提供全面有效的整合品牌营销解决方案。公司成立以来先后为国内近百家品牌提供过综合代理服务，为冰川羽绒服、上海大众汽车、万通汽车、爱德电饭煲、神州燃具、联想集团、格力空调、海尔、LG电子、美菱集团、康佳电子、厦华电子、科龙空调、中国移动通信、丝宝集团等提供专业的广告代理服务，为其品牌的延伸和美誉度的提升发挥重大的作用。

武汉经济开发区新纪元广告有限公司

(中国一级广告企业 认定日期：2004年5月21日)
地 址：武汉经济技术开发区创业道2号绿岛实业大厦二楼
邮 编：430056

武汉新纪元广告公司地处武汉经济技术开发区，经营范围涉及品牌服务、企业形象策划、媒体代理、户外传播以及影视制作等多个领域。公司实力雄厚、媒体资源丰富。曾服务过众多知名品牌和跨国企业，多次参与政府形象建设项目的策划和实施，得到政府和业界的好评。

2004年6月，新纪元被评定为中国首批一级广告企业，成为湖北省唯一获得此殊荣的广告企业。新纪元广告公司现系湖北省广告协会主任委员单位；公司法人代表为湖北省广告协会副会长。2004年底投资组建元唐路名网户外传媒，现有1568块豪华路名指示灯箱遍布武汉中心城区，形成了强大的户外传播网络。

置身本埠，新纪元致力于打造国际化的本土专业团队，成为本土最具专业性的整合营销传播机构。

宜昌市美辰广告营销有限公司

(中国一级广告企业 认定日期：2005年12月8日)
地 址：宜昌市夷陵大道15号3e商务大厦1301室
邮 编：443000

美辰广告成立于1998年，是宜昌区域内成长最快的广告公司。坚持走区域化发展的策略，让我们对宜昌本土的区域市场环境有了深刻的了解。通过和大型品牌的合作经历，让我们拥有更为广阔的国际视野。

美辰由专业的客户服务中心、专业策划创意中心、专业设计中心、专业喷绘中心、专业工程安装中心等所构建的专业广告媒体公司。

美辰从创始之日即坚持"我们只做有效的广告"之观点，以客户发展为导向，用心呵护客户的品牌，始终凭借"对每一个品牌负责"的专业精神，为我们的客户提供宜昌区域市场媒体投放整合方案、全面倡导"四维品牌服务"的品牌服务模式。

历年来，美辰广告凭借与政府部门良好的公共关系立足于宜昌本土，立足于双赢的思想，为三峡烟草、嘉宝莉涂料、宜昌市商业银行、湖北安琪集团、招商银行宜昌支行、格力空调等提供了切实可行的年度服务，用心呵护我们的客户。

武汉新宇广告装饰有限公司

(中国二级广告企业 认定日期：2004年5月21日)

湖北荧丰电视艺术开发公司
(中国二级广告企业 认定日期：2004年5月21日)

湖北视星广告有限责任公司
(中国二级广告企业 认定日期：2004年5月21日)

湖北东方视博传播有限公司
(中国二级广告企业 认定日期：2004年5月21日)

武汉尊荣广告国际传播发展有限公司
(中国二级广告企业 认定日期：2004年5月21日)

武汉市方大商贸广告发展有限公司
(中国二级广告企业 认定日期：2004年5月21日)

武汉市波普广告有限责任公司
(中国二级广告企业 认定日期：2004年5月21日)

武汉华利广告有限公司
(中国二级广告企业 认定日期：2004年5月21日)

宜昌市龙马广告文化传播有限责任公司
(中国二级广告企业 认定日期：2005年3月17日)
地 址：宜昌市西陵一路10号
邮 编：443000

武汉市东方艺术广告有限公司
(中国二级广告企业 认定日期：2005年3月17日)
地 址：武汉市洪山区东亭一路17号
邮 编：430077

黄石市文龙广告设计有限责任公司
(中国二级广告企业 认定日期：2005年3月17日)
地 址：黄石市湖滨大道1212号
邮 编：435000

湖北博吉广告发展有限公司
(中国二级广告企业 认定日期：2005年12月8日)
地 址：黄石市黄石大道1399号
邮 编：435000

湖北大成广告传媒有限公司
(中国二级广告企业 认定日期：2005年12月8日)
地 址：荆州市塔桥路碧波大厦9－10号
邮 编：434000

荆州沙隆达广告有限公司
(中国三级广告企业 认定日期：2005年3月17日)
地 址：荆州市沙市区便河东路25号
邮 编：434000

鄂州市金鸿广告有限公司
(中国三级广告企业 认定日期：2005年3月17日)
地 址：鄂州市滨湖路13号
邮 编：436000

荆州市环星广告有限公司
(中国三级广告企业 认定日期：2005年3月17日)
地 址：荆州市华信广场3楼
邮 编：434000

荆州市精创广告有限公司
(中国三级广告企业 认定日期：2005年12月8日)
地 址：荆州市沙市区临江路67号
邮 编：434000

湖北日报报业集团楚天广告总公司
地 址：武汉市武昌黄鹂路65号
邮 编：430077
电 话：(027)86784437
传 真：(027)86791716
负责人：毕志伦
联系人：王继红

湖北日报报业集团于2001年成立。集团以《湖北日报》为旗舰，辖有六报七刊六公司一网站。其中，《楚天都市报》发行量达130多万份，《特别关注》发行量超过100万份。集团已成为全国首家拥有一报一刊发行量超过"双百万"的报业集团。目前集团资产总额15亿元，2005年年销售收入9.6亿元。湖北日报报业集团楚天广告总公司是华中地区实力最雄厚的大型综合广告公司，公司全面负责集团旗下所有媒体的广告经营和管理工作，全面代理国内外广告业务，积极探索集团化背景下的报业广告整合经营之路，年广告经营总额超过6亿元。楚天广告总公司依托集团的强大影响力，整合集团旗下所有媒体资源，致力建设新的媒体行销传播平台，开创以强势媒体群为传播主体的行销新世界。

荆州市荆视传媒有限公司
地 址：荆州市荆州区荆东路30号
邮 编：434100
电 话：(0716)8466461

传　真：(0716)8464111
负责人：李海昌
联系人：王明生

湖北荆州电视台拥有新闻台、精彩台、娱乐台三大电视频道及荆州广播电视报、荆视江汉网站、荆州手机报三大异质媒体发布平台，其中新闻、精彩、娱乐三大频道均为10千瓦无线发射，有效覆盖荆州、宜昌、荆门、仙桃、天门、潜江、咸宁、岳阳、常德等鄂湘28个县市2500万受众；同时，通过荆州有线宽带网全面通达荆州全境60多万有线用户；自办节目日播出量240分钟，新闻台与精彩台24小时播出。2005年AC尼尔森数据显示：新闻、精彩、娱乐三台全天掌控30%以上的收视份额，晚间黄金时段更是牢牢占据了40%以上，其中精彩台高居全网榜首。《630剧场》、《新闻剧场》、《都市剧场》三大强档收视与市场份额更是遥遥领先，强力引领电视剧收视热浪；自办《江汉风》、《垄上行》、《有么子说么子》等品牌栏目，其知名度、美誉度、辐射度与忠诚度铸就了荆视在汉江平原独领风骚的媒体公信力与影响力。最先进的全数字非编制作系统、硬盘播出系统、电视转播车、国内一流的新闻演播室，奠定了荆视在全国同级媒体中一流的科技实力。荆视经营业绩始终高速稳健增长，2005年营收4000多万元，占当地媒体广告经营总额的65%以上。青春荆视，朝阳未来。凤凰为媒，共创辉煌。

湖北机场广告有限公司

地　址：武汉市发展大道158号
邮　编：430023
电　话：(027)83518738
传　真：(027)83528818
负责人：陈鸿宾
联系人：彭　旭

黄石江鹰广告喷绘影印有限公司

地　址：黄石市黄石大道1181号(市印刷总厂2楼)
邮　编：435000
电　话：(0714)6533626
传　真：(0714)6534166
负责人：江　鹰
联系人：姜孝国

广播电视类

湖北人民广播电台

地　址：武汉市汉口解放大道1237号
邮　编：430022
电　话：(027)85791532

湖北电视台

地　址：武汉市紫金村特1号
邮　编：430071
电　话：(027)87329878

武汉电视台

地　址：武汉市江岸区建设大道620号
邮　编：430015
电　话：(027)85789927-56
负责人：成珈乐

新闻出版类

三峡日报社

地　址：宜昌市东山大道119号
邮　编：443000
电　话：(0717)6449702
传　真：(0717)6450179
联系人：胡兴军

2006年正式更名的《三峡日报》位于举世瞩目的长江三峡工程所在地、世界水电旅游名城宜昌市，是中共宜昌市委机关报。《三峡日报》架起党和政府与人民群众沟通的桥梁，全方位报道国际国内、三峡宜昌各类重大新闻。《三峡日报》前身《宜昌日报》诞生于1949年8月9日解放战争的隆隆炮声之中，历经半个多世纪风雨洗礼，发行渠道和资讯渠道畅通无阻，拥有十万订户百万读者，九次摘取中国新闻奖，广告经营额连年攀升。《三峡日报》顺应网络时代阅读习惯，采用国际流行黄金报型，引进国际一流彩印设施，尽揽三峡风云，传播时代资讯，与时代共进，与人民同行，发行量、广告额、覆盖面、影响力居湖北市州报前列。三峡日报社是中国地市报研究会秘书处所在地，中国地市报研究会拥有315家会员单位，覆盖全国所有地市级城市，具有畅通的信息网络和便捷的服务体系。

荆州晚报广告部

地　址：荆州市太岳北路荆州日报社
邮　编：434000
电　话：(0716)8515866
传　真：(0716)8518080
联系人：易继明

湖南省

公 司 类

湖南新金果传媒有限公司

(中国一级广告企业 认定日期：2005年12月8日)
地　址：长沙市劳动西路308号凯华大厦6楼
邮　编：410007
电　话：(0731)5159898
传　真：(0731)5825256
负责人：喻应龙
联系人：鲁治文

湖南新金果传媒有限公司是由原湖南金果广告有限公司更名拓展而成的，注册资金600万元，是湖南省首家“中国一级广告企业”。公司下设金果·力智广告有限公司、金彩房地产营销策划顾问有限公司、腾顺科技有限公司、安通科技发展有限公司，是集广告策划创意、平面设计、媒体代理、户外执行、房地产营销策划及称之为第五媒体的SP短信增值服务、高科技网络开发运营的综合服务性传播公司。公司目前为中国广告协会会员、湖南省广告协会副秘书长会员及长沙市广告协会副会长会员。作为湖南最具实力的全面代理广告公司之一，湖南新金果传媒有限公司秉承“客户至上，服务第一”的经营理念，已成为长丰猎豹汽车、长丰扬子汽车、金白沙啤酒、金健米业、波士家具、燕京啤酒等二十余家知名企业的品牌代理商，并成功地服务过同升湖山庄（别墅）、颐美园、岳阳世界风情购物广场、湖南雨花机电大市场、株洲（国家）汽车城、株洲铜锣湾购物广场（购物中心）、长沙第一大道（甲级写字楼）等多个大型房地产项目，同时协助开发商取得了良好的销售业绩，获得了客户的一致认同。

株洲市公交广告有限责任公司

(中国二级广告企业 认定日期：2005年12月8日)
地　址：株洲市芦淞区人民南路93号
邮　编：412000

湖南晶点广告策划有限公司

(中国二级广告企业 认定日期：2005年12月8日)
地　址：长沙市雨花区劳动西路380号
邮　编：410007

湖南省拓通广告有限公司

(中国二级广告企业 认定日期：2005年12月8日)
地　址：台商投资区望城县高塘岭迎宾大道

湖南长沙高尔广告有限公司

(中国二级广告企业 认定日期：2005年12月8日)
地　址：长沙市韶山北路108号天心大厦13楼
邮　编：410011

湖南广联巴士广告有限公司

(中国二级广告企业 认定日期：2005年12月8日)
地　址：长沙市黄兴中路168号新大新18楼B户、F户
邮　编：410005

长沙铁路广告装饰公司

(中国二级广告企业 认定日期：2005年12月8日)
地　址：长沙市五一大道149号
邮　编：410001

湖南华胜广告有限公司

(中国二级广告企业 认定日期：2005年12月8日)
地　址：岳阳市金鹗中路景源商住楼401室
邮　编：414000

益阳金翔建筑装饰设计有限公司

(中国二级广告企业 认定日期：2005年12月8日)
地　址：益阳市银城广场A座
邮　编：413000

益阳银通邮政广告装饰有限公司

(中国二级广告企业 认定日期：2005年12月8日)
地　址：益阳市长益路55号
邮　编：413000

长沙凌云广告有限公司

(中国二级广告企业 认定日期：2005年12月8日)
地　址：长沙市人民路334号鑫泰科技大厦东单元6楼

邮　编：410001

长沙市广升装潢广告有限责任公司

(中国二级广告企业 认定日期：2005年12月8日)
地　址：长沙市韶山中路55号商贸公寓702室
邮　编：411107

湖南木林森文化发展有限公司

(中国二级广告企业 认定日期：2005年12月8日)
地　址：长沙市劳动西路233号佳逸豪园A栋902室
邮　编：410007

湖南省高速公路广告投资有限公司

(中国二级广告企业 认定日期：2005年12月8日)
地　址：长沙市开福区综合农场马兰山分场
邮　编：410001

湖南现代投资文化传播有限公司

(中国二级广告企业 认定日期：2005年12月8日)
地　址：长沙市芙蓉中路心安里52号
邮　编：410005

常德市金都实业有限公司

(中国二级广告企业 认定日期：2005年12月8日)
地　址：常德市武陵大道首创大厦1603室
邮　编：415000

常德市皇佳广告传媒有限公司

(中国二级广告企业 认定日期：2005年12月8日)
地　址：常德市朗州南路429号
邮　编：415000

常德市灵智彩视策划设计有限公司

(中国二级广告企业 认定日期：2005年12月8日)
地　址：常德市武陵大道中段
邮　编：415000

常德金狮广告文化传播有限公司

(中国二级广告企业 认定日期：2005年12月8日)
地　址：常德市青年路天德大厦6楼
邮　编：415000

湖南东文实业有限公司

地　址：长沙市火星镇一片天泰花园中门
邮　编：410001
电　话：(0731)4725222
传　真：(0731)4723385
负责人：程兴权
联系人：韩　君

湖南东文实业有限公司成立于2001年，现已发展成为拥有固定资产数千万元的大型综合性广告公司。东文实业下辖东南亚经济文化发展中心（成立于1992年)、香港东文国际集团有限公司、湖南东文广告公司、华人广告实业总公司、湖南三绝礼品公司等分支机构。专业从事承办大型文化艺术交流活动；电视，平面广告创意、设计、制作；户外媒体的购买、发布；企业品牌营销、广告策划；各类礼品、促销品的设计、制作。常德卷烟厂、长沙卷烟厂、广西卷烟总厂、湘酒鬼集团、金健米业、华天集团等数十家企业相继成为公司的长期客户。广告形式由单一的车亭发展为灯塔立柱、各种户外灯箱、路牌、电视、报纸、促销礼品等。广告阵地由湖南发展至湖北、江西、广东、广西、四川、海南、陕西、浙江、福建等省区。经营模式由较单一的项目发展为多元化经营。

2005年由中华慈善总会主办，公司成功推出“希贵爱心亭”项目。“希贵爱心亭”造型美观温馨，设计时尚现代，亭身分上下两部分构成，上部为6个小三面棱柱体组成一个大型棱柱体。6个小棱柱体同时按设定方向转动360度，循环展示9幅不同的广告内容；一系列广告展示，使其极具故事性，给受众留下深刻印象，创造独特的品牌宣传效果。下部分为售货亭，构成一个独立的对外经营窗口。“希贵爱心亭”设计动感、时尚、多元化、高科技。适宜在机场、商场、超市、车站、码头、公园、戏院等诸多大型公共场所发布。它的出现必将引发广告媒体一场声势浩大的革命。该产品已由我公司获得国家专利。10年的拼搏，成就了东文的今天。今天的东文，与时代同步，立在经济大潮的浪尖，站在名牌的背后。以心怀高远，面向世界的眼界，做企业的智能团，为中国企业品牌走向世界出谋划策。

湖南省广告美术公司

地　址：长沙市韵山北路356号
邮　编：410007
电　话：(0731)5552745
传　真：(0731)5552745
负责人：喻省君
联系人：郑　伟

湖南省广告美术公司是湖南省成立最早的广告公司。是一家集品牌整合营销、传播策划、品牌视觉形象设计、媒介代理、活动策划执行和户外媒体经营等项目的综合性公司。

湖南幸运星·上扬广告有限公司

地 址：长沙市韶山北路216号维一·星城国际6层
邮 编：410011
电 话：(0731)4152550
传 真：(0731)4153183
负责人：曾向阳
联系人：唐 滢

湖南黑土地品牌传播有限公司

地 址：长沙市芙蓉中路776号湘凯石化大厦1805、1806室
邮 编：410007
电 话：(0731)5150051
传 真：(0731)5820381
负责人：刘美伦
联系人：赵燕霞

湖南省天地人广告有限公司

地 址：长沙市五一大道423号碧云天大厦24楼ABC座
邮 编：410011
电 话：(0731)2228855
传 真：(0731)2228866

湖南电广传媒广告分公司

地 址：湖南省长沙市浏阳河大桥东省广电中心西裙楼2楼
邮 编：410003
电 话：(0731)4837001
传 真：(0731)4837013

广播电视类

湖南人民广播电台

地 址：长沙市雨花路167号
邮 编：410007
电 话：(0731)5547311
传 真：(0731)5547311
负责人：王本锡
联系人：李 红

新闻出版类

湖南日报社广告处

地 址：长沙市芙蓉中路一段438号
邮 编：410005
电 话：(0731)4329888
负责人：唐儒轸

长沙晚报社

地 址：长沙市晚报大道2号
邮 编：410016
电 话：(0731)2205807
传 真：(0731)2205053
负责人：刘绍佳

三湘都市报社

地 址：长沙市芙蓉北路一段44号
邮 编：410005
电 话：(0731)4329713
负责人：马 宁

广东省

公 司 类

广东广旭广告有限公司

(中国一级广告企业 认定日期：2004年5月21日)
地　址：广州市东风东路836号东峻广场4座18楼
邮　编：510080

广旭广告是全球十大广告传播集团之一的日本ADK与广东省广告有限公司的合资公司。凭借国际化思考，本土化运作的模式，立足中国市场13年，广旭成功构架为一间具本土市场洞察力的国际性广告公司，取得了包括“中国优势广告企业”、“中国广告公司创作实力10强”、“中国一级广告企业”等业界殊荣。主要客户包括东南汽车,海南马自达,铃木汽车,广东移动,深圳发展银行,美庐奶粉,南方航空,普利司通轮胎,广东工商银行,大印象集团、未来之窗建材等。

公司负责人还多次为中国广告协会,广东省广告协会等举办的广告评比担任评委，并为“广州日报杯全国报纸广告优秀作品评选”推广讲座及暨南大学，广东轻工学院，广州美术学院，广东工业大学担任主讲嘉宾。

广东艺精广告装饰工程有限公司

(中国一级广告企业 认定日期：2004年5月21日)
地　址：东莞市虎门镇运河南路3号
邮　编：523900

广东艺精是集广告、媒介、策划、公关、礼仪、庆典和展览等于一体的综合型广告企业，1986年成立，系中国一级广告企业，东莞市首家冠省名广告企业。

广东艺精秉持“崇德、信诺、艺精”的经营理念，广揽国内外广告精英，管理制度完善，设施先进，拥有面积分别为1200平方米和500平方米的大型自置办公楼，以及自置占地1万多平方米、建筑面积为18000平方米的大型综合楼，自有丰富的路牌广告资源，经营模式已实现了规模化、集约化和信息化。

凭藉“品牌存在之道”及丰富服务经验、优势媒介资源和本土优势，广东艺精为众多品牌提供全面、专业的代理服务，协助其打开当地市场，服务客户包括：中国银行、中国工商银行、可口可乐、中国联通、珠江啤酒、诸葛酿酒等。

广东艺精还多次被评为广东省广告创作实力十强单位、中国广告公司创作实力50强、全国广告行业文明单位；并先后获得全省广告行业精神文明先进单位、东莞市文明单位、东莞市青年文明号、东莞市广告行业先进单位等多项荣誉称号。

深圳市之光广告有限公司

(中国一级广告企业 认定日期：2005年3月17日)
地　址：深圳市罗湖区南湖路国贸商厦22楼AH座
邮　编：518014

深圳之光广告发展有限公司成立于1995年11月9日，注册资本为500万元，是国家工商总局认定的国家一级广告公司。

公司成立10年来，在董事总经理洪宏的带领下，逐步的发展壮大，至今已发展成为深圳市一家拥有庞大自有媒体资源，并集媒体发布代理、品牌管理、市场整合推广、公关活动策划与执行、广告设计与广告工程制作等于一身，实力雄厚的综合性广告公司。

多年的开发与经营，深圳之光的自有媒体资源在深圳广告业界长期处于领先地位：现拥有自有户外广告媒体近2万平米，　公交车身广告位880余部以及候车亭、E城便利站等丰富媒体资源，自有媒体年最大产值4亿余元。

深圳之光的客户覆盖各行各业，其中包括了众多国际国内知名品牌：万宝路、凯迪拉克、索尼爱立信、雀巢集团、麦当劳、中国联通、晶报、红彤汽车、上海大众、天音通信、易天数码、科龙电器、深圳购书中心等。专业、高效、贴心的服务和雄厚的综合实力使得众多客户多年来都对我们的工作有着高度的赞赏与深度的信赖。

广州市美术公司

(中国一级广告企业 认定日期：2005年12月8日)
地　址：广州市沙河顶水荫四横路46号
邮　编：510075

广州市美术公司成立于1970年11月，主要经营广告设计、制作、代理发布国内外各类广告，美术作品及建筑装饰、美术作品制作，文化艺术活动宣传。公司在承担政府有关部门在穗举办的全国性、国际性的大型广告展览活动，在宣传创作、公益宣传方面具有传统的优势。从上世纪八十年代开始，本公司全面实行企业管理，发挥艺术、技术和管理的优势，扩展广告霓虹灯经营，先后服务了雅戈尔衬衫西服、菊花牌玻璃马赛克等品牌。2000年至今，公司先后通过了ISO9001国际质量管理体系认证、ISO14001环境管理体系认证、ISO18001职业安全健康管理体系认证，使生产和质量管理更加制度化、规范化、标准化，发生了质的飞跃。广州市美术公司是广州市广告协会理事、广东省广告协会会员、中国广告协会会员单位。获得了“广州市文明单位”、“全国广告行业文明单位”、“重合同、守信用”、“建筑装饰行业百强企业”等荣誉称号，公司将按照制定的长远战略规划，精心经营、精心管理，创一流企业、一流管理、一流效益，为广告事业和建筑装饰事业发展做出新贡献。

广东平成广告有限公司

(中国一级广告企业 认定日期：2004年5月21日)
地　址：广州市二沙岛花城苑海棠阁3座7A
邮　编：510105
电　话：(020)87351480
传　真：(020)87352665
负责人：吴晓波
联系人：赖椰丽

广东平成广告有限公司成立于1995年10月，是中国广告协会评定的首批51家“中国一级广告企业”之一；中国境内历届获得艾菲实效广告大奖（国内唯一按国际标准评选）最多的广告公司。在2004年10月召开的第39届世界广告大会上，作为中国本土广告公司的唯一代表做主题发言；在业内以“策略性创意”见长，被誉为本土广告公司知识力最强，创新力最强的广告公司。

经过10年的发展，平成发展到拥有“CCCR中国消费者认知研究中心”、“上海平成品牌管理咨询公司”、“PING广东平成广告有限公司”、“广州影响广告有限公司”、“中广阳光广告教育咨询公司”五大事业部，分别在广州、上海、北京设立服务机构的一体化传播服务机构。其倡导的“品牌超限战”理念让一系列品牌（如喜之郎、波导、上汽通用五菱、健康元药业、CCTV5、CCTV8、好记星、长隆、云南白药、华龙日清、广药集团等）获得了惊人跳跃，创造了数个中国品牌“十倍速增长”的奇迹。

平成认为，广告的本质是对消费者认知资源的调动与整合。平成致力于同中国本土消费者的深入沟通，在中国本土的实践中获得真知。只有谙熟中国式沟通，才能影响世界上最大的消费群体；只有影响世界上最大的消费群体，才能真正有望建立全球化品牌的领地。

PING平成，中国创意产业最具创新力的节点!

广东天艺广告有限公司

(中国一级广告企业 认定日期：2004年5月21日)
地　址：广州市体育西路111号建和中心9楼D座
邮　编：510620

广东天艺广告公司自成立以来，为新一代的企业拓展了市场发展前景与道路。
在超过11年的生意中，使的客户名单和作品数目成了一个令人吃惊的数字。天艺利用每种设计的元素和工具去表达各异的产品。

2002年，从为世界500强企业中的美国箭牌口香糖公司在中国所做的全套品牌管理设计方案开始，将天艺的工作真正带入了国际化，如今天艺与其合作伙伴一起成功地与世界著名的品牌：摩托罗拉、柯达、可口可乐、西门子、高露洁、奥的斯、以及澳洲航空公司、阿根廷航空公司、万宝路、2000年悉尼奥运会等全球200多个团体与组织进行了成功而有效地开展业务与合作。与此同时，天艺同样以优秀的本土文化策略在中国市场成功服务了一批著名的中国品牌：长虹、日立海信、美的、科龙、康佳、万家乐、华凌、中国银行、东方宾馆、白天鹅宾馆、祈福新村、第九届全运会、广东检察院、广东省法院、广州市旅游局等近600多家企业与政府机构。

天艺的服务包括：品牌管理、品牌设计、市场调查、推广策划、创意、平面设计、影视制作、媒介策划代理、CIS策划设计、展示设计、多媒体设计制作、环境艺术工程设计、室内装饰设计。

天艺的专业定位 ：整体品牌设计专家

广州市蓝色创意广告有限公司

(中国一级广告企业 认定日期：2004年5月21日)
地　址：广州市先烈中路69号东山广场2105－2107室
邮　编：510095

蓝色创意成立于1992年，是中国首批一级广告企业，广州4A执委、IAI年鉴50强、广东省广告创作实力10强单位，从1994年获得第一个全国性金奖开始，我们先后获得200多个专业奖项，是迄今为止中国本土获得最高广告荣耀最多的广告公司之一。蓝色创意总部设在广州，分支机构遍及北京、天津、上海、深圳、贵阳等地。

蓝色创意以战略创意见长，我们致力于运用价值创造新方法，帮助企业及其产品在市场上超越竞争。

从过去到未来，蓝色创意有幸伴随客户共同成长，与青岛啤酒、白沙集团、千金药业、中国联通、杜邦集团、美的集团、金六福、厦门卷烟厂、雪津啤酒、亚洲纸业（APP）、中国光大银行、香格里拉酒业、万科地产、中国海外、天鸿集团、宏宇地产、方圆集团、坤和集团、保利地产、羊城晚报、江苏阳光集团、广州友谊商店、广之旅、金福米业、金地地产、万通地产……的合作均得到客户与市场的广泛认可。

深圳市鸿波广告有限公司

(中国一级广告企业 认定日期：2005年3月17日)
地 址：深圳市福田区皇岗路电子技术学校邮电培训中心7楼
邮 编：518026

深圳市机场广告有限公司

(中国一级广告企业 认定日期：2005年3月17日)
地 址：深圳市深南中路1099号深圳市商业银行大厦20层
邮 编：518031

江门电台广告公司

(中国一级广告企业 认定日期：2005年12月8日)
地 址：江门市建设二路长怡商业中心4楼
邮 编：529000

深圳市蓝太阳广告有限公司

(中国一级广告企业 认定日期：2005年12月8日)
地 址：深圳市福田区新洲路深圳国际商会大厦B座24楼
邮 编：518048

广东嘉年广告有限公司

(中国二级广告企业 认定日期：2005年3月17日)
地 址：广州市番禺区市桥街光明北路242号雍雅园华联大厦9层
邮 编：511400

汕尾市红蓝广告有限公司

(中国二级广告企业 认定日期：2005年3月17日)
地 址：汕尾市区二马路342号
邮 编：516600

广州铁路集团文化广告总公司

(中国二级广告企业 认定日期：2005年3月17日)
地 址：广州市花城大道金碧华府A2栋201–202
邮 编：510623

珠海市邮政局广告公司

(中国二级广告企业 认定日期：2005年3月17日)
地 址：珠海市吉大邮局3楼
邮 编：519000

汕头中艺广告发展有限公司

(中国二级广告企业 认定日期：2005年3月17日)
地 址：汕头市金环路6号中环大厦东门5楼
邮 编：515041

汕头市英信广告有限公司

(中国二级广告企业 认定日期：2005年3月17日)
地 址：汕头市跃进路利鸿基大厦写字楼A幢北楼
邮 编：515011

东莞市方正广告有限公司

(中国二级广告企业 认定日期：2005年3月17日)
地 址：东莞市东城西路海联大厦13楼
邮 编：523006

茂名市青苹果广告印务有限公司

(中国二级广告企业 认定日期：2005年3月17日)
地 址：茂名市人民南路151号之2楼
邮 编：525000

茂名市飞鹿广告装璜有限公司

(中国二级广告企业 认定日期：2005年3月17日)
地 址：茂名市双山三路69号
邮 编：525000

茂名市正凌广告有限公司

(中国二级广告企业 认定日期：2005年3月17日)
地 址：茂名市人民南路90号
邮 编：525000

茂名市兴发广告装璜有限公司

(中国二级广告企业 认定日期：2005年3月17日)
地 址：茂名市人民南路143号
邮 编：525000

中山市大红广告有限公司

(中国二级广告企业 认定日期：2005年3月17日)
地 址：中山市东区起湾道宅利大厦4E–4F

邮　编：528403

梅州市志昌广告有限公司

(中国二级广告企业 认定日期：2005 年 3 月 17 日)
地　址：梅州市华南大道市交通局首层
邮　编：514021

梅州市嘉福广告有限公司

(中国二级广告企业 认定日期：2005 年 3 月 17 日)
地　址：梅县华侨城沿江半岛别墅式商住楼
邮　编：514021

梅州市白金广告有限公司

(中国二级广告企业 认定日期：2005 年 3 月 17 日)
地　址：梅州市彬芳大道鸿都大厦首层
邮　编：514021

广州市电车广告公司

(中国二级广告企业 认定日期：2005 年 3 月 17 日)
地　址：广州市中山八路 64 号调度楼 3 楼
邮　编：510405

广州邮政广告信息有限公司

(中国二级广告企业 认定日期：2005 年 3 月 17 日)
地　址：广州市越秀区环市西路 151 号
邮　编：510010

广州市鼎盛广告有限公司

(中国二级广告企业 认定日期：2005 年 3 月 17 日)
地　址：广州市五羊新城寺右南二街(广兴华花园)三巷 3-4 号 2 层
邮　编：510600
电　话：(020)87365511
传　真：(020)87370029
负责人：陈铨
联系人：陈佩心

湛江市广告装璜有限公司

(中国二级广告企业 认定日期：2005 年 3 月 17 日)
地　址：湛江市霞山区人民大道南 114 号
邮　编：524001

深圳市威格广告有限公司

(中国二级广告企业 认定日期：2005 年 3 月 17 日)
地　址：深圳市福田区八卦二路一单元 4 楼
邮　编：518029

深圳市将相和广告有限公司

(中国二级广告企业 认定日期：2005 年 3 月 17 日)
地　址：深圳市蛇口文化广场 B 座 4 楼
邮　编：518067

深圳市宝安区广告公司

(中国二级广告企业 认定日期：2005 年 3 月 17 日)
地　址：深圳市宝安区宝城六区广告大楼
邮　编：518101

深圳市华艺广告有限公司

(中国二级广告企业 认定日期：2005 年 3 月 17 日)
地　址：深圳市深南路天安大厦 A 座 805
邮　编：518005

深圳市长城盛花广告有限公司

(中国二级广告企业 认定日期：2005 年 3 月 17 日)
地　址：深圳市罗湖区南湖路 3009 国贸商厦 8 楼
邮　编：518000

深圳市灵臻广告有限公司

(中国二级广告企业 认定日期：2005 年 3 月 17 日)
地　址：深圳市华强北路深纺大厦 A 座 14 层
邮　编：518031

韶关市奔腾广告有限公司

(中国二级广告企业 认定日期：2005 年 3 月 17 日)
地　址：韶关市缜江区北江路德兴大厦 B 座 2 楼
邮　编：512023

韶关市粤北广告策划有限公司

(中国二级广告企业 认定日期：2005 年 3 月 17 日)
地　址：韶关市复兴路志诚大厦 5 楼 AB 座
邮　编：512002

广州市番禺区美联广告装璜有限公司

(中国二级广告企业 认定日期：2005 年 3 月 17 日)
地　址：广州市番禺区市桥镇康乐路 124 号
邮　编：511400

佛山市顺德区雅典广告装饰有限公司
(中国二级广告企业 认定日期：2005年3月17日)
地 址：佛山市顺德区大良锦龙路139号
邮 编：528300

广州市蓝光通达广告有限公司
(中国二级广告企业 认定日期：2005年12月8日)

阳江市昌辉广告有限公司
(中国二级广告企业 认定日期：2005年12月8日)
地 址：阳江市登峰东路4号昌辉大楼
邮 编：529500

珠海市集艺斋广告有限公司
(中国三级广告企业 认定日期：2005年3月17日)
地 址：珠海市香州柠溪路100号
邮 编：519000

深圳市大汉广告有限公司
(中国三级广告企业 认定日期：2005年3月17日)
地 址：深圳市福田区深南中路2201号嘉麟豪庭B座2202室
邮 编：518033

深圳市金桐广告有限公司
(中国三级广告企业 认定日期：2005年3月17日)
地 址：深圳市罗湖区嘉宾路金威大厦21栋
邮 编：518008

中山市中新广告公司
(中国三级广告企业 认定日期：2005年3月17日)
地 址：中山市东区顺景花园31幢26卡
邮 编：528403

中山市中澳美广告策划工程有限公司
(中国三级广告企业 认定日期：2005年3月17日)
地 址：中山市中山二路裕华广场裕华园23楼
邮 编：528400

江门市新会区广富广告有限公司
(中国三级广告企业 认定日期：2005年3月17日)
地 址：江门市新会区会城镇三和大道北19号A101
邮 编：529100

梅州市梅江区南华广告装饰有限公司
(中国三级广告企业 认定日期：2005年3月17日)
地 址：梅州市江南鸿苑路108号
邮 编：514021

梅州市广告公司
(中国三级广告企业 认定日期：2005年3月17日)
地 址：梅州市梅江二路69号
邮 编：514021

佛山市标志宝广告有限公司
(中国三级广告企业 认定日期：2005年3月17日)
地 址：佛山市顺德区大良凤山中路1号楼
邮 编：528300

佛山市顺德区新世纪广告有限公司
(中国三级广告企业 认定日期：2005年3月17日)
地 址：佛山市顺德区大良南国东路继业楼A座2203号
邮 编：528300

广东力臣国际广告公司
(中国三级广告企业 认定日期：2005年3月17日)
地 址：广州市环市东水荫路7号广岭大厦5楼
邮 编：510075

广州宏城广告有限公司
(中国三级广告企业 认定日期：2005年3月17日)
地 址：广州市天河南二路19—21号
邮 编：510620

广州市对外贸易广告展览有限公司
(中国三级广告企业 认定日期：2005年3月17日)
地 址：广州市麓景路7号东8楼
邮 编：510091

广州市百灵广告有限公司
(中国三级广告企业 认定日期：2005年3月17日)
地 址：广州市先烈中路104号首层
邮 编：510070

深圳市盐田广告有限公司
(中国三级广告企业 认定日期：2005年3月17日)
地 址：深圳市沙头角田心东路34号2楼
邮 编：518081

佛山市大象广告有限公司
(中国三级广告企业 认定日期：2005年12月8日)
地 址：佛山市金澜北路3号4楼
邮 编：528000

佛山市凌宇广告策划顾问有限公司
(中国三级广告企业 认定日期：2005年12月8日)
地 址：佛山市禅城区汾江南路87号8楼
邮 编：528000

佛山市天行广告有限公司
(中国三级广告企业 认定日期：2005年12月8日)
地 址：顺德大良东乐路东城花园综合楼4楼
邮 编：528300

茂名市集美设计广告装饰工程有限公司
(中国三级广告企业 认定日期：2005年12月8日)
地 址：茂名市迎宾三路189号A座202
邮 编：525000

中山市三川小集广告有限公司
(中国三级广告企业 认定日期：2005年12月8日)
地 址：中山市坦洲镇怡康上街16号
邮 编：528467

中山市红叶庆典广告有限公司
(中国三级广告企业 认定日期：2005年12月8日)
地 址：中山市东区竹苑路76-80号
邮 编：528400

广东英扬传奇广告有限公司
地 址：广州市恒福路117号锦恒商业广场616室
邮 编：510095
电 话：(020)83489200
传 真：(020)83595022
负责人：邹 晖
联系人：姚冬茵

广州市天进广告有限公司
地 址：广州市三育路23号三寓宾馆众鑫楼3楼
邮 编：510075
电 话：(020)87629093
传 真：(020)87626224
负责人：冯帼英
联系人：冼晓燕

上海大广贸促广告有限公司广州分公司
地 址：广州市东风中路410号健力宝大厦801-802室
邮 编：510030
电 话：(020)83486861-15
传 真：(020)83487151
负责人：高学明
联系人：马 珂

上海李奥贝纳广告有限公司广州分公司
地 址：广州市天河北路233号中信广场52层
邮 编：510620
电 话：(020)38911068
传 真：(020)38912098
负责人：曾健生
联系人：曾健生

广东省南方广告有限公司
地 址：广州市广州大道中289号
邮 编：510601
电 话：(020)87373998-8107
传 真：(020)87379179
负责人：张俊华
联系人：黄秀有

广东省广告有限公司
地 址：广州市东风东路745号之二金广大厦
邮 编：510080

广州市广告公司
地 址：广州市大南路49－57号
邮 编：510115

广州市交易会广告有限公司
地 址：广州市流花路117号交易大厦9－10楼
邮 编：510014

惠州市广告装饰工程有限公司
地 址：惠州市江北云山东路14号小区云山花园云旺阁1楼
邮 编：516003
电 话：(0752)2890328

传 真：(0752)2818938

广播电视类

广州电视台广告部

地 址：广州市先烈中路69号东山广场31楼
邮 编：510095
电 话：(020)87320818
传 真：(020)87320576
联系人：刘 庆

江门市广播电视广告中心

地 址：江门市建设二路长怡商业中心4楼
邮 编：529000
电 话：(0750)3239333-808
传 真：(0750)3239118
负责人：张建达
联系人：王哲明

广东电视台

地 址：广州市环市东路331号广东电视台广告部
邮 编：510066
电 话：(020)83313318
传 真：(020)83313318-330
联系人：曹 静

汕头市广播电视台

地 址：广东省汕头市潮汕路广电中心
邮 编：515021
电 话：(0754)8216182
传 真：(0754)8216182

湛江市电视台

地 址：广东省湛江市霞山文明中路6号
邮 编：524003
电 话：(0759)2231598
传 真：(0759)2231598

广东南方电视台

地 址：广州市环市东路331号北座
邮 编：510066
电 话：(020)83319233
传 真：(020)83595199

广州市电视台广告部

地 址：广州市先烈中路69号东山广场31楼
邮 编：510010
电 话：(020)87320818-282
传 真：(020)87320576

新闻出版类

珠海特区报社

地 址：珠海市香洲区银桦路566号
邮 编：519000
电 话：(0756)2639890
传 真：(0756)2639899
负责人：张 波
联系人：吴昌元

《珠海特区报》是珠海市委机关报，创刊于1985年11月1日，是珠海市唯一的大型综合性日报。勇于创新、敢于突破、实现超越是《珠海特区报》坚持不懈的发展宗旨。出色的定位，高效的管理，详实的内容和多年专业化的市场运作，使充满了年轻活力与新锐思维的《珠海特区报》，不断走向壮大和成熟，在今天的珠海报业市场中独占鳌头，成为珠海最具吸引力、号召力、公信力的主流权威媒体。强大的采编力量，周密的发行网络，使《珠海特区报》成为珠海涵盖面最广、资讯最为丰富，读者群最大的平面媒体，也是在澳门发行量最大的报纸媒体。是众商家开发市场时首选而广受信赖的广告平台，年广告量是同城其他媒体的4倍多。

《珠海特区报》扎根珠海，领跑珠海，辐射珠三角及港澳地区，正受到越来越多的读者欢迎和喜爱。《珠海特区报》的平均每期阅读率高达40.9%，读者规模达320205人，拥有读者人数超过了珠海市其他主要报纸。《珠海特区报》读者以中青年为主，集中在25—44岁年龄段；读者受教育程度较高；个人和家庭收入水平偏高。《珠海特区报》读者的忠诚度较高，读者主动性也比较强。《珠海特区报》读者是大多数家电、IT、汽车、通讯、住房、旅游等产品和服务的潜在消费群体，具有较高的广告价值。珠海最具影响力的日报、最具公信力的强势媒体、拓展珠海市场的理想选择。

珠江时报社

地 址：佛山市禅城区港口路17号
邮 编：528000
电 话：(0757)88339368

传　真：(0757)83873233
负责人：黄　荻
联系人：杨翠珍

足球报社

地　址：广州市海珠中路97号
邮　编：510120
电　话：(020)81330071
传　真：(020)81330095
负责人：蔡惠芳
联系人：叶　艳

广州日报

地　址：广州市人民中路同乐路10号
邮　编：510121
电　话：(020)81888816-113
传　真：(020)81889848
联系人：王　静

佛山日报社

地　址：佛山市卫国路1号佛山日报社广告部
邮　编：528000
电　话：(0757)83215147
传　真：(0757)83286081
负责人：戴晓军
联系人：周燕妮

南方日报报业集团

地　址：广州市广州大道中289号
邮　编：510601
电　话：(020)87373998-3186
传　真：(020)87375806

韶关日报社

地　址：韶关市熏风路11号
邮　编：512018
电　话：(0751)8914921
传　真：(0751)8916087

深圳报业集团

地　址：深圳市深南大道6008号特区报业大厦
邮　编：518009
电　话：(0755)83518852
传　真：(0755)83517950

信息时报社

地　址：广州市中山六路2号新宝利大厦1106室
邮　编：510180
电　话：(020)83266282
传　真：(020)83266822

羊城晚报广告公司

地　址：广州市东风东路733号
邮　编：510085
电　话：(020)88211211
传　真：(020)87776763

广西壮族自治区

公 司 类

广西南国广告公司

地　址：南宁市民主路21号
邮　编：530026
电　话：(0771)5690150
负责人：廖有祥

广西科嘉艺营销广告有限公司

地　址：南宁市七星路137号外贸大厦17楼
邮　编：530022
电　话：(0771)5332114
负责人：肖开宁

南宁市加速度广告策划公司

地　址：南宁市建政路31号二轻大厦712房
邮　编：530012
电　话：(0771)5655180
负责人：郭蔡

来宾市经点文化广告传播公司

地　址：来宾市合山路265号
电　话：(0771)4225666
传　真：(0771)4225666
负责人：罗远军

广播电视类

南宁电视台

地　址：南宁市葛村路25号
邮　编：530022
电　话：(0771)5655931
传　真：(0771)5655950
负责人：李跃
联系人：李　倩

广西电视台

地　址：南宁市民族大道73号
邮　编：530022
电　话：(0771)2196188
传　真：(0771)2196199

广西人民广播电台

地　址：广西南宁民族大道75号
邮　编：530022
电　话：(0771)5879152
传　真：(0771)5879152

新闻出版类

广西日报社

地　址：南宁市民主路21号
邮　编：530026
电　话：(0771)5690162
传　真：(0771)5690167
负责人：李启瑞
联系人：梁慧萍

媒体互动，六报三刊一网，共策共赢。

广西政法报社

地　址：南宁市东葛路20-1号
邮　编：530022
电　话：(0771)5886075

南国早报

地　址：南宁市民主路21号
邮　编：530026
电　话：(0771)5690162
负责人：李启瑞

海南省

公 司 类

海口惠嘉广告有限公司
地 址：海口市国贸二楼路四海花园青城苑702号
邮 编：570125
电 话：(0898)68513196
负责人：何永惠

海口领先广告有限公司
地 址：海口市坡博路1号虹冠大厦4单元298室
邮 编：570106
电 话：(0898)66786996
负责人：王 再

三亚三森广告有限公司
地 址：三亚市光明路六建铺面1楼
邮 编：572000
电 话：(0898)88118877
负责人：李少霞

三亚大方广告有限公司
地 址：三亚市新风路金鹿大厦A座一楼
电 话：(0898)88276766
负责人：林 伟

广播电视类

海口广播电视台广告中心
地 址：海口市中沙路15号
邮 编：570216
电 话：(0898)66801272
传 真：(0898)66801357

海南电视台新闻综合频道
地 址：海口市南沙路61号1楼
邮 编：570206
电 话：(0898)66814673

新闻出版类

海南日报报业集团广告中心
地 址：海口市金盘路30号
邮 编：570216
电 话：(0898)66810268
传 真：(0898)66810510
联系人：陈湘宁

海口晚报社广告部
地 址：海口市南航西路69号
邮 编：570206
电 话：(0898)66829835
负责人：杨全立

四川省

公 司 类

四川省巴蜀新形象广告传媒股份有限公司

（中国一级广告企业　认定日期：2004年5月21日）
地　址：成都市鼓楼南街117号世界商贸中心A座20F
邮　编：610015

四川省巴蜀新形象广告传媒股份有限公司，成立于1993年6月，公司历经十余年本土市场的磨砺与实践，对西部市场有着广泛而深入的研究，为众多客户提供了多方位的市场服务与合作，已形成丰富、全面的整合运作经验与能力。

媒体运作是巴蜀新形象的强势竞争力。作为中央电视台在西部地区重要的合作伙伴和传播窗口，公司具有12年的中央级媒体购买和销售经验，全面掌握全国性媒体协作网络及各地媒体资讯，可为客户提供科学化、专业化的媒介代理服务。

整合行销传播服务是公司又一强势竞争力。巴蜀新形象以“本土营销，实效传播”为理念，以“专业、专注、专一”的服务态度，深入了解客户所需，深度剖析市场之势，为众多客户的“品牌落地”服务做出了实实在在的承诺与绩效，出色地整合行销规划与执行深得客户信赖。同时，巴蜀新形象的专业服务能力也不断提升，公司作品在国内外大型赛事中屡次获奖，综合实力持续位居西部广告企业前列。

公司为历年“全国广告行业文明单位”，“金融信用AA+级企业”；2001年12月被认定为“中国优势广告企业”；2004 年被评定为 “中国一级广告企业”、“全国守合同重信用企业”；2005年，公司董事长孟兴中被评为“2005中国品牌建设最具影响力的20大推动人物”。

四川西南国际广告有限公司

（中国一级广告企业　认定日期：2004年5月21日）
地　址：成都市太升北路58号江信大厦24层
邮　编：610017

四川西南国际广告公司/四川唐码西南户外传媒有限公司（系西南国际广告公司与香港李嘉诚先生旗下“和记黄埔”联营机构TOM户外传媒集团合作合资组建）是以户外广告为企业核心优势、以整合营销理论为指导、为国内外客户提供营销策划、创意设计、广告制作、媒介代理等全方位服务的大型专业化国际广告公司。公司成立十多年来，一贯秉承“沟通、创造、价值、求实”的经营理念，信守“诚信团结、学习创新、以人为本”的企业文化，坚持高标准、严要求，以精益求精、至善至美的服务赢得了国内外知名品牌等广大客户的青睐和信任，取得了很好的社会效益和经济效益，受到广告行业内外的尊敬和主管部门及领导的充分肯定。公司于2004年11月与全球顶级广告公司美国BBDO合作成立了BBDO中国西部分部，为公司进一步提升品牌、更好地为广告主进行品牌创意和整体策划、与国际广告业接轨打下了良好基础，也为中国西部广告业向国际化发展力争做出积极而有益的贡献。四川西南国际广告有限公司/四川唐码西南户外传媒有限公司正以坚定的步伐稳步向前、不断发展着……

四川神韵传播有限责任公司

地　址：成都市西安中路42号
邮　编：610072
电　话：(028)87775967
传　真：(028)87763131
联系人：马键

成长的力量，品牌的基石，大众消费品牌的成就者。

四川助友广告摄影有限责任公司

（中国二级广告企业　认定日期：2005年3月17日）
地　址：成都市永陵路17号附1号城西故事一楼D座
邮　编：610031

凉山广播电视传媒有限责任公司

（中国二级广告企业　认定日期：2005年3月17日）
地　址：西昌市三岔中东路146号
邮　编：615000

四川省邮政邮购广告有限责任公司

（中国二级广告企业　认定日期：2005年12月8日）
地　址：成都市文庙前街72号
邮　编：610012

四川诚成广告有限责任公司

(中国二级广告企业 认定日期：2005年12月8日)
地　址：成都市林荫街5号华西大厦B座1903室
邮　编：610041

大英县北辰广告有限公司

(中国二级广告企业 认定日期：2005年12月8日)
地　址：大英县新城区南北干道广电大厦1楼
邮　编：629100

四川省内江影视广告总公司

(中国二级广告企业 认定日期：2005年12月8日)
地　址：内江市西林大桥南长城大厦6楼
邮　编：641000

四川省邮政广告公司

地　址：成都市下南大街2号
邮　编：610012
电　话：(028)86166563
传　真：(028)66066551
负责人：刘兴德
联系人：李　青

成都阿佩克思广告有限公司

地　址：成都市西安中路42号赛思商务楼7楼
邮　编：610072

四川省德隆广告装饰有限责任公司

地　址：成都市华兴正街5号王府井商城B座12楼B号-12
邮　编：610016

广播电视类

成都人民广播电台

地　址：成都市双林路99号
邮　编：610021
电　话：(028)84336955
传　真：(028)84341759
负责人：严晓琴
联系人：马文彬

网罗全球顶级音乐人作品，每天19小时著名主持与您互动交流，打开电脑听广播，聆听风情成都

成都电视台广告中心

地　址：成都市人民中路一段11号市体育中心体育宾馆
邮　编：610015
电　话：(028)86611022
传　真：(028)86744555
负责人：严晓琴
联系人：黄　依

电视品牌催生传播 张力媒体实力 创造传播价值 强力整合优势资源 精心打造传播平台

新闻出版类

成都晚报社

地　址：成都市庆云南街19号
邮　编：610017
电　话：(028)86744316
传　真：(028)86740635
负责人：夏旗舰(庄光誉)
联系人：杨海军

每天奉献24版精彩新闻的同时，一次性创办6本周刊，成为中国发行量极为庞大的周刊群落。此举必将成为继“1999年成都商报借壳上市完成中国报业第一股”之后，《成都日报》报业集团的又一创举。

成都商报社广告部

地　址：成都市书院西街亚太大厦4层
邮　编：610016
电　话：(028)86512111
传　真：(028)81510016

贵州省

公 司 类

贵州天马广告公司

(中国一级广告企业 认定日期：2005年12月8日)
地 址：贵阳市神奇路1号贵州电视大楼A区4楼
邮 编：550002
电 话：(0851)5377319
传 真：(0851)5377319

贵州天马广告公司成立于1993年7月，注册资金600万元，是一家从事品牌服务、整合传播、影视创作、媒体代理的综合型广告公司，致力于为客户提供具有实效销售力的广告服务。

十余年的磨砺，天马广告立志于“智慧传播，传播智慧”，始终站在市场的前沿思考问题，立足专业，广纳贤才，凝聚自身优势，为上汽大众、中国董酒、贵州福利彩票、茅台啤酒、贵州电信等众多省内外知名企业提供专业的营销策略、全案代理及品牌服务等。同时，在广告创作、广告代理、媒体运作、企业形象战略、公关促销、互动行销和整合传播等方面都具有显著的优势。目前公司拥有大量的专业影视制作设备，是贵州省内最大的影视制作基地。每年，由公司创作的大量影视、平面广告作品不仅得到众多专业机构及专家的认可，并在省内外举办的各种专业赛事中也屡获殊荣。

今日的天马，是业内外公认的贵州省内综合实力最强、规模最大、专业化程度最高的综合性广告公司。一群年轻而富有才干和创新思维的专业人士齐聚一堂，以专业化、规范化、高效率的团队协作之力为客户提供更专业、更全面、更优质的广告服务。

贵州金马广告艺术有限公司

(中国二级广告企业 认定日期：2005年12月8日)
地 址：贵阳市中山东路16号中山大厦A座1105号
邮 编：550002

贵州高速广告公司

(中国二级广告企业 认定日期：2005年12月8日)
地 址：贵阳市富水中路28号B座11楼
邮 编：550001

贵州优立佳广告有限公司

(中国二级广告企业 认定日期：2005年12月8日)
地 址：贵州省贵阳市小十字中山东路16号
邮 编：550001

广播电视类

贵州电视台

地 址：贵阳市神奇路1号
邮 编：550002
电 话：(0851)5377249
传 真：(0851)5377250
联系人：王金燕

贵州卫视，国内第一家定位于区域的省级卫视，覆盖频道市场份额、广告收入西部全面领先；更以极高的性价比和含金量被广大企业誉为西部黄金卫视。

贵州人民广播电台

地 址：贵阳市青云路302号
邮 编：550002
电 话：(0851)5984899

新闻出版类

贵阳日报社广告部

地 址：贵阳市中山东路25号
邮 编：550002
电 话：(0851)5813858
传 真：(0851)5813858
负责人：孙凤岐
联系人：陈 勇

贵州日报报业集团广告处

地 址：贵阳市宝山北路372号
邮 编：550001
电 话：(0851)6625823

云南省

公 司 类

昆明风驰传媒有限公司

(中国一级广告企业 认定日期：2004年5月21日)
地 址：昆明市鸿城大厦8楼
邮 编：650021

昆明风驰传媒有限公司创建于1992年，目前是香港和记黄埔联营机构TOM.COM投资的中外合资公司。

公司凭借一流的专业实力，在创意、设计、策略及新媒体创新研发领域中，荣获国际、国内广告创意大赛中荣获400多项大奖。

公司不仅为客户提供全方位高品质的专业户外媒体开发购买、发布制作、调研评估及售后服务，同时还以整合营销形式为客户提供在品牌行销、大品牌管理、影视、会展、公关与体育行销、大众媒介推广、文化产业等众多领域的多层次服务。

2001年TOM户外传媒集团以风驰传媒为旗舰，建立了分布由全国各城市16个子公司组成的中国最大户外媒体集团之一，为中国广告传媒产业的发展做出贡献。

昆明市广告公司

(中国二级广告企业 认定日期：2004年5月21日)

云南玉溪深红壹佰广告装潢有限公司

(中国二级广告企业 认定日期：2004年5月21日)

云南玉溪粤港广告有限公司

(中国二级广告企业 认定日期：2004年5月21日)

昆明瞬达广告有限责任公司

(中国三级广告企业 认定日期：2004年5月21日)

昆明西苑广告有限责任公司

(中国三级广告企业 认定日期：2004年5月21日)

云南玉溪信龙广告有限公司

(中国三级广告企业 认定日期：2004年5月21日)

云南红塔广告装潢有限公司

(中国三级广告企业 认定日期：2004年5月21日)

云南体育广告公司

地 址：昆明市东风东路99号拓东体育场7号门
邮 编：650041
电 话：(0871)3176162
传 真：(0871)3136515
负责人：付 忠
联系人：马 波

昆明白宇现代广告有限公司

(中国二级广告企业 认定日期：2005年3月17日)
地 址：昆明市东风东路36号建工大厦18楼
邮 编：650051
电 话：(0871)3104286
传 真：(0871)3193409
负责人：倪文贵
联系人：宋 芸

广播电视类

云南电视台广告中心

地 址：昆明市人民西路182号云南电视台广告中心策划推广部
邮 编：650031
电 话：(0871)5352079
传 真：(0871)5370008
联系人：李 娅

新闻出版类

云南日报报业集团

地 址：昆明市新闻路337号云南日报集团
邮 编：650032
电 话：(0871)4161165
负责人：赵 金
联系人：刘运龙

陕西省

公 司 类

西安沙龙广告装饰有限公司

(中国一级广告企业 认定日期：2004年5月21日)
地 址：西安市长安北路56号高尔夫花园6-9-2
邮 编：710061

西安沙龙广告装饰有限公司成立于1993年4月，是一家以经营户外媒体为主，品牌代理、行销策划、影视制作、整合传播为一体的综合性广告公司。在公司发展的11年间，沙龙本着诚信、务实、创新的原则，以优质的服务、精湛的施工技艺在业内享有盛誉，屡获行业颁发的多项殊荣。

沙龙广告目前已发展成为西北五省最大的户外传媒企业，现拥有户外媒体达32000多平米，其中擎天柱广告设施90多块，市内繁华区户外广告设施80多块。2002年11月公司通过公开拍卖的形式，以1120万元独家买断西安市著名商业黄金地段——钟楼地下人行通道10年的广告经营权，这不仅标志着沙龙广告走上了户外传媒的强势之路，而且巩固了沙龙传媒稳健领先的行业地位。

在前行的路上，沙龙广告借助优良的品牌、雄厚的实力和成熟的行业经营管理模式，不断进取，积极开拓更广阔的市场和领域。沙龙坚持站在市场的高度，从客户的角度出发，沉着、冷静、智慧，以敬业的态度、专业的知识、独到的创意，服务于每一个客户，志在为客户增一份荣耀，添一份光辉！

延安华科广告有限公司

(中国二级广告企业 认定日期：2004年5月21日)

西安市集美广告公司

地 址：西安市雁塔中路19号
邮 编：710054
电 话：(029)85521670
传 真：(029)85529458
负责人：林安令
联系人：石红娟

集美是精英的团体，集美有优秀广告人展示才华的空间。集美凭着较强的专业能力服务于国内外客户，集美规范的服务体系是她出色表现的保障。她以人为本 慕德重才，她关注市场 赖依科技，她诚心待人 用心做事，她得到业界的肯定，国内外客户的赞誉。集美赋有创意的设计在全国、省、市获过奖。集美以理论研究为己任发表过多部专著和论文。集美关心公益 资融社会，集美助学兴教 着眼未来。她在朋友的阳光露水下成长、壮大，她自豪、骄傲。她面向未来迎接新的挑战……

陕西理想艾科广告装饰有限责任公司

地 址：宝鸡市西凤路11号太阳商城写字楼6楼
邮 编：721000
电 话：(0917)3222687
传 真：(0917)3211291
负责人：靳晓峰
联系人：马云清

平面设计、创意产品、印刷包装、室内外建筑装饰、-户外媒体开发、制作代理影视广告、制作代理整合营销传播。

陕西巨象广告有限责任公司

地 址：西安市南二环含光路什字民生银行大厦6层
邮 编：710065
电 话：(029)88210439
传 真：(029)88256666
负责人：王 辉
联系人：杨 娜

一种明亮而不刺眼的光辉，一种圆润而不腻耳的音响；一种水穷云起之处皆谈笑的从容，一种为完满自身灵魂而奋斗的大气；一种置身于高处、也决不会嚣张的分寸，一种亦庄亦谐、可进可退的包容；一种不理会哄闹、不卑不亢的微笑，一种洗刷了偏激、深明大义的淡然；一种无须声张的厚实，一种并不陡峭的高度……缔造西北广告传奇 鉴证业界之变幻 平凡中孕育神奇 自如间笑看云起巨象广告，您永远值得信赖的朋友！

西安美灵广告有限责任公司

地 址：西安市高新区新型工业园企业1号公园23号
邮 编：710119

电　话：(029)85691811-810
传　真：(029)85691329
负责人：杨　超
联系人：陈　静

从1993年到2006年，美灵走过了13年的征程。

十三年来，美灵广告已成长为一个拥有四家分公司，涉足广告、传媒、企业顾问咨询、城市视觉艺术等行业的“美灵机构”——集城市经营与区域发展策划、城市文化个性塑造、城市视觉系统设计、广告创意发布、公共关系、互动行销、市场调研、促销规划、视觉管理、美术设计、媒体发布等全方位策划传播服务为一体的整合营销传播集团。

秉承以大文化、大视觉、大艺术、大产业为企业核心的经营理念，经过十余年的稳健发展，以其完备的客户服务网络和整体运作效能，跻身中国西部地区广告公司第一方阵，成为一个活力、自信的坚实团队。2003年《现代广告》排序，美灵机构营业收入居全国广告公司第25位，西北地区排名第一。

在过去几年里，美灵机构成功地为国内外数十家企业及产品的区域市场、全国市场策划实施了卓有成效的营销战役和广告活动。并在近年来参与和负责了诸多地区的城市发展战略策划。为多个城市的城市经营、城市区域发展和城市文化挖掘以及城市视觉设计提供全方位的策划和设计服务。成功策划了大雁塔北广场、大雁塔南广场、环城西苑、大唐不夜城、陕西戏曲大观园、陕西民俗大观园、唐诗博览园、咸阳沣河新区和大唐芙蓉园艺术设计等重大城市运营项目，在全国独领风骚。

美灵荣誉：

2002-2004年连续荣获全国广告行业文明单位；

2003年荣获陕西省十佳广告企业；

2003年获陕西省广告资质等级A级企业；

2003年度，在中国权威媒体发布的中国广告公司排名中，美灵广告位列第25位，西北排名第一；

2003年荣获第十届中国广告节铜奖两个，入围奖3个；

2004年度被评为守合同、重信用单位；

2005年选送作品荣获第十二届中国广告银奖……

西安麦道广告有限公司

地　址：西安市西华门1号凯爱大厦B-8-8
邮　编：710003
电　话：(029)87201966
传　真：(029)87201699

广播电视类

西安电视台广告中心

地　址：西安市长安北路39号开成大厦9层
邮　编：710061
电　话：(029)87811888
传　真：(029)87811988
负责人：席震宙
联系人：李莉莉

陕西安康电视台

地　址：陕西省安康市大桥路9号
邮　编：725000
电　话：(0915)3214505
传　真：(0915)3214219

新闻出版类

华商报社

地　址：西安市含光北路156号
邮　编：710068
电　话：(029)88429202
传　真：(029)88429201
负责人：章富汉
联系人：王　莉

日发行量逾60万份，其中西安市区占70%。西安地区平均每期阅读率51.2%，据此每天读报人数超过200万。广告千人成本0.079元/千人/平方厘米，性价比最低。获2005全国晚报都市类报纸竞争力20强第三名，2005年广告收入突破5亿元。

陕西日报社广告中心

地　址：西安市南大街3号
邮　编：710001
电　话：(029)87271031
传　真：(029)87215262
联系人：肖媛

甘肃省

公司类

甘肃恒安广告有限公司

地　址：兰州市城关区白银路81号
邮　编：730000
电　话：(0931)8861479
负责人：张丽英
联系人：张丽英

甘肃红富源广告策划有限公司

地　址：兰州市城关区雁滩家具市场
邮　编：730000
电　话：(0931)8513358
负责人：田　力
联系人：田　力

甘肃振兴广告设计公司

地　址：兰州市城关区民勤街50号
邮　编：730000
电　话：(0931)4640990
负责人：谢　程
联系人：张　平

广播电视类

甘肃省广播电影电视总台(集团)

地　址：兰州市城关区张苏滩561号
邮　编：730010
电　话：(0931)8569275
传　真：(0931)8569276
负责人：孙　伟
联系人：王　轩

新闻出版类

《读者》杂志社

地　址：兰州市南滨河东路520号
邮　编：730000
电　话：(0931)8773309
传　真：(0931)8773310
联系人：宁　恢

她的内核立足于爱心、人道、人情之根蒂，于尘世浮生中，为您守住一颗感动和思考的心。她的主张直指人心，触绪动怀，令读者启颜捧腹或者酸心刺骨；每至一篇，皆咬嚼吞吐，留于目，且留于心。她的师范叙事娓娓，说理切切，章法井井，词源滚滚，为语文写作之摹本示范，助学子们锦心绣口，斐然成章。她的口碑1000万册月发行量，居全球综合类杂志排名第四，亚洲第一。

兰州晨报社

地　址：兰州市白银路123号甘肃新闻大厦6楼
邮　编：730030
电　话：(0931)8158538
传　真：(0931)8123740
负责人：张国华
联系人：周卫宏

兰州日报社

地　址：兰州市张掖路246号
邮　编：730030
电　话：(0931)8489243
传　真：(0931)8454330
联系人：谈　敏

读者杂志社

地　址：兰州市南滨河东路520号
邮　编：730000
电　话：(0931)8773309
传　真：(0931)8773310

青海省

公 司 类

西宁芳安广告服务有限公司
地 址：西宁市南川东路72号
邮 编：810000
电 话：(0971)8244015
传 真：(0971)8244015
法 人：贺安芳

西宁海润广告有限公司
地 址：西宁市五四大街66号
邮 编：810000
电 话：(0971)6107116
传 真：(0971)6107116
法 人：林万里

西宁金华海广告文化传播公司
地 址：西宁市东关大街234号
邮 编：810000
电 话：(0971)3881040
传 真：(0971)3881040
法 人：盖华海

广播电视类

青海电视台
地 址：西宁市青海宾馆2楼
邮 编：810001
电 话：(0971)6144181
传 真：(0971)6144323

果洛藏族自治州广播电视台
地 址：果洛藏族自治州玛沁县大武镇
邮 编：814000
电 话：(0971)8382116
负责人：李金有

海南藏族自治州广播电视台
地 址：海南藏族自治州共和县恰卜恰镇人民街
邮 编：813000
电 话：(0974)8513278
负责人：马同德

新闻出版类

西宁晚报社
地 址：西宁市南关街43号
邮 编：810000
电 话：(0971)8248965
传 真：(0971)8230542
联系人：秦建德

青海日报社广告经营中心
地 址：西宁市长江路5号
邮 编：810000
电 话：(0971)8454358
传 真：(0971)8454358
负责人：陈 军
联系人：杨 毅

青海广播电视报
地 址：西宁市西大街25号
邮 编：810000
电 话：(0971)8237184

青海环境杂志
地 址：西宁市为南山东路116号
邮 编：810007
电 话：(0971)8177746

宁夏回族自治区

公 司 类

银川宏强广告有限公司

(中国三级广告企业认定日期：2004年5月21日)

固原可视广告有限公司

地　址：固原市固原晨光家私城
邮　编：756000
电　话：(0954)8763789
负责人：邓志虎

宁夏白马影视广告有限责任公司

地　址：银川市鼓楼南街复兴桥商场4楼3号
邮　编：750004
电　话：(0951)6080000
法　人：王晓南

广播电视类

宁夏人民广播电台

地　址：银川市新华西街13号
邮　编：750001
电　话：(0951)6041323
负责人：宋　扬

宁夏电视台

地　址：银川市鼓楼北街39号
邮　编：750004
电　话：(0951)6011354
负责人：仝　华

宁夏教育电视台

地　址：银川市民族北街22号
邮　编：750001
电　话：(0951)6024197
负责人：李光宁

新闻出版类

新消息报社

地　址：宁夏银川市中山南街47号
邮　编：750004
电　话：(0951)6032745
传　真：(0951)6032745

共产党人杂志社

地　址：银川市新市区朔方路
邮　编：750021
电　话：(0951)2075650
负责人：段怀颖

少年读者杂志社

地　址：银川市解放西街47号
邮　编：750001
电　话：(0951)5014064
负责人：薛晓红

新疆维吾尔自治区

公 司 类

新疆普拉纳广告有限公司

(中国一级广告 企业认定日期：2004年5月21日)
地　址：乌鲁木齐市人民路139号附18号宏源证券大厦21层
邮　编：830002

新疆普拉纳广告有限公司成立于1993年2月28日，是西北地区最具规模和实力的综合性广告公司，现已拥有普拉纳广告、普拉纳营销、普拉纳媒体、普拉纳公关、普拉纳唱片和普拉纳影视六个独立机构，全方位为客户提供策划创意、公关活动策划执行、整合营销传播、媒介购买与代理、平面设计印刷制作、户外广告制作与代理、影视制作等专业服务。

自1999年至今，公司曾跻身中国广告公司100强之列和中国本土广告公司50强成员之一，在中国第八、九、十、十一、十二届广告节上，捧回了六座银奖、十一座铜奖，于2005年中国广告协会举办的龙玺全球华人影视及电台广告评选活动中，荣获铜奖两项，并于同年荣获金椰子奖金奖的崇高荣誉。

今后，普拉纳广告期望更近一步的研究和实践中国广告业的发展之道，借助中国博大精深的文化底蕴，立足西部、与国际接轨、与世界同步。

乌鲁木齐华媒盛视传播有限公司

地　址：乌鲁木齐市新民路28号广电局1楼
邮　编：830002
电　话：(0991)8813355
传　真：(0991)2616764
负责人：吴　限
联系人：吴　松

今日传播广告有限公司

地　址：乌鲁木齐市扬子江路16号红山金叶宾馆1楼、5楼
邮　编：830000
电　话：(0991)4504650
传　真：(0991)4501677

新疆航空广告公司

地　址：乌鲁木齐市迎宾路46号
邮　编：830016
电　话：(0991)3804239
传　真：(0991)3801081

广播电视类

新疆人民广播电台

地　址：乌鲁木齐市团结路8号
邮　编：830044
电　话：(0991)2577738
传　真：(0991)2568020

新疆教育电视台广告部

地　址：乌鲁木齐市光明路6号
邮　编：830002
电　话：(0991)8866547
负责人：李森云
联系人：王玉茹

新疆经济广播电台广告部

地　址：乌鲁木齐市团结路84号
邮　编：830044
电　话：(0991)2562612
负责人：朱　瑶
联系人：张勇冰

新闻出版类

兵团日报社广告部

地　址：乌鲁木齐新民路89号
邮　编：830002
电　话：(0991)2645994
负责人：杨克勤

西藏自治区

公司类

西藏国风广告有限公司

地　址：拉萨市林廓东路(喜马拉雅饭店)
邮　编：850000
电　话：(0891)6361023
负责人：欧阳旭

西藏南方广告有限公司

地　址：拉萨市林廓北路13号
邮　编：850000
电　话：(0891)6338250
负责人：余存才

西藏起点文化传播有限公司

地　址：拉萨市北京中路47号
邮　编：850000
电　话：(0891)6826135
负责人：张　翃

广播电视类

西藏电视台广告部

地　址：拉萨市北京中路180号
邮　编：850000
电　话：(0891)6820827
负责人：王国柱

西藏人民广播电台广告部

地　址：拉萨市北京中路180号
邮　编：850000
电　话：(0891)6819543
负责人：修书琴

新闻出版类

西藏日报社广告部

地　址：拉萨市朵森格路36号
邮　编：850000
电　话：(0891)6322866
负责人：王　猗

西藏商报

地　址：拉萨市朵森路14号附45号
邮　编：850000
电　话：(0891)6349996
负责人：陈　军

'2006中国广告年鉴

China Advertising Yearbook

第十四版

14th Edition

索引

广告经营单位名录索引

北京市

公司类

广播电视类

新闻出版类

上海市

公司类

广播电视类

新闻出版类

天津市

公 司 类

新闻出版类

重庆市

公 司 类

广播电视类

新闻出版类

河北省

公 司 类

广播电视类

新闻出版类

山西省

公 司 类

广播电视类

新闻出版类

内蒙古自治区

公 司 类

广播电视类

新闻出版类

辽宁省

公 司 类

广播电视类

新闻出版类

吉林省

公 司 类

广播电视类

新闻出版类

黑龙江省

公 司 类

广播电视类

新闻出版类

江苏省

公 司 类

广播电视类

新闻出版类

浙江省

公 司 类

广播电视类

新闻出版类

安徽省

公 司 类

广播电视类

新闻出版类

福建省

公 司 类

广播电视类

新闻出版类

江西省

公 司 类

山东省

公 司 类

广播电视类

新闻出版类

河南省

公 司 类

广播电视类

新闻出版类

湖北省

公 司 类

广播电视类

新闻出版类

湖南省

公 司 类

广播电视类

新闻出版类

广东省

公 司 类

广播电视类

新闻出版类

广西省

公司类

广播电视类

新闻出版类

海南省

公司类

广播电视类

新闻出版类

四川省

公 司 类

广播电视类

新闻出版类

贵州省

公 司 类

广播电视类

新闻出版类

云南省

公 司 类

广播电视类

新闻出版类

陕西省

公 司 类

广播电视类

新闻出版类

甘肃省

公 司 类

广播电视类

新闻出版类

青海省

公 司 类

广播电视类

新闻出版类

宁夏回族自治区

公 司 类

广播电视类

新闻出版类

新疆维吾尔自治区

公 司 类

广播电视类

新闻出版类

西藏自治区

公 司 类

新闻出版类

'2006中国广告年鉴

China Advertising Yearbook

第十四版

14th Edition

广告刊户索引

广告刊户索引

广州日报
哈尔滨日报
成都电视台广告中心
国家广播电影电视总局电影卫星频道节目制作中心
广告部
上海美术设计公司
西安市集美广告公司
湖南省广告美术公司
洛阳市广告总公司
中国邮政广告有限责任公司
上海奥美广告有限公司
上海文广新闻传媒集团广告经营中心
上海灵狮广告有限公司
上海博报堂广告有限公司
上海广告有限公司
上海旭通广告有限公司
上海广告装潢有限公司
上海中润广告有限公司
上海大广贸促广告有限公司
前锦网络信息技术(上海)有限公司
上海智高广告有限公司
上海雅仕维广告有限公司
上海郁金香广告传媒有限公司
上海斐思态广告有限公司
上海大众广告有限公司
上海西南广告有限公司 上海飞帆广告有限公司

上海合力广告有限公司
上海圣峰广告有限公司
上海雅视广告有限公司
上海新大陆传播有限公司
上海中艺美术合作公司
唐山市国际广告公司
大连国域无疆传媒有限公司
南京银都广告商务有限责任公司
江苏天合营销策划有限公司
南通天星电视广告有限公司
厦门世通华纳文化传媒有限公司
荆州市荆视传媒有限公司
湖南东文实业有限公司
上海李奥贝纳广告有限公司广州分公司
四川神韵传播有限责任公司
陕西巨象广告有限责任公司
陕西理想艾科广告装饰有限责任公司
西安美灵广告有限责任公司
沈阳电视台广告部
河北电视台
福州电视广告有限公司
成都人民广播电台
贵州电视台
北京《瑞丽》杂志社
北京娱乐信报社
新民晚报社广告部

www.adnac.com
南京市廣告有限公司
NANJING ADVERTISING LIMITED COMPANY

’2006中国广告年鉴

China Advertising Yearbook

第十四版

14th Edition